JN435737

e-Test & PCT
자격증 대비

컴퓨터 활용과 실습

박상우, 최동열 공저

D.B.Info

PREFACE

세계는 지금 사물인터넷, 인공지능, 빅데이터 등을 비롯한 제4차 산업혁명이 급속도로 진행되고 있으며, 최근에는 모바일 정보통신 기술의 발전과 더불어 인터넷의 급속한 진전이 산업 전반에 도입되어 한 차원 더 진일보한 정보기술의 획기적인 발전이 예상되고 있는 시점에서 정보를 가공하고 활용하는 능력이 우리 삶의 필수요건이 되고 있다.

이러한 환경에서 컴퓨터를 잘 활용할 수 있는 능력은 전공을 불문하고 직업기초능력 분야로서 공통으로 갖추어야 할 필수 불가결한 요건이라 할 수 있다. 특히 한글, 파워포인트, 엑셀과 같은 프로그램은 직장인들의 실제 업무에서 없어서는 안 될 프로그램이며, 학생들에게도 학교생활 전반에 있어 활용되는 기본 프로그램이라고 할 수 있다.

대학에서 다년간 컴퓨터 분야를 강의한 저자는 국가에서 필수적으로 요구하는 국가직무능력표준(NCS)을 바탕으로 직무에 갖추어야 할 능력인 한글, 파워포인트, 엑셀을 쉽게 익힐 수 있는 교재의 필요성에 동감하여 이 책을 내놓게 되었다. 이 책은 새롭게 변화된 한글 2010, 파워포인트 2010, 엑셀 2010 버전을 기준으로 구성되었으며, 컴퓨터 입문자를 위한 체계적이고 실용적인 컴퓨터 활용의 필독서로서 독자들이 기본 기능부터 고급기능까지 단계적으로 쉽게 학습하여 e-Test와 PCT 자격증을 취득할 수 있도록 주안점을 두고 기획되었다.

1장은 한글 2010을 이용하여 기본 문서 작성부터 고급 실무 문서 작성을 위한 고급 기능을 학습해서 좀 더 빠르고 쉬운 문서 작성이 가능하도록 했고, 한글 e-Test와 PCT 실전문제와 해설을 수록하였다.

2장은 엑셀 2010을 활용해 효과적인 통합 문서를 작성과 표 양식으로 데이터를 수집하고, 처리하고, 분석하여 차트로 표현하는 등 보다 풍부한 정보를 바탕으로 비즈니스 결정을 내리기 위한 다양한 작업 수행이 가능하도록 하였고, 엑셀 e-Test와 PCT 실전문제와 해설을 수록하였다.

3장은 파워포인트 2010을 활용해 프레젠테이션 문서를 효과적으로 작성하고 발표할 수 있게 하였고, 파워포인트 e-Test와 PCT 실전문제와 해설을 수록하였다.

대학에서 컴퓨터 활용 능력을 평가하는 기준이 자격증으로 보편화되어 있다. 이 책에서 다룬 한글, 파워포인트, 엑셀과 관련된 자격증은 의외로 많다. 그 중에서 e-Test professionals는 정보화 사회에서 요구되는 정보소양 및 정보활용능력을 실기시험인 워드(400점), 파워포인트(300점), 엑셀(300점)을 이용하여 종합적으로 측정하는 인터넷 기반의 국가공인자격 정보활용 실무능력 평가시험으로, 각 과목별 자격을 1-4급까지 자격인증이 되고, 세 과목 모두 자격 취득 점수를 합산하여 'e-Test Masters' 자격 등급을 인정받는다. 또한 PC활용능력평가시험

(PCT)은 국가공인자격시험으로 IT분야의 대표적인 자격증으로 필기시험(400점)과 실기시험(600점)으로 구성되어 있다. PCT 실기시험은 총 600점 만점으로 워드프로세서(250점), 스프레드시트(200점), 프리젠테이션(150점)으로 구성되는데, 본 교재는 PCT 실기시험을 염두에 두고 만들었다.

또한, 이 책은 국가에서 필수적으로 요구하는 국가직무능력표준(NCS)을 활용할 수 있는 대학의 교양 교재로 손색이 없을뿐더러, 실무능력 IT 자격증(e-Test, PCT) 취득을 위한 가이드로도 활용할 수 있다. 특히 대학에서 한 학기 또는 두 학기(1학기 : 한글과 파워포인트, 2학기 : 엑셀) 강의 교재로 활용할 수 있도록 그 내용과 분량을 맞추어 집필하였다.

2019년 2월 저자

CONTENTS

Chapter 1
한글 2010

Chapter 1
한글 2010

Chapter 1
한글 2010

Chapter 2
파워포인트 2010

Chapter 2 파워포인트 2010

Chapter 3 엑셀 2010

Chapter 3
엑셀 2010

Chapter 3
엑셀 2010

Chapter 1

한글 2010

01 한글 2010의 이해

1.1 한글이란?

한글은 (주)한글과컴퓨터에서 개발한 대표적인 워드프로세서 프로그램으로, 보고서, 공문서, 사업계획서, 제안서 등의 각종 문서를 작성하는데 많이 이용된다. 1989년 최초의 상용 버전인 한글1.0이 첫 출시된 이후, 새로운 기능의 추가 및 사용자 인터페이스의 보완을 거듭하여 2010년 3월 3일자로 '한컴오피스 한글 2010'이 출시되었다.

Tip

□ **한컴 타자연습은 시작(🪟)-모든 프로그램-한글과 컴퓨터-한컴오피스 한글 2010 그룹에서 한컴 타자연습을 선택하여 실행할 수 있다.**

1.2 한글 2010의 화면 구성

한글 2010은 윈도우 표준 사용자 화면을 따르기 때문에 처음 사용하는 사용자도 쉽게 프로그램을 사용할 수 있다. 처음 실행하면, 다음과 같은 화면이 나타난다.

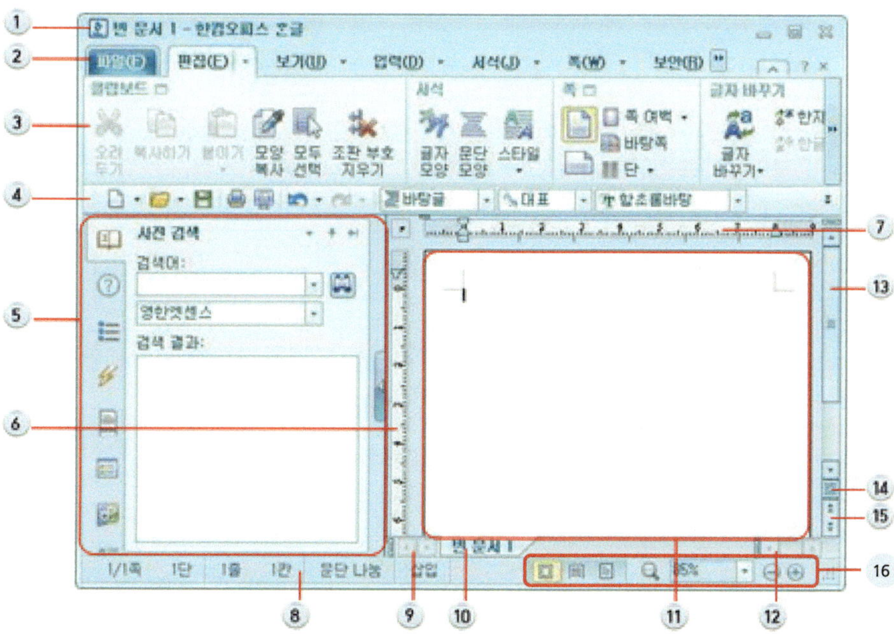

❶ 제목 표시 줄

파일의 경로와 제목과 화면의 최소화, 최대화, 닫기 단추가 표시된다.

❷ 메뉴 표시 줄

한글 2010에서 사용하는 메뉴들을 기능별로 모아 놓은 곳이다.

❸ 기본 도구 상자

각 메뉴에서 자주 사용하는 기능을 그룹별로 묶어서 메뉴 탭 형식으로 제공한다.

❹ 서식 도구 상자

문서 편집할 때 자주 사용하는 기능을 모아놓은 도구 모음이다.

❺ 작업 창

한컴 사전, 쪽 모양, 개요 번호 등 다양한 작업 창을 상하좌우에 나타내거나 별도의 창으로 분리하여 사용할 수 있다.

❻ 세로 눈금자

개체의 세로 위치나 높이를 파악하기 위해 사용한다.

❼ 가로 눈금자

개체의 가로 위치나 너비를 파악하기 위해 사용한다.

❽ 상황선

작업 중인 문서의 커서 위치, 작업 상태, 현재 구역 등을 표시한다.

❾ 탭 이동 아이콘

여러 개의 문서 탭이 열려 있을 때 이전 탭/다음 탭으로 이동한다.

❿ 문서 탭

현재 창에 열려있는 문서 제목이 탭으로 나타난다. 탭을 클릭하면 해당 문서를 편집할 수 있다. 저장하지 않은 문서는 빨간 색으로 제목이 표시된다.

⓫ 편집 창

문서의 내용을 입력하는 곳이다.

⓬ 가로 이동 막대

문서 내용이 편집 화면보다 클 때 화면을 가로로 이동하기 위해 사용한다.

⓭ 세로 이동 막대

문서 내용이 편집 화면보다 클 때 화면을 세로로 이동하기 위해 사용한다.

⓮ 보기 선택 아이콘( )

보기 메뉴를 아이콘으로 묶어 놓은 것으로 클릭하면 보기 선택 메뉴 아이콘이 나타나고 원하는 아이콘을 클릭하면 바로 실행된다.

⑮ 쪽 이동 아이콘

모양은 스크롤바와 비슷하게 생겼으며, 커서의 위치를 기준으로 전후 한쪽씩 커서를 이동시킨다.

 : 클릭하면 현재 커서가 위치한 쪽의 바로 앞쪽 처음으로 커서가 이동된다. 반복해서 누르면 한쪽씩 차례로 이동한다.

 : 클릭하면 현재 커서가 위치한 쪽의 바로 뒤쪽 처음으로 커서가 이동된다. 반복해서 누르면 한쪽씩 차례로 이동한다.

⑯ 보기창

보기 메뉴에 있는 기능으로 쪽 윤곽, 폭 맞춤, 쪽 맞춤, 문서 확대/축소 등 편집 창의 크기를 다양하게 조절할 수 있다.

Tip

□ 메뉴 구성

각 메뉴를 누르면 해당 메뉴의 도구 상자가 탭 형태로 펼쳐진다. 또한 각 메뉴 이름 옆의 펼침 단추(▼)를 마우스로 누르면 하위 메뉴가 나타나 원하는 메뉴를 선택할 수 있다. 단, 파일 메뉴는 도구 상자를 제공하지 않으며, 메뉴를 누르면 하위 메뉴가 바로 펼쳐진다.

Tip

□ 도구 상자 접기/펴기 : Ctrl+F1

□ 화면 확대/축소 : Ctrl+마우스 휠

02 문서 작성

2.1 새 문서(Alt+N)

새로운 문서를 작성하기 위해 빈 문서를 가져오는 것으로 파일이름을 부여하기 전에는 빈문서1, 빈문서2 등의 이름이 주어지며 최대 30개까지 문서를 열 수 있다. 한글 2010에서 파일이름을 주면 '파일이름.hwp'가 된다.

01 [파일] - [새 문서] : 창 모양으로 추가
02 [파일] - [새 문서] - [새 탭] : 현재 문서 창에서 탭으로 추가
03 도구상자에서 새 문서 아이콘 을 클릭한다.

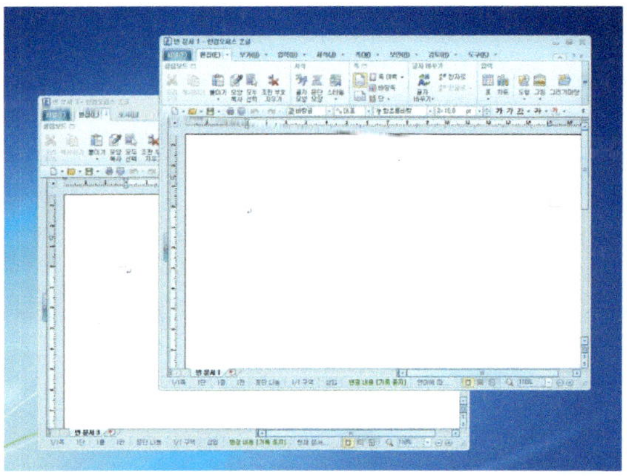

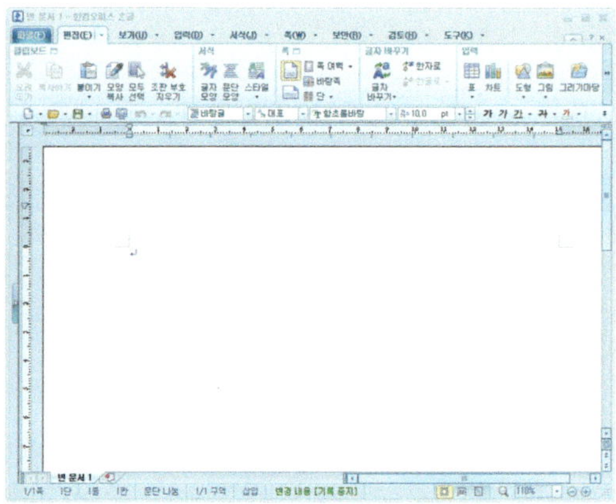

2.2 저장하기(Alt+S)

편집 창에 작성중인 문서는 주 메모리상에 있으므로 주 메모리의 특성상 안전하지가 않다. 주 메모리상에 있는 문서를 하드 디스크나 플로피 디스켓, USB 등의 보조 기억장치에 안전하게 옮기는 과정을 저장하기(Save)라고 한다.

01 [파일] - [저장하기] 메뉴 선택하거나 도구 상자의 저장하기 아이콘 을 클릭한다.
02 현재 문서가 새로 작성한 문서인 경우나 저장되지 않은 상태라면, [다른 이름으로 저장하기] 대화상자에서 파일 이름을 입력하고 [저장] 버튼을 선택한다.

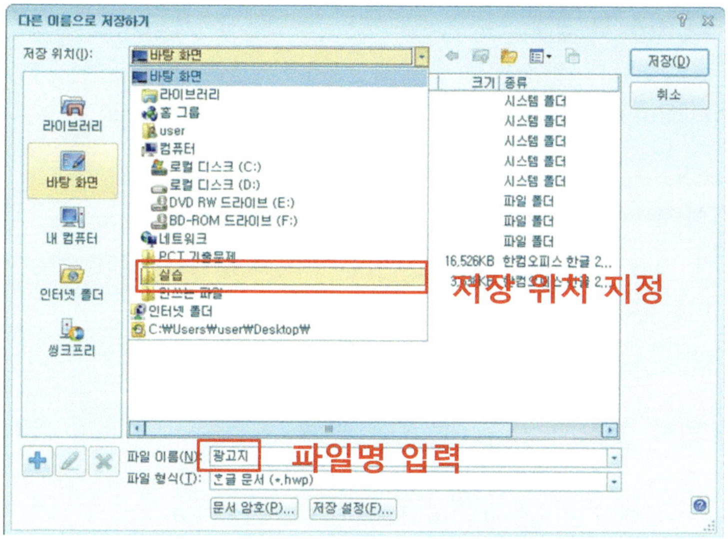

2.3 다른 이름으로 저장하기(Alt+V)

파일명을 변경하거나 경로를 새로 설정해야 할 경우에는 새로 저장을 해 주어야 한다.

01 [파일] – [다른 이름으로 저장] 메뉴를 선택한다.

02 [다른 이름으로 저장하기] 대화상자에서 저장하고자 하는 폴더와 파일 이름을 입력하고 [저장] 버튼을 선택한다.

Tip

□ 자주 저장해야만 하는 이유

10쪽 분량의 리포트를 작성하였다고 가정했을 경우, 9쪽까지 한 번도 저장하지 않고 있다가 전원이 꺼지는 경우에는 문서전체가 휘발되어 없어진다. 그것은 문서내용이 주 메모리에 기억되어 있기 때문이며 주 메모리는 휘발성 메모리이기 때문에 전원이 꺼지면 휘발된다. 그러므로 분량이 많은 문서를 작성할 경우에는 반드시 자주 저장(주 메모리에서 보조메모리로 옮기는 과정)을 해줘야 하는 것이다.

2.4 불러오기(Alt+O)

하드 디스크나 USB 등 보조기억장치에 있는 문서를 한글 2010으로 가지고 오는 작업이다.

01 [파일] – [불러오기] 메뉴를 선택하거나 도구 상자 불러오기 아이콘 을 클릭한다.

02 [불러오기] 대화상자에서 파일이 저장된 폴더로 이동하여 해당 파일을 선택한 후 열기 버튼을 클릭한다.

2.5 최근 문서 불러오기(Alt+F3)

비교적 최근에 작업했던 문서들에 한해서 그 이름을 기억하고 있다가 사용자의 요구가 있을 시에는 이를 쉽게 선택하여 불러올 수 있도록 지원하고 있다.

01 [파일] – [불러오기] – [최근 문서]에서 최근에 작성한 파일을 불러올 수 있다.

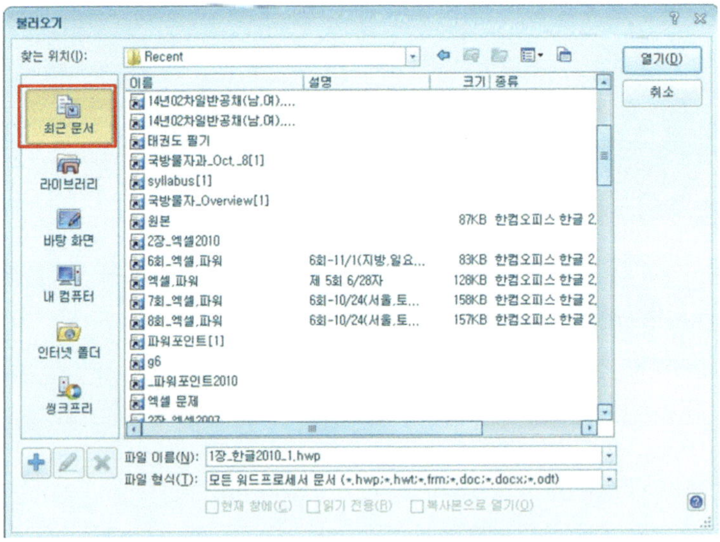

02 또는 [파일] 메뉴를 클릭하여 메뉴의 맨 아래 부분에 최근 파일이 9개가 나타나면 해당 파일을 클릭하여 불러올 수도 있다.

2.6 편집 용지(F7)

문서를 입력하고 편집할 용지의 종류와 방향 또는 여백을 지정하는 것이다. 문서를 작성하기 전에 출력할 용지의 크기 및 해당 용지에 문서가 출력될 위치 등을 설정한 후, 작성하는 것이 효율적이다.

편집 용지 여백은 [파일] - [편집 용지]를 실행하여 직접 원하는 값을 입력하여 조절할 수 있다. 편집 용지 메뉴 외에도 편집 화면의 눈금자에서 직접 마우스를 사용하여 원하는 만큼 끌어 편집 용지 여백 값을 조절할 수 있다.

01 [파일] – [편집 용지] 메뉴를 선택한다.

02 [편집 용지] 대화상자에서 용지 종류와 용지 방향 등을 설정한다.

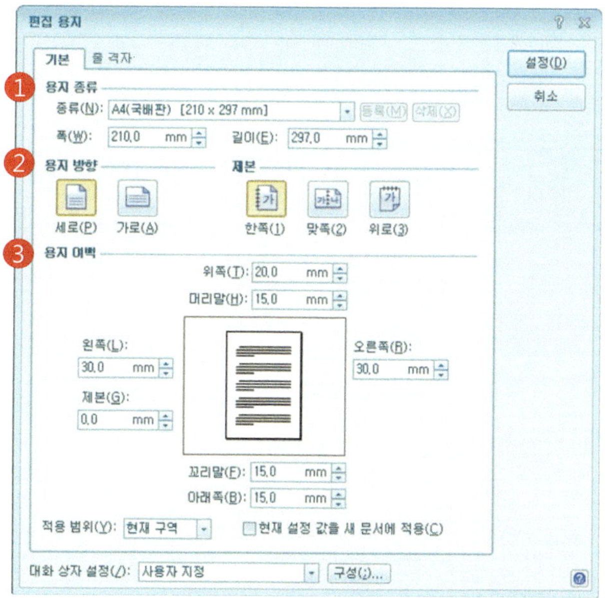

- 용지 종류 : 문서의 크기를 정한다. 기본 값으로 A4 크기가 지정되어 있다.
- 용지 방향 : 문서의 방향을 세로(좁게)로 할지, 가로(넓게)로 할지 지정한다.
- 용지 여백 : 용지의 위/아래, 왼쪽/오른쪽 여백과 머리말/꼬리말 여백을 지정한다.

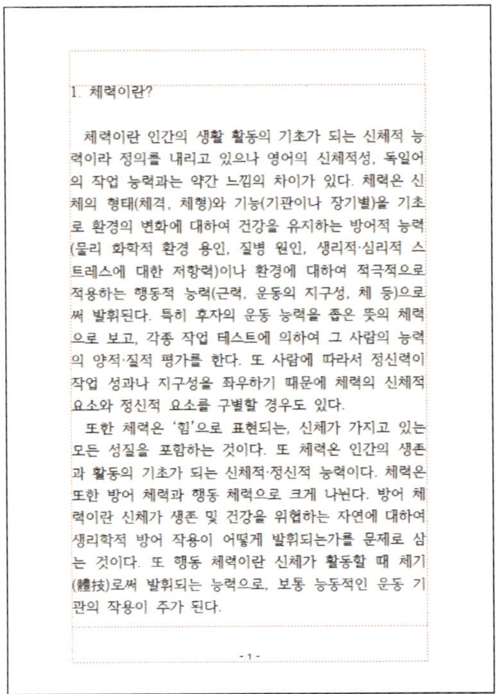

1. 체력이란?

체력이란 인간의 생활 활동의 기초가 되는 신체적 능력이라 정의를 내리고 있으나 영어의 신체적성, 독일어의 작업 능력과는 약간 느낌의 차이가 있다. 체력은 신체의 형태(체격, 체형)와 기능(기관이나 장기별)을 기초로 환경의 변화에 대하여 건강을 유지하는 방어적 능력(물리 화학적 환경 용인, 질병 원인, 생리적·심리적 스트레스에 대한 저항력)이나 환경에 대하여 적극적으로 적용하는 행동적 능력(근력, 운동의 지구성, 체 등)으로써 발휘된다. 특히 후자의 운동 능력을 좁은 뜻의 체력으로 보고, 각종 작업 테스트에 의하여 그 사람의 능력의 양적·질적 평가를 한다. 또 사람에 따라서 정신력이 작업 성과나 지구성을 좌우하기 때문에 체력의 신체적 요소와 정신적 요소를 구별할 경우도 있다.

또한 체력은 '힘'으로 표현되는, 신체가 가지고 있는 모든 성질을 포함하는 것이다. 또 체력은 인간의 생존과 활동의 기초가 되는 신체적·정신적 능력이다. 체력은 또한 방어 체력과 행동 체력으로 크게 나뉜다. 방어 체력이란 신체가 생존 및 건강을 위협하는 자연에 대하여 생리학적 방어 작용이 어떻게 발휘되는가를 문제로 삼는 것이다. 또 행동 체력이란 신체가 활동할 때 체기(體技)로써 발휘되는 능력으로, 보통 능동적인 운동 기관의 작용이 주가 된다.

- 1 -

기본설정으로 했을 경우

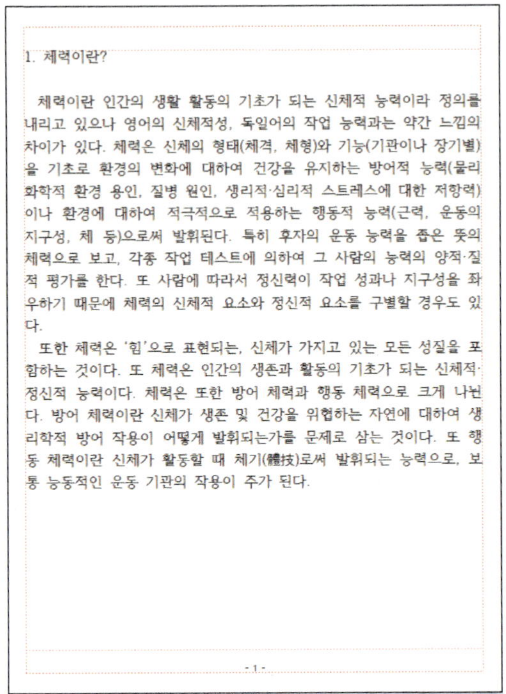

1. 체력이란?

체력이란 인간의 생활 활동의 기초가 되는 신체적 능력이라 정의를 내리고 있으나 영어의 신체적성, 독일어의 작업 능력과는 약간 느낌의 차이가 있다. 체력은 신체의 형태(체격, 체형)와 기능(기관이나 장기별)을 기초로 환경의 변화에 대하여 건강을 유지하는 방어적 능력(물리 화학적 환경 용인, 질병 원인, 생리적·심리적 스트레스에 대한 저항력)이나 환경에 대하여 적극적으로 적용하는 행동적 능력(근력, 운동의 지구성, 체 등)으로써 발휘된다. 특히 후자의 운동 능력을 좁은 뜻의 체력으로 보고, 각종 작업 테스트에 의하여 그 사람의 능력의 양적·질적 평가를 한다. 또 사람에 따라서 정신력이 작업 성과나 지구성을 좌우하기 때문에 체력의 신체적 요소와 정신적 요소를 구별할 경우도 있다.

또한 체력은 '힘'으로 표현되는, 신체가 가지고 있는 모든 성질을 포함하는 것이다. 또 체력은 인간의 생존과 활동의 기초가 되는 신체적·정신적 능력이다. 체력은 또한 방어 체력과 행동 체력으로 크게 나뉜다. 방어 체력이란 신체가 생존 및 건강을 위협하는 자연에 대하여 생리학적 방어 작용이 어떻게 발휘되는가를 문제로 삼는 것이다. 또 행동 체력이란 신체가 활동할 때 체기(體技)로써 발휘되는 능력으로, 보통 능동적인 운동 기관의 작용이 주가 된다.

- 1 -

왼쪽/오른쪽/위/아래/머리말/꼬리말을 모두 10mm로 설정했을 경우

Tip

□ 블록 설정하기

① 블록을 설정하려는 곳의 시작 위치에 마우스로 클릭한 후 마지막 위치까지 드래그하거나, 커서를 시작 위치로 이동한 후 F3 또는 Shift를 누른 상태에서 키보드의 방향키로 마지막 위치까지 이동한다.(해제는 Esc를 누르거나 문서의 아무 곳을 클릭한다.)

② 칸 단위로 블록을 설정하려면 F4를 누르거나 Alt를 누른 채 마우스를 드래그하면 된다.

③ 본문의 특정 단어에 마우스 왼쪽 버튼을 연속 두 번 클릭하면 해당 단어가 블록 설정되고, 세 번 연속 클릭하면 그 단어가 포함된 문단이 블록 설정된다.

④ 본문의 왼쪽 용지 여백에 마우스 포인터가 화살표 모양으로 바뀌었을 때, 마우스 왼쪽 버튼을 한번 클릭하면 한 줄이, 두 번 연속 클릭하면 한 문단이, 세 번 연속 클릭하면 문서 전체가 블록 설정된다.

2.7 문서 끼워 넣기(Ctrl+O)

현재 작업하고 있는 문서에 다른 문서의 내용을 합치고자 할 때 사용한다. 굳이 파일을 열지 않아도 되는 편리함이 있다.

01 끼워 넣기를 원하는 곳에 커서를 놓고, [입력] - [문서 끼워 넣기] 메뉴를 선택한다.
02 [문서 끼워 넣기] 대화상자에서 끼워 넣기 원하는 문서를 선택하고 [넣기]를 클릭한다.

2.8 미리보기

문서작성을 완료하였을 때 최종적으로 인쇄를 하게 된다. 그러나 처음부터 오타 한 자 없이 완벽한 문서는 거의 없다. 인쇄하기 전에 대략적인 인쇄물의 형태를 보고 여백 등을 다시 보여주는 것이 미리보기 기능이다.

01 [파일] - [미리보기] 메뉴를 선택하거나 도구상자에서 미리보기 아이콘 을 클릭한다.
02 아래 화면은 2쪽 분량의 문서를 여백보기와 여러 쪽 보기를 한 경우이다.

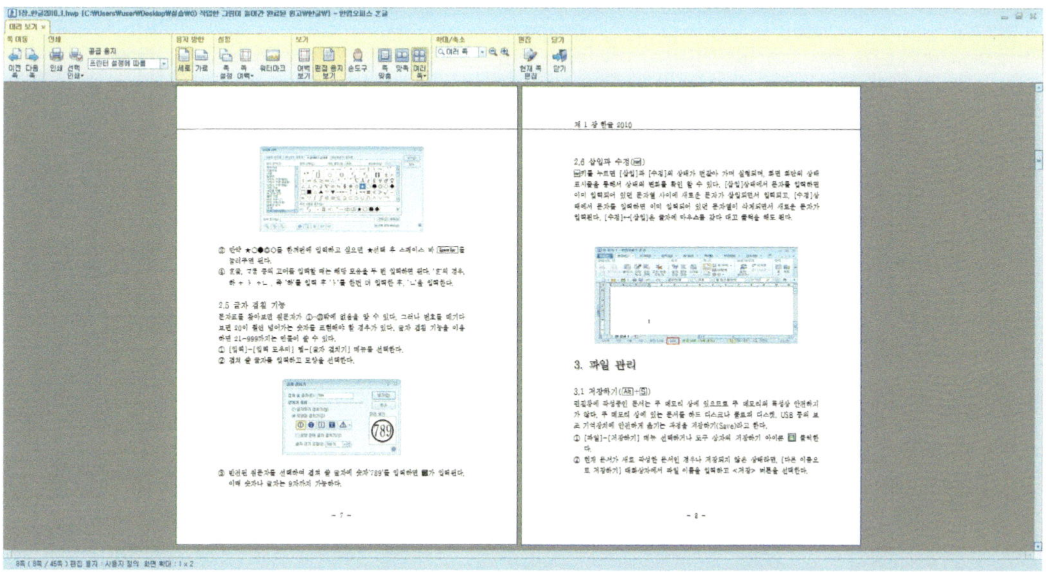

2.9 인쇄하기(Alt+P)

완성된 문서를 용지에 인쇄하는 기능이다.

01 [파일] – [인쇄] 메뉴 선택하거나 도구 상자에서 인쇄 아이콘 을 선택한다.

02 [인쇄] 대화상자가 나타나면, 선택 사항 중 원하는 사항을 선택한 후 [인쇄] 버튼을 클릭한다.

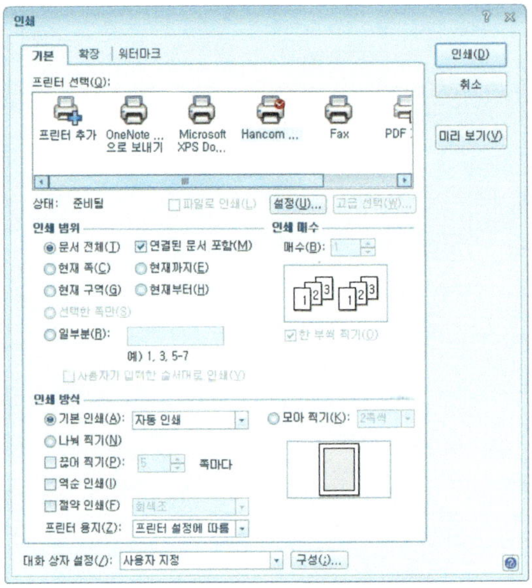

- [기본] 탭에서 인쇄 범위, 인쇄 매수, 인쇄 방식 등을 지정하고, 또한 현재 문서를 쪽 수별로 그림으로 저장할 수 있게 한다.
- [확장] 탭에서는 문서의 확대/축소 인쇄를 설정할 수 있으며, 머리말/꼬리말을 자동으로 인쇄하도록 설정 가능하다.
- [워터마크] 탭에서는 문서의 보안을 위해서 내용 뒤쪽에 워터마크를 적용하여 같이 인쇄하도록 한다.

Tip

□ 용지설정이 A4가 아닌 (A3 혹은 B4) 자격증 시험 문제지 같은 경우에는 '기본인쇄'를 '자동 인쇄'를 하게 되면 문서가 다 인쇄되지 않고 잘려서 나오게 되므로 그런 경우에는 반드시 '기본인쇄'에서 '공급 용지에 맞추어'로 설정한 다음 인쇄를 해야 한다.

e~Test 실전 문제(1) 용지 설정 지정하기(1)

처리사항 **배점 : 1번(8)**

1. 페이지 설정은 A4로, 여백은 위쪽, 아래쪽 23mm, 왼쪽, 오른쪽 21mm로 지정하시오.

보 기

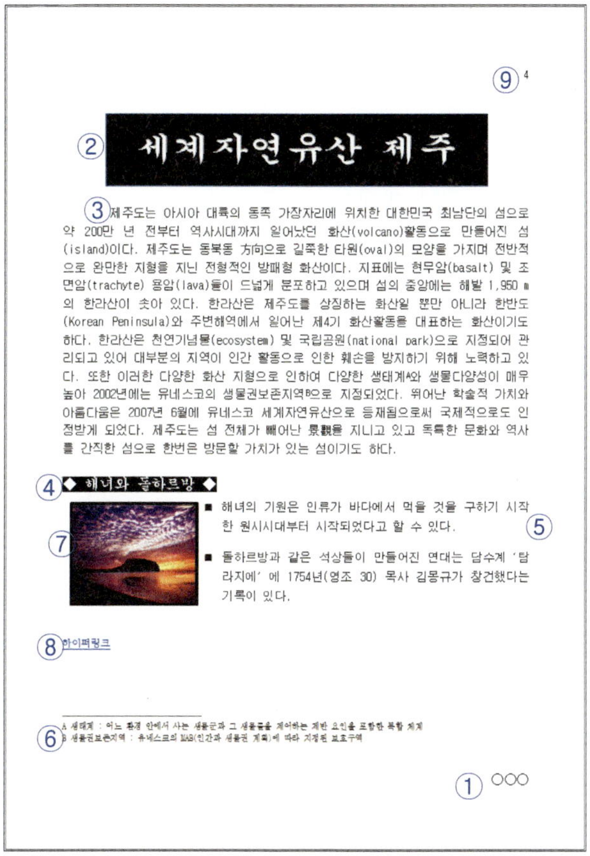

⑨ 4

② 세계자연유산 제주

③ 제주도는 아시아 대륙의 동쪽 가장자리에 위치한 대한민국 최남단의 섬으로 약 200만 년 전부터 역사시대까지 일어났던 화산(volcano)활동으로 만들어진 섬(island)이다. 제주도는 동북동 方向으로 길쭉한 타원(oval)의 모양을 가지며 전반적으로 완만한 지형을 지닌 전형적인 방패형 화산이다. 지표에는 현무암(basalt) 및 조면암(trachyte) 용암(lava)들이 드넓게 분포하고 있으며 섬의 중앙에는 해발 1,950 m의 한라산이 솟아 있다. 한라산은 제주도를 상징하는 화산일 뿐만 아니라 한반도(Korean Peninsula)와 주변해역에서 일어난 제4기 화산활동을 대표하는 화산이기도 하다. 한라산은 천연기념물(ecosystem) 및 국립공원(national park)으로 지정되어 관리되고 있어 대부분의 지역이 인간 활동으로 인한 훼손을 방지하기 위해 노력하고 있다. 또한 이러한 다양한 화산 지형으로 인하여 다양한 생태계[A]와 생물다양성이 매우 높아 2002년에는 유네스코의 생물권보존지역[B]으로 지정되었다. 뛰어난 학술적 가치와 아름다움은 2007년 6월에 유네스코 세계자연유산으로 등재됨으로써 국제적으로도 인정받게 되었다. 제주도는 섬 전체가 빼어난 景觀을 지니고 있고 독특한 문화와 역사를 간직한 섬으로 한번은 방문할 가치가 있는 섬이기도 하다.

④ ◆ 해녀와 돌하르방 ◆

⑦

- 해녀의 기원은 인류가 바다에서 먹을 것을 구하기 시작한 원시시대부터 시작되었다고 할 수 있다. ⑤
- 돌하르방과 같은 석상들이 만들어진 연대는 담수계 '탐라지에' 에 1754년(영조 30) 목사 김몽규가 창건했다는 기록이 있다.

⑧ 하이퍼링크

A 생태계 : 어느 환경 안에서 사는 생물군과 그 생물들을 제어하는 제반 요인을 포함한 복합 체계
⑥ B 생물권보존지역 : 유네스코의 MAB(인간과 생물권 계획)에 따라 지정된 보호구역

① ○○○

[답안 따라하기]

1 페이지 설정(배점 8점)

01 [파일] - [저장하기(Alt + S)] 메뉴를 클릭하고, [다른 이름으로 저장하기] 대화상자가 나타나면 저장위치를 바탕화면으로 지정한 후 파일이름 '○○○(응시자 본인의 이름)'을 입력한 다음 [저장] 단추를 클릭한다.

02 [쪽] 탭의 목록을 클릭하여 [편집 용지] 메뉴를 선택한다.(편집용지 단축키 : F7)

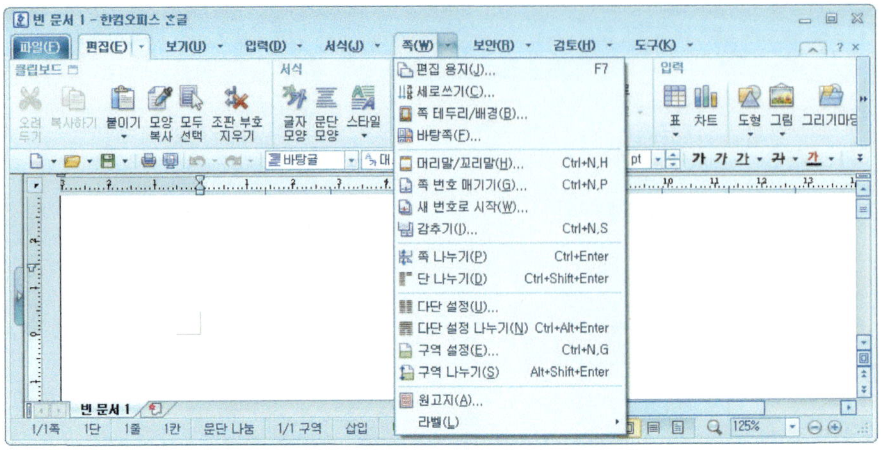

03 [편집 용지] 대화 상자의 [기본] 탭에서 용지 종류는 'A4'로 용지 여백은 위쪽, 아래쪽은 23mm, 왼쪽, 오른쪽을 21mm로 지정하고 [설정] 단추를 클릭한다.

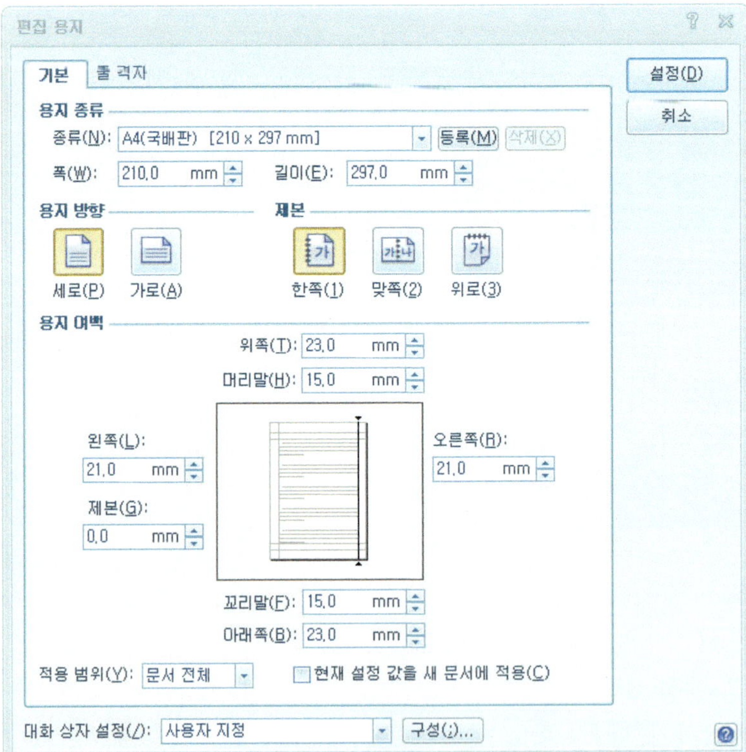

03 문자 입력

3.1 글자 모양(Alt+L)

1 글자 크기, 글꼴, 장평, 자간 바꾸기

01 [서식] – [글자 모양] 메뉴를 선택한다.

02 [글자 모양] 대화상자에서 글꼴, 장편, 자간 등 다양한 글자의 속성을 설정한다.

현재 보이는 글자 크기는 10pt이고 글꼴은 '바탕'입니다.

현재 보이는 글자 크기는 15pt이고 글꼴은 '궁서'입니다.

장평 100% - 장평
장평 50% - 장평
장평 200% - 장평

자간 0% - 자간
자간 50% - 자 간
자간 -50% - 자간

2 글자 속성 바꾸기

01 [서식] – [글자모양] – [기본]탭 메뉴를 선택한다.

02 속성을 지정한 다음 설정 버튼을 클릭한다.

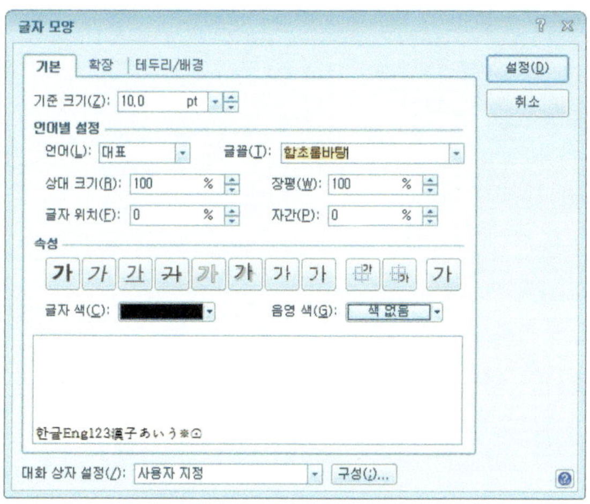

진하게	**글자속성**
기울임	*글자속성*
밑줄	글자속성
취소선	~~글자속성~~
외곽선	글자속성
그림자	글자속성
양각	글자속성
음각	글자속성
위첨자	글자속성
아래첨자	글자속성
보통	글자속성
글자색	글자속성
음영색	글자속성

3 밑줄의 종류와 강조점 바꾸기

01 [서식] – [글자모양] – [확장]탭 메뉴를 선택한다.

02 밑줄 및 강조점 속성을 지정한 다음 설정 버튼을 클릭한다.

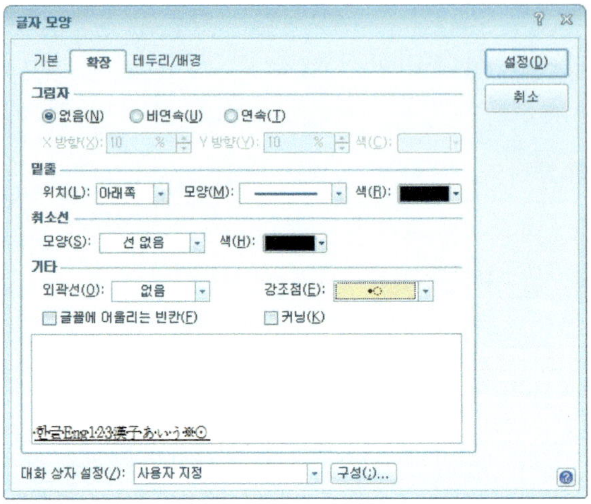

4 글자 테두리 넣기

01 [서식] – [글자모양] – [테두리/배경]탭 메뉴를 선택한다.

02 배경 및 테두리 속성을 지정한 다음 설정 버튼을 클릭한다.

03 블록으로 설정한 글자에 지정한 배경 및 테두리가 나타난다.

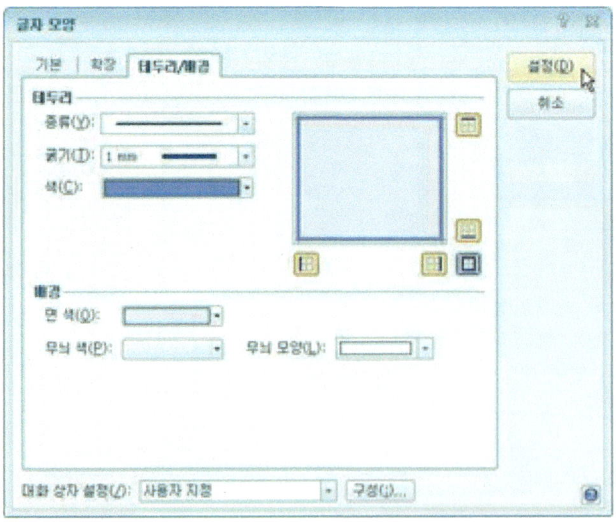

3.2 글자 입력

글자를 입력하는 것은 문서를 작성하는데 아주 기본적인 기능으로 편집 창에 커서를 놓고 글자판에 인쇄된 모양대로 글쇠를 누르면 된다.

한 문장이나 문단의 입력을 마치면 다음 줄에 새 문장이나 새 문단을 시작해야 하는 경우가 많다. 이 때 문단을 나누려면 Enter↵를 누르고, 문단 속성을 유지한 상태로 줄을 나누려면 Shift+Enter↵를 누른다.

01 Enter↵를 누른 다음 조판 부호를 선택하면 ↲(줄 바꿈 기호)가 나타나고,
02 Shift+Enter↵를 누르면 ↓(강제 줄 나눔 기호)가 나타난다.

3.3 한글/영문 전환

기본적으로 한/영 키를 누르면 한글과 영문으로 전환된다. 한/영 변화키가 없는 구형 키보드의 경우는 키보드 왼쪽 Shift+Space Bar를 누르면 된다.

3.4 한자 입력(한자, F9, Ctrl+F9)

1 한자를 읽을 수 있는 경우

01 글자를 입력한 다음 [한자] 키를 선택하거나 단축키 F9를 클릭한다.
02 [한자로 바꾸기] 대화상자에서 알맞은 한자를 선택한다.

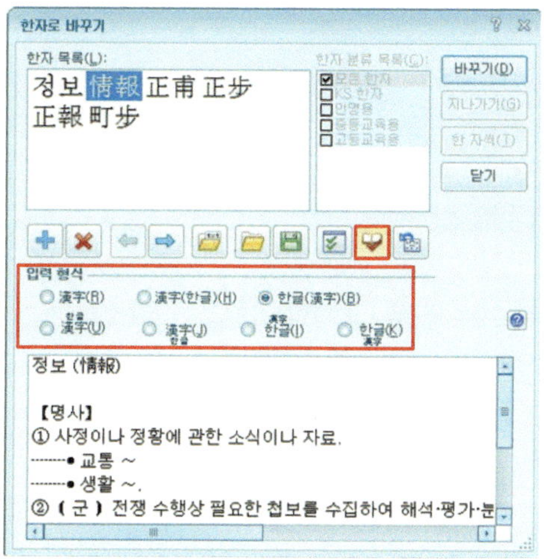

03 단어별로 한자를 변환하고자 할 경우에는 단어 뒤에 커서를 이동한 후 F9를 누르거나 블록 설정 후 F9 키를 누르면 된다. 또한 위의 그림을 보다시피 입력형식도 다양하게 있다. '자전보이기'를 클릭하면 글자의 '훈'과 '음'을 볼 수 있다.

2 한자를 읽을 수 없는 경우(Ctrl+F9)

문서 내용 중 읽을 수 없는 한자가 있는 경우, 특히 상식적인 수준의 한자를 모를 경우 일일이 남에게 묻기란 부담스러운 일이다. 이럴 경우 한자사전을 통해 찾는 방법이 있다.

"攝生"이란 글자를 만났을 때 生은 "생"으로 읽을 수 있지만 攝을 못 읽을 때는 부수를 찾은 다음 나머지 획수로 찾으면 된다.

01 Ctrl+F9하면 아래와 같은 창이 뜬다.

02 부수(手)를 선택한 다음, 나머지 획수(耳×3개)를 찾으면 '당길 섭(攝)'임을 알 수 있다.(부수를 알지 못하면 총획수로 찾는 방법도 있다.)

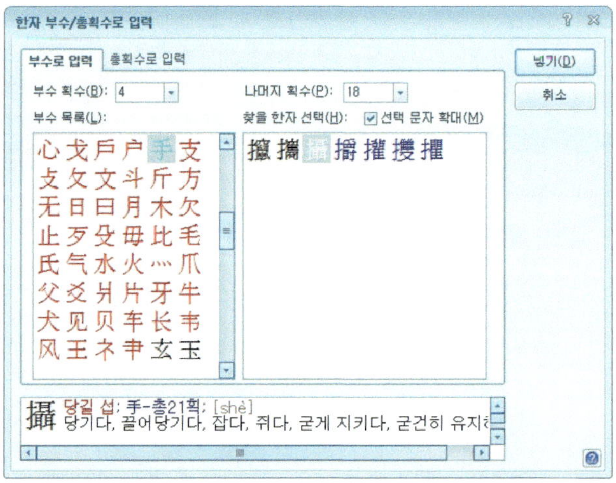

3.5 특수문자 입력(Ctrl+F10)

문자표를 이용하면 글자판으로 직접 입력할 수 없는 기호나 입력하기 어려운 문자들을 쉽게 선택하여 입력할 수 있다.

01 [입력] - [문자표] 메뉴를 선택한다.

02 [문자표 입력] 대화상자에 있는 문자 영역에서 입력하고자 하는 [문자 영역]을

선택한 후 하단에서 원하는 문자를 선택하고 [넣기]를 클릭한다.

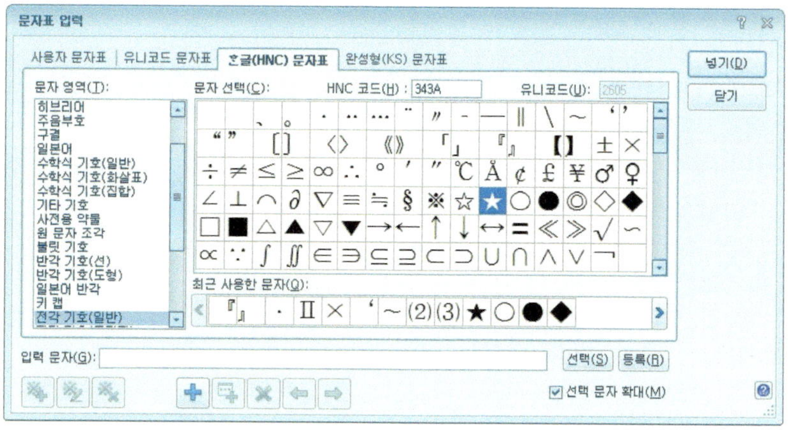

03 만약 ★○●◎◇를 한꺼번에 입력하고 싶으면 ★을 선택 후 스페이스 바 [Space Bar] 를 눌러주면 된다.

04 ᄒᆞᆫ글, ᄀᆞ름 등의 고어를 입력할 때는 해당 모음을 두 번 입력하면 된다. 'ᄒᆞᆫ'의 경우, 하 + ㅏ +ㄴ , 즉 '하'를 입력 후 'ㅏ'를 한 번 더 입력한 후, 'ㄴ'을 입력한다.

3.6 글자 겹치기([Alt]+[D],[W])

문자표를 찾아보면 원문자가 ①~⑳ 밖에 없음을 알 수 있다. 그러나 번호를 매기다 보면 20이 훨씬 넘어가는 숫자를 표현해야 할 경우가 있다. 글자 겹침 기능을 이용하면 21~999까지는 만들어 쓸 수 있다.

01 [입력] 탭 – [입력 도우미] 그룹 – [글자 겹치기] 메뉴를 선택한다.

02 **[글자 겹치기] 대화상자에서** '겹쳐 쓸 글자'에 글자를 입력하고 모양과 크기를 선택한다.

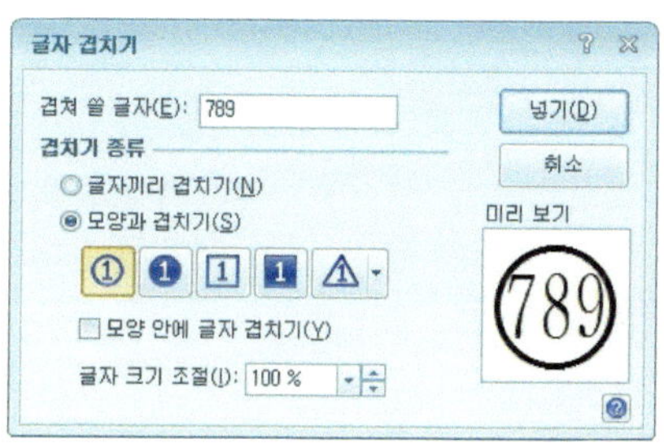

03 반전된 원문자를 선택하여 겹쳐 쓸 글자에 숫자 '789'를 입력하면 789가 입력된다. 이때 숫자나 글자는 9자까지 가능하다.

3.7 삽입과 수정(Insert)

Insert키를 누르면 [삽입]과 [수정]의 상태가 번갈아 가며 실행되며, 화면 화단의 상태 표시줄을 통해서 상태의 변화를 확인할 수 있다. [삽입]상태에서 문자를 입력하면 이미 입력되어 있던 문자열 사이에 새로운 문자가 삽입되면서 입력되고, [수정]상태에서 문자를 입력하면 이미 입력되어 있던 문자열이 삭제되면서 새로운 문자가 입력된다. [수정] ↔ [삽입]은 글자에 마우스를 갖다 대고 클릭을 해도 된다.

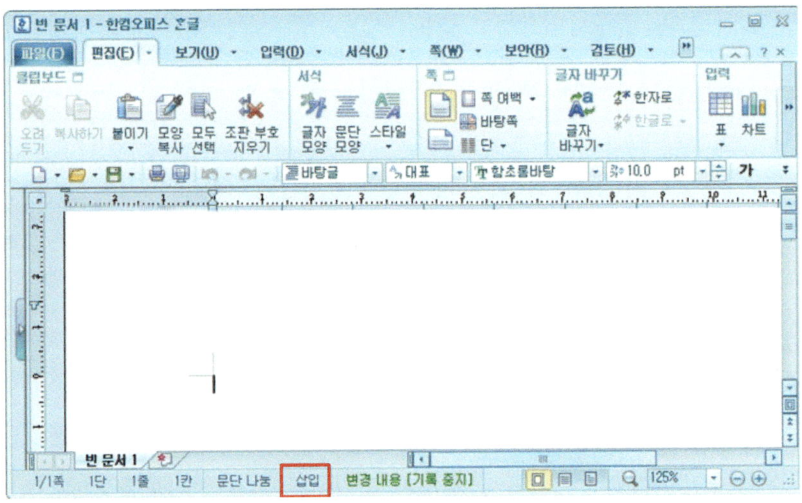

Tip

□ 한영 자동 전환 동작 설정/해제

문서의 내용을 입력하는 과정에서 한글이 영어로 영어가 한글로 바뀌는 경우가 종종 있다. 이러한 경우 [도구]탭 – [설정] 그룹 – [글자판] – [한영 자동 전환 동작]의 체크 표시를 해제한다.

실전 문제(1) 문장 입력과 한자 변환하기

1. 아래의 문장을 입력하시오.

시스템 구축의 정합성을 유지하는 방법으로서 「시스템 카르테」의 導入을 권한다. 시스템 카르테란 사내에서 시스템화 안건을 등록하는 체계를 말한다. 카르테에는 시스템화 안건 명칭이나 스케줄, 해당되는 컨셉, 스케일, 시스템화의 概要 등이 기록된다.

Korea's computerization has remarkably advanced through the projects of the National Computer Network.

[따라하기] 기본문제 1번 문제(10점)

1 문장입력

01 문제에서 주어진 문장을 그대로 입력하면서 새로운 영문 문단이 시작되기 전까지는 Enter↵ 키를 치지 않는다.

02 오탈자나 띄어쓰기 오류가 없도록 한다.

2 한자변환

01 한자를 아는 경우는 해당 단어 뒤에 커서를 위치시킨 후 [한자]키를 선택 하거나 바로 가기 키 F9을 클릭하고 해당 한자를 선택한다.

02 한자를 모르는 경우는 Ctrl+F9하면 [한자 부수/총획수로 입력]에서 [부수로 입력]과 [총획수로 입력]을 선택해서 원하는 한자를 찾을 수 있다.

3 문단 들여쓰기

01 전체 문단을 블록으로 설정한다.

02 가로 눈금자에서 위쪽의 [첫 줄 시작 위치] 화살표를 이동해서 들여쓰기를 조정한다.

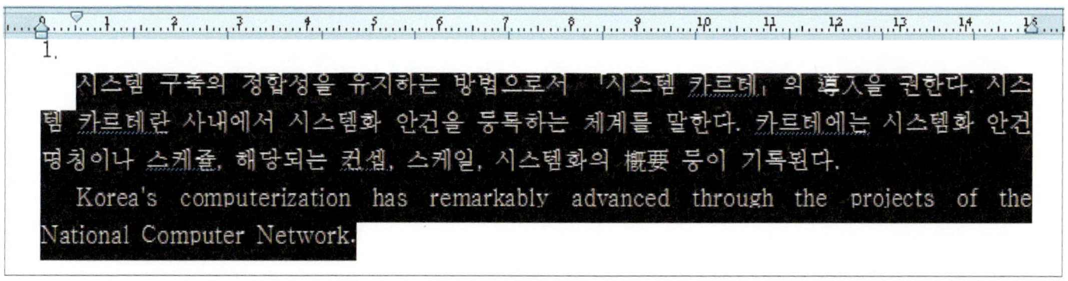

연습문제

[1] 아래의 문장을 입력하시오.

사물인터넷(IoT)은 여러 사물이 만든 정보를 공유하는 컴퓨터 통신망이다. 누구나 안전하게 사물인터넷의 편리함을 누리기 위해서는 보안이 담보되어야 한다는 원칙하에 정부는 사물인터넷 정보 보호 로드맵을 수립하였다. 사물인터넷을 미래의 신 성장 동력으로 육성하기 위해 보안이 내재화된 기반을 조성하고, 글로벌 융합 보안 시장을 선도하는 9대 보안 핵심기술 개발과 사물인터넷 보안 산업 경쟁력(競爭力) 강화 등을 2018년까지 단계적으로 추진하여 세계 최고의 스마트 안심 국가를 실현할 계획이다.

[2] 아래의 문장을 입력하시오.

지식관리시스템은 기존의 시스템을 統合하여 일원화 시킬 수 있어야 하며, 모든 지식들을 단일한 인터페이스에서 운영할 수 있도록 지원해야 한다. 따라서 標準 프로토콜과 API들을 이용하여 각 시스템들을 연계할 수 있어야 한다.

The knowledge-based organization requires that everyone take responsibility for that organization's objectives, contribution, and, indeed, for its behavior as well.

[3] 다음의 [보기]를 참조해서 [처리사항]대로 문서를 작성하시오

≪보기≫

≪처리사항≫

[용지 설정 지정하기]

1. 페이지 설정은 A4로, 여백은 위쪽, 아래쪽 22mm, 왼쪽, 오른쪽 21mm로 지정하시오.
2. **[보기]** ①과 같이 머리말/꼬리말 기능을 이용하여 작성하시오.
   1) 모든 쪽의 **하단 오른쪽**에 '홍길동'을 입력하시오.
   2) 글꼴은 굴림체, 글꼴크기는 13pt
3. **[보기]** ⑨와 같이 모든 쪽의 상단 오른쪽에 페이지 (쪽) 번호를 입력하시오.
   1) 페이지 시작번호는 '3'으로 지정
   2) 페이지 추가 시 자동으로 입력

04 문서 편집

4.1 문단 모양(Alt+T)

여러 문장이 이어지다가 문맥에 따라 줄이 바뀌는 부분이 있는데 이렇게 줄 바꿈으로 나누어지는 단위를 문단이라고 부른다. 글을 입력하는 도중에 문단을 나누려면 Enter↵를 누른다.

문단의 정렬방식, 여백, 줄 간격, 들여쓰기나 내어쓰기, 탭 등을 설정한다. 하나의 문단에 문단모양을 지정할 경우에는 블록을 설정하지 않고, 문단 내의 아무 곳에나 커서만 지정해 놓은 다음 문단모양을 지정해 주면 된다.

1 문단 정렬 방식 바꾸기

01 해당 문단 내에 커서를 위치시키거나 블록으로 설정한 후 [서식] 탭의 [문단 모양]을 클릭한다.

02 [문단 모양] 대화상자에서 정렬 방식을 설정한다.

- 문단 정렬 : 문단 안의 낱말들을 어떤 방식으로 정렬할 것인가를 선택하는 기능
- 문단 정렬 종류 : 양쪽 정렬, 왼쪽 정렬, 가운데 정렬, 오른쪽 정렬, 배분 정렬(글자 사이를 일정하게 띄움), 나눔 정렬(어절 사이를 일정하게 띄움) 등이 있음

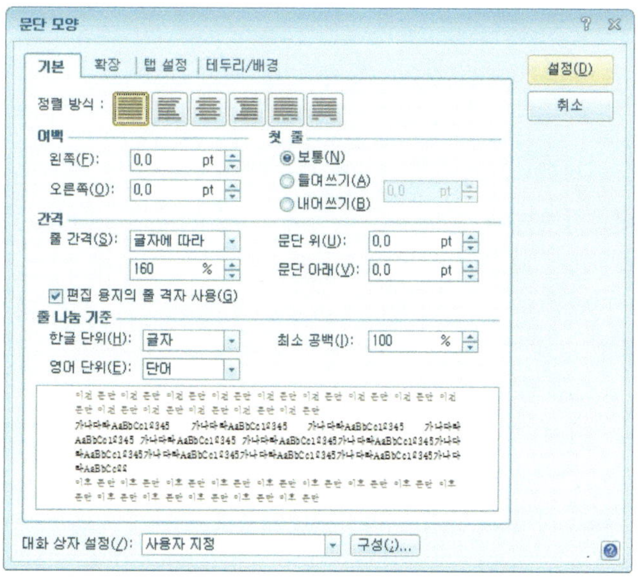

2 문단 여백과 첫 줄 모양 바꾸기

01 해당 문서에 커서를 위치시키고, [서식] 탭의 [문단 모양]을 클릭한다.

02 [문단 모양] 대화상자에서 왼쪽과 오른쪽 여백을 지정하고, '첫 줄' 항목의 '들여쓰기' 또는 '내어쓰기' 값을 입력한다.

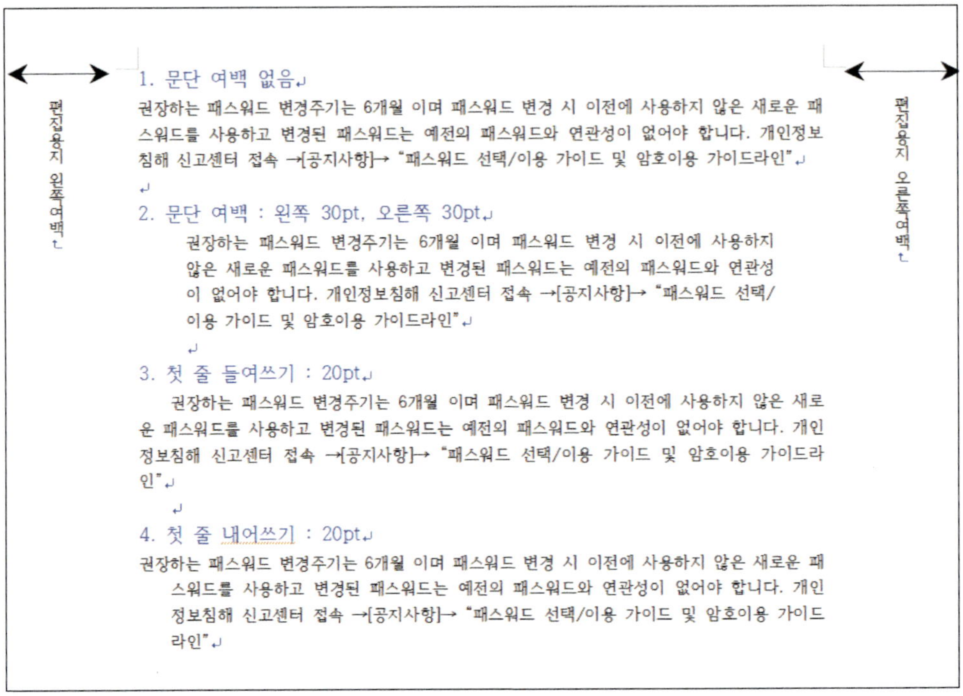

1. 문단 여백 없음

권장하는 패스워드 변경주기는 6개월 이며 패스워드 변경 시 이전에 사용하지 않은 새로운 패스워드를 사용하고 변경된 패스워드는 예전의 패스워드와 연관성이 없어야 합니다. 개인정보침해 신고센터 접속 →[공지사항]→ "패스워드 선택/이용 가이드 및 암호이용 가이드라인"

2. 문단 여백 : 왼쪽 30pt, 오른쪽 30pt

권장하는 패스워드 변경주기는 6개월 이며 패스워드 변경 시 이전에 사용하지 않은 새로운 패스워드를 사용하고 변경된 패스워드는 예전의 패스워드와 연관성이 없어야 합니다. 개인정보침해 신고센터 접속 →[공지사항]→ "패스워드 선택/이용 가이드 및 암호이용 가이드라인"

3. 첫 줄 들여쓰기 : 20pt

권장하는 패스워드 변경주기는 6개월 이며 패스워드 변경 시 이전에 사용하지 않은 새로운 패스워드를 사용하고 변경된 패스워드는 예전의 패스워드와 연관성이 없어야 합니다. 개인정보침해 신고센터 접속 →[공지사항]→ "패스워드 선택/이용 가이드 및 암호이용 가이드라인"

4. 첫 줄 내어쓰기 : 20pt

권장하는 패스워드 변경주기는 6개월 이며 패스워드 변경 시 이전에 사용하지 않은 새로운 패스워드를 사용하고 변경된 패스워드는 예전의 패스워드와 연관성이 없어야 합니다. 개인정보침해 신고센터 접속 →[공지사항]→ "패스워드 선택/이용 가이드 및 암호이용 가이드라인"

3 줄 간격 바꾸기

01 해당 문서에 커서를 위치시키고 [서식] 탭의 [문단 모양]을 클릭한다.

02 [문단 모양] 대화상자에서 '줄 간격' 항목에서 네 가지 중 하나를 선택하고 입력한다.

- 글자에 따라 : 해당 문단에서 가장 큰 글자의 높이에 비례한 값을 퍼센트(%) 단위로 입력하며, 기본 값은 160%이며, 0~500% 범위 내에서 설정 가능
- 고정 값 : 현재 줄의 글자 상단에서 다음 줄의 글자 상단까지 값을 포인트(pt), 센티미터(cm), 인치(inch) 등의 단위로 입력
- 여백만 지정 : 현재 줄의 글자 하단에서 다음 줄의 글자 상단까지 여백 부분의 값을 포인트(pt), 센티미터(cm), 인치(inch) 등의 단위로 입력
- 최소 : 현재 줄의 글자 상단에서 다음 줄의 글자 상단까지 값을 포인트(pt), 센티미터(cm), 인치(inch) 등의 단위로 입력한 값만큼 띄우되 설정한 최소값 이하로는 적용하지 않음

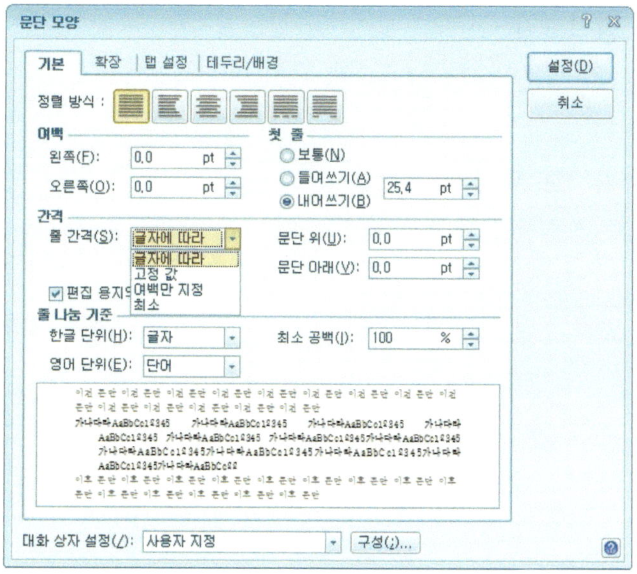

4 문단 테두리와 배경 설정하기

01 해당 문서에 커서를 위치시키고 [서식] 탭의 [문단 모양]을 클릭한다.

02 [문단 모양] 대화상자에서 [테두리/배경] 탭에서 설정한다.

- 문단 테두리 설정 : 먼저 테두리 선 종류, 굵기, 색 등을 선택하고, 테두리가 적용될 위치를 선택
- 배경 설정 : 면 색, 무늬 색, 무늬 모양 등을 선택

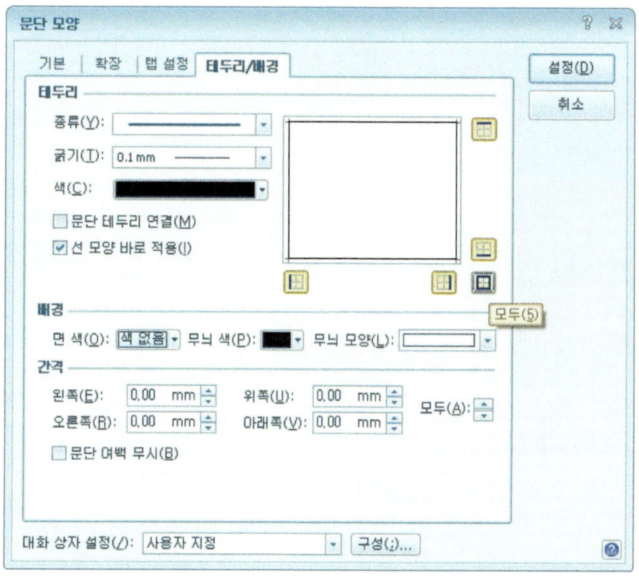

5 문단 첫 글자 장식하기

첫 글자를 여러 줄에 걸쳐 크게 보이도록 장식하는 기능이다.

01 해당 문단에 커서를 위치시키고, [서식] 탭의 [문단 첫 글자 장식]을 클릭한다.
02 [문단 첫 글자 장식] 대화상자에서 모양, 글꼴/테두리 등을 설정한다.

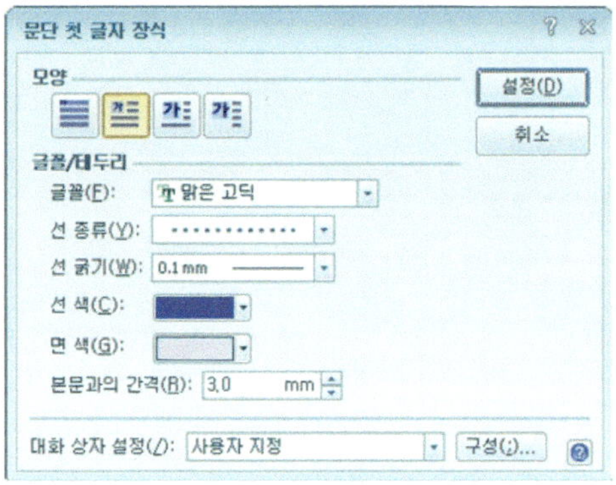

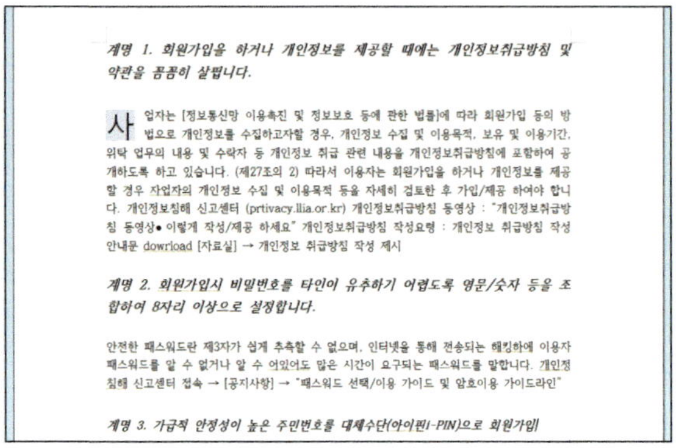

계명 1. 회원가입을 하거나 개인정보를 제공할 때에는 개인정보취급방침 및 약관을 꼼꼼히 살핍니다.

사업자는 [정보통신망 이용촉진 및 정보보호 등에 관한 법률]에 따라 회원가입 등의 방법으로 개인정보를 수집하고자할 경우, 개인정보 수집 및 이용목적, 보유 및 이용기간, 위탁 업무의 내용 및 수탁자 등 개인정보 취급 관련 내용을 개인정보취급방침에 포함하여 공개하도록 하고 있습니다. (제27조의 2) 따라서 이용자는 회원가입을 하거나 개인정보를 제공할 경우 자업자의 개인정보 수집 및 이용목적 등을 자세히 검토한 후 가입/제공 하여야 합니다. 개인정보침해 신고센터 (prtivacy.llia.or.kr) 개인정보취급방침 동영상 : "개인정보취급방침 동영상• 이렇게 작성/제공 하세요" 개인정보취급방침 작성요령 : 개인정보 취급방침 작성 안내문 dowrload [자료실] → 개인정보 취급방침 작성 제시

계명 2. 회원가입시 비밀번호를 타인이 유추하기 어렵도록 영문/숫자 등을 조합하여 8자리 이상으로 설정합니다.

안전한 패스워드란 제3자가 쉽게 추측할 수 없으며, 인터넷을 통해 전송되는 해킹하에 이용자 패스워드를 알 수 없거나 알 수 어있어도 많은 시간이 요구되는 패스워드를 말합니다. 개인정침해 신고센터 접속 → [공지사항] → "패스워드 선택/이용 가이드 및 암호이용 가이드라인"

계명 3. 가급적 안정성이 높은 주민번호를 대체수단(아이핀I-PIN)으로 회원가입

4.2 복사하여 붙이기(Ctrl+C → Ctrl+V)

본문의 특정한 부분을 복사하여 쓰고자 할 때 쓰는 기능이다.

4.3 오려서 붙이기(Ctrl+X → Ctrl+V)

이미 입력된 내용을 다른 장소로 이동하고자 할 때 사용하는 것이며, 먼저 원본의 내용을 입력하고 블록으로 지정한 후, 오려두기 하여 붙이면 된다.

4.4 머리말/꼬리말 넣기(Ctrl+N, H)

책이나 논문 등의 인쇄물을 보면 단원별로 혹은 책 전체에 걸쳐서 책의 제목, 단원제목, 발표자 이름 등이 본문의 위 혹은 아래에 있음을 종종 보게 된다. 이처럼 같은 말이 본문의 특정 부위에 반복적으로 나타나게 되는 것을 머리말, 꼬리말이라고 하며 문서의 위에 있으면 머리말, 아래에 있으면 꼬리말이라고 한다.

1 머리말/꼬리말 만들기

01 [쪽] – [머리말/꼬리말] 메뉴를 선택한다.

02 [머리말/꼬리말] 대화상자에서 '머리말'/'꼬리말' 중에서 선택한 후 [만들기]를 클릭한다.

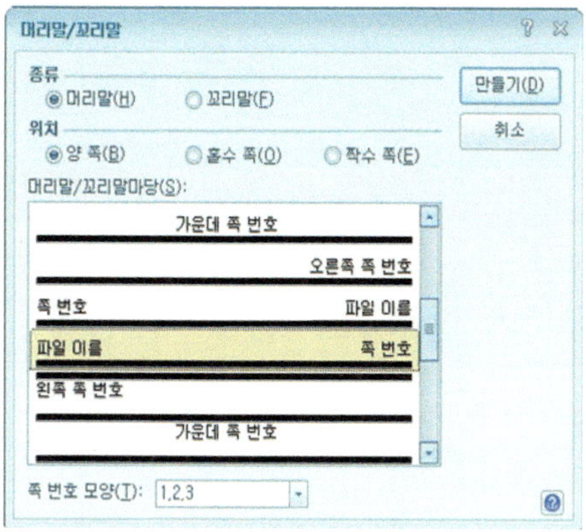

2 머리말/꼬리말 수정 및 감추기

01 입력된 머리말과 꼬리말은 수정할 수 있다. 수정하려면 머리말/꼬리말 부분에 마우스를 갖다 대고 더블 클릭하면 수정할 수 있다. 수정 후 [닫기]를 클릭하면 본문으로 나오는데 머리말/꼬리말이 수정되었음을 확인할 수 있다.

02 입력된 머리말과 꼬리말을 감추려면, 머리말이나 꼬리말을 감추고 싶은 쪽에 커서를 놓고 [쪽] – [쪽 모양] – [현재 쪽만 감추기]를 선택한다. [감추기] 대화상자에서 감출 내용인 '꼬리말'/'머리말' 중에 선택한다.

4.5 쪽 테두리/배경

문서의 각 쪽마다 본문을 에워싸는 테두리를 넣거나 바탕색, 배경 그림 등을 넣어 문서를 보기 좋게 꾸미는 기능이다.

01 [쪽] 탭 – [쪽 모양] 그룹 – [쪽 테두리/배경]을 선택한다.

02 [쪽 테두리/배경] 대화상자에서 [테두리] 탭과 [배경] 탭을 통해서 자세히 설정한다.

4.6 쪽 번호 넣기(Ctrl+N, P)

여러 장으로 된 문서에 각 쪽마다 번호를 매겨주는 기능이며 번호를 넣을 위치와 번호 모양을 선택할 수 있다. 쪽 번호는 매 쪽마다 인쇄하는 것이 아니라 특정 쪽에서 한번만 지정하면 나머지 쪽에서는 자동으로 인식이 된다. 단, 쪽 번호를 새로 매길 때는 새로 매기는 시작 쪽을 신중히 잘 선택해야 한다.

1 쪽 번호 매기기

01 [쪽] – [쪽 번호 매기기] 메뉴를 선택한다.

02 [쪽 번호 매기기] 대화상자에서 번호 위치와 번호 모양을 지정하고 [넣기]를 클릭한다.

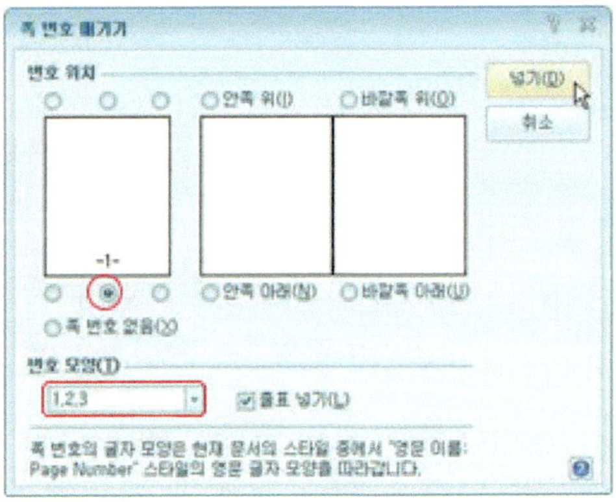

2 새 번호로 시작하기

파일에 쪽 번호를 매기면 -1-부터 시작된다. 그러나 사용자의 필요에 의해서 혹은 다른 파일에 이어지는 문서의 경우 -1-이 아닌 다른 번호로 시작되는 수가 있다. 그런 경우에는 새로운 번호로 시작해 주어야 한다.

01 [쪽] – [새 번호로 시작] 메뉴를 선택한다.

02 번호 종류는 [쪽 번호]를 선택하고, 시작번호를 입력한 후 [넣기]를 클릭한다.

3 특정 쪽에만 감추기 기능

쪽 번호를 특정한 쪽에만 감추게 하는 기능이 있다. 해당 쪽에 커서를 둔 다음 [쪽] - [쪽 모양] - [현재 쪽만 감추기]를 선택한다. [감추기] 대화상자에서 감출 내용인 '쪽 번호'를 선택하고 [설정]을 클릭한다.

4.7 주석 넣기(Ctrl+N, N)

주석은 본문에서 인용한 자료의 출처를 밝히거나 본문에서 언급한 내용의 보충 자료를 제시할 때 사용하는 것으로, 각주 또는 미주 형식으로 삽입된다. 각주는 각주 번호가 있는 페이지의 아래에, 미주는 문서의 가장 뒷부분에 주석 내용이 생성된다.

각주를 하나씩 추가할 때 마다 각주번호는 1), 2),… 로 늘어나게 된다.(각주, 미주의 '주'는 주석(註釋)이라는 의미이다.)

1 각주 달기

01 본문에 각주를 삽입하려면 각주를 넣을 단어 뒤에 커서를 위치시키고, [입력] – [주석] – [각주]를 선택한다.

02 커서 위치에 각주 번호가 매겨지고 해당 쪽의 아래로 커서가 옮겨지면 각주 내용을 입력한다.

03 각주의 수정 역시 각주에 마우스를 갖다 대고 클릭하면 각주 영역으로 들어가며 다시 수정하고 [닫기]를 하거나 Shift+Esc를 눌러 본문으로 돌아온다.

2 미주 달기(Ctrl+N,E)

미주는 각주와 같으나 본문 내용의 제일 끝에 한꺼번에 모아서 표시하는 것이 각주와 다른 점이며 만드는 방법은 각주와 같다.

01 미주를 넣을 단어 뒤에 커서를 위치시키고 [입력] – [주석] – [미주]를 선택한다.

02 커서 위치에 미주 번호가 매겨지고 문서의 끝으로 커서가 옮겨지면 미주 내용을 입력한다.

03 미주의 수정 역시 미주에 마우스를 갖다 대고 클릭하면 미주 영역으로 들어가며 다시 수정하고 [닫기]를 하거나 Shift+Esc를 눌러 본문으로 돌아온다.

4.8 스타일(F6)

자주 사용하는 글자 모양이나 문단 모양을 미리 정해 놓고 쓰는 것을 스타일(styles)이라고 한다. 스타일을 만들어 놓으면 필요할 때 그 스타일을 선택하는 것만으로 해당 문단의 글자 모양과 문단 모양을 한꺼번에 바꿀 수 있다.

스타일 기능을 이용하면 분량이 많은 문서에 대하여 일관성 있는 글자 모양이나 문단 모양을 유지하면서 문서를 작성할 수 있다.

01 [서식] – [스타일] 메뉴를 선택하거나 스타일 탭에서 아이콘 을 선택한다.
02 [스타일] 대화상자에서 [스타일 추가하기]를 클릭한다.
03 [스타일 추가하기] 대화상자에서 추가할 스타일 이름과 스타일 종류를 설정한다.
04 스타일 적용할 문단을 블록 설정하고 [스타일] 대화상자의 스타일 목록에서 '소제목'을 선택하여 적용한다.

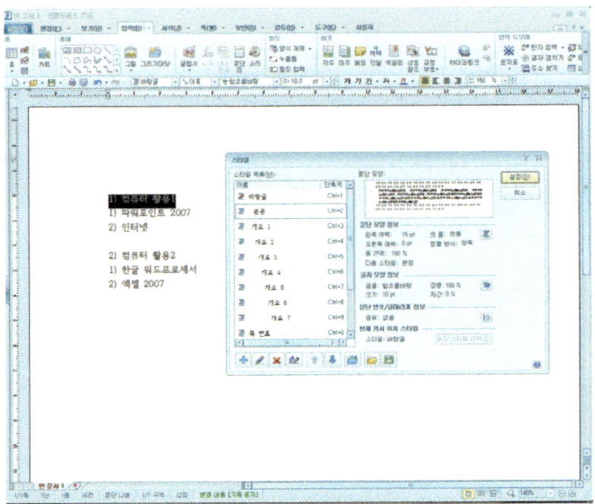

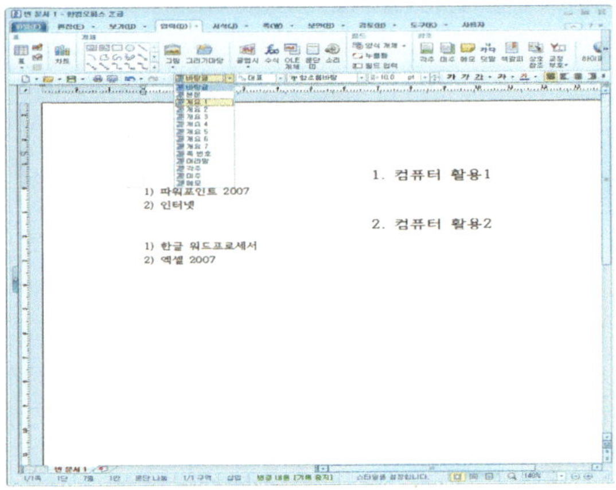

Tip

□ 워드프로세서를 잘 다룰 줄 아는 사람과 그렇지 못하는 사람의 차이는 바로 스타일을 이해하고 그것을 바탕으로 차례 만들기, 혹은 본문에서 자주 쓰이는 문단에 스타일을 적용함으로써 일관된 스타일 유지와 더불어 작업의 편이성을 도모하는데 있다고 볼 수 있다. 스타일을 쓸 줄 아는 사람은 제대로 워드프로세싱을 할 줄 아는 사람이라고 감히 말할 수 있다.

4.9 다단 편집

신문이나 논문 등을 보면 하나의 면이 세로로 여러 개의 단으로 나뉘어 표시되어 있는 것을 볼 수 있다. 이런 것을 '단'이라고 하는데 한글 2010에서는 최대 13단까지 가능하다.

단을 나누려면, [쪽] - [다단 설정]을 선택한 후 [단 설정] 대화상자에서 다양한 단의 종류나 단의 개수, 구분선, 너비, 간격, 단 방향 등을 선택하고 [설정]을 클릭한다.

단의 종류는 다음과 같다.

- 일반 다단 : 가장 기본적인 다단으로, 단 종류는 단 개수가 '2' 이상일 때에만 지정할 수 있다.
- 배분 다단 : 마지막 쪽에서 각 단의 높이가 일정하도록 내용을 조절한다.
- 평행 다단 : 하나의 단에 내용이 모두 채워지지 않더라도 다음 단으로 이동하여 내용을 입력할 수 있다.

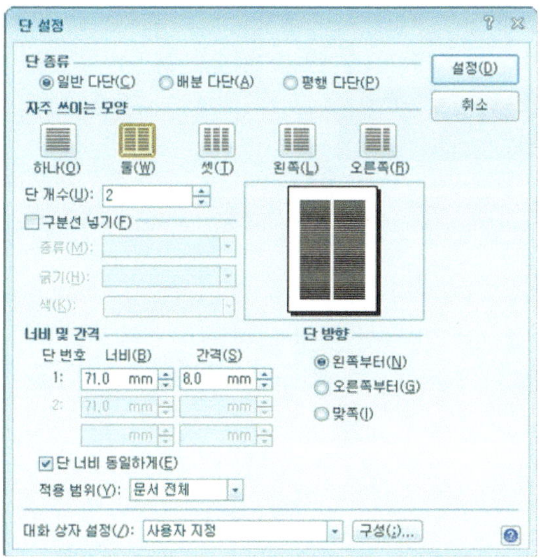

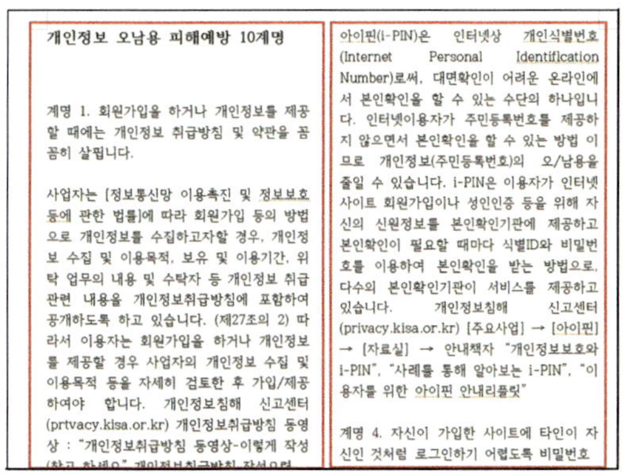

개인정보 오남용 피해예방 10계명

계명 1. 회원가입을 하거나 개인정보를 제공할 때에는 개인정보 취급방침 및 약관을 꼼꼼히 살핍니다.

사업자는 [정보통신망 이용촉진 및 정보보호 등에 관한 법률]에 따라 회원가입 등의 방법으로 개인정보를 수집하고자할 경우, 개인정보 수집 및 이용목적, 보유 및 이용기간, 위탁 업무의 내용 및 수탁자 등 개인정보 취급 관련 내용을 개인정보취급방침에 포함하여 공개하도록 하고 있습니다. (제27조의 2) 따라서 이용자는 회원가입을 하거나 개인정보를 제공할 경우 사업자의 개인정보 수집 및 이용목적 등을 자세히 검토한 후 가입/제공하여야 합니다. 개인정보침해 신고센터 (prtvacy.kisa.or.kr) 개인정보취급방침 동영상 : "개인정보취급방침 동영상-이렇게 작성

아이핀(i-PIN)은 인터넷상 개인식별번호 (Internet Personal Identification Number)로써, 대면확인이 어려운 온라인에서 본인확인을 할 수 있는 수단의 하나입니다. 인터넷이용자가 주민등록번호를 제공하지 않으면서 본인확인을 할 수 있는 방법 이므로 개인정보(주민등록번호)의 오/남용을 줄일 수 있습니다. i-PIN은 이용자가 인터넷 사이트 회원가입이나 성인인증 등을 위해 자신의 신원정보를 본인확인기관에 제공하고 본인확인이 필요할 때마다 식별ID와 비밀번호를 이용하여 본인확인을 받는 방법으로, 다수의 본인확인기관이 서비스를 제공하고 있습니다. 개인정보침해 신고센터 (privacy.kisa.or.kr) [주요사업] → [아이핀] → [자료실] → 안내책자 "개인정보보호와 i-PIN", "사례를 통해 알아보는 i-PIN", "이용자를 위한 아이핀 안내리플릿"

계명 4. 자신이 가입한 사이트에 타인이 자신인 것처럼 로그인하기 어렵도록 비밀번호

e~Test 실전 문제(2) 용지 설정 지정하기(2)

처리사항 **배점** : 2번(12), 3번(16)

2. **[보기]** ①과 같이 머리말/꼬리말 기능을 이용하여 작성하시오.
   1) 모든 쪽의 **하단 오른쪽**에 '○○○(응시자 본인의 이름)'을 입력하시오.
   2) 글꼴은 궁서체, 글꼴크기는 13pt

3. **[보기]** ⑨와 같이 모든 쪽의 **상단 오른쪽**에 페이지 (쪽) 번호를 입력하시오.
   1) 페이지 시작번호는 '4'로 지정
   2) 페이지 추가 시 자동으로 입력

보 기

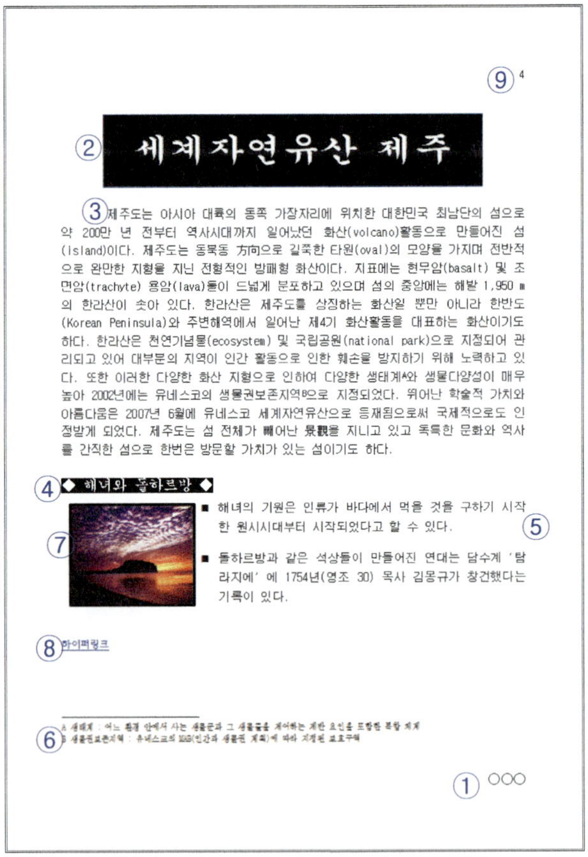

⑨ 4

② 세계자연유산 제주

③ 제주도는 아시아 대륙의 동쪽 가장자리에 위치한 대한민국 최남단의 섬으로 약 200만 년 전부터 역사시대까지 일어났던 화산(volcano)활동으로 만들어진 섬(island)이다. 제주도는 동북동 方向으로 길쭉한 타원(oval)의 모양을 가지며 전반적으로 완만한 지형을 지닌 전형적인 방패형 화산이다. 지표에는 현무암(basalt) 및 조면암(trachyte) 용암(lava)들이 드넓게 분포하고 있으며 섬의 중앙에는 해발 1,950 m의 한라산이 솟아 있다. 한라산은 제주도를 상징하는 화산일 뿐만 아니라 한반도(Korean Peninsula)와 주변해역에서 일어난 제4기 화산활동을 대표하는 화산이기도 하다. 한라산은 천연기념물(ecosystem) 및 국립공원(national park)으로 지정되어 관리되고 있어 대부분의 지역이 인간 활동으로 인한 훼손을 방지하기 위해 노력하고 있다. 또한 이러한 다양한 화산 지형으로 인하여 다양한 생태계[A]와 생물다양성이 매우 높아 2002년에는 유네스코의 생물권보존지역[B]으로 지정되었다. 뛰어난 학술적 가치와 아름다움은 2007년 6월에 유네스코 세계자연유산으로 등재됨으로써 국제적으로도 인정받게 되었다. 제주도는 섬 전체가 빼어난 景觀을 지니고 있고 독특한 문화와 역사를 간직한 섬으로 한번은 방문할 가치가 있는 섬이기도 하다.

④ ◆ 해녀와 돌하르방 ◆

⑦

- 해녀의 기원은 인류가 바다에서 먹을 것을 구하기 시작한 원시시대부터 시작되었다고 할 수 있다. ⑤
- 돌하르방과 같은 석상들이 만들어진 연대는 담수계 '탐라지에' 에 1754년(영조 30) 목사 김몽규가 창건했다는 기록이 있다.

⑧ 하이퍼링크

⑥
A 생태계 : 어느 환경 안에서 사는 생물군과 그 생물들을 제어하는 제반 요인을 포함한 복합 체계
B 생물권보존지역 : 유네스코의 MAB(인간과 생물권 계획)에 따라 지정된 보호구역

① ○○○

[따라하기]

2 머리말/꼬리말(배점 12점)

01 [쪽] 탭 - [쪽 모양] 그룹 - [꼬리말(Ctrl + N, H)]을 클릭한 후, [모양 없음]을 선택한다.

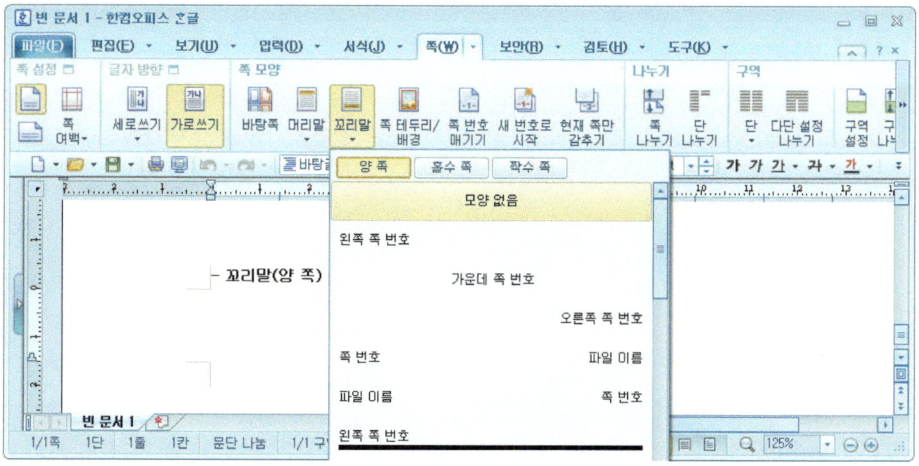

02 계속해서 응시자명 "○○○"이라고 입력하고 응시자명을 블록 지정한다.

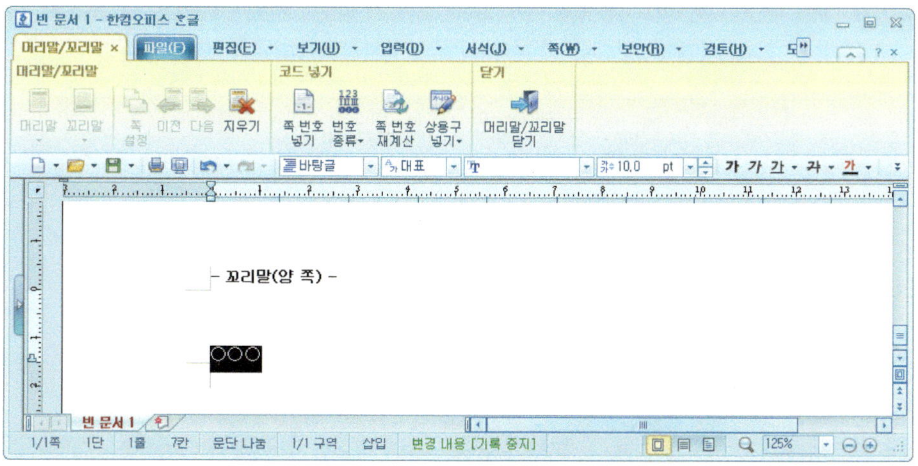

03 [서식] 도구 상자에서 글꼴은 '궁서체', 글꼴 크기는 '13pt'로 지정하고 [오른쪽 정렬]을 클릭한다. 그리고 [머리말/꼬리말] 탭 - [닫기] 그룹에서 [닫기] 단추를 클릭한다.

3 페이지(쪽) 번호 지정(배점 16점)

01 전체 문단을 블록으로 설정한다.[쪽] 탭 - [쪽 모양] 그룹 - [쪽 번호 매기기(Ctrl + N, P)]를 클릭한다.

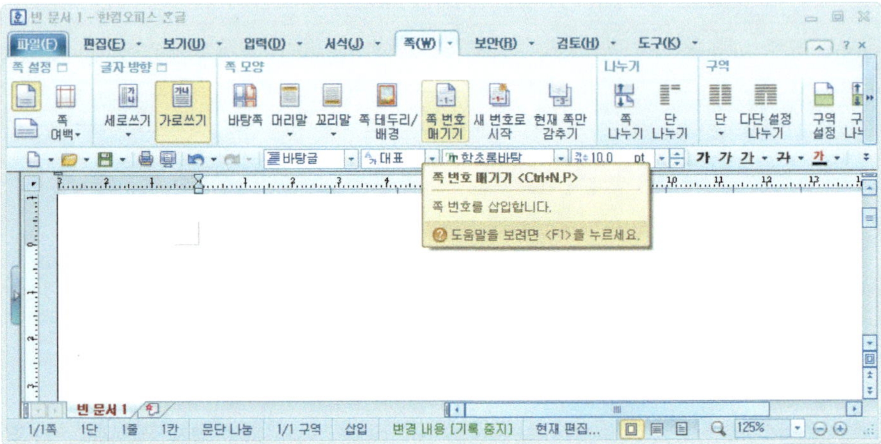

02 [쪽 번호 매기기] 대화 상자에서 번호 위치는 '상단 오른쪽', 번호 모양 '1,2,3'으로 선택하고 '줄표 넣기'의 체크 표시를 해제한 후, [넣기] 단추를 클릭한다.

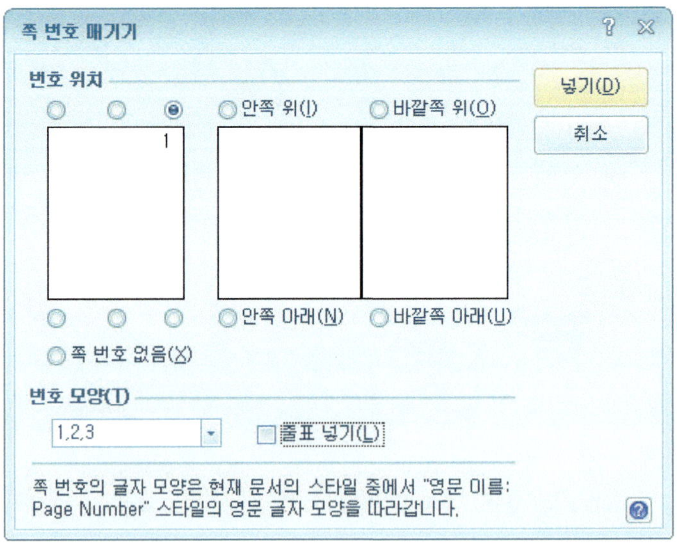

03 계속해서 페이지 시작번호를 지정하기 위해 [쪽] 탭 - [쪽 모양] 그룹 - [새 번호로 시작]을 클릭한다.

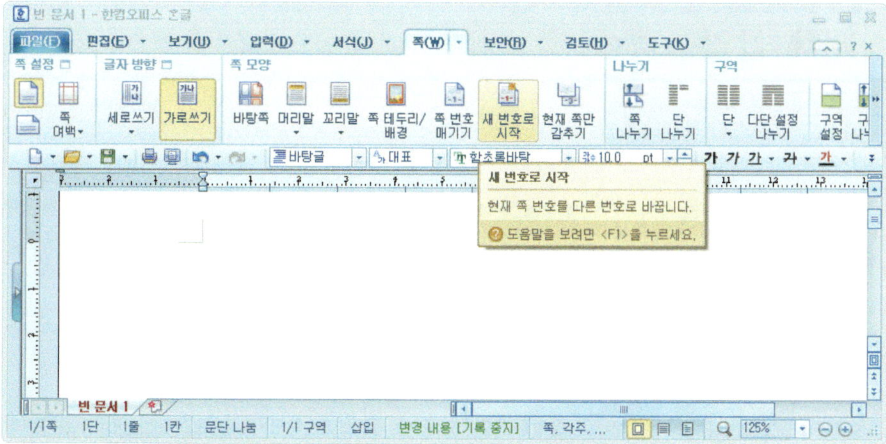

04 [새 번호로 시작] 대화 상자에서 시작 번호를 '4'로 지정한 후, [넣기] 단추를 클릭한다.

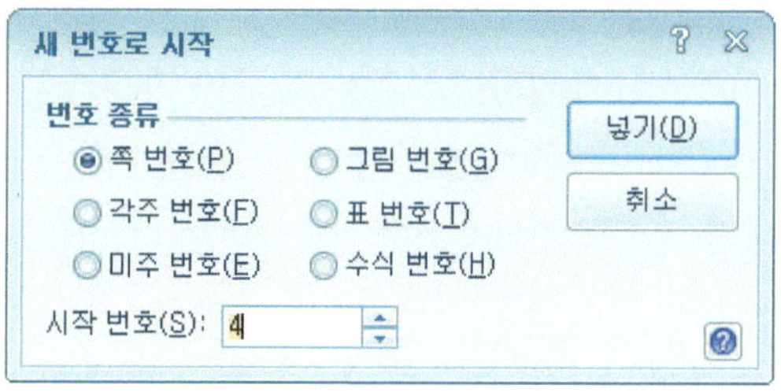

05 꼬리말과 쪽 번호 입력을 확인하고 저장(, Alt + S)하도록 한다.

06 [다른 이름으로 저장하기] 대화상자가 나타나면 저장 위치를 바탕화면으로 지정한 후 파일 이름 응시자명 "○○○"을 입력한 다음 [저장] 단추를 클릭한다.

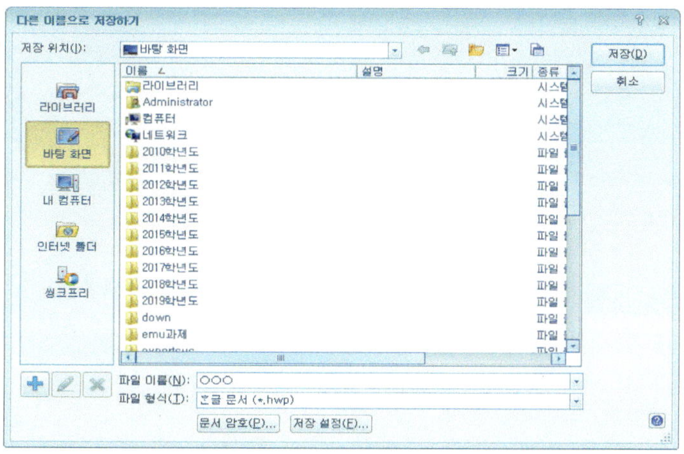

05 개체 삽입

그림 넣기는 한글 문서에 그림 파일을 삽입하는 기능으로 gif, jpg, png, bmp, ai, wmf 등의 다양한 그림 형식을 지원한다. 또한 글을 예쁘게 꾸며주는 글맵시 기능도 있다.

5.1 그림 넣기(Ctrl+N, I)

문서 전체를 텍스트로만 구성하는 것이 워드프로세서의 기본적인 틀이지만 문서의 내용과 어울리는 그림 한두 가지 정도 넣어주면 훨씬 문서를 다채롭게 꾸미는 효과를 볼 수 있다.

01 [입력] - [그림] - [그림] 선택한다.

02 [그림 넣기] 대화상자에서 삽입할 그림의 경로와 파일 선택한 후, '마우스로 크기 지정'에 체크하고 [넣기]를 클릭한다.

03 마우스 포인터가 십자(+) 모양으로 바뀌면 드래그하여 원하는 크기의 그림 영역을 만든다.

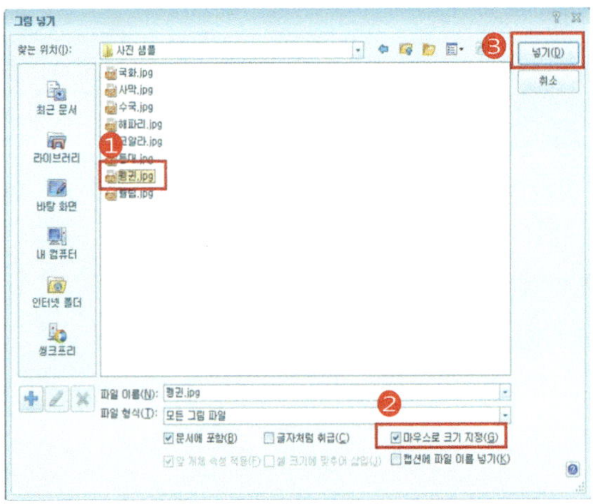

04 그림 삽입 후 개체를 더블클릭하고 [개체 속성] 대화상자에서 [기본] 탭을 선택하여 그림의 크기, 그림을 본문에 어떻게 위치시킬 것인가를 결정한다. 크기를 30mm×30mm로 하고 본문과의 배치를 모두 달리 적용해 보자.

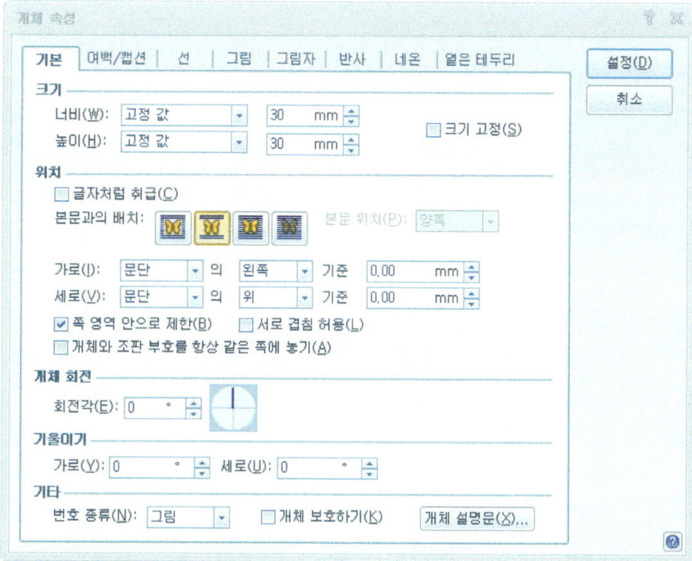

- 본문과의 배치를 '어울림'으로 할 때

본문과의 배치에서 '어울림'을 하면 그림의 상하좌우에 글자를 배치시킬 수 있고 '자리 차지'를 하면 글자가 그림의 좌우에는 올 수 없고, '글 뒤로'는 글 뒤로 그림을 배치하여 그림을 배경으로 쓴다는 것이고, 때로는 '글 앞으로', 배치를 할 수 있으며 자신의 자리를 가장 확고히 가지는 것은 '글자처럼 취급'이라고 할 수 있다.

- 본문과의 배치를 '자리 차지'로 할 때

본문과의 배치에서 '어울림'을 하면 그림의 상하좌우에 글자를 배치시킬 수 있고 '자리 차지'를 하면 글자가 그림의 좌우에는 올 수 없고, '글 뒤로'는 글 뒤로 그림을 배치하여 그림

을 배경으로 쓴다는 것이고, 때로는 '글 앞으로', 배치를 할 수 있으며 자신의 자리를 가장 확고히 가지는 것은 '글자처럼 취급'이라고 할 수 있다.

• 본문과의 배치를 '글 뒤로' 할 때

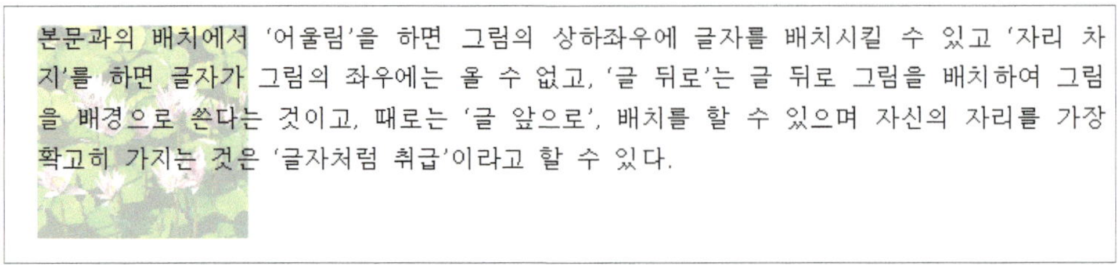

• 본문과의 배치를 '글 앞으로' 할 때

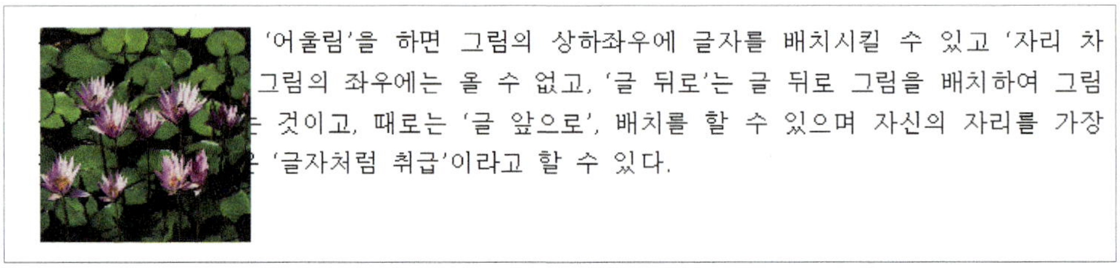

05 [여백/캡션] 탭에서는 여백 지정 및 표 설명문(캡션)의 위치를 결정한다. 본문과 어울려 배치될 때는 여백에 신경을 써야 한다. 여백을 주었을 때와 주지 않았을 때를 비교하면 아래 화면과 같다.

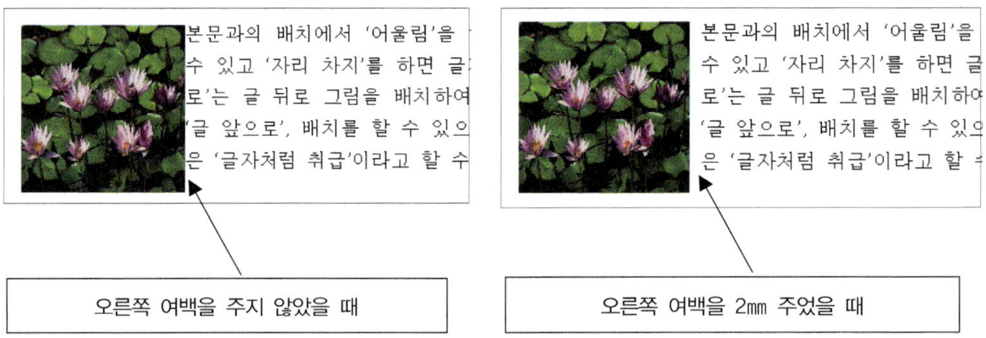

Tip

☐ 그림을 선택한 상태에서 글자판의 〈Shift〉를 누른 채 방향 화살표를 눌러 그림의 크기를 조절할 수도 있다.

<Shift+←>	그림의 너비를 1mm 줄인다.
<Shift+→>	그림의 너비를 1mm 늘린다.
<Shift+↑>	그림의 높이를 1mm 줄인다.
<Shift+↓>	그림의 높이를 1mm 늘린다.

5.2 그리기 마당

그리기 마당은 많이 쓰이는 개체를 미리 등록해 놓은 것으로, 필요할 때마다 등록된 개체를 가져다 쉽고 빠르게 이용할 수 있다. 그리기 마당은 한글로 직접 그린 그림들을 모아 놓은 '그리기 조각'과 외부에서 그린 그림들을 모아 놓은 '클립아트'로 구성되어 있다.

01 [입력] – [그림] – [그리기 마당] 메뉴를 선택한다.

02 [그리기 마당] 대화상자의 [그리기 조각] 탭이나 [클립아트] 탭의 꾸러미 목록에서 원하는 그림을 선택하고 [넣기]를 클릭한다.

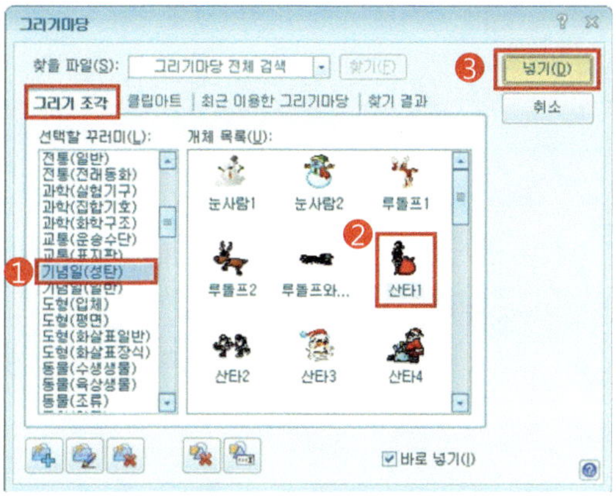

5.3 글상자 넣기(Ctrl+N, B)

다단 편집에서 단의 경계를 넘어서는 커다란 제목을 넣거나 본문 중간에 상자형 요약 글을 넣을 때 주로 글상자를 이용한다.

01 [입력] – [개체] – [글상자] 메뉴를 선택하거나, 입력 탭의 개체 그룹에서 도형 이미지 꾸러미의 가로 글상자 아이콘 을 선택한다.

02 마우스 포인터가 십자 모양(+)으로 바뀌면 편집 창에 마우스를 끌어 글상자의 크기를 정한다.

03 글상자 안에 커서가 깜박이면 글상자 안에 내용을 입력한다.

5.4 글맵시

글맵시는 글자를 구부리거나 외곽선, 채움 효과, 그림자, 회전 등의 효과를 사용하여 글자를 꾸미는 기능이다.

01 [입력] – [개체] – [글맵시] 메뉴를 선택한다.
02 [글맵시 만들기] 대화상자에서 글맵시로 표현할 내용, 글꼴, 속성, 글자 간격, 줄 간격, 글맵시 모양 등을 선택하고 [설정]을 클릭한다.
03 입력한 글자가 지정한 글맵시 모양으로 본문에 입력된다.

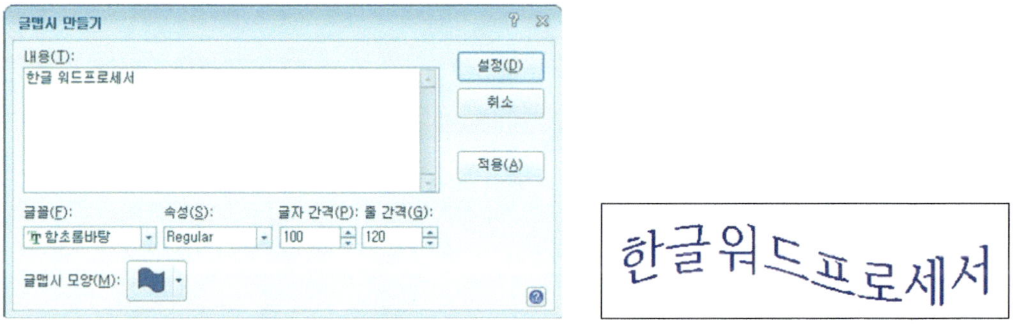

Tip

□ 입력 탭의 개체 그룹에서 글맵시 아이콘을 누르면 글맵시 스타일 이미지 꾸러미가 펼쳐진다. 글맵시 스타일을 사용하면 다양한 형태의 글맵시 개체를 만들 수 있다.

5.5 수식(Ctrl+N, M)

수식 기능은 일반인들에게는 별로 도움이 안 되겠지만 수식을 자주 사용하는 관련 이용자들에게는 관련분야의 문서를 편집하는데 큰 도움이 될 것이다. 수식편집 상태에서 항목간의 이동은 →, ← 키를 누르면 된다. 수식 편집 영역에서 F2키를 누르면 수식의 글자색을 바꿀 수 있다.

01 [입력] - [개체] - [수식] 메뉴를 선택하거나, 입력 탭의 개체 그룹에서 수식 아이콘을 클릭한다.

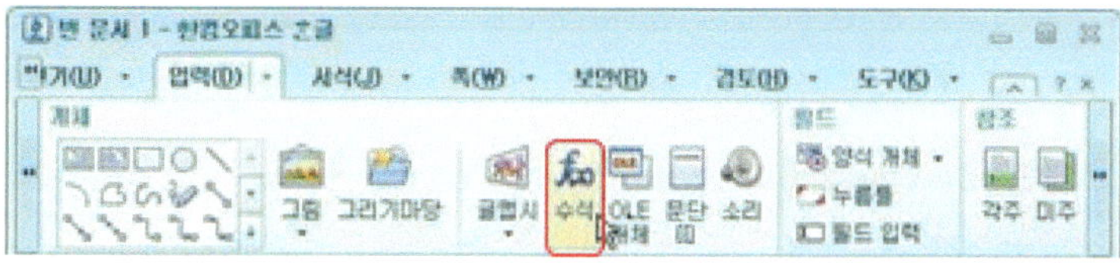

02 수식편집기 대화상자에서 빨간색 상자가 현재 입력되는 위치이다. 피타고라스의 정리를 수식으로 표현해 보았다. 수식을 벗어날 때는 입력 완료 후 수식을 빠져나올 때는 넣기 아이콘( ) 임의의 빈 곳에서 마우스를 클릭하거나 Shift+Esc를 하면 수식 상태를 벗어나게 된다.

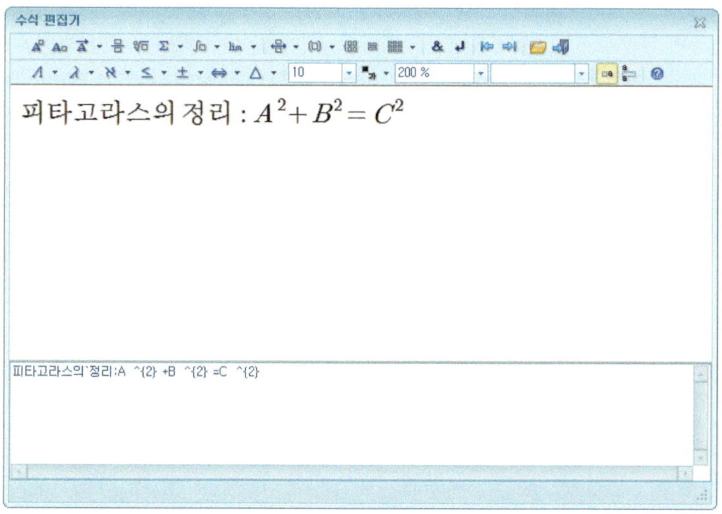

5.6 하이퍼링크 만들기(Ctrl+K, H)

하이퍼링크를 이용하면 문서의 특정한 위치에 현재 문서나 다른 문서, 웹 페이지, 전자 우편 주소 등을 연결하여 쉽게 참조하거나 이동할 수 있다.

1 한글문서끼리 연결하기

01 다음의 문장을 입력한다.

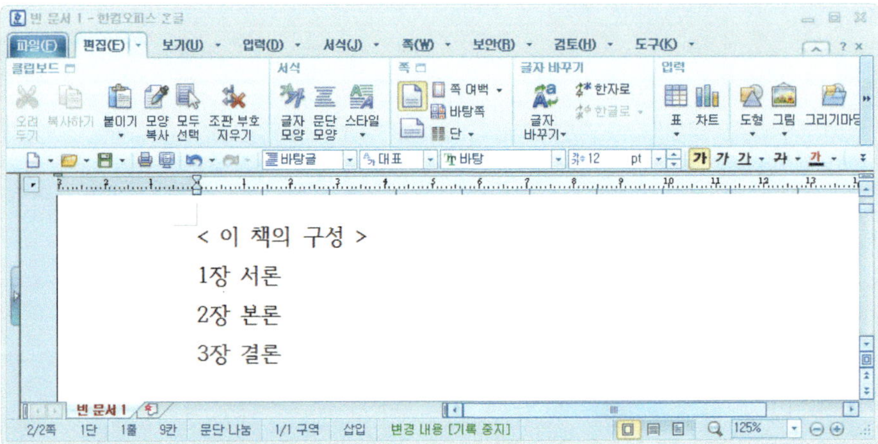

02 Ctrl+Enter를 친 후 페이지가 바뀌면 아래와 같이 입력한다.

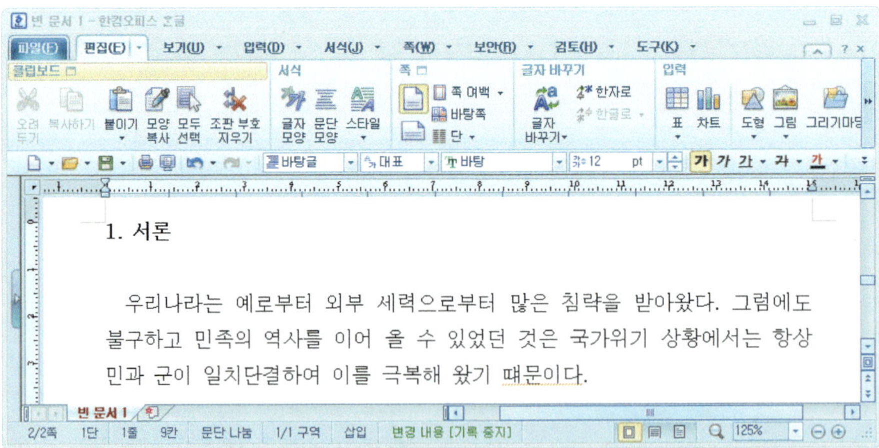

03 서론을 블록으로 지정한 다음 [입력] – [책갈피]를 선택하여, 책갈피 이름을 입력한 후 [넣기] 단추를 선택한다.

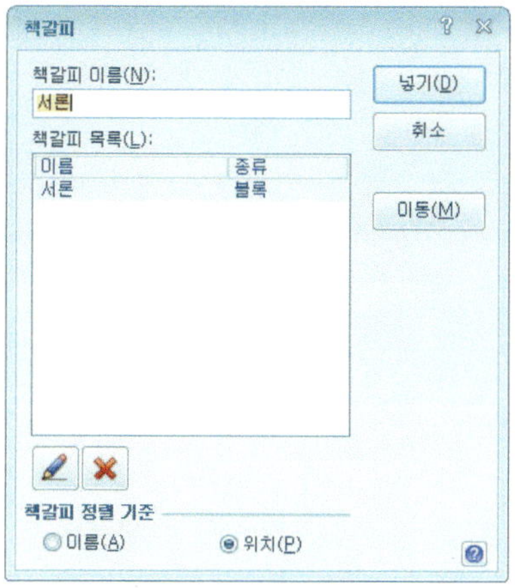

04 Ctrl+PageUp를 눌러 문서의 처음으로 되돌아가서 "1. 서론"을 블록 지정한 다음 [입력] – [하이퍼링크]로 간다. 연결종류는 한글문서로 하고 책갈피 이름 중 "1. 서론"을 선택한 후 [넣기] 단추를 클릭한다.

05 본문으로 되돌아와서 본문의 "1.서론" 위에 마우스를 놓으면 하이퍼링크 표시로 바뀐다. 클릭하면 2쪽의 서론으로 연결된다.

2 HTML 문서로 연결하기

01 다음 문장을 입력한다. 하이퍼링크를 넣고자 하는 영역을 블록으로 설정한 후 [입력] – [하이퍼링크] 메뉴를 선택한다.

02 [하이퍼링크] 대화상자가 나타나고 표시할 문자열에 블록으로 설정된 영역이 자동으로 입력되어 있다.

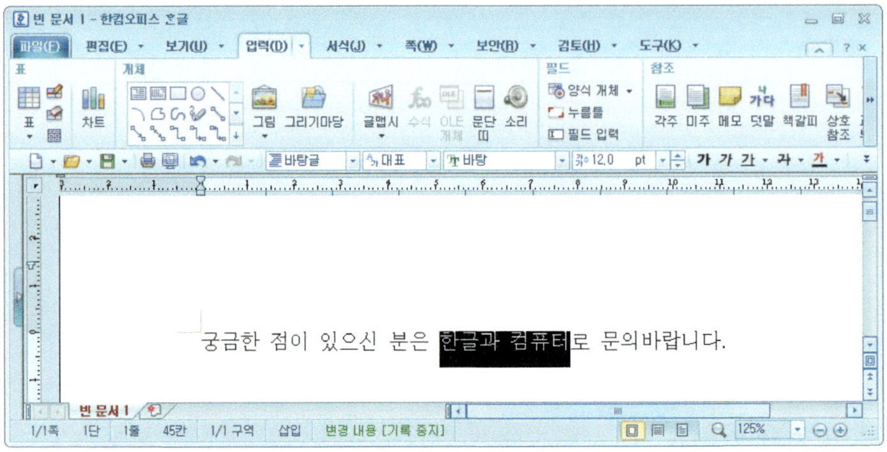

03 한글과 컴퓨터를 블록 지정한 다음 [입력] - [하이퍼링크] 메뉴를 선택한다. 연결 종류를 "웹 주소"로 하고 연결대상을 한글과 컴퓨터 주소인 "www.hancom.com"을 입력하고 [넣기] 단추를 클릭한다.

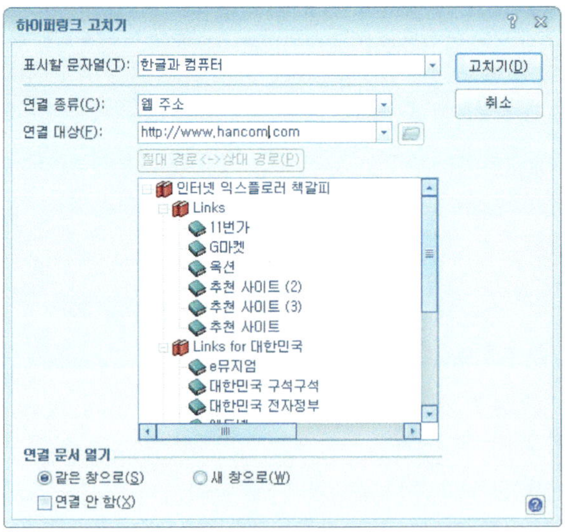

04 본문의 "한글과 컴퓨터"에 마우스를 놓으면 손 모양으로 변경되고, 클릭하면 한글과 컴퓨터사의 홈페이지로 연결된다.

보 기

⑨ 4

② **세계자연유산 제주**

③제주도는 아시아 대륙의 동쪽 가장자리에 위치한 대한민국 최남단의 섬으로 약 200만 년 전부터 역사시대까지 일어났던 화산(volcano)활동으로 만들어진 섬(island)이다. 제주도는 동북동 方向으로 길쭉한 타원(oval)의 모양을 가지며 전반적으로 완만한 지형을 지닌 전형적인 방패형 화산이다. 지표에는 현무암(basalt) 및 조면암(trachyte) 용암(lava)들이 드넓게 분포하고 있으며 섬의 중앙에는 해발 1,950 m의 한라산이 솟아 있다. 한라산은 제주도를 상징하는 화산일 뿐만 아니라 한반도(Korean Peninsula)와 주변해역에서 일어난 제4기 화산활동을 대표하는 화산이기도 하다. 한라산은 천연기념물(ecosystem) 및 국립공원(national park)으로 지정되어 관리되고 있어 대부분의 지역이 인간 활동으로 인한 훼손을 방지하기 위해 노력하고 있다. 또한 이러한 다양한 화산 지형으로 인하여 다양한 생태계[A]와 생물다양성이 매우 높아 2002년에는 유네스코의 생물권보존지역[B]으로 지정되었다. 뛰어난 학술적 가치와 아름다움은 2007년 6월에 유네스코 세계자연유산으로 등재됨으로써 국제적으로도 인정받게 되었다. 제주도는 섬 전체가 빼어난 景觀을 지니고 있고 독특한 문화와 역사를 간직한 섬으로 한번은 방문할 가치가 있는 섬이기도 하다.

④◆ 해녀와 돌하르방 ◆

⑦ 

- 해녀의 기원은 인류가 바다에서 먹을 것을 구하기 시작한 원시시대부터 시작되었다고 할 수 있다. ⑤
- 돌하르방과 같은 석상들이 만들어진 연대는 담수계 '탐라지에' 에 1754년(영조 30) 목사 김몽규가 창건했다는 기록이 있다.

⑧하이퍼링크

⑥
A 생태계 : 어느 환경 안에서 사는 생물군과 그 생물들을 제어하는 제반 요인을 포함한 복합 체계
B 생물권보존지역 : 유네스코의 MAB(인간과 생물권 계획)에 따라 지정된 보호구역

① ○○○

처리사항

배점 : 1번(16), 2번(48), 3번(16), 4번(24), 5번(20), 6번(40), 7번(20)

1. [보기] ②와 같이 글상자를 이용하여 제목을 작성하시오.
   1) 제목은 '세계자연유산 제주'으로 입력
   2) 글꼴은 궁서체, 글꼴크기는 32pt, 글꼴색은 기본-하양, 장평은 120%, 가로 가운데 정렬
   3) 글상자의 내부색은 기본-검정, 외곽선은 실선으로 지정하고 선 색은 기본-바다색, 선 두께 0.4mm

2. [보기] ③과 같이 아래의 내용을 입력하시오.

제주도는 아시아 대륙의 동쪽 가장자리에 위치한 대한민국 최남단의 섬으로 약 200만 년 전부터 역사시대까지 일어났던 화산(volcano)활동으로 만들어진 섬(island)이다. 제주도는 동북동 방향으로 길쭉한 타원(oval)의 모양을 가지며 전반적으로 완만한 지형을 지닌 전형적인 방패형 화산이다. 지표에는 현무암(basalt) 및 조면암(trachyte) 용암(lava)들이

드넓게 분포하고 있으며 섬의 중앙에는 해발 1,950 m의 한라산이 솟아 있다. 한라산은 제주도를 상징하는 화산일 뿐만 아니라 한반도(Korean Peninsula)와 주변해역에서 일어난 제4기 화산활동을 대표하는 화산이기도 하다. 한라산은 천연기념물(ecosystem) 및 국립공원(national park)으로 지정되어 관리되고 있어 대부분의 지역이 인간 활동으로 인한 훼손을 방지하기 위해 노력하고 있다. 또한 이러한 다양한 화산 지형으로 인하여 다양한 생태계와 생물다양성이 매우 높아 2002년에는 유네스코의 생물권보존지역으로 지정되었다. 뛰어난 학술적 가치와 아름다움은 2007년 6월에 유네스코 세계자연유산으로 등재됨으로써 국제적으로도 인정받게 되었다. 제주도는 섬 전체가 빼어난 경관을 지니고 있고 독특한 문화와 역사를 간직한 섬으로 한번은 방문할 가치가 있는 섬이기도 하다.

1) 글꼴은 굴림체, 글꼴크기는 12pt
2) 내용의 첫 줄 48pt 들여쓰기
3) 줄 간격은 고정 값, 18pt
4) 한자변환
   방향 -〉 方向
   경관 -〉 景觀

3. **[보기]** ④와 같이 소제목을 입력하시오.
   1) 소제목은 '해녀와 돌하르방'으로 입력
   2) 소제목 앞뒤에 '◆' 기호문자 삽입
   3) 글꼴은 궁서체, 글꼴크기는 15pt, 글꼴 색은 기본-하양
   4) 글자의 음영은 '기본-검정'으로 지정

4. **[보기]** ⑤와 같이 아래의 내용을 입력하시오.
   1) 〈입력 내용〉

   해녀의 기원은 인류가 바다에서 먹을 것을 구하기 시작한 원시시대부터 시작되었다고 할 수 있다.
   돌하르방과 같은 석상들이 만들어진 연대는 담수계 '탐라지' 에 1754년(영조 30) 목사 김몽규가 창건했다는 기록이 있다.

   2) 글머리표로 '■'를 지정
   3) 글꼴은 돋움체, 글꼴크기는 12pt
   4) 문단 아래 간격은 12pt

5. **[보기]** ⑥과 같이 각주를 작성하시오.
   1) 본문의 '생태계'와 '생물권보존지역'에 작성하시오.
   2) 각주의 위치는 페이지 아래쪽
   3) 〈각주 입력 내용〉

생태계 : 어느 환경 안에서 사는 생물군과 그 생물들을 제어하는 제반 요인을 포함한 복합 체계
생물권보존지역 : 유네스코의 MAB(인간과 생물권 계획)에 따라 지정된 보호구역

1) 글꼴은 바탕체, 글꼴크기는 9pt
2) 각주 번호 모양은 'A'로 지정

6. **[보기]** ⑦과 같이 주어진 이미지를 이용하여 작성하시오.
   1) 주어진 '워드제공이미지'를 삽입
   2) 이미지의 크기는 너비 45mm, 높이 35mm
   3) 삽입된 이미지의 테두리를 기본-검정, 실선, 1mm로 지정
   4) 이미지가 내용의 왼쪽에 위치하도록 지정하고, 바깥 여백은 위쪽/아래쪽/왼쪽/오른쪽을 3mm로 지정(반드시 그림서식에서 지정할 것)

7. **[보기]** ⑧과 같이 하이퍼링크를 다음 요구에 따라 작성하시오.
   1) 삽입된 그림 아래 행에 '하이퍼링크'라고 입력
   2) 입력한 '하이퍼링크'에 e-Test 홈페이지를 하이퍼링크로 연결
      (e-Test 홈페이지 : http://www.e-test.co.kr)

[답안 따라하기]

1 글상자로 제목 작성하기(배점 16점)

01 [입력] 탭 - [개체] 그룹 - [가로 글상자(Ctrl + N, B)]를 선택한다.

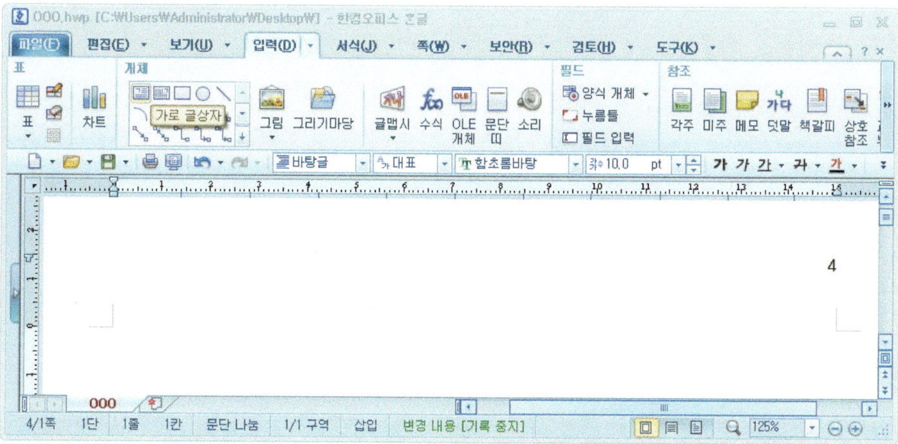

02 마우스 포인터 모양이 '+', 모양으로 변경되면 드래그하여 글상자를 삽입하고 글상자 안에 제목을 입력한다.

03 글상자 안의 제목을 블록을 지정한 후, [서식] 탭의 목록을 클릭하여 [글자 모양(Alt + L)] 메뉴를 선택한다.

04 [글자 모양] 대화 상자의 [기본] 탭에서 기준 크기는 '32pt', 글꼴은 '궁서체', 장평은 '120%', 글자색은 '기본-하양'으로 지정한 후 [설정] 단추를 클릭한다.

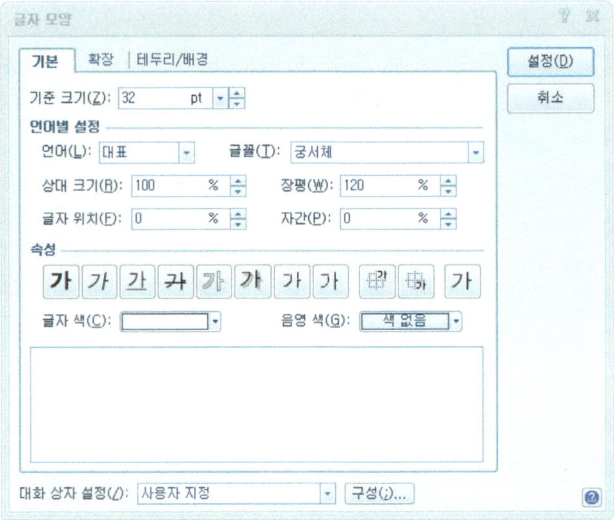

05 [서식] 도구 상자에서 [가운데 정렬(Ctrl+Shift+C)]을 클릭한다.

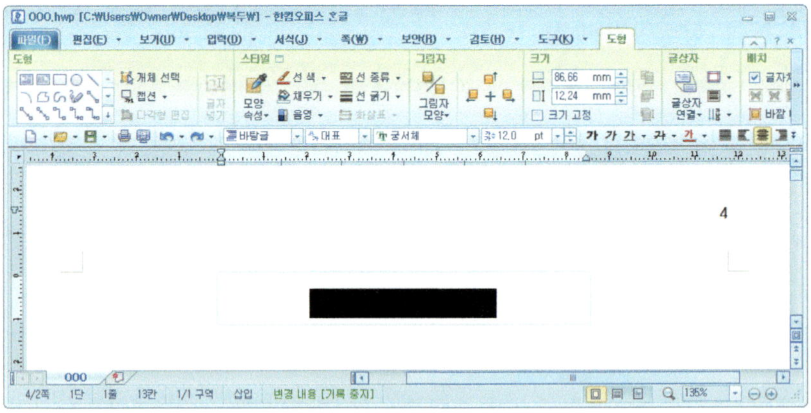

06 글상자를 선택하고 마우스 오른쪽 단추를 눌러 [개체 속성] 메뉴를 선택한다.(글상자 더블 클릭)

07 [개체 속성] 대화 상자의 [기본] 탭에서 '글자처럼 취급'을 체크 표시한다.

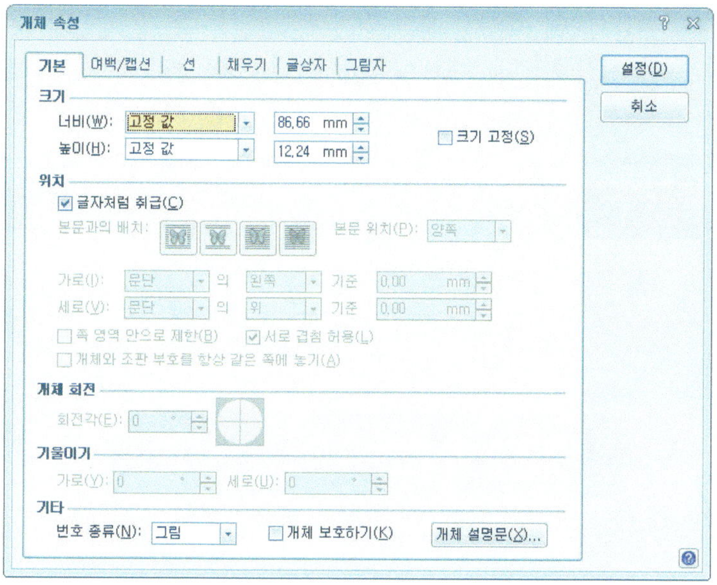

08 계속해서 [선] 탭을 클릭하고 선 색은 '기본 - 바다색'으로, 굵기는 '0.4mm'로 입력한다.

09 [채우기] 탭을 선택하고 면 색을 '기본 - 검정'으로 지정하고 [설정] 단추를 클릭한다.

10 글상자의 크기를 조정하고 글상자의 바깥쪽에 커서를 위치시킨 후, [서식] 도구 상자에서 [가운데 정렬]을 클릭한다.

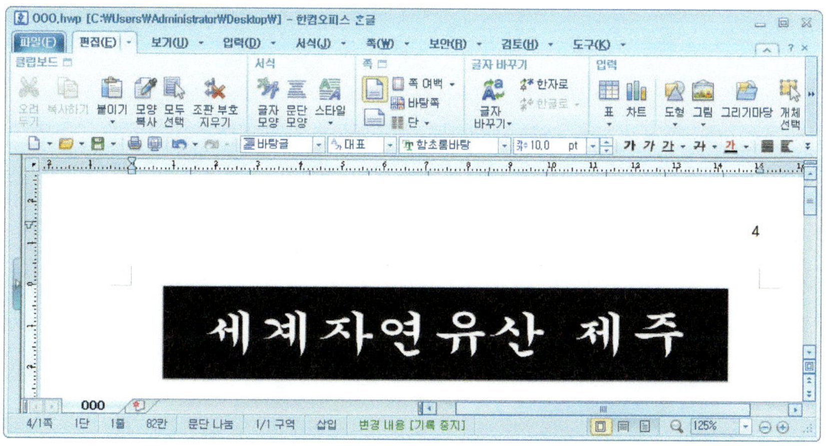

2 본문 내용 입력하기(배점 48점)

01 본문 내용을 입력하기 위해 글상자 오른쪽 바깥쪽에 커서를 위치시키고 Enter↵ 키를 눌러 다음 줄(행)로 이동시킨다. 이 상태에서 Ctrl + 1 키를 눌러 바탕글 스타일로 지정한다.

02 Enter↵ 키를 한 번 더 누른 후, 본문 내용을 다음과 같이 입력한다.

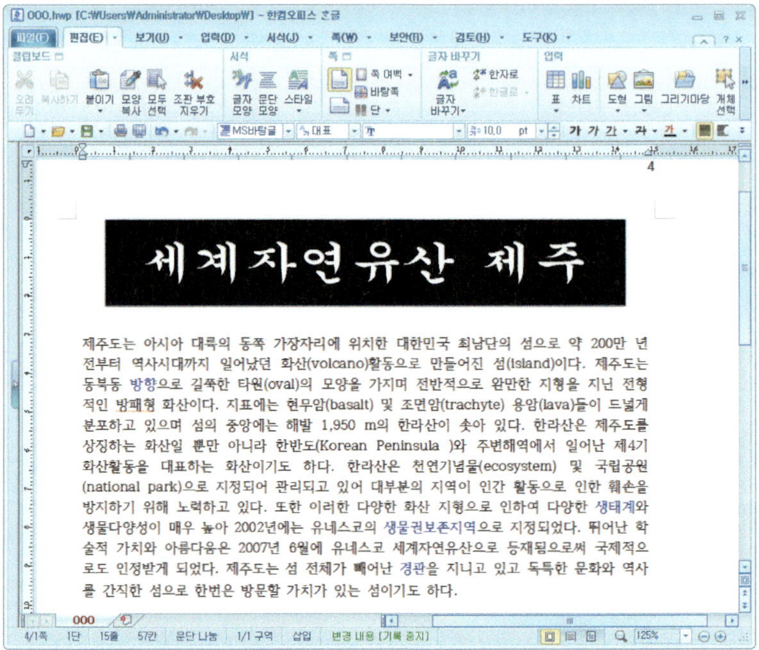

03 입력한 본문 내용을 블록 지정하고 [서식] 도구 상자에서 글꼴은 '굴림체', 글꼴크기 '12pt'로 지정한다.

04 본문 내용을 블록 지정된 상태에서 [서식] 탭의 목록을 클릭한 후, [문단 모양(Alt + T)]을 클릭한다.

05 [문단 모양] 대화 상자의 [기본] 탭에서 들여쓰기 '48pt', 줄 간격은 '고정 값, 18pt'로 지정한 후, [설정] 단추를 클릭한다.

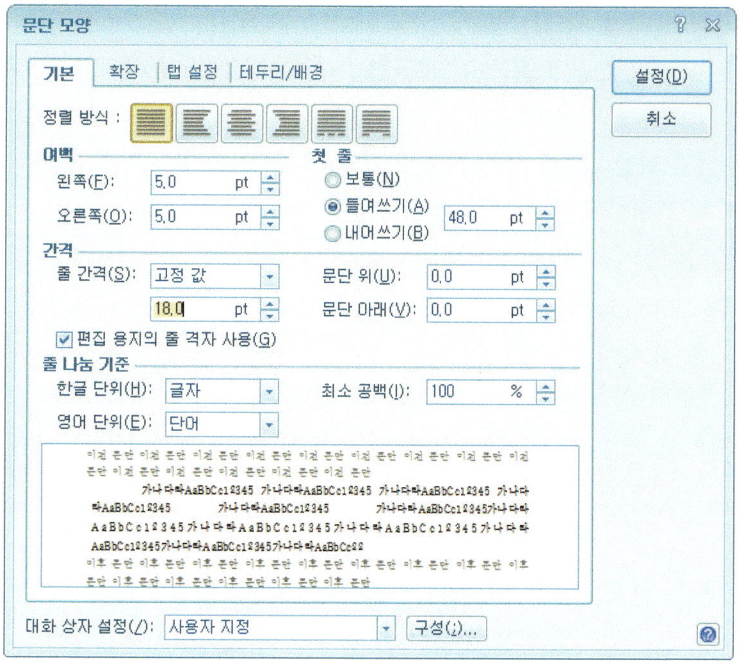

06 한자로 변환하기 위해 '방향' 단어 뒤에 커서를 위치시키고 〈한자〉키 또는 F9를 누른다.

07 [한자로 바꾸기] 대화 상자에서 입력 형식을 '한글(漢字)'로 선택하고 [바꾸기]를 클릭한다.

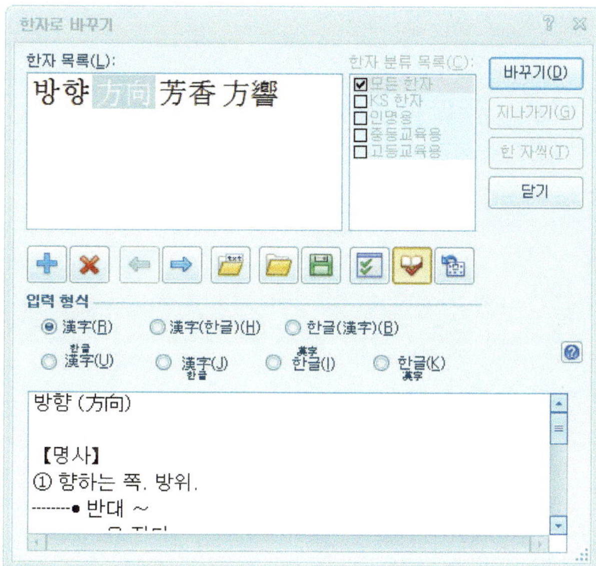

08 위와 동일한 방법으로 '경관'의 단어도 한자로 변환한다.

3 소제목 입력하기(배점 16점)

01 본문 내용 끝에서 Enter↵ 키를 누른 후, Ctrl + 1 키를 눌러 바탕글 스타일로 지정한다.

02 계속해서 Enter↵ 키를 한 번 더 눌러 다음 줄(행)로 이동한 후, [입력] 탭의 목록을 클릭하여 [문자표(Ctrl + F10)]를 선택한다.

03 [문자표 입력] 대화 상자의 [한글(HNC) 문자표] 탭에서 [전각 기호(일반)]을 선택하고 '◆'을 선택한 후, [넣기] 단추를 클릭한다.

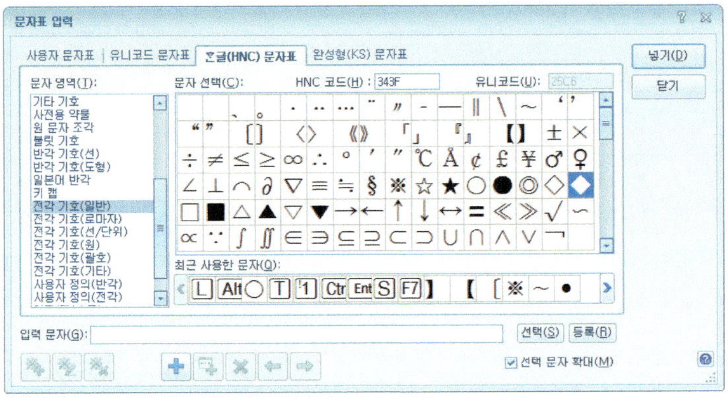

04 소제목 "해녀와 돌하르방"라고 입력한 후, 위와 동일한 방법으로 문자표를 이용하여 '◆'을 삽입한다.

05 입력한 소제목을 블록 지정한 후, [서식] 탭의 목록을 클릭하고 [글자 모양(Alt + L)]을 선택한다.

06 [글자 모양] 대화 상자의 [기본] 탭에서 기준 크기는 '15pt', 글꼴은 '궁서체', 글꼴 색은 '기본-하양', 음영색은 '기본-검정'으로 지정한 후, [설정] 단추를 클릭한다.

4 소제목 내용 입력하기(배점 24점)

01 소제목 끝에서 Enter↵ 키를 누른 후, Ctrl + 1 키를 눌러 바탕글 스타일로 지정한다.

02 계속해서 소제목 내용을 입력한다.

03 소제목 내용을 블록 지정하고 [서식] 탭의 목록을 클릭한 후, [문단 번호 모양(Ctrl + K, N)]을 선택한다.

04 [문단 번호/글머리표] 대화 상자의 [글머리표] 탭에서 해당 글머리표 모양 '■'을 선택하고 [설정] 단추를 클릭한다.

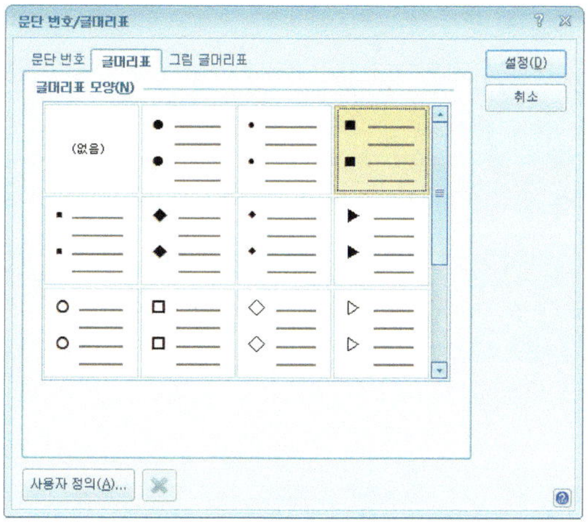

05 [서식] 도구 상자에서 글꼴은 '돋움체', 글꼴 크기 '12pt'로 지정한다.

06 계속해서 [서식] 탭의 목록을 클릭하여 [문단 모양(Alt + T)]을 선택한다. [문단 모양] 대화 상자의 [기본] 탭에서 문단 아래 간격을 '12pt'로 지정하고 [설정] 단추를 클릭한다.

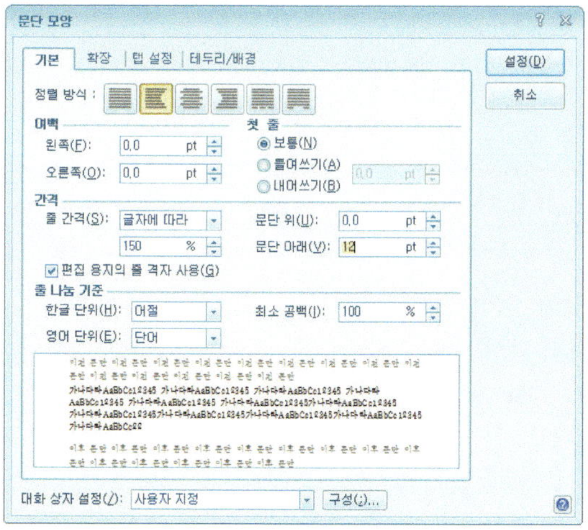

⬇

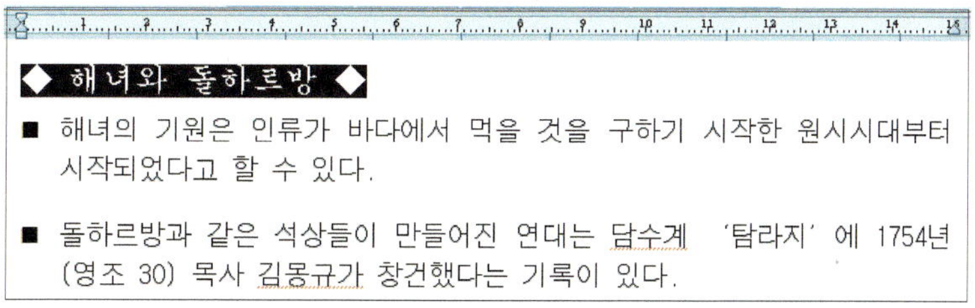

5 각주 작성하기(배점 20점)

01 각주를 삽입하기 위해 '생태계' 낱말 뒤에 커서를 위치시키고 [입력] 탭 - [참조] 그룹 - [각주]를 클릭한다.

02 각주의 편집 상태로 전환되면 각주 내용을 입력하고 내용을 블록 지정한다. [서식] 도구 상자에서 글꼴은 '바탕체', 글꼴 크기는 '9pt'로 지정한다.

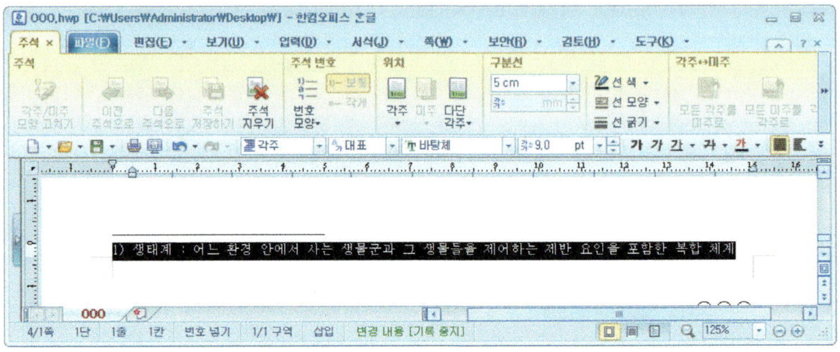

03 블록 지정을 해제하고 [주석] 탭 - [주석] 그룹 - [각주/미주 모양 고치기]를 클릭한다.

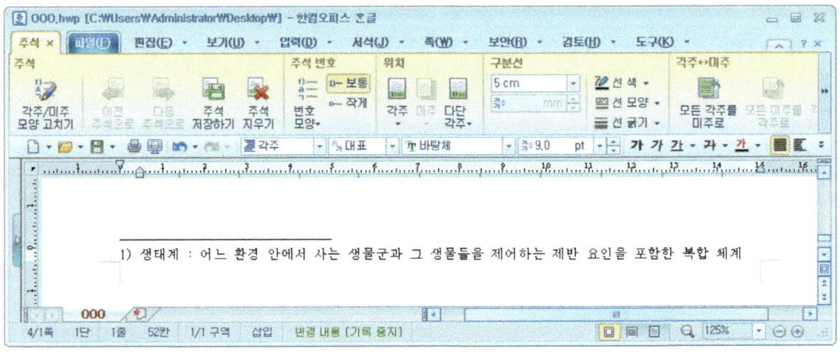

04 [주석 모양] 대화 상자에서 번호 모양 'A, B, C'를 선택하고 [설정] 단추를 클릭한다.

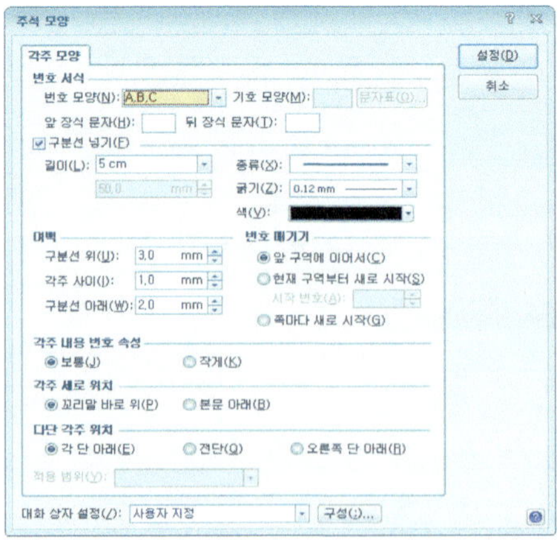

05 [주석] 탭 - [닫기] 그룹 - [닫기]를 클릭한 후, 본문에서 '생물권보존지역' 단어 뒤에 커서를 위치시킨다.

06 계속해서 위와 동일하게 '생물권보존지역'에 각주를 작성하고 본문 내용을 확인한다.

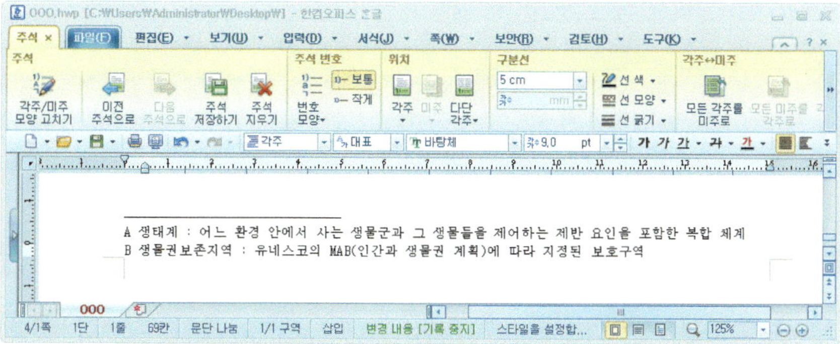

6 그림 삽입하기(배점 40점)

01 그림을 삽입하기 위해 [입력] 탭 - [개체] 그룹 - [그림(Ctrl + N, I)]을 클릭한다.

02 [그림 넣기] 대화상자가 나타나면 찾는 위치를 지정한 후 그림(워드제공이미지)을 선택한 다음 [문서에 포함]에 체크 표시를 한 후, [넣기] 단추를 클릭한다.

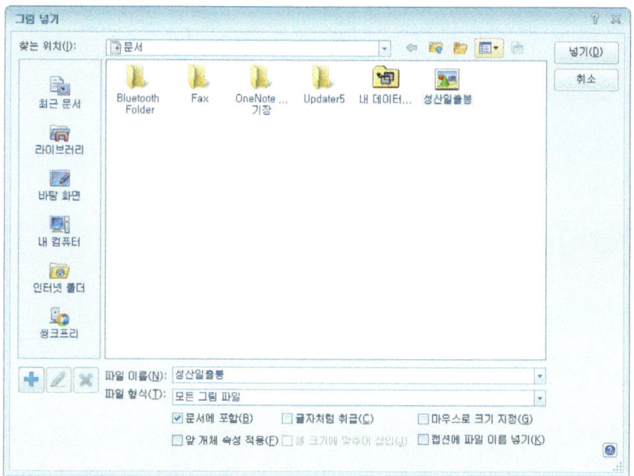

03 그림이 삽입되면 그림을 왼쪽으로 이동시키고, 그림을 더블 클릭하여 [개체 속성]에 들어간다.

04 [개체 속성] 대화 상자의 [기본] 탭에서 너비 '45mm', 높이 '35mm'로 지정한다.

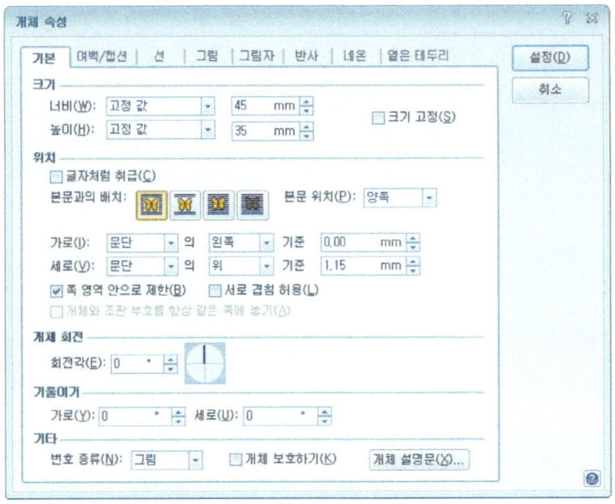

05 계속해서 [여백/캡션] 탭을 선택하고 왼쪽/오른쪽/위쪽/아래쪽 여백을 '3mm'로 지정한다.

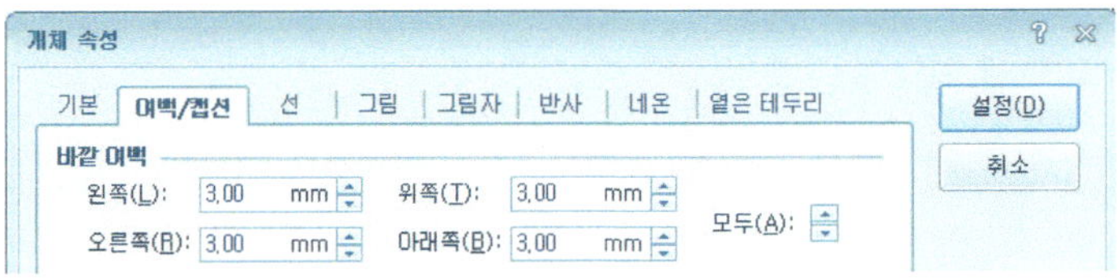

06 계속해서 [선] 탭을 선택하고 선 색은 '기본-검정'으로, 종류는 '실선', 선 굵기는 '1mm'로 지정한 후, [설정] 단추를 클릭한다.

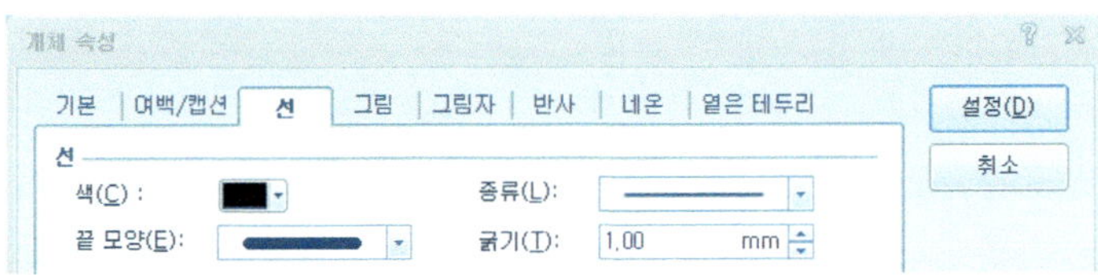

7 하이퍼링크 지정하기(배점 20점)

01 소제목 내용 끝에서 Enter↵ 키를 눌러 다음 줄(행)으로 이동시키고 Ctrl + 1 키를 눌러 바탕글 스타일로 지정한다.

02 Enter↵ 키를 한 번 더 눌러 "하이퍼링크"라고 입력한다.

03 '하이퍼링크'를 블록 지정한 후, [입력] 탭 - [참조] 그룹 - [하이퍼링크(Ctrl + K, H)]를 클릭한다.

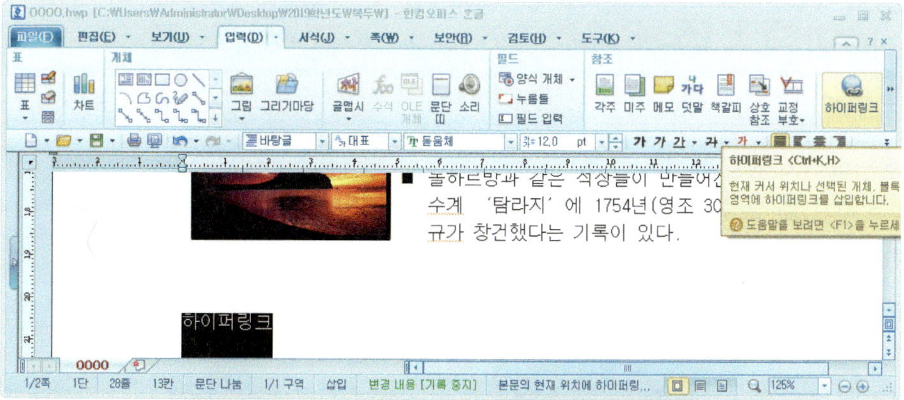

04 [하이퍼링크] 대화 상자에서 연결 종류를 '웹 주소'로 선택하고 연결 대상 입력란에 "http://www.e-test.co.kr"이라고 입력한다. 연결 문서 열기에서는 '새 창으로'를 선택하고 [넣기] 단추를 클릭한다.

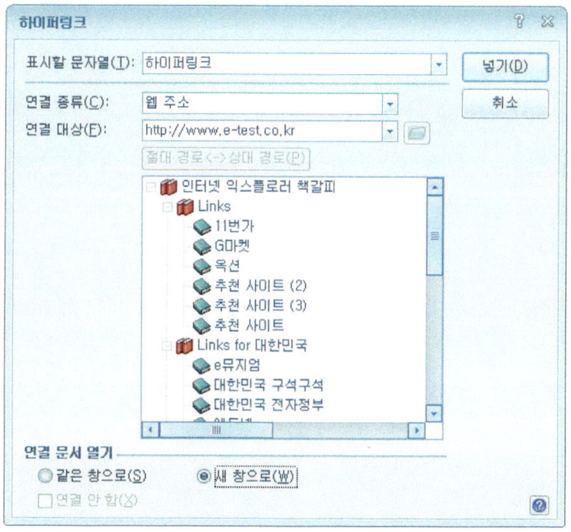

5. 아래 임의의 그림(위치-c: ₩라이브러리₩사진₩사진샘플₩등대.jpg, 크기-가로 2.5cm, 세로 2cm)을 불러 오고 제시된 문장을 그림의 위치에 맞게 입력하시오.

그가 걷는 이 길은 이제 어제의 그 길이 아니었
다  그 거리는 잔칫날 같은 난장
판 도 단순한 체류지도 아닌 그
스 승이 사는 거리로 이어지는
길 이었다. 그는 초조한 마음으
로 달려가 저녁때가 되기 전에

[따라하기] 기본문제 5번 문제(40점)

1 문단 내용 입력과 좌우 여백 조정하기

01 오탈자나 띄어쓰기 오류가 없도록 문제에 주어진 문장을 그대로 입력한다.(각 줄의 끝에서 Enter↵키를 눌러 줄을 나누지 않는다.)

02 내용 입력을 완료한 후 문단 전체를 블록 지정하고 문서 창 상단의 눈금자에 있는 '문단 왼쪽 여백 탭'과 '문단 오른쪽 여백 탭'을 마우스로 드래그해서 좌우 여백을 조정한다.

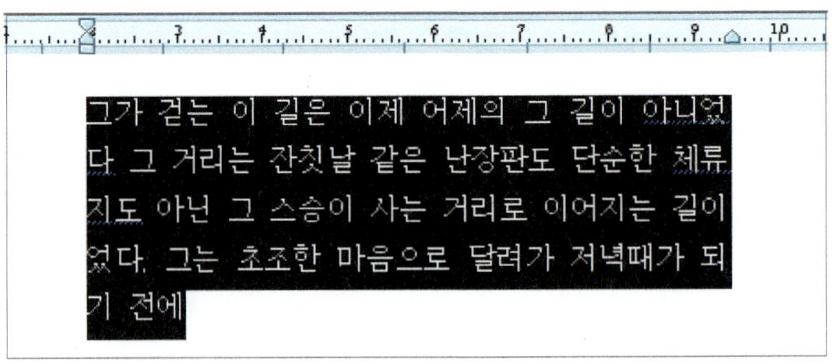

2 그림 들어갈 공간 확보 및 자간을 이용한 공간 다듬기

01 공간 확보를 위해서 [Tab]키나 [Space Bar]키를 이용한다. 각 줄의 마지막 글자가 문제와 일치할 때까지 밀어낸다.

그가 걷는 이 길은 이제 어제의 그 길이 아니었
다　　　　　　　　　　그 거리는 잔칫날 같은 난장
판　　　　　　　　　　도 단순한 체류지도 아닌 그
스　　　　　　　　　　승이 사는 거리로 이어지는
길　　　　　　　　　　이었다. 그는 초조한 마음으
로 달려가 저녁때가 되기 전에

02 공간 좌우측이 들쭉날쭉해진 공간의 좌우측을 일직선으로 다듬기 위해서 문장의 일부를 블록 지정하고 자간을 조정하면 된다. 단축키 [Alt]+[Shift]+[N]을 한 번 누를 때마다 자간을 1%씩 줄여주며, [Alt]+[Shift]+[W]는 반대로 1%씩 늘려준다.

그가 걷는 이 길은 이제 어제의 그 길이 아니었
다　　　　　　　　　　그 거리는 잔칫날 같은 난장
판　　　　　　　　　　도 단순한 체류지도 아닌 그
스　　　　　　　　　　승이 사는 거리로 이어지는
길　　　　　　　　　　이었다. 그는 초조한 마음으
로 달려가 저녁때가 되기 전에

3 그림 불러오기, 개체 설정 및 삽입하기

01 그림 삽입은 [입력] 탭 - [개체] 그룹 - [그림]을 선택하면 [그림 넣기] 대화창이 열리고 여기서 디렉토리를 설정한 후 지정된 그림을 찾아 더블클릭하거나 〈넣기〉 버튼을 클릭하면 된다.

02 그림을 선택한 후 마우스 오른쪽 버튼을 클릭하고, [개체 속성] 창에서 [기본] 탭 [크기]에서 가로와 세로 크기를 입력하고, [위치]에서는 [본문과의 배치]에서 '글 앞으로'를 선택한다.

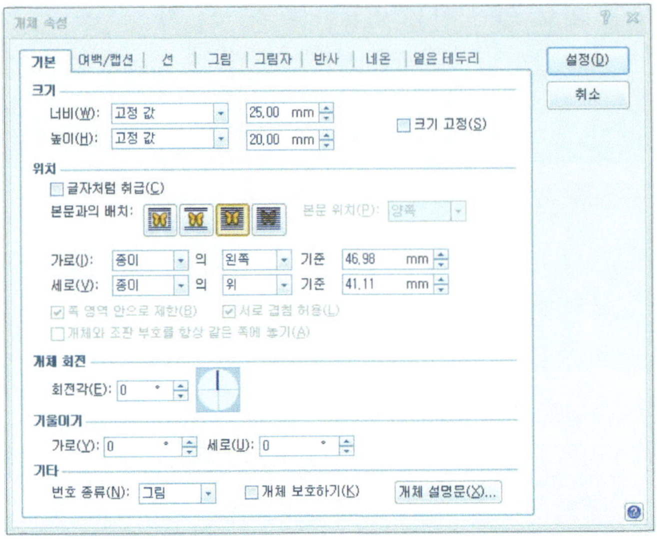

03 삽입할 그림에 대한 크기와 본문과의 배치 조정이 끝나면 마우스로 그림을 선택하여 그림을 공간에 끌어 놓는다.

그가 걷는 이 길은 이제 어제의 그 길이 아니었
다  그 거리는 잔칫날 같은 난장
판 도 단순한 체류지도 아닌 그
스 승이 사는 거리로 이어지는
길 이었다. 그는 초조한 마음으
로 달려가 저녁때가 되기 전에

연습문제

[1] 아래 임의의 그림(위치-c: ₩라이브러리₩사진₩사진샘플₩국화.jpg, 크기-가로 2.5cm, 세로 2cm)을 불러오고 제시된 문장을 그림의 위치에 맞게 입력하시오.

아직 서해엔 가보지 않았습니다 어쩌면 당신이 거기 계실
지 모르겠기에 그 곳 바다인들 여느 바
다와 다를까요 검 은 개펄에 작은 게들
이 구멍 속을 들락 거리고 언제나 바다
는 멀리서 진펄에 몸을 뒤척이겠지요

당신이 계실 자리를 위해 가보지 않은 곳을 남겨두어야
할까 봅니다

[2] 아래 임의의 그림(위치-c: ₩라이브러리₩사진₩사진샘플₩튤립.jpg, 크기-가로 2.5cm, 세로 2cm)을 불러오고 제시된 문장을 그림의 위치에 맞게 입력하시오.

찻물을 끓이며 생각느니 그리움도 한 스무 해쯤 까맣게 접
었 다가 다시 꺼내 보면 향 맑은 솔빛으
로 내 안에서 우러 날거나 멀리서 아주
멀 리서 바라보기엔 천지가 봄빛이 너
무 부신 날 이마에 손가리갤 얹고 속마
음으 이는 듯 마는 듯 뭣등을 넘어 푸

[3] 다음의 수식을 수식 편집기로 각각 입력하시오.

(1) $\frac{V_2}{V_1} = \frac{0.90 \times 10^3}{1.0 \times 10^3} = 0.80$

(2) $\int_a^b A(x-a)(x-b)dx = -\frac{A}{6}(b-a)^3$

(3) $g = \frac{GM}{R^2} = \frac{6.67 \times 10^{-11} \times 6.0 \times 10^{24}}{(6.4 \times 10^7)^2}$

(4) $\int_0^1 (\sin x + \frac{x}{2})dx = \int_0^1 \frac{1+\sin x}{2}dx$

06 표 작성

문서를 만들면서 복잡한 내용이나 수치 자료를 정리하고자 할 때에는 표를 이용한다. 표는 워드프로세서에서 가장 중요한 기능 중의 하나라고 말할 수 있는 만큼 교재 내에 준비된 여러 실습 문제를 통하여 표를 자유자재로 만들어 쓸 수 있어야 한다.

6.1 표 만들기(Ctrl+N, T)

1 [입력] 메뉴를 이용하여 표 만들기

01 [입력] - [표] - [표 만들기]를 선택한다.

02 [표 만들기] 대화상자에서 줄 수, 칸 수, 크기, 기타 옵션 등을 설정하고 [만들기]를 클릭한다.

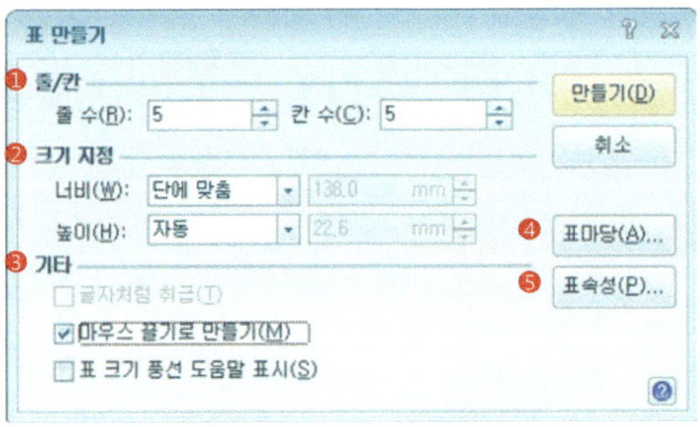

2 [편집] 탭을 이용하여 표 만들기

01 [편집] 탭 - [입력] 그룹 - [표]의 확장 단추를 클릭한다.

02 원하는 줄 수와 칸 수 만큼 마우스로 드래그한다.

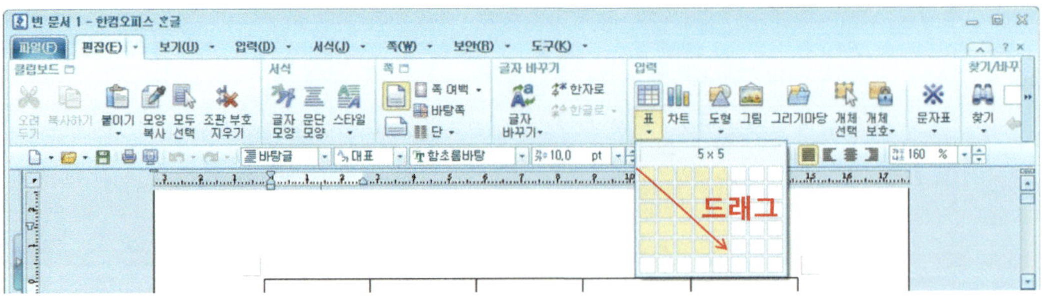

Tip

□ 표에서 용어 이해하기

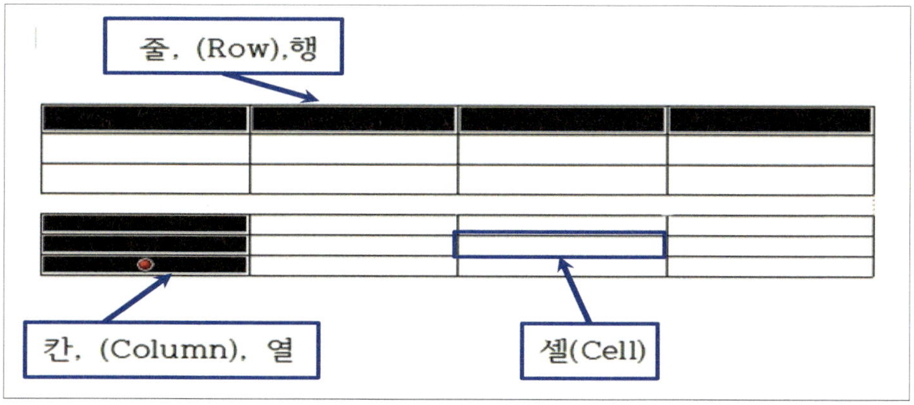

6.2 셀 블록 설정하기

작성된 표에서 만들어진 한 칸 한 칸을 셀(cell)이라고 부른다. 셀에 대하여 작업을 행할 때는 먼저 셀을 선택해야 한다. 셀 블록은 마우스나 키보드를 이용하여 설정할 수 있다.

01 단일 셀 블록 설정 : 셀 내부를 클릭 → F5를 누름 → 해당 셀 안에 마우스 포인터를 위치시킴 → 누른 채 클릭

02 여러 셀 블록 설정하기 : 셀 내부를 클릭 → F5를 두 번 연속해서 누름 → 방향키 누름

03 불연속적으로 셀 블록 설정하기 : 셀 내부 클릭 → Ctrl을 누른 상태에서 임의의 셀을 선택

04 표 전체 셀 블록 설정하기 : 셀 내부를 클릭 → F5를 세 번 연속해서 누름

05 셀 블록 해제하기 : 셀 블록 설정 상태에서 Esc나 Enter↵ 누름

06 셀 블록 상태에서 셀 크기 조절하기 : 셀 블록 상태에서 Ctrl, Alt, Shift와 방향키를 동시에 누름

6.3 표/셀 크기 조절하기

1 표 크기 조절하기

표 테두리에 마우스 포인터를 위치시키고 클릭하여 포인터의 모양이 바뀌면 표 오른쪽 아래 조절점을 드래그하여 크기를 조절한다.

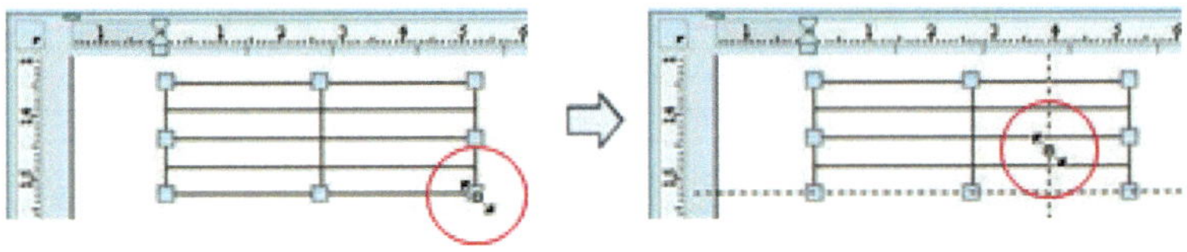

2 셀 크기 조절하기

해당 셀의 경계선에 마우스 포인터를 위치시키고 포인터의 모양이 바뀌면 드래그하여 조절한다.

01 셀 전체의 크기 조절 : Ctrl를 누른 채 마우스를 드래그

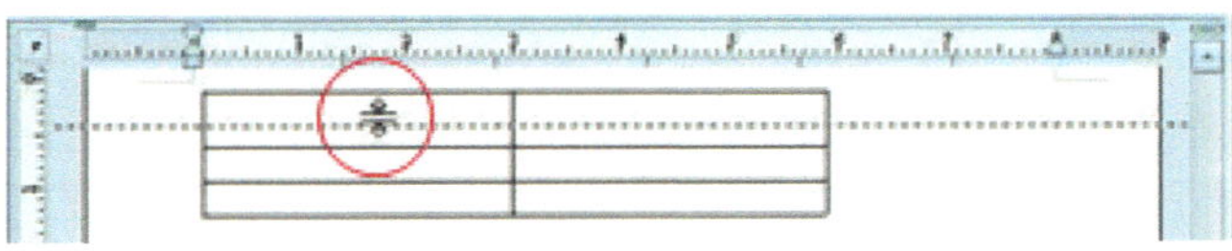

02 셀 한 개의 크기 조절 : Shift를 누른 채 마우스를 드래그

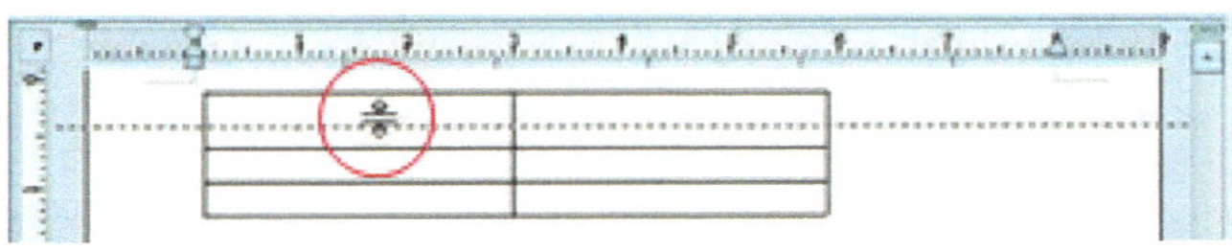

3 표 위치 이동하기

표 테두리를 클릭하거나 Alt를 누른 상태에서 표 내부에 마우스 포인터를 위치시키고 원하는 위치까지 드래그하여 이동한다.

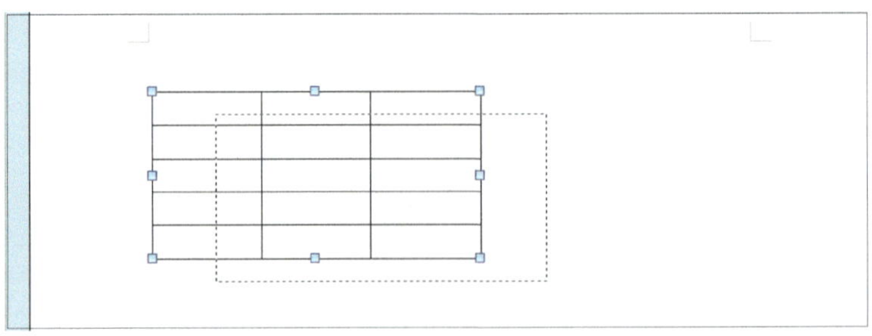

6.4 셀 나누기와 합치기

1 셀 나누기

01 해당 셀에 커서를 위치시키거나 또는 셀 블록을 설정하고 [표] – [셀 나누기] 선택한다.

02 [셀 나누기] 대화상자에서 줄 수, 칸 수의 설정과 '줄 높이를 같게 나누기', '셀을 합친 후 나누기' 등을 선택할 수 있다.

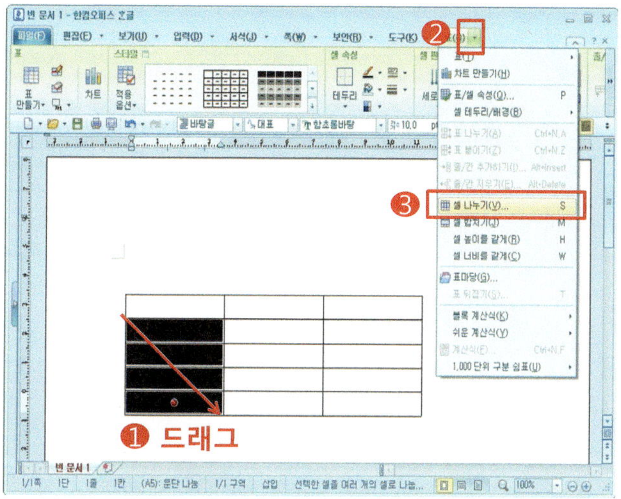

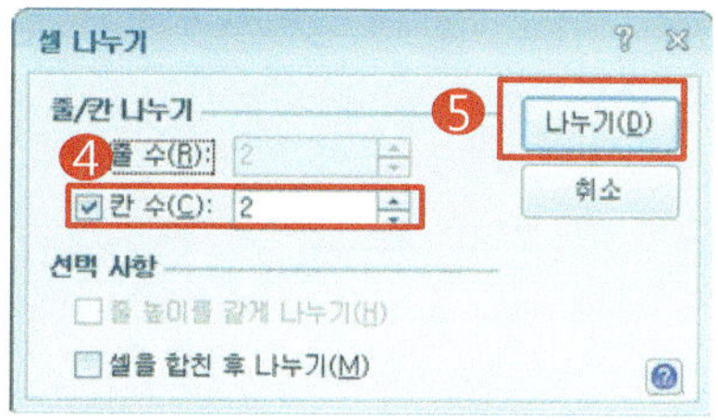

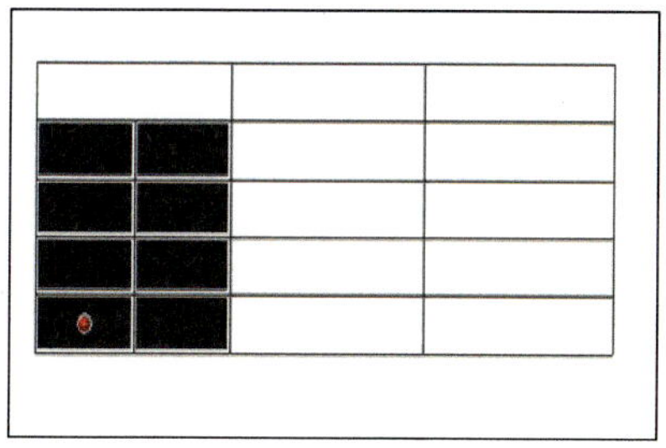

2 셀 합치기

셀 블록을 설정한 상태에서 [표] - [셀 합치기]를 선택한다.

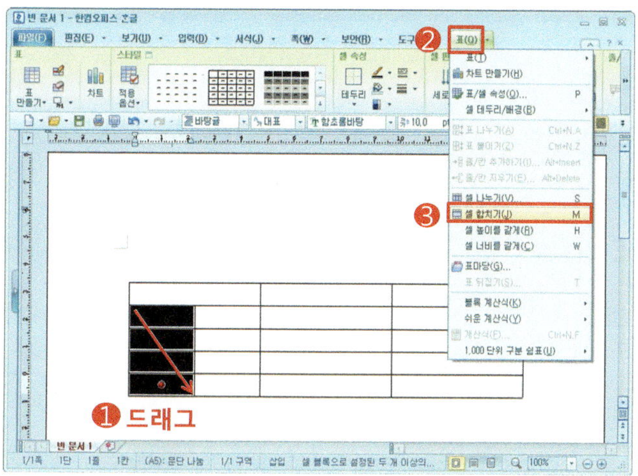

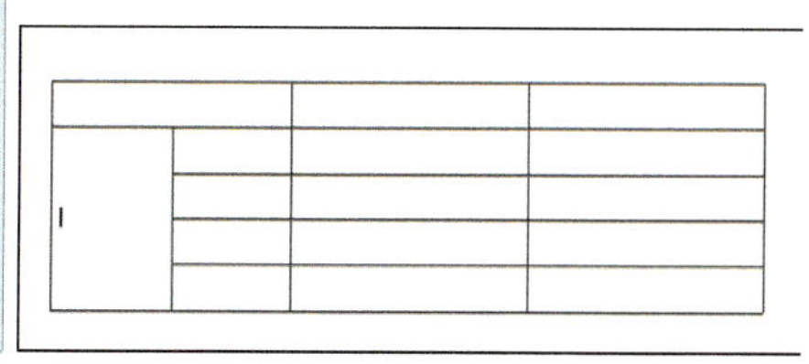

6.5 줄/칸 추가 · 삭제와 자동 채우기

1 줄/칸 추가하기

01 기준 셀에 커서를 위치시키고, [표] – [줄/칸 추가하기]를 선택한다.

02 [줄/칸 추가하기] 대화상자에서 추가하고자 하는 방향과 줄/칸 수를 선택한다.

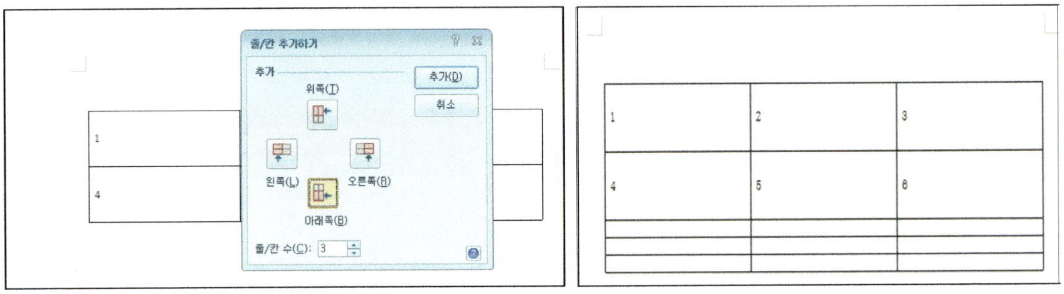

2 줄/칸 지우기

01 기준 셀에 커서를 위치시키고 [표] – [줄/칸 지우기]를 선택한다.

02 [줄/칸 지우기] 대화상자에서 지울 '줄' 또는 '칸'을 선택한다.

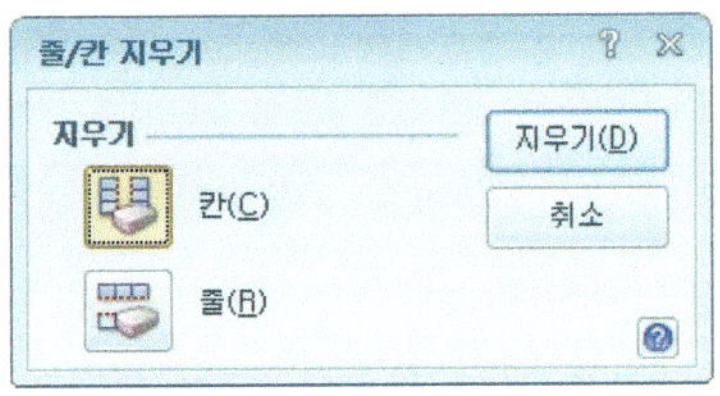

3 자동 채우기

01 [입력] – [표] – [표 만들기]를 실행하여 2줄 5칸짜리 표를 만든다.

02 표의 첫 번째 셀에 '1'을 입력하고 두 번째 셀에 '2'를 입력한다.

03 표 전체를 블록으로 설정하고 [입력] – [채우기] – [표 자동 채우기]를 실행하면 비어 있던 3번째 셀부터 마지막 셀까지 3, 4, …, 10이 순서대로 채워진다.

6.6 표/셀 속성 설정하기

1 표 위치 설정하기

표 안쪽에 커서를 두고 [표] - [표/셀 속성]을 선택한 후 [기본] 탭을 이용한다.

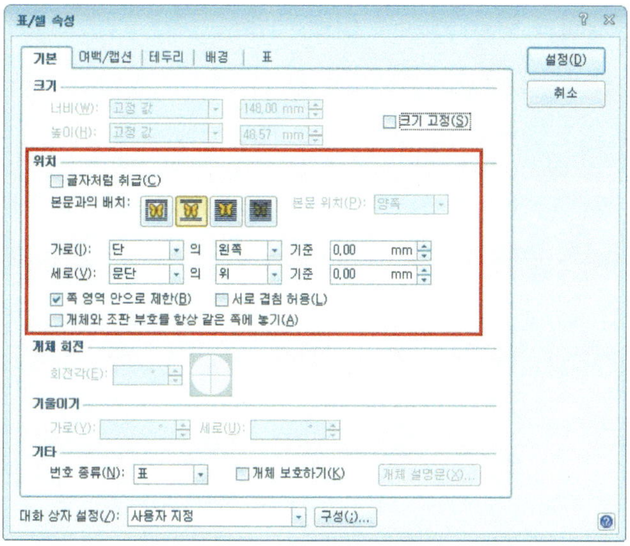

2 표 바깥 여백과 캡션 위치 설정하기

01 표 바깥 여백은 표 테두리의 바깥쪽으로부터 본문까지의 간격을 의미하며, [표/셀 속성] 대화상자의 [여백/캡션] 탭에서 설정한다.

02 표 캡션(Caption)은 표 제목을 의미한다. 표를 선택하고 [입력] – [캡션 넣기]에서 캡션의 위치를 선택하여 입력할 수 있고, [표/셀 속성] 대화상자의 [여백/캡션] 탭에서 캡션의 위치를 변경할 수 있다. 캡션을 지우려면 표의 캡션에서 마우스 오른쪽 버튼을 클릭하여 '캡션 없음'을 선택하면 된다.

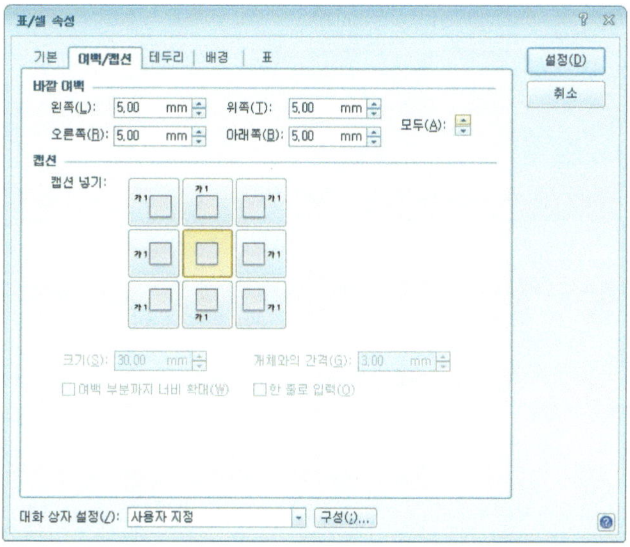

3 표의 여러 쪽 지원과 모든 셀 안쪽 여백 설정하기

표의 여러 쪽 지원은 표가 현재 페이지 안에 다 들어가지 못할 때 다음 페이지에 걸쳐 나누어 주는 기능으로 [표/셀 속성] 대화상자의 [표] 탭에서 설정한다.

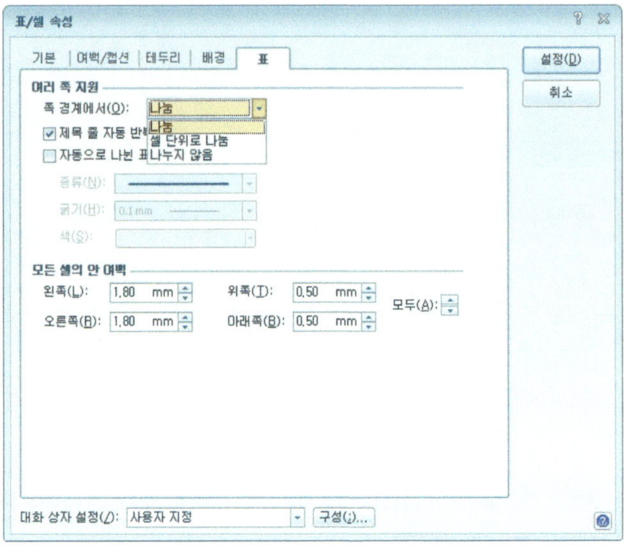

4 셀 속성 설정하기

셀 속성은 표 내부의 셀을 선택하고 [표] - [표/셀 속성]을 선택한 후 [표/셀 속성] 대화상자의 [셀] 탭에서 설정한다. 설정 내용은 셀 크기, 안 여백 지정, 셀의 세로 정렬 위치, 세로쓰기, 한 줄로 입력 등이 있다.

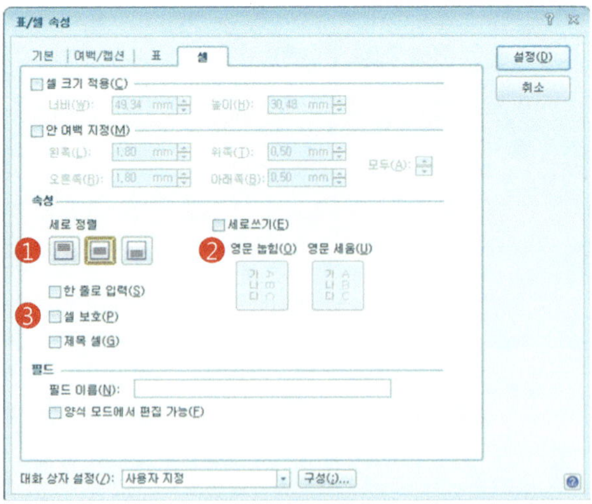

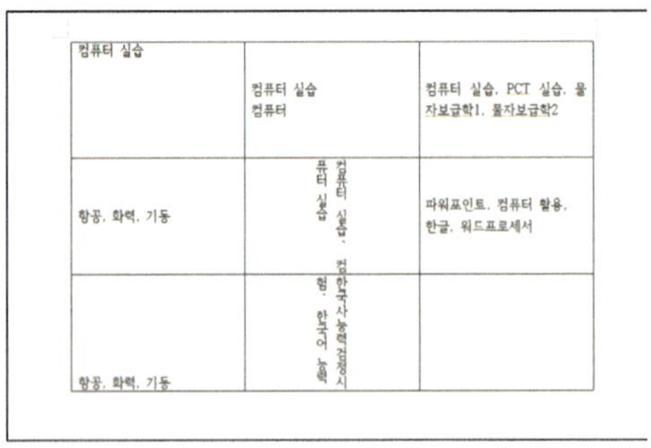

6.7 셀 테두리/배경 설정하기

1 셀 테두리 설정하기

01 적용할 셀 범위를 블록으로 설정한 후 [표] – [셀 테두리/배경] – [각 셀마다 적용] 선택한다.

02 [셀 테두리/배경] 대화상자의 [테두리] 탭에서 선의 종류, 굵기, 색 등을 설정하고 테두리 미리 보기 영역에서 테두리 방향을 선택한다.

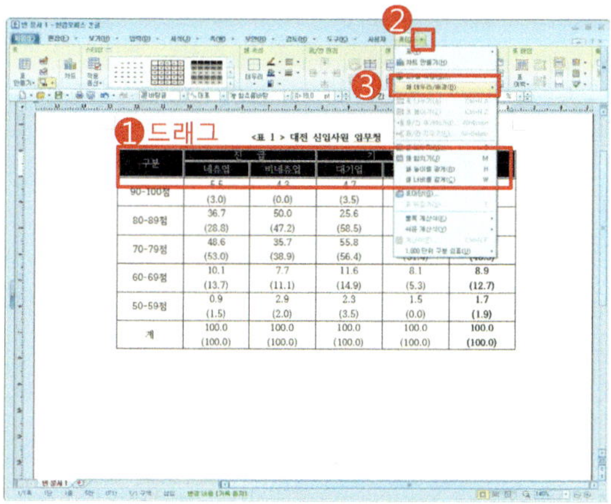

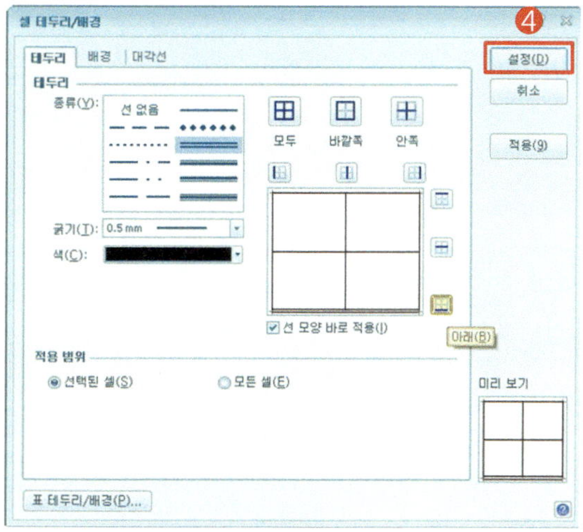

2 셀 배경 설정하기

01 각 셀마다 배경을 적용하려면 [표] – [셀 테두리/배경] – [각 셀마다 적용] 선택하고, 여러 셀을 하나의 셀처럼 인식하여 배경을 적용하려면 [표] – [셀 테두리/배경] – [하나의 셀처럼 적용] 선택한다.

02 [셀 테두리/배경] 대화상자가 나타나면 [배경] 탭에서 색, 그라데이션, 그림 중에서 원하는 배경을 선택한다.

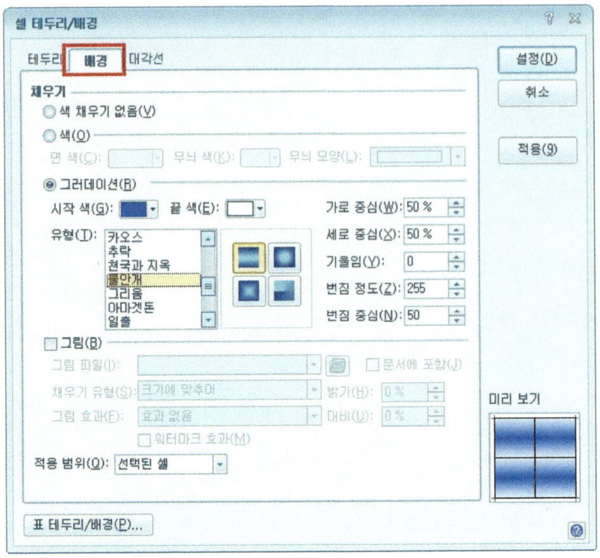

3 대각선 넣기

01 원하는 셀 내부에 커서를 위치시키고 [표] – [셀 테두리/배경] – [각 셀마다 적용]을 선택한다.

02 [셀 테두리/배경] 대화상자의 [대각선] 탭에서 대각선 방향에 따른 유형을 선택한다.

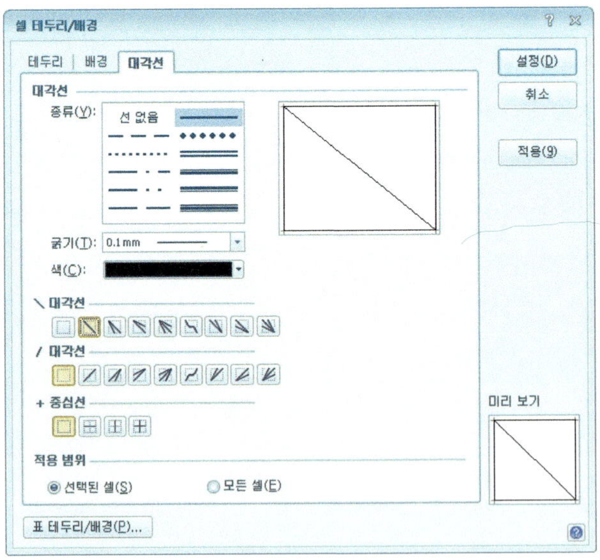

6.8 블록 계산

표에서 가로/세로의 합계나 평균, 곱 등을 계산하는 기능으로써 엑셀 기능을 추가시킨 것이라고 생각하면 된다.

01 표에서 구할 값을 영역에 포함시켜 셀 블록을 설정하고, [표] – [블록 계산식] – [블록 합계]/[블록 평균]/[블록 곱] 중에서 선택한다.

02 추가한 셀에 합계 값이 나타난다.

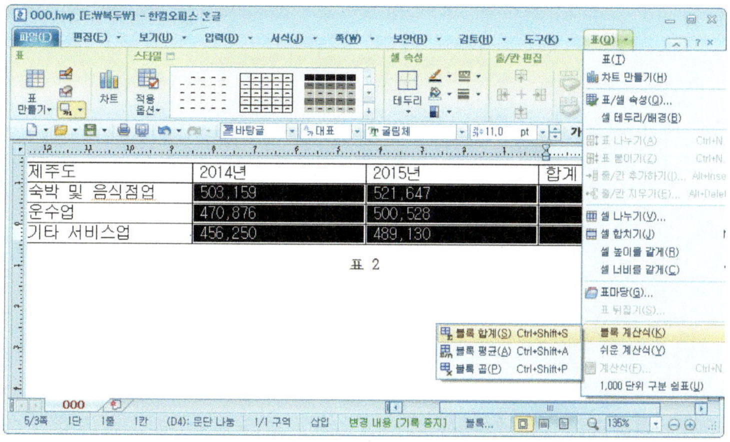

6.9 캡션 넣기(Ctrl + N, C)

표 캡션(Caption)은 표 제목을 의미한다. 표를 선택하고 [표] 탭 - [표] 도구 - [캡션]에서 캡션의 위치를 선택하면 해당위치에 캡션이 삽입된 것을 확인할 수 있다.

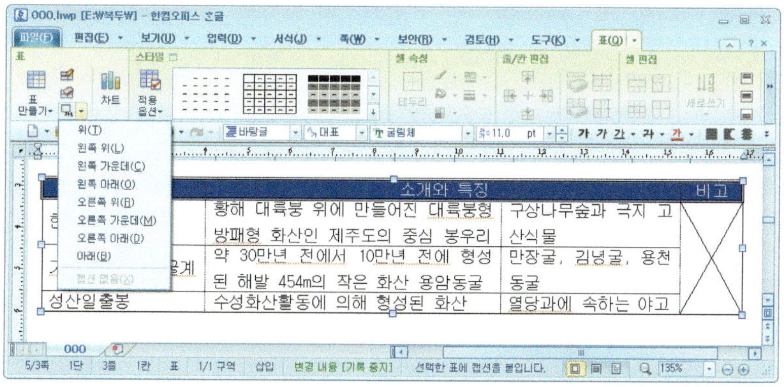

6.10 표 스타일

표 스타일에는 다양한 형태의 테두리/배경 모양을 적용한 표 서식이 들어 있다. 표 스타일을 이용하면 표 모양을 지정하여 표를 만들 수 있고 이미 만들어진 표 모양도 쉽고 빠르게 바꿀 수 있다.

01 표 안에 커서를 놓고, [표] - [표 마당]을 실행하면 [표 마당] 대화 상자가 나타난다.
02 표 마당 목록에서 기본 모양 3을 선택하고, [설정] 단추를 클릭한다.

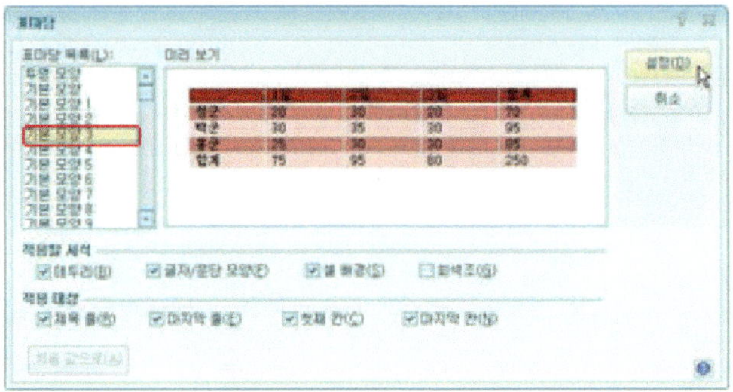

03 표에 기본 모양 3 서식이 적용된다.

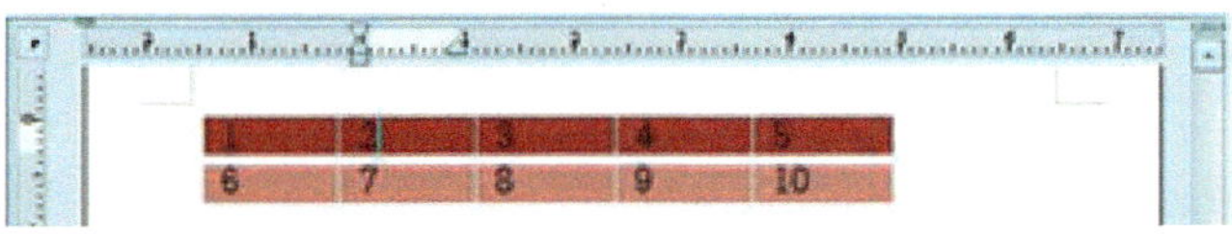

보 기

5

⑩ %유네스코자연유산등재지역%

⑪

지역	소개와 특징		비고
한라산	황해 대륙붕 위에 만들어진 대륙붕형 방패형 화산인 제주도의 중심 봉우리	구상나무숲과 극지 고산식물	
거문오름용암동굴계	약 30만년 전에서 10만년 전에 형성된 해발 454m의 작은 화산 용암 동굴	만장굴, 김녕굴, 용천동굴	
성산일출봉	수성화산활동에 의해 형성된 화산	열당과에 속하는 야고	

표 1

⑫

제주도	2006년	2007년	합계
숙박 및 음식점업	503,159	521,647	1,024,806
운수업	470,876	500,528	971,404
기타 서비스업	456,250	489,130	945,380

표 2

⑬

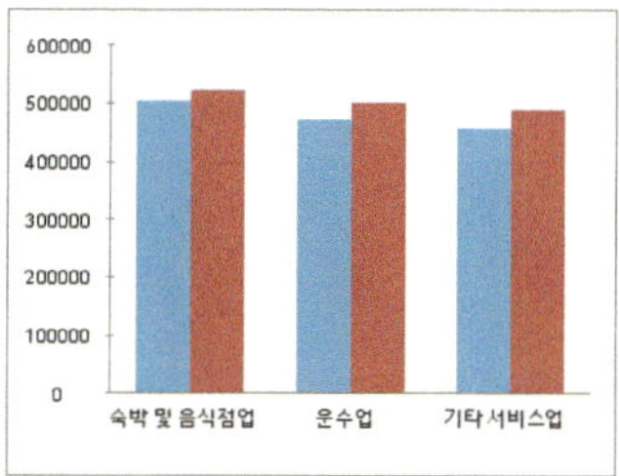

○○○

처리사항 배점 : 1번(40), 2번(60)

1. [보기] ⑩과 같이 **다음 페이지**에 글맵시를 이용하여 표제목을 작성하시오.
   1) 표제목은 '% 유네스코 자연유산 등재 지역 %'로 입력
   2) 글꼴은 굴림체, 글자 내부색은 오피스-초록
   3) 전체 모양은 ▬,크기는 너비 125mm, 높이 15mm

2. [보기] ⑪과 같이 표를 작성하시오. (**4행 4열**)
   1) 셀 합치기를 지정하시오.
      - 1행 2열 ~ 1행 3열은 셀 합치기
      - 2행 4열 ~ 4행 4열은 셀 합치기

2) [보기] ⑪을 확대한 그림을 보고 표 전체의 내용을 입력하고, 글꼴은 굴림체, 글꼴크기는 11pt로 지정

지역	소개와 특징		비고
한라산	황해 대륙붕 위에 만들어진 대륙붕형 방패형 화산인 제주도의 중심 봉우리	구상나무숲과 극지 고산식물	
거문오름용암 동굴계	약 30만년 전에서 10만년 전에 형성된 해발 454m의 작은 화산 용암 동굴	만장굴, 김녕굴, 용천동굴	
성산일출봉	수성화산활동에 의해 형성된 화산	열당과에 속하는 야고	

1) 1행 1열 ~ 1행 4열의 글꼴색은 기본-하양, 내부색은 기본-바다색, 가로 가운데 정렬로 지정
2) 합친 2행 4열 ~ 4행 4열은 [보기] ⑪과 같이 양방향 대각선 삽입
3) 테두리를 아래 조건에 맞게 지정하시오.
- 1행 1열 ~ 1행 4열의 외곽 테두리선은 [보기] ⑪과 같이 이중선
- 표 전체의 내부 세로선은 [보기] ⑪과 같이 점선
4) 표 아래 가운데에 '표 1'로 캡션을 지정

[답안 따라하기]

1 글맵시 삽입하기(배점 40점)

01 페이지를 나누기 위해 '하이퍼링크' 낱말 뒤에 커서를 위치시킨 후, Ctrl + Enter↵ 키를 눌러 2번째 페이지로 이동한다.

02 글맵시를 삽입하기 위해 [입력] 탭 - [개체] 그룹 - [글맵시] - [글맵시]를 선택한다.

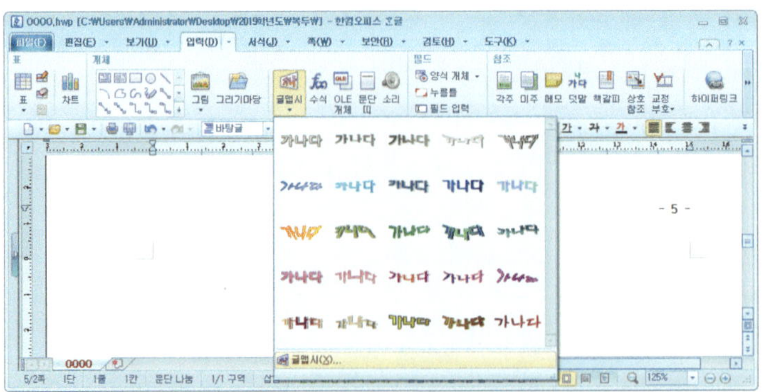

03 [글맵시 만들기] 대화 상자에서 내용 입력란에 "% 유네스코 자연유산 등재 지역 %"이라고 입력하고 글꼴은 '굴림체' 글맵시 모양은 '■[직사각형]'을 선택한 후, [설정]을 클릭한다.

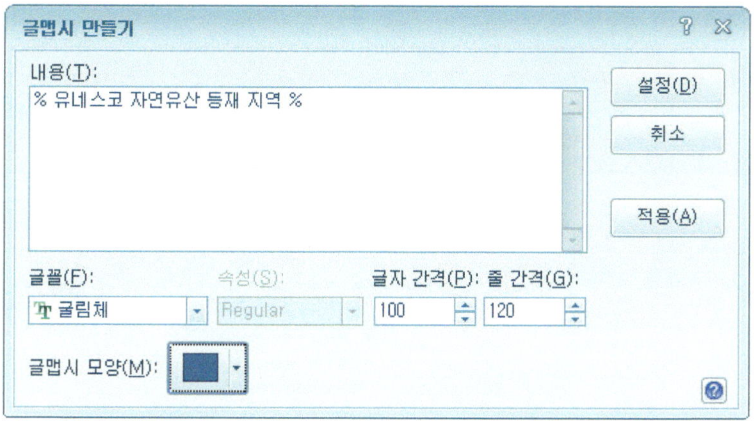

04 글맵시가 삽입되었으면 글맵시를 더블 클릭해서 [개체 속성]에 들어간다.

05 [개체 속성] 대화 상자의 [기본] 탭에서 너비 '125mm', 높이 '15mm'로 지정하고 '글자처럼 취급'에 체크 표시를 한다.

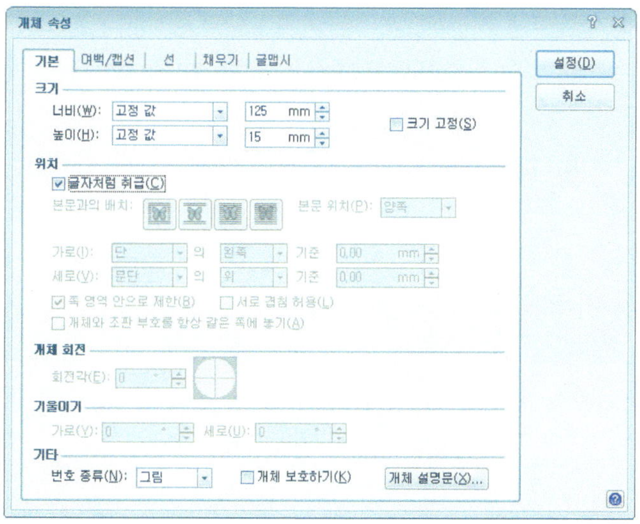

06 계속해서 [채우기] 탭을 선택하고 면 색을 선택한 후, 색상 테마 목록 단추를 눌러 '오피스'를 선택한다.

07 계속해서 기본 색상에서 '초록'을 선택한 후, [설정] 단추를 클릭한다.

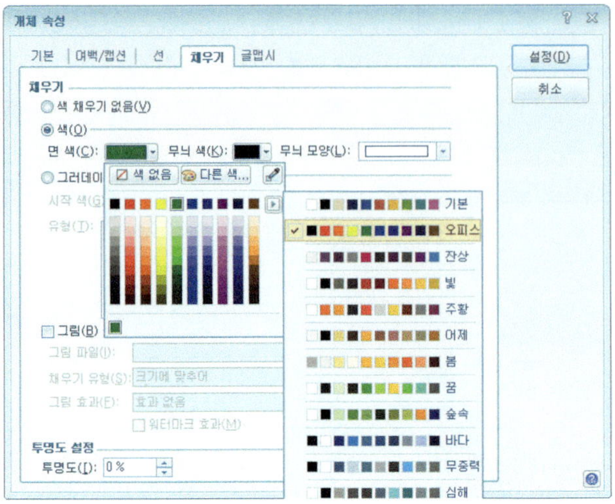

08 글맵시의 바깥쪽에 커서를 위치시킨 후, [서식] 도구 상자에서 [가운데 정렬]을 클릭한다.

2 표 작성하기(배점 60점)

01 글맵시 끝에 커서를 위치시킨 후, Enter↵ 키를 눌러 다음 줄(행)으로 이동시키고 Ctrl + 1 키를 눌러 바탕글 스타일로 지정한다. Enter↵ 키를 한 번 더 눌러 다음 줄(행)으로 이동한다.

02 표를 삽입하기 위해 [입력] 탭 - [표] 그룹 - [표(Ctrl + N, T)]를 클릭한다.

03 [표 만들기] 대화 상자에서 줄 수는 '4', 칸 수는 '4'으로 지정하고 '글자처럼 취급'에 체크 표시한 후, [만들기] 단추를 클릭한다.

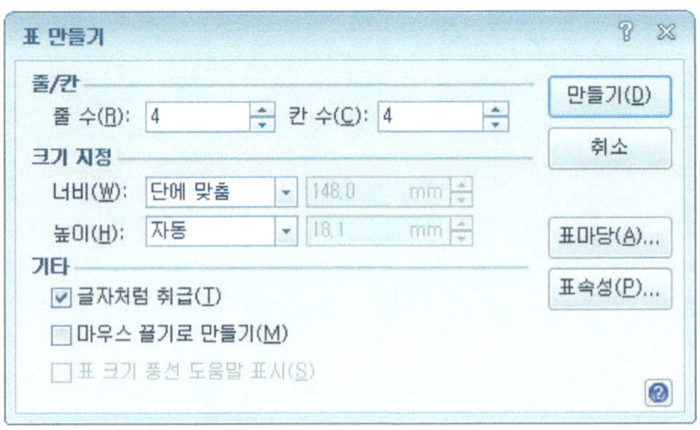

04 삽입된 표에서 1행 2열 ~ 1행 3열을 드래그하여 셀을 블록 지정하고 [표] 탭 - [셀 편집] 그룹 - [셀 합치기(M)] 단추를 클릭한다.

05 위와 동일한 방법으로 2행 4열 ~ 4행 4열도 셀 합치기를 한다.

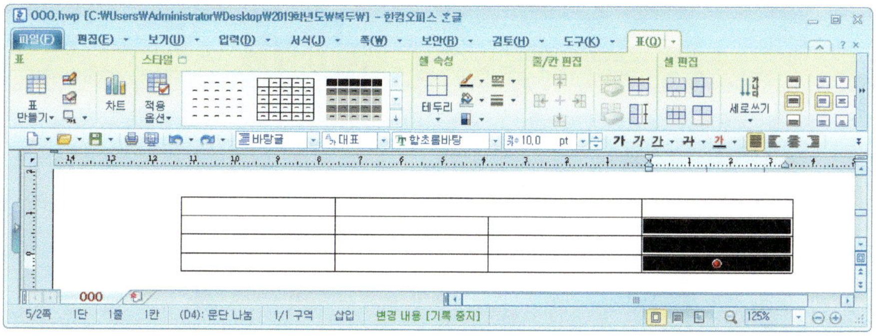

06 각 셀에 다음과 같이 표의 각각 셀에 내용을 입력하고, 표의 전체 셀을 블록 지정한 후 [서식] 도구 상자에서 글꼴은 '굴림체', 글꼴 크기는 '11pt'로 지정한다.

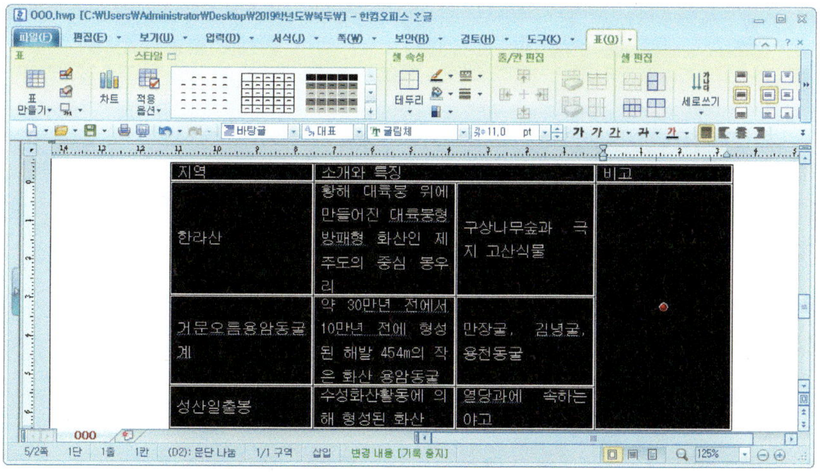

07 1행 1열 ~ 1행 3열을 블록 지정한 후, [서식] 도구 상자에서 글자 색은 '기본-하양'으로 지정하고 '[가운데 정렬]'을 클릭한다. 계속해서 [표] 탭 - [셀 속성] 그룹 - [셀 배경색]의 목록을 선택한 후, '기본-바다색'을 선택한다. 그리고 셀 크기를 보기와 같이 조절한다.

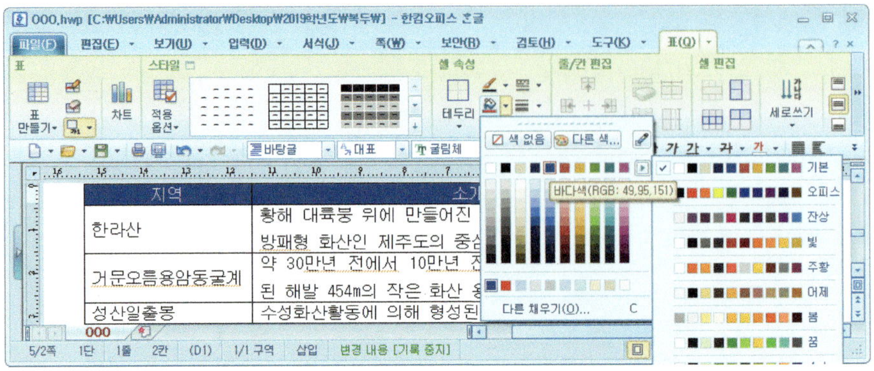

08 셀을 병합한 2행 4열 ~ 4행 4열을 블록 지정한 후, [표] 탭 - [셀 속성] 그룹 - [테두리]의 목록을 선택한 후, '[대각선 아래]'와 '[대각선 위]'를 선택한다.

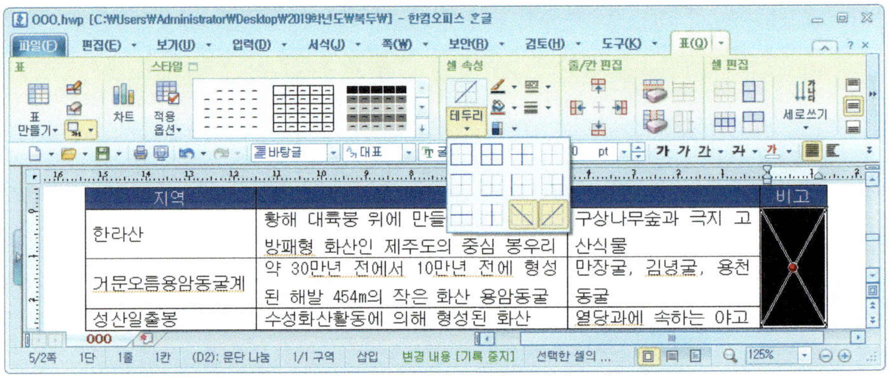

09 테두리를 지정하기 위해 표의 1행 1열에서 1행 4열 셀을 블록 지정하고, 마우스 오른쪽 단추를 눌러 [셀 테두리/배경] - [각 셀마다 적용] 메뉴를 선택한다.

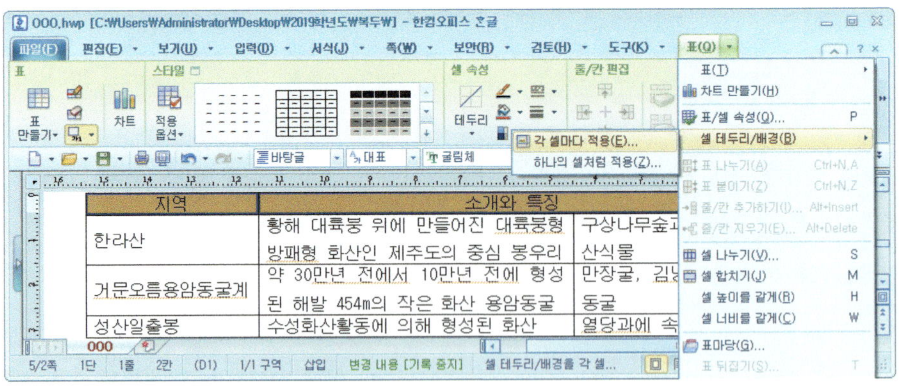

10 [셀 테두리/배경] 대화상자에서 테두리 종류는 '[이중 실선]'과 테두리 위치는 '[바깥쪽 모두]'를 선택하고 [설정] 단추를 클릭한다.

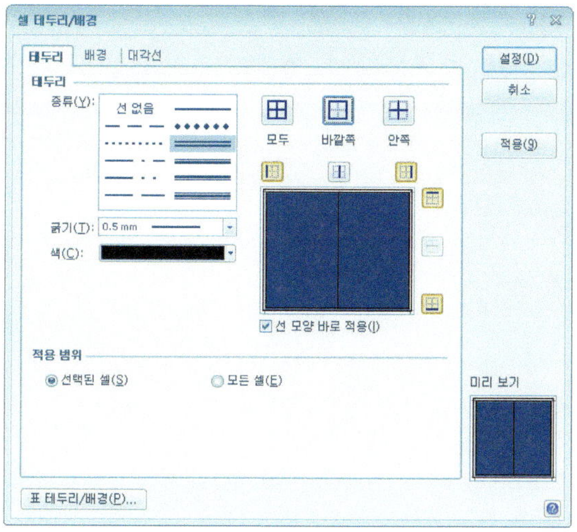

11 계속해서 전체 셀을 드래그하여 셀 블록으로 설정한 후, 마우스 오른쪽 단추를 눌러 [셀 테두리/배경] - [각 셀마다 적용] 메뉴를 선택한 다음 [셀 테두리/배경] 대화상자에서 '[점선]'과 '안쪽 세로'를 선택하고 [설정] 단추를 클릭한다.

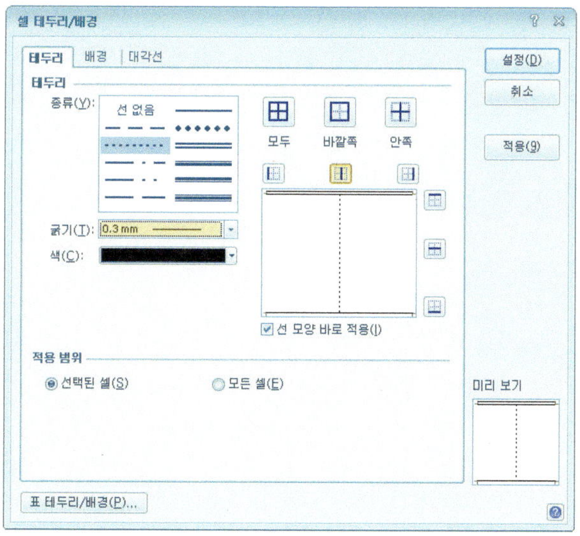

12 표를 선택하고 마우스 오른쪽 단추를 눌러 [캡션 넣기] 메뉴를 선택하면, 표 아래쪽에 '표 1'의 캡션이 삽입된다. 캡션에 커서를 위치시키고 [서식] 도구 상자에서 [가운데 정렬]을 클릭한다.

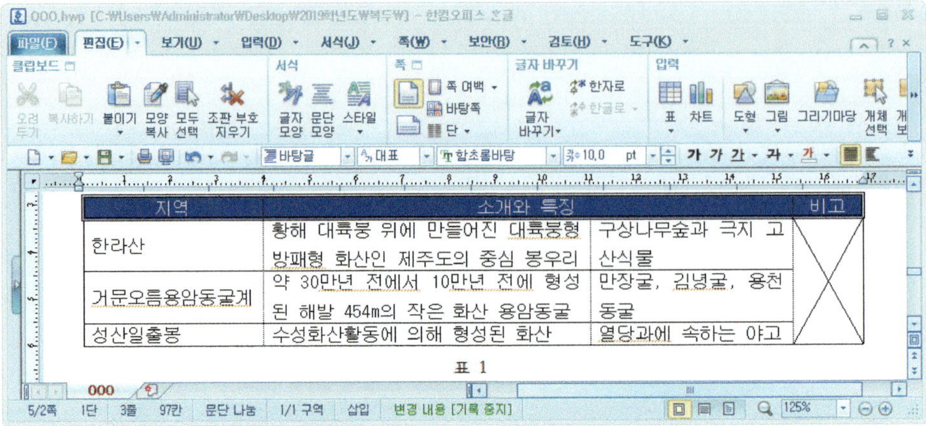

지역	소개와 특징		비고
한라산	황해 대륙붕 위에 만들어진 대륙붕형 방패형 화산인 제주도의 중심 봉우리	구상나무숲과 극지 고산식물	
거문오름용암동굴계	약 30만년 전에서 10만년 전에 형성된 해발 454m의 작은 화산 용암동굴	만장굴, 김녕굴, 용천동굴	
성산일출봉	수성화산활동에 의해 형성된 화산	열당과에 속하는 야고	

표 1

2. 아래의 표를 작성하시오.

중고딕, 12포인트
가운데정렬

[표2] 전년도 동월비 증감 비율 09.12

년도 / 구분		2008년			2009년		비고
		11월	12월	구성비	11월	구성비	
기타		842	157	41.4	187	10.4	
회사	개인사업	518	548	12.4	159	9.2	
	회사법인	358	735	34.2	157	10.3	
	회사이외	435	531	41.6	194	11.5	

[따라하기] 기본문제 2번 문제(20점)

1 7행 × 9열 기본 표 만들기

01 표의 제목까지를 포함한 행의 개수와 열의 개수를 잘 구분한다.

02 [표] 탭 - [표] 그룹 - [표 만들기]에서 원하는 줄 수와 칸 수가 될 때까지 드래그해서 만든다.

2 셀 합치기 및 대각선 그리기

01 셀 합치기는 해당 셀을 블록 지정하고 단축키 M을 클릭한다.

02 대각선은 해당 셀을 선택하고 오른쪽 버튼을 클릭하여 [셀 테두리/배경] - [각 셀마다 적용] - [대각선] 탭에서 5번째 대각선을 선택한다.

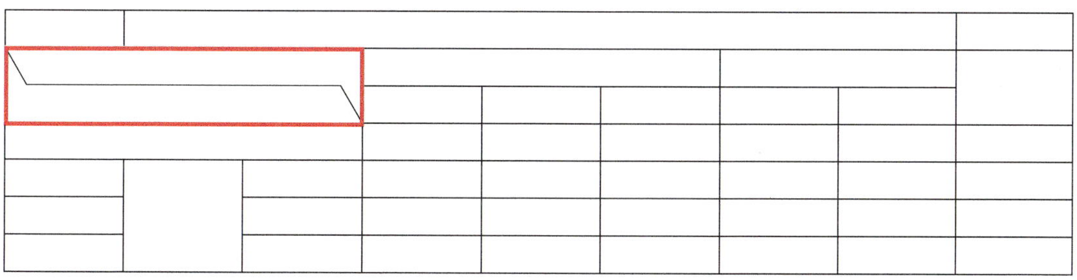

3 테두리 모양 및 셀 크기 조정하기

01 표의 선 모양을 바꾸기 위해서는 해당 셀을 선택하고 오른쪽 버튼을 클릭하여 [셀 테두리/배경] - [각 셀마다 적용]을 선택하면 [셀 테두리/배경] 대화창에서 [테두리] 탭에서 원하는 테두리 모양, 굵기 및 위치를 선택하면 된다. 또는 [표 도구 상자]에서 해당 아이콘을 사용한다.(테두리 삭제 시 [표 지우개]를 활용한다.)

02 셀 크기 조정은 원하는 셀을 블록 지정하고 Ctrl 혹은 Shift 키를 누른 채 드래그 하면 된다.(셀 한 개의 크기 조절 : Shift 를 누른 채 드래그)

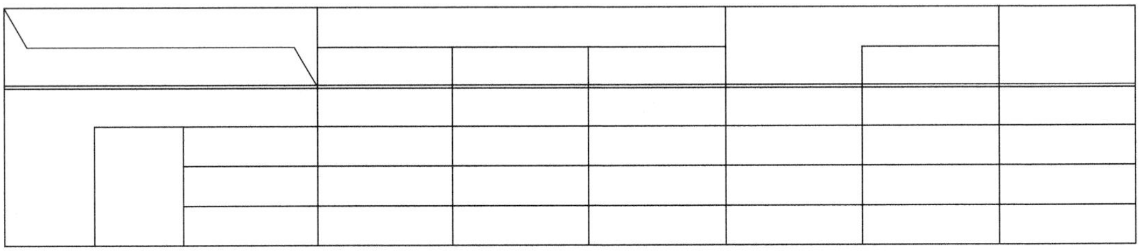

4 내용 입력과 서식 설정하기

01 각 셀에 문제에서 주어진 내용을 오탈자 없이 입력한다.

02 표 개체를 선택하고 [서식 도구 상자]에서 글꼴과 글자크기를 조정하고 [표 도구 상자]에서는 [셀 가운데 정렬]을 선택한다.

[표2] 전년도 동월비 증감 비율 09.12

년도 / 구분			2008년			2009년		비고
			11월	12월	구성비	11월	구성비	
	기타		842	157	41.4	187	10.4	
	회사	개인사업	518	548	12.4	159	9.2	
		회사법인	358	735	34.2	157	10.3	
		회사이외	435	531	41.6	194	11.5	

연습문제

[1] 다음의 표를 만든 후 계산식을 이용하여 학생별 총점 및 평균, 과목별 총점 및 평균을 구하시오.

과목 / 이름	국어	영어	수학	과학	총점	평균
김수미	90	85	87	85		
박아련	100	87	90	79		
서희정	85	87	92	88		
김은애	78	87	85	70		
과목 총점						
과목 평균						

[2] 다음 〈조건〉에 따라 표를 작성하시오.

〈조건〉

1. 표 내용 : 굴림, 11포인트
2. 정렬 : 문자-가운데 정렬, 숫자-오른쪽 정렬
3. 1열 : [주황색]으로 채우기
4. [단위 : 억원, %] ☜ 캡션기능 사용
5. 한글의 계산기능을 이용하여 각 단대별 예산 합계 구할 것
6. 선(테두리) 모양은 출력형태와 동일하게 처리할 것

[단위 : 억원, %]

연도	공과대		인문대		사범대		음악대	
	예산	비율	예산	비율	예산	비율	예산	비율
2001년	3,126	51.6	2,547	37.6	231	5.6	212	5.0
2002년	2,343	51.5	4,026	39.3	137	5.3	102	3.9
2003년	805	1.492	1,792	41.4	475	4.9	230	3.6
2004년	3,121	46.1	1,068	44.9	250	5.4	163	3.6
합계								

[3] 다음 표를 만든 후 아래 조건과 같이 표를 완성하시오.

〈조건〉

1. 표 내용 : 샘물체
2. 1행 : 채우기: 녹색, 글자색은 하양, 12pt
3. 캡션기능 사용
4. 선(테두리) 모양은 출력형태와 동일하게 처리할 것

[문화대학 전자상거래학과 시간표]

과목명	과정명	교육일자	교육시간	강사
전자상거래 관련법규	*기본법규*	2/19 ~ 2/21	3일 9시간	기성회 교수
	관련법규	2/22 ~2/24	3일 9시간	
전자상거래 기획	*이해와 적용*	3/2 ~ 3/3	2일 6시간	박혜식 교수
	EC Marking	3/5 ~ 3/5	2일 6시간	
전자상거래 운영 및 관리	*SITE 관리*	3/15	1일 3시간	강대주 교수
	관리 및 Service	3/16	1일 3시간	손미영 교수

[4] 표 기능을 이용하여 다음 그림을 그려 보시오.

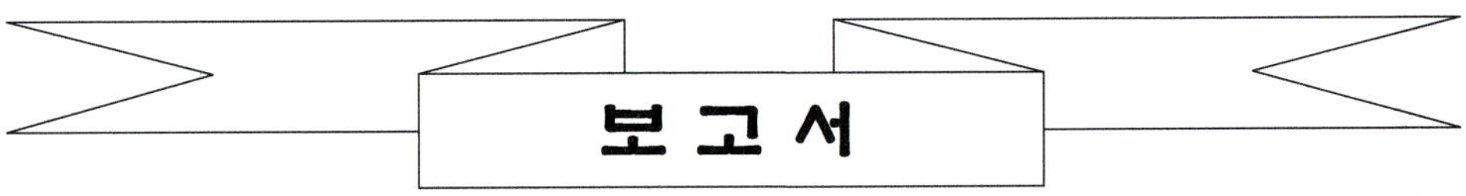

[5]아래의 표를 작성하시오.

가운데정렬

<표1> 정보산업 부문별 시장동향 분석

<table>
<tr><td rowspan="2" colspan="2">연도
구분</td><td colspan="3">1998년 상반기</td><td colspan="3">1999년 상반기</td><td rowspan="2">'99/'98 증감율</td></tr>
<tr><td>컴퓨터 주변기기</td><td>통신기기</td><td>반도체 부 품</td><td>컴퓨터 주변기기</td><td>통신기기</td><td>반도체 부 품</td></tr>
<tr><td rowspan="3">종합계획</td><td>내수경기</td><td>67</td><td>90</td><td>92</td><td>75</td><td>101</td><td>132</td><td>△43</td></tr>
<tr><td>투자액</td><td>83</td><td>86</td><td>90</td><td>81</td><td>92</td><td>101</td><td>△12</td></tr>
<tr><td>고용현황</td><td>93</td><td>87</td><td>95</td><td>90</td><td>87</td><td>93</td><td></td></tr>
</table>

[6] 〈보기〉와 같이 주어진 〈처리사항〉에 맞게 표를 작성하시오.

≪보기≫

@창업프로그램 현황@

지원 대상	지원내용 및 추진목표	비고
청소년 창업 아카데미	초중고생을 대상으로 한 기업가정신 및 청소년 창업교육 지원	
	대학생 및 일반인 예비 창업자를 대상으로 실전형 창업교육(130h)을 통해 준비된 창업자 육성	
창업대학원	기업가 정신과 창업에 필요한 실무지식 등 체계적, 전문적 창업 교육과정 개발	
실전창업리그	창업경진대회를 개최하여 창업 인식 개선	

표 1

≪처리사항≫

1. **[보기]**와 같이 글맵시를 이용하여 표제목을 작성하시오.
   1) 표제목은 '@ 창업프로그램 현황 @'으로 입력
   2) 글꼴은 궁서체, 글자 내부색은 기본-바다색
   3) 전체 모양은 ▬, 크기는 너비 130mm, 높이 16mm

2. **[보기]**와 같이 표를 작성하시오. (**5행 3열**)
   1) 셀 합치기를 지정하시오.
      - 2행 1열 ~ 3행 1열은 셀 합치기
      - 2행 3열 ~ 5행 3열은 셀 합치기
   2) **[보기]**와 같이 표 전체의 내용을 입력하고, 글꼴은 돋움체, 글꼴크기는 11pt로 지정
   3) 1행 1열 ~ 1행 4열의 글꼴 색은 기본-하양, 내부색은 오피스-빨강, 가로 가운데 정렬로 지정
   4) 합친 2행 3열 ~ 5행 3열은 **[보기]**와 같이 양방향 대각선 삽입
   5) 테두리를 아래 조건에 맞게 지정하시오.
      - 표 전체의 외곽 테두리선은 **[보기]**와 같이 이중선
      - 표 전체의 내부 세로선은 **[보기]**와 같이 점선
   6) 표 아래 가운데에 '표 1'로 캡션을 지정

07 차트 삽입

차트(Chart)는 입력된 수치 자료를 보기 쉽게 가시적으로 표현하여 한 눈에 알아볼 수 있도록 만든 것이다.

한글 2010에서는 표 전체를 선택하거나 표의 일부분만 블록으로 설정하여 쉽게 차트를 만들 수 있다. 또는 기본 차트를 먼저 삽입한 뒤 데이터와 차트 서식을 편집하여 원하는 모양의 차트를 만들 수도 있다.

7.1 차트 만들기

1 표 데이터를 이용하여 만들기

표 전체 또는 일부를 셀 블록으로 설정하고, [표] - [차트 만들기]를 클릭한다.

2 메뉴를 이용하여 만들기

[입력] - [개체] - [차트]를 선택하거나, [입력] 탭 - [표] 그룹 - [차트]를 클릭한다.

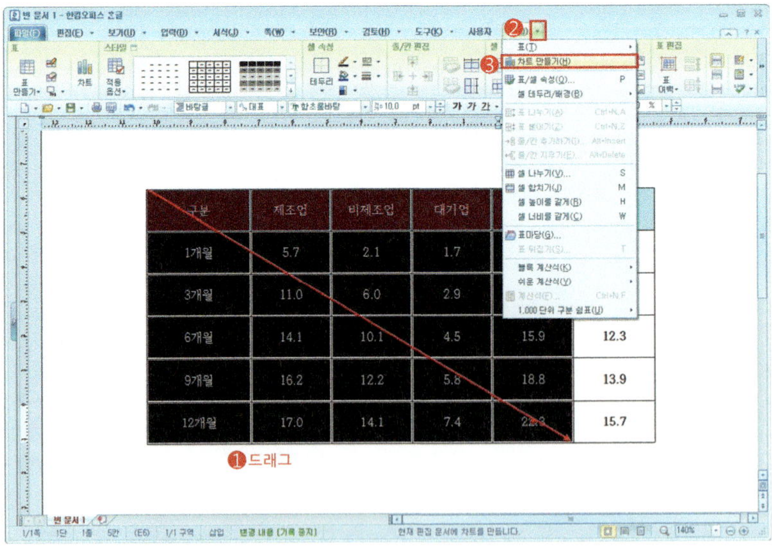

7.2 차트 편집하기

차트의 각 구성 요소(차트 모양, 제목, 범례, 각주)를 더블클릭한 후 각 구성 요소에 해당하는 대화상자에서 차트 서식을 설정하여 편집한다.

1 차트 속성

01 차트 모양을 변경하려면 차트 편집 상태에서 마우스 오른쪽 버튼을 누르고 바로가기 메뉴 [차트 속성] 선택한 후 [모양] 탭에서 2차원이나 3차원 형태의 각종 차트 모양을 선택한다.

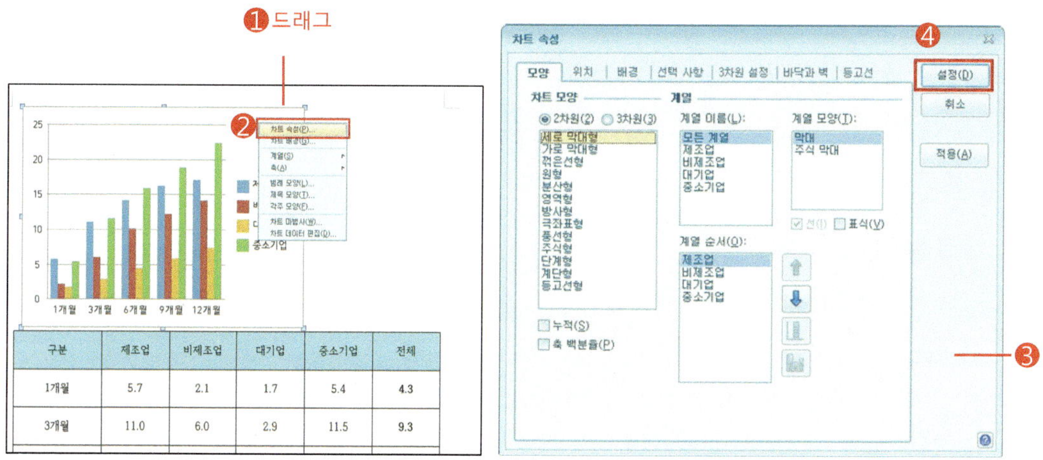

02 차트 그래프 영역의 배경을 채우려면 [차트 속성] 대화상자에서 [배경] 탭의 색, 그라데이션, 그림 중에서 선택하면 된다. 그리고 차트 벽면을 채우려면 [차트 속성] 대화상자에서 [바닥과 벽] 탭의 면 색, 무늬 색 중에서 선택하면 된다.

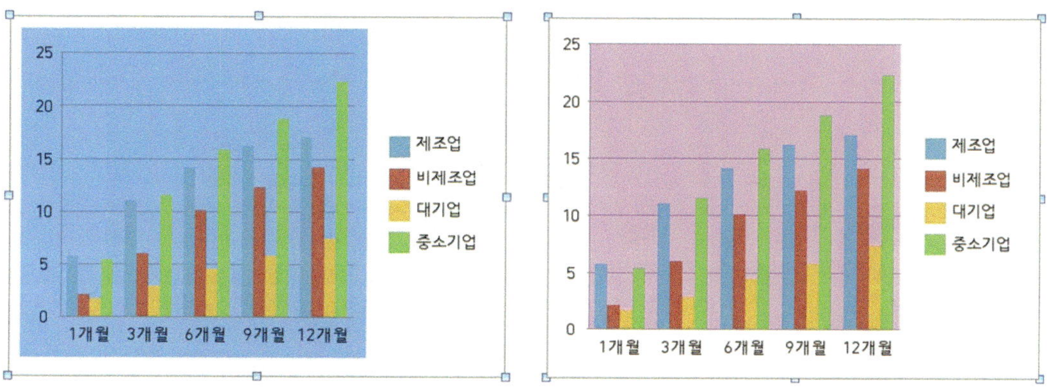

2 차트 데이터 편집

01 차트 데이터를 편집하려면 차트 편집 상태에서 마우스 오른쪽 버튼을 누르고 바로가기 메뉴에서 [차트 데이터 편집]을 선택한다.

02 [차트 데이터 편집] 대화상자에서 데이터 값을 바꾸거나 행/열의 추가/삭제 등을 할 수 있다. 데이터 편집을 마친 후에 [확인]을 클릭한다.

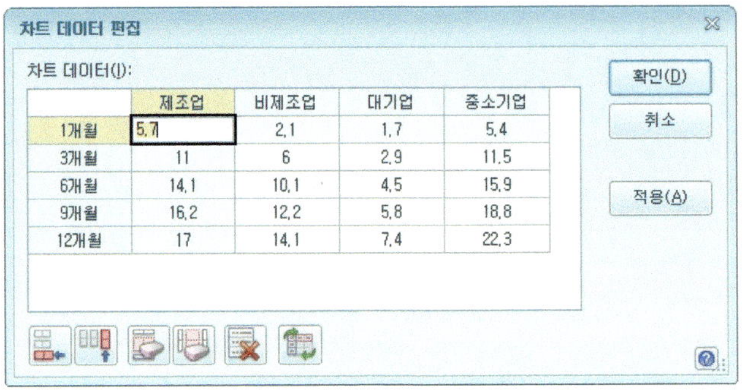

3 계열 및 축

01 차트 계열의 면색을 변경하려면 차트 편집 상태에서 마우스 오른쪽 버튼을 누르고 바로가기 메뉴에서 [계열] - [계열]을 선택한 후 [자료 계열 선택] 대화상자에서 면색을 적용하려는 계열을 선택하고 [계열 모양] 대화상자의 [면] 탭에서 색상을 선택한다.

02 차트 축의 격자선을 설정하려면 차트 편집 상태에서 마우스 오른쪽 버튼을 누르고 바로가기 메뉴에서 [축] - [축]을 선택한 후 [축 선택] 대화상자에서 축 종류(가로 항목, 세로 값, 2차 세로 값)를 선택하고 [축 모양] 대화상자의 주 격자선 종류를 선택한다.

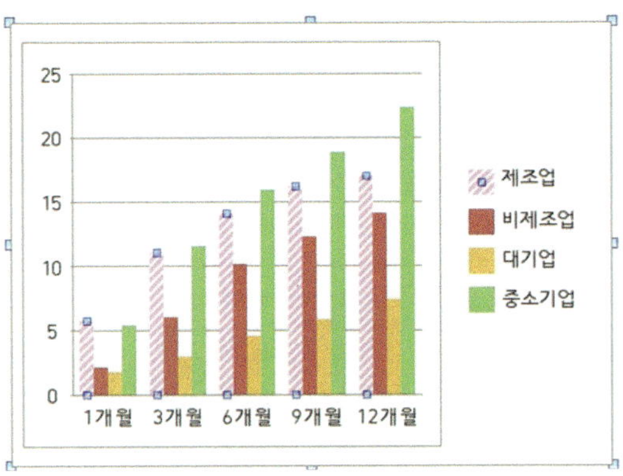

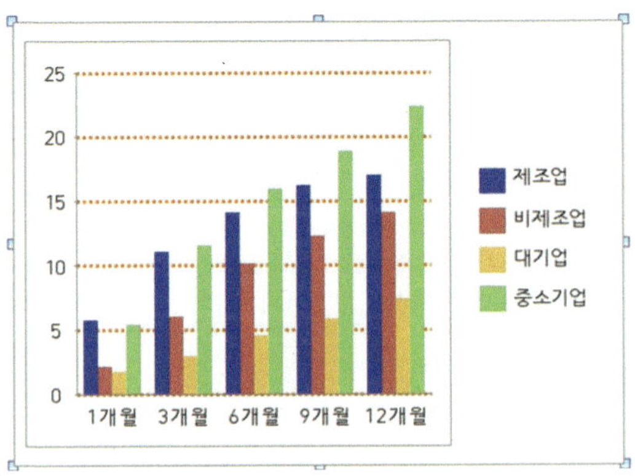

4 차트 범례

차트 범례는 차트 계열을 구분하기 위한 것이다. 차트 범례를 설정하려면 차트 편집 상태에서 마우스 오른쪽 버튼을 누르고 바로가기 메뉴에서 [범례 모양]을 선택하고 [배경], [글자], [위치] 탭에서 상황에 맞게 설정한다.

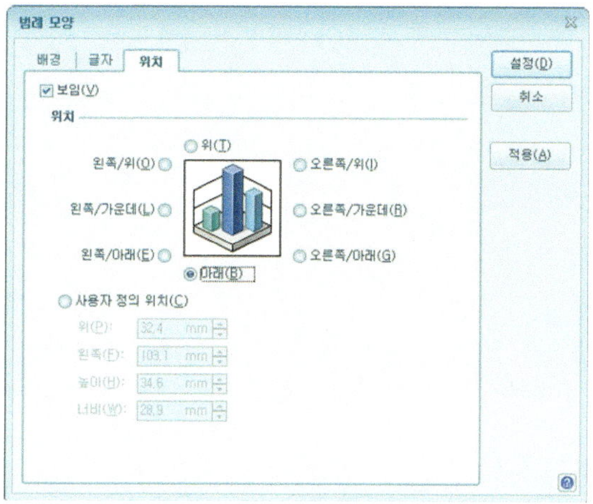

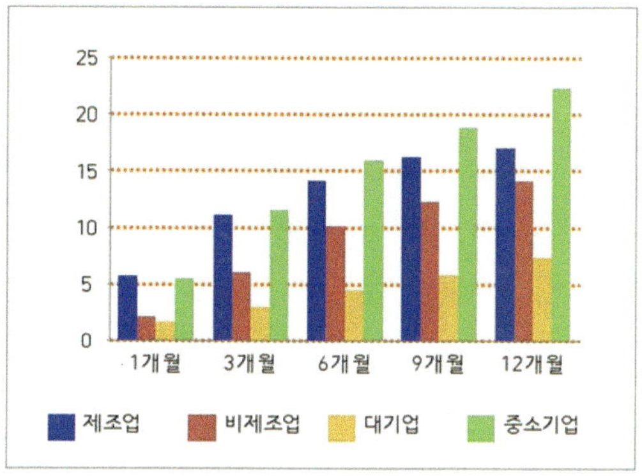

5 차트 제목

01 차트의 제목을 설정하려면 차트 편집 상태에서 마우스 오른쪽 버튼을 누르고 바로가기 메뉴에서 [제목 모양]을 선택한다.

02 [제목 모양] 대화상자의 [글자] 탭에서 제목 내용을 입력하고 [위치] 탭에서 '보임'에 체크한 뒤 제목의 위치를 결정한다.

03 제목의 글꼴은 [글자] 탭에서 설정하면 된다.

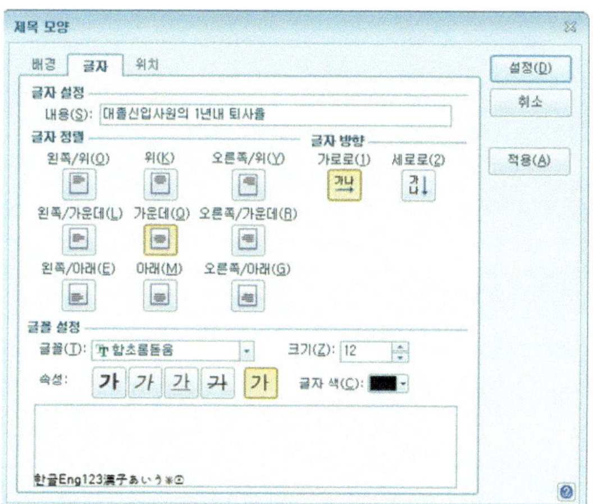

6 차트의 회전, 크기 조절, 위치 이동

3차원 모양의 차트인 경우 차트 영역을 선택한 후 Ctrl과 함께 조절점을 드래그하면 입체적으로 회전시킬 수 있다. 그리고 본문에 삽입된 차트를 선택한 상태에서 크기 조절 및 위치 이동도 가능하다.

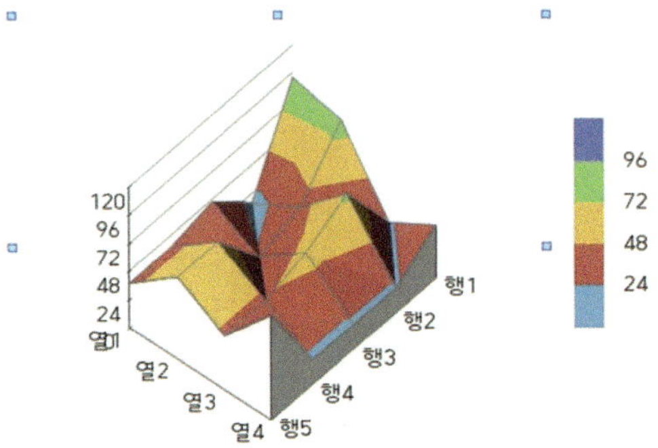

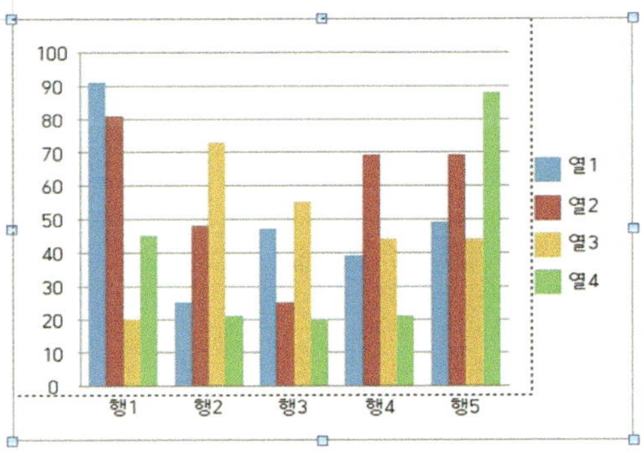

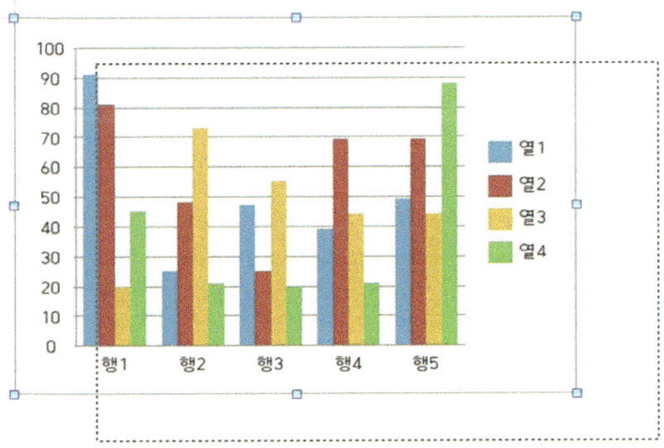

Tip

☐ 차트 탭의 차트 그룹에서는 차트 모양을 그룹별로 제공한다.
가로 막대형, 세로 막대형, 꺾은선/영역형, 원형, 분산형, 기타 아이콘을 누르면 각 차트별 이미지 꾸러미가 펼쳐진다. 이미지 꾸러미에서 차트 모양을 선택하면 차트가 선택한 차트 모양으로 바뀐다.

e~Test 실전 문제(5) 표와 차트 작성하기(2)

보 기

5

⑩ %유네스코자연유산등재지역%

⑪

지역	소개와 특징		비고
한라산	황해 대륙붕 위에 만들어진 대륙붕형 방패형 화산인 제주도의 중심 봉우리	구상나무숲과 극지 고산식물	
거문오름용암동굴계	약 30만년 전에서 10만년 전에 형성된 해발 454m의 작은 화산 용암 동굴	만장굴, 김녕굴, 용천동굴	
성산일출봉	수성화산활동에 의해 형성된 화산	열당과에 속하는 야고	

표 1

⑫

제주도	2006년	2007년	합계
숙박 및 음식점업	503,159	521,647	1,024,806
운수업	470,876	500,528	971,404
기타 서비스업	456,250	489,130	945,380

표 2

⑬

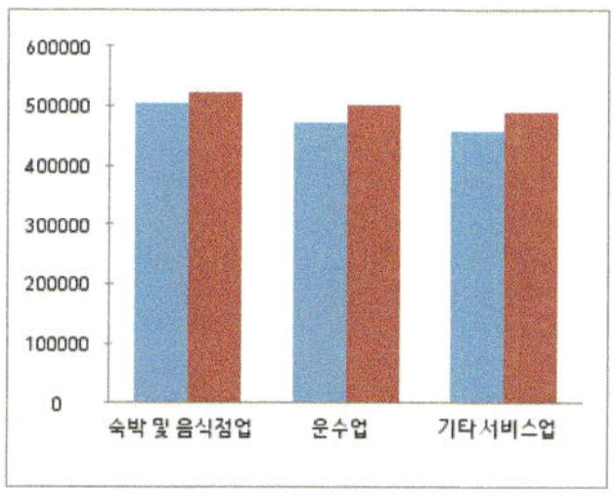

○○○

처리사항 배점 : 3번(40)

3. **[보기]** ⑫와 같은 표와 **[보기]** ⑬과 같은 차트를 작성하시오. (그림, 외부개체로 입력되면 감점됨)

1) **[보기]** ⑫와 같이 **4행 4열** 표를 작성하시오.

제주도	2006년	2007년	합계
숙박 및 음식점업	503,159	521,647	
운수업	470,876	500,528	
기타 서비스업	456,250	489,130	

2) 표 전체의 내용을 입력하고, 글꼴은 굴림체, 글꼴크기는 11pt로 지정

3) 표 아래 가운데에 '표 2'로 캡션을 지정

4) 작성한 표의 2행 4열부터 4행 4열은 표의 수식 입력 기능으로 합계를 구하시오.

5) 1)번에서 작성한 표에서 합계를 제외한 **제주도**와 **2006년, 2007년**을 이용하여 **[보기]** ⑬과 같이 차트를 작성하시오.

- 차트의 종류 : 묶은 세로 막대형
- 범례가 나타나지 않도록 지정
- 차트 크기는 너비 100mm, 높이 80mm
- 차트 위치는 표의 아래쪽

[답안 따라하기]

3 표와 차트 작성하기(배점 40점)

■ 표 작성하기

01 작성한 표의 끝에 커서를 위치시킨 후, 〈Enter〉 키를 두 번 누른다. 표를 삽입하기 위해 [입력] 탭 - [표] 그룹 - [표]를 클릭한다.

02 [표 만들기] 대화 상자에서 줄 수는 '4', 칸 수는 '4'로 지정하고 '글자처럼 취급'에 체크 표시한 후, [만들기] 단추를 클릭한다.

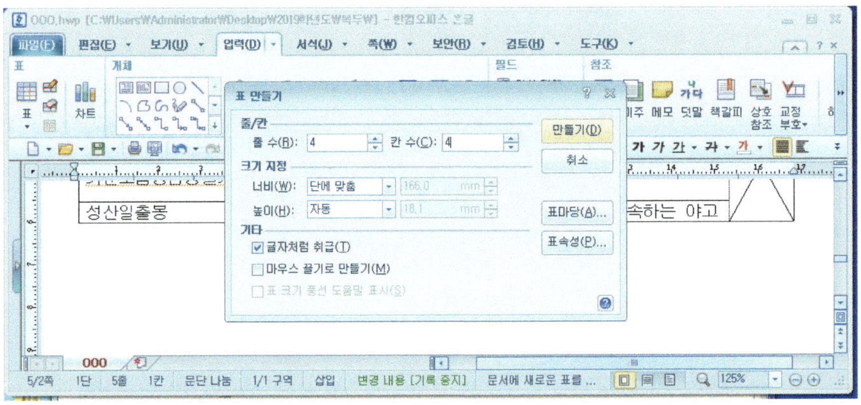

03 표가 삽입되었으면 각 셀에 다음과 같이 표의 내용을 입력한 후, 표의 전체 셀을 블록 지정하고 [서식] 도구 상자에서 글꼴은 '굴림체', 글꼴 크기는 '11pt'로 지정한다.

04 표를 선택하고 마우스 오른쪽 단추를 눌러 [캡션 넣기] 메뉴를 선택한다.

05 표 아래쪽에 '표 2'의 캡션이 삽입되었다. 캡션에 커서를 위치시키고 [서식] 도구 상자에서 [가운데 정렬]을 클릭한다.

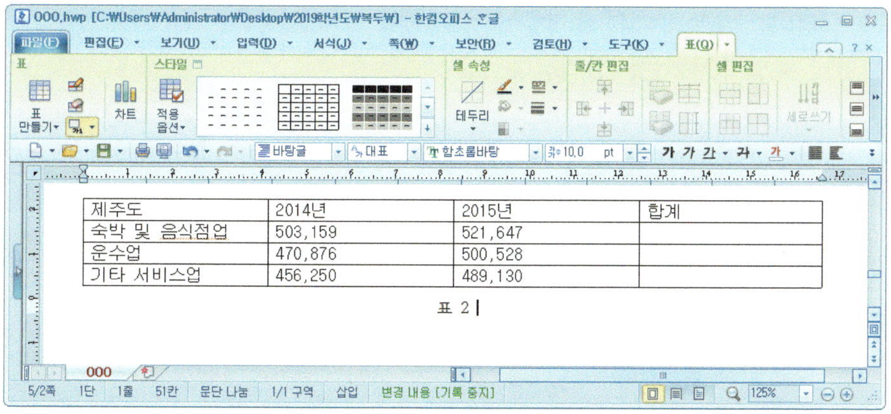

06 2행 1열 ~ 4행 4열을 셀 블록 지정하고 [표] 탭의 목록을 선택한 후, [블록 계산식] - [블록 합계]를 선택한다.

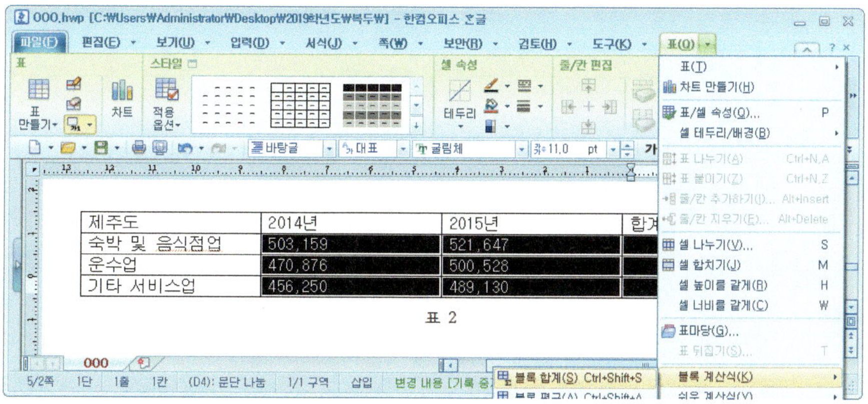

■ 차트 작성하기

01 차트를 삽입하기 위해 1행 1열 ~ 4행 4열을 셀 블록 지정하고 [표] 탭 - [표] 그룹 - [차트]를 클릭한다.

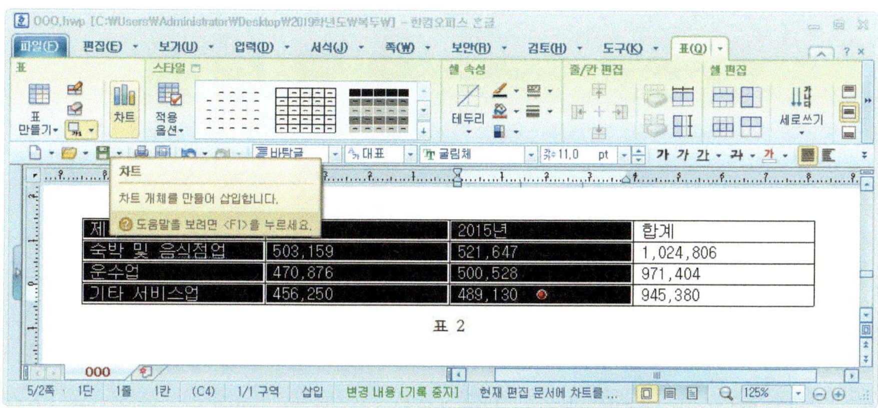

02 차트가 삽입되면 차트를 더블 클릭하여 차트 편집 상태로 전환한 후, 마우스 오른쪽 단추를 눌러 [차트 마법사] 메뉴를 클릭한다.

03 [차트 마법사 - 3단계 중 1단계] 대화 상자의 [표준 종류] 탭에서 차트 종류는 '세로 막대형'을 선택하고 차트 모양을 '묶은 세로 막대형'을 선택한 후, [다음] 단추를 클릭한다.

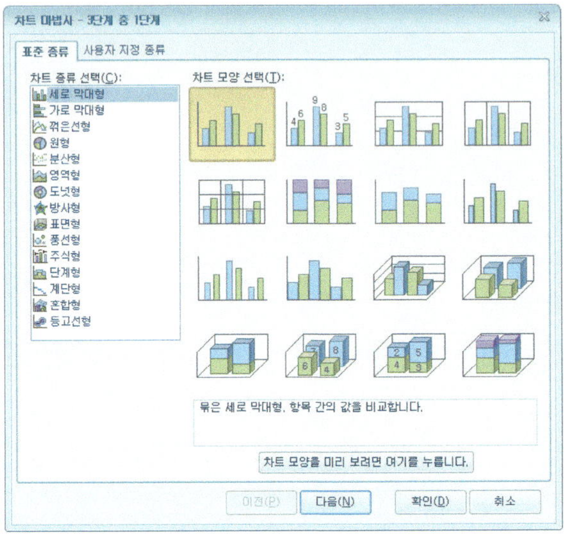

04 [차트 마법사 - 3단계 중 2단계] 대화 상자에서는 방향을 '열'로 선택하고 [다음] 단추를 클릭한다.

05 [차트 마법사 - 3단계 중 3단계] 대화 상자의 [범례] 탭을 선택하고 '범례 표시' 체크 표시를 해제한 후, [확인] 단추를 클릭한다.

06 차트의 바깥쪽을 클릭하면 편집 상태가 종료되며, 차트를 선택하고 마우스 오른쪽 단추를 눌러 [개체 속성] 메뉴를 선택한다.

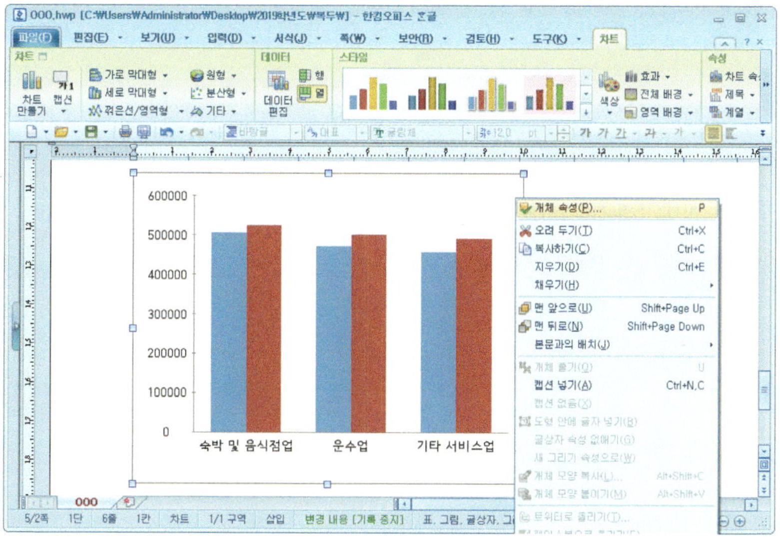

07 [개체 속성] 대화 상자의 [기본] 탭에서 너비 '100mm', 높이 '80mm'로 지정하고 '글자처럼 취급'에 체크 표시를 한 후, [설정] 단추를 클릭한다. 그리고 차트의 위치는 표의 아래쪽에 놓는다.

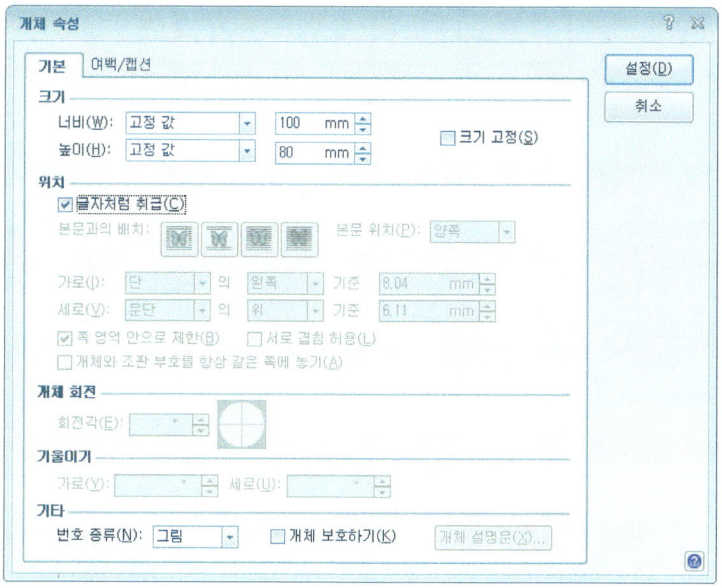

연습문제

[1]다음의 표를 입력대상으로 하여 조건에 따라 차트를 작성해 보시오.

구분	6개월용	1년용
청소년카드	25,000	40,000
비즈니스 카드	70,000	130,000
동반카드	100,000	190,000
경로카드	25,000	40,000

〈조건〉

1. 차트 종류 : 〈2차원 꺾은 선〉
2. 제목 : 돋움, 14pt, 굵게, 배경-선모양(두 줄로)
3. 축 모양, 범례모양의 글꼴-돋움, 10pt, 배경-선 모양(두 줄로)
4. 범례의 위치, 축 제목의 위치 등 나머지 〈출력형태〉와 동일하게 처리할 것

〈출력형태〉

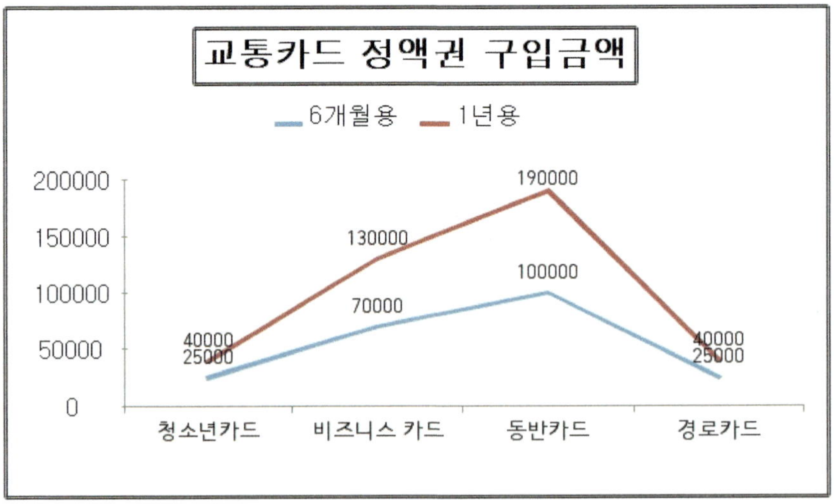

[2] 다음의 표를 입력대상으로 하여 조건에 따라 차트를 작성해 보시오.

개최도시	지정율(%)
서울	103.9
부산	145.9
대구	109.6
광주	138.2
대전	130.2
울산	111.3

〈조건〉

1. 차트 종류 : 〈3차원 도우넛〉
2. 차트 테두리 : 선모양(진한 바깥줄)
3. 제목 : 궁서, 16pt, 배경-선모양(진한 안쪽줄)
4. 범례의 글꼴-굴림체, 10pt, 배경-선모양(한 줄), 범례 위치-차트의 왼쪽
5. 나머지는 〈출력형태〉처럼 할 것

〈출력형태〉

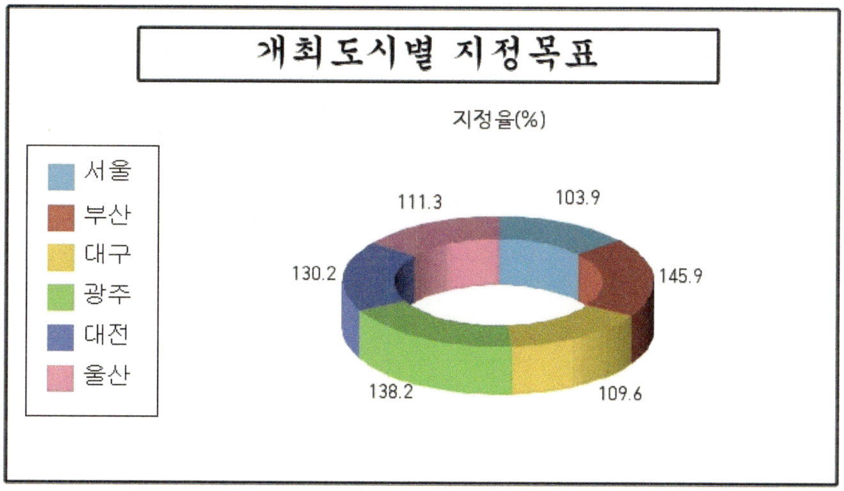

[3] 다음 〈보기〉와 같이 표와 차트를 〈처리사항〉에 맞게 작성하시오.

≪보기≫

창업연령	첨단제조	일반제조	합계
20대	66	72	
30대	1072	683	
40대	839	544	

표 2

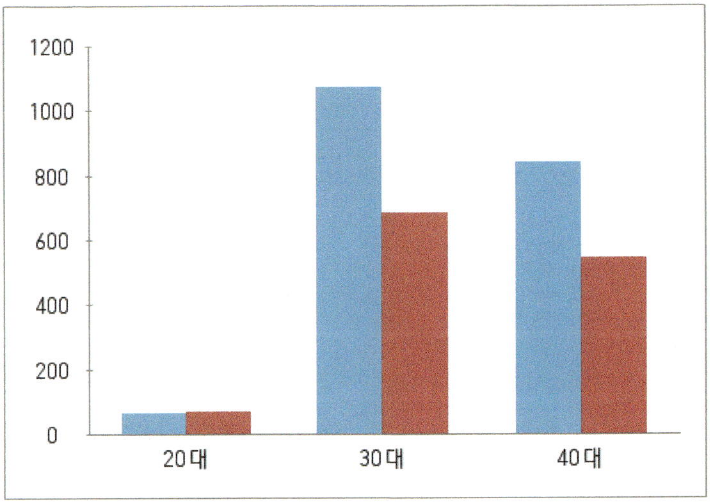

≪처리사항≫

1) **[보기]**와 같이 **4행 4열** 표를 작성하시오.
2) 표 전체의 내용을 입력하고, 글꼴은 돋움체, 글꼴크기는 11pt로 지정
3) 표 아래 가운데에 '표 2'로 캡션을 지정
4) 작성한 표의 2행 4열부터 4행 4열은 표의 수식 입력 기능으로 합계를 구하시오.
5) 1)번에서 작성한 표에서 합계를 제외한 **창업연령**과 **첨단제조, 일반제조**를 이용하여 **[보기]** 와 같이 차트를 작성하시오.
   - 차트의 종류 : 묶은 세로 막대형
   - 범례가 나타나지 않도록 지정
   - 차트 크기는 너비 100mm, 높이 70mm
   - 차트 위치는 표의 아래쪽

08 도형 작성

워드프로세서는 단지 글자와 표의 조합정도로만 생각해 왔기 때문에 그리기 기능이 있다고 하면 많은 사람들은 워드프로세서에서 그리기가 무슨 소용이 있겠느냐고 생각할 수 있다. 그러나 딱딱한 문서에 유연성을 보태주는 기능이 바로 이 그리기 및 그리기 마당이라고 할 수 있다. 또한 한글 2010에서 그리기를 연습한 것이 나중에 엑셀이나 파워포인트 등에서 그리기를 할 경우 상당한 도움이 되므로 간과하지 않길 바란다. 한글에서는 다양한 개체를 표현하기 위해 그림 그리기 기능을 제공한다.

01 입력 탭의 개체 그룹에서 도형 이미지 꾸러미의 자세히 단추를 클릭한다.

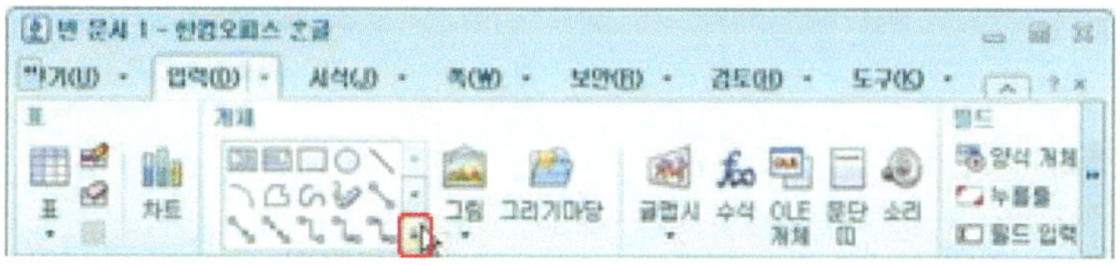

02 도형 이미지 꾸러미가 펼쳐지면 원하는 개체 아이콘을 클릭한다.

03 개체를 그려 넣을 위치로 마우스를 이동하면 마우스 포인터의 모양이 십자 모양(+)으로 바뀐다.

04 마우스로 시작점을 누른 다음 원하는 크기로 마우스를 끌었다 놓으면 개체가 삽입된다.

8.1 개체 그리기

그리기를 할 때는 개체(Object)의 개념을 알아둘 필요가 있는데 한 개의 직선, 원, 직사각형 등을 한 개의 개체라고 말하며 그리기를 마친 후에는 나열된 도형들을 모두 묶어서 하나의 개체로 만들어 주어야 된다.

1 직선 그리기

직선은 시작점 위치에서 원하는 위치까지 드래그하여 그리며, Shift를 누른 채 드래그하면 15° 단위로 그릴 수 있다.

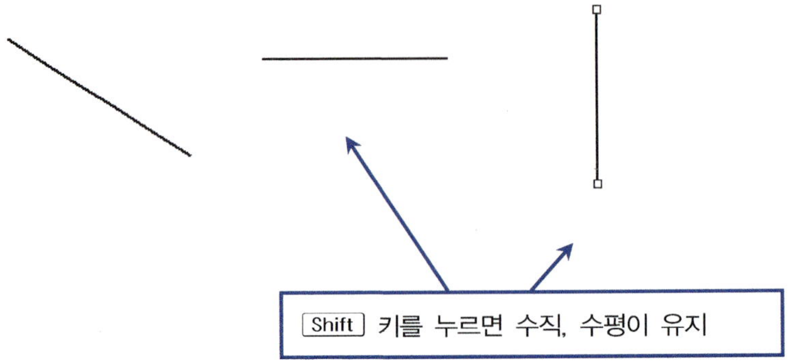

2 직사각형, 타원 그리기

도형을 그리려면 [도형] 이미지 꾸러미에서 원하는 개체를 선택하고 그려질 도형의 크기만큼 드래그하면 된다. 도형을 그릴 때 Ctrl을 누르면 도형을 그리기 시작한 위치를 중심으로 개체를 그릴 수 있으며, 사각형이나 원은 Shift를 누른 상태에서 그리면 정사각형이나 정원이 그려진다.

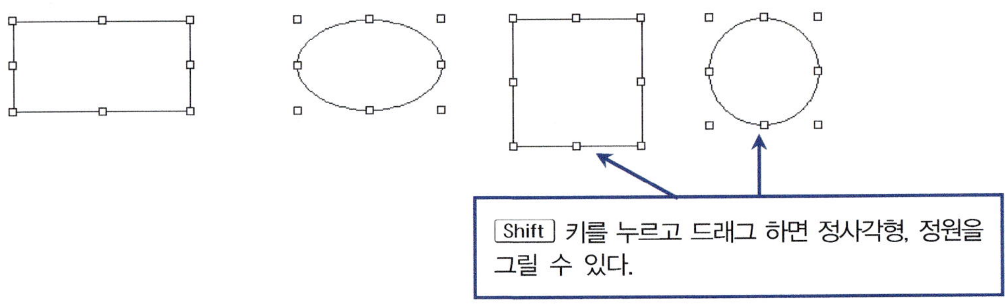

3 호, 다각형 그리기

호는 그리기 도구 모음의 [호 그리기]를 선택 후 드래그를 한다. 다각형은 꼭짓점마다 클릭해서 그리며, 시작점 근처에서 클릭하거나 임의의 지점에서 더블클릭하면 그리기가 완성된다.

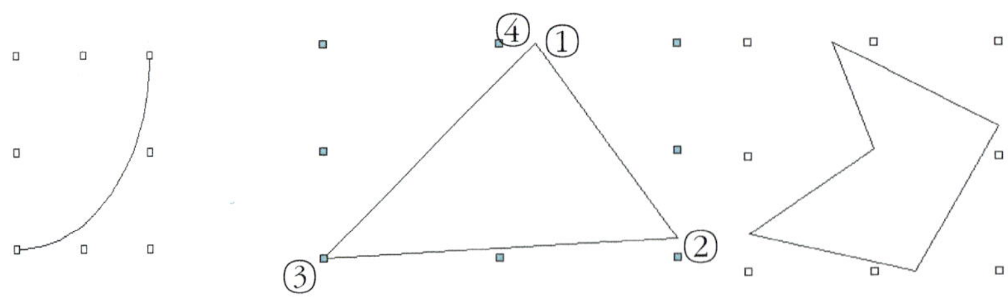

4 연결선 그리기

개체 연결선은 조직도나 순서도와 같이 도형을 이어주기 위해 사용하는데, 도형과 연결된 후에 도형이 이동하면 연결선도 같이 이동한다.

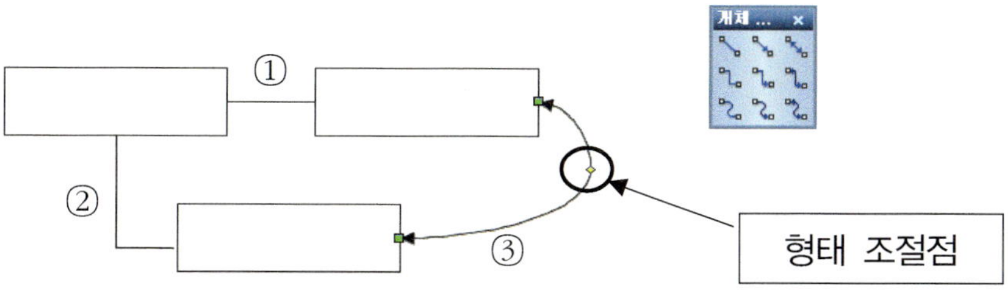

5 도형에 글자 입력하기

도형에 글자를 넣을 때는 도형을 선택한 후 마우스 오른쪽 버튼을 누르고 바로가기 메뉴 [도형 안에 글자 넣기]를 선택하면 도형 안에 커서가 생긴다. 그 상태에서 글자를 입력하면 된다.

Tip

□ 그리기마당 대화상자는 많이 쓰이는 개체를 미리 만들어 등록해 놓고, 필요할 때마다 등록된 개체를 가져다 원하는 그림을 쉽고 빠르게 그리는 방식으로 그림을 그리는 많은 시간과 노력을 절약하여 멋진 그림을 쉽고 빠르게 그릴 수 있다. 그리기마당에 들어 있는 하나하나의 그리기 파일(*.drt)들을 "그리기 조각"이라고 한다. 그리고 같은 종류의 그리기 조각끼리 한곳에 모아 놓은 것을 "그리기마당 꾸러미"라고 한다.

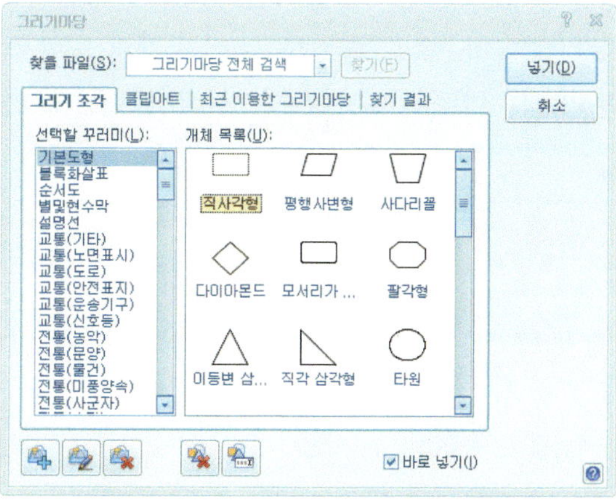

8.2 개체 속성 지정하기

각 개체들은 처음에는 지정된 값으로 설정이 되어있다. 그리기만 할 수 있고 다른 속성을 전혀 다룰 줄 모른다면 안 될 말이다. 속성을 이해하고 지정하는 방법, 변경하는 방법을 잘 알아두어야 한다.

개체 속성을 설정하려면 개체를 선택하고 [도형] 탭의 [스타일] 그룹에 있는 선 색, 채우기, 선 종류, 선 굵기, 화살표 모양과 [그림자] 그룹에 있는 그림자 모양을 선택하면 된다.

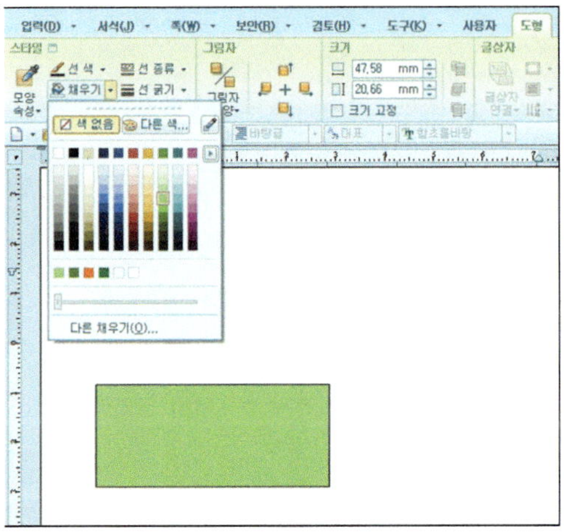

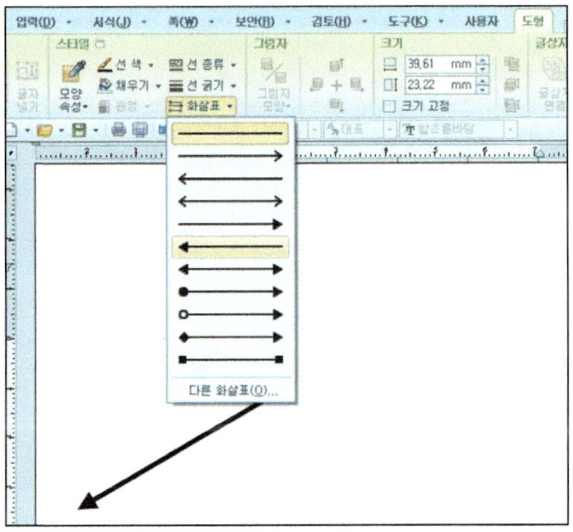

8.3 도형 선택 및 묶기와 풀기

1 도형 선택

도형의 크기를 조절하거나 복사, 이동하거나 편집을 하기 위해서는 먼저 도형을 선택해야 하며, 하나의 도형을 선택할 때는 마우스로 클릭하고, 여러 개의 도형을 선택할 때는 Shift 키를 누른 채로 클릭하거나 [편집] 탭 - [입력] 그룹 - [개체 선택] 클릭하고 선택하려는 도형이 포함되도록 드래그하면 된다.

2 도형 묶기와 풀기

여러 개체를 선택 후 개체 묶기를 하면 하나의 개체로 관리할 수 있다. 두 개 이상의 도형을 하나의 개체로 그룹화([개체 묶기]), 한 개의 개체로 묶여 있는 것을 원래의 개수대로 풀기([개체 풀기])하는 것이다.

개체 묶기를 하려면 묶을 개체를 선택한 후 마우스 오른쪽 버튼을 누르고 바로가기 메뉴에서 [개체 묶기] 선택하면 된다.

01 각각 한 개의 개체인 경우 : 개체마다 조절점이 8개씩 있다.

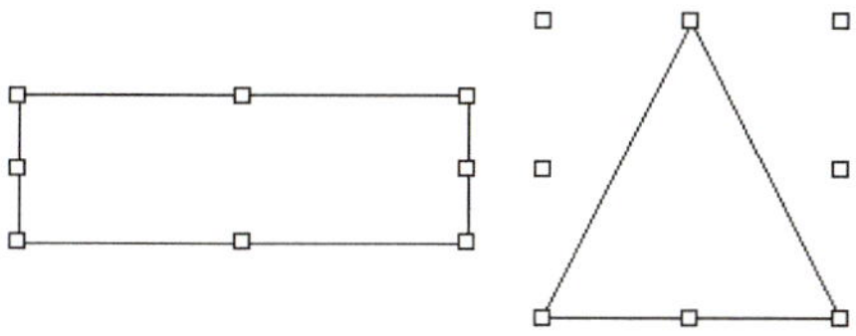

02 세 개의 개체를 하나로 묶은 경우 : 선택된 4개의 도형이 하나의 틀로 묶이며 8개의 조절점만 표시된다. 마우스로 이동해 보면 3개의 도형이 함께 움직임을 알 수 있다.

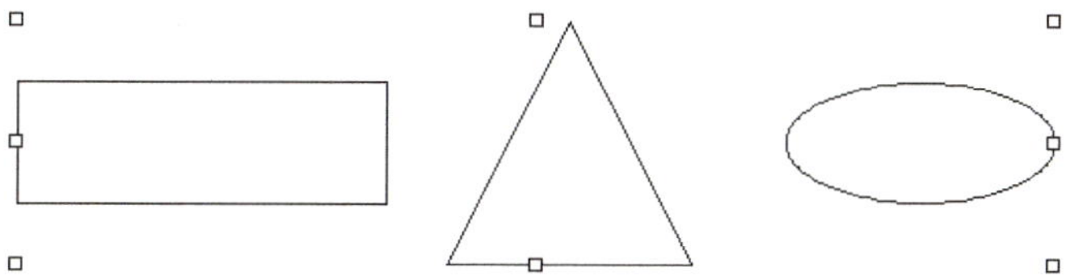

8.4 도형 정렬(앞, 뒤 조정)하기

도형은 그리는 순서대로 뒤에서 앞으로 오게 된다. 그러므로 가능하면 작업 시 뒤에 놓여질 도형부터 그려나가는 것이 좋고 앞, 뒤 순서를 바꿀 때는 단축메뉴의 [맨 앞으로], [맨 뒤로]를 이용하면 된다. 혹은 그리기 도구 상자의 맨 앞으로 아이콘( ), 맨 뒤로 아이콘( )을 선택해도 된다. 다음은 뒤에 놓인 직사각형을 [맨 앞으로] 보낸 경우이다.

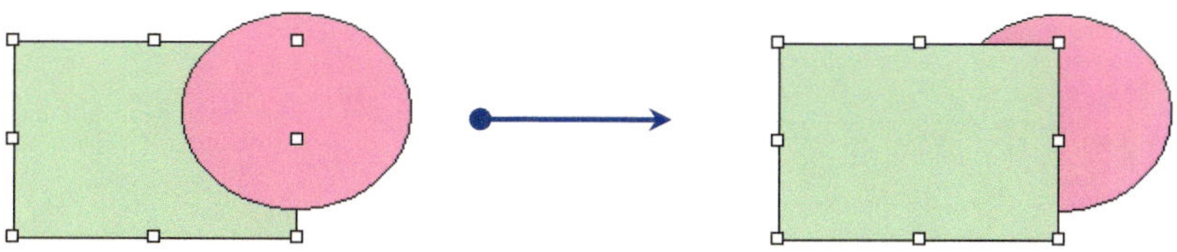

8.5 개체 회전 및 좌우 / 상하 뒤집기

개체를 언제나 만든 그대로 이용할 수는 없다. 이때 자유회전, 90°회전 및 좌우대칭, 상하대칭을 할 수 있다. 또한 같거나 비슷한 도형은 원본을 복사하여 쓰면 시간을 절약할 수 있다.

1 개체회전

대상 개체 선택 후 [개체회전]아이콘 을 클릭하면 4개의 연두색 점이 생긴다. 아무 점에나 마우스를 댄 후 개체를 원하는 대로 돌린다.

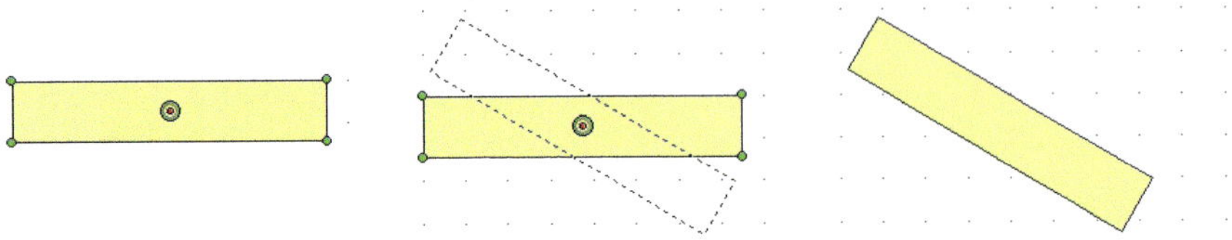

2 90° 회전

개체를 선택 후 왼쪽으로 90도 회전 아이콘 , 혹은 오른쪽으로 90도 회전 아이콘 을 클릭하면 90° 회전한다.

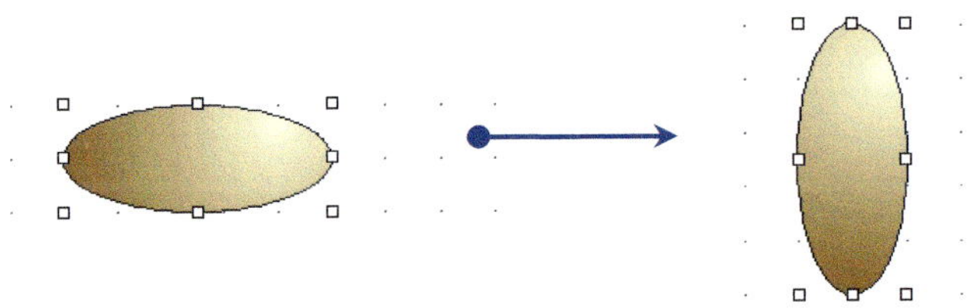

3 좌우 대칭

개체를 선택 후 [좌우 대칭] 아이콘 을 클릭하면 좌우 대칭 상태가 된다.

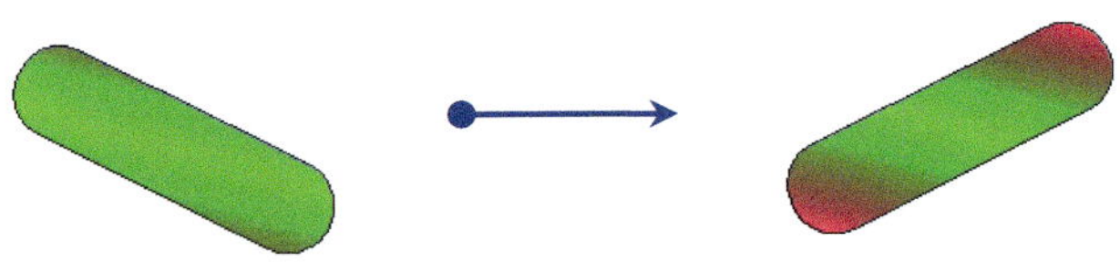

4 상하 대칭

개체를 선택 후 [상하 대칭] 아이콘 을 클릭하면 상하 대칭 상태가 된다.

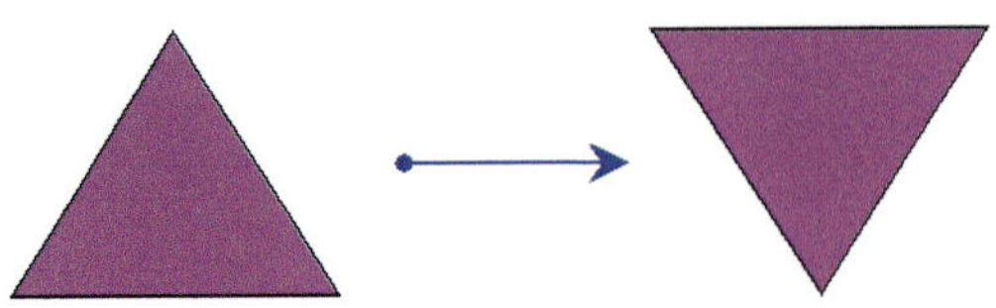

보 기

6

⑭ 정보검색1 [ ] http://---------------------------------------

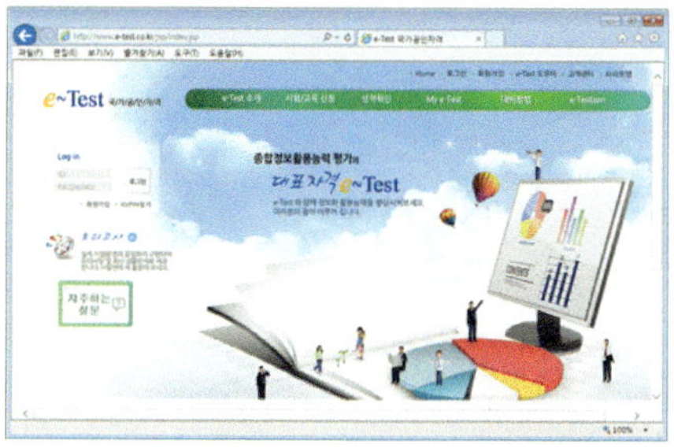

정보검색2 [ ] http://---------------------------------------

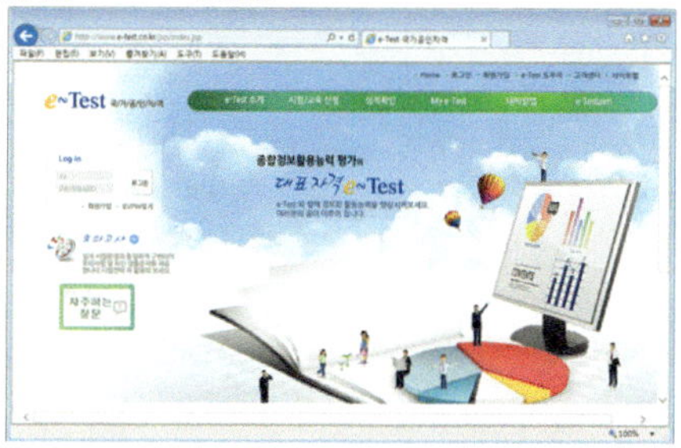

○○○

처리사항

배점 : 1번(10), 2번(15), 3번(15)

1. **[보기]** ⑭와 같이 **다음 페이지**에 검색한 내용을 다음 요구에 따라 작성하시오.
   1) '정보검색1 [ ] http://------------'
      '정보검색2 [ ] http://------------'
   - [ ] 안에 **[정보검색]**1과 **[정보검색]**2의 정답을 차례로 입력
   - 반드시 [ ]와 함께 정보검색 답안을 입력
   - [보기] ⑭와 같이 각각의 입력한 답안 아래에 정답이 있는 화면을 'PrintScreen'키를 이용하여 캡처한 후, 'Ctrl+V'로 답안문서에 붙여 넣으시오.
     (크기는 [보기]와 같이 임의로 조절하시오.)

2. **[정보검색]**1은 아래 검색 문제로 작성하시오.

( )은 동쪽은 서산시, 홍성군, 보령시의 해안지대에 의해, 서쪽은 태안군 태안반도 기부의 한반도와 거기 연속되는 안면도(安眠島)에 의해 둘러싸인 남북으로 긴 만이다. 넓은 간석지가 형성되어 있으며, 간척이 된 곳도 많다. 수심이 얕고 암초와 작은 섬들이 많아서 큰 선박이 항행하기 불편하며, 작은 규모의 염전이 곳곳에 열려 있고 김, 굴 양식이 성하다.

- ( ) 안에 해당하는 내용을 검색하고, 반드시 검색한 내용이 포함된 페이지의 등록정보 URL과 함께 답안문서에 입력하시오.
- 반드시 한글 3자로 입력하시오.

3. **[정보검색]**2는 아래 검색 문제로 작성하시오.

강원도 인제군 기린면과 양양군 서면에 걸쳐 있는 ( )은 한계령을 사이에 두고 설악산 대청봉과 마주보고 있다. 산 일대에 펼쳐진 원시림에는 젓나무가 울창하고, 모데미풀 등 갖가지 희귀식물을 비롯하여 참나물, 곰취, 곤드레 등 10여 가지 산나물이 자생한다. 특히 한반도 자생식물의 남북방한계선이 맞닿는 곳으로서, 한반도 자생종의 20%에 해당하는 8백 54종의 식물이 자라고 있어 유네스코에서 생물보존권지역으로 지정하였고 주전골 성국사터에 보물 제497호인 양양 오색리 삼층석탑이 남아 있다.

- ( ) 안에 해당하는 내용을 검색하고, 반드시 검색한 내용이 포함된 페이지의 등록정보 URL과 함께 답안문서에 입력하시오.
- 반드시 한글 3자로 입력하시오.

[답안 따라하기]

1 [정보검색]1 검색하기(배점 15점)

01 정보검색을 하기 위해 인터넷 창 네이버 포털사이트에 접속한다. 검색 조건으로 검색 입력

란에 "안면도에 의해 둘러싸인 남북으로 긴 만"이라고 입력한 후, [검색]을 클릭한다.

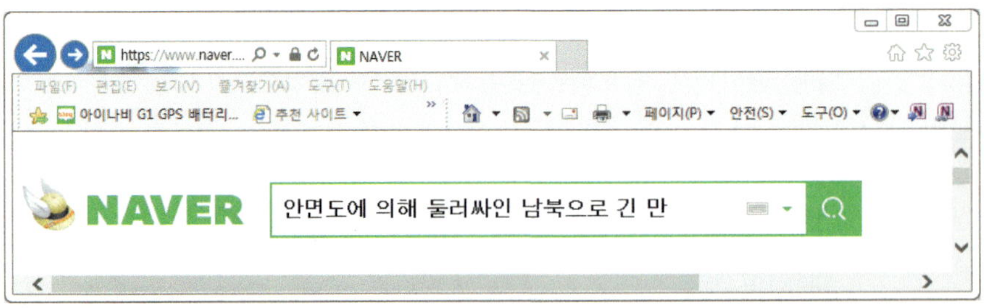

02 검색된 내용 중 신뢰성 있는 사이트를 찾아 클릭한다.

03 웹 페이지를 읽어본 후, 정답을 찾도록 한다.

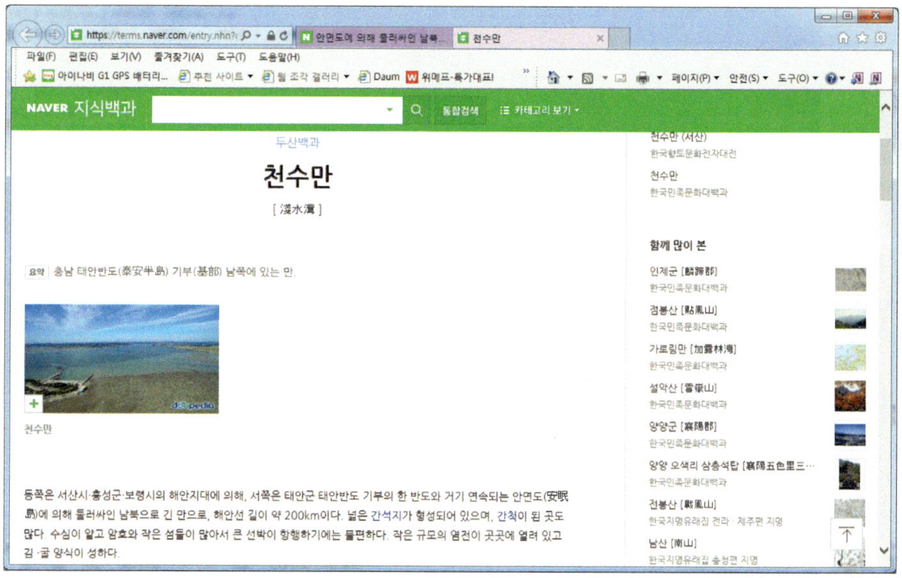

2 [정보검색]2 검색하기(배점 15점)

01 정보검색을 하기 위해 인터넷 창 네이버 포털사이트에 접속한다. 검색 조건으로 검색 입력란에 "강원도 인제군 기린면과 양양군 서면에 걸쳐 있는 산"이라고 입력한 후, [검색]을 클릭한다.

02 검색된 내용 중 신뢰성 있는 사이트를 찾아 클릭한다.

03 웹 페이지를 읽어본 후, 정답을 찾도록 한다.

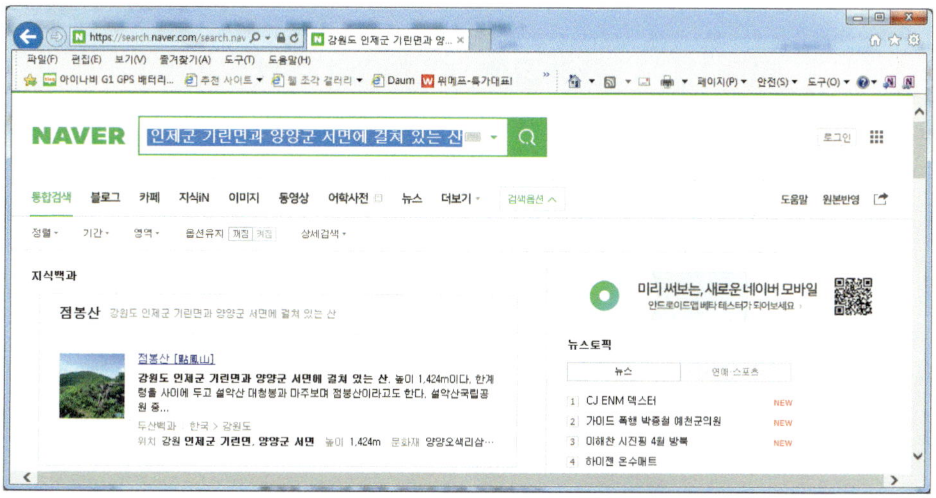

3 답안 작성하기(배점 10점)

01 Ctrl + Enter↵ 키를 눌러 세 번째 페이지로 이동한 후 "정보검색1"이라고 입력한다.

02 '정보검색1'의 정답을 '[ ]' 안에 "천수만"라고 입력하고 정답 웹 페이지를 선택하여 URL을 블록 지정한 후, 복사(Ctrl + C)한다.

03 복사한 URL을 정답 오른쪽 부분에 붙여넣기(Ctrl + V)한다.

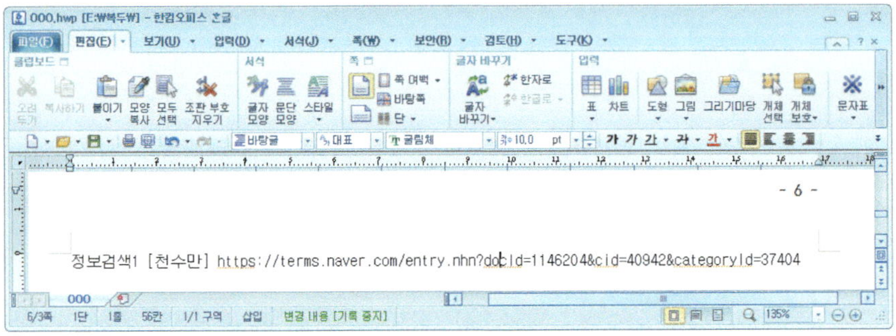

04 다시 웹 페이지를 선택한 후, PrtSc 키를 눌러 웹 페이지 화면을 캡처한다.

05 웹 페이지 화면이 캡처되면 한글 문서로 이동하고 Enter↵ 키를 눌러 다음 줄(행)로 이동한 후, 캡처한 웹 페이지 화면을 붙여넣기(Ctrl + V)한다.

06 계속해서 [Enter↵] 키를 2번 눌러 "정보검색2"이라고 입력하고 '정보검색2'의 정답을 '[ ]' 안에 "점봉산"이라고 입력하고 정답 웹 페이지를 선택하여 URL을 블록 지정한 후, 복사([Ctrl]+[C])한다.

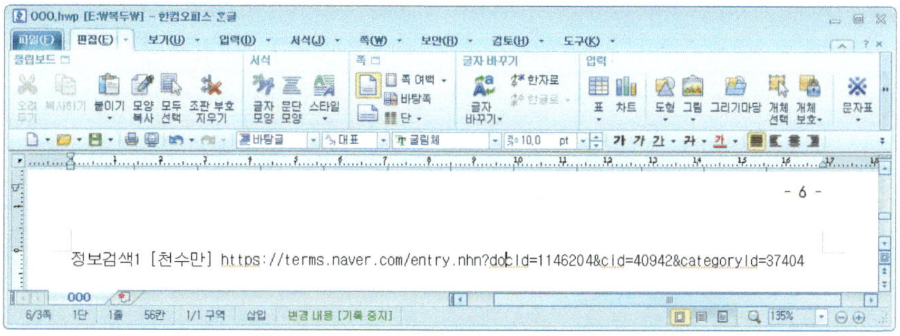

07 다시 웹 페이지를 선택한 후, [PrtSc] 키를 눌러 웹 페이지 화면을 캡처한다. 웹 페이지 화면이 캡처되면 한글 문서로 이동하고 [Enter↵] 키를 눌러 다음 줄(행)로 이동한 후, 캡처한 웹 페이지 화면을 붙여넣기([Ctrl] + [V])한다.

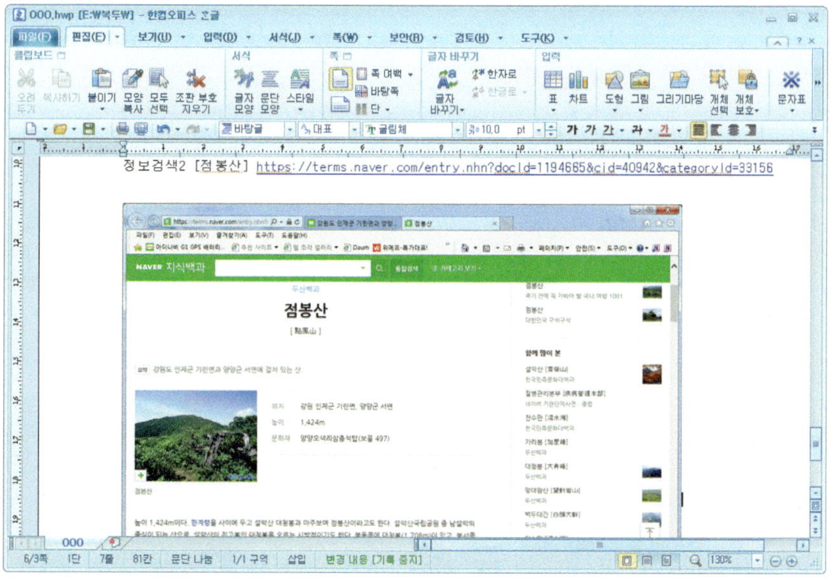

08 삽입된 웹 페이지 그림의 크기를 조절하여 한 페이지에 그림이 들어갈 수 있도록 그림 크기를 조절한다.

3. 아래의 도형을 완성하시오.

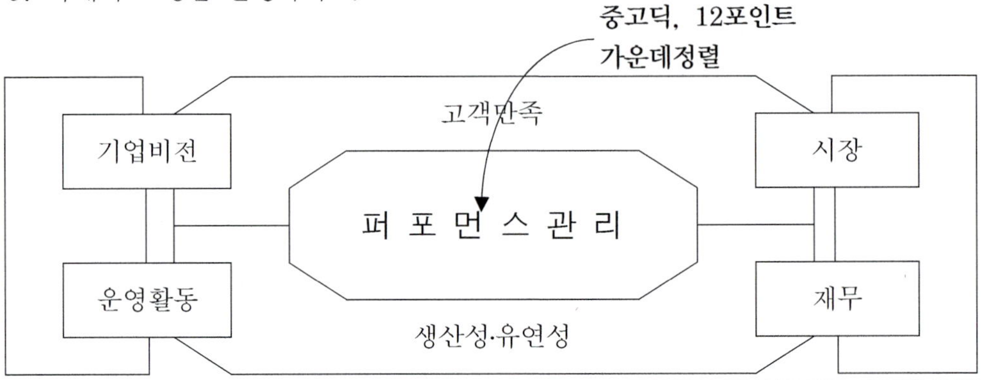

[따라하기] 기본문제 3번 문제(40점)

1 8행 × 16열 기본 표 만들기

01 [표] 탭 - [표] 그룹 - [표 만들기]에서 원하는 줄 수와 칸 수가 될 때까지 드래그해서 만든다.

02 기본 표에서 셀 합치기를 하고 대각선을 넣어 준다.

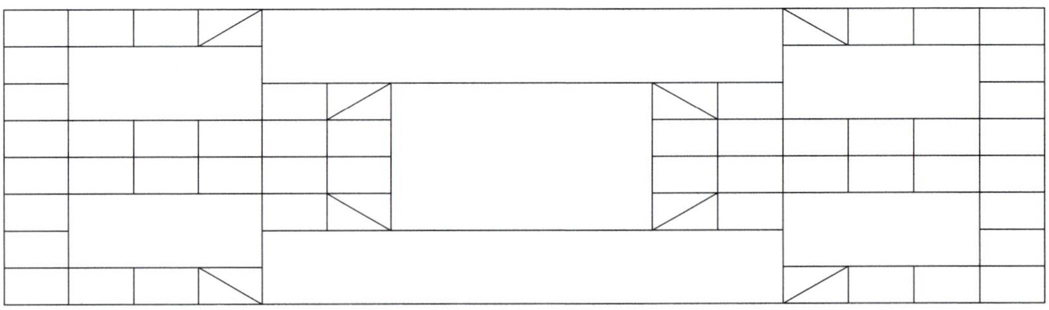

03 3열과 13열의 셀을 블록 지정하고 오른쪽 마우스를 눌러 [셀 나누기]를 선택하고 2칸 나누기를 한다.

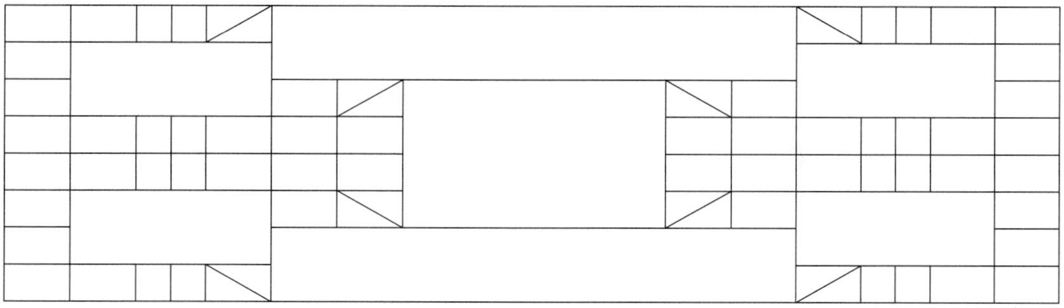

2 테두리 모양과 내용 입력 및 정렬하기

01 해당 셀의 테두리 없음을 지정하기 위해 해당 셀을 선택하고 오른쪽 버튼을 클릭하여 [셀 테두리/배경] - [각 셀마다 적용]을 선택하면 [셀 테두리/배경] 대화창에서 [테두리]탭에서 [선 없음]을 선택하고 위치를 선택하면 된다. 또는 [표 도구 상자]에서 해당 아이콘을 사용한다.(테두리 삭제 시 [표 지우개]를 활용한다.)

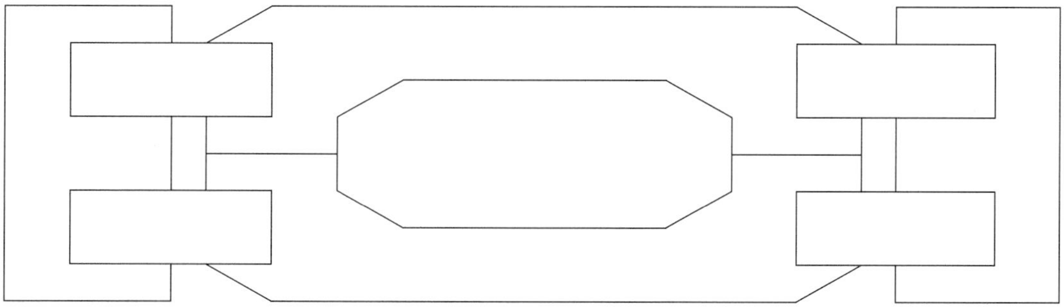

02 입력은 신명조 10포인트로 하고, 가운데 '퍼포먼스관리'만 중고딕 12포인트로 한다. 그리고 전체를 블록 지정하고 서식 도구 상자에서 '가운데 정렬'을 한다.

4. 아래에 제시한 도형을 모두 그리시오.

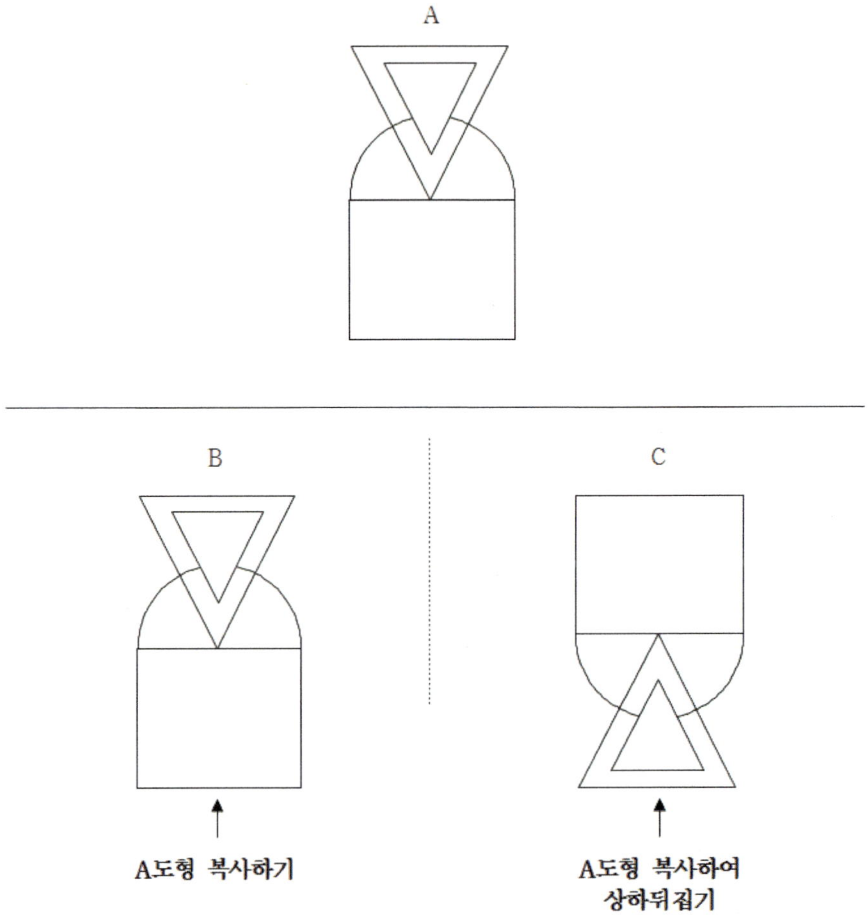

[따라하기] 기본문제 4번 문제(40점)

1 A 도형 그리기

01 [입력] - [개체] - [그리기 마당]을 선택하면 [그리기 마당] 대화창에서 [그리기 조각] 탭 중에서 '이등변 삼각형'을 선택한다. 이등변 삼각형을 '상하 대칭'하여 만들고, 복사하여 크기를 조절하여 두 개의 역삼각형을 겹친다.

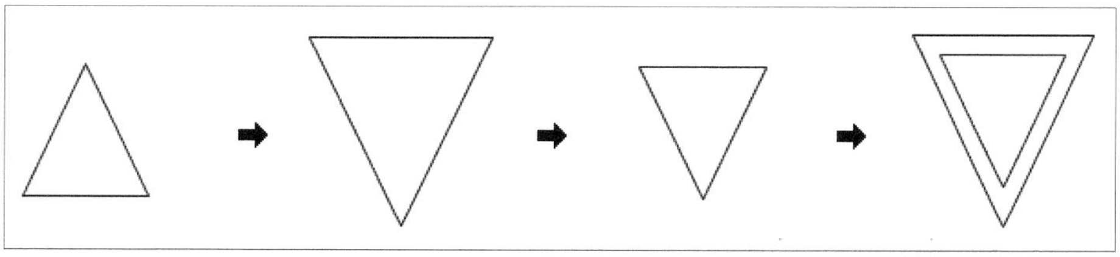

02 [입력] - [개체]에서 타원을 선택하여, Shift 키를 누른 채 동심원을 그려서 겹 역삼각형과 겹쳐서 배치한다. 그리고 직사각형을 선택하고 Shift 키를 누른 채 정사각형을 그려 정원과 겹쳐 놓는다.

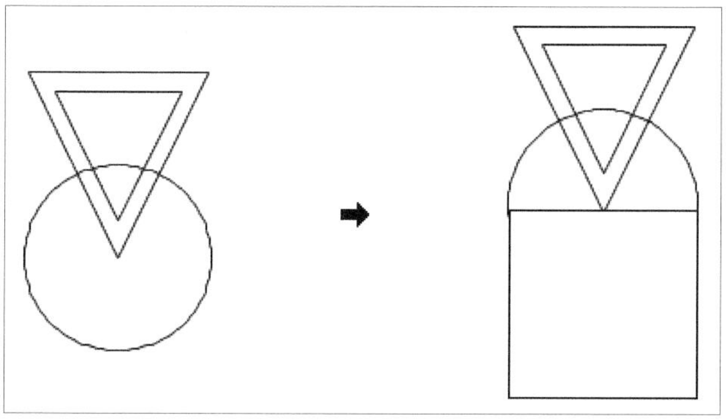

03 각 도형의 순서를 조정하기 위해, 작은 역 삼각형을 [개체 속성] 대화창에서 [채우기] 탭에서 [색-면색]을 흰색으로 설정한 후 각 도형의 순서를 조정한다. 도형의 순서는 도형을 선택한 후 오른쪽 버튼을 누르면 [맨 앞으로], [맨 뒤로]에서 적절히 선택하여 순서를 조정하면 된다.

04 Shift 키를 누른 채 4개의 도형을 모두 선택한 후 [개체 묶기] 아이콘을 클릭하여 도형들을 묶어주어 A 도형 작성이 완료된다.

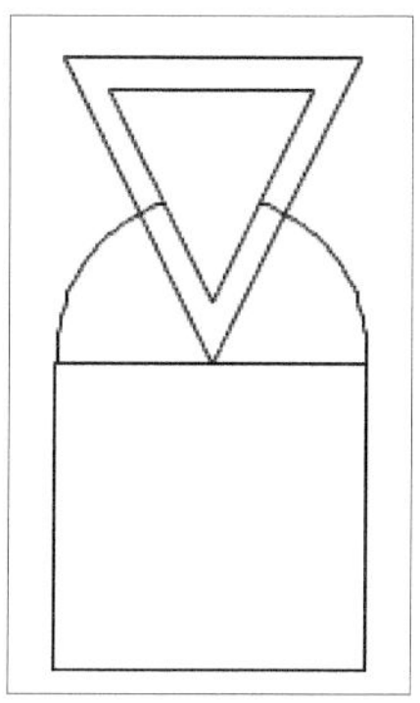

2 A 도형 두 번 복사하여 배치하기

01 Ctrl키를 누른 채 마우스로 A 도형을 원하는 위치로 드래그해 두 번 복사하여 배치한다.

02 도형 복사가 끝나면 A, B, C 도형 모두를 선택하고, [정렬] 그룹 - [맞춤/배분]에서 [가로 간격을 동일하게]을 선택하여 문제와 최대한 유사하게 배치한다.

03 배치 후 C 도형을 선택하고 [회전/대칭]에서 [상하 대칭] 아이콘을 클릭하여 도형 뒤집기를 한다.

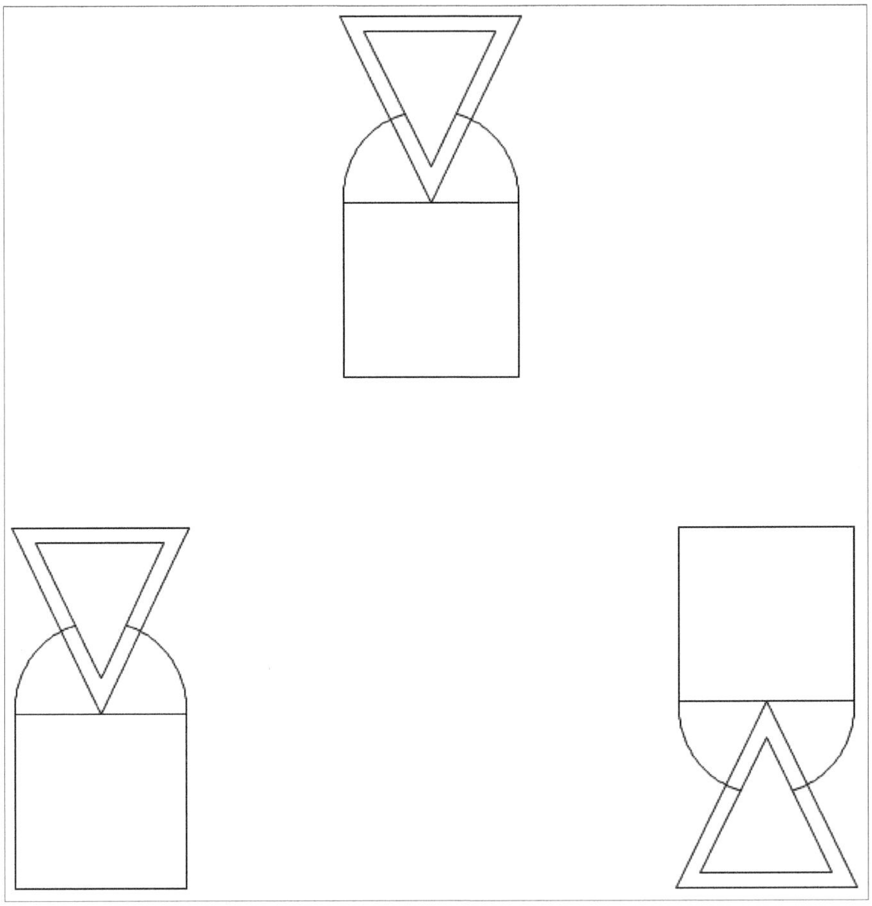

3 실선, 점선 그리기와 도형 제목 달기

01 [입력] - [개체]에서 실선을 선택하고 Shift키를 누른 채 마우스로 원하는 위치까지 드래그하면서 수평 실선과 수직 실선을 그려준다.

02 수직 실선을 마우스로 선택한 후, 마우스 오른쪽 버튼을 눌러 [개체 속성] 대화창에서 [선] 탭의 선 종류를 점선으로 선택한 후 〈설정〉 버튼을 클릭하면 점선으로 변한다.

03 도형에 대한 제목은 글상자 아이콘을 선택하여 A 글상자를 만들고, A 글상자를 선택한 후 오른쪽 버튼을 클릭하여 [개체 속성] 대화창에서 [선 없음]과 [색 채우기 없음]을 선택해 완성한다. A 글상자를 복사하여 B, C 글상자를 만들고 각 도형에 배치한다.

04 마지막으로 Shift 키를 사용하여 제목을 포함한 전체 도형을 선택하여 [개체 묶기]아이콘을 클릭하여 묶고, [개체 속성] 대화창에서 [글자처럼 취급]을 선택해준다.

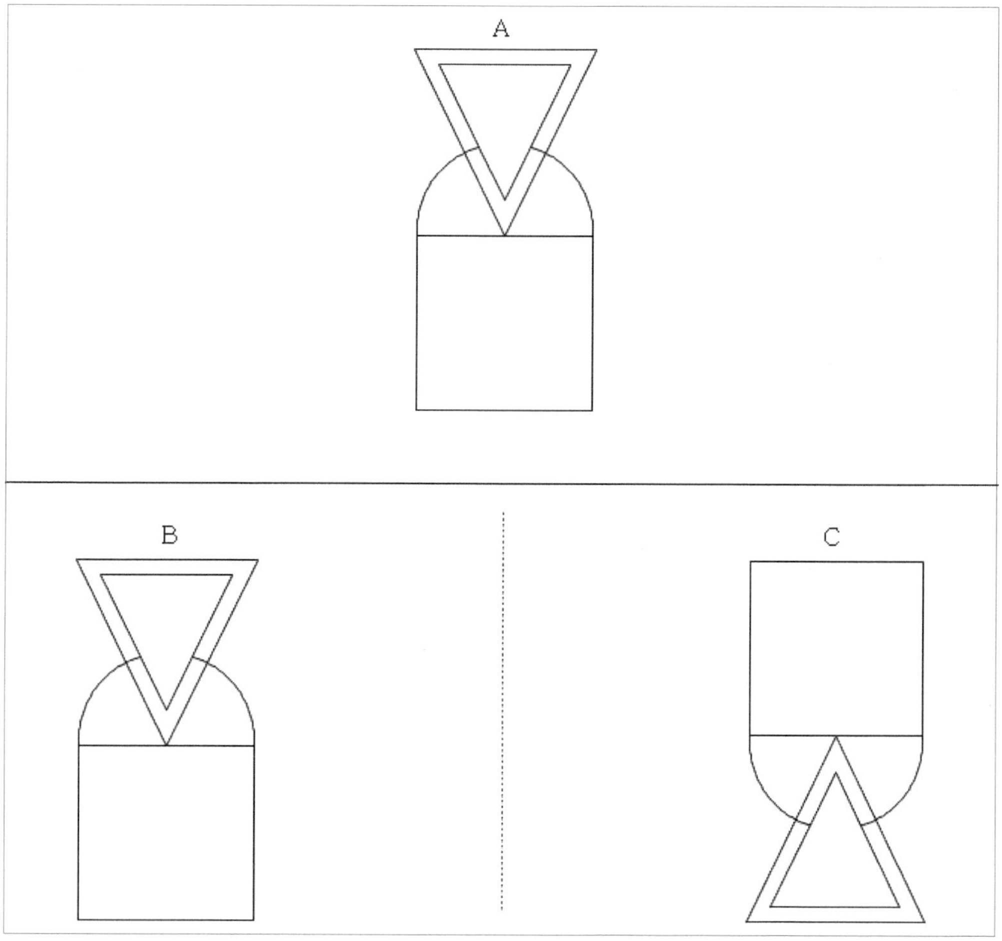

연습문제

[1] 다음 조직도를 그리기 도구를 이용하여 만들어 보시오.

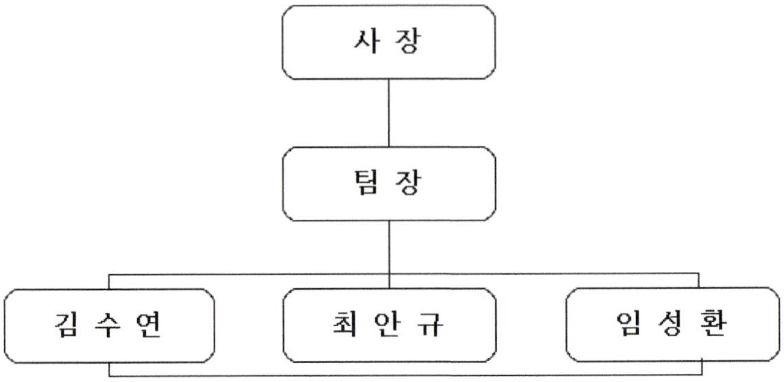

[2] 그리기 도구 모음을 이용하며 아래의 〈조건〉에 따라 〈출력 형태〉와 같이 작성하시오.

〈조건〉

- 도형 크기(50×7), 노랑 채우기, 녹색 테두리, 글자 중고딕, 12pt, 진하게
- 도형 크기(30×6), 검정색 채우기, 글자는 하양색, 11pt, 진하게

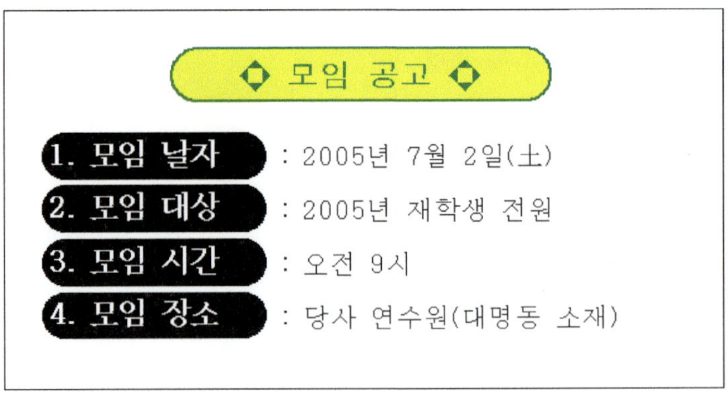

[3] 그리기 도구 모음을 이용해서 다음 그림을 그려 보시오.

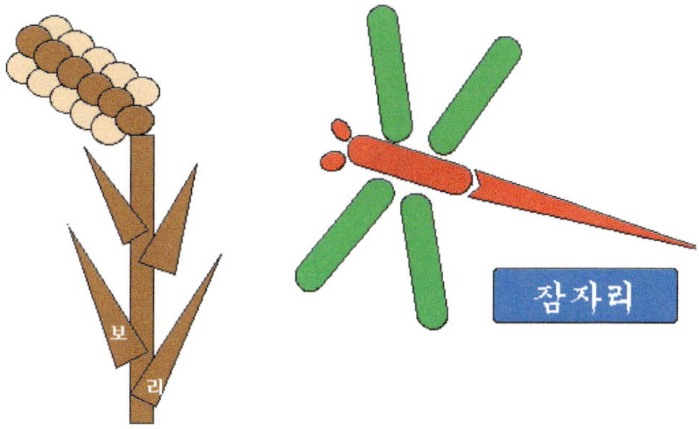

[4] 다음의 약도를 그리기 마당과 그리기 기능을 이용하여 그려 보시오.

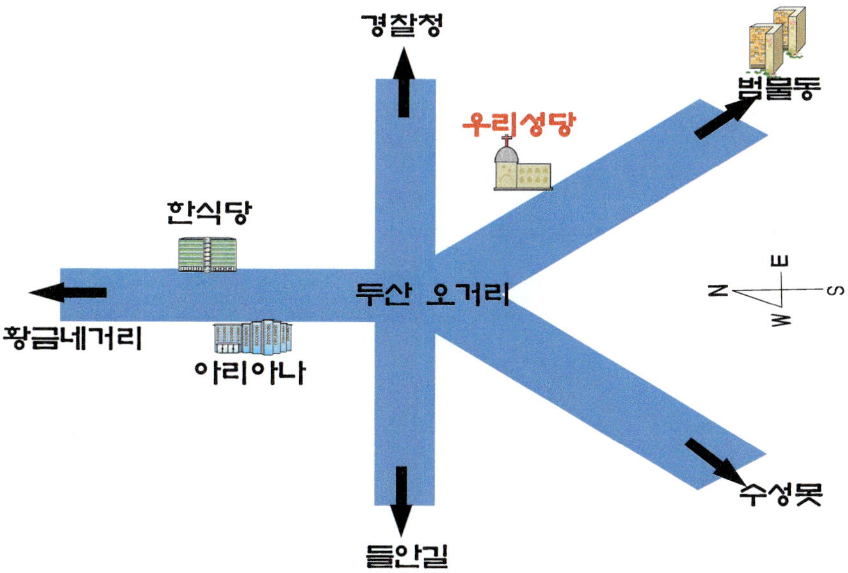

[5] 그리기 기능과 누름틀 기능을 이용하여 다음 상장을 만드시오.

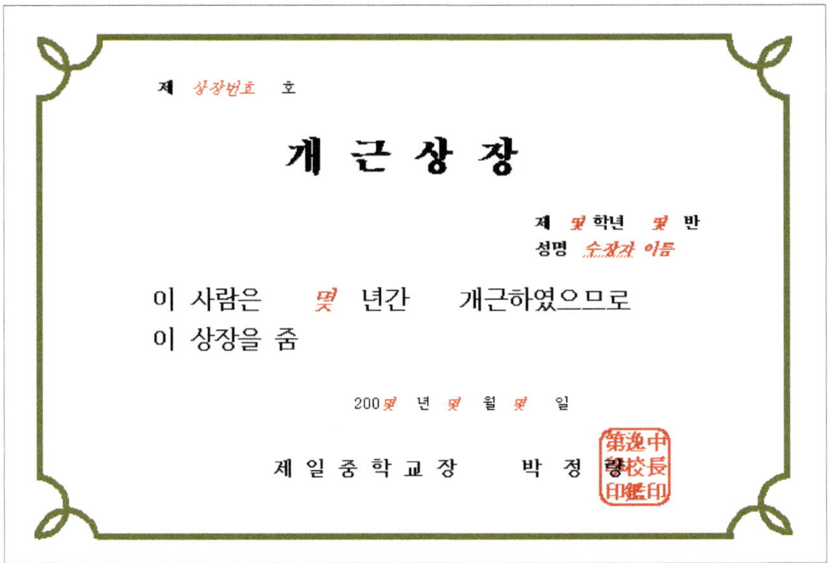

[6] 아래의 도형을 완성하시오.

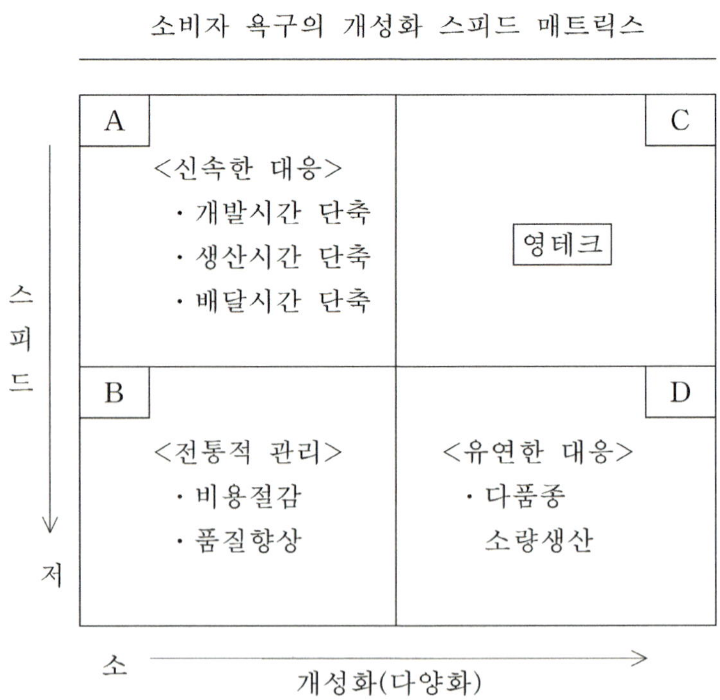

[7] 아래의 도형을 완성하시오.

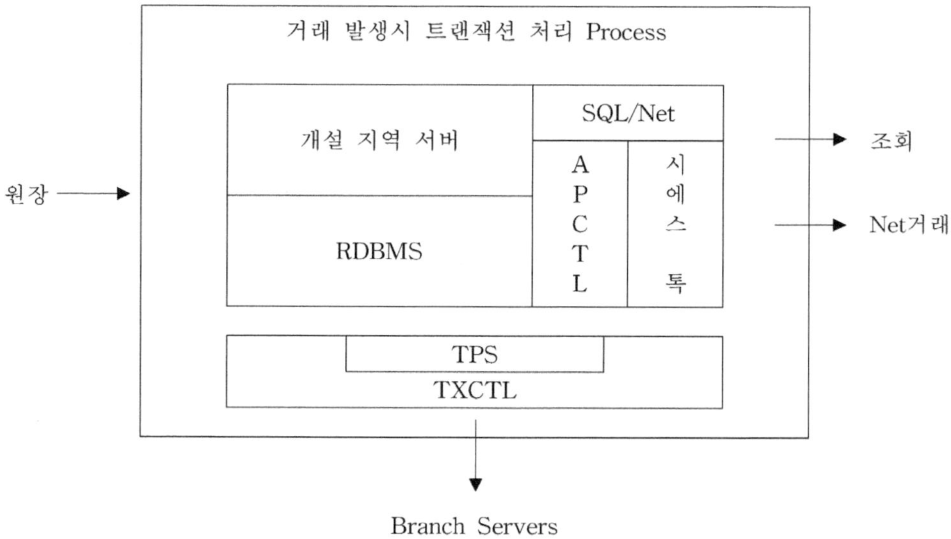

[8] 아래에 제시한 도형을 그리시오.(단, B와 C는 대칭)

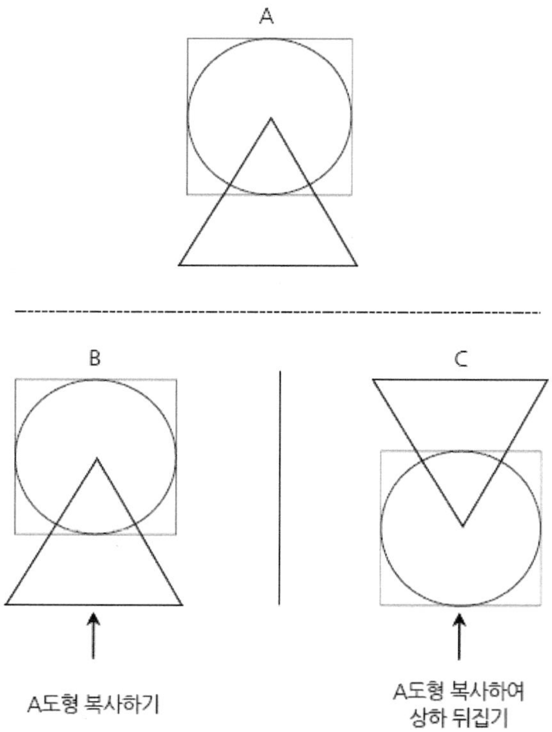

09 메일 머지와 차례

메일 머지는 주소록 역할을 하는 데이터 파일과 템플릿 역할을 하는 서식 파일을 결합하여 이름, 주소만 다르고 내용이 같은 수 십, 수 백 통의 편지지를 만드는 기능이다. 이와 같은 기능은 동호회 회원 안내장, 초대장 등 많은 양의 단순 반복 작업에 매우 유용하게 사용할 수 있다.

메일 머지 기능을 이용하려면 데이터 파일과 서식 파일 필요하다. 데이터 파일은 서식 파일에 대입될 개별 이름이나 주소를 담은 파일로 한글 파일(*.hwp), 엑셀 파일(*.xlsx) 등이 있으며, 서식 파일은 공통적으로 들어갈 본문 내용을 적은 파일이다.

데이터 파일과 서식 파일 둘을 병합(Merge)하여 완성된 형태의 안내문 등을 만들어 낼 수 있다.

9.1 메일 머지 표시 달기(Ctrl+K, M)

01 먼저 다음과 같은 안내장 원문을 만들어 보자. {{1}}, {{2}}가 바로 수신자와 수신자의 회비로써 사람마다 달라질 항목이다. 이것은 메뉴의 [도구] - [메일 머지] - [메일 머지 표시 달기]로 간다. [필드 만들기] 탭으로 가서 필드번호 '1'을 쓴다. 같은 방법으로 금액에 해당되는 필드는 필드번호 '2'를 달아준다. 파일이름은 '메일머지-본문.hwp'로 저장한다.

> {{1}} 학우에게
> 안녕하세요. 이제 종강을 앞두고 그 동안 수고한 학생임원들과 학생회 회원들이 모두 모여 즐거운 시간을 가지고자 합니다. 참석하셔서 자리도 빛내어 주시고 즐거운 한 때를 보내시기를 바랍니다.
>
> ◉ 일시 : 2008년 6월 23일(목) 오후 5시
> ◉ 장소 : 학생회관 2층 학생회실
> ◉ 회비 : {{2}} 원

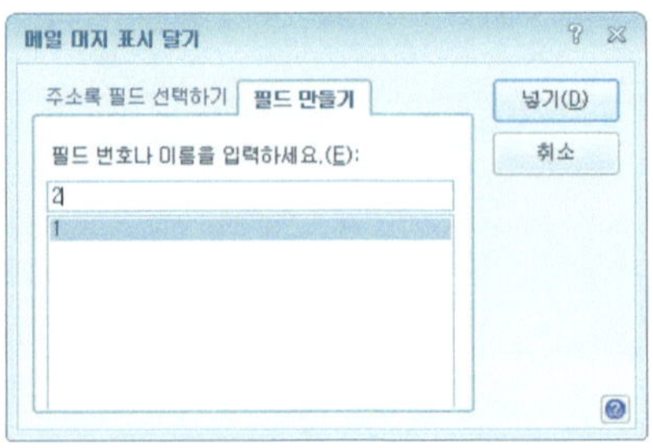

02 실제 학생들의 정보를 입력할 데이터 목록을 만든다. 파일이름은 '메일머지-데이터.hwp'로 저장한다.

2
이정현
15,000
김수로
20,000
박나영
25,000

← 본문에서 메일머지 표시가 두 개({{1}}, {{2}}) 있으므로 그 개수만큼 숫자를 써 준다.
그 후 필드에 해당되는 데이터를 입력한다. 여기서는 세 사람 분을 입력한다.

9.2 메일 머지 만들기(Alt+M)

01 이제 '메일머지-본문.hwp'와 '메일머지-데이터.hwp'를 병합할 차례이다. 먼저 본문에서 [도구] – [메일 머지] – [메일 머지 만들기]를 선택하여 '자료 종류'를 혼글파일로 하여 본문과 연결될 파일명(메일머지-데이터.hwp)을 선택하고, 출력방향은 안전하게 파일로 하되, 파일은 폴더 아이콘(📁)을 열어 원하는 위치에 결과가 만들어질 파일을 만들어 준다. 여기서는 '메일머지-결과.hwp'로 해 준다.

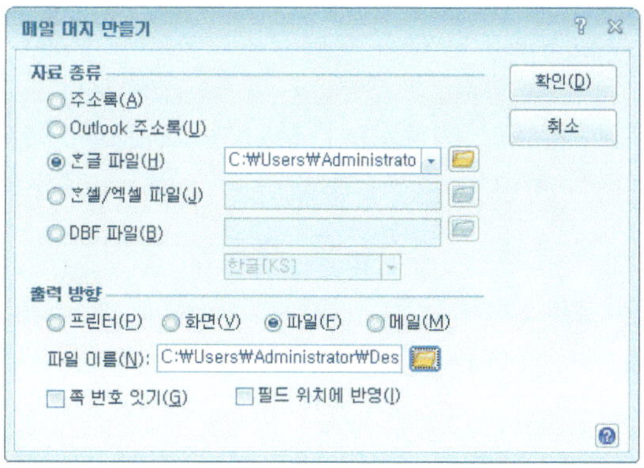

02 '확인'을 누른 후 그냥 화면이 꺼지면 그게 정상적으로 결과 파일이 만들어진 것이다. '메일머지-결과.hwp'를 열면 세 쪽 분량의 파일이 만들어 있음을 알 수 있다. 여러 쪽 보기를 해 보면 아래 화면과 같다.

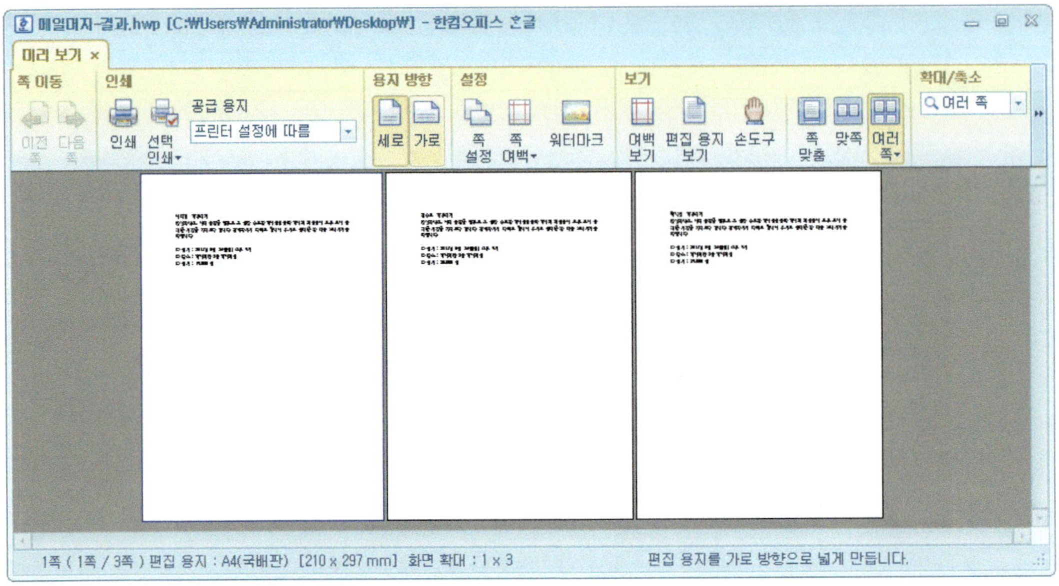

9.3 차례 만들기

보고서나 문서에 목차를 붙여 본문의 내용을 쉽게 찾아볼 수 있도록 하는 것이 차례 만들기 기능이다. 차례를 만들기 위해서는 문장/문단에 개요가 표시되어 있어야 한다. 본문에 개요를 표시하지 않았으면 차례 만들기를 실행했을 경우 빈 차례 항목만 표시될 것이다.

1 개요 문단 수준 설정하기

01 첫 번째 수준의 제목에 모두 1수준의 문단 번호 또는 개요를 추가한다. 개요는 [서식] - [개요]를 선택한다.

02 두 번째 수준의 제목에 모두 2수준의 개요를 추가한다. 2수준을 만들기 위해 [서식] - [수준] - [한 수준 내리기]를 선택한다. 이러한 방법으로 3, 4수준을 제목에 따라 모두 설정한다.

2 차례 만들기

01 차례를 만들기 위해서는 [도구] - [차례/색인] - [차례 만들기]를 선택한다.

02 [차례 만들기] 대화상자에서 개요 문단으로 모으기, 개요 수준-3수준, 탭 모양-오른쪽 탭, 채울 모양-점선을 선택한다.

03 새 탭에 만들어진 차례를 원하는 모양대로 편집해서 사용한다.

돋움, 16포인트
가운데정렬

사내 DB 구축 최적화 방안

가운데정렬

중고딕, 12포인트

Ⅰ. 데이터 처리와 DB 구성

경쟁전략 현황분석	
구분	내용
Tube	경쟁전략 개선의 대응책
IC	시스템 모델링
개별반도체	시스템 정당성

중고딕, 12포인트

Ⅱ. 기술적 접근에 의한 정보보호산업의 분류

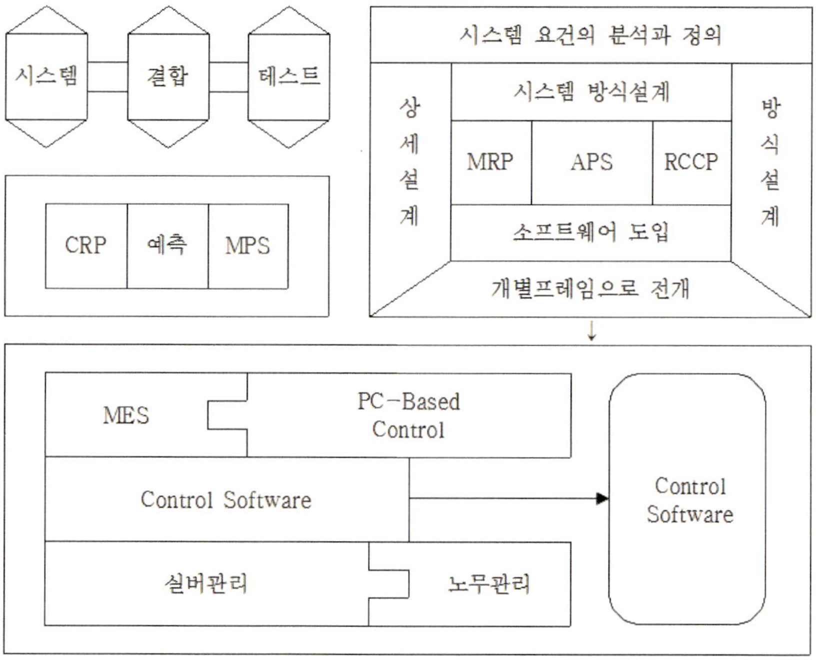

궁서, 14포인트
가운데정렬

인트라넷 구축 1팀

꼬리말 삽입

[따라하기] 작성문제(100점)

1 페이지 제목 작성

01 [입력] 탭 - [개체] 그룹에서 [글상자] 아이콘을 선택하여 글상자를 만든다.

02 글상자의 [개체 속성] 대화창 [선] 탭에서 [사각형 모서리 곡률]을 [둥근 모양]으로 선택하여 모서리 부분의 모양을 둥근 모양으로 바꾼다. 이때 [채우기] 탭을 확인하여 [면 색]이 흰색이 아니면 흰색으로 바꾼다.

03 Ctrl키를 누른 채 글상자를 드래그 앤 드롭 방식으로 복사하여 겹쳐 놓는다.

04 겹쳐 있는 글상자 중 아래 글상자를 선택한 후, 마우스 오른쪽 버튼을 클릭한 후 [맨 앞으로]를 선택하여 앞으로 위치시킨다. 그리고 두 개의 글상자를 [개체 묶기]를 이용하여 묶고, [개체 속성] 대화창의 [기본] 탭에서 [글자처럼 취급]을 설정한 후 가운데 정렬시킨다.

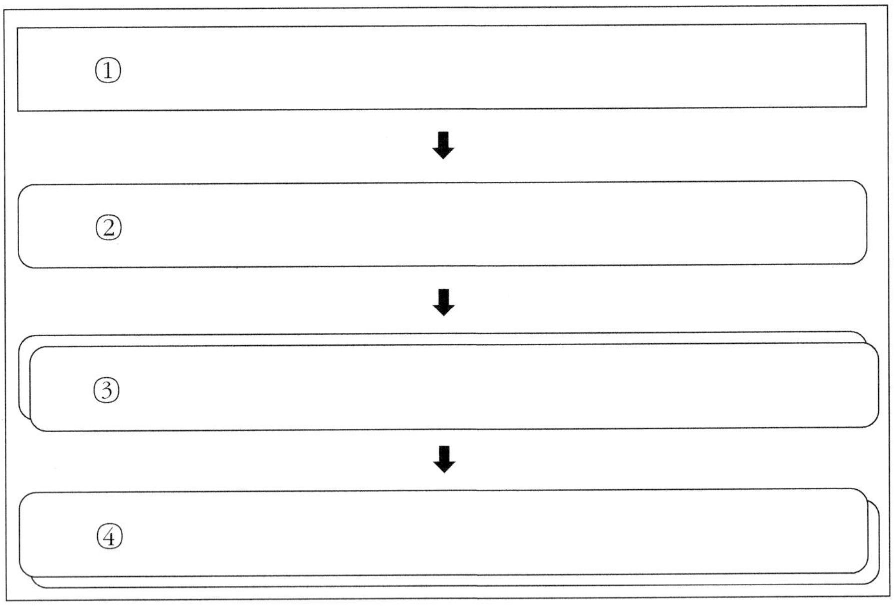

05 다음으로 제목을 입력하고 돋움 16포인트로 서식을 설정한 후 가운데 정렬시킨다.

사내 DB 구축 최적화 방안

2 첫 번째 소제목 및 표 작성하기

01 Ctrl+F10을 누르면 [문자표 입력] 대화창이 뜨고 [훈글(HNC) 문자표] 탭 - [전각 기호(로마자)] 영역에서 찾아 입력한 후 나머지 내용을 입력한다. 그리고 블록 지정한 후 중고딕 12 포인트로 서식을 설정한다.

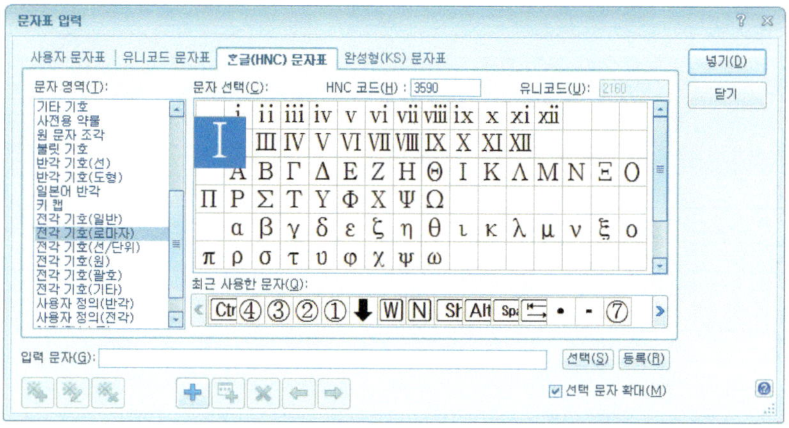

Ⅰ. 데이터 처리와 DB 구성

02 [표] 탭 - [표] 그룹 - [표 만들기]에서 6줄과 4칸이 될 때까지 드래그해서 기본 표를 만든다.

03 기본 표에서 셀 합치기를 위해서 해당 셀을 블록 지정하고 단축키 M을 클릭한 후 셀 합치기를 한다.

04 셀의 크기를 조절하기 위해 조정하고자하는 셀을 선택하고 Ctrl 혹은 Shift키를 누른 상태에서 크기를 조절한다.

05 이어서 셀의 테두리 없음을 지정하기 위해서는 해당 셀을 선택하고 오른쪽 버튼을 클릭하여 [셀 테두리/배경] - [각 셀마다 적용]을 선택하면 [셀 테두리/배경] 대화창에서 [테두리] 탭에서 [선 없음]을 선택하고 위치를 선택한다.(또는 [표] - [표 지우개]를 적절히 활용한다.)

06 마지막으로 각 셀에 문제에서 주어진 내용을 입력하고, 전체 셀을 블록으로 설정한 뒤 서식 도구 상자에서 [가운데 정렬]을 선택하여 완성한다.

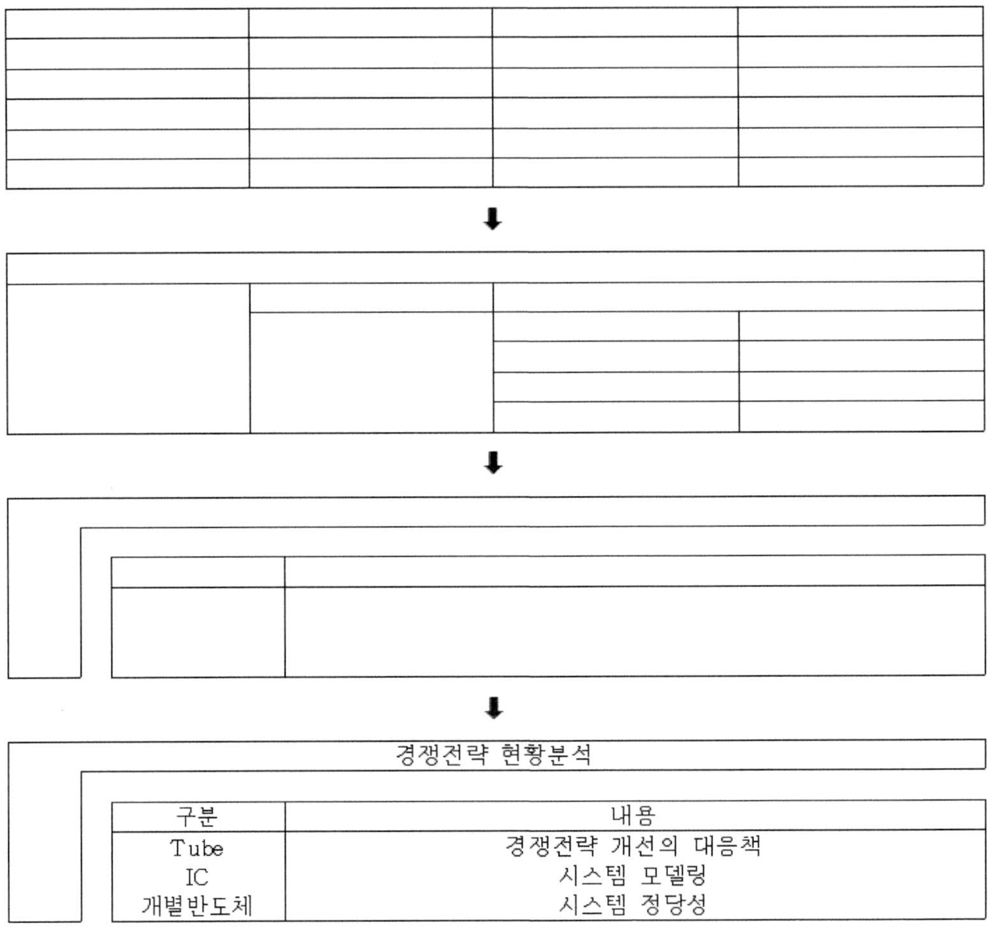

3 두 번째 소제목 및 표와 도형 작성하기

01 두 번째 소제목은 첫 번째 소제목과 같은 순서로 해결한다.

02 12줄×20칸 기본 표를 만들어 셀 합치기 및 대각선 그리기, 셀 테두리 및 크기 조정, 내용 입력 및 정렬 등의 순서로 표를 작성한다.

03 표 안에 화살표(↓)는 [훈글(HNC) 문자표] 탭 - [수학식 기호(화살표)] 영역에서 찾아 입력한다.

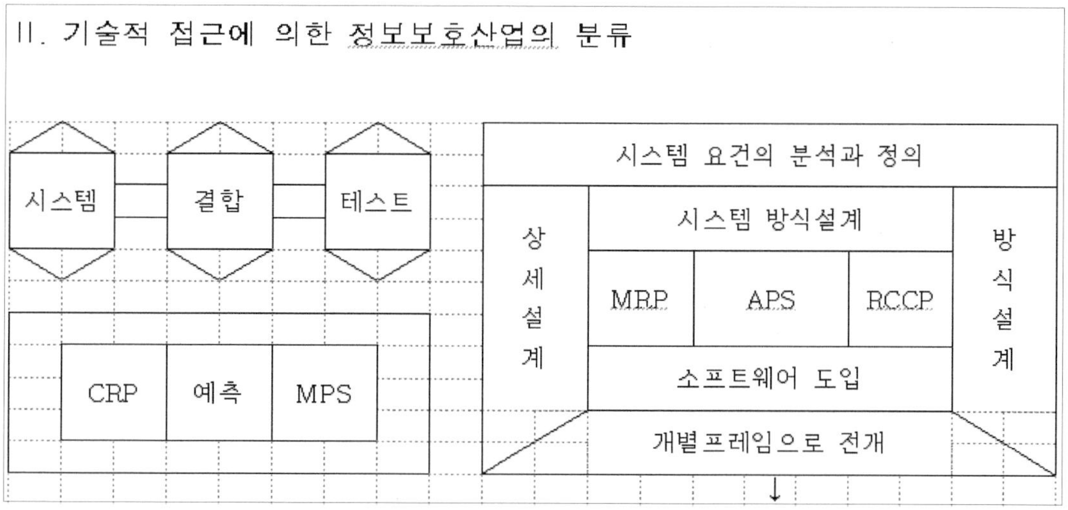

04 아래 쪽 표 부분은 11줄×20칸 기본 표를 만들어 위 쪽 표에 붙이기를 하여 연결하고 셀 합치기, 셀 테두리 및 크기 조정, 내용 입력 및 정렬 등의 순서로 표를 작성한다.

05 모서리가 둥근 직사각형 'Control Software'는 그리기 도구 상자의 직사각형 아이콘을 이용해서 셀 크기와 동일한 크기로 작성한 후 [개체 속성] 대화창의 [채우기] 탭에서 [색 채우기 없음]을 선택하고 [선] 탭에서 [사각형 모서리 곡률]을 [둥근 모양]을 선택해 겹쳐 배치한다. 이때 [곡률 지정]을 체크한 후 모서리 곡률을 10% 정도로 지정하면 문제와 동일한 도형을 작성할 수 있다.

06 화살표는 그리기 도구 상자의 직선 아이콘을 이용하여 직선을 그리고, [개체 속성] 대화창 [선] 탭에서 화살표의 시작/끝 및 크기를 조정해 준다.

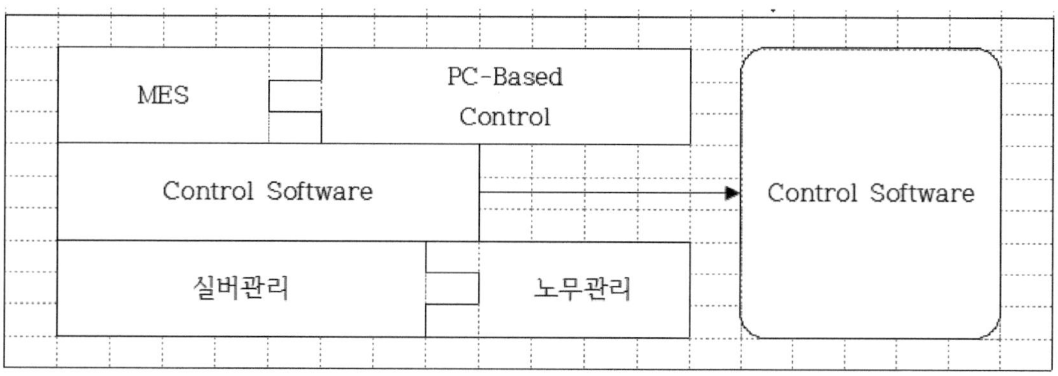

4 꼬리말 삽입하기

01 꼬리말 삽입을 위해 [쪽] 탭 - [머리말/꼬리말]을 선택하면, [머리말/꼬리말] 대화창이 열리고 여기서 [꼬리말]을 선택하고 〈만들기〉 버튼을 클릭하면 [꼬리말 영역]에서 꼬리말을 입력하면 된다.

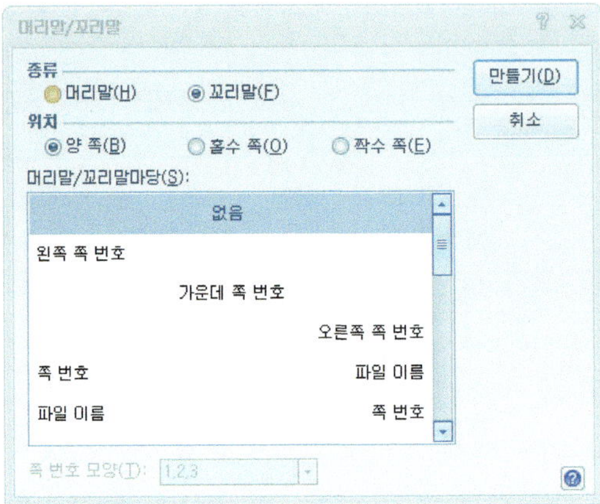

02 입력된 꼬리말을 블록 지정하고 궁서, 14포인트 서식을 설정한 후 [가운데 정렬] 시킨다.

03 꼬리말 위쪽의 라인은 꼬리말을 블록 설정하고 우측 마우스 버튼을 클릭하여 [문단 모양] 대화창을 열고, [테두리/배경] 탭에서 [테두리] 선 종류/굵기 및 위치를 설정하고 [간격]에서는 [위쪽]을 지정하여 꼬리말과 라인과의 간격을 3mm로 지정하여 띄어 놓는다.

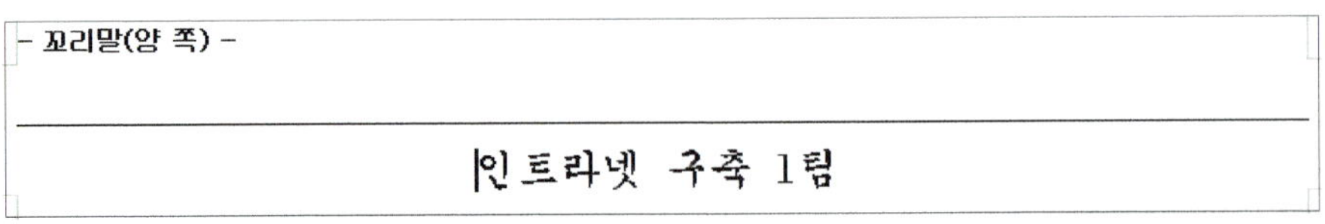

04 마지막으로 기본 도구 상자의 [미리 보기] 아이콘을 클릭하여, 세 번째 페이지의 전체적인 배치를 확인한다.

사내 DB 구축 최적화 방안

Ⅰ. 데이터 처리와 DB 구성

경쟁전략 현황분석

구분	내용
Tube	경쟁전략 개선의 대응책
IC	시스템 모델링
개별반도체	시스템 정당성

Ⅱ. 기술적 접근에 의한 정보보호산업의 분류

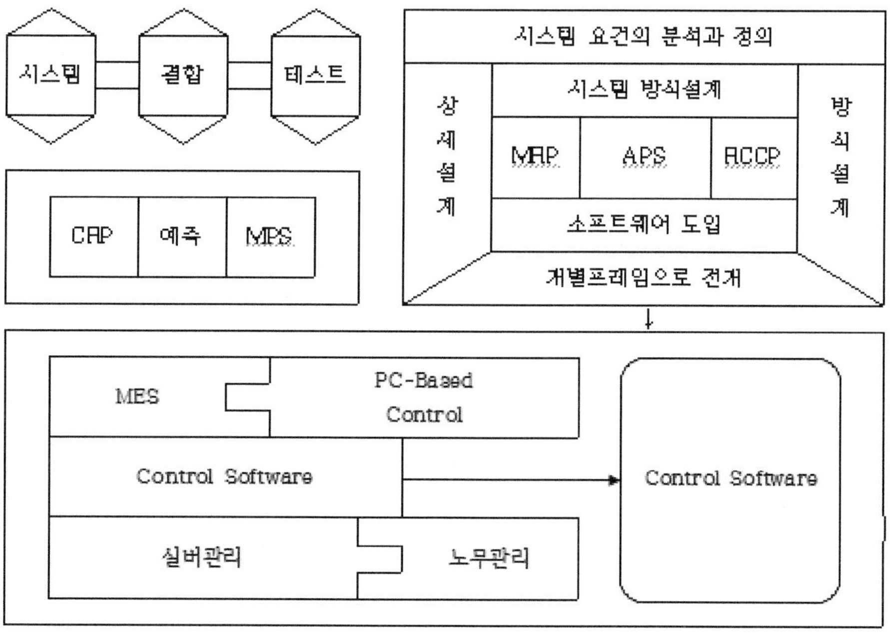

인트라넷 구축 1팀

연습문제

[1] 다음 문서를 작성해 보시오.(그림은 인터넷에서 가져 올 것)

지난해 10월 아시아청소년(U-19) 축구선수권에서 得點王과 MVP를 차지하면서 K리그에 혜성같이 등장한 박주영은 K리그 데뷔 2경기 만에 첫 골을 터트리면서 축구팬들의 주목을 끌기 시작했다. 박주영은 전기리그 득점1위(8골), K리그 역대 최연소 해트트릭(2회) 등 입단 첫해 '새내기' 선수가 할 수 있는 모든 것을 보여주면서 경기장마다 '구름관중'을 몰고 다녔으며 A매치 첫 출전에서도 황금같은 동점골을 터트린 장본인기도 하다.

"될성부른 나무는 떡잎부터 알아본다." 박주영 선수가 변병주[1] 감독의 눈에 띈 것은 청구중 축구부 때부터 변 감독은 "주영이가 어린 나이에 걸맞지 않게 축구의 기초 기술이 뛰어났고 영리하게 경기를 운영해 대성할 가능성을 발견했다"고 말했다. 박주영이 주위 반응에 아랑곳하지 않고 자기 할 일에 집중하는 전형적인 신세대이며, "최근 맨체스터 유나이티드에 입단한 박지성이 자신의 꿈이자 목표"라고 방송에서 밝힌 바 있다.

◈ 박주영의 프로필 ◈

출 생	1985년 7월 10일
신 체	신장 : 182㎝, 체중 : 70㎏
학 력	대구 반야월초 청구중 청구고 고려대
직 업	축구선수
소 속	FC 서울 FW
경 력	2005년 국가대표 발탁 2004년 파라과이 친선 경기 국가대표 선발 2004년 청소년대표로 스타스컵 출전 2004년 아시아축구연맹(AFC) 선정 올해의 청소년선수 2003년 세계청소년축구선수권 남자청소년대표(U-20)

1) 변병주 : 1980년대 축구 국가대표 선수, 현재 청구 중고등학교 축구부 감독. 박주영을 일찌감치 알아봄.

[2] 다음 문서를 작성하시오.

왼쪽 정렬 오른쪽 정렬

Datawarehouse 구축사례발표 시스템구축 1팀 머리글 삽입

중고딕 16포인트 진하게, 가운데 정렬

데이터웨어하우스 구축사례와 성공요소 가운데 정렬

Ⅰ. C/S 설계작업

① 시스템 비젼 개발

② 사용자인터페이스 생성

③ 업무모형 완성

④ 구축계획 작성

추진일정

추진단계	기간	주요 진행 내용
전략계획 및 모델링	5개월	- 엔터프라이즈 모델링 - 현 시스템 분석
정보업무 영역분석	3개월	- 데이터 모델링
파일럿 시스템 개발	4개월	- 고객섭외정보 시범개발 - 거래정보 및 평가정보 개발

Ⅱ. 정보계 DB 구성

① 개행 이후 계정계 (수신, 여신, 외환, 카드, 고객) 모든 데이터 보관

② 월별, 분기별, 상품별 등 시계열 분석 DB를 기본으로 작성

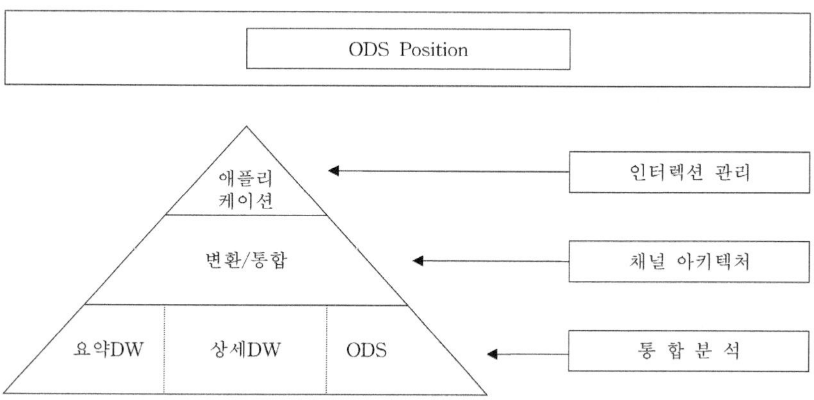

[3] 다음 문서를 작성하시오.

중고딕 18포인트, 진하게, 가운데정렬

첨단산업단지 구축방안 제2회 심포지움

가운데정렬

개 요

1. 주제 : 정보화시대 첨단산업 및 정보통신 단지구축방안 논의

2. 일시 : 1998년 3월 8일 (日)

3. 장소 : 전경련회관 대회의실

4. 방법 :

해외사례연구

↓

유형 및 입지조건 연구

↓

검토 및 분석

↓

최적조건도출

5. 세미나 일정

왼쪽여백 20pt

시간	주제 및 내용	발표자	PAGE
13:00~14:00	1. 외국의 첨단산업단지 성공사례 - 새로운 산업패러다임 - 신산업의 성격과 집적경제의 중요성	조명래 교수	1
14:00~15:00	2. 테크노벨리 구축 산업 - 첨단산업단지의 이해 - 멀티미디어산업단지 구축 방안	권오연 박사	25
15:30	Coffee Break		
15:30~16:30	3. 첨단산업단지 조성과 국토개발 방향 - 신사업체제에서의 바람직한 국토개발 방향	유영준 박사	75
16:30~	토론 및 참석자 질의응답		

멀티미디어단지 추진본부

기출문제(실기)

[한글]
총점 : 250

워드프로세서 문제는 기본문제 5문제(1~5번), 작성문제 1문제로 구성되어 있으며 작성문제는 기본문제 다음에 출제되어 있다.

■ 기본문제(1~5번)

◎ 작성조건

① 문서명(파일명)은 "본인수험번호.HWP"로 등록하시오.
② 기본문제 1번, 2번, 3번은 1쪽에 작성하고, 4번, 5번 문제는 2쪽에 작성하시오.(페이지 초과 시 감점됨)
③ 별도의 지시사항이 없는 글자체는 신명조, 글자크기는 10으로 작성하며, 전체구성은 주어진 문제와 동일하게 작성하시오.
④ 별도의 지시사항이 없는 문제 중의 음영은 [배경] - [색] - [면색] 팔레트의 첫 줄 좌측에서 7번째로 하시오.
⑤ 문제 작성 중 생성된 백업파일은 채점대상에서 제외되므로 정확한 파일명으로 등록하시오.
⑥ 용지여백은 위쪽 15mm, 머리말 15mm, 왼쪽 30mm, 오른쪽 30mm, 아래쪽 15mm, 꼬리말은 15mm로 지정 후 문서를 작성하시오.

■ 작성문제

◎ 작성조건

① 작성문제는 주어진 지시사항에 따라 3쪽에 작성하시오.
② 별도의 지시사항이 없는 글자체는 신명조, 글자크기는 10으로 하시오.
③ 전체구성은 주어진 문제와 동일한 방식으로 작성하시오.
④ 작성문제는 A4용지 1매에 세로 서식문서로 작성하시오.(페이지 초과시 감점됨)
⑤ 용지여백은 위쪽 15mm, 미리말 15mm, 왼쪽 30mm, 오른쪽 30mm, 아래쪽 15mm, 꼬리말은 15mm로 지정 후 문서를 작성하시오.

기본문제(1~5번)

1. 아래의 문장을 입력하시오.

정보통신기술은 고속화, 대용량화, 지능화, 고밀도화 되면서 기술의 변화속도가 가속화되고 기술간 융합이 빈번해짐에 따라 IT산업과 전통산업을 포함한 타 분야 기술과 接木을 통하여 Bio-IT, Name-IT 등 융합된 신기술을 창출하려는 IT와 STD와의 結合 움직임이 활발해지고 있다.

The large set of technologies, products, and interconnection schemes make networking a complex subject.

2. 아래의 표를 작성하시오.

중고딕 12포인트
가운데 정렬

<표1> 2013년 10월 통신기기 수출·입 실적 ( )는 대수

수출입 / 월 / 구분	수입				수출			
	'13/9		'13/4~'13/9		'13/9		'13/4~'13/9	
	대수	금액	대수	금액	대수	금액	대수	금액
통신기기	-	825	-	2769	-	5325	-	4265
무선통신기기		97		2463		4507		3628
유선통신기기	(459)	-	(796)	-	(356)	-	(258)	-

이중선 적용

3. 아래의 내용을 완성하시오.

중고딕 12포인트
가운데 정렬

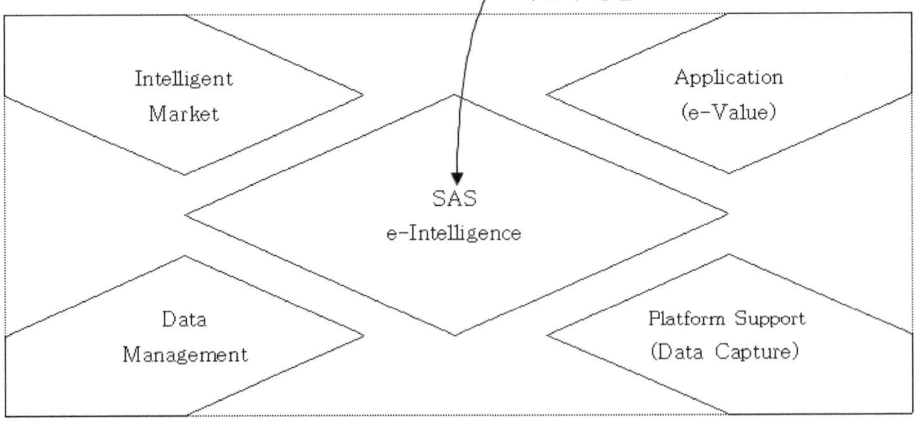

4. 아래 임의의 그림(위치–c: ₩라이브러리₩사진₩사진샘플₩수국.jpg, 크기–가로 2.5cm, 세로 2cm)을 불러 오고 제시된 문장을 그림의 위치에 맞게 입력하시오.

소설가 박범신 선배 말에 따르면 중국 연변 땅에 가면 '첫날이불'이라는 간판을 달고 있는 혼수품 가게가 있다고 합니다. 그 집의 분홍이불 한 체 같이 덮고 자면 누구나 착한 짐승이 될 것 같습니다. 그 찬란한 날

5. 아래에 제시한 도형을 모두 그리시오. (단, B와 C는 대칭)

A

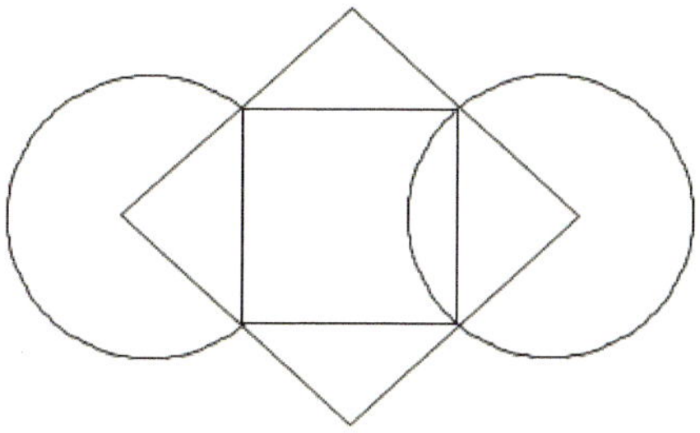

B

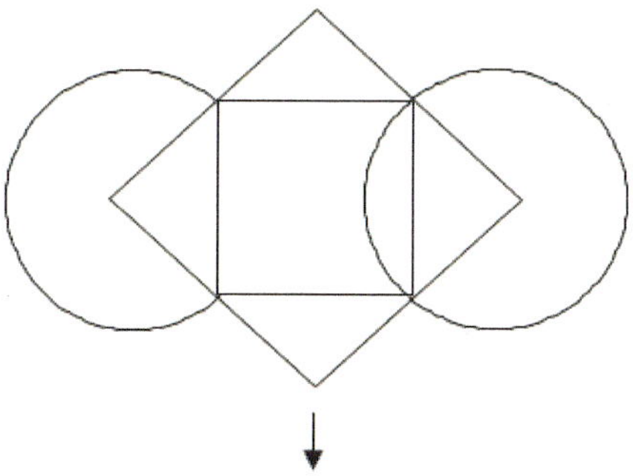

A도형 복사하기

C

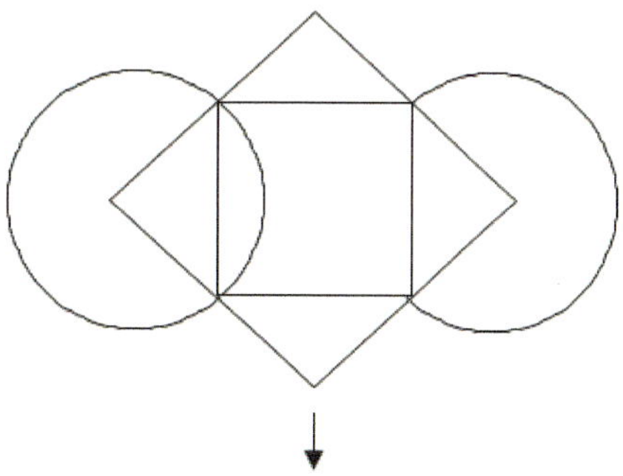

A도형 복사하여 좌우 뒤집기

작성문제

중고딕, 16포인트 가운데정렬

정보시스템 구축 현황

가운데정렬

글꼴은 돋움, 12포인트 진하게

◎ 정보시스템의 PDM 구성

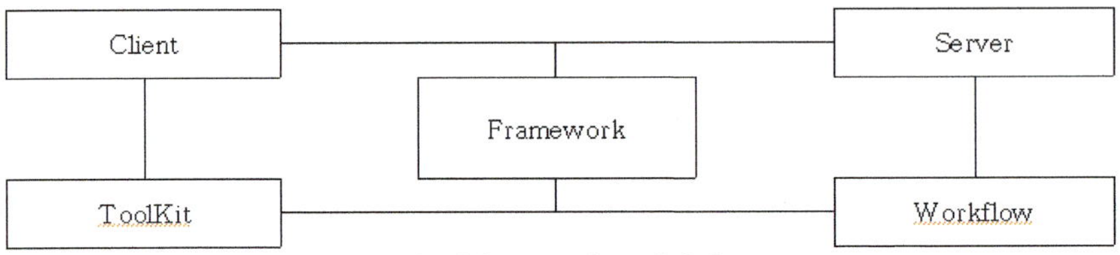

글꼴은 돋움, 12포인트 진하게

◎ 정보시스템의 PDM 위치

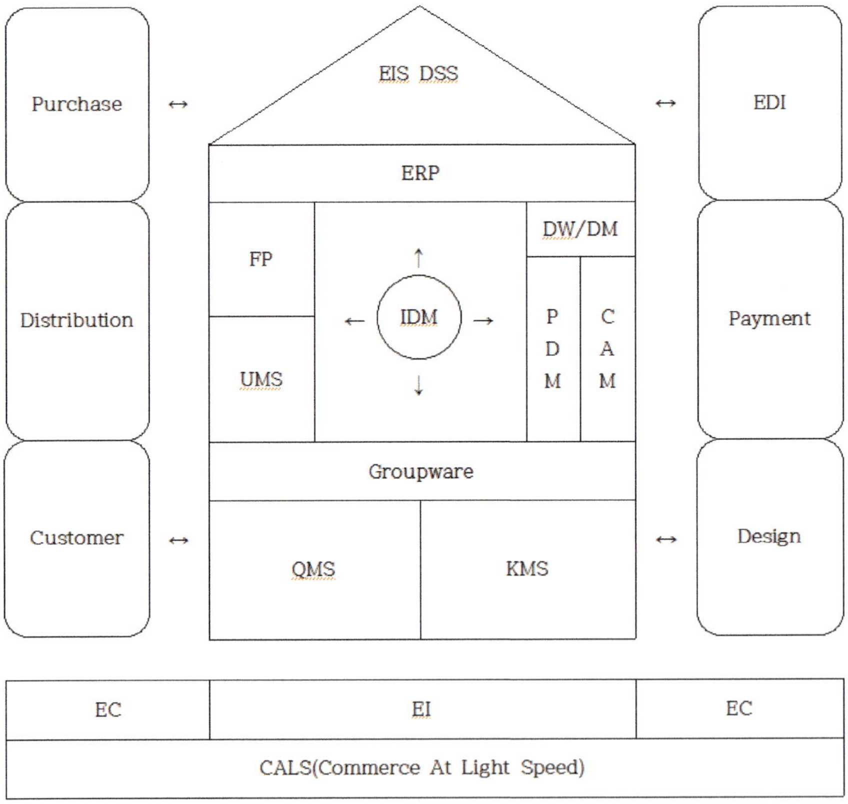

글꼴은 중고딕 16포인트
가운데 정렬

정보화 추진본부

꼬리말 삽입

PCT 기출문제(실기) 해설

[훈글]
총점 : 250

1 기본 설정 적용

1 쪽(페이지) 나누기

01 기본문제 1번, 2번, 3번은 첫 번째 페이지에, 4번, 5번은 두 번째 페이지에, 그리고 작성문제는 세 번째 페이지에 작성해야 한다. 따라서 답안 작성하기 전에 [쪽 나누기]로 각 페이지를 독립적으로 작성할 수 있도록 한다.

02 [쪽] - [쪽 나누기] 메뉴를 실행하거나 단축키 Ctrl+Enter↵를 눌러 각각의 1, 2, 3페이지를 구분해 놓는다.

2 글꼴과 크기 지정과 저장하기

01 서식 도구 상자에서 글꼴 '신명조'와 글자 크기 '10'포인트를 설정해 놓는다.

02 다음은 서식 도구 상자에서 저장하기 아이콘을 클릭하거나 단축키 Alt+S하여 본인 수험번호로 저장한다.(수시로 저장하는 습관을 들여라!)

2 기본문제 1번 문제(10점)

1 문장입력

01 문제에서 주어진 문장을 그대로 입력하면서 새로운 영문 문단이 시작되기 전까지는 Enter↵키를 치지 않는다.

02 오탈자나 띄어쓰기 오류가 없도록 한다.

2 한자변환

01 한자를 아는 경우는 해당 단어 뒤에 커서를 위치시킨 후 [한자]키를 선택하거나 바로 가기 키 F9을 클릭하고 해당 한자를 선택한다.

02 한자를 모르는 경우는 Ctrl+F9하면 [한자 부수/총획수로 입력]에서 [부수로 입력]과 [총획수로 입력]을 선택해서 원하는 한자를 찾을 수 있다.

3 문단 들여쓰기

01 전체 문단을 블록으로 설정한다.

02 가로 눈금자에서 위쪽의 [첫 줄 시작 위치] 화살표를 이동해서 들여쓰기를 조정한다.

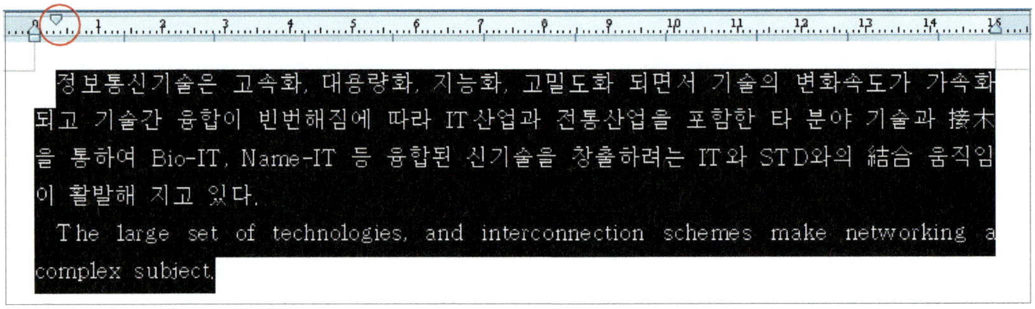
정보통신기술은 고속화, 대용량화, 지능화, 고밀도화 되면서 기술의 변화속도가 가속화되고 기술간 융합이 빈번해짐에 따라 IT산업과 전통산업을 포함한 타 분야 기술과 接木을 통하여 Bio-IT, Name-IT 등 융합된 신기술을 창출하려는 IT와 STD와의 結合 움직임이 활발해 지고 있다.

The large set of technologies, and interconnection schemes make networking a complex subject.

3 기본문제 2번 문제(20점)

1 7행 × 9열 기본 표 만들기

01 표의 제목 까지를 포함한 행의 개수와 열의 개수를 잘 구분한다.

02 [표] 탭 – [표] 그룹 – [표 만들기]에서 원하는 줄 수와 칸 수가 될 때까지 드래그해서 만든다.

2 셀 합치기 및 대각선 그리기

01 셀 합치기는 해당 셀을 블록 지정하고 단축키 M을 클릭한다.

02 대각선은 해당 셀을 선택하고 오른쪽 버튼을 클릭하여 [셀 테두리/배경] – [각 셀마다 적용] – [대각선] 탭에서 1번째 대각선을 선택한다.

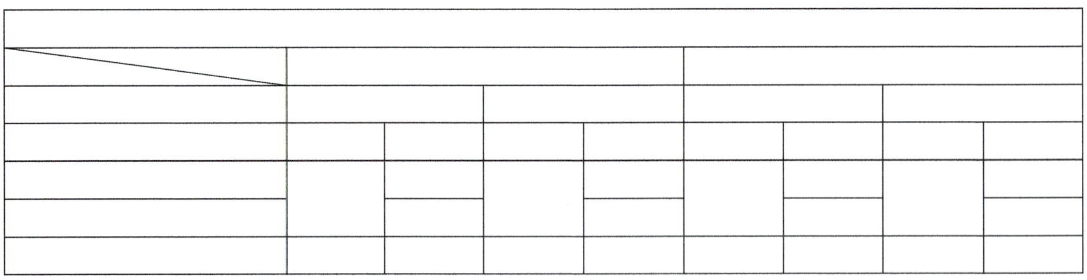

3 테두리 모양 및 셀 크기 조정하기

01 표의 선 모양을 바꾸기 위해서는 해당 셀을 선택하고 오른쪽 버튼을 클릭하여 [셀 테두리/배경] – [각 셀마다 적용]을 선택하면 [셀 테두리/배경] 대화창에서 [테두리] 탭에서 원하는 테두리 모양, 굵기 및 위치를 선택하면 된다. 또는 [표 도구 상자]에서 해당 아이콘을 사용한다.(테두리 삭제 시 [표 지우개]를 활용한다.)

02 셀 크기 조정은 원하는 셀을 블록 지정하고 Ctrl 혹은 Shift 키를 누른 채 드래그하면 된다.(셀 한 개의 크기 조절 : Shift 를 누른 채 드래그)

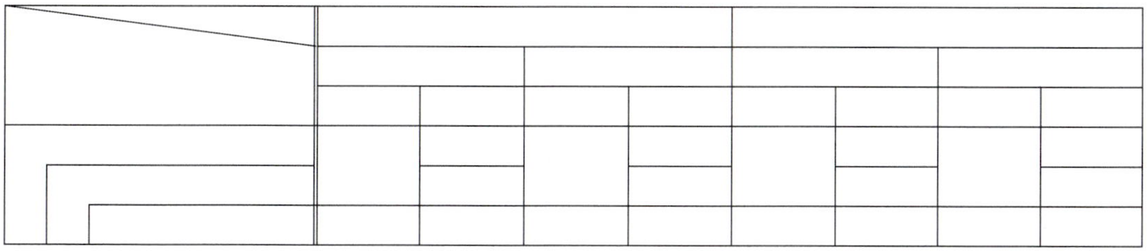

4 내용 입력과 서식 설정하기

01 각 셀에 문제에서 주어진 내용을 오탈자 없이 입력한다.

02 표 개체를 선택하고 [서식 도구 상자]에서 글꼴과 글자크기를 조정하고 [표 도구 상자]에서는 [셀 가운데 정렬]을 선택한다.

<표1> 2013년 10월 통신기기 수출•입 실적 ( )는 대수

수출입 / 월 / 구분	수입				수출			
	'13/9		'13/4~'13/9		'13/9		'13/4~'13/9	
	대수	금액	대수	금액	대수	금액	대수	금액
통신기기	–	825	–	2769	–	5325	–	4265
무선통신기기		97		2463		4507		3628
유선통신기기	(459)	–	(796)	–	(356)	–	(258)	–

4 기본문제 3번 문제(40점)

1 10행 × 10열 기본 표 만들기

01 [표] 탭 – [표] 그룹 – [표 만들기]에서 원하는 줄 수와 칸 수가 될 때까지 드래그해서 만든다.

02 기본 표에서 대각선을 넣어 준다.

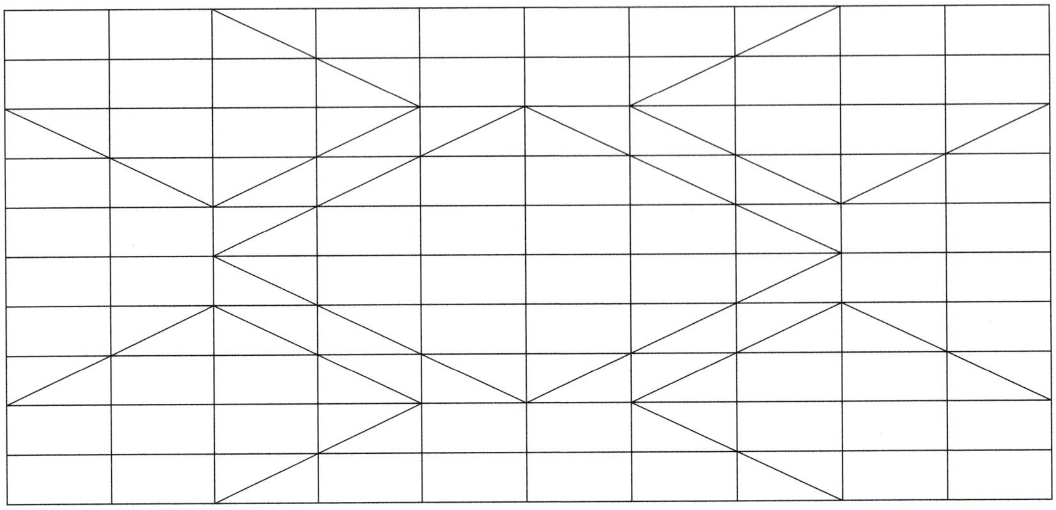

2 테두리 모양과 내용 입력 및 정렬하기

01 전체 10행 10열의 셀을 블록 지정하고, 오른쪽 버튼을 클릭하여 [셀 테두리/배경] – [각 셀마다 적용]을 선택하면 [셀 테두리/배경] 대화창의 [테두리] 탭에서 '선 없음'과 '안쪽'을 선택하고 〈설정〉를 클릭한다. 그리고 내용 입력을 위해 해당 각 도형의 중심부를 '셀 합치기'한다.

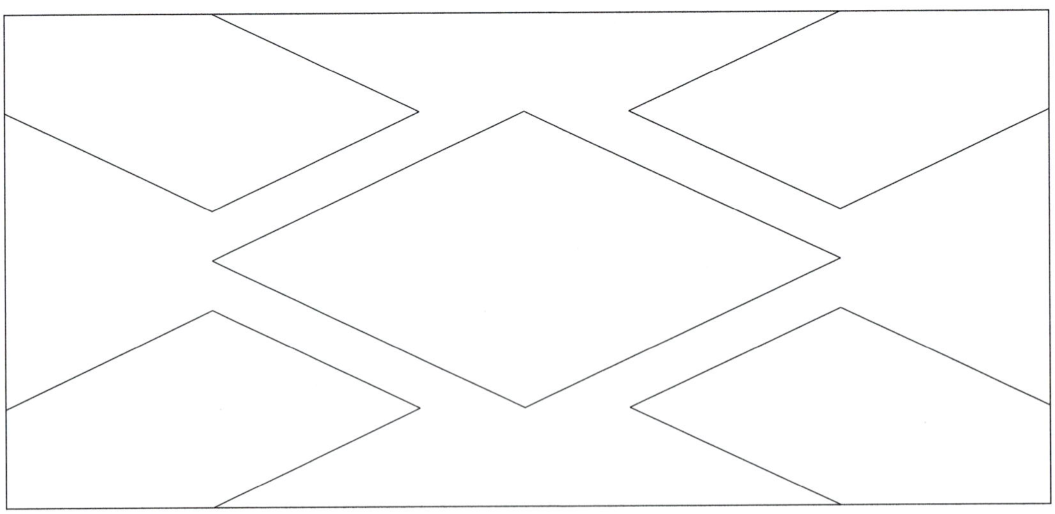

02 입력은 신명조 10포인트로 하고, 가운데 'SAS e-Intelligence'만 중고딕 12포인트로 지정한다. 그리고 셀의 안쪽 여백 조정([표/셀 속성] – [셀]탭 – [안 여백 지정])을 통해서 내용을 셀에 입력한다.

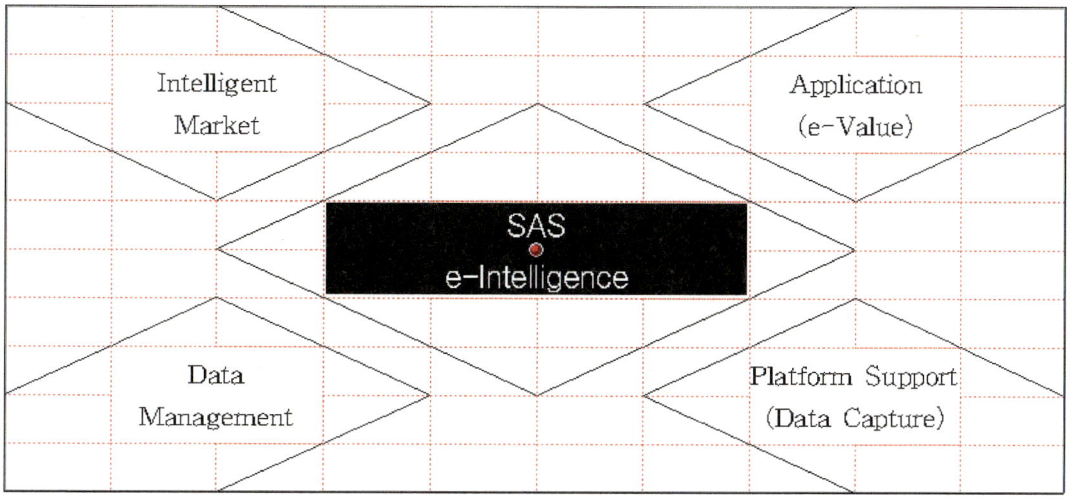

5 기본문제 4번 문제(40점)

1 문단 내용 입력과 좌우 여백 조정하기

01 오탈자나 띄어쓰기 오류가 없도록 문제에서 주어진 문장을 그대로 입력한다.(각 줄의 끝에서 Enter↵키를 눌러 줄을 나누지 않는다.)

02 내용 입력을 완료한 후 문단 전체를 블록 지정하고 문서 창 상단의 눈금자에 있는 '문단 왼쪽 여백 탭'과 '문단 오른쪽 여백 탭'을 마우스로 드래그해서 좌우 여백을 조정한다.

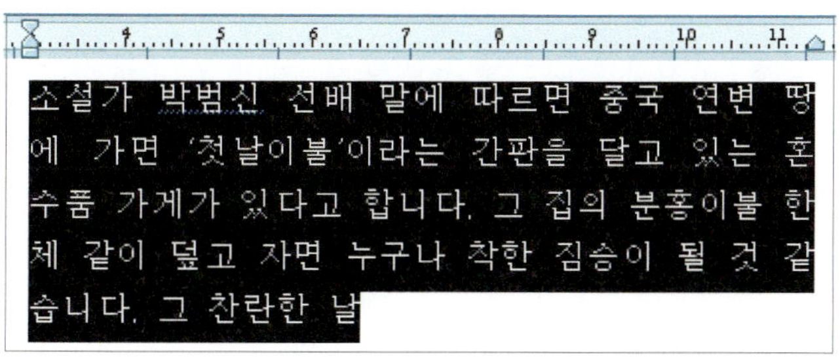

2 그림 들어갈 공간 확보 및 자간을 이용한 공간 다듬기

01 공간 확보를 위해서 [Tab]키나 [Space Bar]키를 이용한다. 각 줄의 마지막 글자가 문제와 일치할 때까지 밀어낸다.

```
소설가 박범신 선배 말에 따르면 중국 연변 땅
에 가면 '첫날이불'이라는 간              판
을 달고 있는 혼수품 가게가               있
다고 합니다. 그 집의 분홍이              불
한 체 같이 덮고 자면 누구나              착
한 짐승이 될 것 같습니다. 그 찬란한 날
```

02 공간 좌우측이 들쭉날쭉해진 공간의 좌우측을 일직선으로 다듬기 위해서 문장의 일부를 블록 지정하고 자간을 조정하면 된다. 단축키 [Alt]+[Shift]+[N]을 한 번 누를 때마다 자간을 1%씩 줄여주며, [Alt]+[Shift]+[W]는 반대로 1%씩 늘려준다.

```
소설가 박범신 선배 말에 따르면 중국 연변 땅
에 가면 '첫날이불'이라는 간              판
을 달고 있는 혼수품 가게가               있
다고 합니다. 그 집의 분홍이              불
한 체 같이 덮고 자면 누구나              착
한 짐승이 될 것 같습니다. 그 찬란한 날
```

3 그림 불러오기, 개체 설정 및 삽입하기

01 그림 삽입은 [입력] 탭 – [개체] 그룹 – [그림]을 선택하면 [그림 넣기] 대화창이 열리고 여기서 디렉토리를 설정한 후 지정된 그림을 찾아 더블클릭하거나 〈넣기〉 버튼을 클릭하면 된다.

02 그림을 선택한 후 마우스 오른쪽 버튼을 클릭하고, [개체 속성] 창에서 [기본] 탭 [크기]에서 가로와 세로 크기를 입력하고, [위치]에서는 [본문과의 배치]에서 '글 앞으로'를 선택한다.

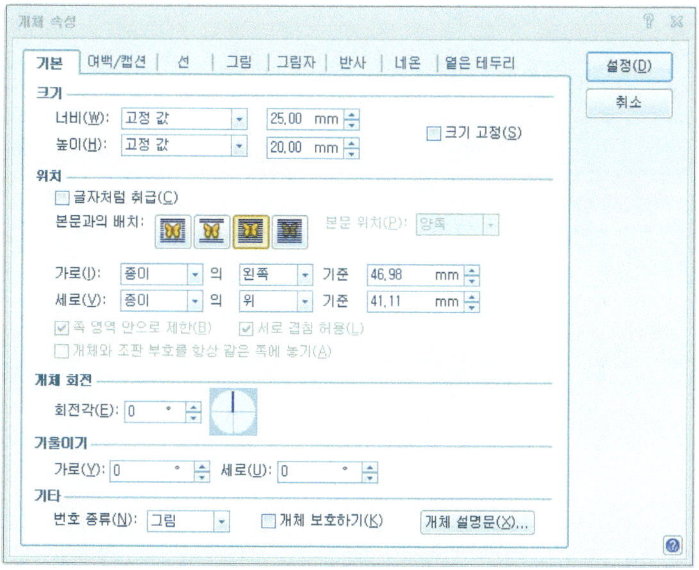

03 삽입할 그림에 대한 크기와 본문과의 배치 조정이 끝나면 마우스로 그림을 선택하여 그림을 공간에 끌어 놓는다.

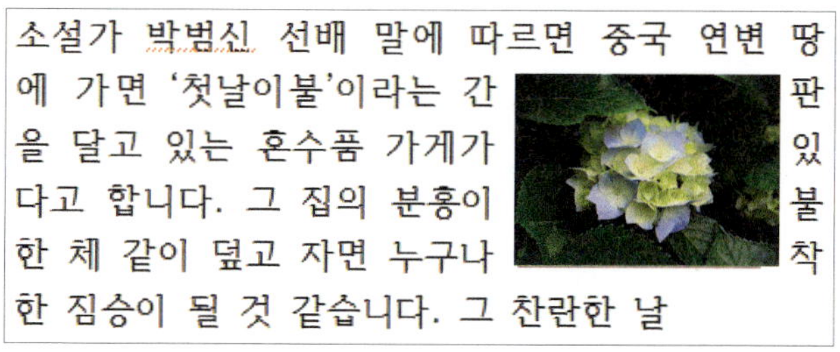

6 기본문제 5번 문제(40점)

1 A 도형 그리기

01 [입력] – [개체] – [그리기 마당]을 선택하면 [그리기 마당] 대화창에서 [그리기 조각] 탭 중에서 '다이아몬드'을 선택한다. 그리고 [입력] – [개체]에서 '직사각형'을 선택하여, Shift 키를 누른 채 정사각형을 그려서 '다이아몬드' 안쪽으로 겹쳐서 배치한다.

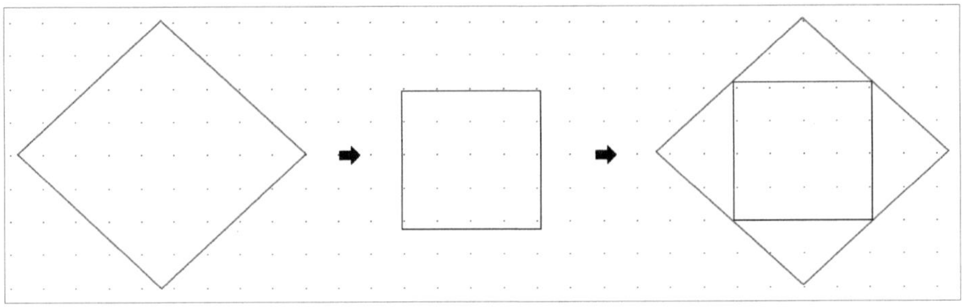

02 [입력] - [개체]에서 타원을 선택하여, Shift키를 누른 채 동심원을 그려서 ①에서 만든 도형에 겹쳐서 배치한 후 맞은편에도 복사하여 배치한다.

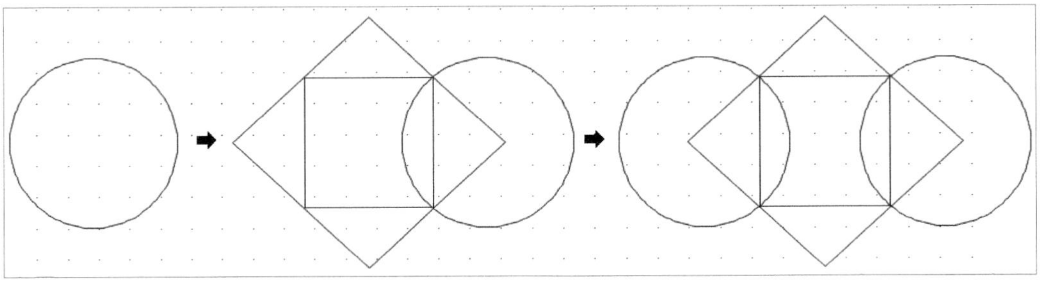

03 각 도형의 순서를 조정하기 위해, 작은 정사각형을 [개체 속성] 대화창에서 [채우기] 탭에서 [색-면색]을 흰색으로 설정한 후 각 도형의 순서를 조정한다. 도형의 순서는 도형을 선택한 후 오른쪽 버튼을 누르면 [맨 앞으로], [맨 뒤로]에서 적절히 선택하여 순서를 조정하면 된다.

04 Shift키를 누른 채 4개의 도형을 모두 선택한 후 [개체 묶기] 아이콘을 클릭하여 도형들을 묶어주면 A 도형 작성이 완료된다.

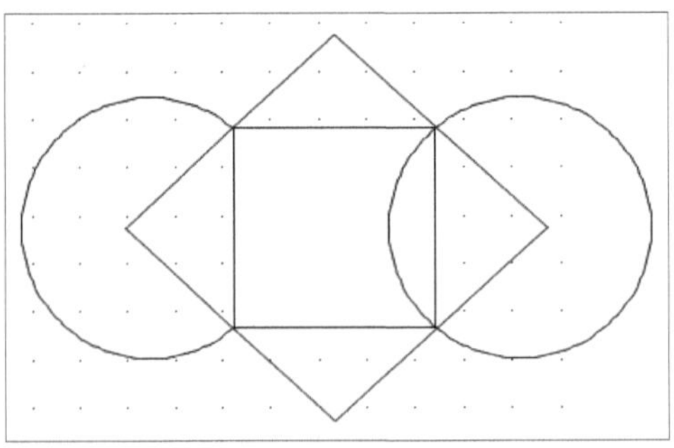

2 A 도형 두 번 복사하여 배치하기

01 Ctrl키를 누른 채 마우스로 A 도형을 원하는 위치로 드래그해 두 번 복사하여 배치한다.

02 도형 복사가 끝나면 A, B, C 도형 모두를 선택하고, [정렬] 그룹 - [맞춤/배분]에서 [가로 간격을 동일하게]를 선택하여 문제와 최대한 유사하게 배치한다.

03 배치 후 C 도형을 선택하고 [회전/대칭]에서 [좌우 대칭] 아이콘을 클릭하여 도형 뒤집기를 한다.

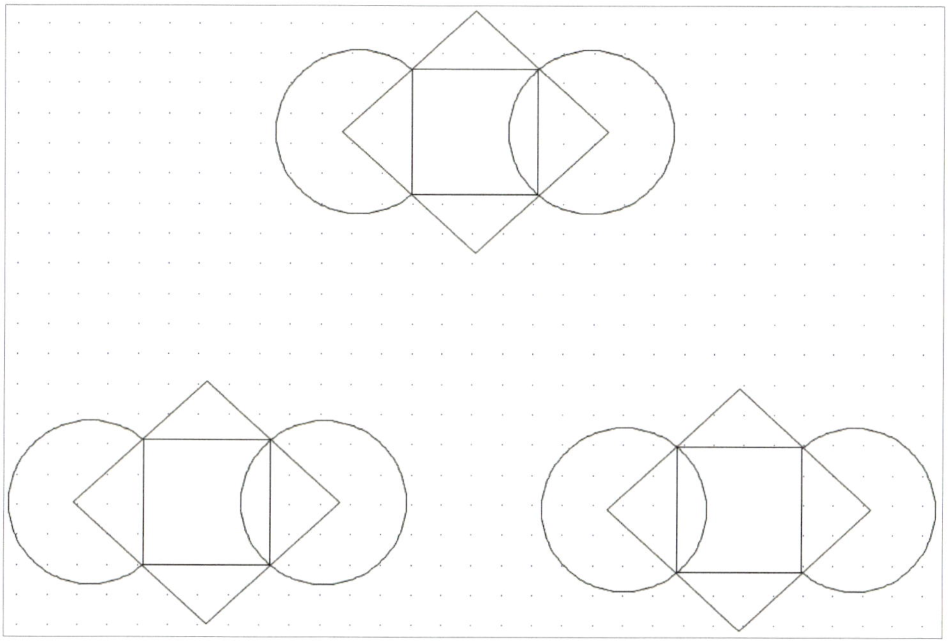

3 실선, 점선 그리기와 도형 제목 달기

01 [입력] - [개체]에서 실선을 선택하고 Shift키를 누른 채 마우스로 원하는 위치까지 드래그하면서 수평 실선과 수직 실선을 그려준다.

02 수직 실선을 마우스로 선택한 후, 마우스 오른쪽 버튼을 눌러 [개체 속성] 대화창에서 [선] 탭의 선 종류를 점선으로 선택한 후 〈설정〉 버튼을 클릭하면 점선으로 변한다.

03 도형에 대한 제목은 글상자 아이콘을 선택하여 A 글상자를 만들고, A 글상자를 선택한 후 오른쪽 버튼을 클릭하여 [개체 속성] 대화창에서 [선 없음]과 [색 채우기 없음]을 선택해 완성한다. A 글상자를 복사하여 B, C 글상자를 만들고 각 도형에 배치한다.

04 마지막으로 Shift키를 사용하여 제목을 포함한 전체 도형을 선택하여 [개체 묶기] 아이콘을 클릭하여 묶고, [개체 속성] 대화창에서 [글자처럼 취급]을 선택해 준다.

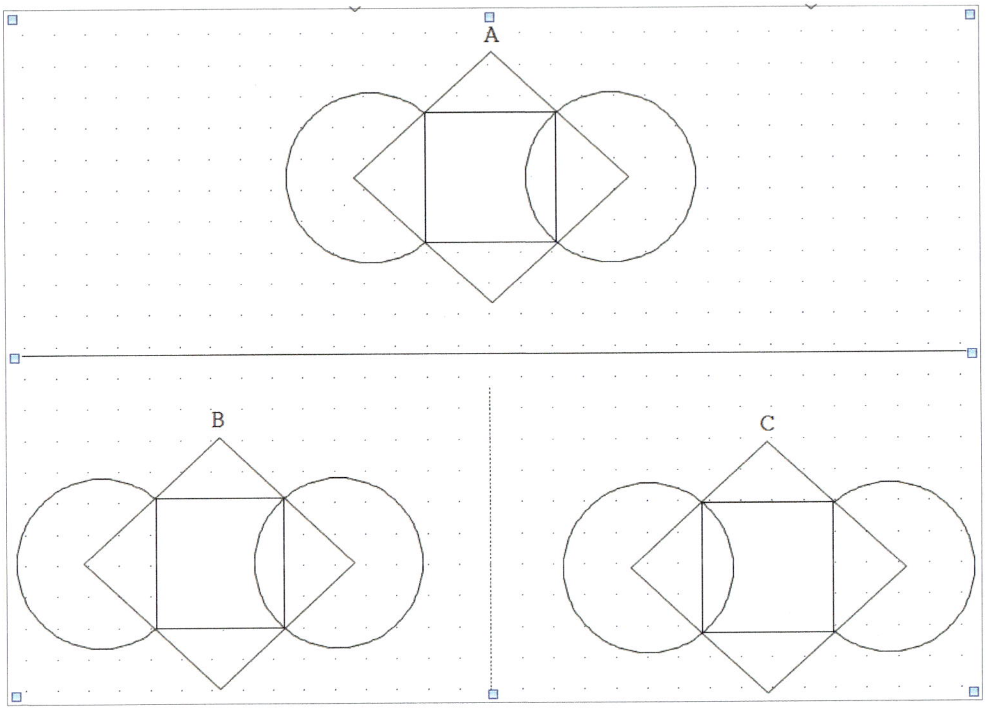

7 작성문제(100점)

1 페이지 제목 작성

01 [입력] 탭 - [개체] 그룹에서 [글상자] 아이콘을 선택하여 글상자를 만든다.

02 Ctrl키를 누른 채 글상자를 드래그 앤 드롭 방식으로 복사하여 겹쳐 놓는다.

03 겹쳐 있는 글상자 중 아래 글상자를 선택한 후, 마우스 오른쪽 버튼을 클릭한 후 [맨 앞으로]을 선택하여 앞으로 위치시킨다. 그리고 두 개의 글상자를 [개체 묶기]를 이용하여 묶고, [개체 속성] 대화창의 [기본] 탭에서 [글자처럼 취급]을 설정한 후 가운데 정렬을 시킨다.

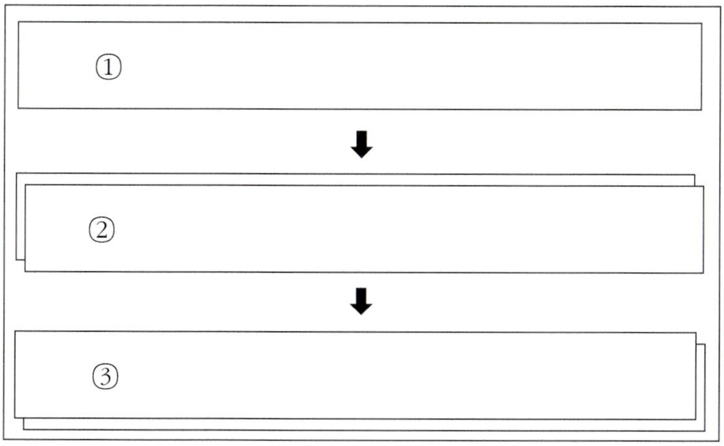

04 다음으로 제목을 입력하고 중고딕 16포인트로 서식을 설정한 후 가운데 정렬시킨다.

정보시스템 구축 현황

2 첫 번째 소제목 및 표 작성하기

01 Ctrl+F10을 누르면 [문자표 입력] 대화창이 뜨고 [훈글(HNC) 문자표] 탭 – [전각 기호(일반)] 영역에서 찾아 입력한 후 나머지 내용을 입력한다. 그리고 블록 지정을 한 후 돋움 12포인트 진하게로 서식을 설정한다.

◎ 정보시스템의 PDM 구성

02 [표] 탭 – [표] 그룹 – [표 만들기]에서 8줄과 8칸이 될 때까지 드래그해서 기본 표를 만든다.

03 기본 표에서 셀 합치기를 위해서 해당 셀을 블록 지정하고 단축키 M을 클릭한 후 셀 합치기를 한다.

04 이어서 셀의 테두리 없음을 지정하기 위해서는 해당 셀을 선택하고 오른쪽 버튼을 클릭하여 [셀 테두리/배경] – [각 셀마다 적용]을 선택하면 [셀 테두리/배경] 대화창에서 [테두리] 탭에서 [선 없음]을 선택하고 위치를 선택한다.

05 마지막으로 각 셀에 문제에서 주어진 내용을 입력하고, 전체 셀을 블록으로 설정한 뒤 서식 도구 상자에서 [가운데 정렬]을 선택하여 완성한다.

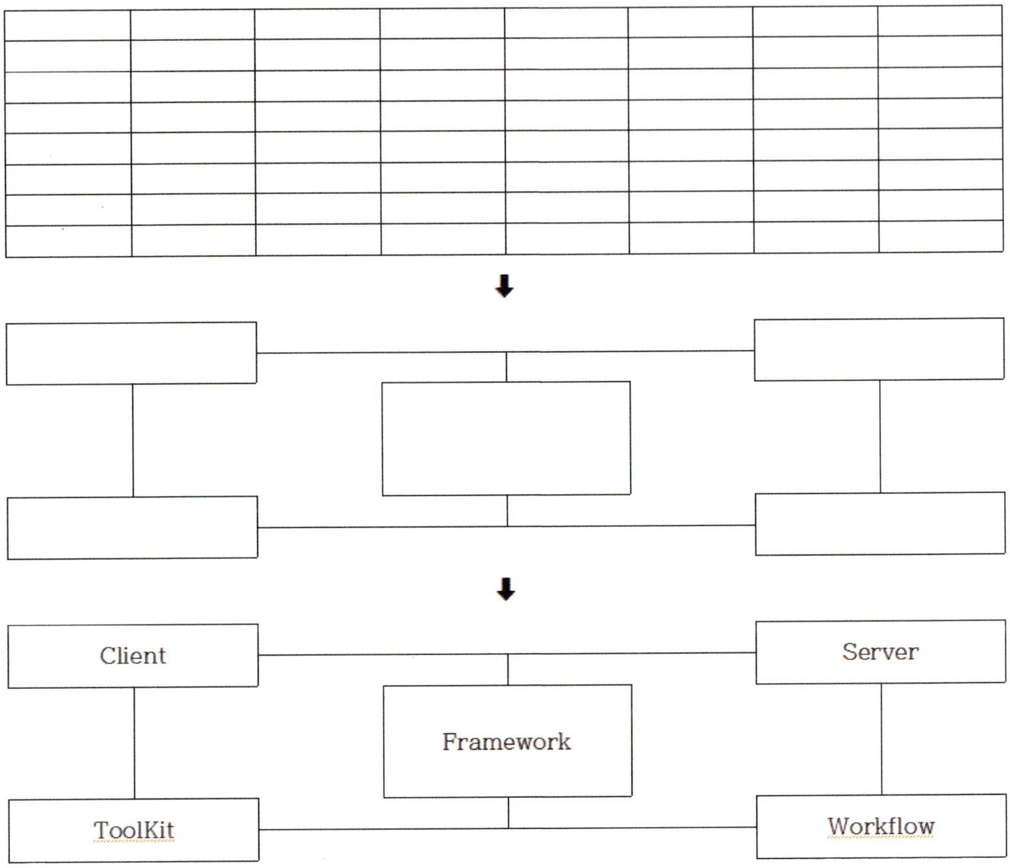

3 두 번째 소제목 및 표와 도형 작성하기

01 두 번째 소제목은 첫 번째 소제목과 같은 순서로 해결한다.

02 9줄 × 8칸 기본 표를 만들어 셀 합치기 및 대각선 그리기, 셀 테두리 및 크기 조정, 내용 입력 및 정렬 등의 순서로 표를 작성한다.

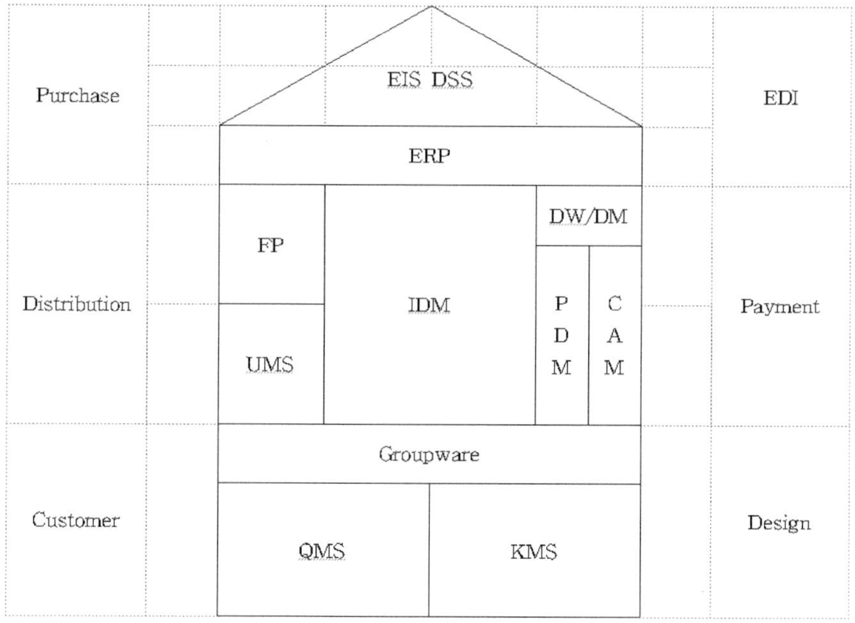

03 모서리가 둥근 직사각형은 그리기 도구 상자의 직사각형 아이콘을 이용해서 셀 크기와 동일한 크기로 작성한 후 [개체 속성] 대화창의 [채우기] 탭에서 [색 채우기 없음]을 선택하고 [선] 탭에서 [사각형 모서리 곡률]을 [둥근 모양]을 선택해 겹쳐 배치하고, 가운데 정 원도 같은 방법으로 배치한다. 그리고 표 안에 화살표(→↑↔↓←)는 [훈글(HNC) 문자표] 탭 – [수학식 기호(화살표)] 영역에서 찾아 입력한다.

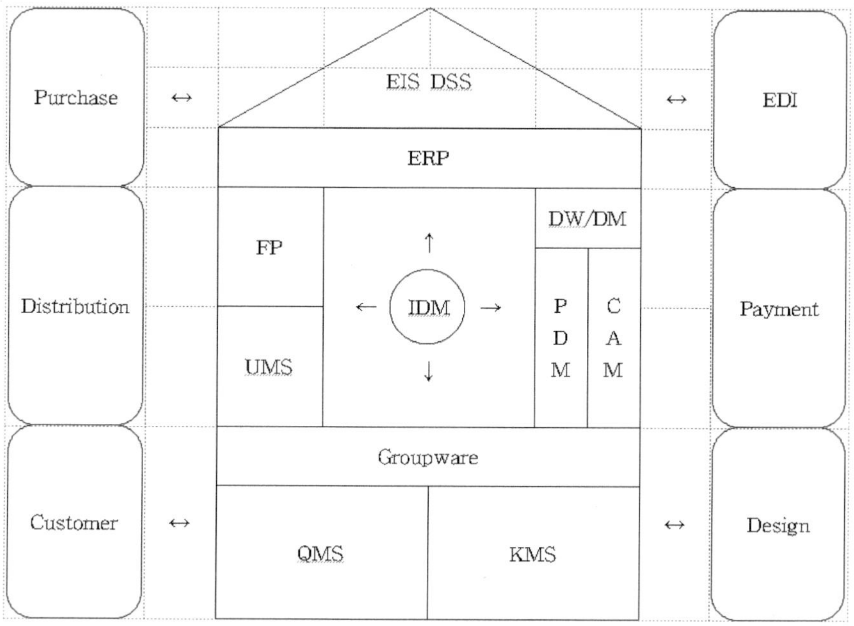

04 아래 쪽 표 부분은 2줄 × 4칸 기본 표를 만들어 위 쪽 표에 붙이기를 하여 연결하고 셀 합치기, 셀 테두리 및 크기 조정, 내용 입력 및 정렬 등의 순서로 표를 작성한다.

EC	EI	EC
CALS(Commerce At Light Speed)		

4 꼬리말 삽입하기

01 꼬리말 삽입을 위해 [쪽] 탭 – [머리말/꼬리말]을 선택하면, [머리말/꼬리말] 대화창이 열리고 여기서 [꼬리말]을 선택하고 〈만들기〉 버튼을 클릭하면 [꼬리말 영역]에서 꼬리말을 입력하면 된다.

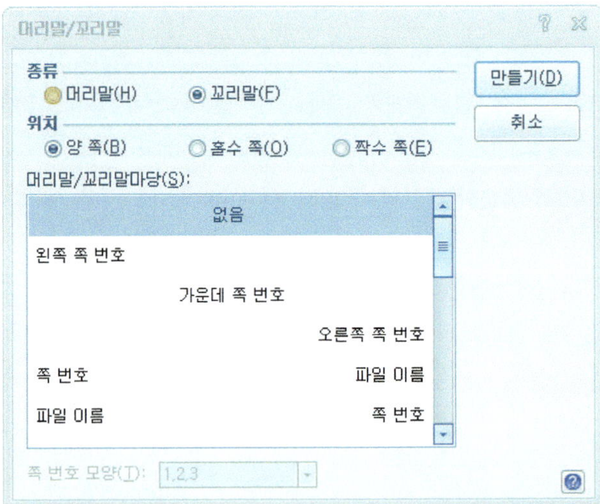

02 입력된 꼬리말을 블록 지정하고 중고딕, 16포인트 서식을 설정한 후 [가운데 정렬] 시킨다.

03 꼬리말 위쪽의 라인은 꼬리말을 블록 설정하고 우측 마우스 버튼을 클릭하여 [문단 모양] 대화창을 열고, [테두리/배경] 탭에서 [테두리] 선 종류/굵기 및 위치를 설정하고 [간격]에서는 [위쪽]을 지정하여 꼬리말과 라인과의 간격을 3mm로 지정하여 띄워 놓는다.

04 마지막으로 기본 도구 상자의 [미리 보기] 아이콘을 클릭하여, 세 번째 페이지의 전체적인 배치를 확인한다.

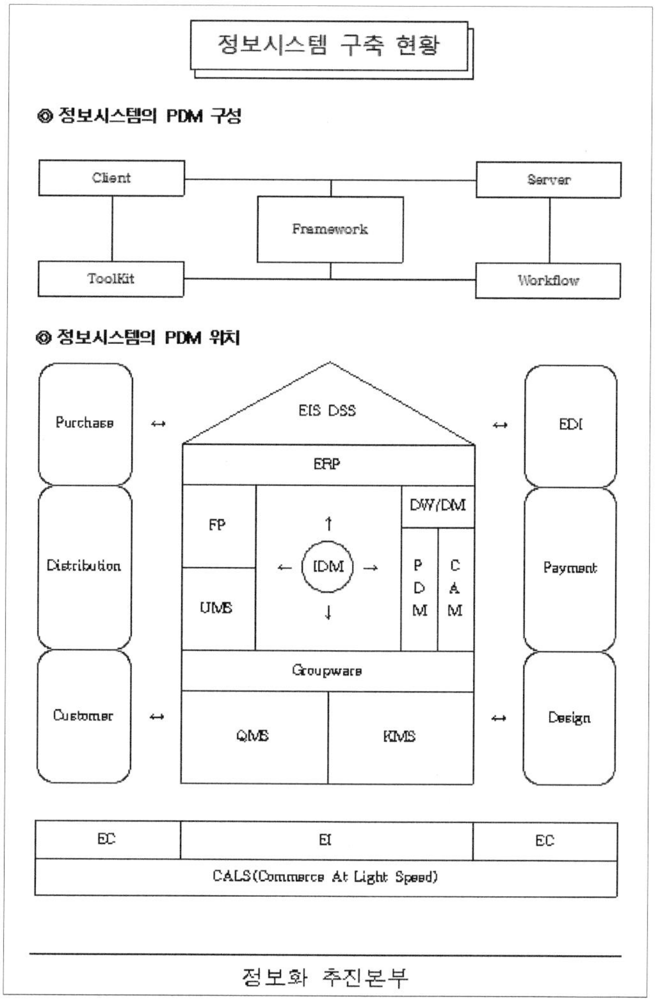

한글 e~Test 모의고사 문제

■ **답안 작성 시 주의사항**

- 답안문서 파일명은 응시자의 이름으로 저장하십시오.
- 워드프로세서의 기능들을 이용하여 **[처리사항]**대로 답안문서를 작성하십시오.(**[보기]**를 참고하시오.)
- 반드시 주어진 이미지 자료를 이용하여 답안문서를 작성하십시오.
  (주어진 이미지 자료 외 다른 자료 이용 시 감점 처리됩니다.)
- 워드아트, 표 등을 처리사항에서 지시한 개수 이상 여러 개 작성한 경우 감점 처리됩니다.
- 문제에서 지시하지 않은 사항은 프로그램의 기본 설정 값으로 지정하십시오.
- 정보검색 답안작성 시, 다음과 같은 경우는 정답으로 인정되지 않으니 유의하시기 바랍니다.
  - URL 접속 시 페이지가 열리지 않거나 정답과 무관한 페이지가 열리는 경우
  - 가입, 로그인해야 정답페이지가 열리는 경우
  - 카페, 블로그, 지식in 정보의 경우 오류가 잦으므로 활용 지양함.

■ **제공 이미지**

- 주어진 이미지 자료를 이용하여 답안문서를 작성하시오.
  (첨부파일보기 클릭 시 이미지 자료 페이지 열림)

처리사항 **[용지 설정 지정하기] 배점 : 1번(8), 2번(12), 3번(16)**

1. 페이지 설정은 A4로, 여백은 위쪽, 아래쪽 21mm, 왼쪽, 오른쪽 22mm로 지정하시오.

2. **[보기]** ①과 같이 머리말/꼬리말 기능을 이용하여 작성하시오.
   1) 모든 쪽의 **하단 오른쪽**에 '○○○(응시자 본인의 이름)'을 입력하시오.
   2) 글꼴은 궁서체, 글꼴크기는 15pt

3. **[보기]** ⑨와 같이 모든 쪽의 **상단 오른쪽**에 페이지 (쪽) 번호를 입력하시오.

1) 페이지 시작번호는 'iii'으로 지정
2) 페이지 추가 시 자동으로 입력

보 기

⑨ iii

② 블랙의 매혹

③ 우리가 차갑게 또는 따뜻하게 마시는 커피(Coffee)는 독특한 향을 가진 음료이다. 커피(Coffee)는 BC 800년경 에티오피아(Ethiopia) 남서쪽 카파(Kaffa) 주에서 양을 치던 양치기가 발견하였다고 전한다. 어느 날 양들이 근처에서 자라는 커피나무의 열매를 먹고 흥분하는 것을 본 양치기는 자신도 열매를 먹어보았는데, 그 결과 이 열매를 먹으면 기분이 좋아지고, 잠이 깨는 것을 알았다고 한다. 처음에는 커피 열매를 이용하여 술을 만들어 마셨으나 13세기경부터는 현재와 같은 추출(抽出)방법으로 마시기 시작하였다. 커피나무 열매(Cherry) 속 씨앗을 생두(Green Bean)라고 하며 이 생두를 볶아 원두(Coffee Bean)를 만들고 물을 이용하여 그 성분을 뽑아내어 만든다. 꼭두서니(Rubiaceae)과에 속하는 쌍떡잎식물[i]로 아프리카와 열대지방에 40여종의 커피가 자라지만, 보통 2대 원종(原種)인 코페아 아라비카(Coffea Arabica)와 코페아 카네포라(Coffea Canephora)를 사용한다. 코페아 카네포라는 흔히 로부스타(Robusta)라고 불리우기도 한다. 우리나라에서는 을미사변[ii] 이후 1896년 고종과 왕세자가 아관파천으로 러시아 공관에 머물렀던 당시 최초로 커피를 마셨다고 한다. 또한 한국전쟁을 계기로 미군을 통해 인스턴트 커피가 일반인들에게도 유통되기 시작하였다.

④ ★ 커피 수확방법 ★

⑦ 

- ◆ 핸드피킹 : 일일이 사람 손으로 수확하는 방법 ⑤
- ◆ 스트리핑 : 줄기를 따라 손으로 훑어 수확하는 방법
- ◆ 기계수확 : 나무에 진동을 주어 커피체리를 떨어뜨리는 방법

⑧ 하이퍼링크

⑥ i 쌍떡잎식물 : 씨앗의 배에서 처음 나오는 떡잎이 두 장인 식물로 쌍자엽식물이라고도 한다.
ii 을미사변 : 1895년 일본공사 미우라 고로가 주동이 되어 명성황후를 시해하고 일본세력 강화를 획책한 정변이다.

① ○○○

처리사항 **[자료 입력과 서식 지정하기] 배점 : 1번**(16), **2번**(48), **3번**(16), **4번**(24), **5번**(20), **6번**(40), **7번**(20)

1. **[보기]** ②와 같이 글상자를 이용하여 제목을 작성하시오.

1) 제목은 '블랙의 매혹'으로 입력
2) 글꼴은 돋움체, 글꼴크기는 35pt, 글꼴 색은 기본-하양, 장평은 110%, 가로 가운데 정렬
3) 글상자의 내부색은 오피스-초록, 외곽선은 실선으로 지정하고 선 색은 기본-검정, 선 두께 0.4mm

2. [보기] ③과 같이 아래의 내용을 입력하시오.

우리가 차갑게 또는 따뜻하게 마시는 커피(Coffee)는 독특한 향을 가진 음료이다. 커피(Coffee)는 BC 800년경 에티오피아(Ethiopia) 남서쪽 카파(Kaffa) 주에서 양을 치던 양치기가 발견하였다고 전한다. 어느 날 양들이 근처에서 자라는 커피나무의 열매를 먹고 흥분하는 것을 본 양치기는 자신도 열매를 먹어보았는데, 그 결과 이 열매를 먹으면 기분이 좋아지고, 잠이 깨는 것을 알았다고 한다. 처음에는 커피 열매를 이용하여 술을 만들어 마셨으나 13세기경부터는 현재와 같은 추출방법으로 마시기 시작하였다. 커피나무 열매(Cherry) 속 씨앗을 생두(Green Bean)라고 하며 이 생두를 볶아 원두(Coffee Bean)를 만들고 물을 이용하여 그 성분을 뽑아내어 만든다. 꼭두서니(Rubiaceae)과에 속하는 쌍떡잎식물로 아프리카와 열대지방에 40 여종의 커피가 자라지만, 보통 2대 원종인 코페아 아라비카(Coffea Arabica)와 코페아 카네포라(Coffea Canephora)를 사용한다. 코페아 카네포라는 흔히 로부스타(Robusta)라고 불리우기도 한다. 우리나라에서는 을미사변 이후 1896년 고종과 왕세자가 아관파천으로 러시아 공관에 머물렀던 당시 최초로 커피를 마셨다고 한다. 또한 한국전쟁을 계기로 미군을 통해 인스턴트 커피가 일반인들에게도 유통되기 시작하였다.

1) 글꼴은 굴림체, 글꼴크기는 12pt
2) 내용의 첫 줄 36pt 들여쓰기
3) 줄 간격은 고정 값, 19pt
4) 한자변환
   추출 -> 추출(抽出)
   원종 -> 원종(原種)

3. [보기] ④와 같이 소제목을 입력하시오.
   1) 소제목은 '커피 수확방법'으로 입력
   2) 소제목 앞뒤에 '★' 기호문자 삽입
   3) 글꼴은 궁서체, 글꼴크기는 18pt, 글꼴 색은 기본-하양
   4) 글자의 음영은 '기본-검정'으로 지정

4. **[보기]** ⑤와 같이 아래의 내용을 입력하시오.

1) 〈입력 내용〉

핸드피킹 : 일일이 사람 손으로 수확하는 방법 스트리핑 : 줄기를 따라 손으로 훑어 수확하는 방법 기계수확 : 나무에 진동을 주어 커피체리를 떨어뜨리는 방법

2) 글머리표로 '◆'을 지정

3) 글꼴은 바탕체, 글꼴크기는 12pt

4) 문단 아래 간격은 12pt

5. **[보기]** ⑥과 같이 각주를 작성하시오.

1) 본문의 '쌍떡잎식물'과 '을미사변'에 작성하시오.

2) 각주의 위치는 페이지 아래쪽

3) 〈각주 입력 내용〉

쌍떡잎식물 : 씨앗의 배에서 처음 나오는 떡잎이 두 장인 식물로 쌍자엽식물이라고도 한다. 을미사변 : 1985년 일본공사 미우라 고로가 주동이 되어 명성황후를 시해하고 일본 세력 강화를 획책한 정변이다.

4) 글꼴은 바탕체, 글꼴크기는 9pt

5) 각주 번호 모양은 'i'로 지정

6. **[보기]** ⑦과 같이 주어진 이미지를 이용하여 작성하시오.

1) 주어진 '워드제공이미지'를 삽입

2) 이미지의 크기는 너비 60mm, 높이 40mm

3) 삽입된 이미지의 테두리를 기본-검정, 실선, 2mm로 지정

4) 이미지가 내용의 **왼쪽**에 위치하도록 지정하고, 바깥 여백은 위쪽/아래쪽/왼쪽/오른쪽을 4mm로 지정(반드시 그림서식에서 지정할 것)

7. **[보기]** ⑧과 같이 하이퍼링크를 다음 요구에 따라 작성하시오.

1) 삽입된 그림 아래 행에 '하이퍼링크'라고 입력

2) 입력한 '하이퍼링크'에 e-Test 홈페이지를 하이퍼링크로 연결
(e-Test 홈페이지 : http://www.e-test.co.kr)

보 기

iv

⑩@커피의 분류@

⑪

품종		생산지	비고
아라비카 (Arabica)	마일드 (Mild)	콜럼비아, 탄자니아, 코스타리카 등	
	브라질 (Brazilian)	브라질, 에티오피아 등	
로부스타 (Robusta)		인도네시아, 베트남 등	

표 1

⑫

생산량과 출하량	생산량	출하량
볶은 커피	3,986	4,598
인스턴트 커피	26,792	18,008
조제 커피	82,586	114,568
액상 커피	141,769	138,397
합계	255,133	275,571

표 2

⑬

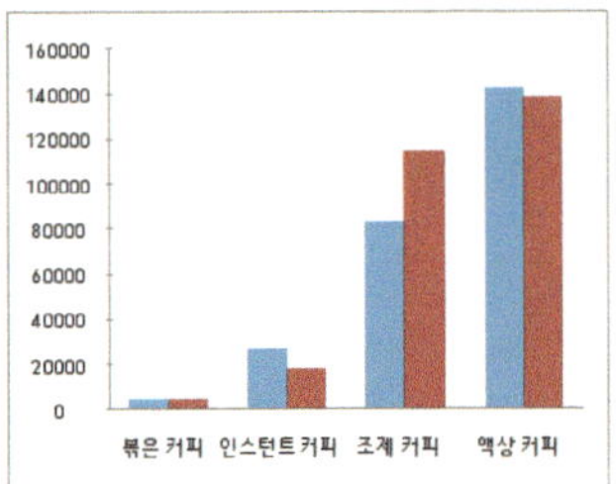

OOO

품종		생산지	비고
아라비카 (Arabica)	마일드 (Mild)	콜럼비아, 탄자니아, 코스타리카 등	
	브라질 (Brazilian)	브라질, 에티오피아 등	
로부스타 (Robusta)		인도네시아, 베트남 등	

[보기] ⑪을 확대한 그림

처리사항 **[표와 차트 작성하기] 배점 : 1번(40), 2번(60), 3번(40)**

1. **[보기]** ⑩과 같이 **다음 페이지**에 글맵시를 이용하여 표제목을 작성하시오.
   1) 표제목은 '@ 커피의 분류 @'로 입력

2) 글꼴은 굴림체, 글자 내부색은 오피스-초록

3) 전체 모양은 ,크기는 너비 120mm, 높이 15mm

2. **[보기]** ⑪과 같이 표를 작성하시오. (**4행 4열**)

1) 셀 합치기를 지정하시오.
   - 1행 1열 ~ 1행 2열은 셀 합치기
   - 2행 1열 ~ 3행 1열은 셀 합치기
   - 4행 1열 ~ 4행 2열은 셀 합치기
   - 2행 4열 ~ 4행 4열은 셀 합치기

2) **[보기]** ⑪을 확대한 그림을 보고 표 전체의 내용을 입력하고, 글꼴은 돋움체, 글꼴크기는 11pt로 지정

3) 1행 1열 ~ 1행 4열의 글꼴 색은 기본-하양, 내부색은 오피스-빨강, 가로 가운데 정렬로 지정

4) 합친 2행 4열 ~ 4행 4열은 **[보기]** ⑪과 같이 양방향 대각선 삽입

5) 테두리를 아래 조건에 맞게 지정하시오.
   - 1행 1열 ~ 1행 4열의 외곽 테두리선은 **[보기]** ⑪과 같이 이중선
   - 표 전체의 내부 세로선은 **[보기]** ⑪과 같이 점선

6) 표 아래 가운데에 '표 1'로 캡션을 지정

3. **[보기]** ⑫와 같은 표와 **[보기]** ⑬과 같은 차트를 작성하시오. (그림, 외부 개체로 입력되면 감점됨)

1) **[보기]** ⑫와 같이 **6행 3열** 표를 작성하시오.

생산량과 출하량	생산량	출하량
볶은 커피	3,986	4,598
인스턴트 커피	26,792	18,008
조제 커피	82,586	114,568
액상 커피	141,769	138,397
합계		

2) 표 전체의 내용을 입력하고, 글꼴은 돋움체, 글꼴크기는 11pt로 지정

3) 표 아래 가운데에 '표 2'로 캡션을 지정

4) 작성한 표의 6행 2열부터 6행 3열은 표의 수식 입력 기능으로 합계를 구하시오.

5) 1)번에서 작성한 표에서 합계를 제외한 **생산량과 출하량**과 **생산량, 출하량**을 이용하여 **[보기]** ⑬과 같이 차트를 작성하시오.
   - 차트의 종류 : 묶은 세로 막대형
   - 범례가 나타나지 않도록 지정

- 차트 크기는 너비 100mm, 높이 80mm
- 차트 위치는 표의 아래쪽

보 기

v

⑭ 정보검색1 [ ] http://------------------------------------

정보검색2 [ ] http://------------------------------------

ㅇㅇㅇ

처리사항 [정보검색과 답안 작성하기] 배점 : 1번(10), 2번(15), 3번(15)

1. **[보기]** ⑭와 같이 **다음 페이지**에 검색한 내용을 다음 요구에 따라 작성하시오.
   1) '정보검색1 [ ] http://------------'
   '정보검색2 [ ] http://------------'
   - [ ] 안에 **[정보검색]**1과 **[정보검색]**2의 정답을 차례로 입력
   - 반드시 [ ]와 함께 정보검색 답안을 입력

- [보기] ⑭와 같이 각각의 입력한 답안 아래에 정답이 있는 화면을 'PrintScreen'키를 이용하여 캡처한 후, 'Ctrl+V' 로 답안문서에 붙여 넣으시오. (크기는 [보기]와 같이 임의로 조절하시오.)

2. **[정보검색]**1은 아래 검색 문제로 작성하시오.

요즘 거리를 다녀보면 곳곳에 커피전문점이 있다. 별다방, 콩다방이라는 별칭이 있는 '스타벅스'와 '커피빈'이 그에 해당된다. 우리나라 고종황제가 아관파천으로 러시아공관에 머무를 때, 미모의 여인인 ( )으로부터 시중을 받고 향기로운 이 음료에 매료되었다. 환궁 후에도 덕수궁에 정관헌이라는 서양식 집을 짓고 커피를 마셨다. 이후 ( )은 왕실 소유 땅을 하사받아 2층 양옥으로 된 ( )호텔을 짓고 우리나라 최초의 커피하우스를 운영했다.

- ( ) 안에 해당하는 내용을 검색하고, 반드시 검색한 내용이 포함된 페이지의 등록정보 URL과 함께 답안문서에 입력하시오.
- 반드시 한글 2자로 입력하시오.

3. **[정보검색]**2는 아래 검색 문제로 작성하시오.

음식을 잘하는 전문인을 '요리사'라고 하고, 케이크나 초콜릿, 쿠키 등의 제과류를 만드는 직업을 가진 사람을 '파티시에(파티쉐)'라고 한다. 윤은혜, 공유, 이선균, 채정안 등이 등장해 커피에 대한 드라마도 방영되었다. 높은 수준의 커피에 대한 경험과 지식을 가지고 즉성에서 커피를 만드는 전문가는 '바리스타라고 하며, 바리스타의 어원은 ( )어로 '바 안에서 만드는 사람'이라는 뜻으로 바 안에서 에스프레소를 추출하고 제조하는 능력을 가진 사람을 말한다.

- ( ) 안에 해당하는 내용을 검색하고, 반드시 검색한 내용이 포함된 페이지의 등록정보 URL과 함께 답안문서에 입력하시오.
- 반드시 한글 4자로 입력하시오.

한글 PCT 모의고사(실기) 문제

워드프로세서 문제는 기본문제 5문제(1~5번), 작성문제 1문제로 구성되어 있으며 작성문제는 기본문제 다음에 출제되어 있다.

■ 기본문제(1~5번)

◎ 작성조건

① 문서명(파일명)은 "본인수험번호.HWP"로 등록하시오.

② 기본문제 1번, 2번, 3번은 1쪽에 작성하고, 4번, 5번 문제는 2쪽에 작성하시오.(페이지 초과 시 감점됨)

③ 별도의 지시사항이 없는 글자체는 신명조, 글자크기는 10으로 작성하며, 전체구성은 주어진 문제와 동일하게 작성하시오.

④ 별도의 지시사항이 없는 문제 중의 음영은 [배경] - [색] - [면색] 파렛트의 첫 줄 좌측에서 7번째로 하시오.

⑤ 문제 작성 중 생성된 백업파일은 채점대상에서 제외되므로 정확한 파일명으로 등록하시오.

⑥ 용지여백은 위쪽 15mm, 머리말 15mm, 왼쪽 30mm, 오른쪽 30mm, 아래쪽 15mm, 꼬리말은 15mm로 지정 후 문서를 작성하시오.

■ 작성문제

◎ 작성조건

① 작성문제는 주어진 지시사항에 따라 3쪽에 작성하시오.

② 별도의 지시사항이 없는 글자체는 신명조, 글자크기는 10으로 하시오.

③ 전체구성은 주어진 문제와 동일한 방식으로 작성하시오.

④ 작성문제는 A4용지 1매에 세로 서식문서로 작성하시오.(페이지 초과시 감점됨)

⑤ 용지여백은 위쪽 15mm, 머리말 15mm, 왼쪽 30mm, 오른쪽 30mm, 아래쪽 15mm, 꼬리말은 15mm로 지정 후 문서를 작성하시오.

기본문제(1~5번)

1. 아래의 문장을 입력하시오.

성공적인 시스템은 현재 시스템의 장단점에 대한 파악 및 이해가 선행된 후 統合된 전산 데이터베이스를 기초로 하여 구축되어야 한다. 정보는 매우 중요한 요소이므로 반드시 정확하고 標準化되어 있으며 완전한 데이터베이스 구축은 모든 정보화에 있어서 필수적 성공 요소이다.
Businesses are increasingly looking towards the internet as a means of advertising selling and distributing their services.

2. 아래의 표를 작성하시오.

글꼴은 중고딕 12포인트 진하게, 가운데 정렬

선종류 : 이중선

[표1] **IMT-2000 시장 전망** (단위 : 백만$)

구분 \ 방식 \ 년도		2001년	2002년	2003년	2004년	2005년
시스템	동 기 식	0	1,570	5,570	5,330	10,580
	비동기식	1,570	3,080	13,100	12,520	14,560
	소 계	1,570	4,650	18,670	17,850	25,140
단말기	동 기 식	0	2,680	9,490	9,080	10,580
	비동기식	2,680	5,250	22,310	21,320	24,790
	소 계	2,680	7,930	59,334	103,667	148,000

3. 아래의 내용을 완성하시오

굴림 12포인트 가운데 정렬

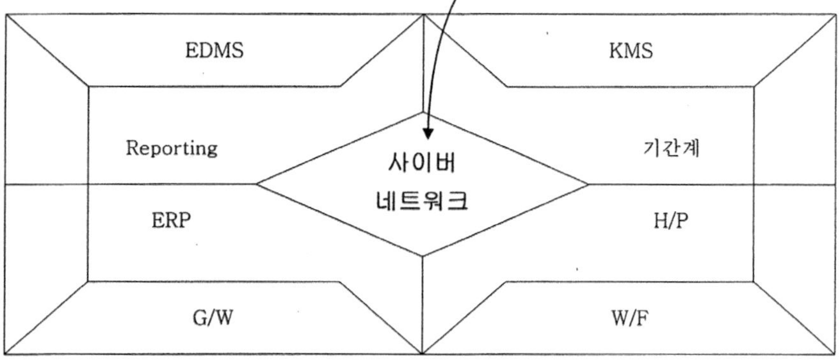

4. 아래의 그림(C:₩windows₩깃털.bmp 크기 - 가로 2.5cm, 세로 2cm)을 불러오고 제시된 문장을 그림의 위치에 맞게 입력하시오.

가을 우체국 앞에서 그대를 기다리다 노오란 은행

잎 들이 바람에 날려가고 지나가
는 사람들같이 저 멀리 가는걸 보
네 세상에 아름다운 것들이 얼마
나 오래 남을까 한여름 소나기가
쏟아져도 굳세게 버틴 꽃들과

5. 아래에 제시한 도형을 그리시오. (단, B와 C는 대칭)

A

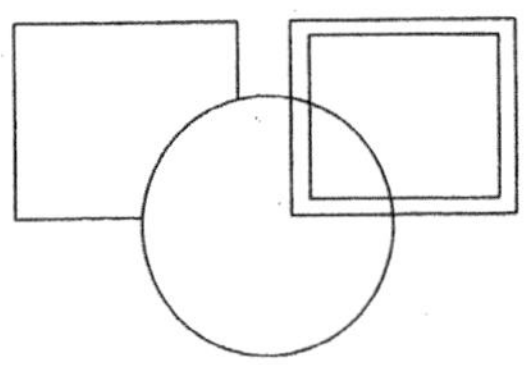

B

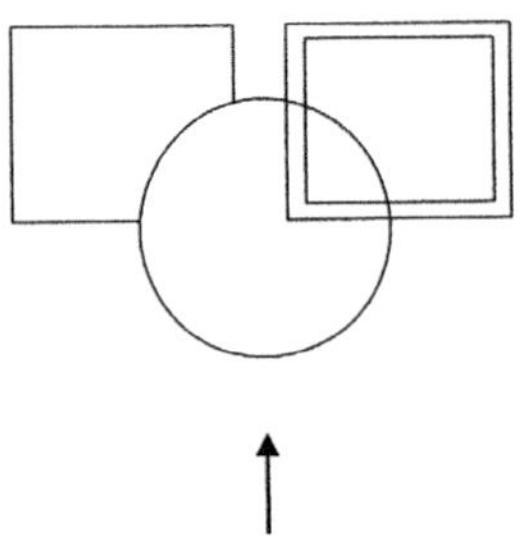

A도형 복사하기

C

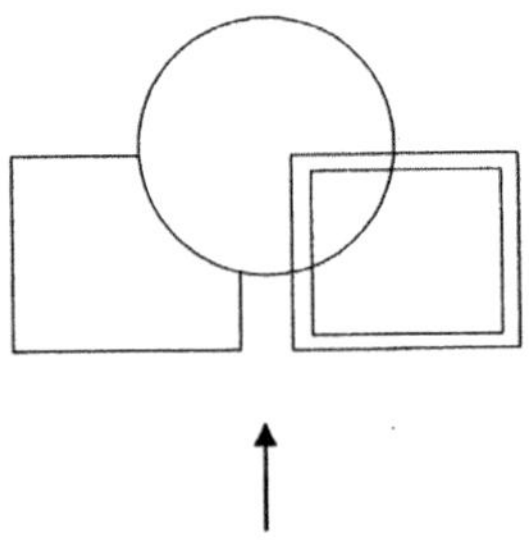

A도형 복사하여
상하 뒤집기

작성문제

글꼴은 돋움 20포인트
가운데 정렬

국내 정보보호산업의 분류

가운데
정렬

글꼴은 굴림 12포인트, 진하게

◎ 기술적 접근에 의한 정보보호산업의 분류

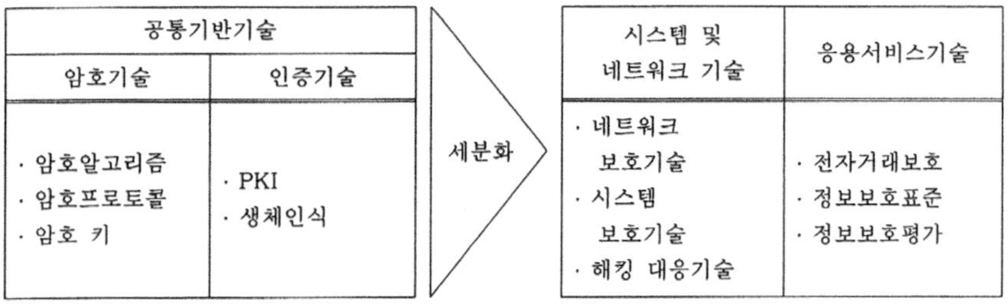

글꼴은 굴림 12포인트, 진하게

◎ 정보보호산업의 구조도

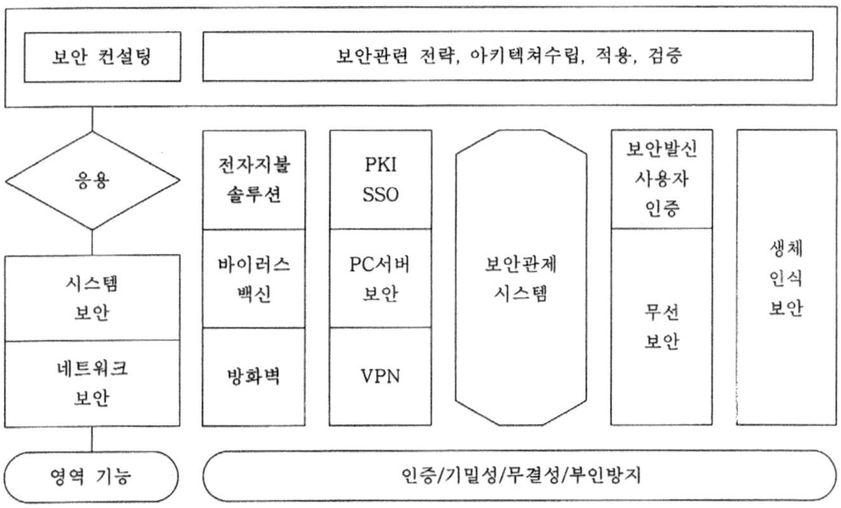

글꼴은 신명조 16포인트
가운데 정렬

꼬리말
삽입

지식정보보호산업 2과

Chapter 2

파워포인트 2010

01 파워포인트의 이해

1.1 파워포인트의 정의

파워포인트(PowerPoint)는 마이크로소프트사에서 개발한 발표용 프로그램이다.

파워포인트는 사용자의 지식을 타인에게 전달함에 있어서 다양한 멀티미디어 요소들을 아주 효과적으로 활용할 수 있도록 도와주는 프로그램이다. 사용자는 멀티미디어 자료를 적절히 배합하여 멋진 화면을 만들어 스크린에 투사하면서 발표함으로써 정보의 전달을 보다 확실한 방법으로 할 수 있다.

워드프로세서가 제출용이라면 파워포인트는 소수 혹은 다수를 위한 발표용 프로그램인 만큼 발표를 도와주는 강력한 도구로써 파워포인트에 대적할 만한 프로그램은 아직까진 없다고 해도 과언이 아닐 것이다.

1.2 파워포인트의 구성

파워포인트는 슬라이드의 묶음 형태로 이루어진다. 영화 필름의 한 컷이 바로 슬라이드 한 장이라고 생각하면 된다. 이 슬라이드의 묶음을 프레젠테이션 프로그램이라고 하며 확장자는 .pptx가 붙는다. 아래 표는 파워포인트 2010에서 지원하는 파일 형식이다.

PowerPoint 파일 형식	확장명
프레젠테이션	.pptx
97-2003 버전 프레젠테이션	.ppt
매크로 사용 프레젠테이션	.pptm
서식 파일	.potx
매크로 사용 서식 파일	.potm
슬라이드 쇼	.ppsx
매크로 사용 쇼	.ppsm
Office 테마	.thmx

1.3 파워포인트의 기본 화면 구성

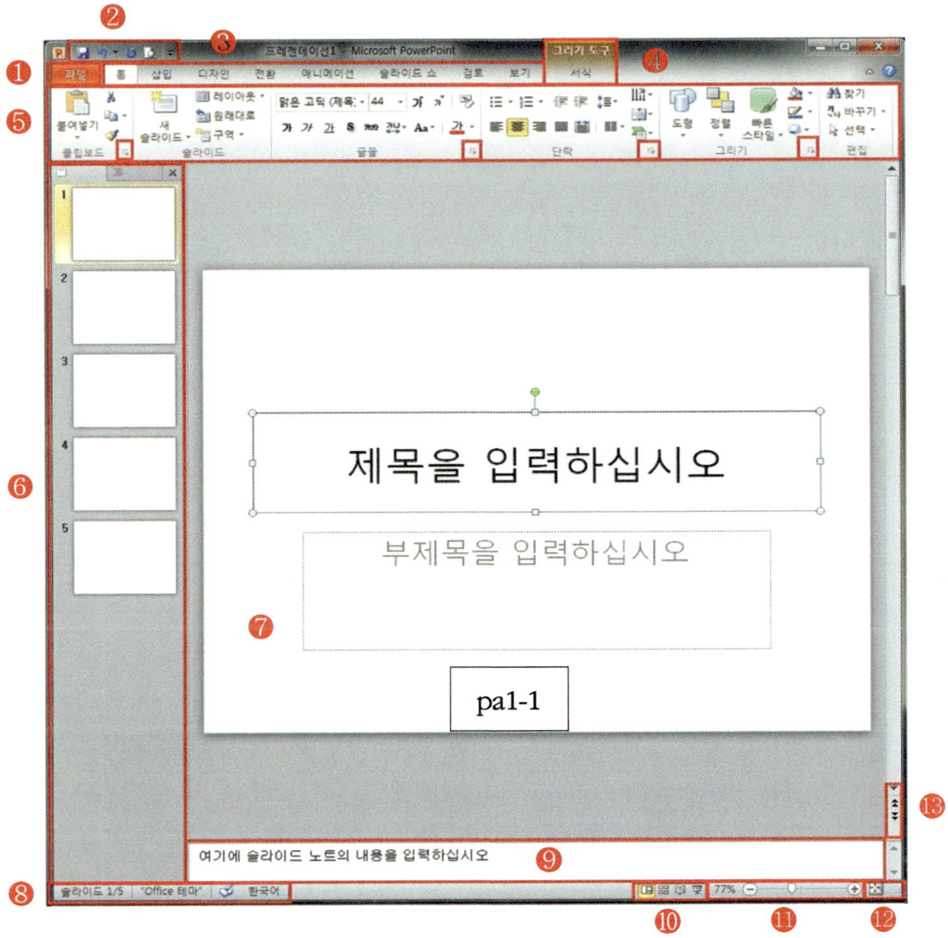

❶ [파일] 탭

2007 버전의 [Office 단추]가 [파일] 탭으로 변경된 것으로, 새로 만들기, 열기, 저장, 인쇄 등 파일 관련 기본 명령으로 구성되어 있으며, 옵션이 있어 파워포인트의 작업 환경을 설정할 수 있다.

❷ 빠른 실행 도구 모음

자주 사용하는 명령을 빠르게 실행할 수 있도록 모아 놓은 도구 모음이다.

❸ 리본 메뉴-기본 탭

각 탭을 클릭하면 작업 내용에 따라 실행할 수 있는 명령 단추가 그룹으로 구분되어 있다.

❹ 리본 메뉴-상황 탭

사용자가 선택하는 개체에 따라 상황에 맞게 표시되는 탭이다.

❺ 명령 그룹

탭의 명령을 기능별로 구분해 놓은 것이다.

❻ 개요 및 슬라이드 창

각 슬라이드의 제목과 텍스트만을 표시하거나 작업 중인 슬라이드를 작은 그림으로 표시한다.

❼ 슬라이드 작업 창

작업이 이루어지고 있는 현재 슬라이드를 보여주며 실제로 작업을 진행하는 메인 창이다.

❽ 상태 표시줄

현재 작업 중인 문서의 총 슬라이드 수와 현재면 등의 상태를 표시한다.

❾ 슬라이드 노트 창

슬라이드 내용에 대한 보충 자료를 입력해 두는 슬라이드 노트를 만들 때 사용되는 창이다.

❿ 화면 보기

기본 보기, 여러 슬라이드 보기, 읽기용 보기, 슬라이드 쇼 등을 선택할 수 있도록 하는 아이콘으로 화면 보기를 간편하게 전환한다.

- 기본 보기 : 왼쪽에 개요 및 슬라이드 창, 가운데에 슬라이드 창, 아래쪽에 슬라이드 노트 창 표시
- 여러 슬라이드 보기 : 파일에 있는 슬라이드를 축소된 그림으로 한 화면에 펼쳐 보여주기 때문에 전체 슬라이드를 한꺼번에 살펴보기에 적합
- 읽기용 보기 : 슬라이드 쇼 보기와 유사한 기능으로 현재 파워포인트의 창 크기로 슬라이드 쇼를 보여주는 기능
- 슬라이드 쇼 : 슬라이드를 전체 화면으로 표시하며, 그래픽, 타이밍, 동영상, 애니메이션 효과 및 전환 효과가 실제 프레젠테이션에서 어떻게 보이는지 확인 가능

⓫ 슬라이드 확대/축소 도구

확대/축소 단추를 클릭하여 10% 단위로 확대/축소하거나 슬라이드 바를 드래그하여 확대/축소할 수 있다.(Ctrl 키를 누른 상태에서 마우스의 휠을 위로 올리거나 아래로 내려 작업창 조절 가능)

⓬ 창 크기 맞춤 도구

슬라이드 창 크기에 맞게 슬라이드 크기를 자동 조절한다.

⓭ 이전/다음 슬라이드

이전 및 다음 슬라이드로 이동한다.

보 기

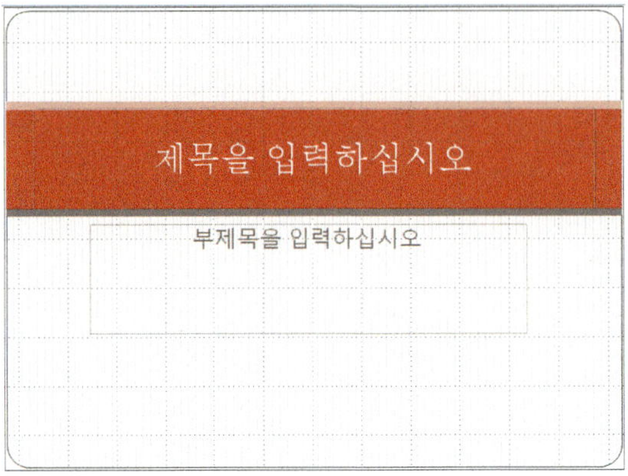

처리사항 **[디자인 서식 지정하기] 배점 : 1번(5점)**

1. 전체 슬라이드의 디자인 테마는 모든 슬라이드에 '균형'을 적용하시오.

[답안 따라하기]

1 디자인 테마 적용하기(배점 5점)

01 [파일] - [저장(Ctrl + S)] 메뉴를 클릭하고, [다른 이름으로 저장하기] 대화 상자가 나타나면 저장위치를 바탕화면으로 지정한 후 파일이름 'ㅇㅇㅇ(응시자 본인의 이름)'을 입력한 다음 [저장] 단추를 클릭한다.

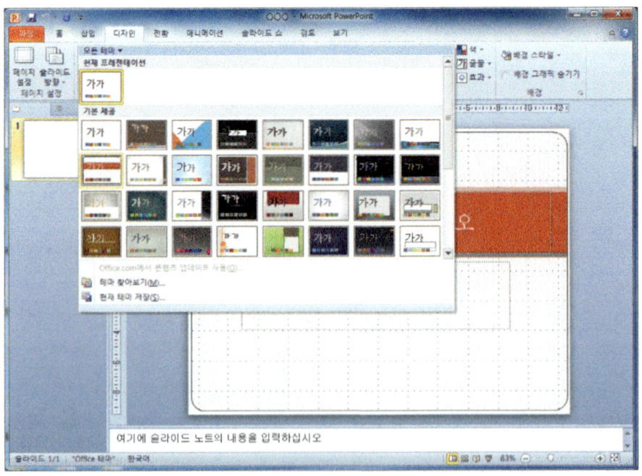

02 슬라이드에 테마를 적용하기 위해 [디자인] 탭 - [테마] 그룹 - [자세히] - [균형] 테마를 선택한다.

02 슬라이드 꾸미기

2.1 제목 슬라이드 만들기

파워포인트를 실행하면 기본적으로 제목 슬라이드가 나타난다. 이 슬라이드는 프레젠테이션의 표지 역할을 하며 '제목' 텍스트 상자와 '부제목' 텍스트 상자에 텍스트를 입력한다.

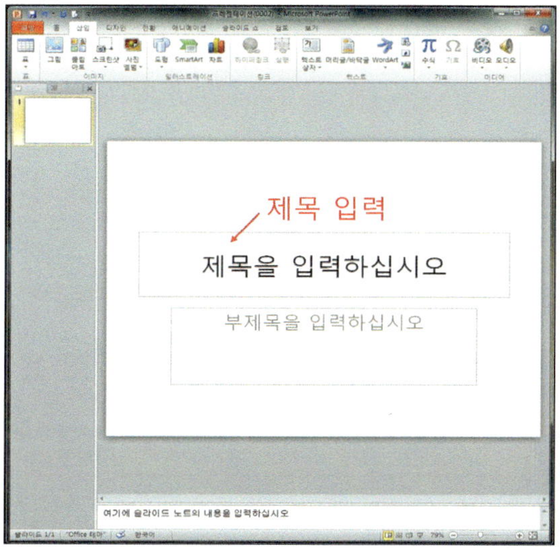

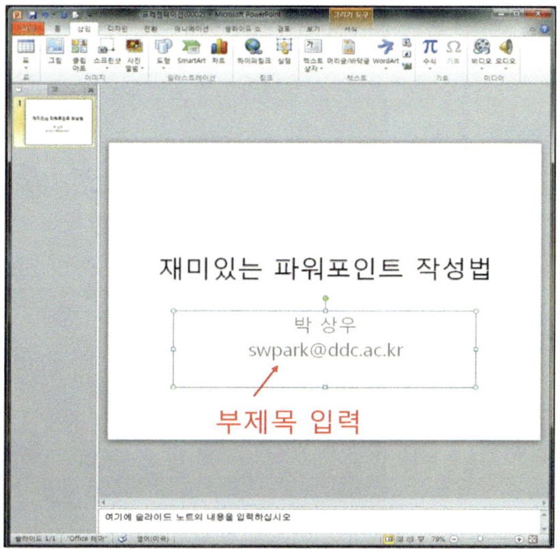

Tip

□ **슬라이드(Slide)와 슬라이드 쇼(Slide show)**

파워포인트 프레젠테이션에서 작성한 하나하나의 페이지를 슬라이드(Slide)라고 부른다. 옛날에 필름으로 만들어진 슬라이드를 이용하여 OHP를 통해 프레젠테이션 하던 방식이 필름 대신 컴퓨터 슬라이드로 바뀌었을 뿐이다. 오버헤드 프로젝터 또는 컴퓨터 스크린을 이용하여 여러 장의 슬라이드를 차례로 프레젠테이션 하는 것을 슬라이드 쇼(Slide show)라고 한다.

2.2 슬라이드 서식 지정하기

슬라이드의 크기 및 방향과 모든 슬라이드에 공통으로 들어갈 슬라이드 번호, 작성자 이름, 부서명, 회사 이름 등을 삽입한 후 서식을 변경해 본다.

다음과 같은 다양한 방법으로 슬라이드를 추가할 수 있다.

1 슬라이드 크기, 방향 설정 적용

01 [디자인] 탭 – [페이지 설정] 그룹 – [페이지 설정]을 클릭하면 페이지 설정 창이 나타난다.

02 [페이지 설정] 창에서 편집을 한 후 [확인]을 클릭한다.

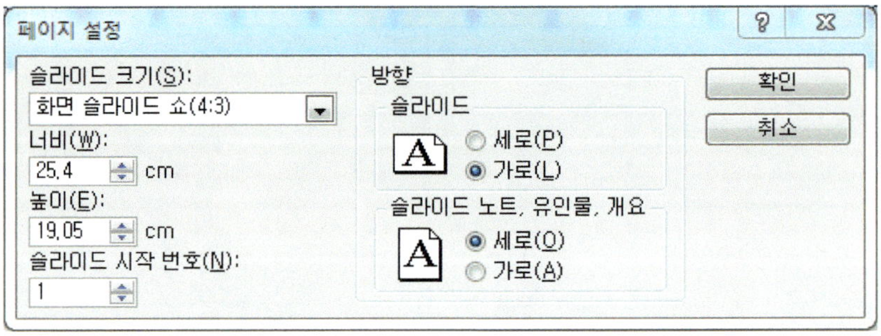

2 머리글/바닥글

01 [삽입] 탭 – [텍스트] 그룹 – [머리글/바닥글]을 클릭한다.

02 [머리글/바닥글] 창이 나타나면 삽입할 항목에 체크를 한 후 [모두 적용]을 클릭한다. 제목 슬라이드에 머리글, 바닥글을 표시하지 않으려면 [제목 슬라이드에는 표시 안 함]에 체크한다.

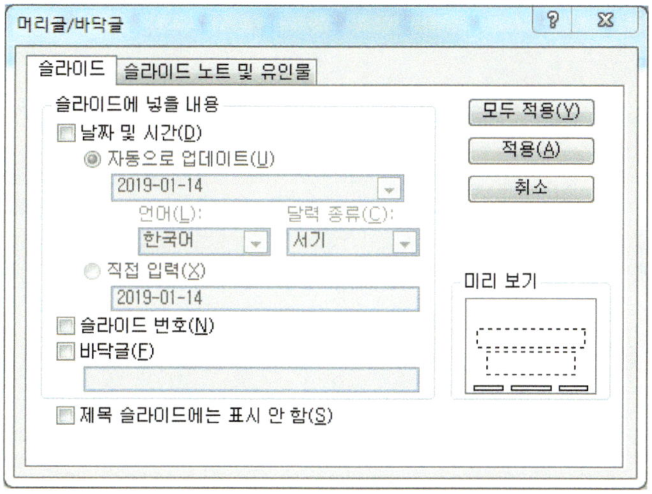

2.3 슬라이드 관리하기

1 슬라이드 추가하기

제목 슬라이드에서 슬라이드를 추가하면 기본적으로 '제목 및 내용' 슬라이드가 나타난다. 추가되는 슬라이드는 프레젠테이션의 내용이 삽입되는 본문에 해당된다. '슬라이드 레이아웃'에서 원하는 슬라이드로 변경해 주면 된다.

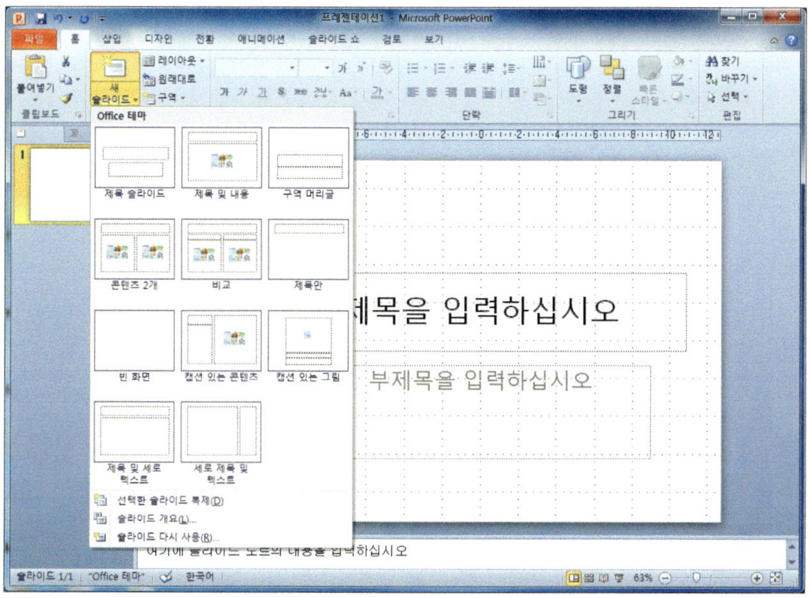

다음과 같은 다양한 방법으로 슬라이드를 추가할 수 있다.

01 [홈] 탭 – [슬라이드] 그룹 – [새 슬라이드]에 있는 레이아웃을 고르거나 단축키 Ctrl+M을 누른다.

02 [슬라이드] 탭에서 마우스 오른쪽 버튼을 누른 후 [새 슬라이드] 선택한다.

03 같은 레이아웃을 지정하려는 경우 [슬라이드] 탭에서 슬라이드를 선택한 후 Enter↵을 누른다.

2 슬라이드 복사하기

01 기본 보기 상태의 [슬라이드] 탭에서 복사할 슬라이드에서 마우스 오른쪽 버튼을 눌러 [슬라이드 복제]를 클릭한다.

02 [슬라이드] 탭에서 슬라이드의 새 복사본이 들어갈 위치를 마우스 오른쪽 버튼으로 클릭한 다음 [붙여넣기]를 클릭한다.

3 슬라이드 이동하기

01 기본 보기에서 이동하려는 슬라이드 선택 후 이동할 위치의 슬라이드 아래로 드래그 한다.

02 여러 슬라이드 보기에서 이동하려는 슬라이드를 이동할 슬라이드 뒤로 드래그 한다.

4 슬라이드 삭제하기

01 삭제하려는 슬라이드에서 마우스 오른쪽 버튼을 눌러 바로가기 메뉴에서 [슬라이드 삭제]를 클릭한다.

02 삭제하려는 슬라이드 선택 후 Delete를 클릭한다.

5 슬라이드 숨기기

01 숨기기 하려는 슬라이드에서 마우스 오른쪽 버튼을 눌러 바로가기 메뉴에서 [슬라이드 숨기기]를 클릭한다.

02 숨겨진 슬라이드는 슬라이드 오른쪽 아래 슬라이드 숨기기 기능이 적용되었음이 표시된다.()

2.4 슬라이드 레이아웃 바꾸기

슬라이드 레이아웃은 슬라이드에 표시될 내용의 위치와 서식을 정의하며, 11개의 레이아웃이 있다. 가장 많이 사용하는 레이아웃은 '제목'. '제목 및 내용', '콘텐츠 2개', '제목만' 등이 있다.

다음과 같은 다양한 방법으로 레이아웃을 변경할 수 있다.

01 [홈] 탭 - [슬라이드] 그룹 - [레이아웃]을 클릭한다.
02 변경하려는 슬라이드에서 마우스 오른쪽 버튼을 눌러 [레이아웃]을 클릭한다.

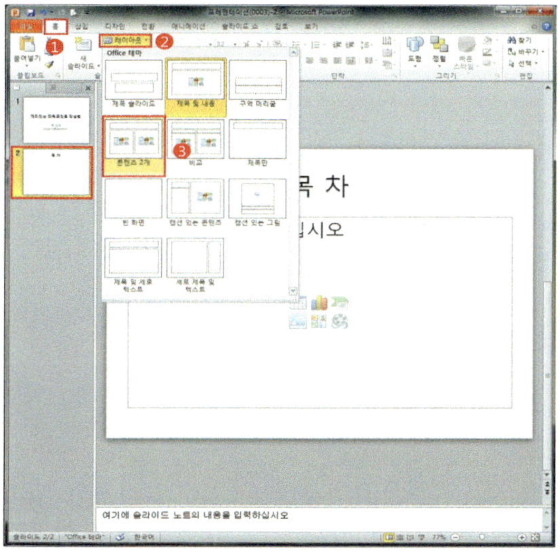

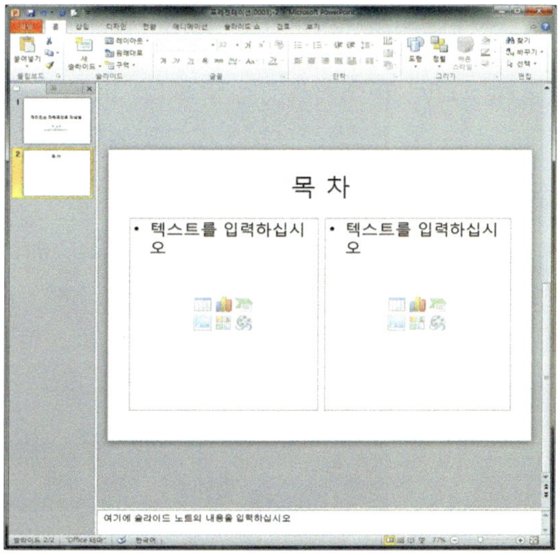

Tip

□ 실행 취소

작업하다보면 방금 실행한 작업을 취소하고 싶을 때가 있다. 그럴 때는 [실행 취소] 혹은 바로 가기 키 Ctrl+Z를 하면 20단계까지 되돌릴 수가 있다.(반대로 재실행은 Ctrl+Y이다.) 그리고 실행 취소 횟수를 늘리려면, [파일] 탭 - [옵션] - [고급]에서 [실행 취소 최대 횟수]를 늘려 주면 된다.

2.5 텍스트 입력하기

1 개체 틀에 입력하기

슬라이드의 개체 틀에 텍스트를 입력하려면, 내부를 클릭하고 텍스트를 입력한다.

2 텍스트 상자에 입력하기

텍스트 상자는 [삽입] 탭 – [텍스트] 그룹 – [텍스트 상자] 클릭하고, [가로 텍스트 상자] 또는 [세로 텍스트 상자]를 선택하여 슬라이드의 적당한 위치에 드래그하여 만든다. 텍스트 상자가 만들어지면 내부를 클릭하여 텍스트를 입력한다.

3 도형에 입력하기

도형은 [삽입] 탭 – [일러스트레이션] 그룹 – [도형]을 클릭한 후 기본 도형, 블록 화살표, 순서도 등을 선택하고 슬라이드의 적당한 위치에 드래그하여 만든다. 그리고 도형 내부를 클릭하여 바로 텍스트를 입력하거나, 도형을 선택한 상태에서 마우스 오른쪽 버튼을 눌러 [텍스트 편집] 선택하여 텍스트를 입력한다.

2.6 구역 나누기

여러 슬라이드를 구역으로 나누어 관리하는 기능으로, 슬라이드에 레이블을 지정하고 여러 구역으로 그룹화 하여 공동 작업을 하거나 탐색할 때 유용하다. 구역을 추가하려면, 두 슬라이드 사이에서 마우스 오른쪽 버튼 클릭하고 [구역 추가]를 선택한 후 구역 이름을 변경한다. 또한 구역은 기본 보기 또는 슬라이드 보기에서 확인할 수 있다.

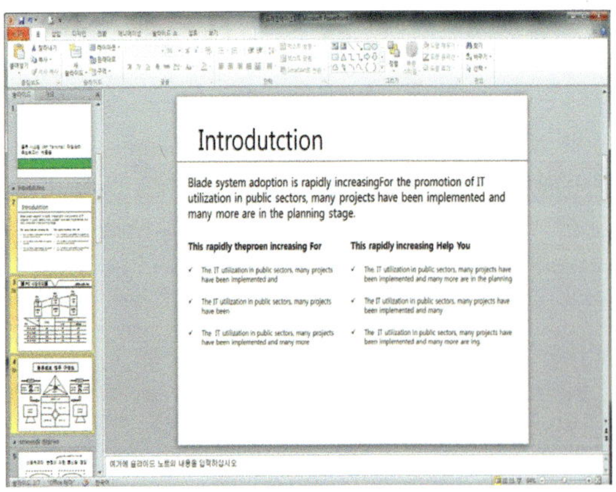

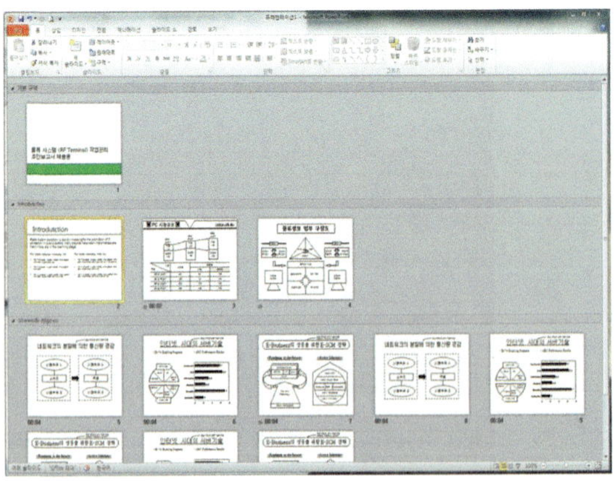

Tip

☐ 한자의 자음(ㄱ ~ ㅎ)을 입력한 후 [한자] 키를 선택하면 각 자음에 할당된 특수문자 리스트가 나온다. 원하는 문자를 선택한 다음 클릭하면 된다. 다음 표는 각 자음에 할당된 특수문자이다. 참고하면 도움이 될 것이다.

자음	특수문자	특수문자 기호
ㄱ	기호	! ' , . : ; ? 등
ㄴ	괄호	" ( ) [ ] { } 「」 『』 【 】 등
ㄷ	수학기호	+ - 〈 = 〉 ± × ÷ ≠ 등
ㄹ	단위	$ % F ℃ Å ₵ 등
ㅁ	도형	# & * ※ ☆ ★ ○ 등
ㅂ	괘선	─ │ ┌ ┐ ┘ └ ├ ┬ ┤등
ㅅ	원문자	㉠ ㉡ ㉢ ㉣ ㉤ ㉥ ㉦ ㉧ ㉨ 등
ㅇ	원형문자	ⓐ ⓑ ⓒ ⓓ ① ② ③ ④ ⑤ 등
ㅈ	로마숫자	ⅰ ⅱ ⅲ ⅳ Ⅰ Ⅱ Ⅲ Ⅳ Ⅴ Ⅵ Ⅶ 등
ㅊ	분수, 첨자	½ ⅓ ⅔ ¼ ¾ ⅛ ⅜ ⅝ ⅞ 등
ㅋ	자모음	ㄱ ㄲ ㄳ ㄴ ㄵ ㄶ ㄷ ㄸ 등
ㅌ	쌍자음, 고음	ㅥ ㅦ ㅧ ㅨ ㅪ ㅬ ㅭ 등
ㅍ	영문자	A B C D E F G등
ㅎ	로마문자	Α Β Γ Δ Ε Ζ Η Θ 등

2.7 텍스트 서식 적용하기

1 글꼴 서식 변경하기

01 텍스트 상자 안의 내용을 한꺼번에 변경 : 텍스트 상자 선택

02 일부 텍스트만 변경 : 해당 텍스트만 블록 설정

03 글꼴 서식 변경하기 : [홈] 탭 - [글꼴] 그룹 선택하거나, 일부 텍스트만 선택했을 때 나타나는 미니 도구 모음에서 설정

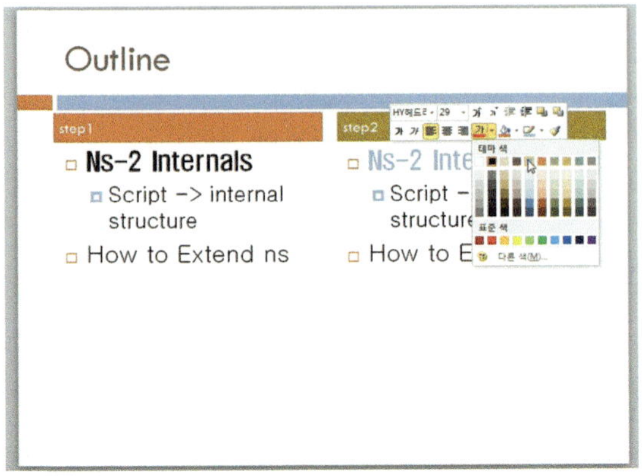

2 목록 수준 늘림과 줄임

01 텍스트를 단계별로 들여 쓸 때는 [홈] 탭 – [단락] 그룹 – [목록 수준 늘림]을 이용하고, 내어 쓸 때는 [목록 수준 줄임]을 이용한다.

02 바로가기 키(한 수준 내리기 Alt+Shift+→ / Tab, 한 수준 올리기 Alt+Shift+← / Shift+Tab)를 선택한다.

3 단락 바꾸기/줄 바꾸기

01 단락 바꾸기 방법 : Enter↵ 누름

02 줄 바꾸기 방법 : Shift + Enter↵ 누름

4 단락/줄 간격 변경하기

균형 있는 슬라이드를 만들기 위해서 텍스트의 줄 간격을 조정한다.

01 단락 간격 변경하기 : [홈] 탭 – [단락] 그룹 – [줄 간격] 확장 단추를 누름 → 적당한 간격으로 조절

02 줄 간격 변경하기 : [홈] 탭 – [단락] 그룹 – [줄 간격] 확장 단추를 누름 → [줄 간격 옵션]을 선택 → [단락] 대화상자에서 '단락 앞', '단락 뒤' 값 조절

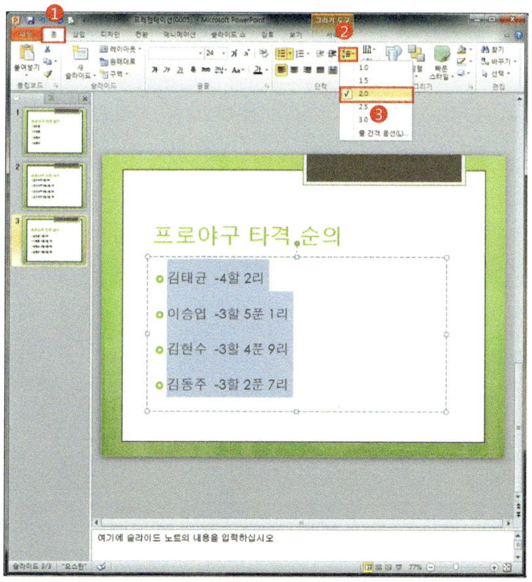

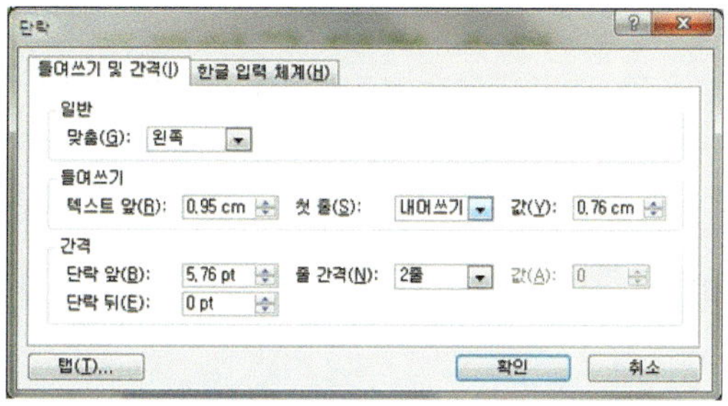

5 글머리 기호 및 번호 매기기

프레젠테이션 문서는 요약된 내용을 정리하기 위해 글머리 기호나 번호를 이용한다.

01 원하는 위치에 커서를 위치시키고, [홈] – [단락] – [글머리 기호]/[글머리 번호]를 선택한다.

02 다양한 글머리 기호를 사용하려면 [글머리 기호] 확장 단추를 누르고, [글머리 기호 및 번호 매기기]를 클릭한 후 [그림]이나 [사용자 지정]에서 원하는 글머리 기호를 적용한다.

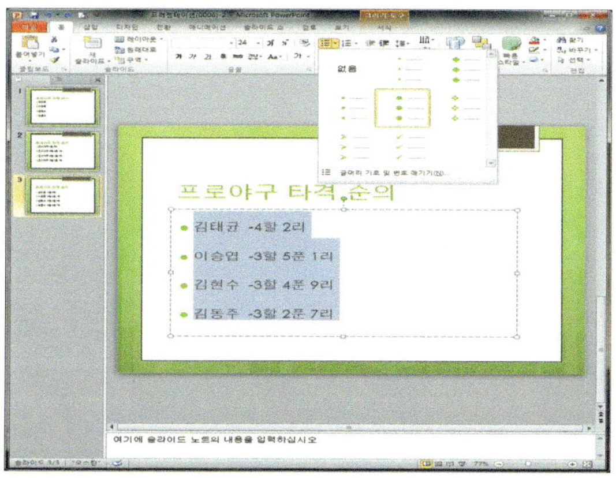

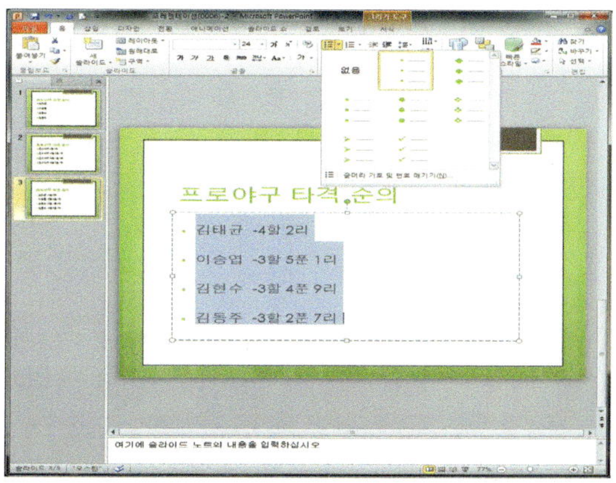

Tip

□ **글머리 기호와 글자 간격 맞추기(눈금자 보이기 : Shift + Alt + F9)**

글머리기호와 글자간격을 맞추기 위해서 [보기] 탭 – [표시] 그룹에서 눈금자를 선택하면 눈금자가 나타나고 눈금자의 '글자 시작 위치 조절점'으로 간격을 조절한다.

2.8 테마 사용하기

테마는 테마 색, 테마 글꼴 및 테마 효과 모음으로 구성된 서식 모음으로, 문서 전체의 서식을 전문가 수준의 세련된 디자인으로 빠르고 간단하게 지정할 수 있다.

1 테마 적용하기

[디자인] 탭-[테마] 그룹에서 원하는 문서 테마를 클릭한다.

2 테마 수정하기

01 테마 색 수정 : [디자인] 탭 – [테마] 그룹 – [색] 클릭

02 테마 글꼴 수정 : [디자인] 탭 – [테마] 그룹 – [글꼴] 클릭

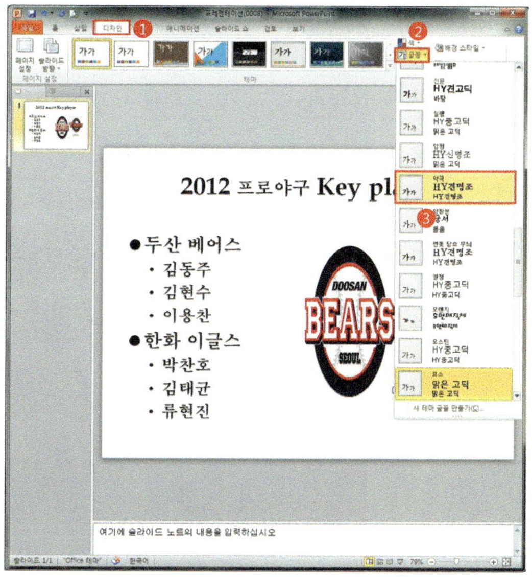

03 테마 효과 수정 : [디자인] 탭 – [테마] 그룹 – [효과] 클릭

04 테마의 배경 스타일 수정 : [디자인] 탭 – [배경] 그룹 – [배경 스타일] 클릭

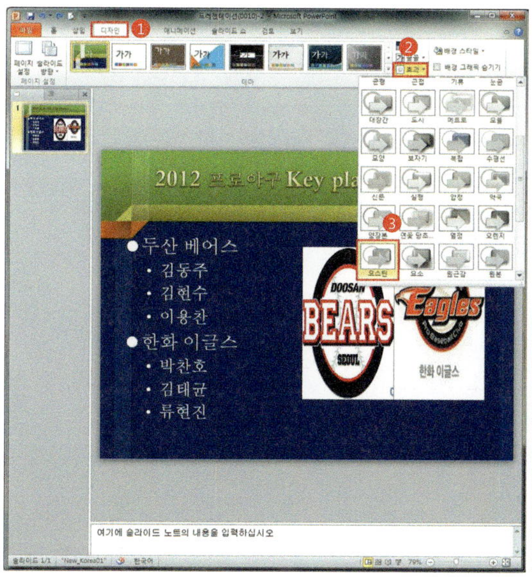

보 기

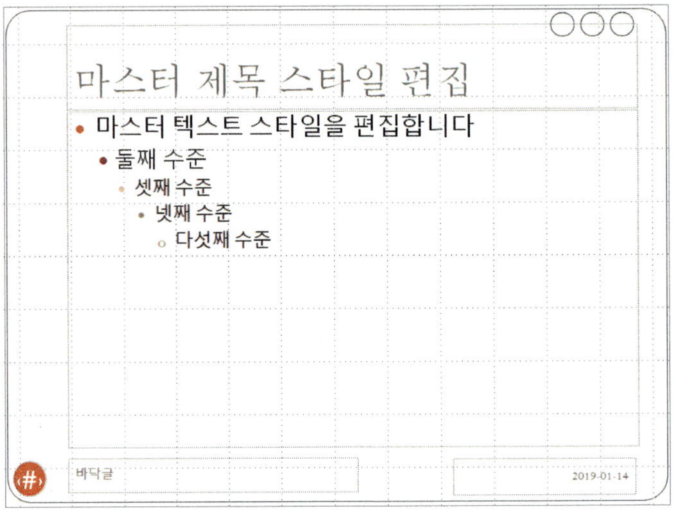

처리사항 **[응시자명 및 슬라이드 번호 작성하기] 배점 : 2번(11점), 3번(14점)**

2. 마스터 기능을 이용하여 슬라이드 **상단 오른쪽**에 '○○○'을 입력하시오.
   1) 균형 슬라이드 마스터에 작성
   2) 텍스트 상자를 이용하여 '○○○'에는 응시자 본인의 이름을 입력
   3) 글꼴은 돋움체, 글꼴 크기는 32pt로 지정

3. 슬라이드 번호를 삽입하시오.
   1) 머리글/바닥글 기능을 이용하여 슬라이드 삽입 시 자동으로 추가되게 지정
   2) 제목 슬라이드를 제외한 모든 슬라이드의 **하단 왼쪽**에 작성
   3) 글꼴 크기는 30pt로 지정
   4) 슬라이드 시작 번호는 2로 지정

[답안 따라하기]

2 응시자명 입력하기(배점 11점)

01 [보기] 탭 - [마스터 보기] 그룹 - [슬라이드 마스터] 클릭한다.

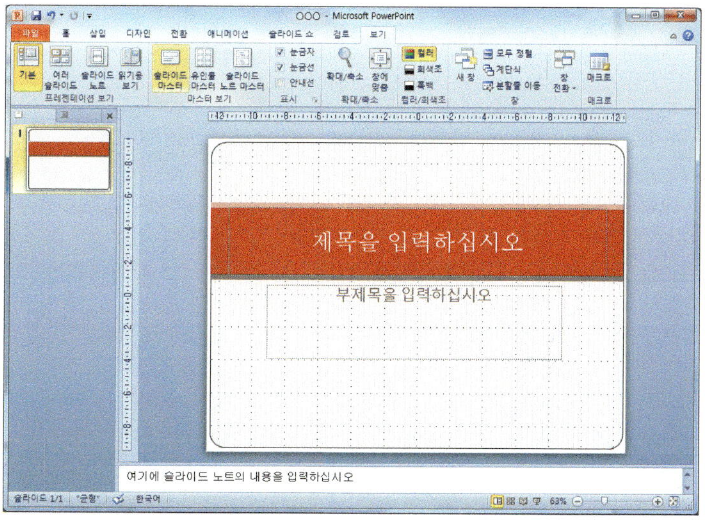

02 [균형 슬라이드 마스터] 슬라이드 1을 선택한다.

03 응시자명을 입력하기 위해 [삽입] 탭 - [텍스트] 그룹 - [텍스트 상자] - [가로 텍스트 상자]를 클릭한다.

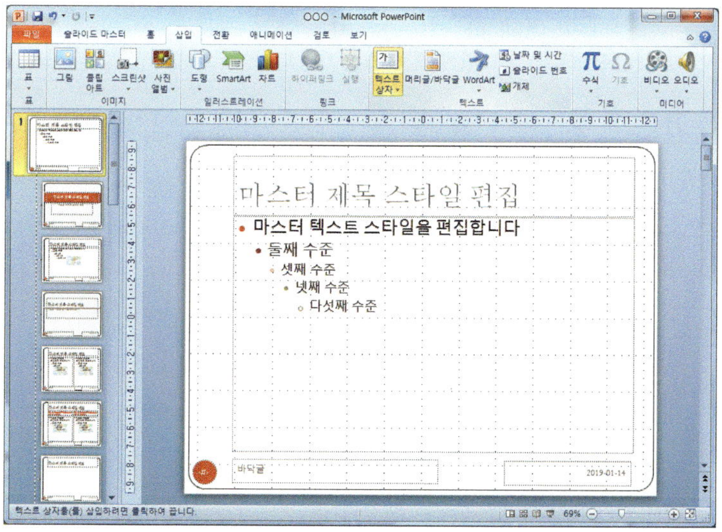

04 마우스 포인터 모양이 변경되면 클릭하여 텍스트 상자를 삽입한다.

05 텍스트 상자를 클릭하여 응시자명을 입력하고 응시자명 블록 지정한 후, [홈] 탭 - [글꼴] 그룹에서 '돋움체', '32pt'로 지정한다.

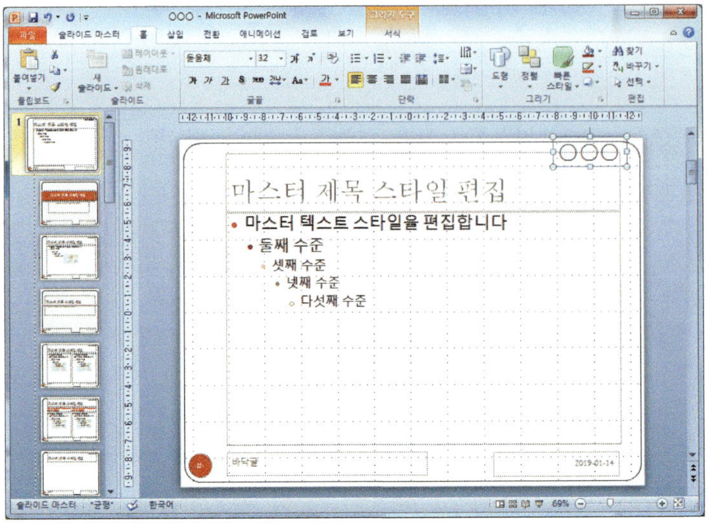

06 제목 슬라이드에도 응시자명이 나오기 위해서는 응시자명 텍스트 상자를 복사해서 [제목 슬라이드 레이아웃] 슬라이드 2에 붙이기를 한다.

3 슬라이드 번호 삽입하기(배점 14점)

01 슬라이드 번호 삽입하기 위해 [삽입] 탭 - [텍스트] 그룹 - [머리글/바닥글]을 클릭한다.

02 [머리글/바닥글] 대화 상자에서 '슬라이드 번호'와 '제목 슬라이드에는 표시 안함'에 체크 표시한 후, [모두 적용] 단추를 클릭한다.

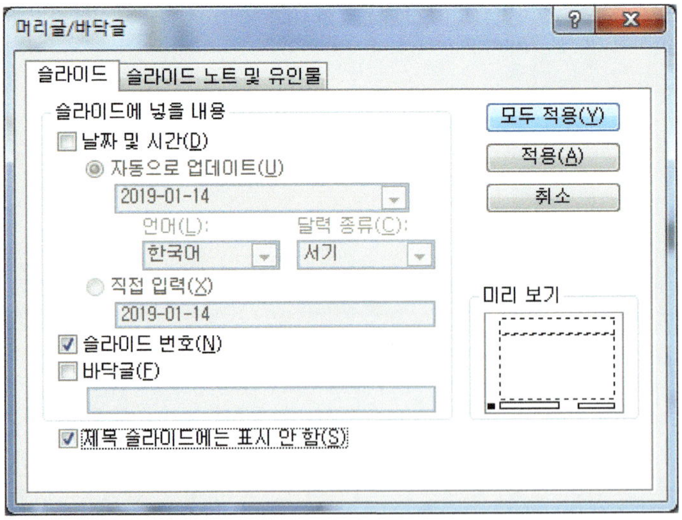

03 슬라이드 번호 개체 틀을 선택한 후 [홈] 탭 - [글꼴] 그룹에서 글꼴크기 30pt를 지정한다.

04 [슬라이드 마스터] 탭 - [페이지 설정] 그룹 - [페이지 설정]을 클릭하면 [페이지 설정] 대화상자가 실행된다. 슬라이드 시작번호를 '2'로 지정하고 [확인] 단추를 클릭한다.

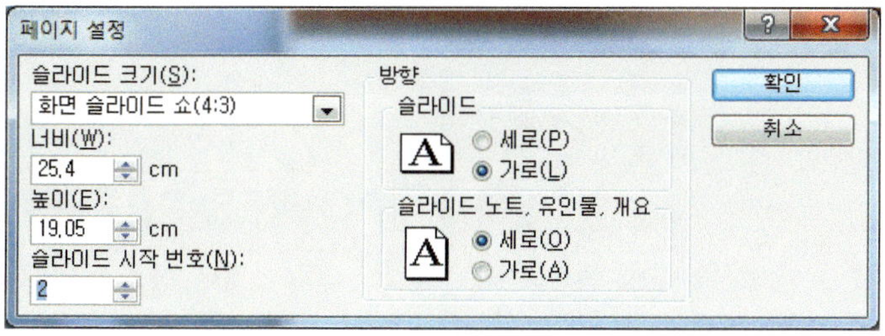

05 [슬라이드 마스터] 탭 - [닫기] 그룹 - [마스터 보기 닫기]를 클릭하고 파일을 저장한다.

03 개체 삽입(I)

시각적인 효과가 큰 슬라이드를 만들기 위해 그림과 다양한 클립아트, 도형, 스마트아트를 많이 이용한다.

3.1 워드아트 삽입

워드아트(Word-Art)는 슬라이드에 화려한 모양의 큰 제목을 삽입할 때 이용하는 도구로써 텍스트의 개념이 아니라 그림과 같은 하나의 개체로 이해할 수 있다.

01 워드아트를 삽입하려면, [삽입] 탭 - [텍스트] 그룹 - [WordArt] 클릭하고 워드아트 스타일에서 원하는 스타일을 선택한 후 텍스트를 입력한다.

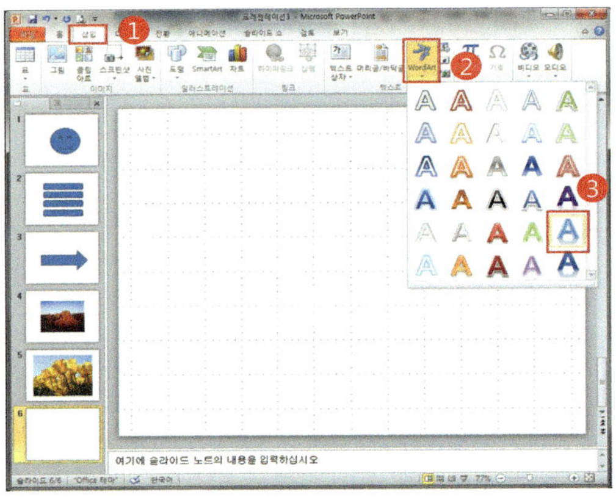

02 또한, 워드아트 서식 변경은 [그리기 도구] - [서식] 탭 - [WordArt 스타일] 그룹에서 각각 선택하여 적용하거나 WordArt 스타일 갤러리에서 한 번에 적용할 수 있다.

- 텍스트 채우기 : 텍스트 내부에 채울 색상 변경
- 텍스트 윤곽선 : 텍스트 외곽선의 색상 변경
- 텍스트 효과 : 그림자, 반사, 네온, 입체, 3차원 회전 등의 효과와 다양한 형태의 도형 스타일로 변환

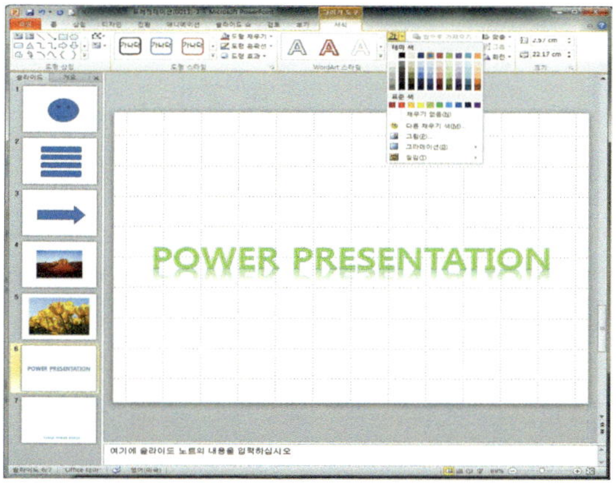

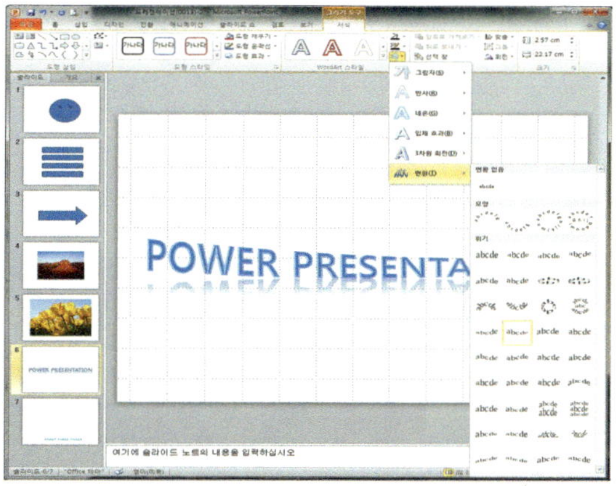

Tip

□ 워드아트로 변환할 텍스트를 블록 설정하고, [그리기 도구] – [서식]탭 – [WordArt 스타일] 그룹에서 원하는 워드아트 스타일을 선택한다.

3.2 도형 삽입

파워포인트에서는 아주 다양한 형태의 그리기 도형이 준비되어 있다. 그리기 도구 모음을 이용하면 여러 가지 도형을 삽입할 수 있다.

[삽입] 탭 - [일러스트레이션] 그룹 - [도형]을 선택하면, 9개의 카테고리로 분류된 도형을 이용하여 복잡한 형태의 다양한 도형을 만들 수 있다.

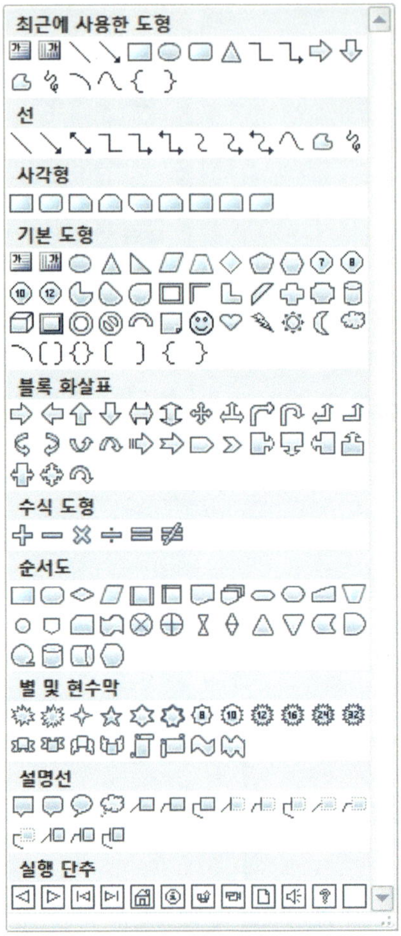

Tip

□ 슬라이드 눈금선 표시하기/제거하기(Shift + F9)

텍스트상자, 도형 등의 개체를 삽입할 때 눈금선이 있으면 편하게 배치할 수 있다. 화면상에서는 모눈종이처럼 보이지만 슬라이드 쇼를 하거나 출력을 할 때는 보이지 않는다. 눈금선 표시는 [보기] 탭 – [표시] 그룹의 [눈금선]을 선택한다.

1 기본 도형 삽입하기

[삽입] 탭 - [일러스트레이션] 그룹 - [도형]을 클릭하여 삽입하고자 하는 도형 선택한 후 원하는 크기만큼 드래그하여 삽입한다.(1:1 비율로 정사각형, 정원을 만들려면 Shift 키를 누른 채 드래그하면 된다.)

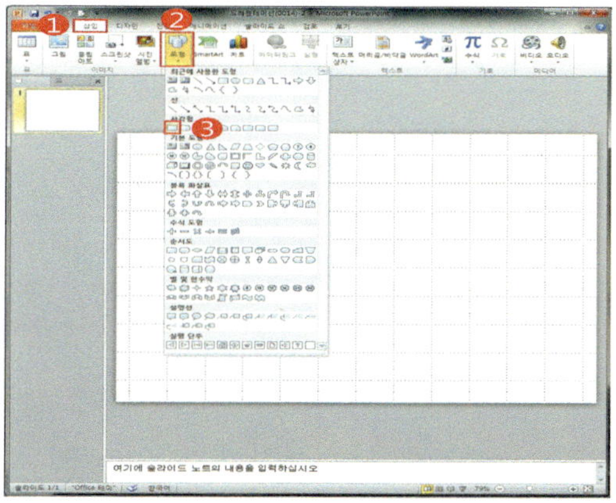

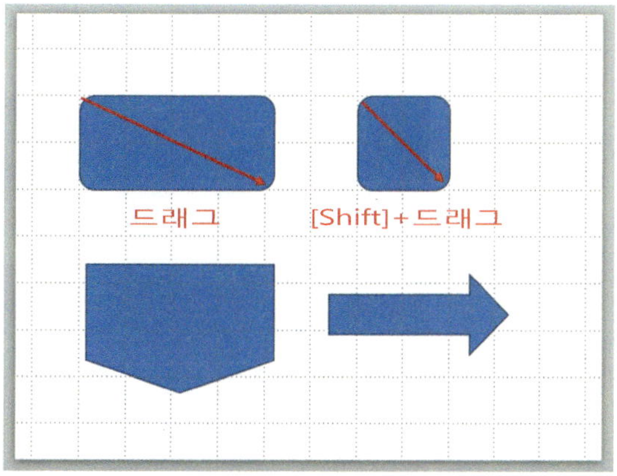

2 선 삽입하기

[삽입] 탭 – [일러스트레이션] 그룹 – [도형] 클릭한 후 '선'에서 원하는 종류를 선택하여 드래그하면 된다.(Shift 키를 누르며 드래그하면 수직, 수평 유지)

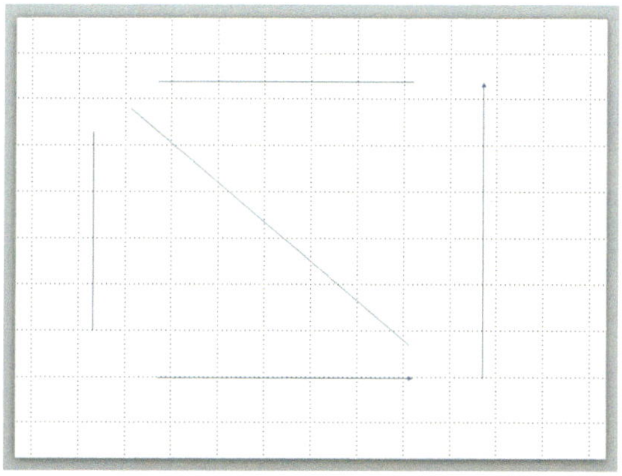

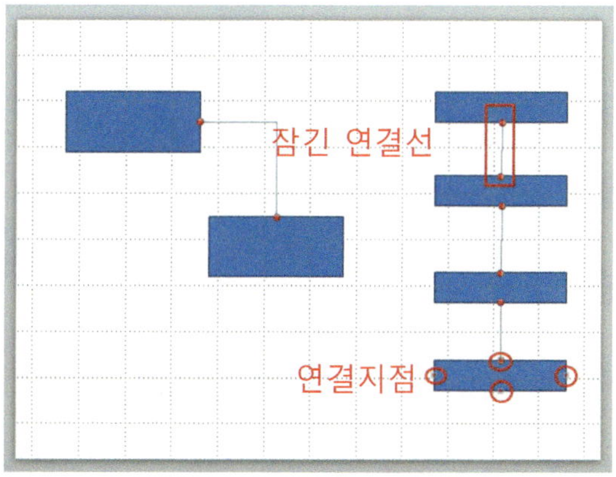

3 도형 선택하기

01 선으로만 그려진 도형 선택 : 선 클릭

02 내부가 채워진 도형 선택 : 도형의 내부 클릭

03 여러 도형 선택 : 모든 도형을 다 포함하도록 드래그 / Ctrl 를 누른 채 도형을 하나하나 클릭 / 모든 도형 선택 단축키는 Ctrl + A 를 누름

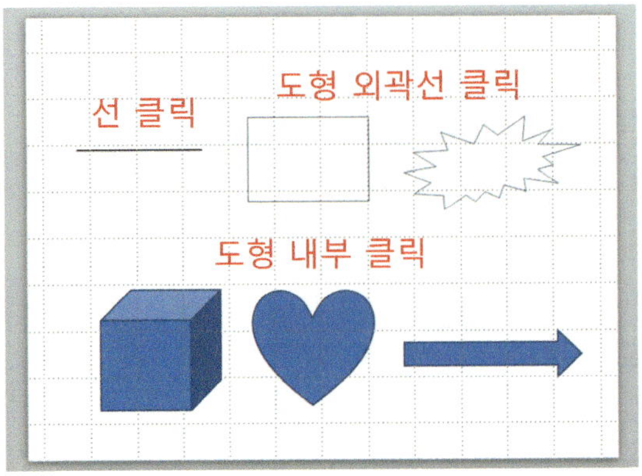

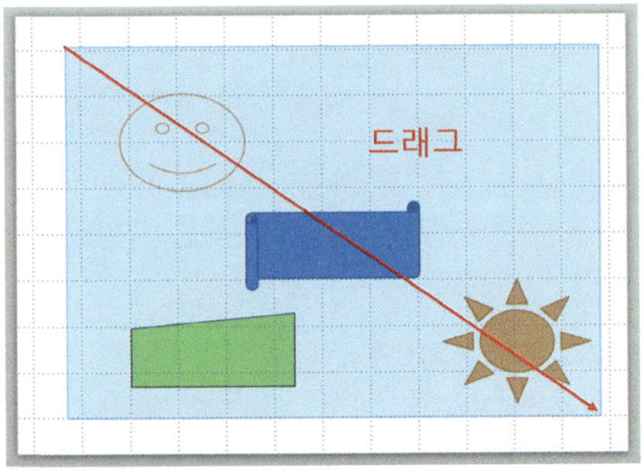

4 도형 이동/복사/삭제

01 도형 이동 : 도형 선택 → 원하는 위치까지 드래그 / 키보드의 방향 키 누름

02 도형 복사 : 도형 선택 → Ctrl을 누른 채 드래그 / 도형 선택 → Ctrl+C, Ctrl+V를 차례로 누름

03 도형 삭제 : 도형 선택 → Delete를 누름

5 도형의 크기 및 모양 조절하기

01 도형 크기 조절 : 도형 선택 → 파란색의 원 및 정사각형 조절점 드래그

02 도형 모양 조절 : 도형 선택 → 노란색의 마름모 조절점 드래그

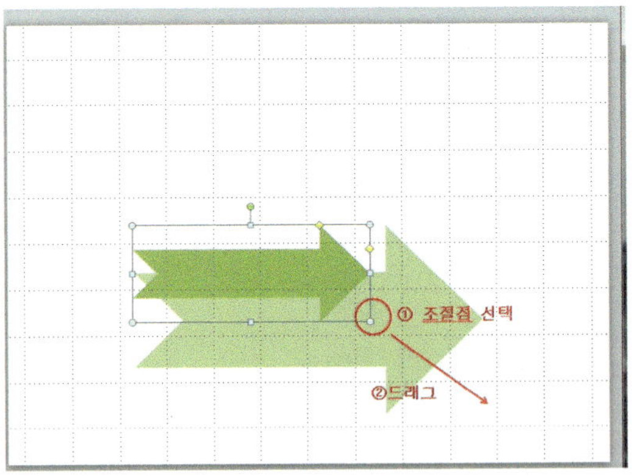

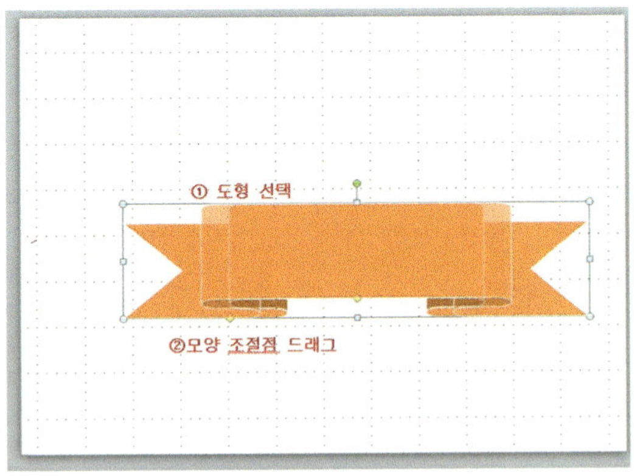

6 도형 채우기 설정하기

도형을 선택하고 [그리기 도구] - [서식] 탭 - [도형 스타일] 그룹 - [도형 채우기]를 클릭하여 테마 색 또는 표준색을 선택한다. 그라데이션은 [도형 채우기]에서 [그라데이션]을 클릭한 후 그라데이션 종류를 선택하여 적용한다.

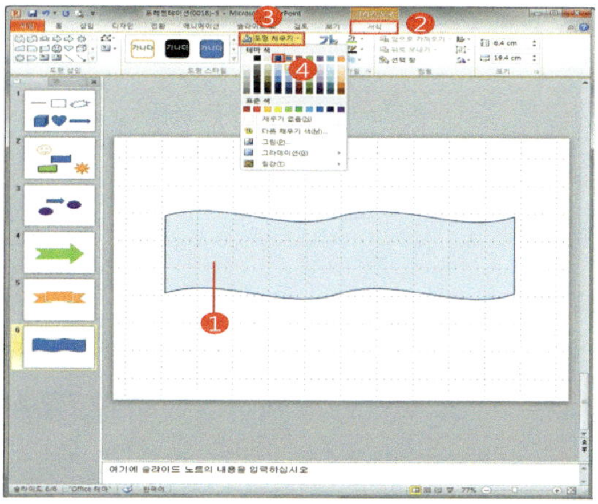

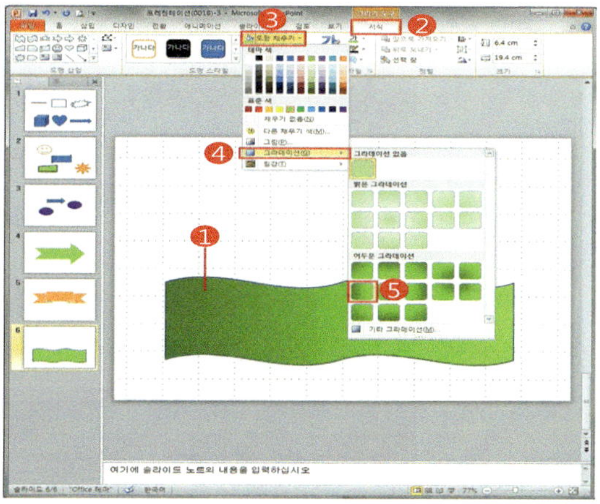

7 도형 윤곽선 설정하기

[그리기 도구] - [서식] 탭 - [도형 스타일] 그룹 - [도형 윤곽선] 클릭하여 윤곽선의 색, 두께, 점선의 형태 등을 설정한다.

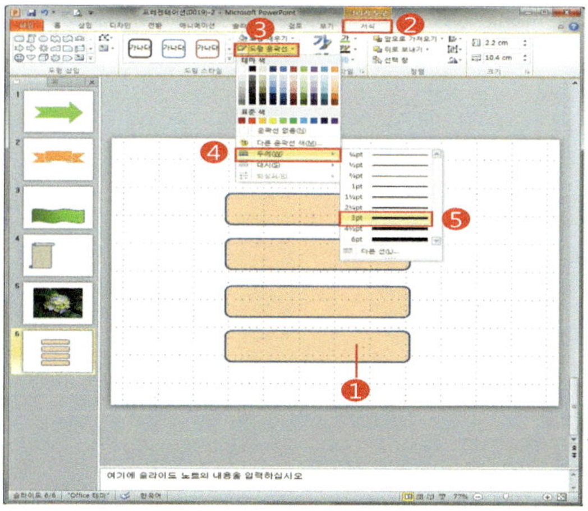

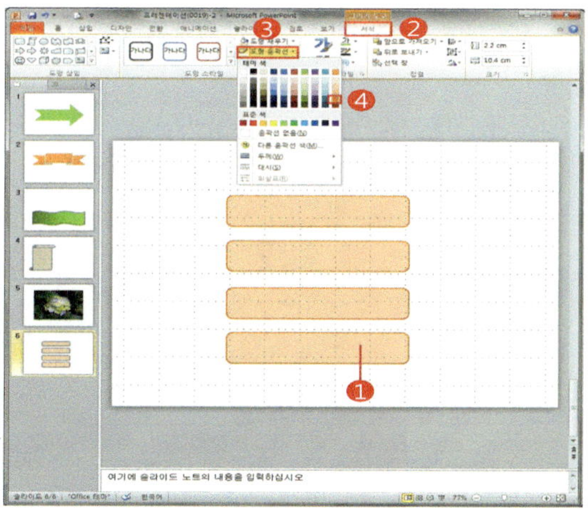

8 도형 효과 설정하기

[그리기 도구] - [서식] 탭 - [도형 스타일] 그룹 - [도형 효과]로 적용한다.

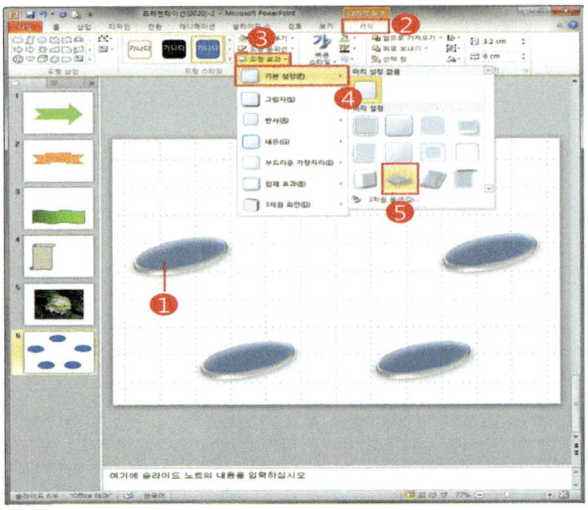

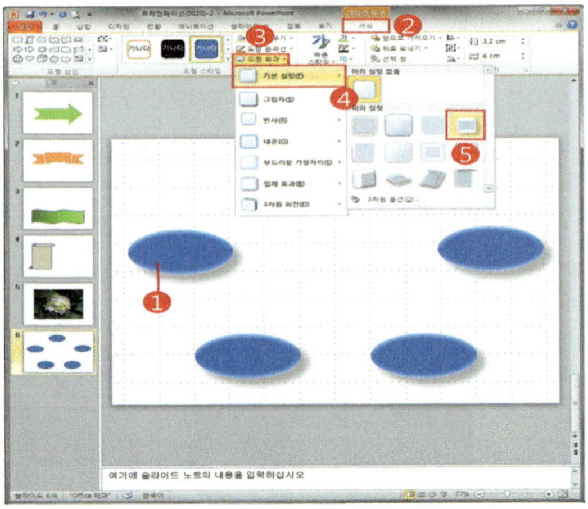

9 도형에 빠른 스타일 적용하기

빠른 스타일이란 도형에 적용할 서식을 미리 만들어 놓은 것으로 한 번의 클릭으로 채우기, 윤곽선, 효과 등 다양한 서식을 한꺼번에 적용할 수 있다.

도형에 빠른 스타일 적용은 도형을 선택하고 [그리기 도구] - [서식] 탭 - [도형 스타일] 그룹에서 선택하면 된다.

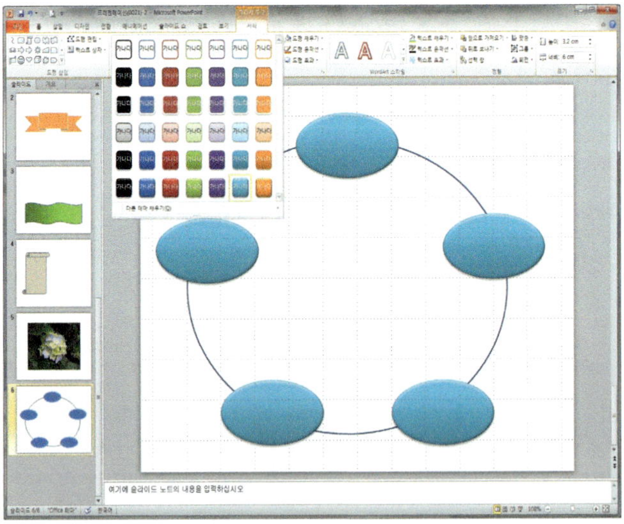

10 도형에 텍스트 추가하기

도형을 선택한 상태에서 마우스 오른쪽 버튼을 누르고 [텍스트 편집]을 선택하면 된다. 또한 도형을 선택한 상태에서 바로 문자를 입력해도 된다.

11 도형 모양 변경하기

도형을 선택하고 [그리기 도구] - [서식] 탭 - [도형 삽입] 그룹 - [도형 편집] - [도형 모양 변경] 클릭한 후 원하는 도형을 선택한다.

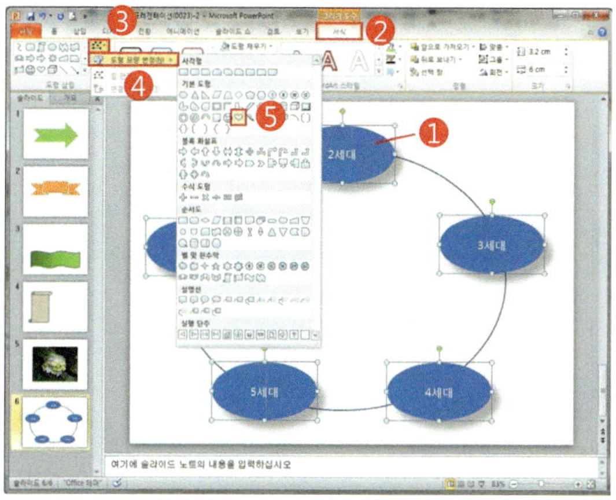

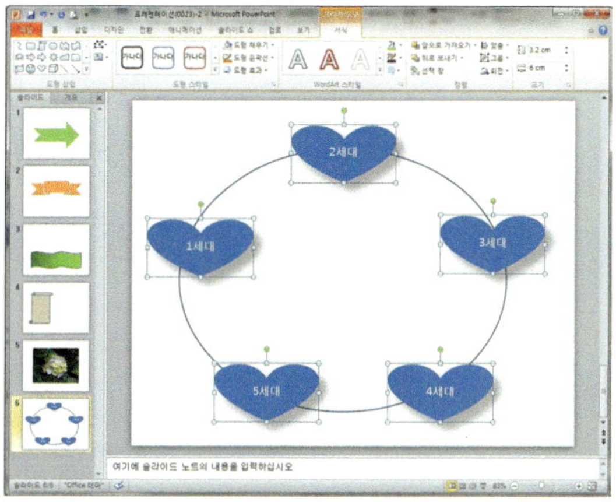

12 선 색, 두께, 대시, 화살표 설정하기

01 선의 색 변경 : 선 선택 → [그리기 도구] - [서식] 탭 - [도형 스타일] 그룹 - [도형 윤곽선] 클릭 → [테마 색] 또는 [표준색] 선택

02 선의 두께 변경 : [도형 윤곽선]에서 [두께] 선택

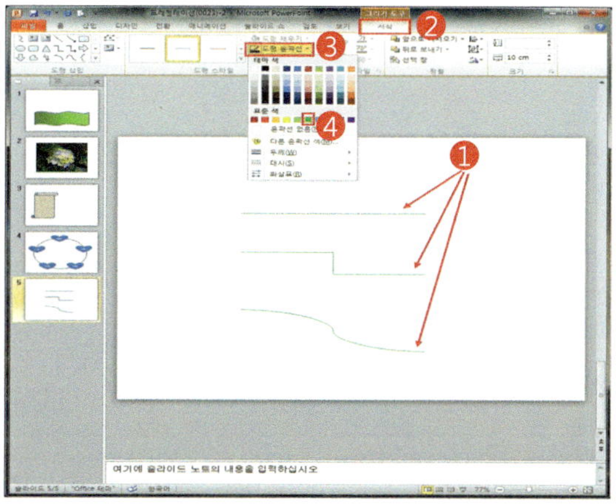

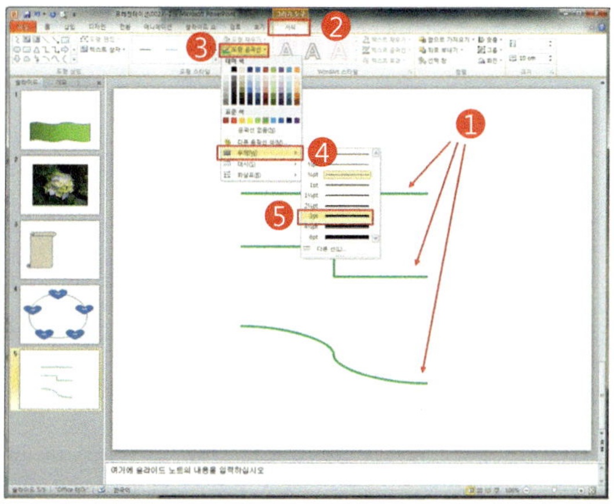

03 파선으로 만들기 : [도형 윤곽선] - [대시] 선택

04 화살표로 변경 : [도형 윤곽선] - [화살표] 선택

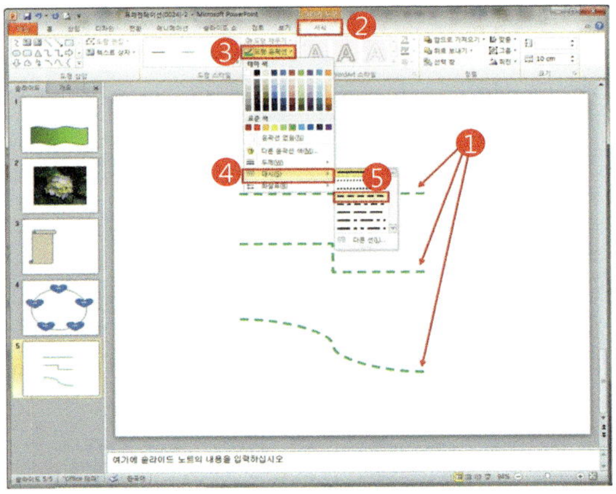 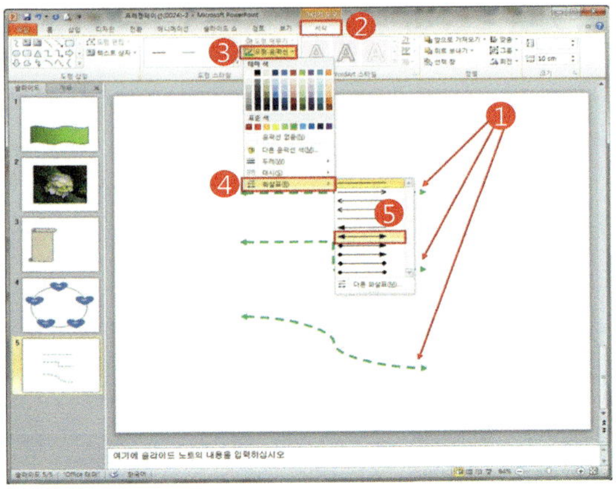

13 선에 빠른 스타일 적용하기

선을 선택하고 [그리기 도구] - [서식] 탭 - [도형 스타일] 그룹에서 원하는 스타일을 선택하면 된다.

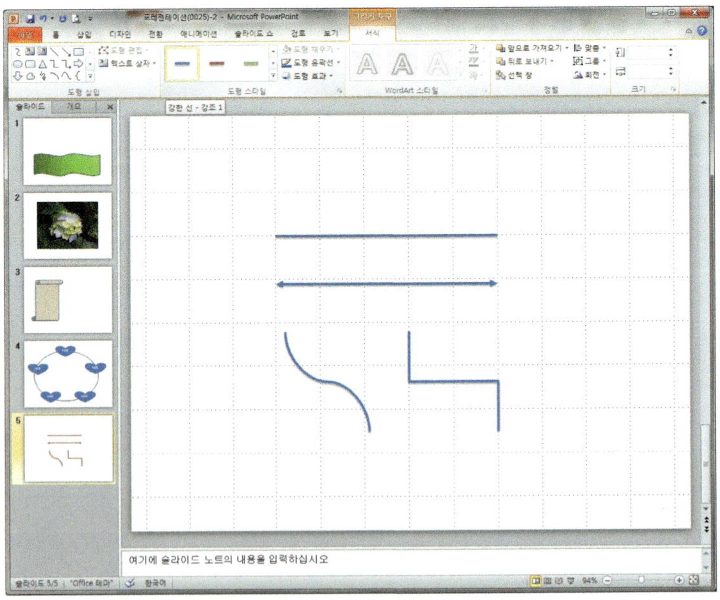

14 도형 정렬하기

01 도형 순서 바꾸기 : 순서를 바꿀 도형 선택 → [그리기 도구] - [서식] 탭 - [정렬] 그룹 - [뒤로 보내기] 또는 [앞으로 가져오기] 클릭

02 도형 맞춤 및 배분하기 : 도형을 드래그하여 선택 → [그리기 도구] - [서식] 탭 - [정렬] 그룹 - [맞춤] 클릭 → 정렬 기준 위치 선택

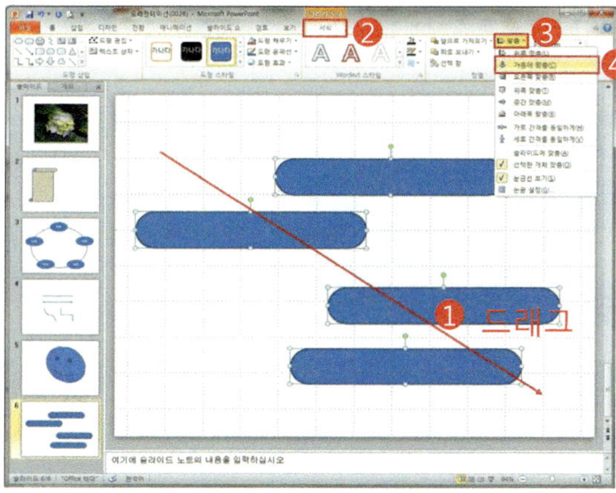

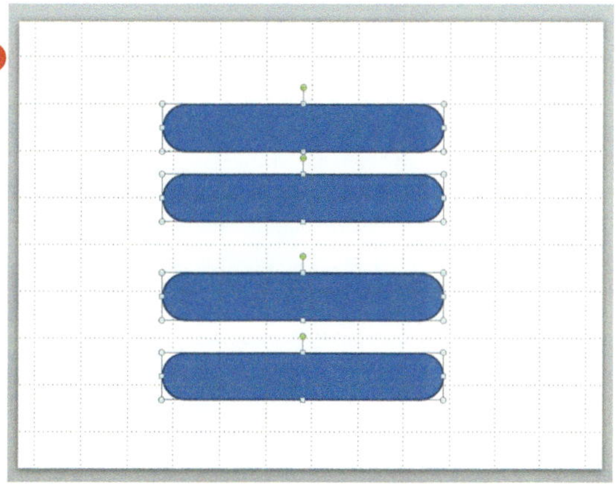

03 도형 그룹화하기/그룹 해제하기

- 그룹화하기(Ctrl+G) : 합칠 도형 모두 선택 → [그리기 도구] - [서식] 탭 - [정렬] 그룹 - [그룹] - [그룹] 선택 또는 마우스 오른쪽 버튼 눌러 [그룹] 선택
- 그룹 해제하기(Ctrl+Shift+G) : 해제 도형 선택 → [그리기 도구] - [서식] 탭 - [정렬] 그룹 - [그룹] - [그룹 해제] 선택 또는 마우스 오른쪽 버튼 눌러 [그룹 해제] 선택

04 도형 회전 : 도형 선택 → 연두색 원 모양의 회전 핸들을 드래그하거나 [그리기 도구] - [서식] 탭 - [정렬] 그룹 - [회전] 클릭 후 옵션 선택

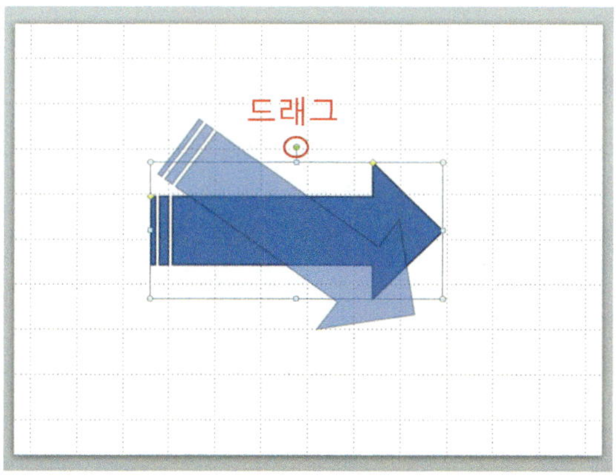

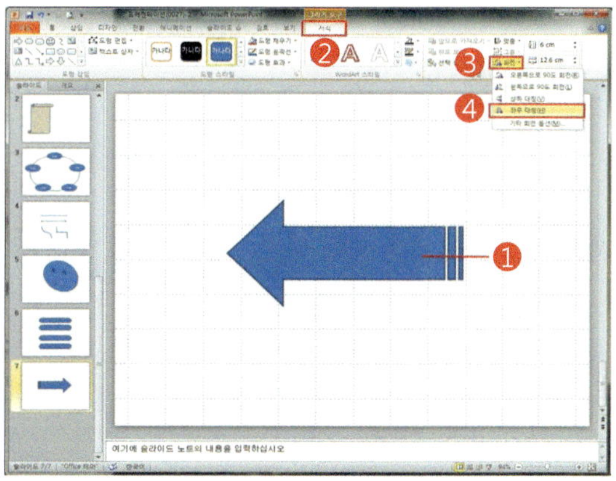

05 도형 대칭 : 도형을 선택 → [그리기 도구] - [서식] 탭 - [정렬] 그룹 - [회전] 클릭하고, [상하 대칭] 또는 [좌우 대칭] 선택

Tip

□ 도형 이동시 [Shift] 키를 누른 채 드래그하면 수직과 수평을 유지해 준다.

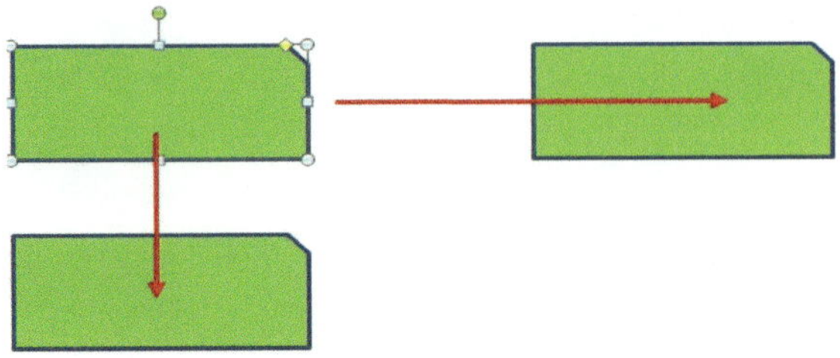

3.3 그림 및 클립아트 삽입

1 그림 삽입하기

슬라이드에 삽입할 수 있는 그림은 *.jpg, *.gif, *.png, *.bmp 형식의 파일을 비롯하여 대부분 이미지 파일이 가능하다.

그림 삽입은 [삽입] 탭 - [일러스트레이션] 그룹 - [그림] 클릭하고, '그림 삽입' 대화상자가 나오면 삽입할 이미지 파일을 선택하여 삽입한다.

2 클립아트 삽입하기

클립아트는 MS 오피스에서 제공하는 일러스트레이션, 사진, 이미지를 일반적으로 지칭한다. 클립아트를 처음 삽입했을 때에는 그림으로 취급된다. 따라서 그림을 편집할 때와 같이 편집하면 된다.

클립아트 삽입은 [삽입] 탭 - [이미지] 그룹 - [클립아트]를 클릭하고 이어서 나타나는 화면 오른쪽의 클립아트 작업 창에서 검색하여 가장 적합한 것으로 선택하여 삽입한다.

3 그림 및 클립아트 편집하기

삽입된 그림과 클립아트는 별도의 그래픽 소프트웨어 없이 [그림 도구] - [서식] 탭을 이용하여 간편하게 편집할 수 있다.

- 조정 그룹 : 배경 제거, 수정, 색, 꾸밈 효과, 그림 압축, 바꾸기, 그림 원래대로를 지정한다.
- 그림 스타일 그룹 : 그림의 스타일, 테두리, 효과, 레이아웃을 지정한다.
- 정렬 그룹 : 그림의 순서, 맞춤, 그룹, 회전을 지정한다.
- 크기 그룹 : 도형을 자르거나 정확하게 크기를 지정할 수 있다.

Tip

□ 개체 미세 조절 방법

- 미세 이동 : Ctrl+방향키
- 크기 조절 : Alt+마우스 드래그

3.4 스마트아트

1 스마트아트 그래픽

스마트아트(SmartArt)는 도형으로 미리 만들어진 레이아웃으로 스마트아트의 레이아웃은 다이어그램을 쉽게 사용할 수 있다. 또한 원하는 개수의 도형을 쉽게 추가 삭제할 수 있다. 스마트아트는 목록형, 프로세스형, 계층 구조형, 주기형, 관계형 등의 다양한 범주를 제공하며, 각 범주에는 여러 레이아웃이 포함되어 있다.

스마트아트 그래픽을 만들 때는 [삽입]탭 - [일러스트레이션]그룹 - [SmartArt]를 클릭한다.

2 스마트아트 그래픽 선택 시 주의사항

먼저 전달할 내용이 무엇이고 표시하고자 하는 특정한 방식이 있는지 확인한다. 그리고 내용을 가장 잘 표현하는 레이아웃을 찾을 때까지 다양한 레이아웃을 시도해 보는 것이 좋다. 다음은 다양한 작업별 스마트아트 형식이다.

유형	작업
목록형	비순차적이거나 그룹화 된 정보 표시
프로세스형	작업 프로세스의 진행 방향이나 순차적 단계 표시
주기형	연속적으로 영향을 주거나 일정주기로 작업 진행 표시
계층 구조형	직위 관계나 지휘명령 계통 등의 계층 관계 표시
관계형	상반, 상호 보완, 계층관계 등 정보 간의 관련성 표시
행렬형	SWOT 분석에 자주 사용되며 부분과 전체의 관계 표시
피라미드형	각 요소의 비율을 상위부터 하위까지 단계적 관계 표시

3 스마트아트를 이용한 조직도 만들기

01 조직도 삽입하기

[삽입] 탭 - [일러스트레이션] 그룹 - [SmartArt] 클릭하고 [SmartArt 그래픽 선택] 대화상자에서 '계층 구조형'의 '조직도'를 선택한다.

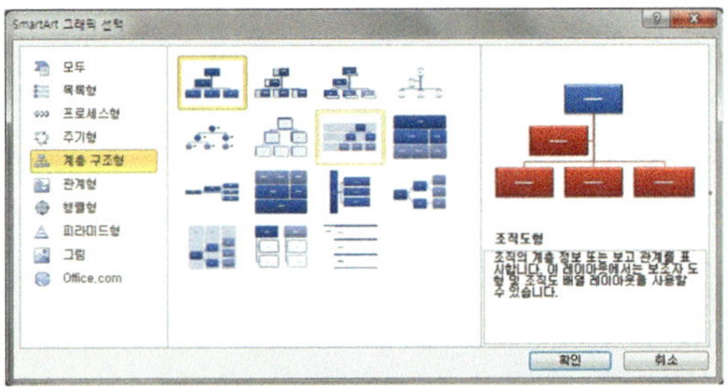

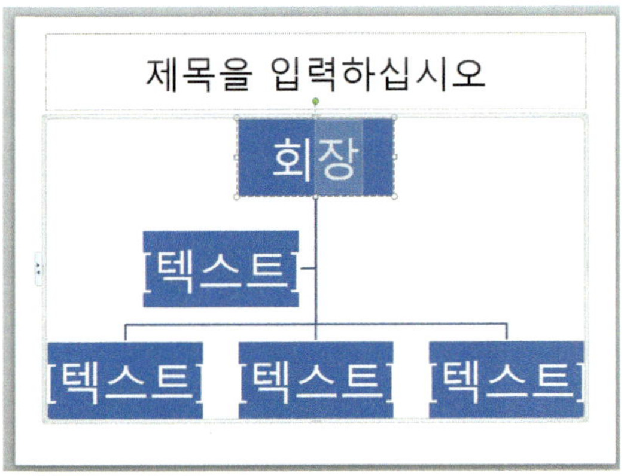

02 도형 추가

도형을 추가할 위치와 가장 인접한 도형을 클릭하고 [SmartArt 도구] - [디자인] 탭 - [그래픽 만들기] 그룹 - [도형 추가]의 확장 단추 클릭한 후 다음 중 하나를 선택한다.

- 뒤에 도형 추가 : 선택한 도형 다음에 같은 수준의 도형 삽입
- 앞에 도형 추가 : 선택한 도형 앞에 같은 수준의 도형 삽입
- 위에 도형 추가 : 선택한 도형보다 한 수준 위에 도형 삽입
- 아래에 도형 추가 : 선택한 도형보다 한 수준 아래에 도형 삽입
- 보조자 추가 : 보조자 도형 추가

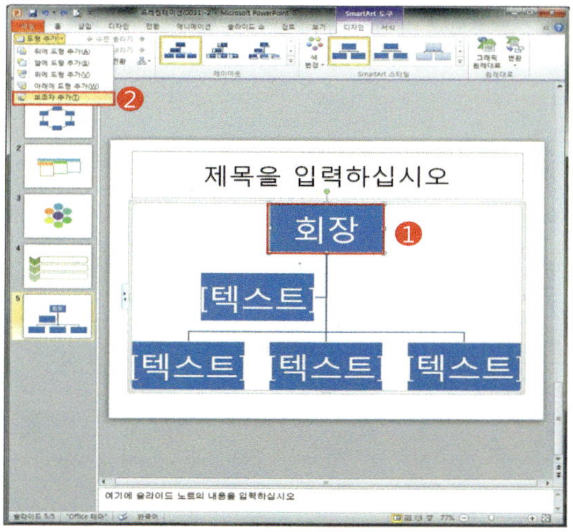

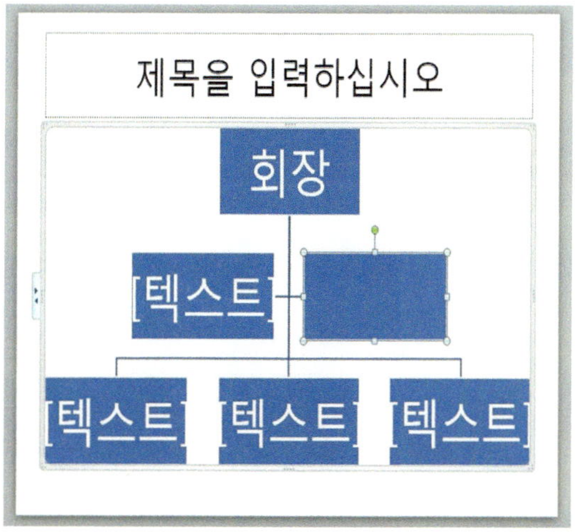

03 조직도의 분기 레이아웃 변경

조직도에서 분기 레이아웃을 적용할 도형 클릭하고 [SmartArt 도구] - [디자인] 탭 - [그래픽 만들기] 그룹 - [레이아웃] 클릭한 후 다음 중 하나를 선택한다.

- 표준 : 선택한 도형 아래에 있는 도형을 모두 가운데로 맞춤
- 양쪽 균등 배열 : 선택한 도형을 가운데에 놓고 아래에 있는 도형을 각 행에 두 개씩 가로로 정렬
- 왼쪽 배열 : 선택한 도형 왼쪽 아래에 하위 도형을 수직으로 정렬
- 오른쪽 배열 : 선택한 도형 오른쪽 아래에 하위 도형을 수직으로 정렬

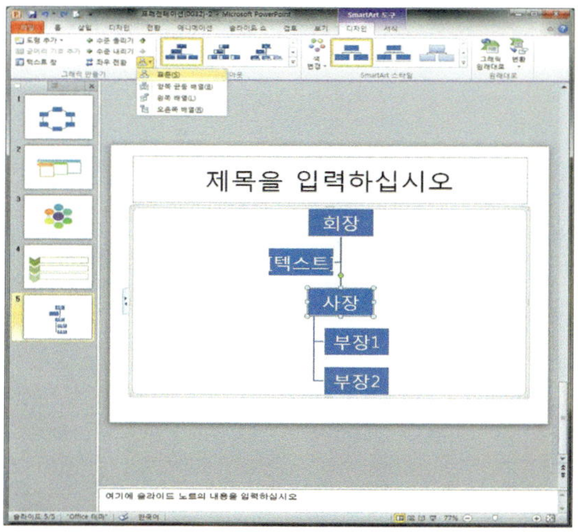

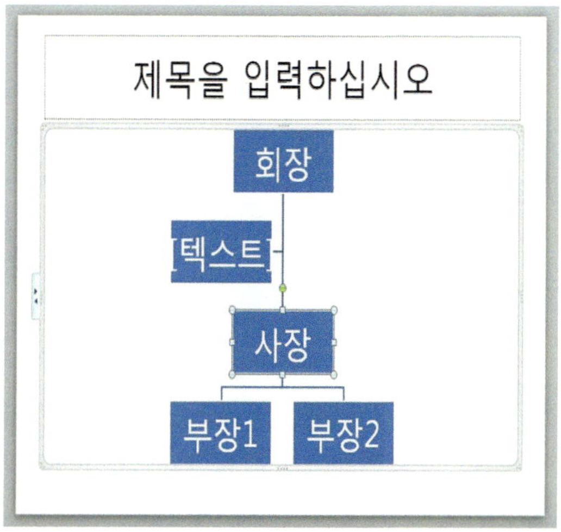

보 기

처리사항 **배점 : 1)번(5점), 2)번(15점), 3)번(7점)**

1. **슬라이드1**
   1) 슬라이드는 '제목' 슬라이드로 지정하시오.
   2) 워드아트를 이용하여 제목은 '저탄소 녹색성장'으로 **[보기 슬라이드]**와 같이 작성하시오.
      - WordArt는 '채우기 - 황갈색, 텍스트 2, 윤곽선 - 배경 2'로 지정
      - 글꼴은 궁서체, 글꼴 크기는 72pt로 지정
      - 워드아트의 크기는 너비 20cm, 높이 3.5cm로 지정
   3) **[보기 슬라이드]**와 같이 부제목에 '하이퍼링크'를 입력하고, e-Test 홈페이지를 하이퍼링크로 지정하시오.(e-Test 홈페이지 : http://www.e-test.co.kr)
      - 글꼴은 돋움체, 글꼴 크기는 35pt로 지정

[답안 따라하기]

❶ 제목 슬라이드 지정(배점 5점)

01 [홈] 탭 - [슬라이드] 그룹 - [레이아웃] - [제목 슬라이드]를 선택한다.

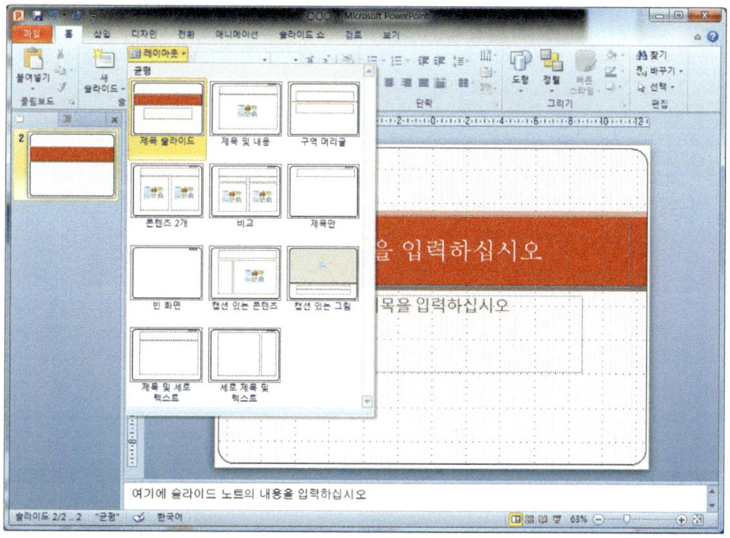

❷ 워드아트 작성하기(배점 15점)

01 제목 슬라이드에서 '제목을 입력하십시오' 글상자 개체를 선택한 후, Del 키를 눌러 삭제한다.

02 [삽입] 탭 - [텍스트] 그룹 - [WordArt] - [채우기 - 황갈색, 텍스트2, 윤곽선 - 배경2]를 선택한다.

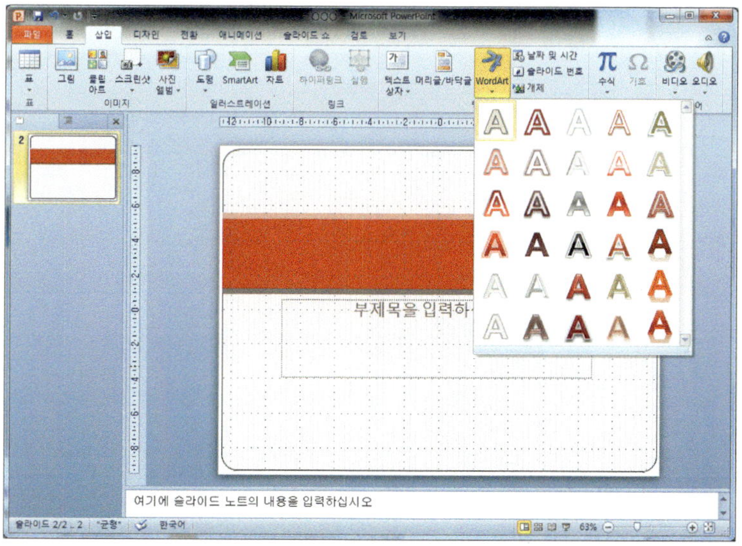

03 슬라이드 제목을 "저탄소 녹색성장"이라고 입력한다.

04 [홈] 탭 - [글꼴] 그룹에서 '글꼴 : 궁서체', '글꼴 크기 : 72pt'로 지정한다.

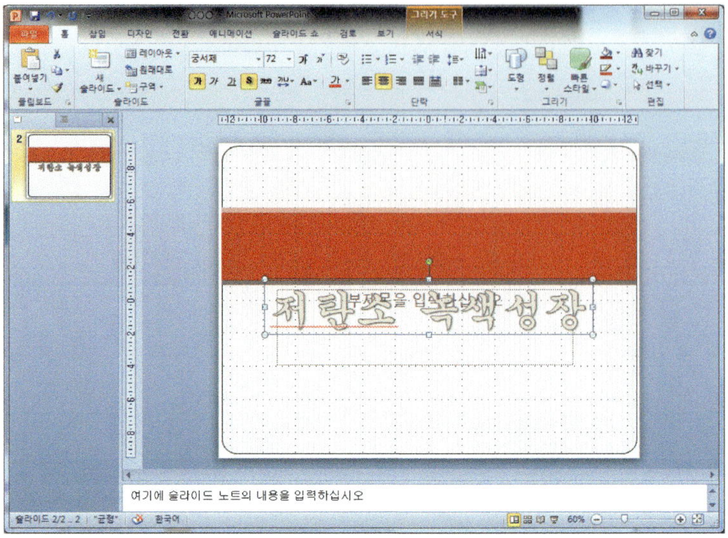

05 '저탄소 녹색성장'의 제목이 선택된 상태에서 [그리기 도구] - [서식] 탭 - [크기] 그룹에서 '너비 : 20cm, 높이 : 3.5cm'로 지정한다. 계속해서 제목을 그림처럼 위치를 이동한다.

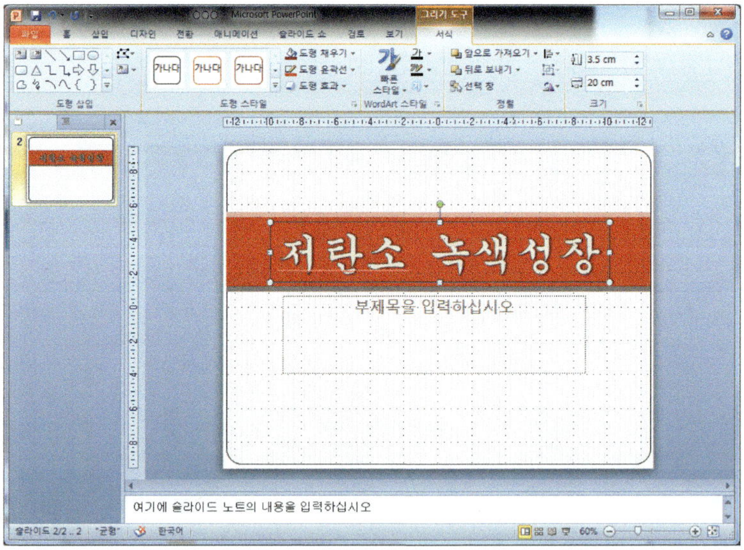

❸ 하이퍼링크 지정하기(배점 7점)

01 부제목 입력란에 "하이퍼링크"라고 입력한다.

02 '하이퍼링크' 텍스트 상자를 선택하고 [홈] 탭 - [글꼴] 그룹에서 글꼴은 '돋움체', 글꼴 크기는 '35pt'로 지정한다.

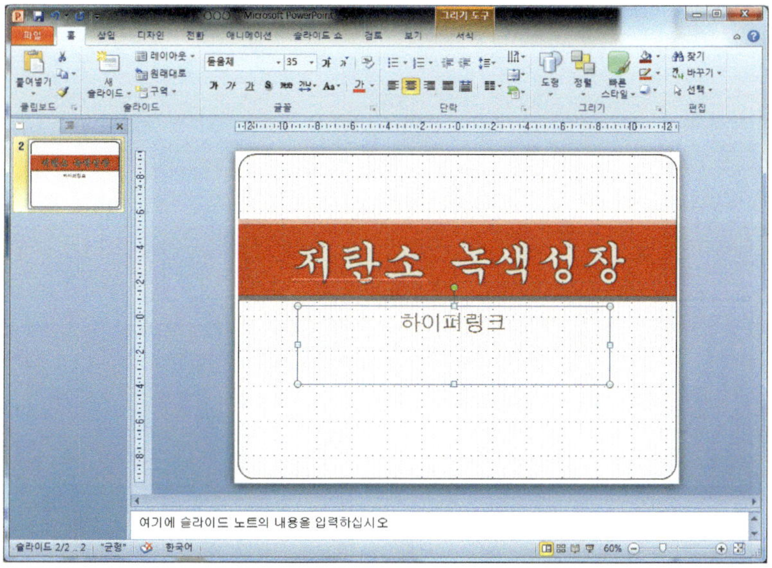

03 '하이퍼링크' 텍스트 상자가 선택된 상태에서 [삽입] - [링크] 그룹 - [하이퍼링크]를 클릭한다. [하이퍼링크 삽입] 대화 상자에서 주소 입력란에 "http://www.e-test.co.kr" 입력하고 [확인] 단추를 클릭한다.

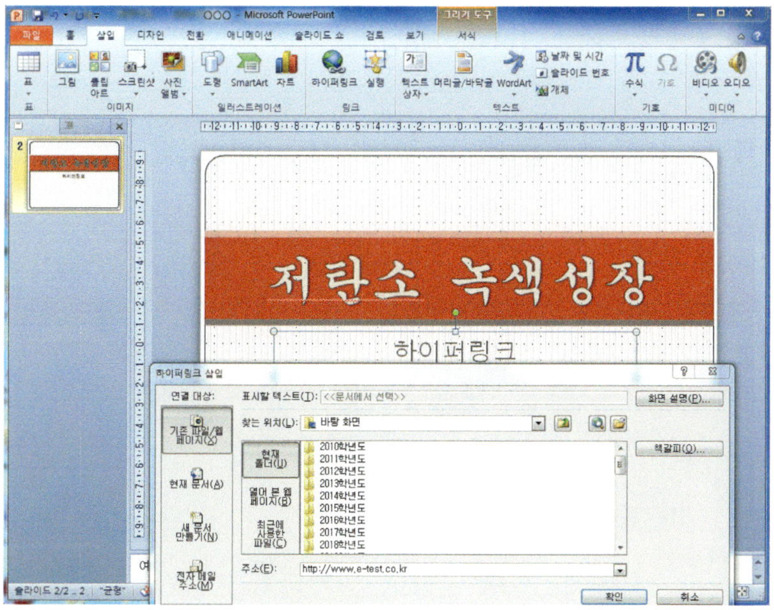

보 기

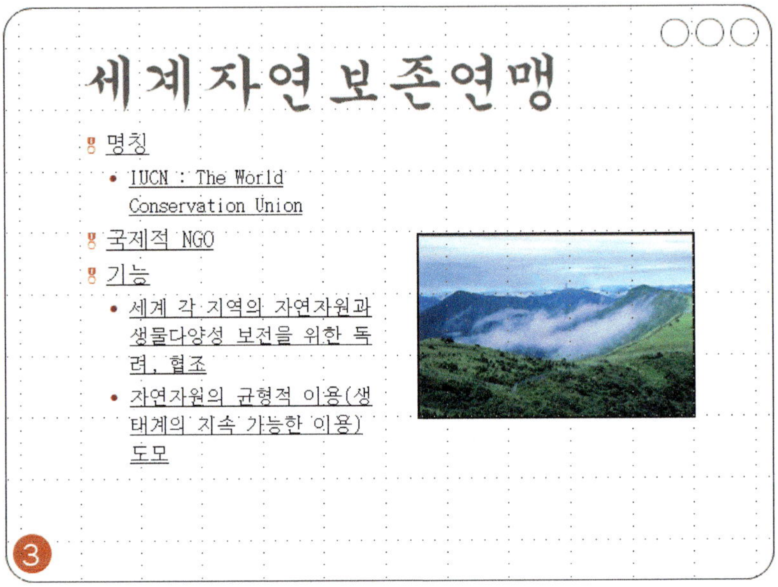

처리사항 **배점 : 1)번(5점), 2)번(3점), 3)번(10점), 4)번(1점), 5)번(3점), 6)번(30점)**

2. 슬라이드2

1) 새 슬라이드를 '콘텐츠 2개' 슬라이드로 추가하시오.
2) 제목은 '세계자연보존연맹'으로 입력하시오.
   - 글꼴은 궁서체, 글꼴 크기는 56pt로 지정
3) **[보기 슬라이드]**와 같이 내용을 첫째 수준과 둘째 수준으로 입력하시오.

   〈입력 내용〉

명칭 　IUCN : The World Conservation Union 국제적 NGO 기능 　세계 각 지역의 자연자원과 생물다양성 보전을 위한 독려, 협조 　자연자원의 균형적 이용(생태계의 지속 가능한 이용) 도모

   - 글꼴은 바탕체, 글꼴 크기는 첫째 수준은 20pt, 둘째 수준은 18pt, 글꼴효과는 밑줄
4) 입력한 내용의 줄 간격은 고정 26pt로 지정하시오.

5) 글머리 기호 및 번호 매기기를 이용하여 입력한 내용의 첫째 수준 글머리 기호를 **[보기 슬라이드]**와 같이 작성하시오.

- 글머리 기호의 모양은  , 크기는 90%로 지정

6) **[삽입]** 메뉴의 **[그림 파일]**을 이용하여 주어진 '자연'의 이미지를 **[보기 슬라이드]**와 같이 문자열의 **오른쪽**에 삽입하시오.

- 그림의 크기는 너비 9cm, 높이 6cm로 지정

[답안 따라하기]

❶ 슬라이드 추가하기(배점 5점)

01 [홈] 탭 - [슬라이드] 그룹 - [새 슬라이드] - [콘텐츠 2개]를 선택하여 새 슬라이드를 추가한다.

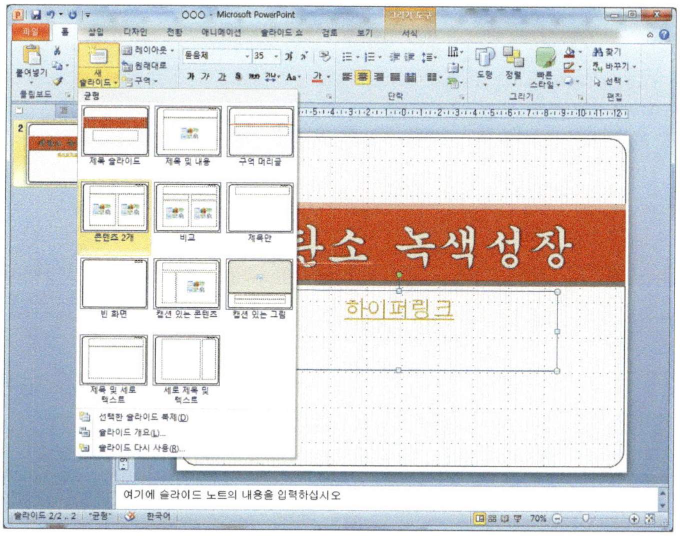

❷ 슬라이드 제목 작성하기(배점 3점)

01 제목 개체 틀을 선택하여 "세계자연보존연맹"으로 입력한 후, 마우스로 드래그하여 블록 지정한다.

02 글꼴을 변경하기 위해 [홈] 탭 - [글꼴] 그룹에서 글꼴은 '궁서체', 크기는 '56pt'로 지정한다.

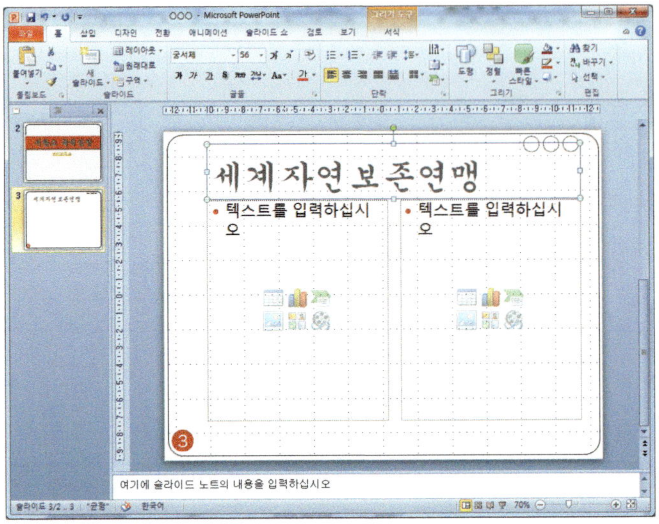

❸ 보기 슬라이드(배점 10점)

01 오른쪽 텍스트 입력란에 다음과 같은 내용을 입력한다. 둘째 수준으로 내릴 부분은 ⭾〈Tab〉키를 누른 후, 입력한다.

02 텍스트를 전체 블록 지정하고 [홈] 탭 - [글꼴] 그룹에서 '바탕체'와 '밑줄'로 지정한다. 글꼴 크기는 첫째 수준을 블록 지정하고 '20pt'로 지정한다.

03 두 번째 수준의 글꼴 크기를 '18pt'로 지정한다.

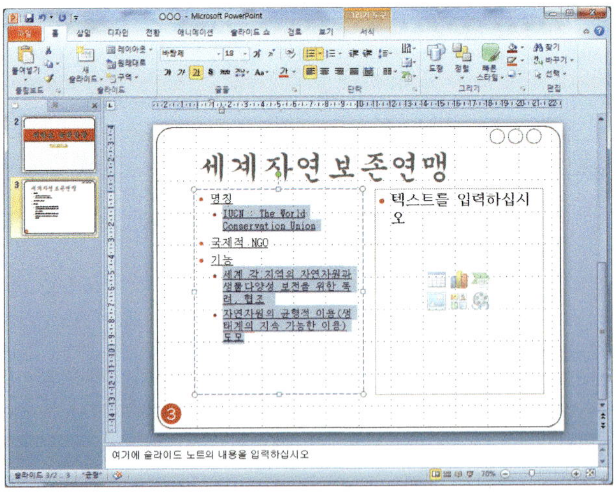

04 문단의 끝 부분을 다음 줄로 내리기 위해 '태'자 앞에 커서를 위치시키고 〈Shift + Enter↵〉 키를 누른다.

❹ 줄 간격 지정하기(배점 1점)

01 계속해서 텍스트 전체를 블록 지정하고 [홈] 탭 - [단락] 그룹 - [줄 간격] - [줄 간격 옵션]을 선택한다. [단락] 대화 상자에서 줄 간격을 '고정', 값을 '26pt'로 지정하고 [확인] 단추를 클릭한다.

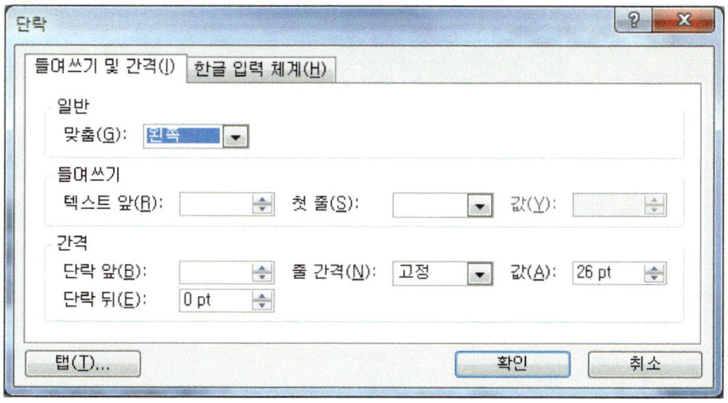

❺ 글머리 기호 및 번호 매기기(배점 3점)

01 첫째 수준의 글머리 기호를 변경하기 위해서 첫 번째 단락을 범위 지정한 후 Ctrl을 누른 상태에서 세 번째 단락과 네 번째 단락을 드래그하고 [홈] 탭 - [단락] 그룹 - [글머리 기호] - [글머리 기호 및 번호 매기기]를 클릭한다.

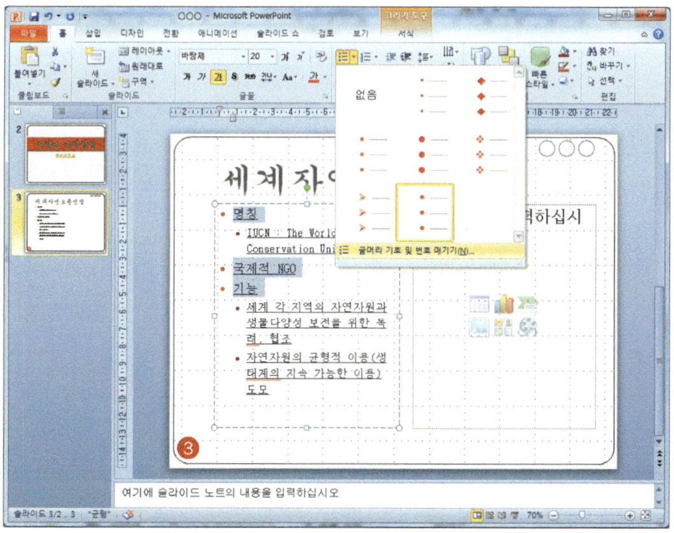

02 [글머리 기호 및 번호 매기기] 대화 상자에서 ''의 모양을 찾기 위해 [사용자 지정] 단추를 클릭한다.

03 [기호] 대화 상자에서 글꼴을 'Wingdings'로 지정하고 ' '기호를 선택한 후, [확인] 단추를 클릭한다.

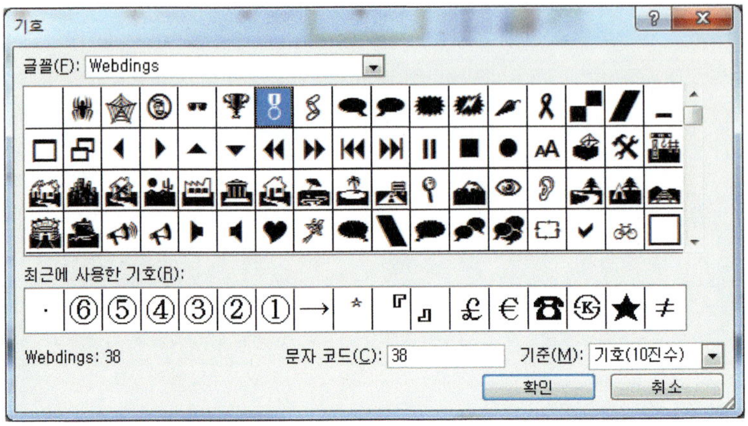

04 [글머리 기호 및 번호 매기기] 대화 상자에서 텍스트 크기를 '90%'로 지정한 후, [확인] 단추를 클릭한다.

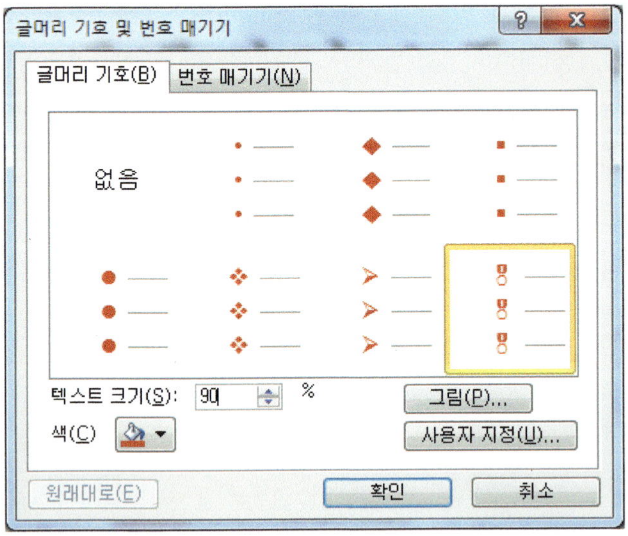

❻ 그림 삽입하기(배점 30점)

01 오른쪽 콘텐츠 상자에서 [파일에서 그림 삽입]을 클릭하면 [그림 삽입] 대화 상자가 나타난다. '자연' 이미지를 선택하여 삽입한다.

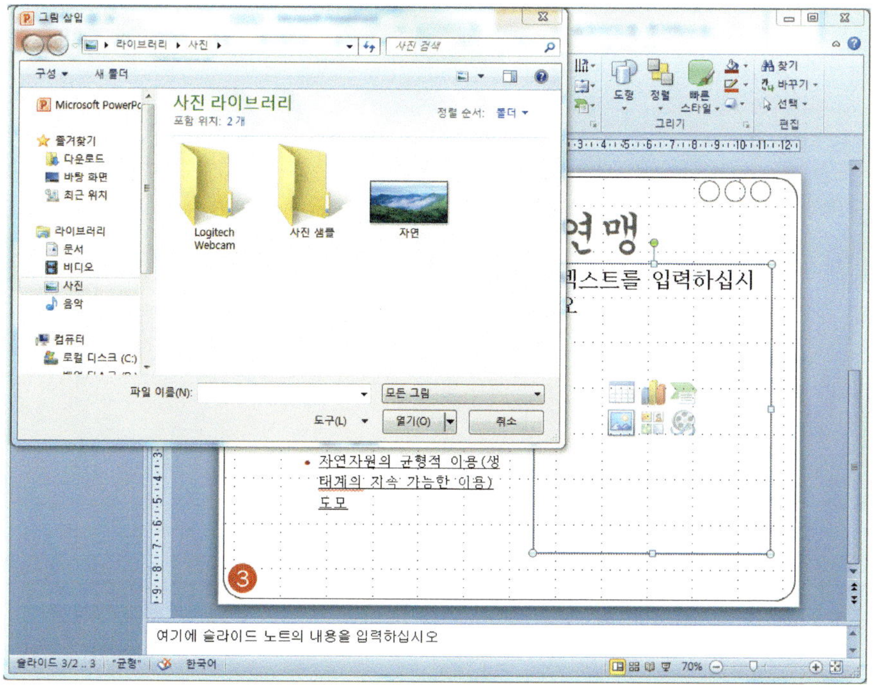

02 그림이 선택되어 있는 상태에서 마우스 오른쪽 버튼을 클릭하면 단축 메뉴 중에서 [크기 및 위치] 메뉴를 클릭한다.

03 [그림 서식] 대화 상자의 [크기] 탭에서 '가로 세로 비율고정'의 체크 표시를 해제하고, '너비 : 9cm, 높이 : 6cm'로 지정 후, [닫기] 단추를 클릭한다. 그리고 이미지를 선택하여 위치를 알맞게 이동시켜준다.

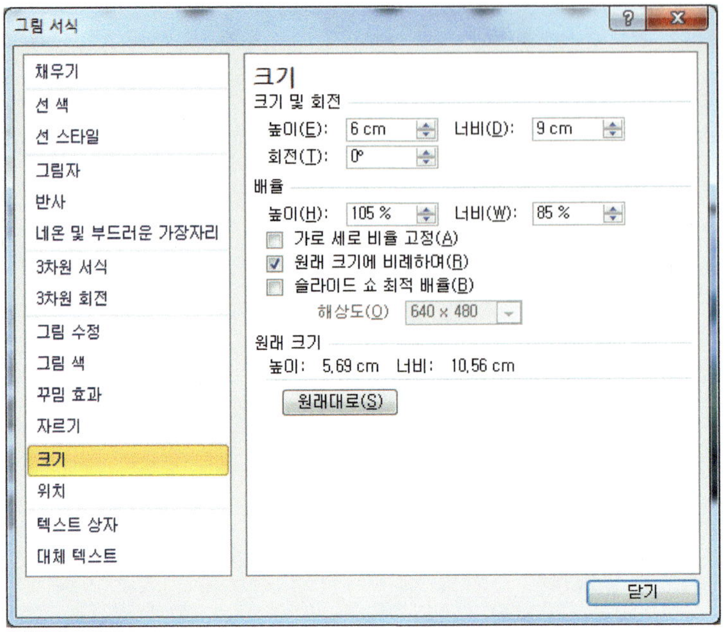
그림 서식
채우기
선 색
선 스타일
그림자
반사
네온 및 부드러운 가장자리
3차원 서식
3차원 회전
그림 수정
그림 색
꾸밈 효과
자르기
크기
위치
텍스트 상자
대체 텍스트
크기
크기 및 회전
높이(E): 6 cm 너비(D): 9 cm
회전(T): 0°
배율
높이(H): 105 % 너비(W): 85 %
가로 세로 비율 고정(A)
원래 크기에 비례하여(R)
슬라이드 쇼 최적 배율(B)
해상도(O) 640 x 480
원래 크기
높이: 5.69 cm 너비: 10.56 cm
원래대로(S)
닫기

실전 문제(1) 1번 슬라이드 작성하기

1. 다음 슬라이드를 작성하시오.

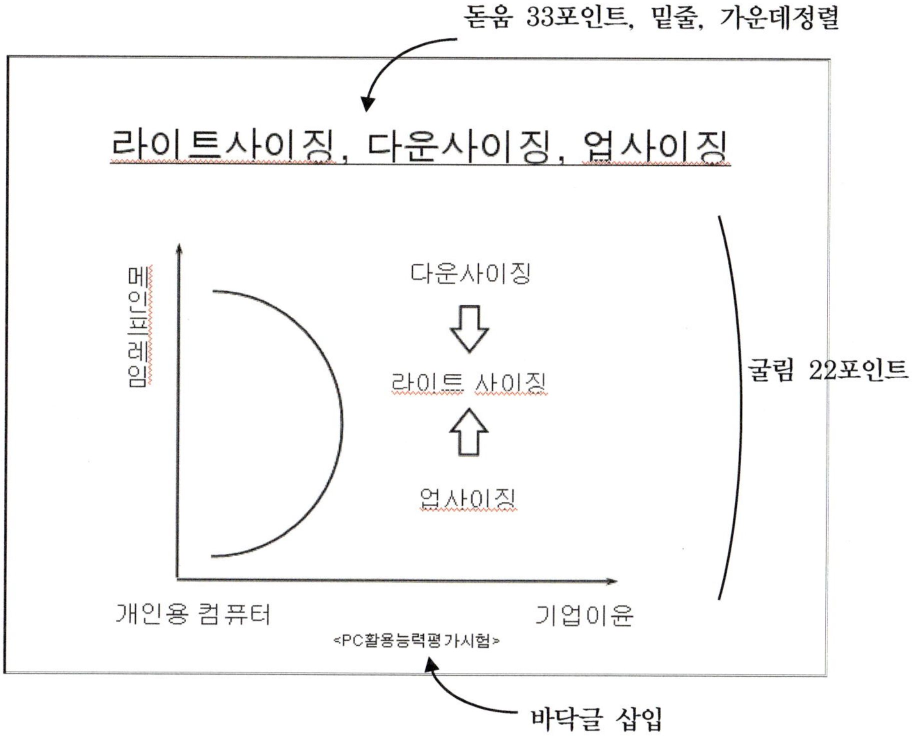

[따라하기] 1번 슬라이드 작성문제(20점)

1 제목 입력

01 [삽입] 탭 – [텍스트] 그룹 – [텍스트 상자] 클릭하고, [가로 텍스트 상자]를 선택하여 슬라이드 상단에 드래그하여 만든 후, 텍스트 상자에 '라이트사이징, 다운사이징, 업사이징'이라는 제목을 입력한다.

02 방금 입력한 텍스트 상자를 클릭한 후, [홈] 탭 - [글꼴]/[단락] 그룹에서 글꼴은 '돋움'으로 크기는 35포인트로 설정하고, 제목을 가운데 맞추고 밑줄을 위해 [가운데 정렬] 및 [밑줄] 버튼을 선택한다.

2 화살표 그리기

01 [삽입] 탭 - [일러스트레이션] 그룹 - [도형]을 클릭하여 '화살표' 도형을 선택한 후 Shift 키를 누른 상태에서 수평/수직 화살표를 적당히 긋는다.

02 두 개의 화살표를 모두 선택하고 [서식] 탭 - [정렬] 그룹 - [맞춤] 메뉴에서 [왼쪽 맞춤]과 [아래쪽 맞춤]을 선택해서 시작점을 일치시킨다.

03 이어서 두 개의 화살표를 모두 선택하고 오른쪽 버튼을 눌러 [그룹] - [그룹]을 선택해서 하나의 개체로 만든다.

04 화살표의 굵기와 끝 모양을 변경하기 위해 화살표를 선택하고 오른쪽 버튼을 눌러 [도형 서식]을 선택하고 [도형 서식] - [선 스타일]에서 굵기와 끝 종류를 선택 조정한다.

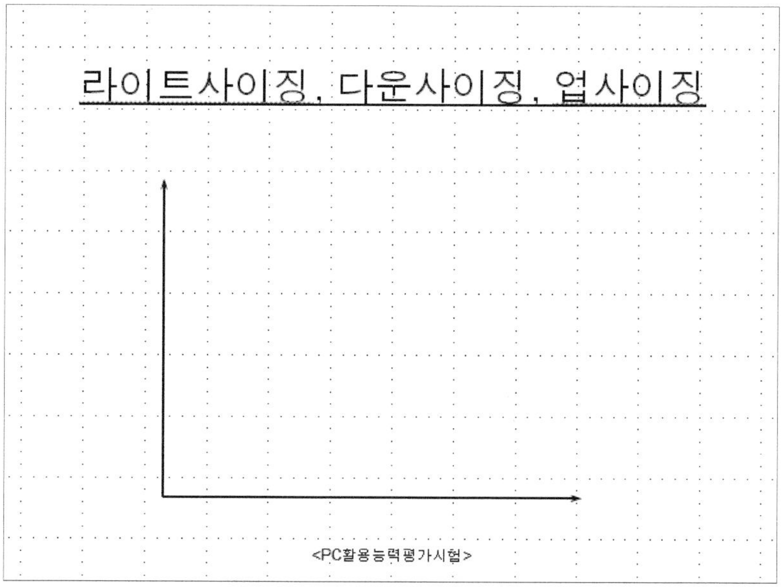

3 반원 그리기

01 [삽입] 탭 - [일러스트레이션] 그룹 - [도형]을 클릭하여 '원호' 도형을 선택한 후 Shift 키를 누른 상태에서 드래그 하면 90도 크기의 원호를 만든다.

02 원호의 오른쪽 아래 노란색 조절점을 끌어 반원을 만들고, [도형 서식] 대화 상자에서 '채우기 없음'을 선택한다. 그리고 향후 작업의 편의를 위해 [기본 도형으로 설정]을 선택해 둔다.

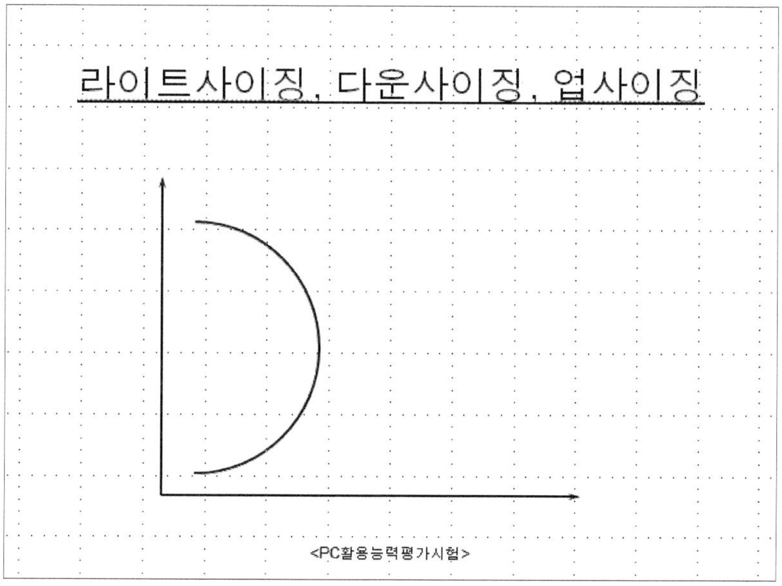

4 텍스트 상자와 화살표 그리기

01 [삽입] 탭 – [텍스트] 그룹 – [텍스트 상자] 클릭하고, 가로 텍스트는 [가로 텍스트 상자]를 세로 텍스트는 [세로 텍스트 상자]를 선택하여 적당한 크기의 텍스트 상자를 만들고 텍스트를 입력한다.

02 텍스트 사이의 화살표는 [삽입] 탭 - [일러스트레이션] 그룹 - [도형]을 클릭하여 '아래쪽 화살표' 도형을 선택하여 도형을 그려 넣는다. 위쪽 화살표는 기존에 만든 아래쪽 화살표를 복사하여 [서식] 탭 - [정렬] 그룹 - [회전]에서 [상하 대칭] 선택하여 만들어 사용한다.

03 만든 텍스트 상자를 복사하여 다른 텍스트 상자를 만든다. 여러 개의 텍스트 상자들과 도형들은 [서식] 탭 - [정렬] 그룹 - [맞춤]에서 수평/수직 간격과 정렬을 조정할 수 있다.

04 제목을 제외한 모든 개체를 선택하고, 오른쪽 버튼을 눌러 [그룹] - [그룹]을 선택해서 하나의 개체로 만든 후 글꼴은 굴림, 크기는 22포인트로 설정한다.

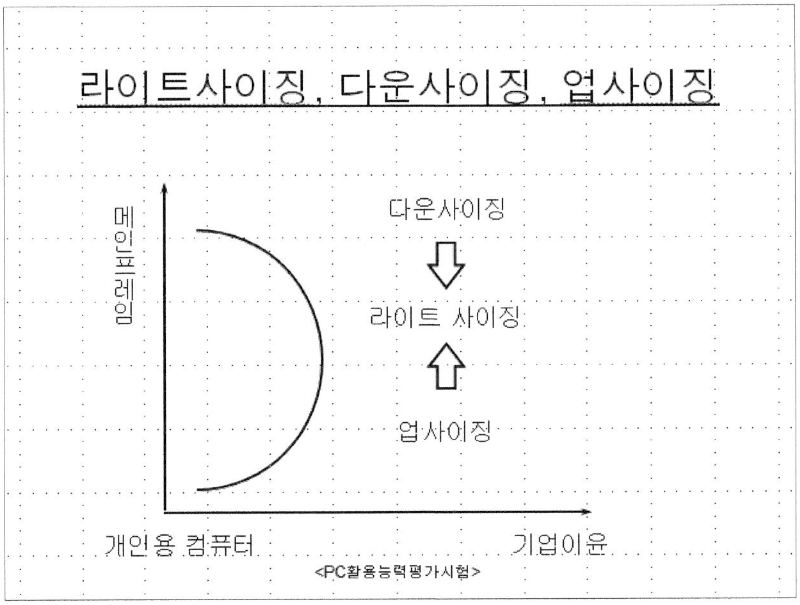

연습문제

[1] 아래에 제시된 슬라이드를 작성하시오.

굴림체 40포인트, 밑줄, 가운데 정렬

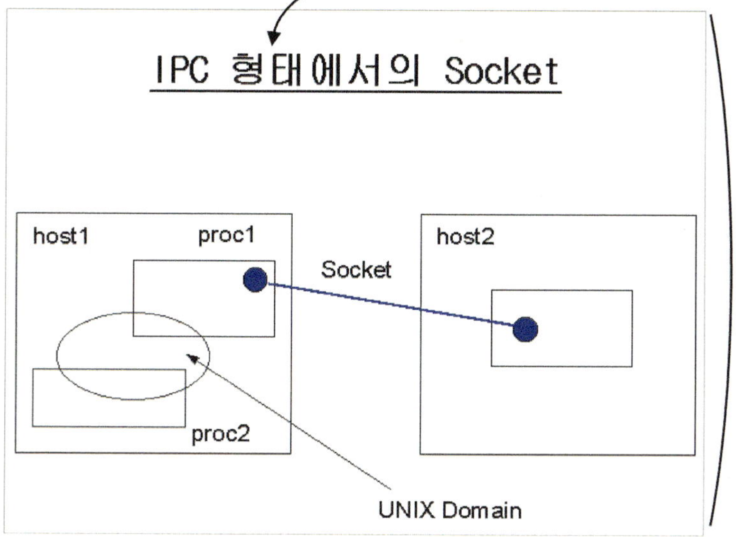

Arial 24포인트

[2] 아래에 제시된 슬라이드를 작성하시오.

바탕체 40포인트, 가운데 정렬

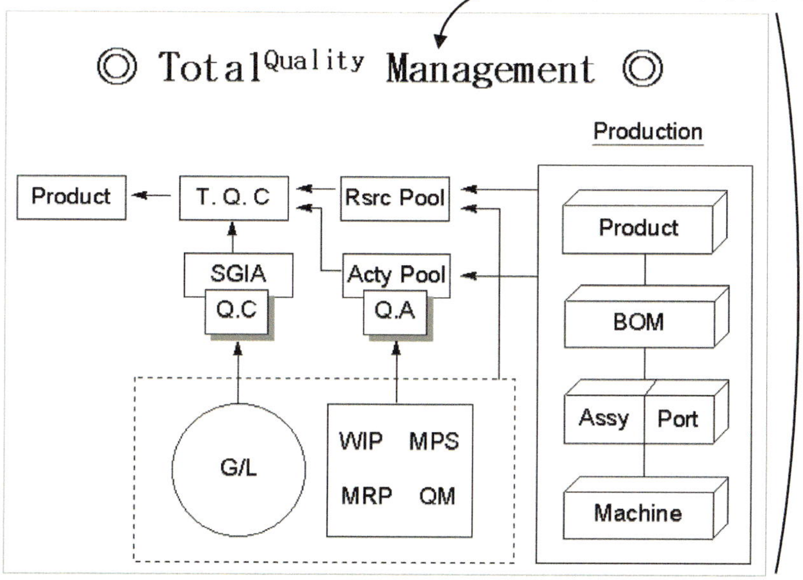

Arial 22포인트

[3] 아래에 제시된 슬라이드를 작성하시오.

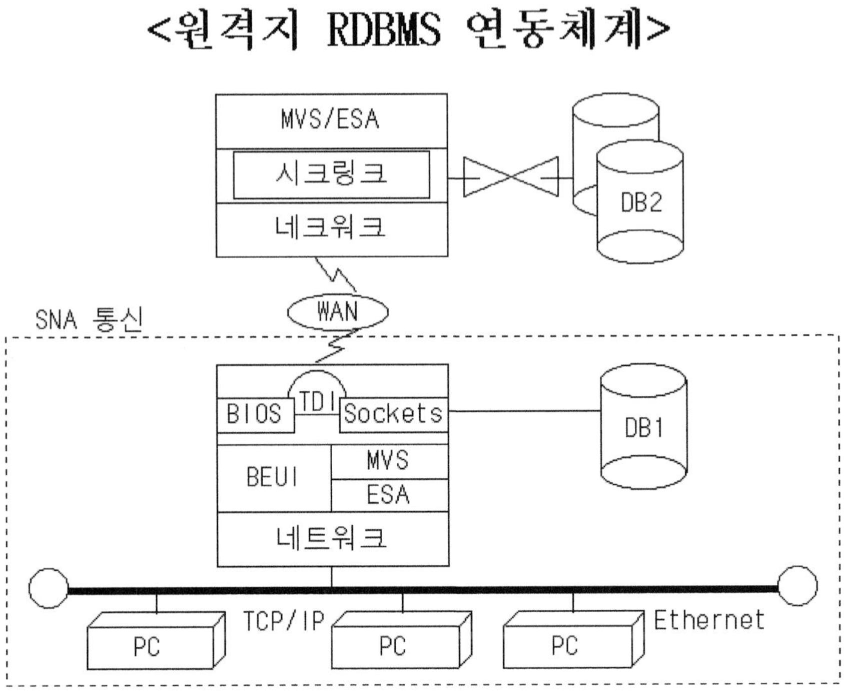

04 개체 삽입(II)

표와 차트를 삽입한 슬라이드는 명확한 자료를 제시하여 청중을 설득할 수 있는 힘이 있다.

4.1 표 만들기

1 표 삽입하기

01 [삽입] 탭 - [표] 그룹 - [표] 확장 단추를 클릭한 후, 원하는 행 및 열 개수가 될 때까지 드래그하여 만든다.

02 슬라이드를 추가한 후 슬라이드 중앙에 있는 [표 삽입]을 클릭하고 '열 개수'와 '행 개수'를 입력하여 만들 수 있다.

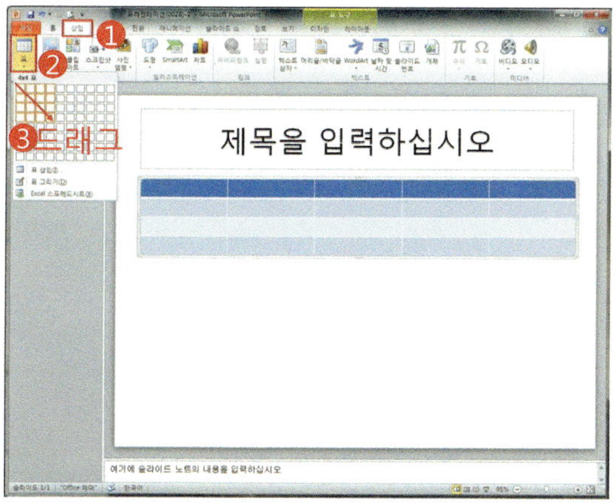

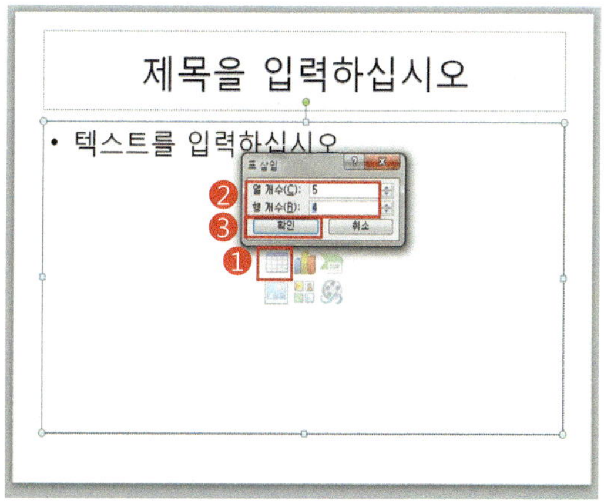

2 표 편집하기

01 표 크기 조정과 이동

표 크기를 조정하려면 표 테두리의 조정 핸들을 드래그한다. 표 테두리의 모서리 조정 핸들은 표의 너비와 높이를 같이 조정할 수 있고, 면 조정 핸들은 너비 또는 높이를 조정할 수 있다.

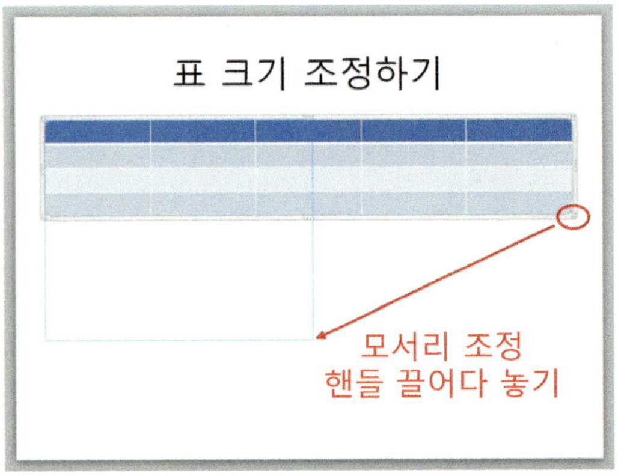

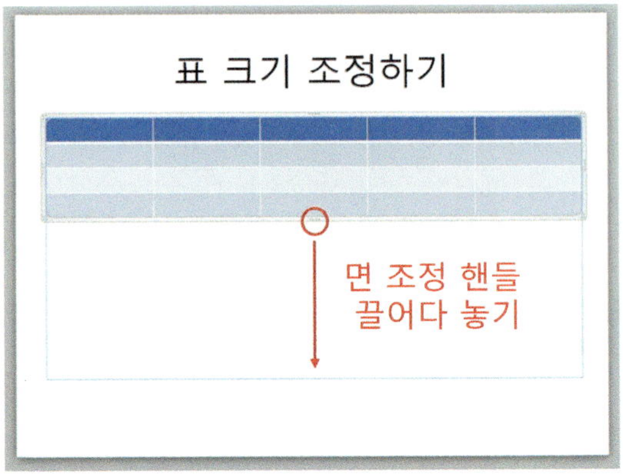

표의 열 너비 및 행 높이를 조정하려면 열과 열, 행과 행 사이의 테두리에 포인터를 위치시키고 모양이 바뀌면 원하는 크기만큼 드래그한다.

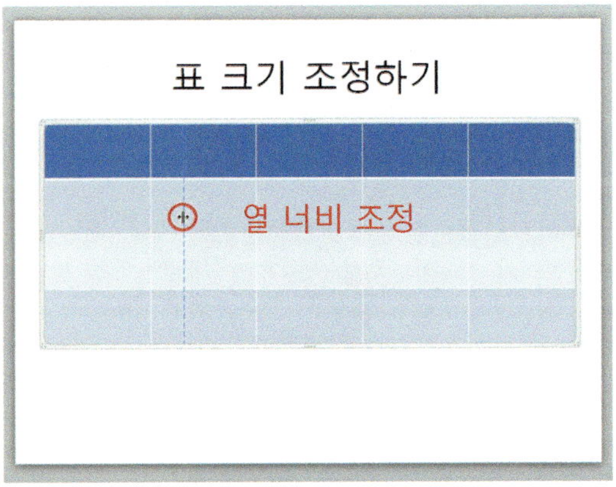

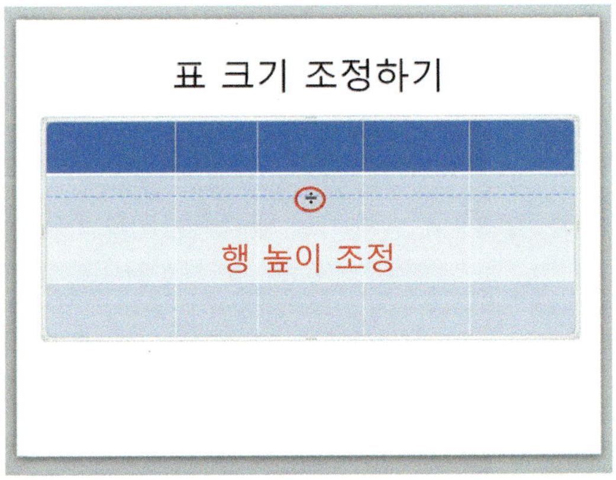

표 위치 이동하려면 조정 핸들을 제외한 테두리를 선택하고 원하는 위치로 드래그한다.

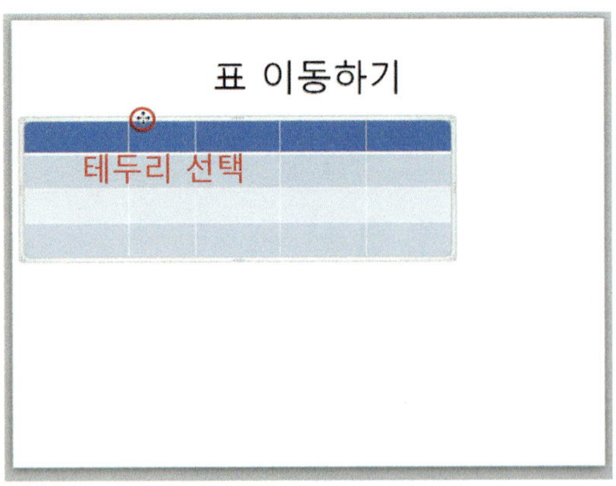

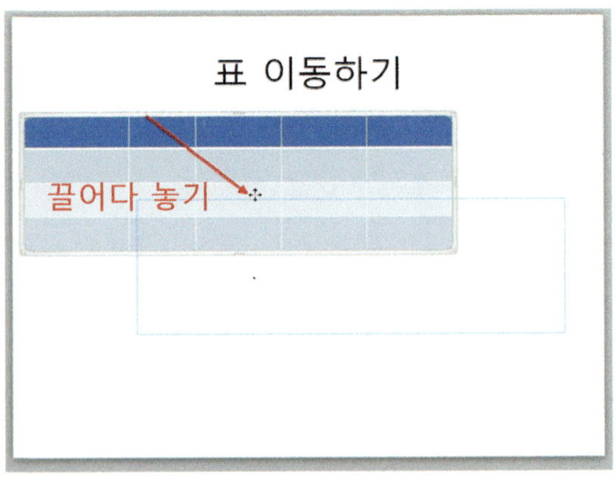

02 행/열 추가와 삭제

표의 행이나 열을 추가하려면 [표 도구] - [레이아웃] 탭 - [행 및 열] 그룹에서 명령을 선택하면 된다.

- [왼쪽에 삽입]/[오른쪽에 삽입] : 포인터가 위치한 열에서 왼쪽이나 오른쪽에 새로운 열을 추가
- [위에 삽입]/[아래에 삽입] : 포인터가 위치한 행에서 위나 아래에 새로운 행을 추가

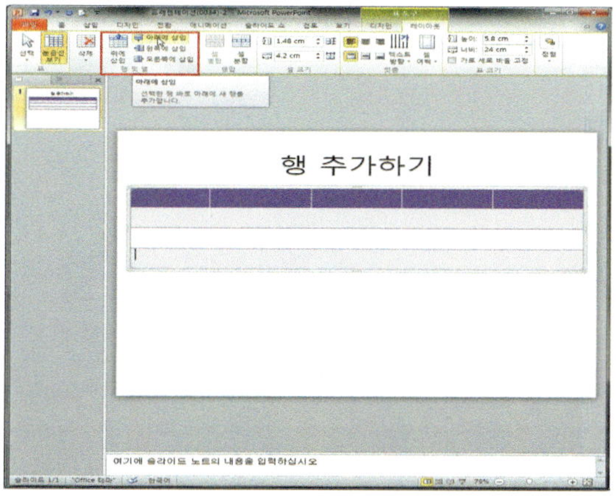

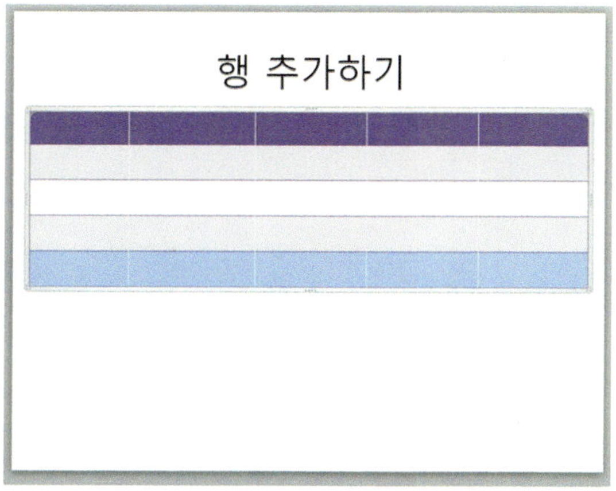

표의 행이나 열을 삭제하려면, [표 도구] - [레이아웃] 탭 - [행 및 열] 그룹에서 [열 삭제] 또는 [행 삭제]를 선택한다.

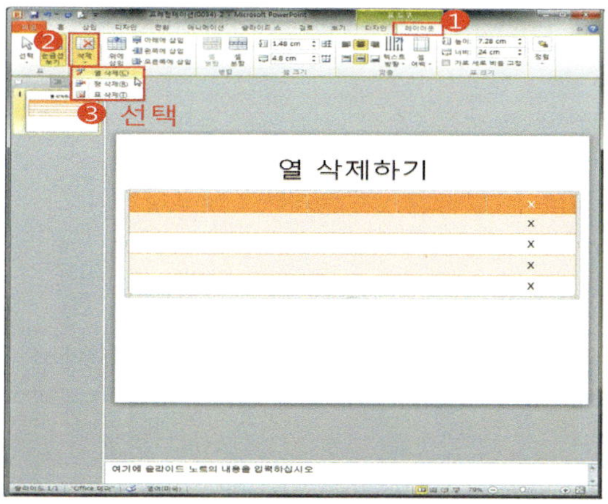

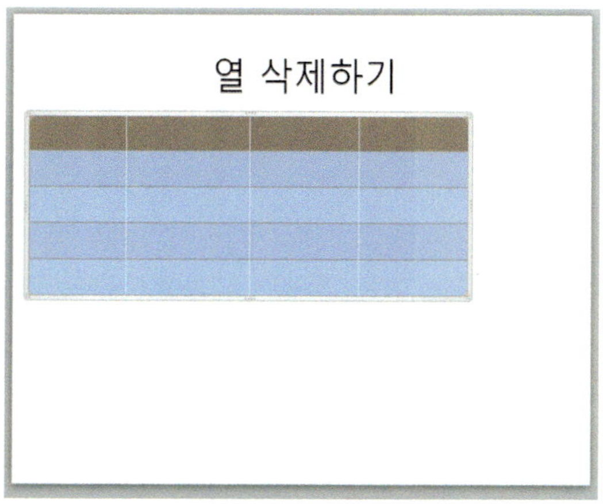

03 셀 병합과 분할

셀 병합은 둘 이상의 셀을 하나로 합치는 것으로, 결합할 셀을 선택한 후, [표 도구] – [레이아웃] 탭 – [병합] 그룹 – [셀 병합]을 선택한다.

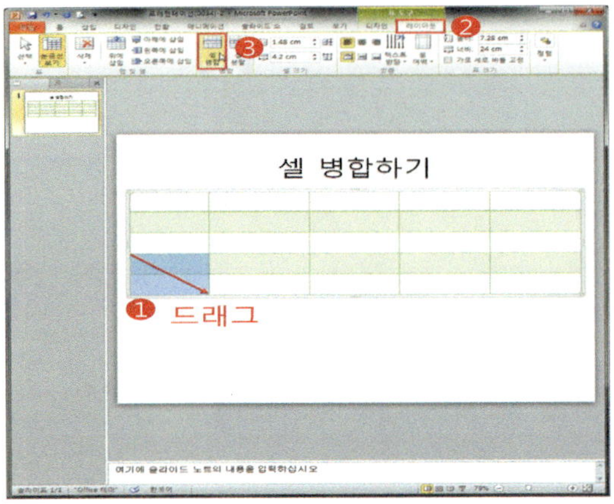

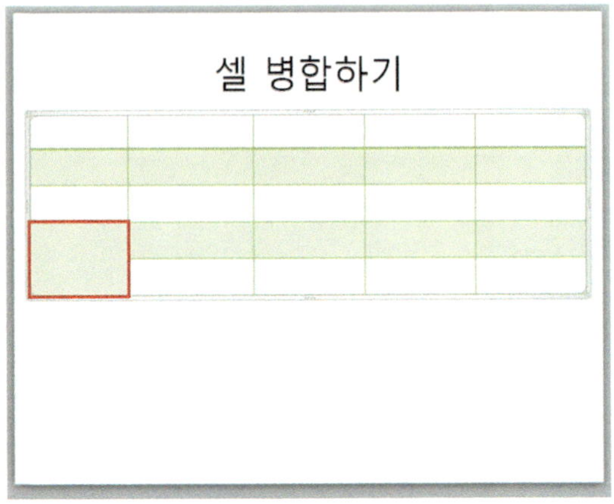

셀 분할은 선택한 셀을 나누는 것으로, 분할할 셀을 선택하거나 범위를 지정한 후 [표 도구] – [레이아웃] 탭 – [병합] 그룹 – [셀 분할]을 클릭하고 열과 행 개수를 지정하면 된다.

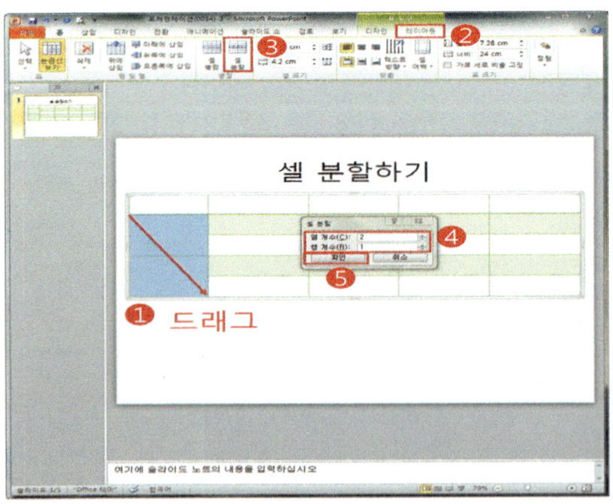

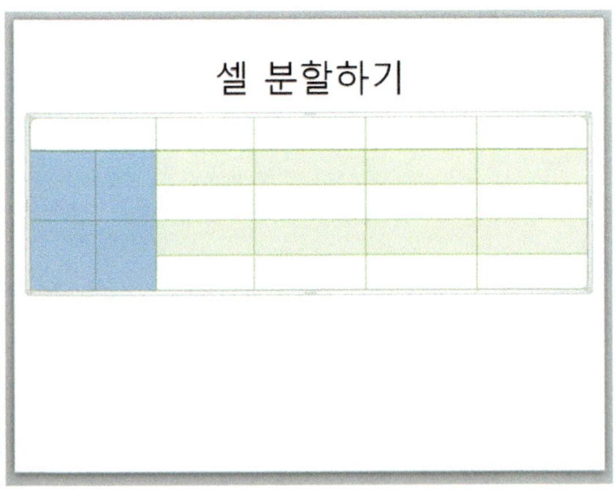

Tip

□ 표의 행 높이, 열 너비를 동일하게 맞추기

해당 열 또는 행을 선택하고, [표 도구] – [레이아웃] 탭 – [셀 크기] 그룹 – [열 너비를 같게]/[행 높이를 같게]를 클릭한다.

04 표/셀 테두리와 채우기

표 또는 셀 테두리를 적용하려면 해당 범위를 선택하고 [표 도구] - [디자인] 탭 - [테두리 그리기] 그룹에서 [펜 스타일], [펜 두께], [펜 색] 등을 설정한 후 [표 그리기]를 선택하여 원하는 부분의 테두리를 직접 그리면 된다. 또는 [테두리 그리기] 그룹에서 테두리 속성을 설정하고, [표 스타일] 그룹에서 [테두리]의 확장 단추를 클릭하여 테두리 위치를 선택해도 된다.

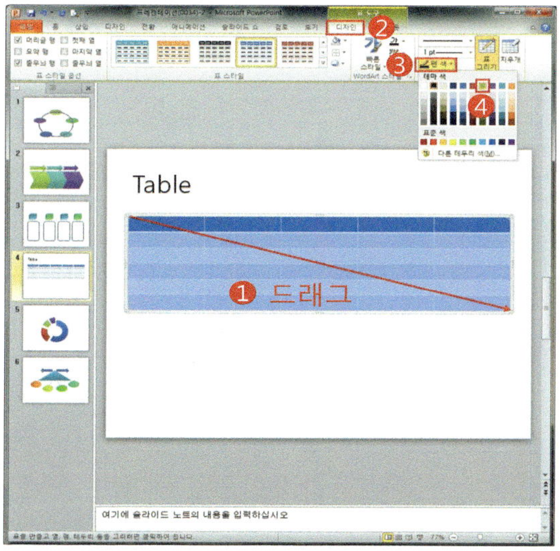

표 또는 셀 채우기를 적용하려면 표를 선택하거나 셀 범위 선택하고 [표 도구] - [디자인] 탭 - [표 스타일] 그룹 - [음영]을 클릭하여 테마 색, 그림, 그라데이션, 질감, 표 배경 등을 선택하면 된다.

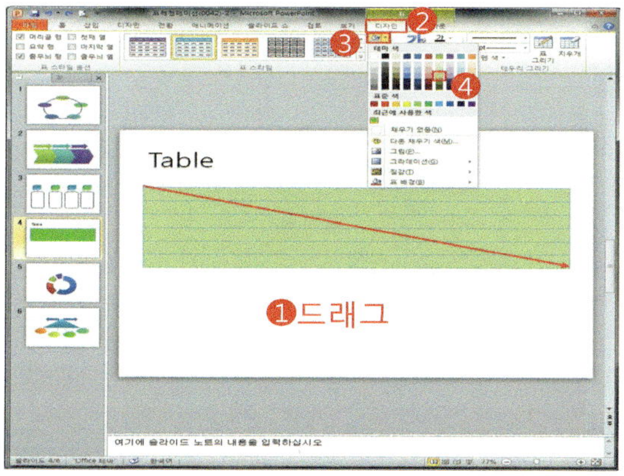

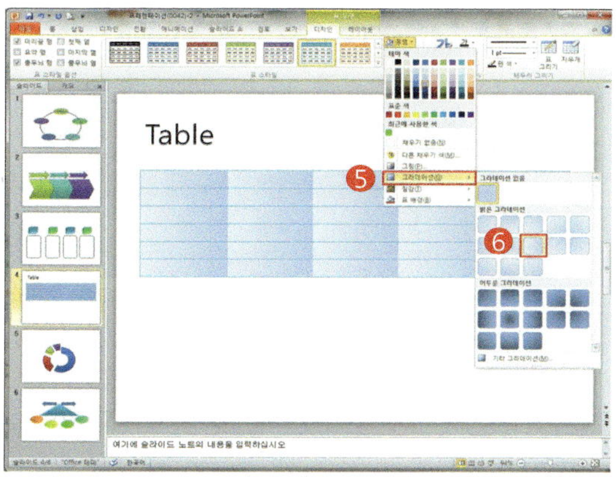

05 셀 대각선 그리기

셀에 대각선을 그리려면, 해당 셀을 선택하고 [표 도구] - [디자인] 탭 - [표 스타일] 그룹에서 [테두리]의 확장 단추를 눌러 [하향 대각선 테두리]/[상향 대각선 테두리]를 선택하면 된다.

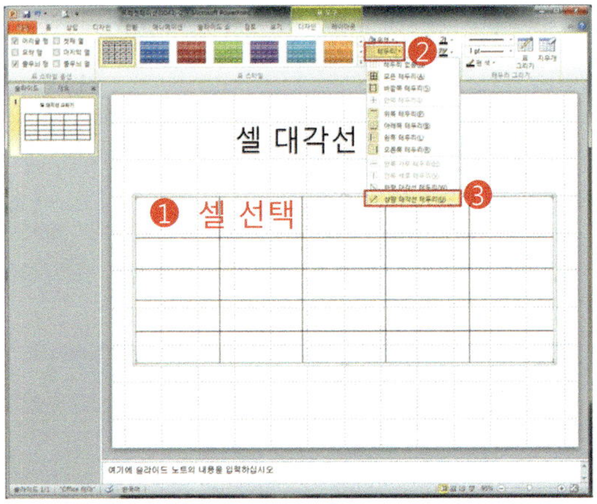

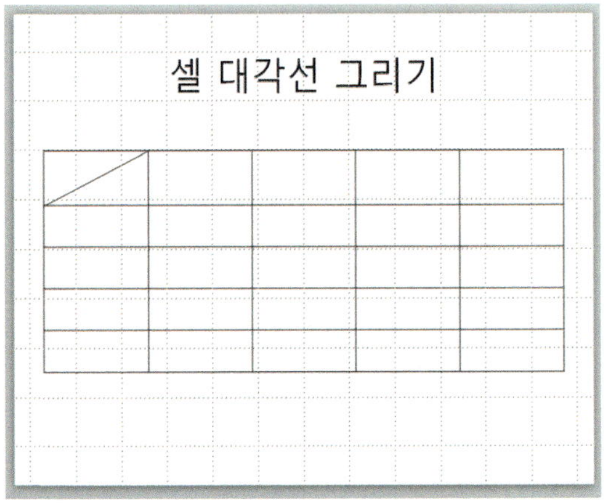

06 표 효과

표 및 선택한 셀에 입체 효과를 주려면, [표 도구] - [디자인] 탭 - [표 스타일] 그룹 - [효과]를 클릭하여 입체, 그림자, 반사 등을 적용할 수 있다.

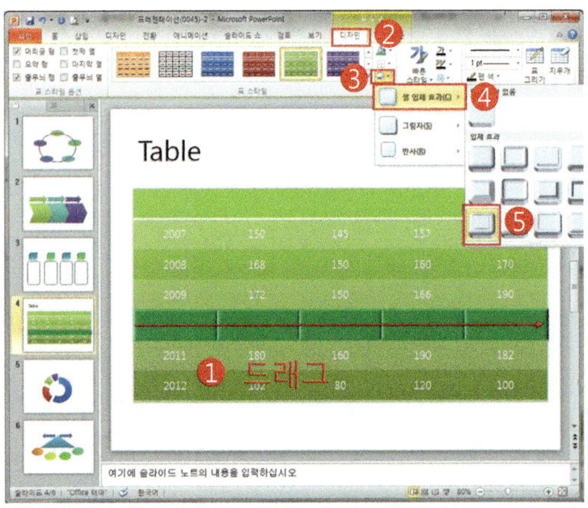

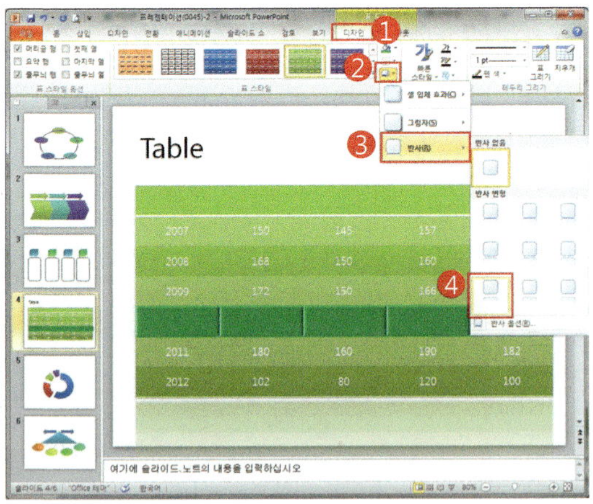

07 표 스타일

표 스타일은 [표 도구] - [디자인] 탭 - [표 스타일] 그룹의 '빠른 스타일 갤러리'에서 적용한다.

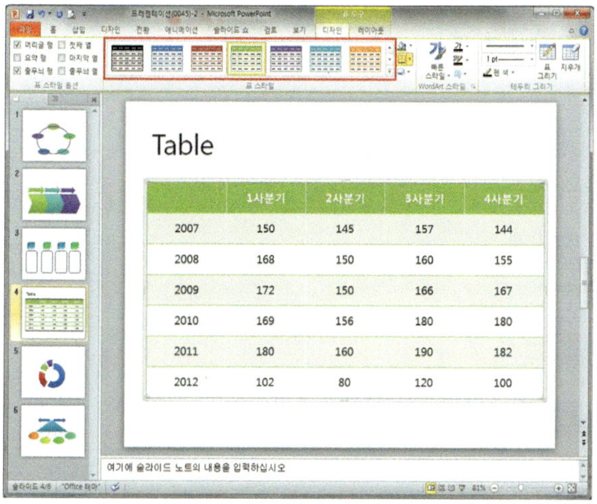

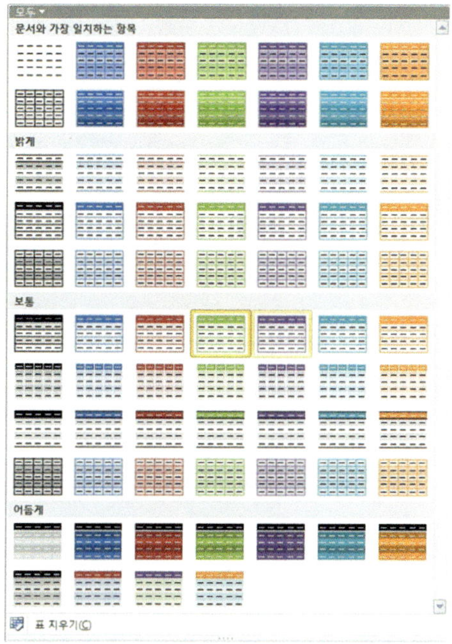

08 텍스트 서식

표에 입력된 텍스트에 서식을 적용하려면 [표 도구] - [디자인] 탭 - [WordArt 스타일]에서 빠른 스타일, 텍스트 채우기, 텍스트 윤곽선, 텍스트 효과 등을 선택하면 된다.

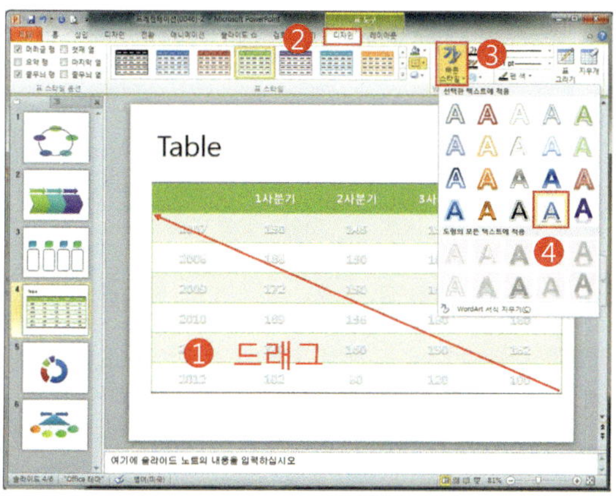

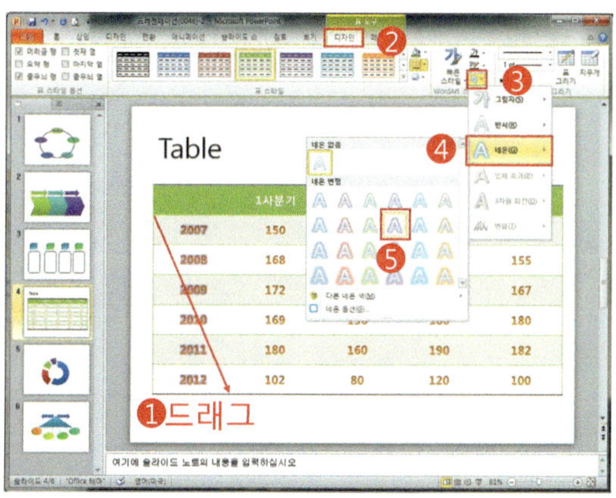

보 기

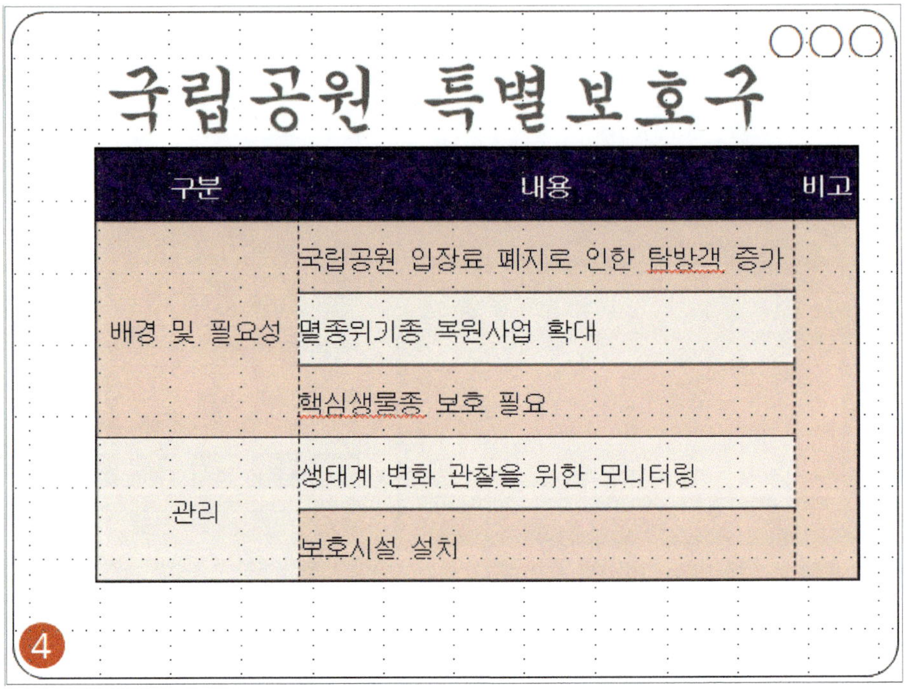

처리사항 **배점 : 1)번(5점), 2)번(3점), 3)번(30점)**

3. 슬라이드3

1) 새 슬라이드를 '제목 및 내용' 슬라이드로 추가하시오.

2) 제목은 '국립공원 특별보호구'로 입력하시오.
   - 글꼴은 궁서체, 글꼴 크기는 56pt로 지정

3) 6행 3열의 표를 작성하고, 아래의 조건대로 작성하시오.(반드시 표 형식이 유지되어야 함)
   - 아래 지정된 셀을 각각 셀 병합 지정
     2행 1열 ~ 4행 1열 셀 병합
     5행 1열 ~ 6행 1열 셀 병합
     2행 3열 ~ 6행 3열 셀 병합
   - 표 전체에 **[보기 슬라이드]**와 같이 내용을 입력하고, 글꼴은 굴림체, 글꼴 크기는 20pt로 지정

- 아래의 조건대로 셀 맞춤 지정
  표 전체 : [표 도구] - [레이아웃] 메뉴 [맞춤] 그룹의 세로 가운데 맞춤
  1열 : [표 도구] - [레이아웃] 메뉴 [맞춤] 그룹의 가운데 맞춤
  1행 : [표 도구] - [레이아웃] 메뉴 [맞춤] 그룹의 가운데 맞춤
- 표 1행 채우기는 질감의 '자주 편물'로 지정
- 표 전체의 안쪽 세로 테두리는 점선, 안쪽 가로 테두리는 실선으로 지정
- 표 전체 바깥쪽 테두리는 3pt 실선으로 지정

[답안 따라하기]

❶ 새 슬라이드 추가하기(배점 5점)

01 [홈] 탭 - [슬라이드] 그룹 - [새 슬라이드] - [제목 및 내용]을 선택하여 새 슬라이드를 추가한다.

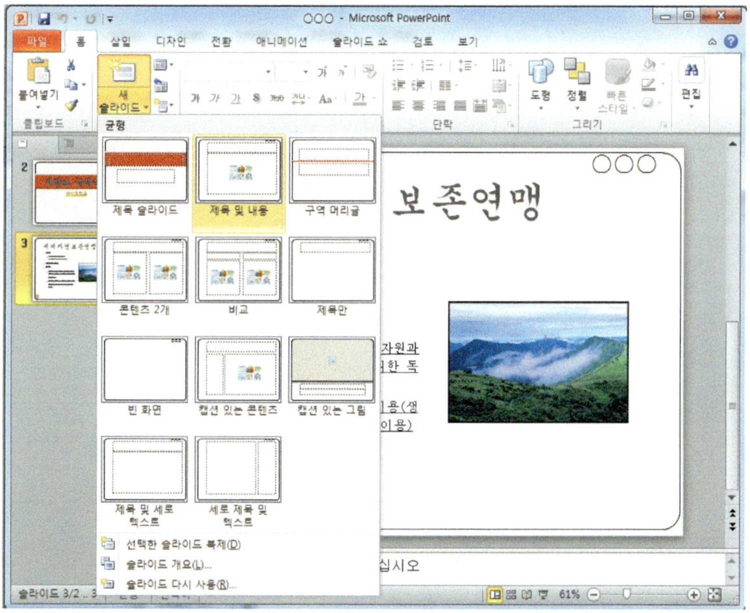

❷ 슬라이드 제목 작성하기(배점 3점)

01 제목 글상자를 선택하고 "국립공원 특별보호구"라고 입력한 후, 제목 상자를 선택한다. 글꼴 크기를 변경하기 위해 [홈] 탭 - [글꼴] 그룹에서 글꼴은 '궁서체', 글꼴 크기는 '56pt'로 지정한다.

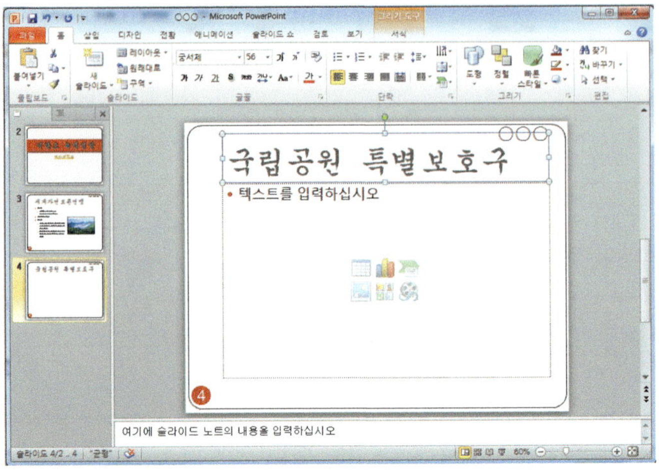

❸ 표 삽입하기(배점 30점)

■ 표 작성하기

01 개체 틀에서 [표 삽입]을 클릭한다. [표 삽입] 대화 상자에서 열 개수 '3', 행 개수 '6'으로 지정하고 [확인] 단추를 클릭한다.

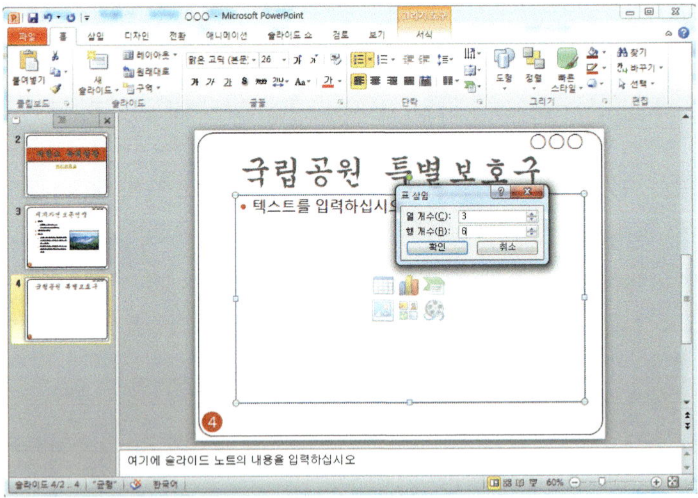

02 셀을 병합하기 위해 2행 1열과 4행 1열, 5행 1열과 6행 1열, 2행 3열과 6행 3열의 셀을 블록 설정한 후, [표 도구] - [레이아웃] 탭 - [병합] 그룹 - [셀 병합]을 클릭한다.

03 위와 동일한 방법으로 그림과 같이 셀 병합을 한 후, 표에 내용을 입력한다.

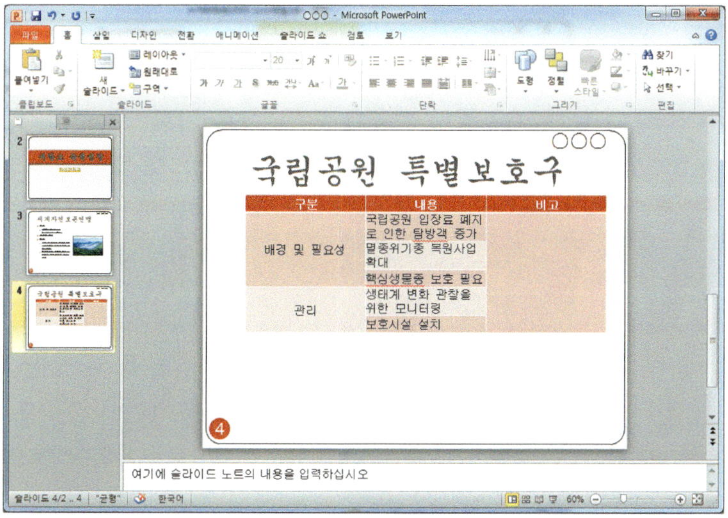

04 셀 전체를 블록 지정한 후, [홈] 탭 - [글꼴] 그룹에서 글꼴은 '굴림체', 글꼴 크기는 '20pt'로 지정한다.

■ 셀 맞춤 지정하기

01 계속해서 [표 도구] - [레이아웃] 탭 - [맞춤] 그룹 - [세로 가운데 맞춤]을 클릭한다.

02 1열과 1행을 블록 지정하고, [표 도구] - [레이아웃] 탭 - [맞춤] 그룹 - [가운데 맞춤]을 클릭한다.

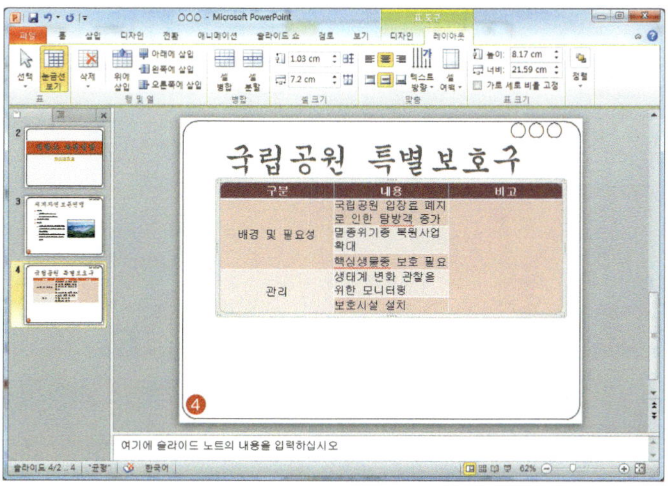

■ 질감 지정하기

01 질감을 지정하기 위해 1행을 블록 지정하고 [표 도구] - [디자인] 탭 - [표 스타일] 그룹 - [음영]을 클릭한다. 음영 목록에서 [질감]을 선택하고 '자주 편물'을 선택한다.

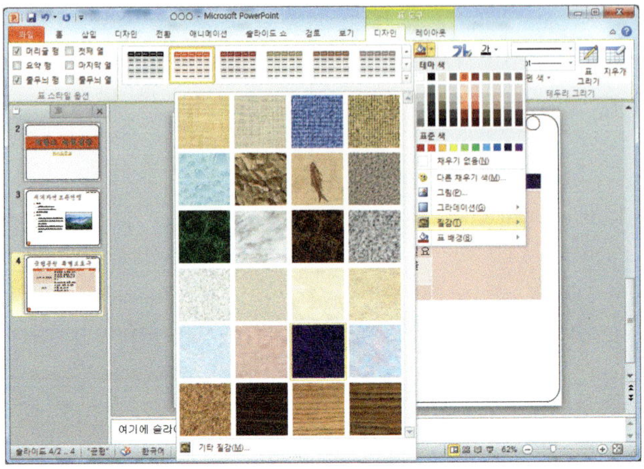

■ 테두리 지정하기

01 표의 셀 전체를 블록 지정하고 [표 도구] - [디자인] 탭 - [테두리 그리기] 그룹 - [펜 스타일]을 클릭한 후, 안쪽 세로 테두리는 '점선'을 선택한다.

02 계속해서 [표 도구] - [디자인] 탭 - [표 스타일] 그룹 - [안쪽 세로 테두리]를 선택한다.

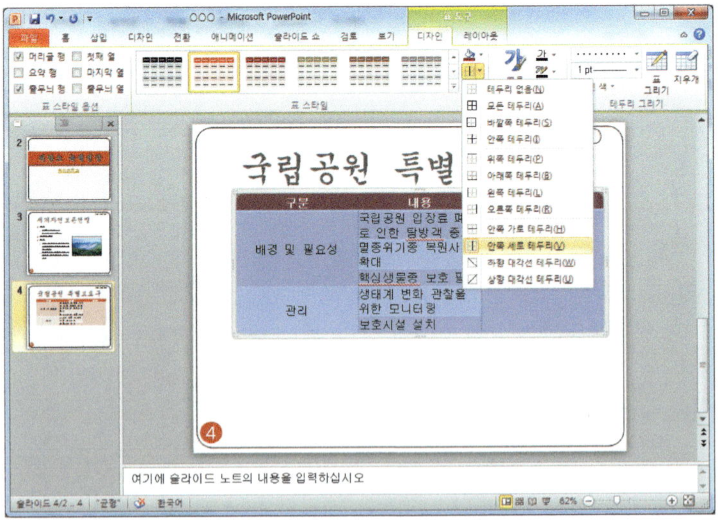

03 [표 도구] - [디자인] 탭 - [테두리 그리기] 그룹 - [펜 스타일] - [실선]을 선택한 후, [표 도구] - [디자인] 탭 - [표 스타일] 그룹 - [안쪽 가로 테두리]를 클릭한다.

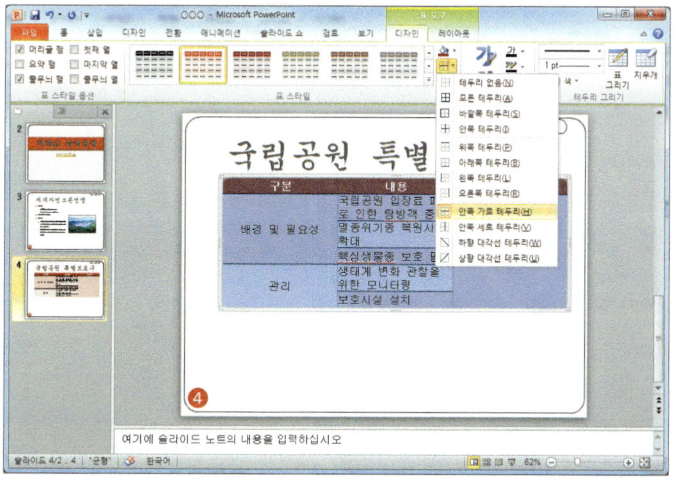

04 [표 도구] - [디자인] 탭 - [테두리 그리기] 그룹 - [펜 두께]를 '3pt'로 변경한 후, [표 도구] - [디자인] 탭 - [표 스타일] 그룹 - [바깥쪽 테두리]를 선택한다.

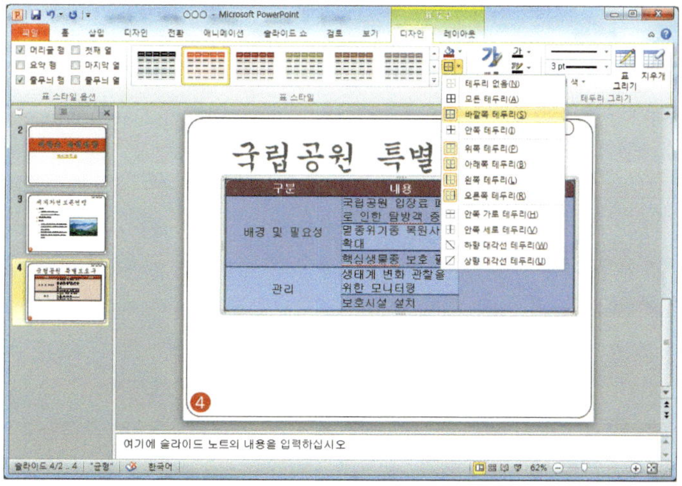

05 마지막으로 표 테두리 조정 핸들을 드래그해서 표의 너비와 높이를 조정하여 보기와 같이 조절한다.

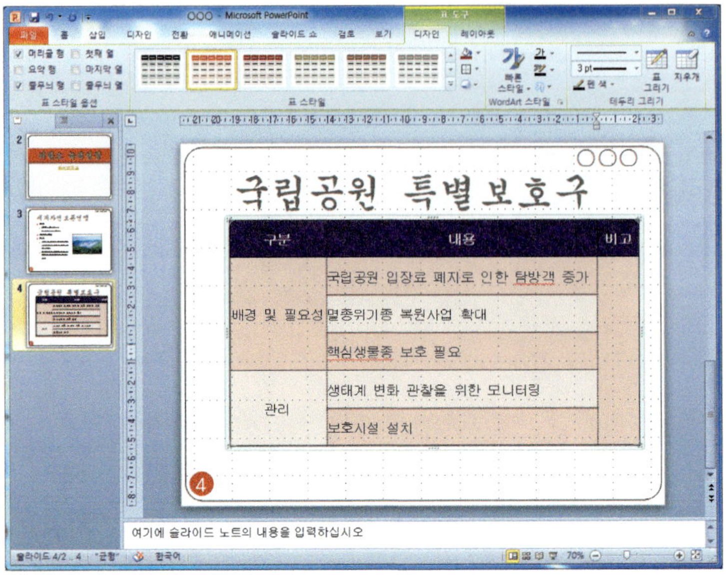
Microsoft PowerPoint
국립공원 특별보호구
구분
내용
비고
배경 및 필요성
국립공원 입장료 폐지로 인한 탐방객 증가
멸종위기종 복원사업 확대
핵심생물종 보호 필요
관리
생태계 변화 관찰을 위한 모니터링
보호시설 설치
여기에 슬라이드 노트의 내용을 입력하십시오

2. 다음 슬라이드를 작성하시오.

굴림 35포인트, 가운데정렬

클라이언트-서버 시스템 구현 전략

구분 / 전략	업무처리상 특징 (선택적 요소)		클라이언트-서버 아키텍처	구현 요소
	데이터량	업무복잡도		
1	저	저	파일 서버 (File-Server C/S)	
2	고	저	원격 프리젠테이션 (Remote-Presentation C/S)	
3	저	고	3단계 구조 (Three-Tiered C/S)	

돋움 16포인트

<PC활용능력평가시험>

이중선　　바닥글 삽입

[따라하기] 2번 슬라이드 작성(50점)

1 제목 입력

01 [삽입] 탭 – [텍스트] 그룹 – [텍스트 상자] 클릭하고, [가로 텍스트 상자]를 선택하여 슬라이드 상단에 드래그하여 만든 후, 텍스트 상자에 제목을 입력한다.

02 방금 입력한 텍스트 상자를 클릭한 후, [홈] 탭 - [글꼴]/[단락] 그룹에서 글꼴은 '굴림'으로 크기는 35포인트로 설정하고, 가운데 정렬을 한다.

2 표 삽입

01 [삽입] 탭 – [표] 그룹 – [표] 확장 단추를 클릭한 후, 5행 5열 개수가 될 때까지 드래그하여 만든다.

02 기본 서식이 적용된 표의 서식을 [디자인] 탭 - [표 스타일]에서 '스타일 없음'을 선택하여 표에 적용된 스타일을 제거한다.

03 셀 병합을 위해 병합할 셀을 선택한 후, 마우스 오른쪽 버튼을 눌러 [셀 병합]을 선택한다.

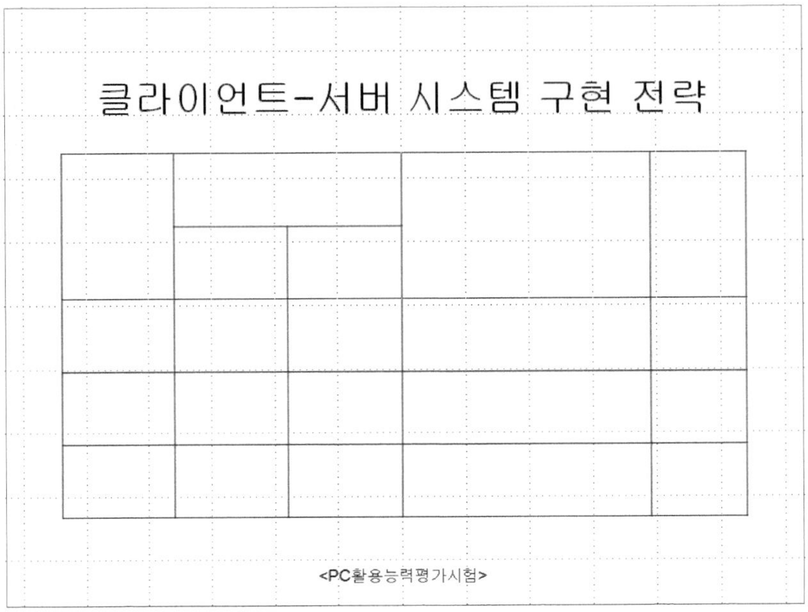

04 셀 안에 대각선은 [디자인] 탭 - [표 스타일] 그룹 - [테두리]에서 '하향 대각선 테두리'를 선택한다. 그리고 파워포인트에서는 테두리로 이중선 스타일이 없어, 도형의 '선'을 이용하여 표 안에 이중선을 완성한다.

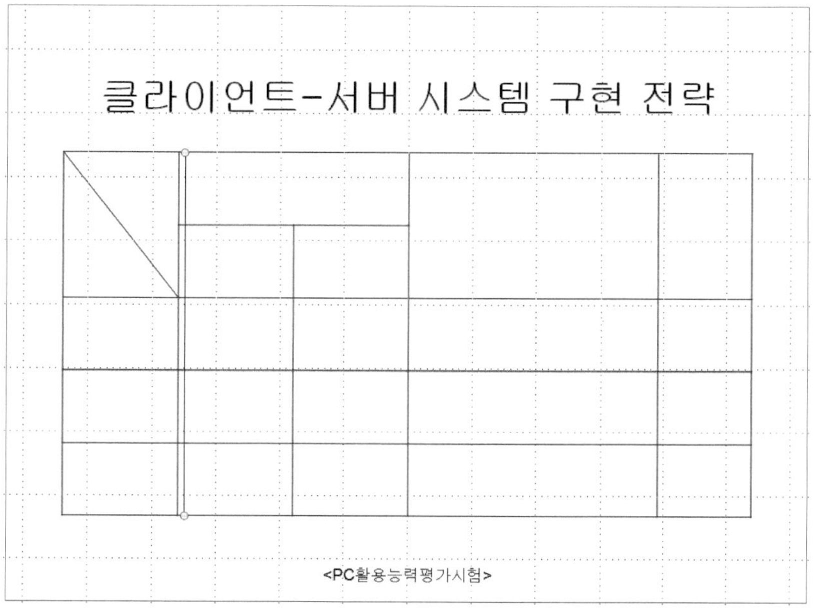

05 셀 안에 텍스트를 입력하고 표의 가장 자리를 왼쪽 마우스로 클릭한 후, [홈] 탭에서 글꼴, 글꼴 크기, 정렬을 설정하고, [레이아웃] 탭 - [맞춤] 그룹에서 '세로 가운데 맞춤'을 선택한다.

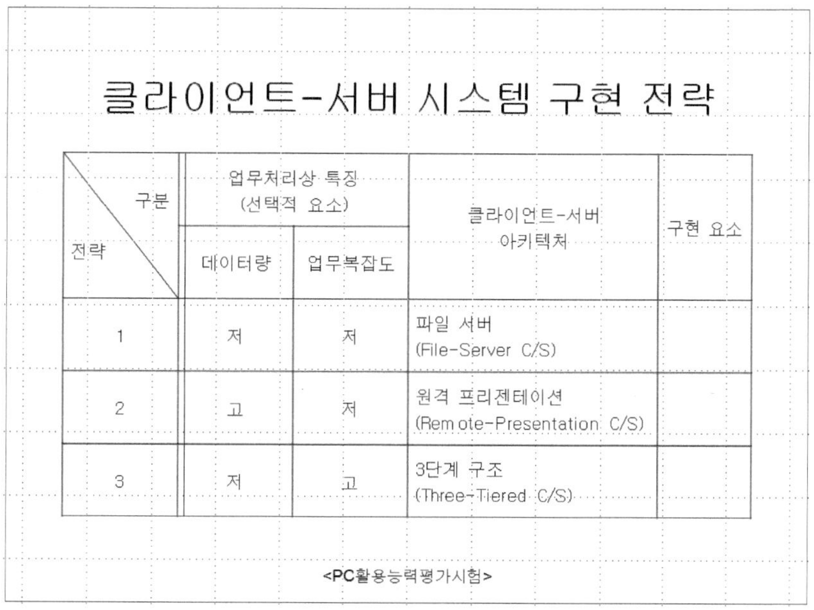

구분 / 전략	업무처리상 특징 (선택적 요소)		클라이언트-서버 아키텍처	구현 요소
	데이터량	업무복잡도		
1	저	저	파일 서버 (File-Server C/S)	
2	고	저	원격 프리젠테이션 (Rem ote-Presentation C/S)	
3	저	고	3단계 구조 (Three-Tiered C/S)	

4.2 차트

차트를 만들기 위해서는 먼저 데이터 시트(Data Sheet)에 원하는 값들을 입력해야 한다. 데이터 시트는 엑셀의 워크시트와 같은 모양을 하고 있으며, 시트에 입력된 값들이 그대로 반영되어 차트가 만들어진다.

1 차트 삽입하기

슬라이드에 차트를 삽입하려면 [삽입] 탭 - [일러스트레이션] 그룹 - [차트]를 클릭하거나 제목 및 내용 슬라이드의 내용 개체 틀에서 [차트]를 클릭한다.

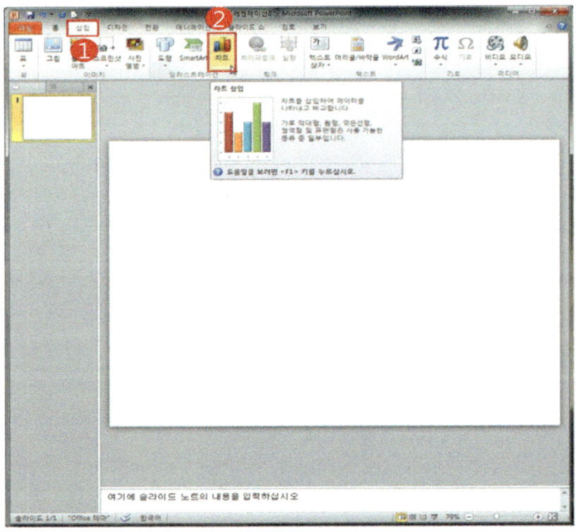

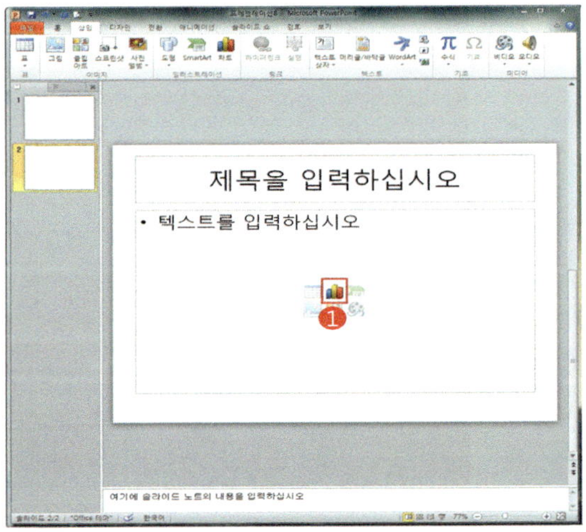

[차트 삽입] 대화상자가 나타나면 차트 종류를 선택하고 엑셀 데이터 시트가 열리면 항목과 계열을 변경하고 데이터 값을 수정하여 차트를 만든다.

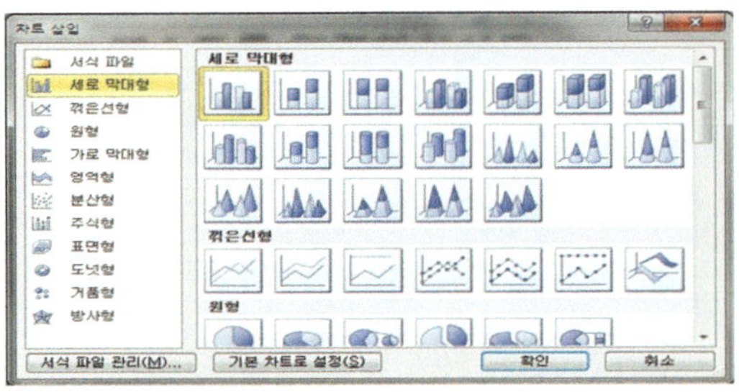

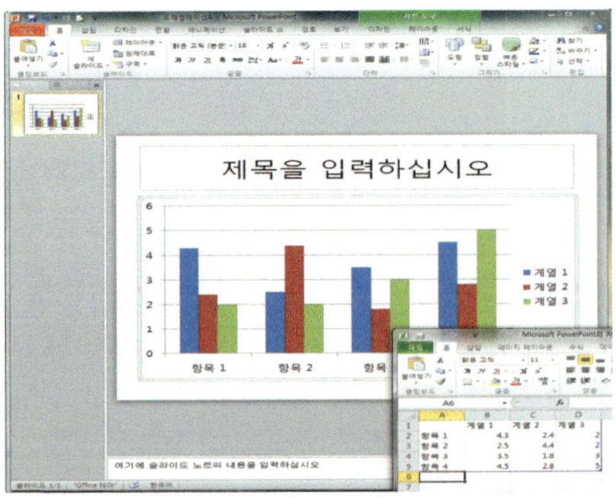

2 차트 편집하기

01 데이터 편집

차트를 완성한 뒤 입력데이터를 수정하려면 차트를 선택한 후, [차트 도구] - [디자인] 탭 - [데이터 편집]을 클릭한다. 그리고 엑셀 데이터 시트가 열리면 데이터를 수정한 후 닫는다.

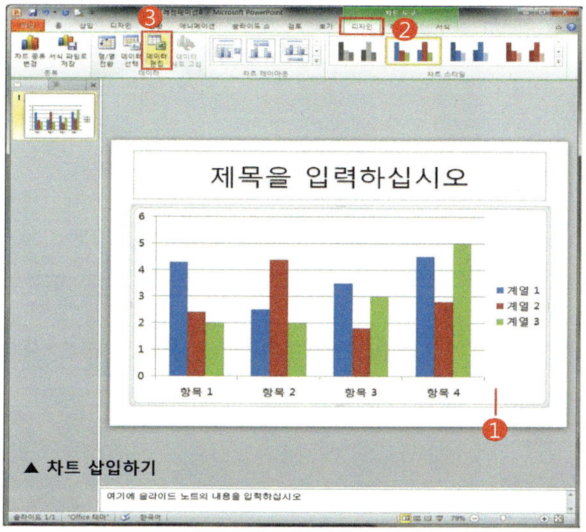

▲ 차트 삽입하기

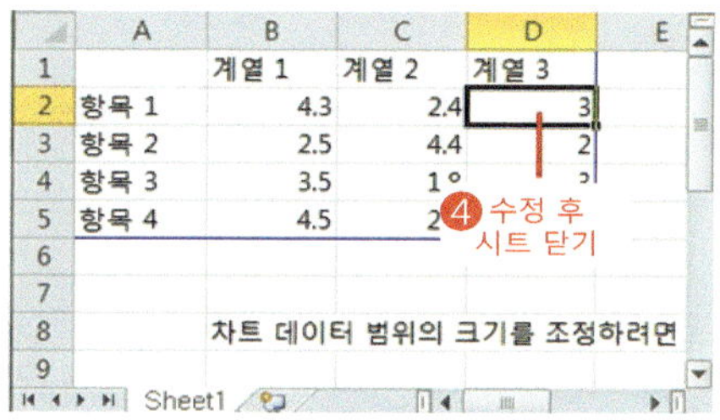

02 차트 종류 변경

차트 종류를 변경하려면, 차트 전체 또는 계열을 클릭하고 [차트 도구] - [디자인] 탭 - [차트 종류 변경] 클릭한다. 그리고 변경하려는 차트 종류와 차트 하위 종류를 선택한다.

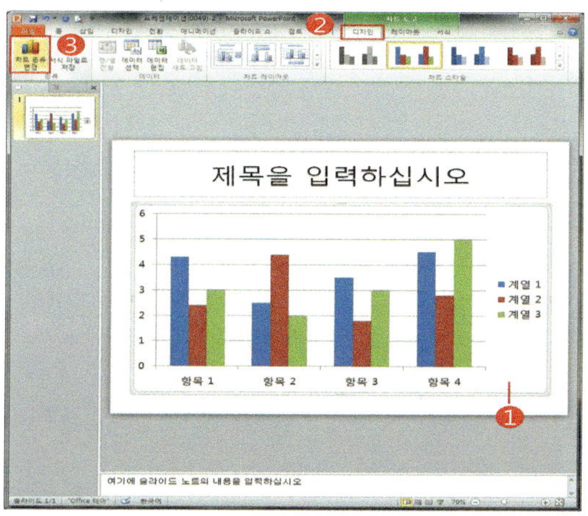

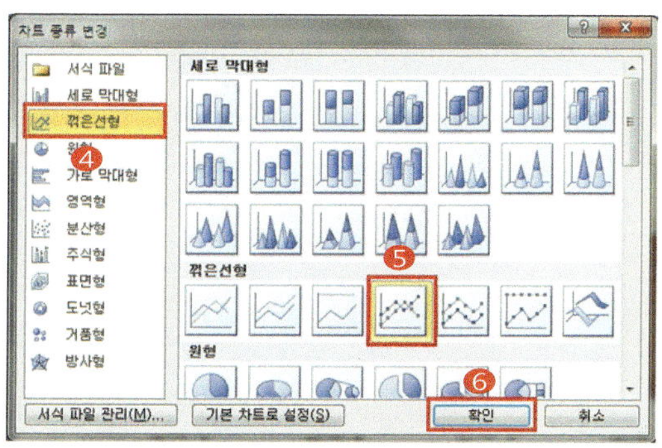

03 차트 요소

차트 요소는 차트를 선택하고 각 요소에 마우스 포인터를 위치시키면 각 요소의 이름을 확인할 수 있다.

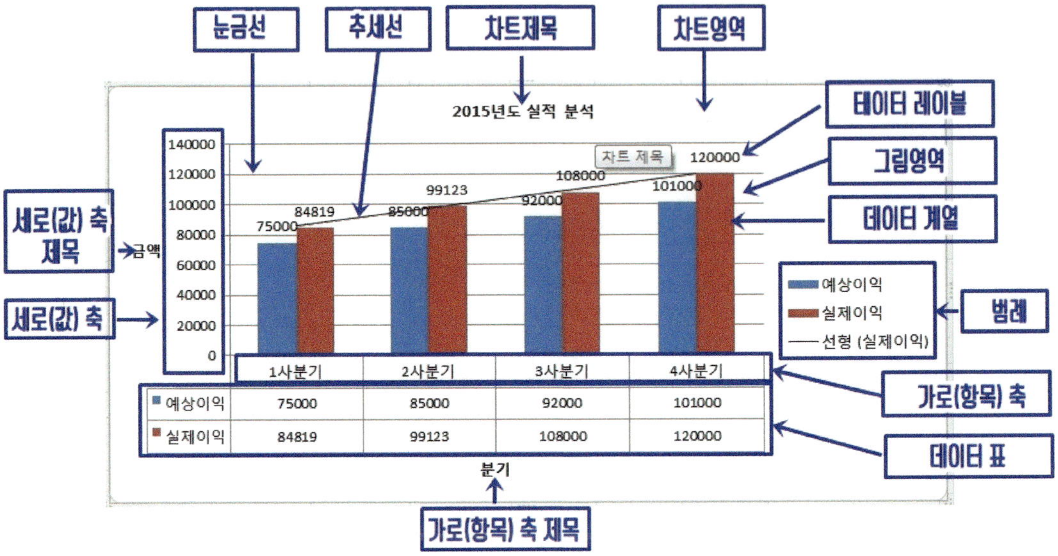

- 차트영역 : 차트 전체를 의미하며 바탕에 그림이나 배경무늬를 삽입할 수 있다.
- 그림영역 : 가로(항목) 축과 세로(값) 축으로 둘러싸인 영역으로, 그림이나 배경무늬를 삽입할 수 있다.
- 차트제목 : 차트의 제목을 표시한다.
- 눈금선 : 데이터 값을 알기 쉽게 표시한 선으로, 가로 눈금선과 세로 눈금선으로 구분되며 각각 주 눈금선, 보조눈금선, 주/보조 눈금선으로 설정할 수 있다.
- 세로(값)축 : 데이터 계열의 크기를 알기 쉽게 눈금의 값을 숫자값으로 나타낸다.
- 가로(항목)축 : 차트를 구성하는 데이터 항목을 나타낸다.
- 데이터계열 : 차트로 표현할 값을 가진 선이나 막대로, 각 계열마다 다른 색이나 무늬를 가지며, 데이터 계열은 범례에 나타나는 내용과 일치한다.
- 데이터레이블 : 데이터 계열에 대하여 값이나 데이터 항목, 데이터 계열을 표시한다.
- 데이터 표 : 시트의 원본 데이터를 표시한다.
- 추세선 : 특정 데이터 계열에 대한 변화 추세를 파악하기 위해 표시하는 선.
- 범례 : 데이터 계열의 무늬 및 색을 나타내는 표시와 데이터 계열의 항목 명을 표시한다.

차트 요소는 차트의 내용에 따라 구성을 달리 할 수 있는데 가장 간편한 방법은 [차트 도구] - [디자인] 탭 - [차트 레이아웃] 그룹에서 레이아웃을 선택하는 것이다. 또 다른 방법은 [차트 도구] - [레이아웃] 탭의 [레이블], [축], [배경] 그룹에 있는 명령을 이용하는 것이다.

04 차트 서식 설정

차트의 각 요소에 대한 서식을 변경하려면, 차트를 선택한 후 원하는 차트 요소 클릭하고 [차트 도구] - [서식] 탭 - [현재 선택 영역] 그룹 - [선택 영역 서식]을 선택한다. 차트 요소의 서식 대화 상자가 열리면 필요한 값으로 설정한다.

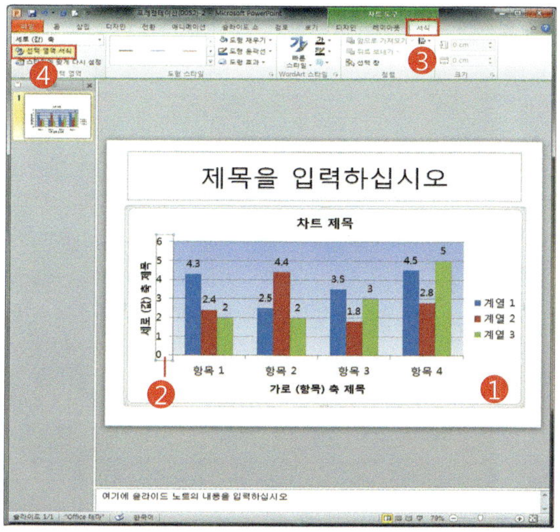

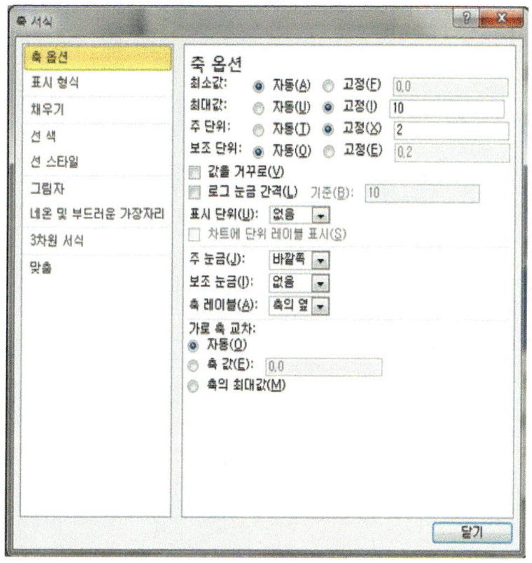

보 기

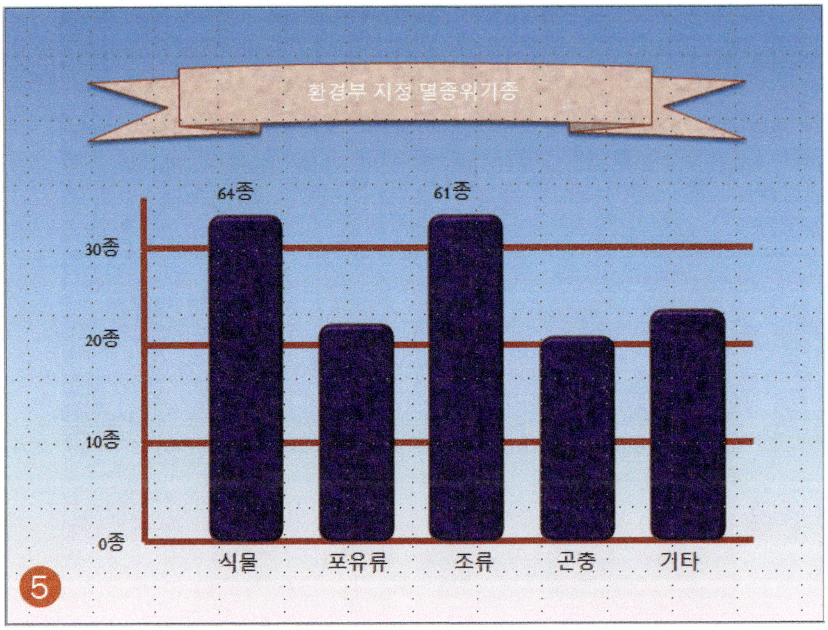

처리사항 **배점 : 1)번(5점), 2)번(54점), 3)번(10점)**

4. **슬라이드4**
   1) 새 슬라이드를 '빈 화면' 슬라이드로 추가하시오.
   2) 그리기 도구모음을 이용하여 아래 조건에 맞게 **[보기 슬라이드]**와 같이 작성하시오.
      - 위로 구부러진 리본을 1개 그리고, 면의 질감은 분홍 박엽지로 지정하고, 그림자는 '바깥쪽, 오프셋 아래쪽'을 적용, '환경부 지정 멸종위기종'을 입력
      - 선의 종류가 실선이고, 너비가 5pt인 선 5개 그리기
      - 모서리가 둥근 직사각형 도형을 5개 그리고, 면의 질감은 자주 편물로 지정하고, 3차원 서식으로 입체효과의 위쪽 '둥글게'를 적용
      - 가로 텍스트 상자를 11개 그리고, '30종', '20종', '10종', '0종', '식물', '포유류', '조류', '곤충', '기타', '61종', '64종'을 각각 입력
      - 작성된 모든 도형은 **[보기 슬라이드]**와 같이 배열하고, 그룹으로 지정하고, 크기는 너비 21cm, 높이 16cm으로 지정
   3) 슬라이드의 배경 서식에서 배경 그래픽 숨기기를 지정하고, 그라데이션 채우기의 기본 설정 색은 '새벽'으로 지정하시오.

[답안 따라하기]

❶ 새 슬라이드 추가하기(배점 5점)

01 [홈] 탭 - [슬라이드] 그룹 - [새 슬라이드] - [빈 화면]을 선택한다.

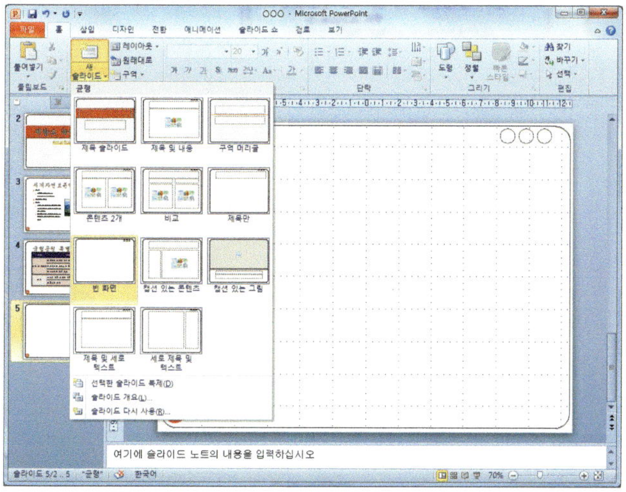

❷ 도형 삽입(배점 54점)

■ **제목 도형 작성하기**

01 도형을 삽입하기 위해 [삽입] 탭 - [일러스트레이션] 그룹 - [도형] - [별 및 현수막 - 위로 구부러진 리본]을 선택한다.

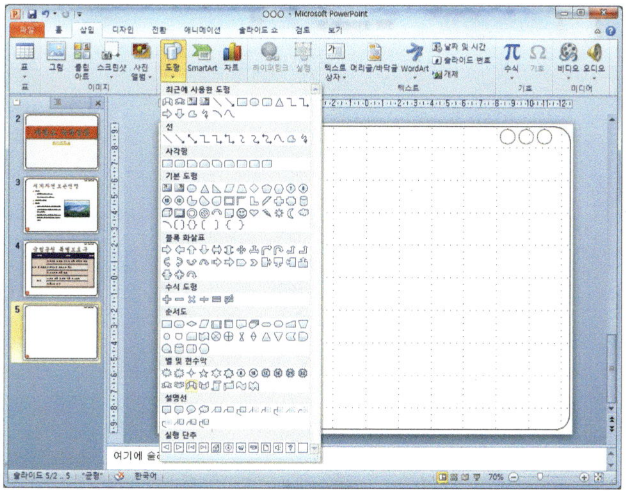

02 도형을 드래그하여 도형을 작성하고 도형을 선택한 후, [그리기 도구] - [서식] 탭 - [도형 스타일] 그룹 - [도형 채우기] - [질감] - [분홍 박엽지]을 선택한다.

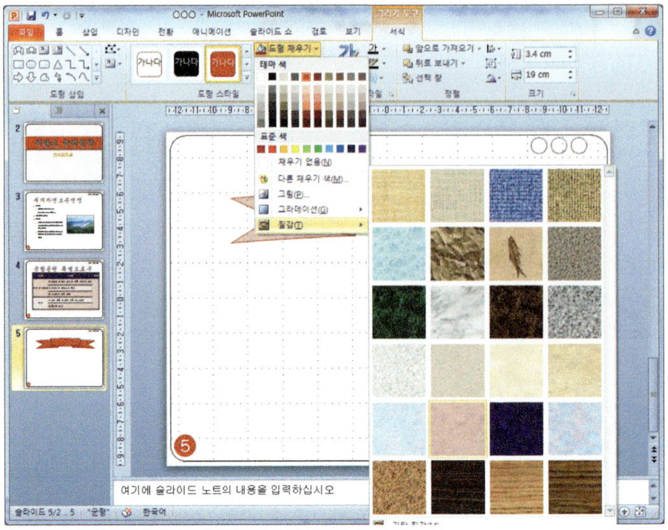

03 도형이 선택되어 있는 상태에서 [그리기 도구] - [서식] 탭 - [도형 스타일] 그룹 - [도형 효과] - [그림자] - [바깥쪽 - 오프셋 아래쪽]을 선택한다.

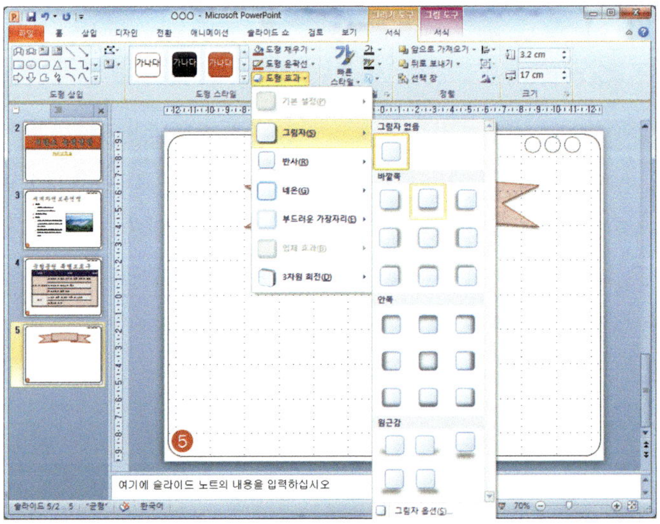

04 도형을 선택한 후, 마우스 오른쪽 버튼을 클릭해서 [텍스트 편집] 메뉴를 선택한 다음 “환경부 지정 멸종위기종”이라고 입력한다.

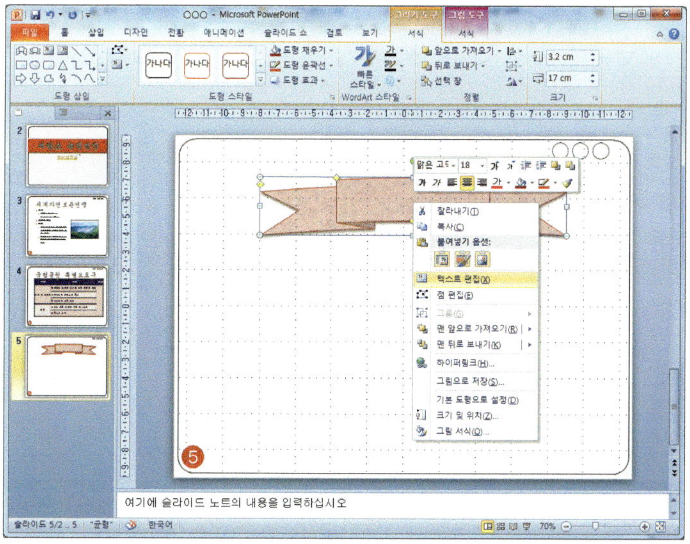

■ **선 그리기**

01 [삽입] 탭 - [일러스트레이션] 그룹 - [도형] - [선 - 선]을 선택한 후, 선을 그려준다.

02 선을 선택한 상태에서 [서식] 탭 - [도형 스타일] 그룹 - [도형 윤곽선] - [두께] - [다른 선]을 선택한다.

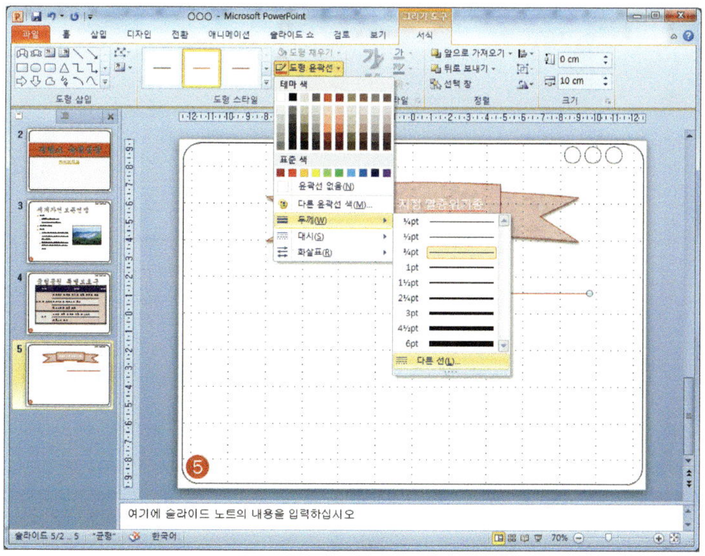

03 [도형 서식] 대화 상자의 [선 스타일] 탭에서 너비를 '5pt'로 지정하고 [닫기] 단추를 클릭한다.

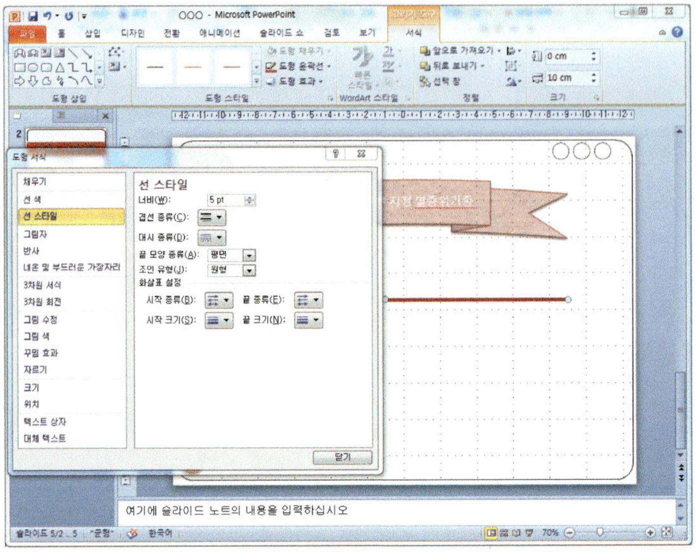

04 가로줄의 선을 선택하고, Ctrl + Shift 키를 누른 채 드래그하여 복사해서 선 5개를 만든다.

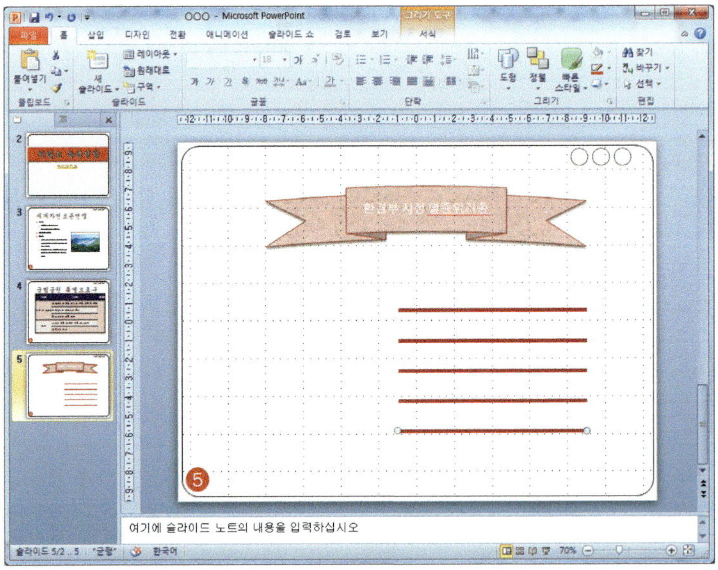

■ **도형 작성하기**

01 [삽입] 탭 - [일러스트레이션] 그룹 - [도형] - [사각형 - 모서리가 둥근 직사각형 도형]을 선택하고 도형을 작성한다.

02 질감 선택하기 위해 도형을 선택하고, [그리기 도구] - [서식] 탭 - [도형 스타일] 그룹 -

[도형 채우기] - [질감] - [자주 편물]을 선택한다.

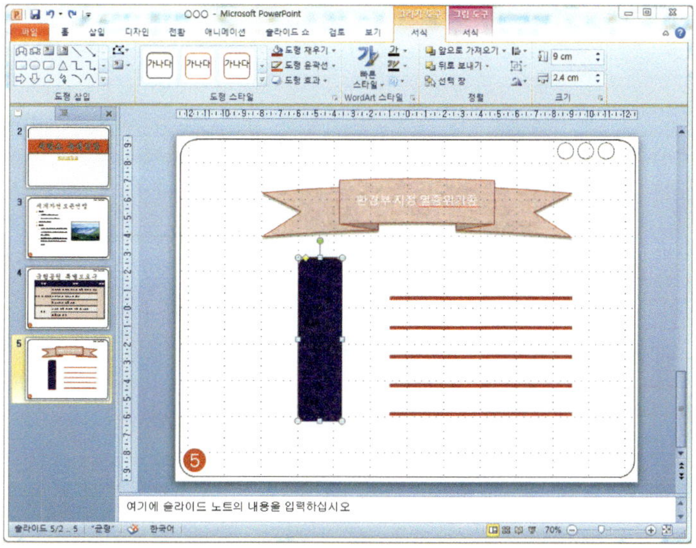

03 도형에 입체 효과를 지정하기 위해 도형을 선택한 후, [그리기 도구] - [서식] 탭 - [도형 스타일] 그룹 - [도형 효과] - [입체 효과] - [3차원 옵션]을 선택한다.

04 [그림 서식] 대화 상자의 [3차원 서식] 탭에서 입체 효과에서 '위쪽 - 둥글게'를 선택하고 [닫기] 단추를 클릭한다.

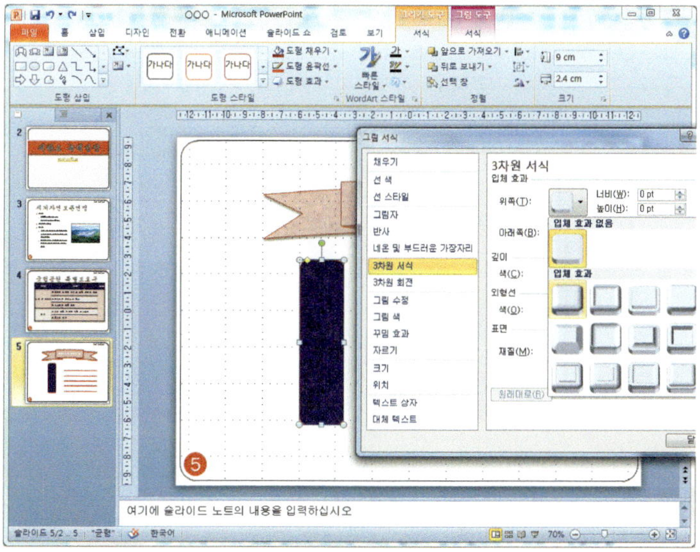

05 도형을 복사하기 위해 도형을 선택하고 Ctrl + Shift 키를 누른 채 드래그하여 도형을 복사하여 도형 5개를 만든다.

06 도형을 선택하여 크기 조절점으로 도형의 크기를 조절한 다음 〈슬라이드 보기〉처럼 선과 도형을 배열한다.

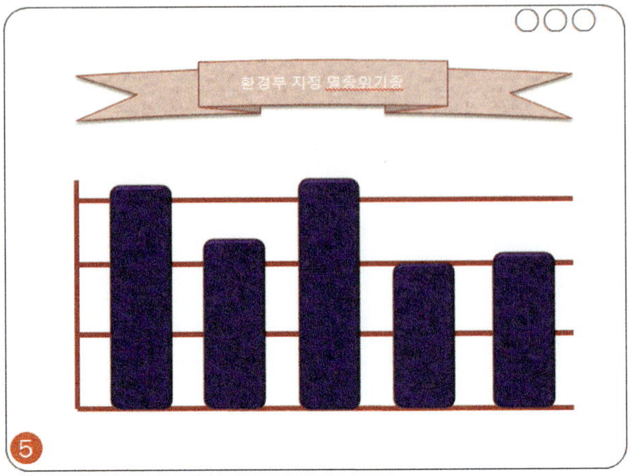

■ **텍스트 상자 만들기**

01 텍스트를 입력하기 위해 [삽입] 탭 - [텍스트] 그룹 - [텍스트 상자] - [가로 텍스트 상자]를 선택한 후, '30종' 텍스트를 입력한다. 계속해서 Ctrl + Shift 키를 누른 채 드래그하여 복사해서 10개 텍스트 상자를 추가한다.

02 11개 텍스트 상자에 '30종', '20종', '10종', '0종', '식물', '포유류', '조류', '곤충', '기타', '61종', '64종'이라고 수정하고 입력한다. 계속해서 텍스트 상자를 〈슬라이드 보기〉처럼 배치한다.

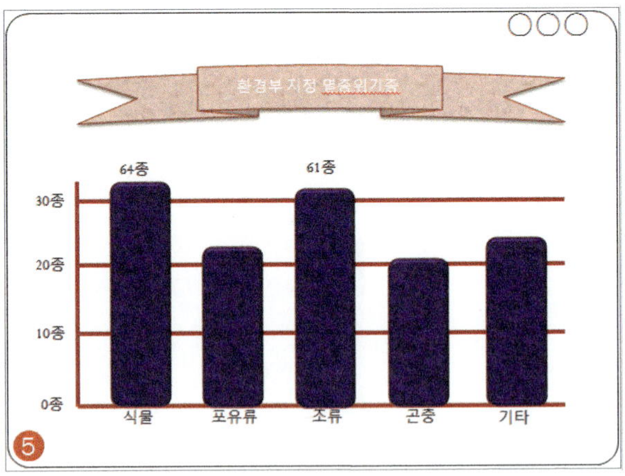

■ **그룹 지정 및 크기 조정하기**

01 도형을 그룹으로 지정하기 위해 슬라이드 번호를 제외한 모든 도형을 선택한 후, 마우스 오른쪽 단추를 눌러 [그룹] - [그룹] 메뉴를 선택한다.

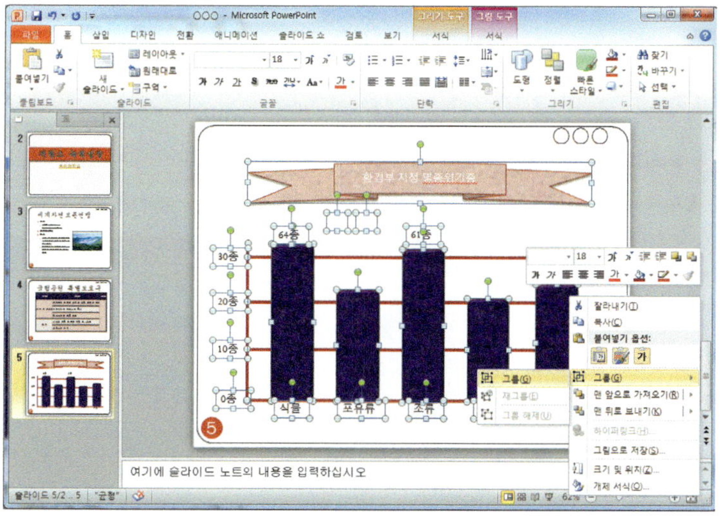

02 그룹이 지정된 상태에서 마우스 오른쪽 단추를 눌러 [그림 서식] - [크기]에서 '가로 세로 비율 고정' 체크 해제를 확인하고, 높이 '16cm', 너비 '21cm'로 지정한 후, 위치를 조절한다.

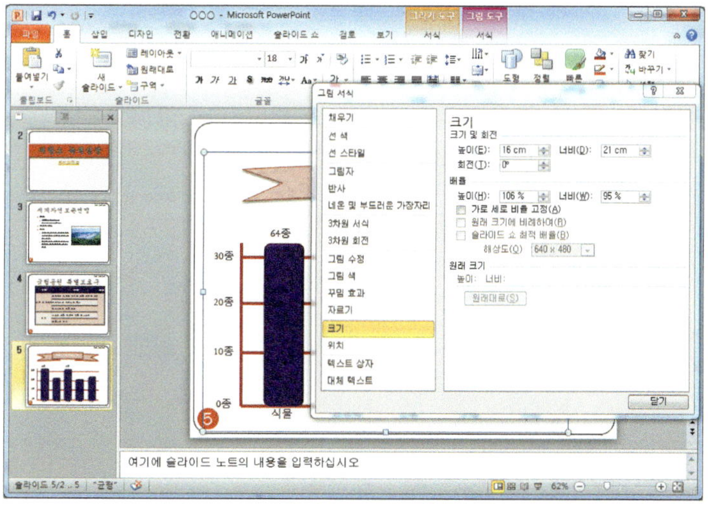

❸ 배경 지정하기(배점 10점)

01 슬라이드 빈 공간에서 마우스 오른쪽 단추를 눌러 [배경 서식] 메뉴를 선택한다.

02 [배경 서식] 대화 상자의 [채우기] 탭에서 '그라데이션 채우기'를 선택하고 '배경 그래픽 숨기기'에 체크 표시를 한다. 기본 설정 색에서 '새벽'을 선택하고 [닫기] 단추를 클릭한다.

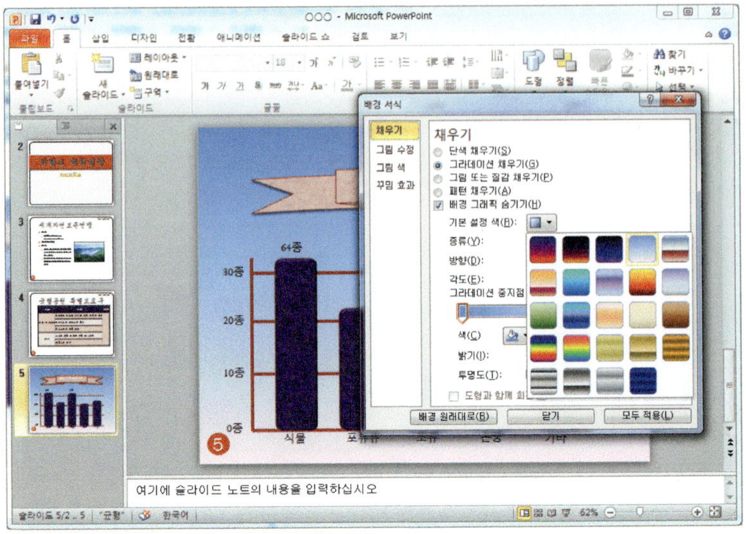
OOO - Microsoft PowerPoint
배경 서식
채우기
그림 수정
그림 색
꾸밈 효과
단색 채우기(S)
그라데이션 채우기(G)
그림 또는 질감 채우기(P)
패턴 채우기(A)
배경 그래픽 숨기기(H)
기본 설정 색(R):
종류(Y):
방향(D):
각도(E):
그라데이션 중지점
색(C)
밝기(I):
투명도(T):
배경 원래대로(B)
닫기
모두 적용(L)
64종
30종
20종
10종
0종
식물
여기에 슬라이드 노트의 내용을 입력하십시오

보 기

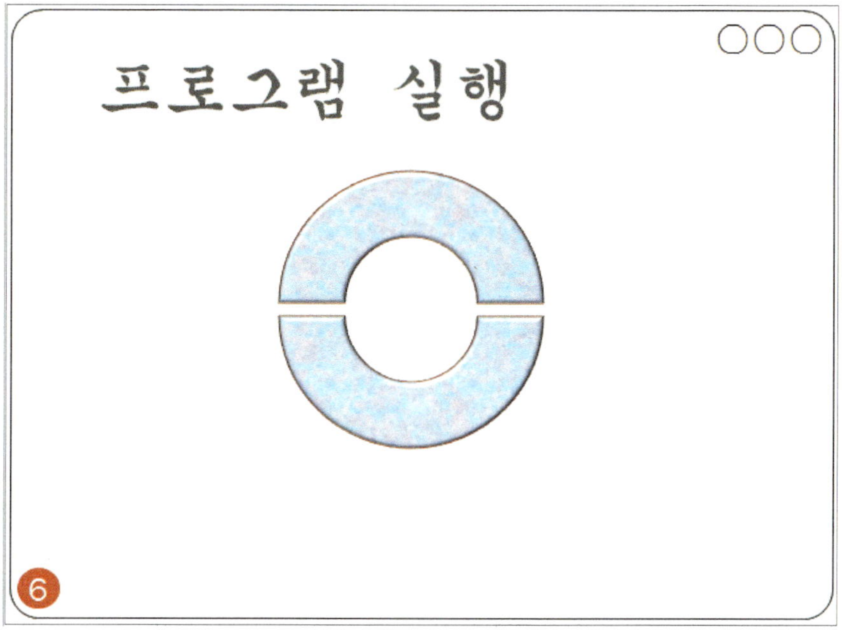

처리사항 **배점 : 1)번(5점), 2)번(3점), 3)번(16점), 4)번(3점)**

5. **슬라이드5**
   1) 새 슬라이드를 '제목만' 슬라이드로 추가하시오.
   2) 제목은 '프로그램 실행'으로 입력하시오.
      - 글꼴은 궁서체, 글꼴 크기는 56pt로 지정
   3) 도형을 작성하여 실행설정을 지정하시오.
      - 그리기 도구모음의 '막힌 원호' 도형을 그리고, 면의 질감은 꽃다발로 지정하고, 너비 8cm, 높이 8cm로 작성
      - 작성된 '막힌 원호' 도형은 3차원 서식으로 입체효과의 위쪽 '둥글게'와 깊이 36pt를 지정
      - 슬라이드 쇼 실행 시, 마우스를 '막힌 원호' 도형 위에 놓았을 때 메모장 프로그램(NOTEPAD.EXE)이 실행되도록 실행설정을 지정
      - 실행설정이 지정된 '막힌 원호' 도형을 복사하여 상하 대칭 지정
      - 작성된 두 개의 '막힌 원호' 도형을 그룹으로 지정
   4) 슬라이드5를 숨기기로 지정하시오.

[답안 따라하기]

❶ 새 슬라이드 추가하기(배점 5점)

01 [홈] 탭 - [슬라이드] 그룹 - [새 슬라이드] - [제목만]을 선택한다.

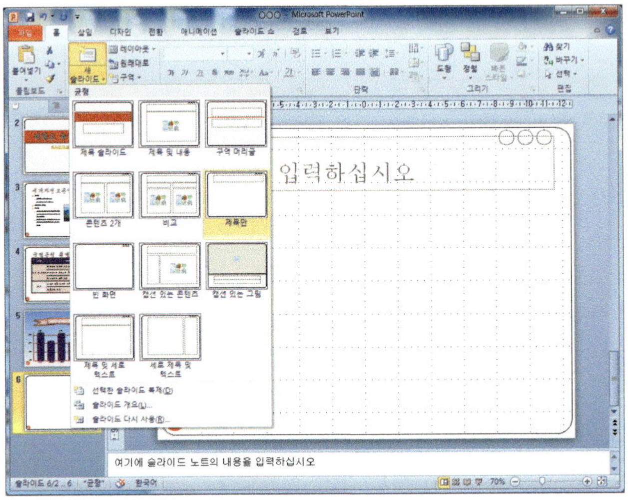

❷ 제목 서식 지정하기(배점 3점)

01 제목 텍스트 상자를 선택한 후, "프로그램 실행"이라고 입력한다.

02 제목을 블록 지정한 후, [홈] 탭 - [글꼴] 그룹에서 글꼴은 '궁서체', 크기는 '56pt'로 지정한다.

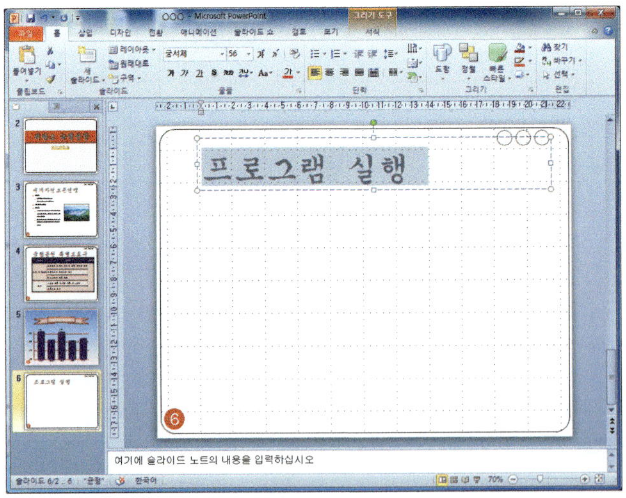

❸ 도형 작성과 실행 설정하기(배점 16점)

■ 원호 만들기

01 [삽입] 탭 - [일러스트레이션] 그룹 - [도형] - [기본 도형 - 막힌 원호]를 클릭한다.

02 십자모양이 변경되면 대각선으로 드래그하여 도형을 작성한다.

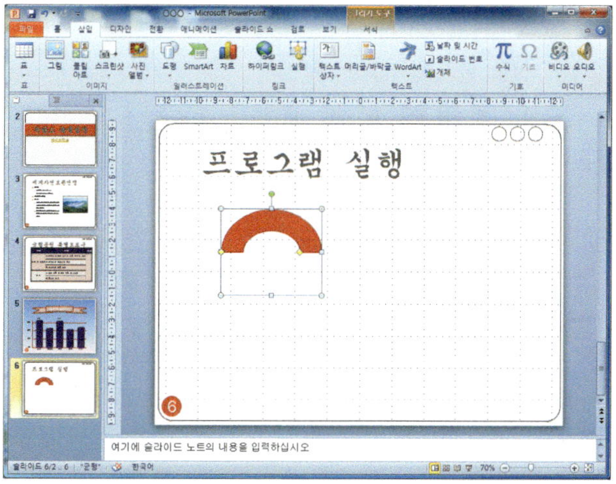

■ 질감 지정하기

01 도형을 선택한 후, [그리기 도구] - [서식] 탭 - [도형 스타일] 그룹 - [도형 채우기] - [질감] - [꽃다발]을 클릭한다.

02 도형을 선택한 후, 마우스 오른쪽 단추를 눌러 [그림 서식] - [크기]에서 '가로 세로 비율 고정' 체크 해제를 확인하고, 너비 '8cm', 높이 '8cm'로 지정한다.

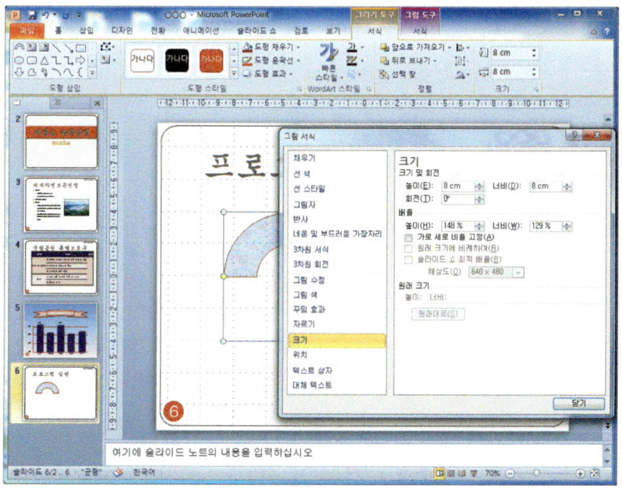

■ **입체효과 지정하기**

01 도형을 선택한 후, [그리기 도구] - [서식] 탭 - [도형 스타일] 그룹 - [도형 효과] - [입체효과] - [3차원 옵션]을 클릭한다.

02 [그림 서식] 대화 상자의 [3차원 서식] 탭의 '위쪽 - 둥글게'를 선택하고 깊이 '36pt'로 지정한 후, [닫기] 단추를 클릭한다.

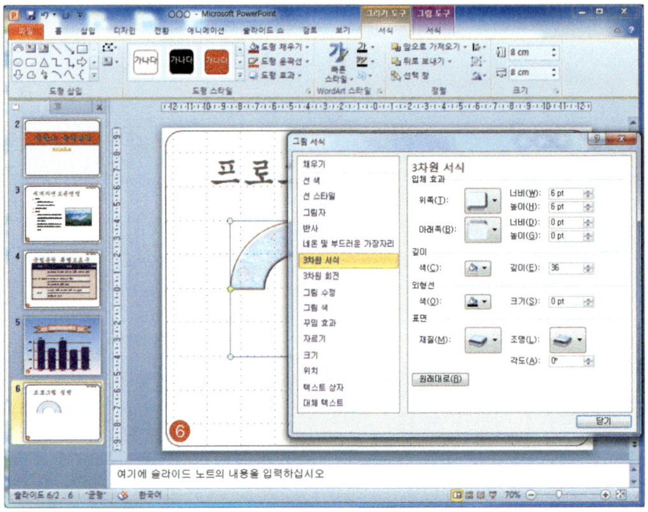

■ **실행 설정과 도형 그룹 지정하기**

01 도형을 선택하고 [삽입] 탭 - [링크] 그룹 - [실행]을 클릭한다. [실행 설정] 대화 상자의 [마우스를 위에 놓았을 때] 탭에서 [프로그램 실행]을 선택하고 [찾아보기] 단추를 클릭한다.

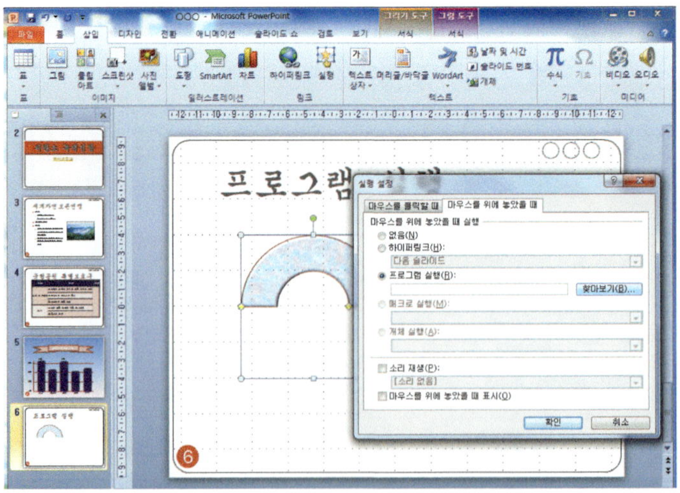

02 [실행할 프로그램 선택] 대화 상자에서 C:₩Windows를 지정한 후, 'notepad.exe' 파일을 선택하고 [확인] 단추를 클릭한다.

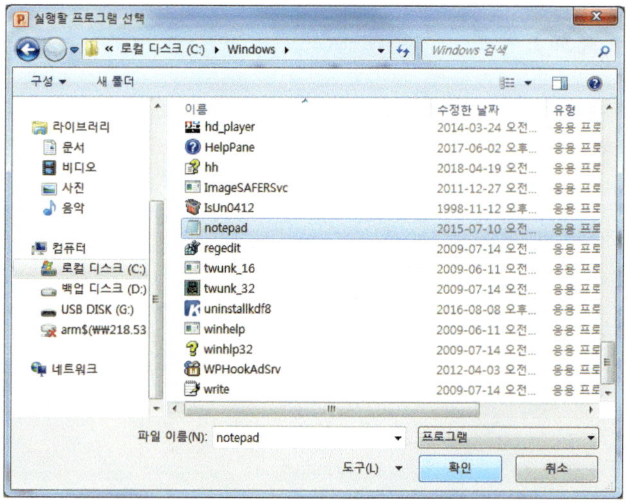

03 [실행 설정] 대화 상자에서 [확인] 단추를 클릭한다.

04 도형선택 후 Ctrl + Shift 키를 누른 채 도형을 드래그하여 복사한 후 초록색 회전 조절점을 누르고 Shift 키를 누른 채 도형을 180도 회전시킨다. 도형을 드래그하여 위치를 조절한다.

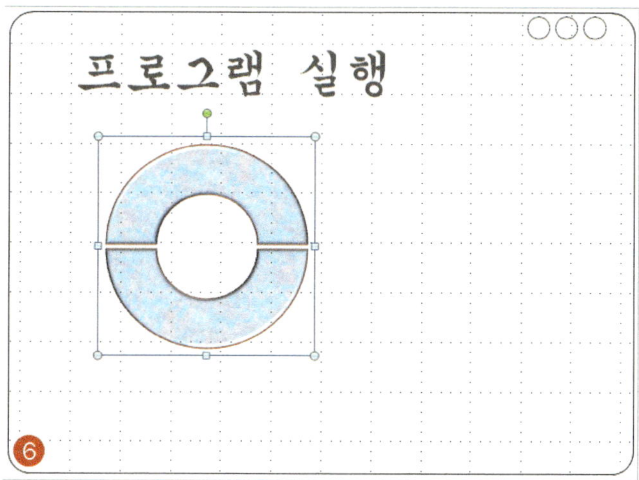

05 두 개의 도형을 선택하고 마우스 오른쪽 단추를 눌러 [그룹] - [그룹] 메뉴를 선택하여 그룹으로 지정한다.

❹ 슬라이드 숨기기(배점 3점)

01 현재 슬라이드를 숨기기 위해 [슬라이드 쇼] 탭 - [설정] 그룹 - [슬라이드 숨기기]를 클릭한다.

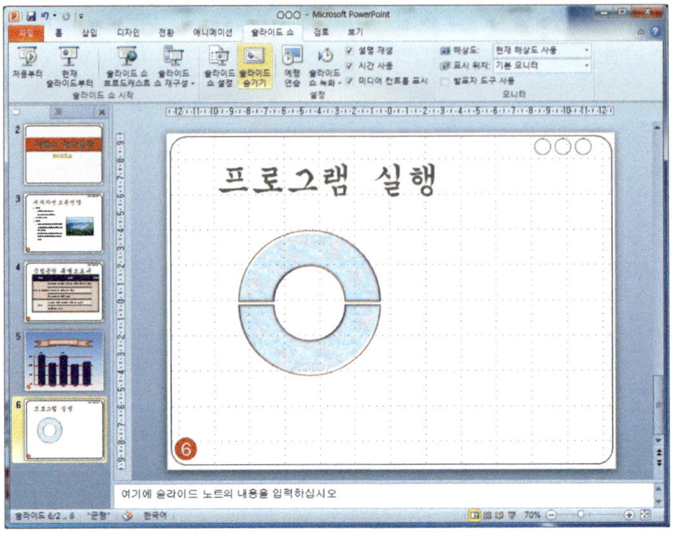

실전 문제(3) 3번 슬라이드 작성하기

3. 다음 슬라이드를 작성하시오.

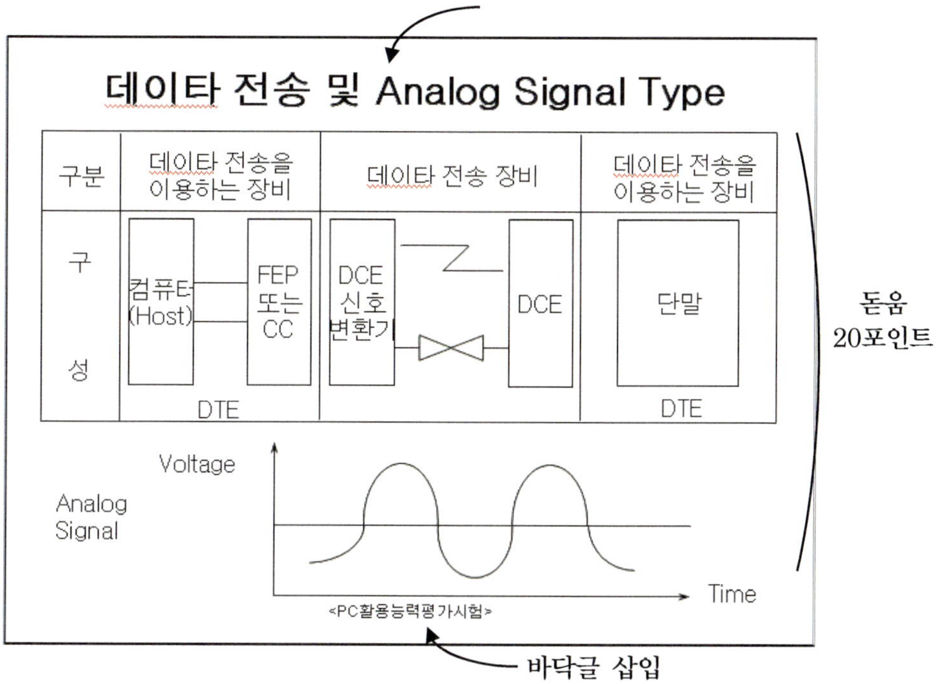

[따라하기] 3번 슬라이드 작성(80점)

1 제목 입력

01 [삽입] 탭 – [텍스트] 그룹 – [텍스트 상자] 클릭하고, [가로 텍스트 상자]를 선택하여 슬라이드 상단에 드래그하여 만든 후, 텍스트 상자에 제목을 입력한다.

02 방금 입력한 텍스트 상자를 클릭한 후, [홈] 탭 - [글꼴]/[단락] 그룹에서 글꼴은 '돋움'으로 크기는 35포인트로 설정하고, 진하게, 가운데 정렬을 한다.

2 표 삽입

01 [삽입] 탭 – [표] 그룹 – [표] 확장 단추를 클릭한 후, 2행 4열 개수가 될 때까지 드래그하여 표를 만든다.

02 기본 서식이 적용된 표의 서식을 [디자인] 탭 - [표 스타일]에서 '스타일 없음'을 선택하여 표에 적용된 스타일을 제거하고, 텍스트를 입력 후 레이아웃의 맞춤 정렬을 한다.

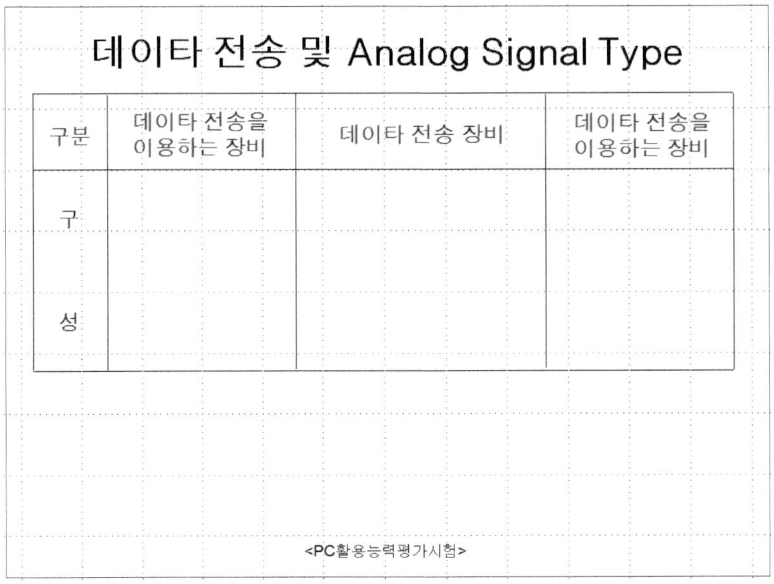

3 표 안에 도형 삽입

01 [삽입] 탭 - [일러스트레이션] 그룹 - [도형]을 클릭하여 '직사각형' 도형을 그리고 복사한 후 텍스트를 각각 입력해서 적절하게 배치한다.

02 다음으로 텍스트 상자 사이에 선과 화살표('순서도 대조' 도형 위치 변경하여 직선과 연결)를 그려 연결하고, 텍스트 상자에 'DTE'를 입력 후 복사 표 양쪽 배치 완료한다.

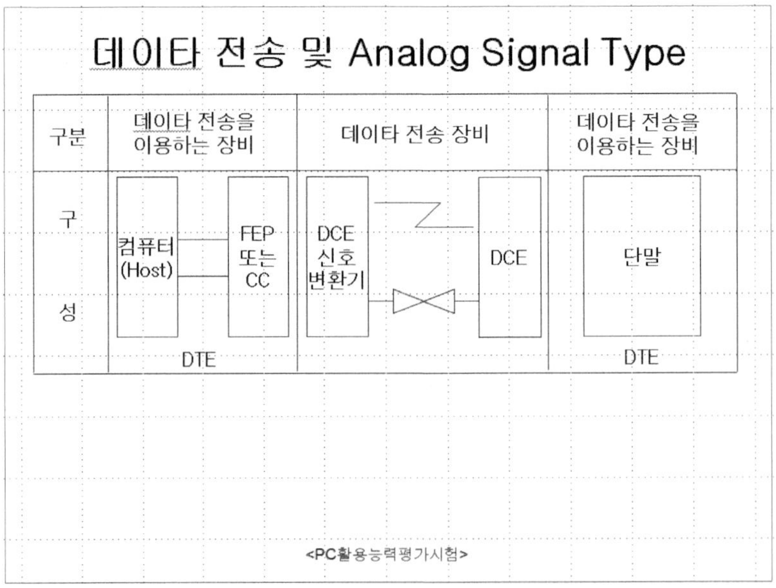

4 세부 도형 그리기

01 1번 슬라이드의 좌표 화살표를 복사하여 크기를 적절하게 조절한다. 중간에 직선을 그려 놓는다.

02 좌표 안에 들어갈 사인 곡선을 만들기 위해 '원호' 도형을 활용한다. 원호 도형을 장방향으로 끌어 만들고, 복사하여 좌우대칭으로 뒤집은 뒤에 상하로 연결하여 하나의 개체로 묶는다.

03 묶은 개체를 복사하고 좌우대칭으로 뒤집은 다음 두 곡선을 맞붙인다.

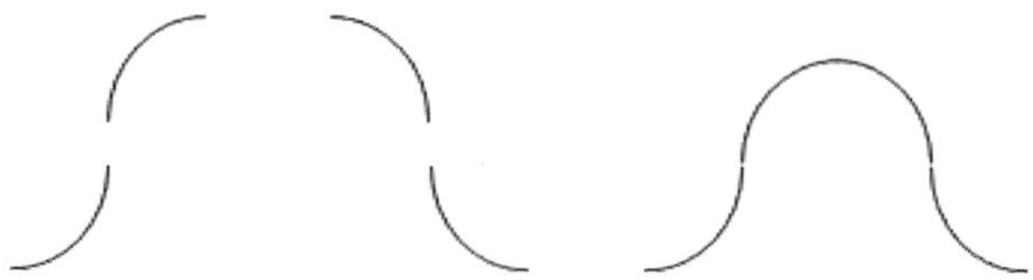

04 좌표 사인 곡선을 만들고, 텍스트 상자를 이용해서 축 제목과 그래프 제목을 입력해서 배치한다.

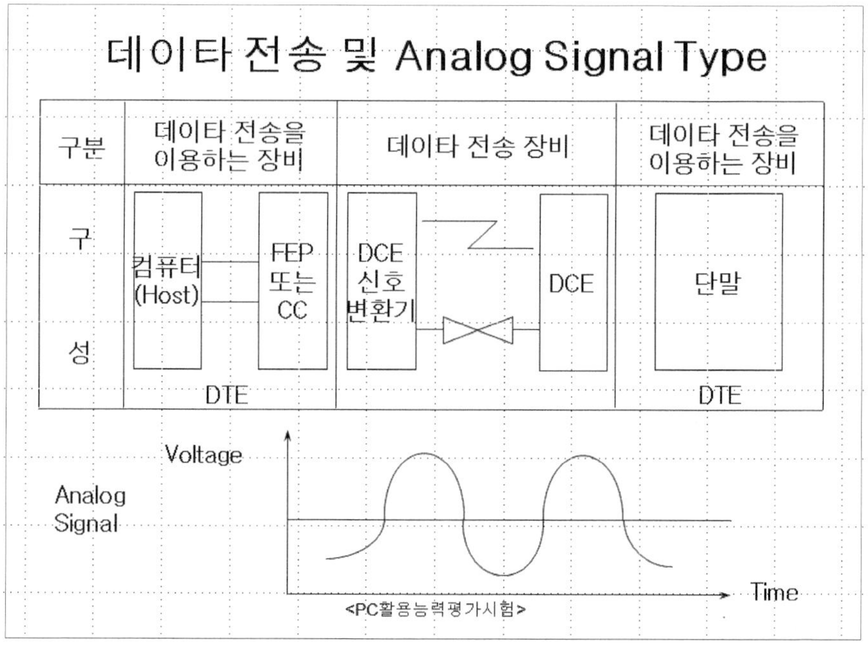

5 화면 전환

01 [전환] 탭 - [슬라이드 화면 전환] 그룹 - [흩어뿌리기]를 선택한다.

02 다음으로 [타이밍] 그룹에서 다음 시간 후를 3초로 설정하고 마지막으로 [모두 적용]을 선택한다. '미리보기' 버튼을 클릭하면 설정된 화면 전환 설정을 확인할 수 있다.

연습문제

[1] 아래의 표를 만드시오.

〈작성조건〉

- 제목상자 : [밤색 대리석]으로 채우기를 한다. 글꼴색은 "흰색"으로 지정하고 제목상자 전체를 오른쪽으로 이동시킨다.
- 1열 : 파랑색으로 채우기를 하고 글꼴색은 "흰색"으로 지정한다.
- 2열 : 글머리기호를 넣어준다.

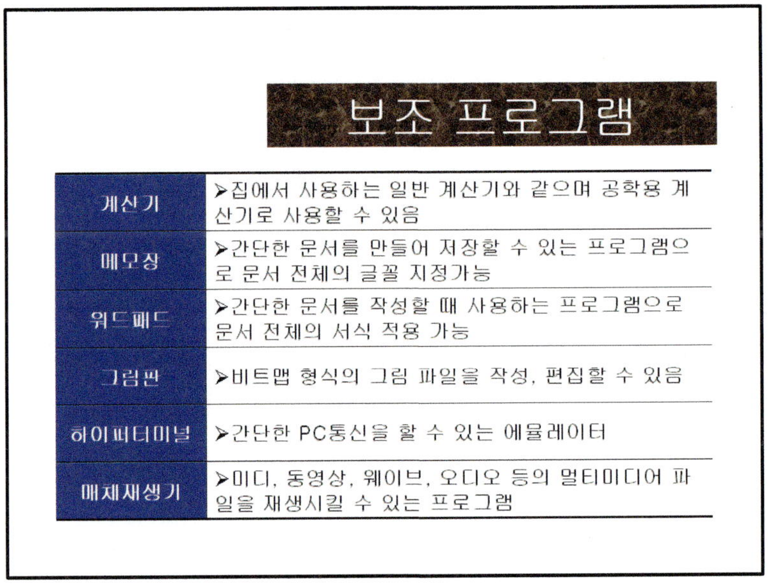

보조 프로그램

계산기	➢집에서 사용하는 일반 계산기와 같으며 공학용 계산기로 사용할 수 있음
메모장	➢간단한 문서를 만들어 저장할 수 있는 프로그램으로 문서 전체의 글꼴 지정가능
워드패드	➢간단한 문서를 작성할 때 사용하는 프로그램으로 문서 전체의 서식 적용 가능
그림판	➢비트맵 형식의 그림 파일을 작성, 편집할 수 있음
하이퍼터미널	➢간단한 PC통신을 할 수 있는 에뮬레이터
매체재생기	➢미디, 동영상, 웨이브, 오디오 등의 멀티미디어 파일을 재생시킬 수 있는 프로그램

[2] 아래의 표를 만드시오.

〈작성조건〉

- 제목상자 : "애니메이션 파생 상품 매출액"을 입력한 다음 두 가지 색(회색, 흰색)으로 그라데이션을 준다.
- 1, 2행은 연한 녹색(반투명 50%)으로 채우기를 하고, 5, 6행은 [색채우기] → [채우기 효과] → [질감] → [꽃다발]로 채워준다.

애니메이션 파생 상품 매출액

종류 \ 시장		캐릭터		소품	비고
		팬시	인형		
국외	푸우	30	25	40	
	미키마우스	150	300	420	
국내	둘리	10	7	5	
	졸라맨	9	18	12	

[3] 아래에 제시된 슬라이드를 작성하시오.

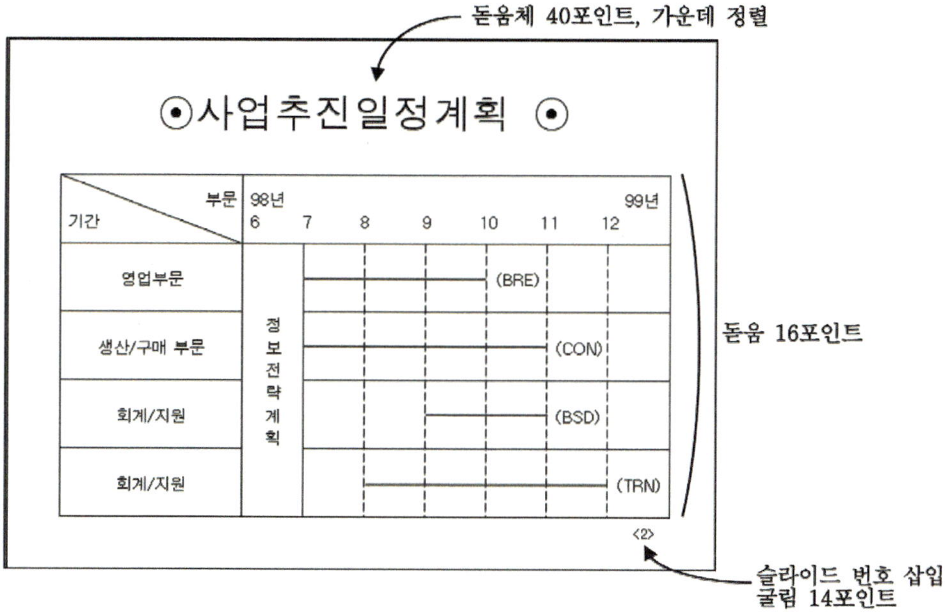

[4] 다음 표를 기초로 하여 꺾은선형 그래프를 그려보시오.

년도	2000	2001	2002	2003	2004	2005	2006
인원	9976	4535	3368	9790	6933	10091	11549

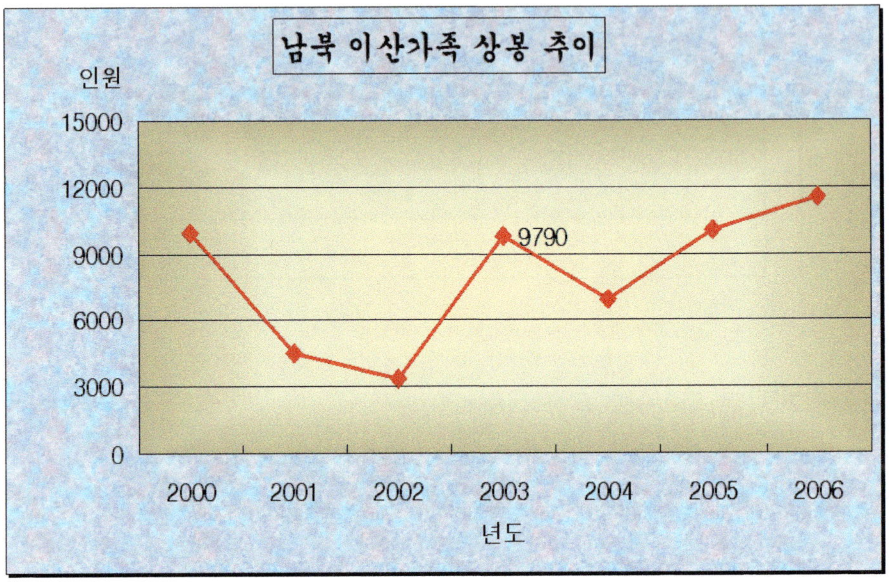

① 차트 종류 : 데이터 표식이 있는 꺾은 선형

② X축 제목 : 년도, Y축 제목 : 인원

③ 범례 : 없음

④ 데이터 레이블 : 2003년도 값만 선택 후 [데이터 레이블] → [값 표시]를 선택하여 타입 A만 값을 표시하도록 한다.

⑤ 차트 영역 : 글꼴-돋움, 14pt, 굵게, [질감] → [꽃다발]로 채우기, 그림자

⑥ 그림 영역 : [그라데이션] → [양피지] 경로형

⑦ 차트 제목 : 휴먼옛체, 20pt, 테두리

⑧ 눈금선 : 최저(0), 최고(15000), 큰눈금선(3000)

[5] 슬라이드를 삽입하여 다음과 같은 [차트]+[표] 슬라이드를 만드시오.

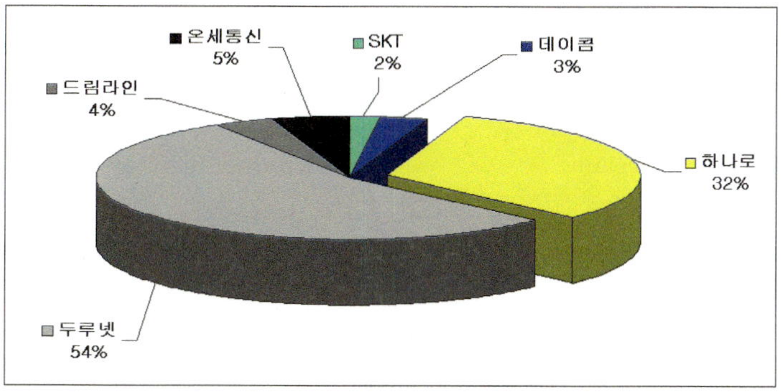

	SKT	데이콤	하나로	두루넷	드림라인	온세통신
점유율	2%	3%	32%	54%	4%	5%

[6] 다음의 [도넛형] 슬라이드를 만드시오.

구분	한글	파워포인트	엑셀	인터넷
응답자수	75	88	200	70

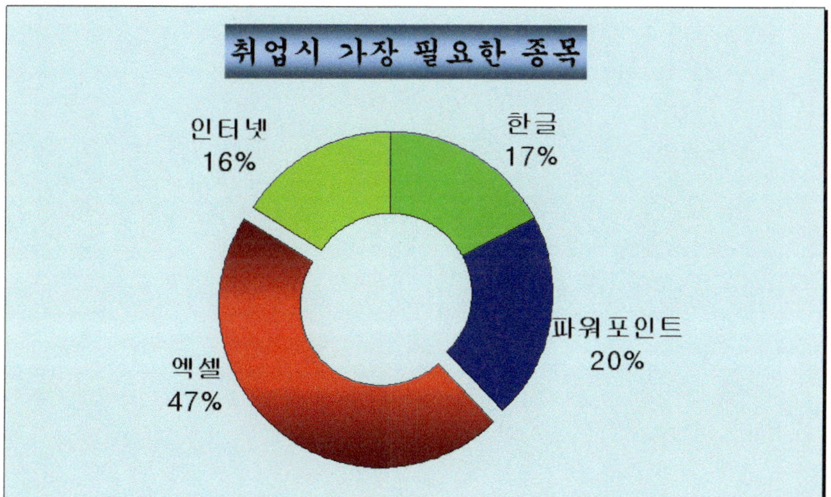

[7] 다음 슬라이드를 작성하시오.

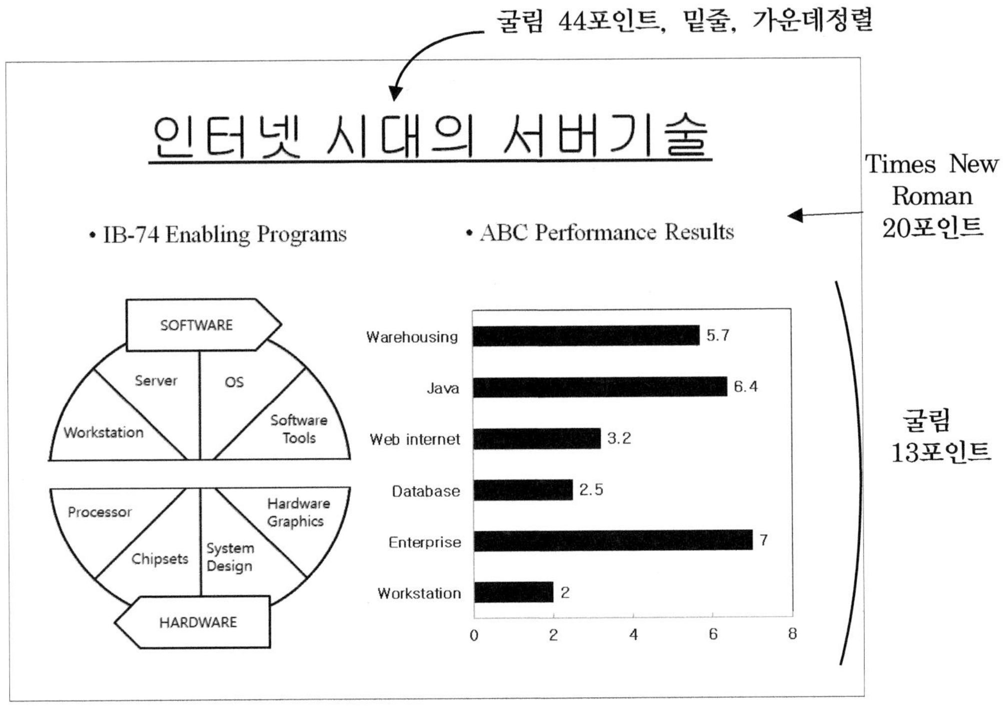

05 전환 및 애니메이션 적용

5.1 화면 전환 효과

만들어 놓은 여러 장의 슬라이드를 한 장 한 장 넘길 때마다 나타나는 특수효과를 지정하는 기능이다. 화면 전환 효과를 줌으로 인해 청중들이 프레젠테이션에 집중하는 효과를 가져오고 단조로움과 지루함을 보완할 수 있다.

1 화면 전환 도구 모음

슬라이드 화면 전환은 프레젠테이션 중 슬라이드 사이를 이동할 때 발생하는 동작 효과로, [전환] 탭에서 모든 설정이 이루어진다.

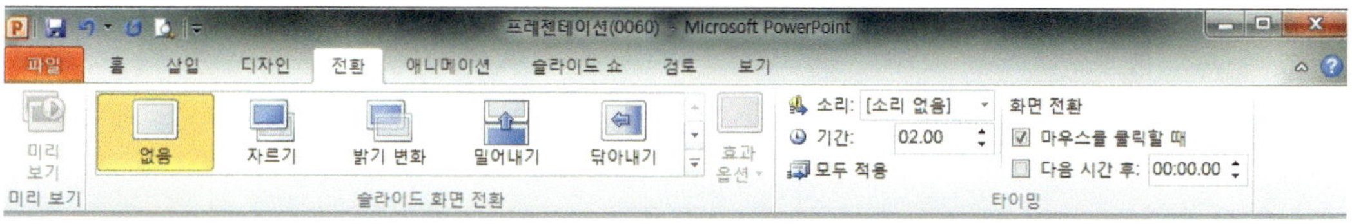

- 미리보기 : 선택한 화면 전환 효과를 미리 확인한다.
- 슬라이드 화면 전환 : 슬라이드에 적용할 화면 전환 효과를 선택한다. 자세히(▼)를 클릭하면 더 많은 효과를 볼 수 있다.
- 타이밍 : 화면 전환 소리(효과음), 기간(속도), 시작 방법(마우스 클릭/다음 시간 후)을 지정하고, 화면 전환은 '마우스로 클릭할 때'를 선택하면 클릭할 때 다음 슬라이드로 전환되고, '다음 시간 후 자동 전환'을 선택하면 입력된 시간이 지나면 다음 슬라이드로 전환된다.

2 화면 전환 효과 적용 및 취소하기

화면 전환 효과를 적용하려면 [전환] 탭 - [슬라이드 화면 전환] 그룹의 화면 전환 갤러리에서 원하는 효과를 클릭한다. 또한 [타이밍] 그룹에서 화면 전환 효과에 사용할 소리와 기간을 설정할 수 있다. 모든 슬라이드에 같은 화면 전환효과를 적용하려면 [모두 적용]을 클릭한다.

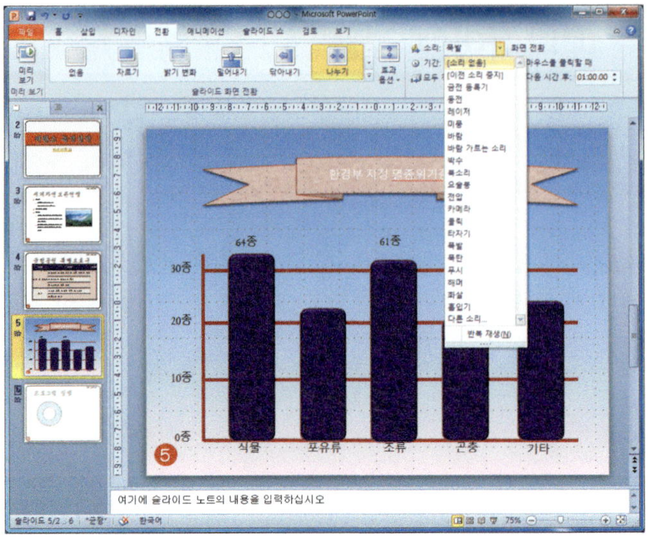

화면 전환 효과를 취소하려면, 임의의 슬라이드 선택하고 [전환] 탭 - [슬라이드 화면 전환] 그룹의 화면 전환 갤러리에서 [없음]을 선택하고 [타이밍] 그룹에서 [모두 적용]을 클릭하면 된다.

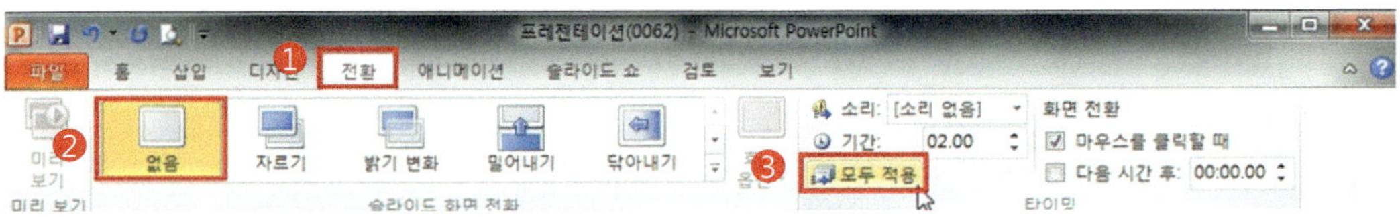

5.2 애니메이션 설정

도형, 텍스트 상자, 텍스트 그림 등 개체에 움직임 효과를 지정하는 것으로 더욱 역동적이고 화려하게 표현되어 수준 높은 프레젠테이션을 꾸밀 수 있다.

1 애니메이션 도구 모음

애니메이션은 슬라이드 쇼를 실행할 때 각종 개체들에게 적용되는 동작 효과로, [애니메이션] 탭에서 모든 설정이 이루어진다.

- 미리보기 : 선택한 애니메이션 효과를 미리 확인한다.
- 애니메이션 : 개체에 적용할 애니메이션 효과를 선택한다.
- 고급 애니메이션
  - 애니메이션 추가 : 선택한 개체에 애니메이션을 추가로 설정한다.
  - 애니메이션 창 : 애니메이션 창을 표시한다.
  - 트리거 : 어떤 개체에 적용된 애니메이션을 실행하기 위해 현재 슬라이드 내의 다른 개체를 지정하는 기능이다.
  - 애니메이션 복사 : 선택한 애니메이션을 복사한다.
- 타이밍 : 애니메이션 시작 방법, 속도, 재생 지연 시간 등을 설정한다.

2 애니메이션 효과 적용하기

01 효과 선택하기 : 애니메이션 효과를 적용할 개체를 선택하고 [애니메이션] 탭 - [애니메이션] 그룹 - [자세히] 클릭한 후 나타내기, 강조, 끝내기, 이동 경로 등의 애니메이션 효과 선택한다.

02 타이밍 설정하기 : 애니메이션의 시작 시점은 [애니메이션] 탭 - [타이밍] 그룹 - [시작] 목록을 클릭해 선택한다.

03 순서 조정 및 미리보기 : 해당 개체를 선택하고 [애니메이션] 탭 - [타이밍] 그룹 - [애니메이션 순서 바꾸기]의 [앞으로 이동] 또는 [뒤로 이동]을 선택한다.

04 차트에 애니메이션 적용하기 : 차트를 선택하고 [애니메이션] 탭 - [애니메이션] 그룹 - [자세히] 클릭한 후 차트의 형태와 방향에 따라 적합한 애니메이션 효과를 선택한다.

05 스마트아트에 애니메이션 적용하기 : 스마트아트 그래픽을 선택하고 [애니메이션] 탭 - [애니메이션] 그룹 - [자세히] 클릭한 후 효과를 선택한다.

e~Test 실전 문제(8) 슬라이드 쇼 지정하기

보 기

없음

처리사항 **배점 : 1번(8점), 2번(10점), 3번(9점)**

1. 아래 조건에 맞는 화면 전환을 지정하시오.
   - 화면 전환 효과는 '나누기'로 지정
   - 효과 옵션은 '가로 안쪽으로'로 지정
   - 1분마다 자동으로만 전환되도록 지정
   - 모든 슬라이드에 지정

2. 아래 조건에 맞는 애니메이션을 지정하시오.
   1) 슬라이드 2번
      - 그림을 제외한 제목, 텍스트에 지정
      - 반드시 지정한 영역은 애니메이션을 이용하여 '나타내기'에 있는 '회전'으로 지정(단, 효과 중복 지정 시 감점처리)
      - 애니메이션 순서는 텍스트, 제목순으로 지정
   2) 슬라이드 4번
      - 그룹으로 지정된 도형 전체에 지정
      - 반드시 지정한 영역은 애니메이션을 이용하여 '나타내기'에 있는 '닦아내기'
      - 효과옵션은 '위에서'로 지정(단, 효과 중복 지정 시 감점처리)

3. 쇼 재구성 기능을 이용하여 아래 조건에 맞게 슬라이드 쇼 재구성을 2개 작성하시오.
   - 첫 번째 재구성되는 슬라이드 쇼 이름은 '프로그램 실행 1'로 지정하고, 재구성 목록에 슬라이드 1번과 슬라이드 4번을 지정
   - 두 번째 재구성되는 슬라이드 쇼 이름은 '프로그램 실행 2'로 지정하고, 재구성 목록에 슬라이드 1번과 슬라이드 2번, 슬라이드 3번을 지정

[답안 따라하기]

1 화면 전환 지정하기(배점 8점)

01 첫 번째 슬라이드를 선택하고 [전환] 탭 - [슬라이드 화면 전환] 그룹 - [자세히] 확장 버튼을 클릭한 후, [은은한 효과 - 나누기]를 선택한다.

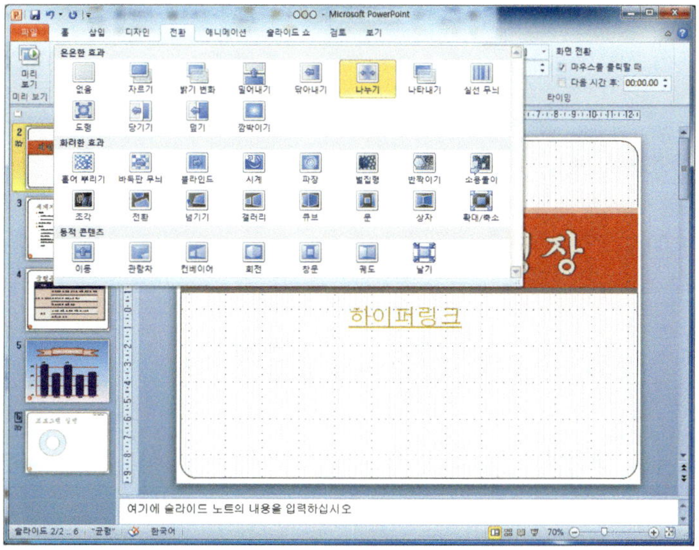

02 [전환] 탭 - [슬라이드 화면 전환] 그룹 - [효과 옵션] - [가로 안쪽으로]를 선택한다.

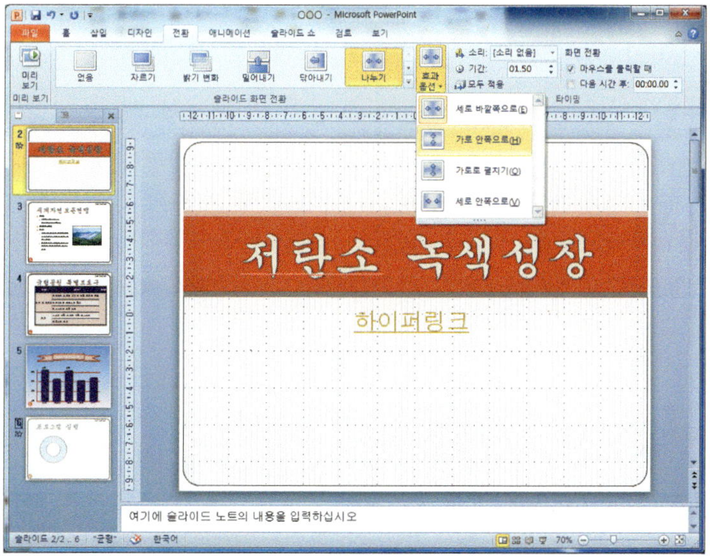

03 [전환] 탭 - [타이밍] 그룹에서 '마우스를 클릭할 때'의 체크 표시를 해제하고 '다음 시간 후'를 체크한 다음 '60초'로 설정한다.

04 [전환] 탭 - [타이밍] 그룹 - [모두 적용]을 클릭한다.

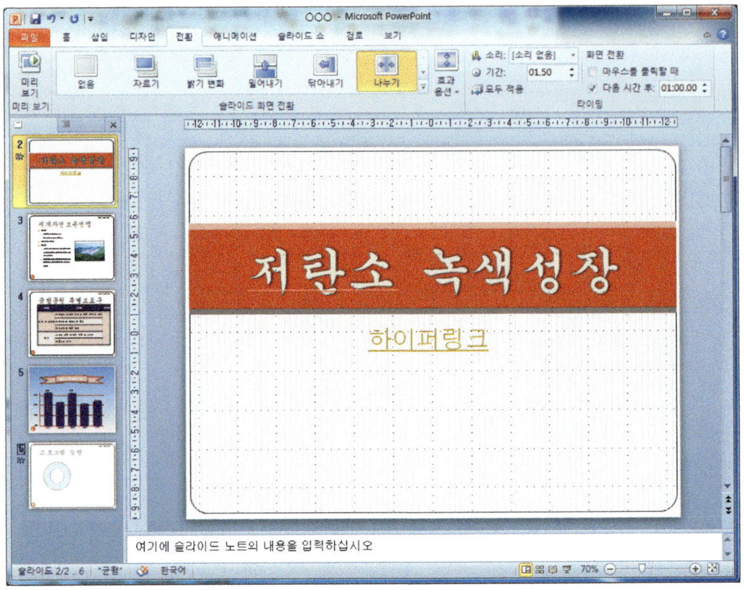

2 애니메이션 지정하기(배점 10점)

■ 2번 슬라이드 지정하기

01 2번 슬라이드를 선택한 후, 텍스트 상자를 눌러 선택한다.

02 [애니메이션] 탭 - [애니메이션] 그룹 - [자세히] 확장 버튼을 클릭하여 [나타내기 - 회전] 메뉴를 선택한다.

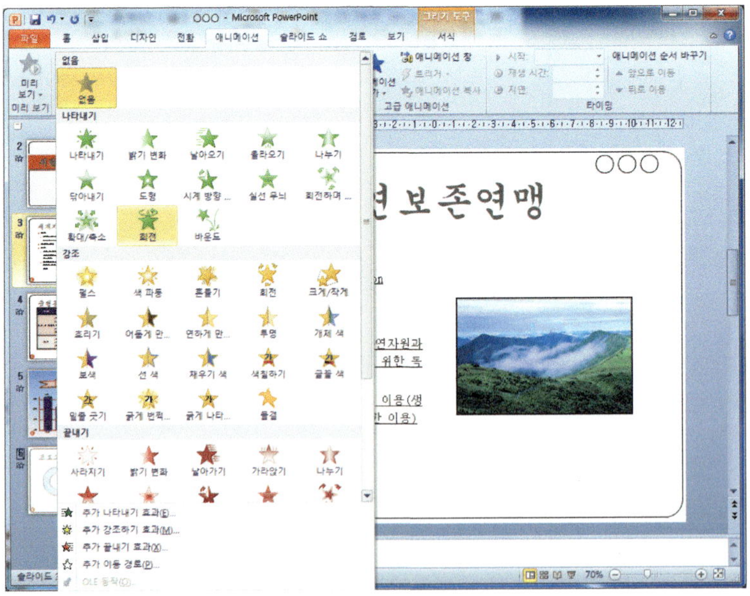

O3 같은 방법으로 제목 텍스트 상자에 애니메이션을 지정한다.

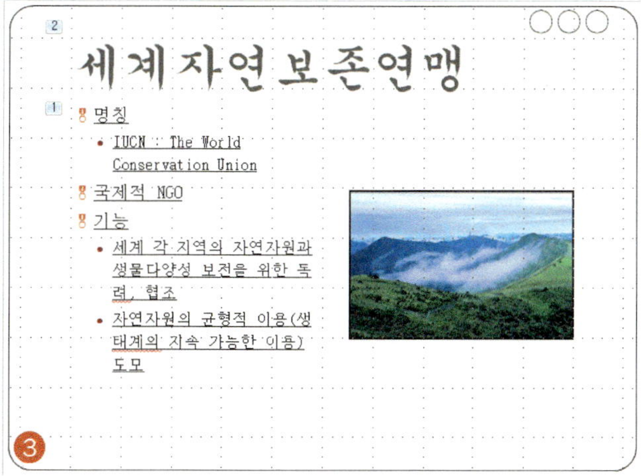

O4 텍스트, 제목의 순서로 재생이 되어야 하므로, [애니메이션] 탭 - [고급 애니메이션] 그룹 - [애니메이션 창]을 클릭하여 오른쪽 화면에 애니메이션 창을 실행시켜 확인한다.

■ **4번 슬라이드 지정하기**

O1 4번 슬라이드를 선택한 후, 그룹으로 지정된 도형 전체를 선택한다. [애니메이션] 탭 - [애니메이션] 그룹 - [자세히] 확장 버튼을 클릭하여 [나타내기 - 닦아내기] 메뉴를 선택한다.

O2 계속해서 [애니메이션] 탭 - [애니메이션] 그룹 - [효과 옵션] - [위에서]를 선택한다.

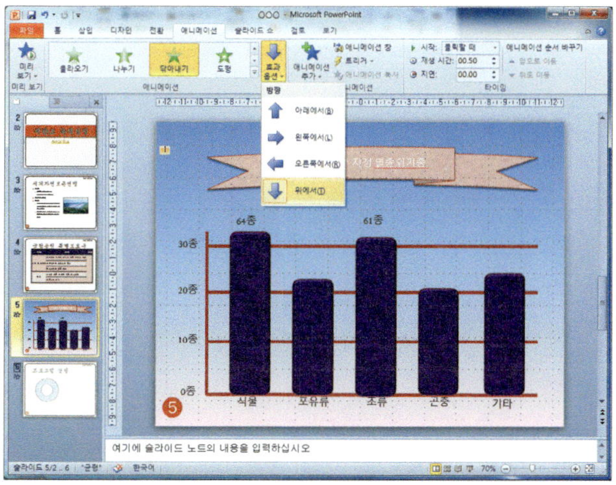

3 슬라이드 쇼 재구성하기(배점 9점)

O1 [슬라이드 쇼] 탭 - [슬라이드 쇼 시작] 그룹 - [슬라이드 쇼 재구성] - [쇼 재구성]을 선택한다.

02 [쇼 재구성] 대화 상자에서 [새로 만들기] 단추를 클릭하고 슬라이드 쇼 이름을 "프로그램 실행 1"이라고 입력한다. 프레젠테이션에 있는 슬라이드 1번째 슬라이드와 4번째 슬라이드를 순서대로 [추가] 버튼을 클릭하여 재구성한 쇼에 있는 슬라이드로 이동시키고 [확인] 단추를 클릭한다.

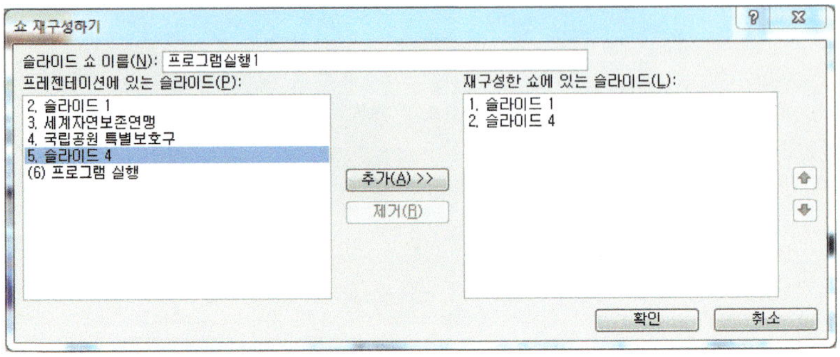

03 쇼 재구성 목록에 새로 생성한 '프로그램 실행 1'이 생성되었음을 확인한 후, 2번째 쇼 재구성을 하기 위해 [새로 만들기] 단추를 클릭한다. 슬라이드 쇼 이름을 "프로그램 실행 2"라고 입력한다.

04 위와 동일한 방법으로 1번째 슬라이드, 2번째 슬라이드, 3번째 슬라이드를 순서대로 선택하여 [추가] 단추를 클릭하여 [확인] 단추를 클릭한다.

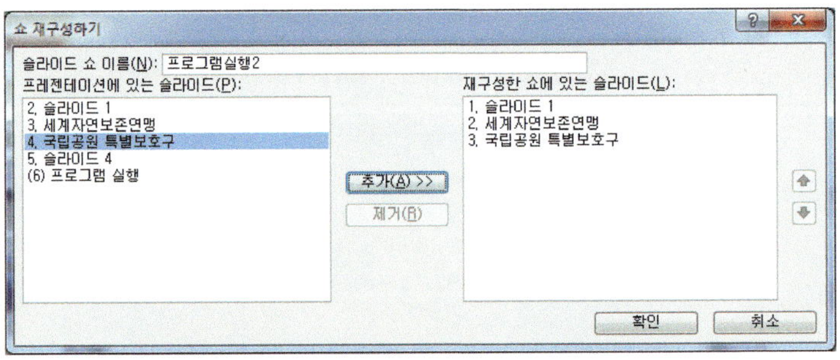

05 쇼 재구성 목록에 새로 생성한 슬라이드 쇼 '프로그램 실행 1'과 '프로그램 실행 2'가 생성되었음을 확인한 후 [닫기] 단추를 클릭한다.

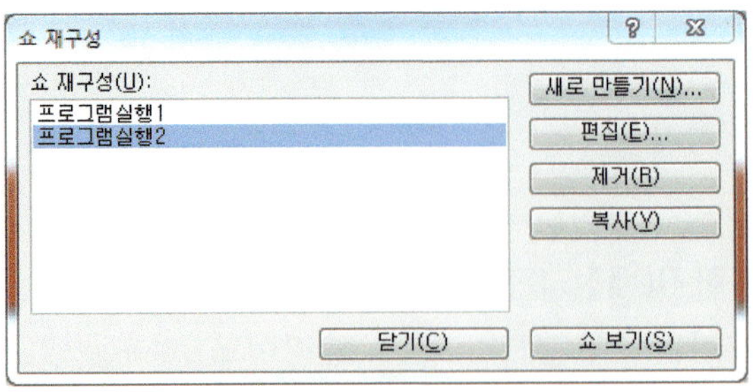

06 마스터 기능

6.1 슬라이드 마스터

슬라이드 마스터란 모든 슬라이드에 공통적으로 적용시킬 배경, 색, 글꼴, 효과, 개체 틀의 크기 및 위치를 포함하여 프레젠테이션 테마와 및 슬라이드 레이아웃 정보를 저장하는 최상위 슬라이드다. 슬라이드 마스터에 적용된 사항을 수정하면 해당 파일의 모든 슬라이드가 자동으로 수정된다.

슬라이드 마스터는 여러 레이아웃을 대표하는 레이아웃이고, 슬라이드 마스터에 서식을 지정하면 하위에 있는 모든 레이아웃에 같은 서식이 적용된다.

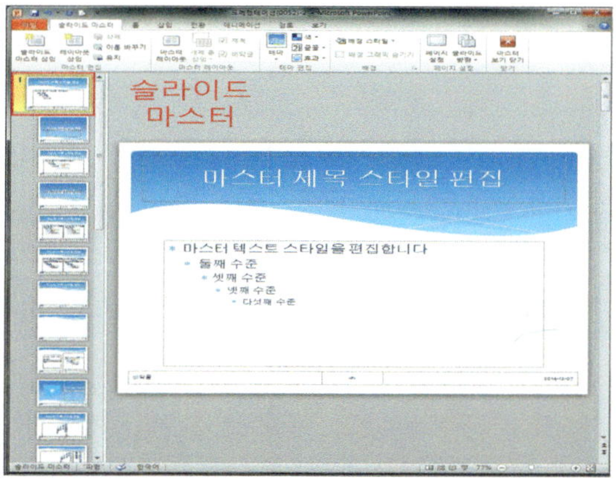

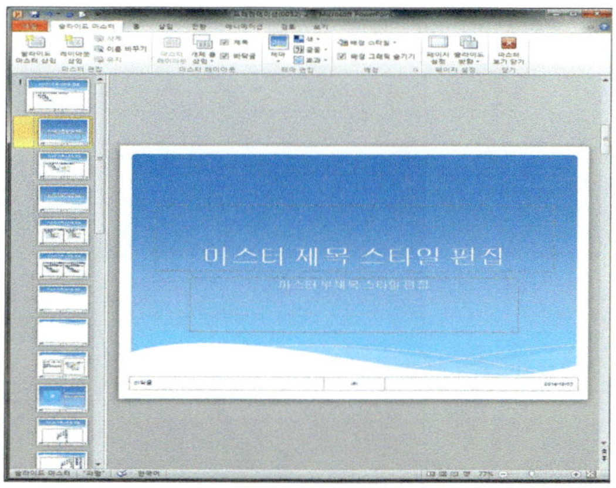

1 슬라이드 마스터 보기

슬라이드 마스터 편집 상태로 전환하려면, [보기] 탭 - [마스터 보기] 그룹 - [슬라이드 마스터]를 클릭한다.

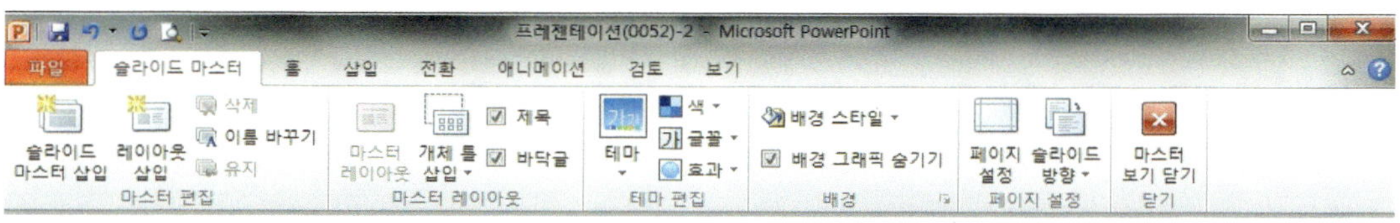

2 슬라이드 배경 설정하기

슬라이드 배경은 배경색이나 그라데이션, 질감, 그림 등의 채우기 효과 등을 적용하여 디자인한다. 적용하는 방법은 슬라이드 목록 맨 위에 있는 '슬라이드 마스터'를 선택하고 [슬라이드 마스터] 탭 - [배경] 그룹 - [배경 스타일]을 클릭한 후 원하는 스타일을 선택하거나, [배경 서식]을 클릭한 후 [배경 서식] 대화상자에서 단색, 그라데이션, 그림 또는 질감 채우기, 패턴 채우기 등 설정한다.

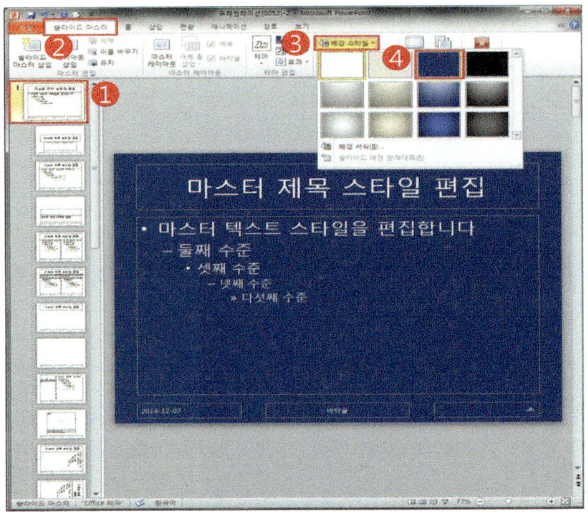

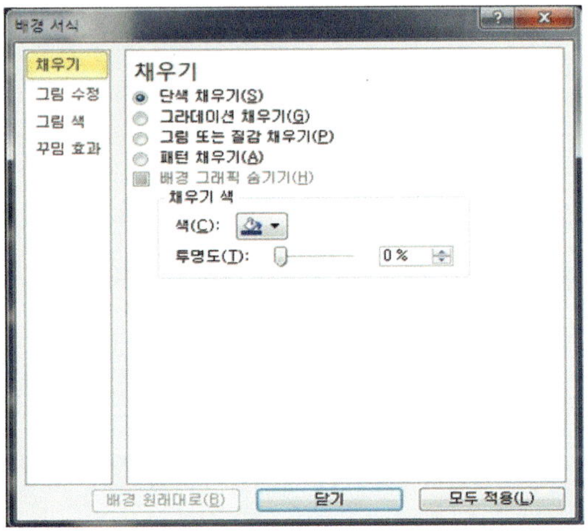

3 개체 삽입하기

슬라이드 마스터에는 소속 학교나 회사의 로고같이 다양한 형태의 개체를 삽입하여 디자인할 수 있다. 개체를 삽입하려면 [삽입] 탭 - [이미지] 그룹 - [그림]을 클릭하고 삽입하고자 하는 로고 이미지를 선택한다.

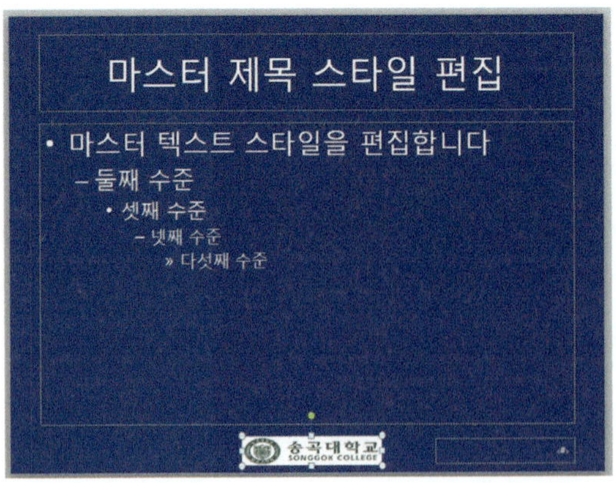

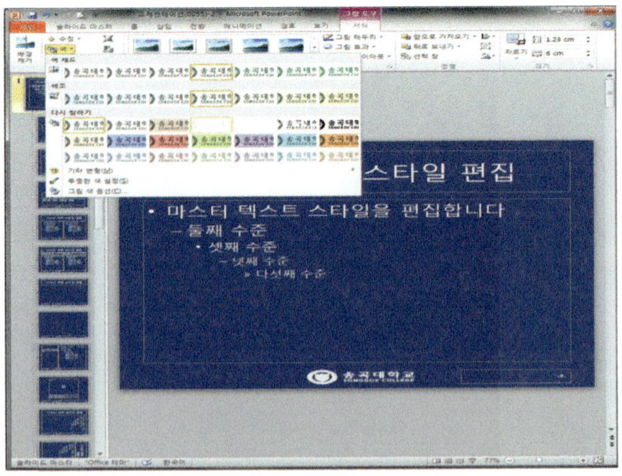

4 바닥글 및 슬라이드 번호 삽입하기

슬라이드 마스터에 바닥글, 슬라이드 번호 등을 삽입하려면 [삽입] 탭 - [머리글/바닥글]이나 [슬라이드 번호]를 클릭한 후, [머리글/바닥글] 대화상자에서 선택하면 된다.

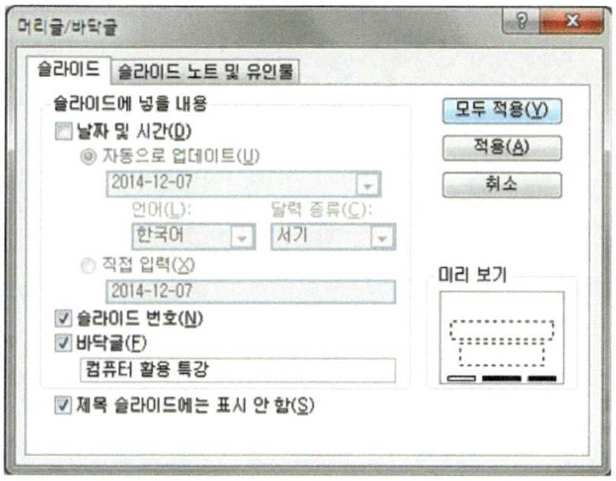

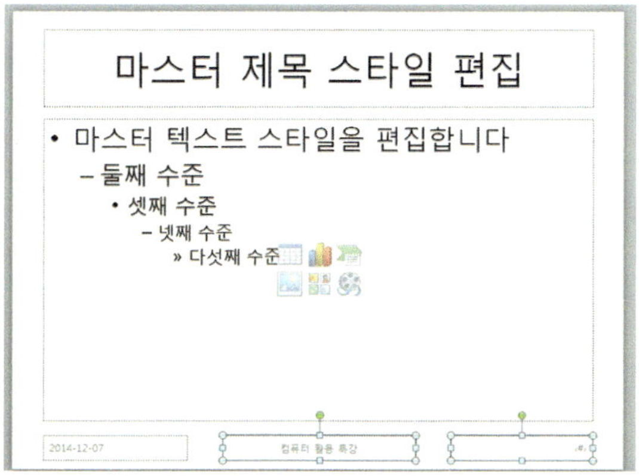

5 서식과 글머리 기호 변경하기

제목 틀, 개체 틀, 날짜/시간, 바닥글, 슬라이드 번호의 텍스트 서식은 해당 영역의 텍스트를 드래그하여 선택한 후 [홈] 탭의 [글꼴], [단락] 그룹에서 변경한다.

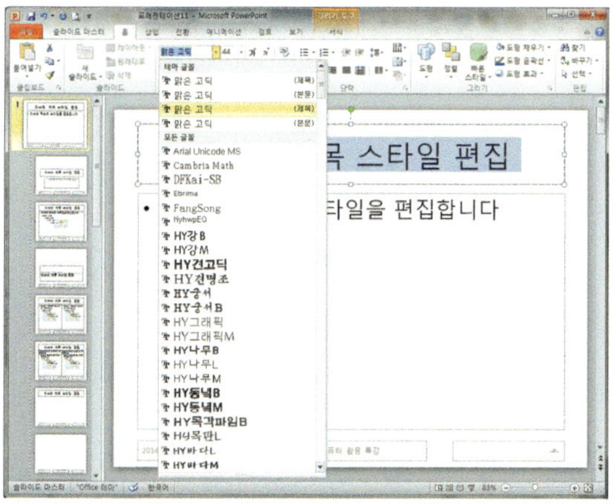

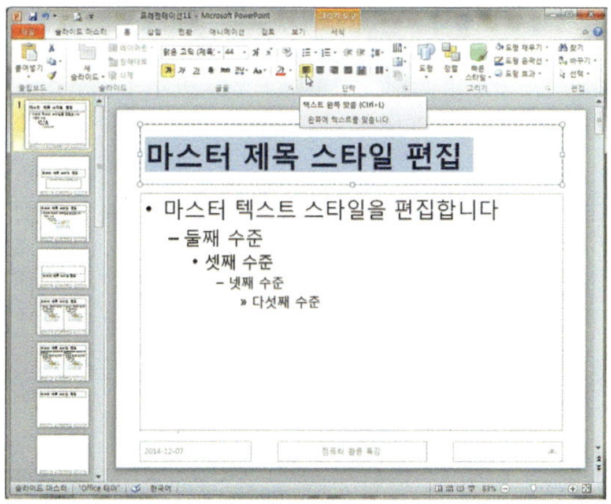

개체 틀 내의 글머리 기호를 변경하려면 해당 단계를 마우스로 클릭하고 [홈] 탭 - [단락] 그룹 - [글머리 기호] 또는 [번호 매기기]의 확장 단추를 클릭하여 글머리 또는 번호 유형을 선택한다. 원하는 모양이 없는 경우에는 [글머리 기호 및 번호 매기기] 대화상자에서 [사용자 지정]을 클릭하여 각 글꼴의 글머리 기호를 선택한다.

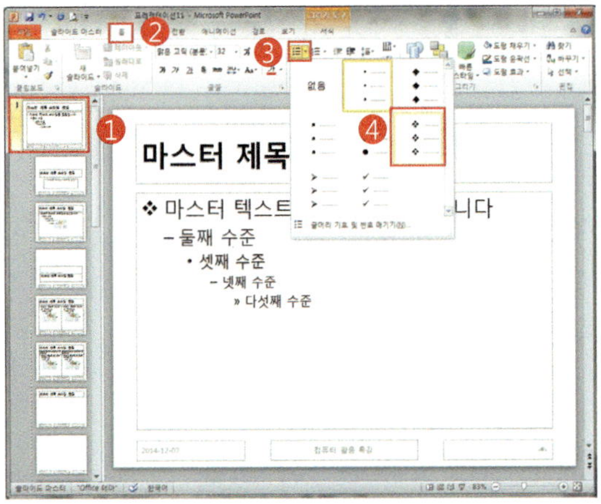

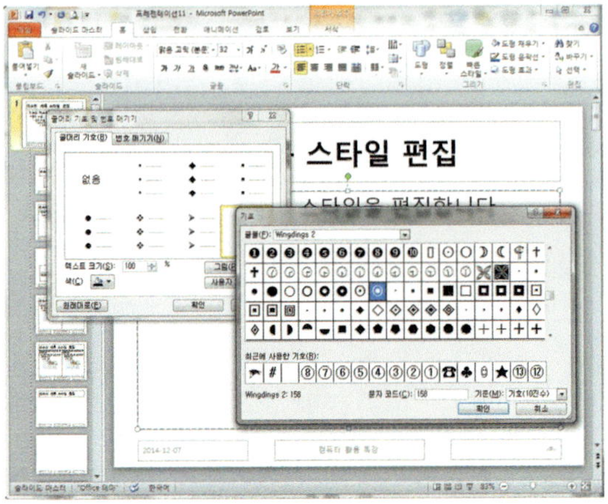

Tip

□ 시작 슬라이드 번호 변경하기

슬라이드의 시작번호를 변경하려면 , [슬라이드 마스터] 탭 – [페이지 설정] 그룹 – [페이 지 설정]을 클릭하고, [페이지 설정] 대화상자의 '슬라이드 시작번호' 항목에 프레젠테이션의 첫 번째 슬라이드에 표시할 번호를 입력하고 <확인>을 클릭한다.

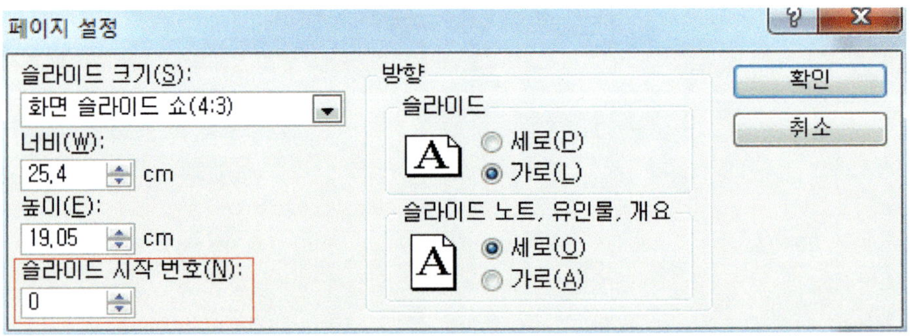

6.2 슬라이드 노트와 유인물 마스터

1 슬라이드 노트 마스터

슬라이드 노트는 발표자가 기본적으로 발표에 사용하는 슬라이드 내용을 간략하게 핵심만 작성하고 슬라이드 내용에 부가적으로 혹은 보다 자세하게 기록하여 발표자가 참고할 수 있도록 하는 것이다. 이러한 슬라이드 노트에 대한 통일성 있는 서식을 지정하는 것이 슬라이드 노트 마스터이다.

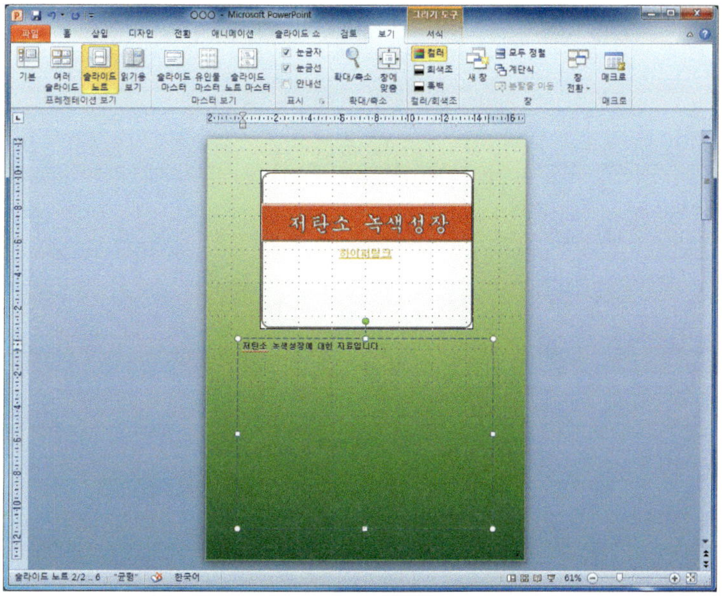

슬라이드 마스터 편집 상태로 전환하려면, [보기] 탭 - [마스터 보기] 그룹 - [슬라이드 노트 마스터]를 클릭한다.

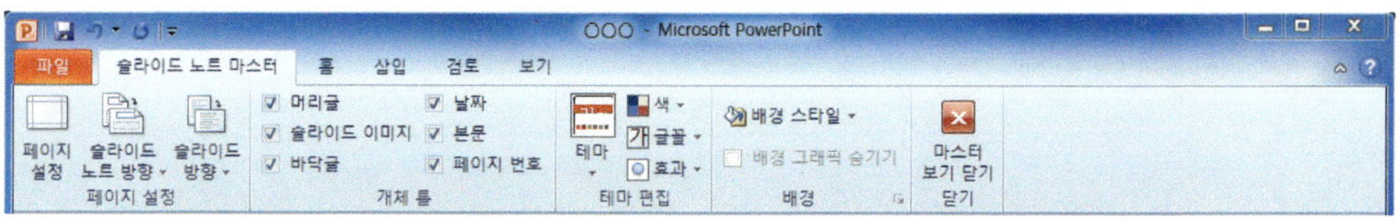

2 유인물 마스터

유인물은 발표자가 청중에게 사전에 발표 자료를 인쇄하여 나누어주는 자료를 말한다. 보통 유인물을 인쇄할 때 한 장에 여러 슬라이드를 포함하고 메모할 수 있는 영역을 포함하도록 한다.

유인물 마스터 편집 상태로 전환하려면, [보기] 탭 – [마스터 보기] 그룹 – [유인물 마스터]를 클릭한다.

유인물 마스터의 적용을 확인하기 위해서는 [파일] 탭 – [인쇄] 메뉴에서 [슬라이드 수] 아래의 [유인물]을 드롭 다운하여 '3슬라이드'를 클릭한다. 오른쪽의 미리보기에서 유인물 마스터로 지정된 유인물을 확인할 수 있다.

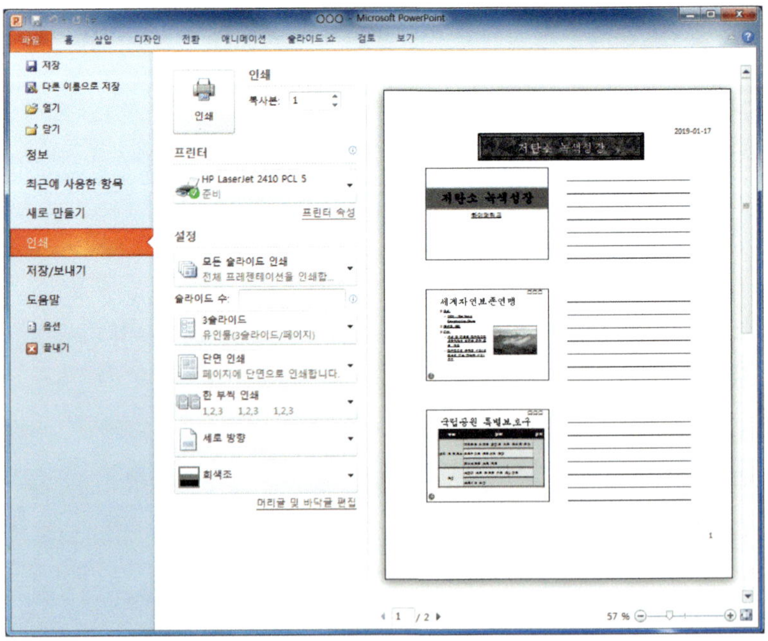

07 슬라이드 쇼와 인쇄

파워포인트는 발표용 프로그램이므로 결국은 소수 혹은 다수의 청중 앞에서 발표를 해야 한다. 즉 슬라이드 쇼를 위한 것이다. 파워포인트에서는 슬라이드 쇼를 위한 많은 특수효과들이 있다.

7.1 슬라이드 쇼

1 슬라이드 쇼 설정하기

슬라이드 쇼는 [슬라이드 쇼] 탭 - [설정] 그룹 - [슬라이드 쇼 설정]을 클릭하여 [쇼 설정] 대화상자에서 세부 옵션을 설정한다.

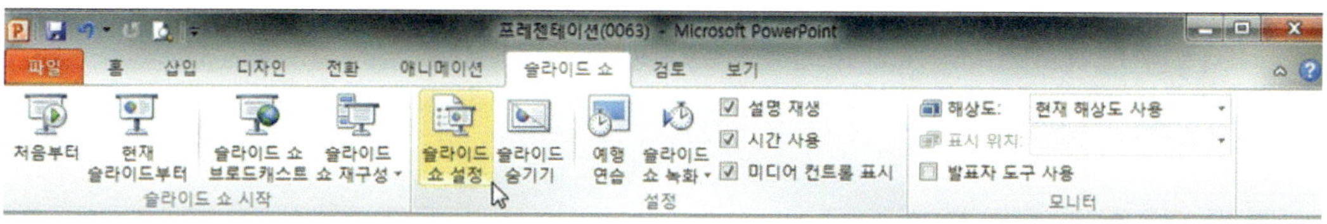

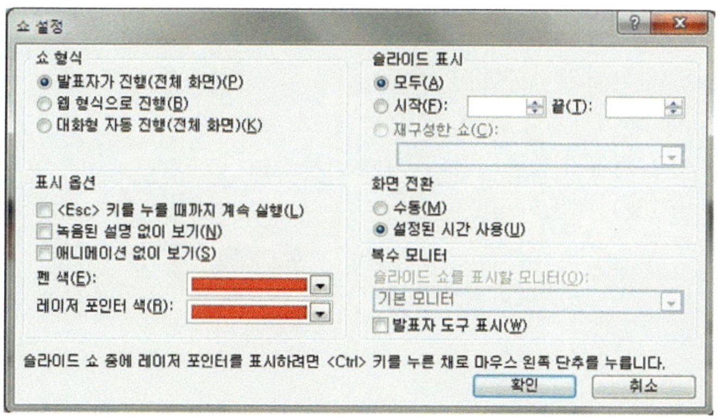

2 쇼 재구성하기

슬라이드 쇼 재구성은 [슬라이드 쇼] 탭 - [슬라이드 쇼 시작] 그룹 - [슬라이드 쇼 재구성] - [쇼 재구성] 선택한다. [쇼 재구성] 대화상자에서 〈새로 만들기〉를 클릭하면 기존의 슬라이드 제목들이 나열되는데 그 중에서 새로 구성할 슬라이드 제목 선택하고 〈추가〉를 클릭하여 재구성 목록에 추가한다.

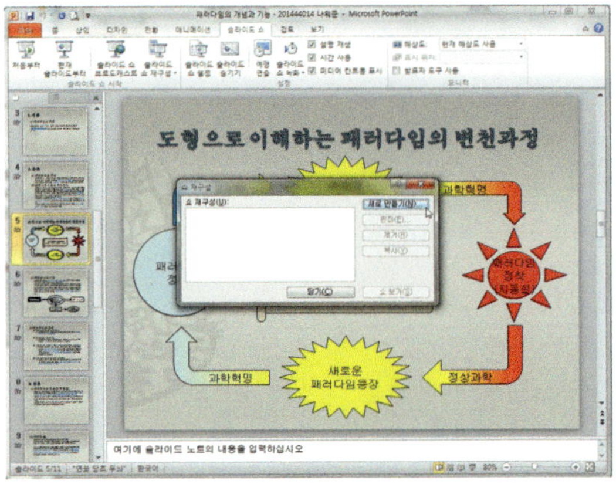

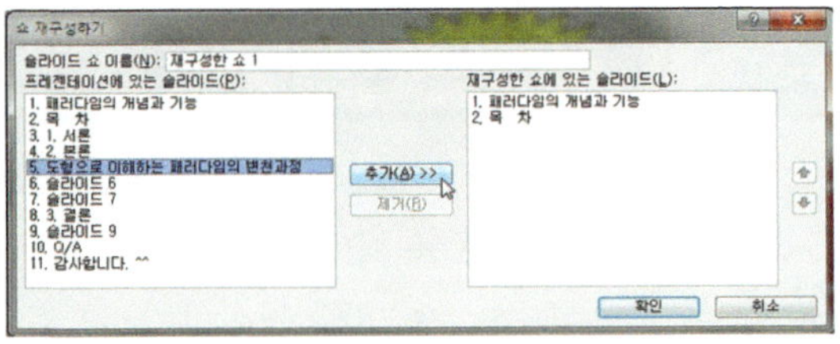

3 쇼 보기

슬라이드 쇼 보기를 하려면 [슬라이드 쇼] 탭 - [슬라이드 쇼 시작] 그룹 - [처음부터] 또는 [현재 슬라이드부터]를 클릭한다.

Tip

□ 슬라이드 쇼 단축키

- 처음부터 슬라이드 쇼 시작하기 : F5
- 현재 페이지부터 슬라이드 쇼 시작하기 : Shift+F5
- 슬라이드 쇼 중 원하는 페이지 바로가기 : 해당 페이지 번호, Enter↵
  (예: 10페이지로 바로가기 : 숫자키 1과 0을 누르고 Enter↵를 친다.)
- 슬라이드 쇼 중 화면 암흑 처리하기 : B

7.2 슬라이드 인쇄

슬라이드 인쇄는 [파일] 탭 – [인쇄]을 선택한 후, 인쇄 옵션을 설정하고 〈인쇄〉를 클릭하면 된다.

인쇄 옵션은 '모든 슬라이드 인쇄'에서 슬라이드 범위를, '전체 페이지 슬라이드'에서 페이지당 인쇄할 슬라이드 수를, '복사본'에서 인쇄 매수를 선택한다.

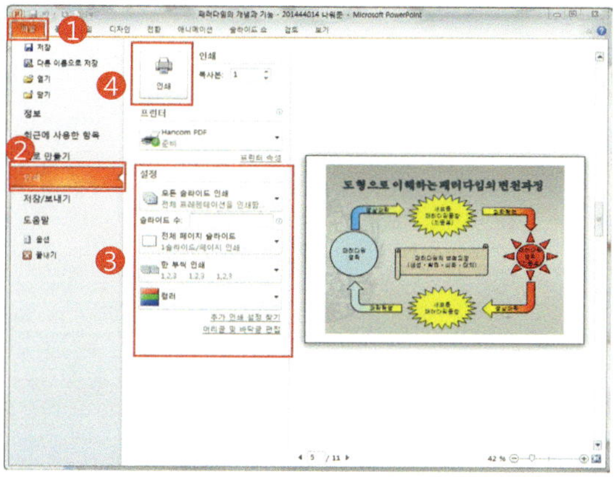

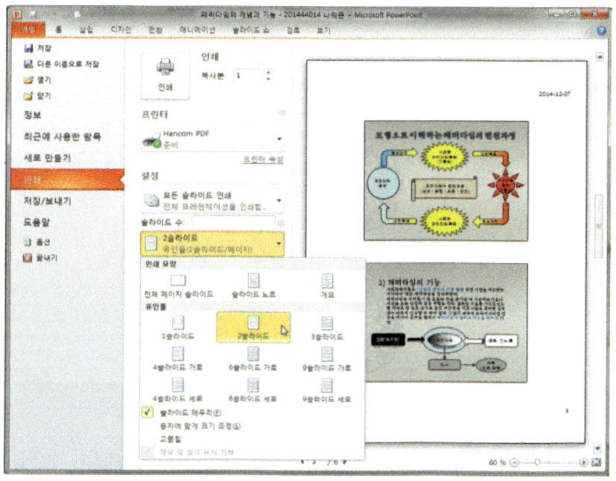

Tip

□ 학생들이 레포트를 제출하거나 파워포인트로 된 교수의 강의 자료를 인쇄할 때는 인쇄대상을 [유인물]로 지정해서 인쇄해야만 용지를 줄일 수 있다. 슬라이드에 글자가 많은 경우는 [한 페이지에 넣을 수 있는 슬라이드 개수]를 2장 정도로, 그렇지 않은 경우는 4장 정도가 적당하다.

보 기

〈슬라이드 노트〉

〈유인물 마스터〉

처리사항 **배점 : 1번(15점), 2번(15점)**

1. **[보기]** 메뉴의 **[슬라이드 노트]**를 이용하여 아래와 같은 조건으로 작성하시오.
   1) 슬라이드1 노트
      - 입력 내용 : 저탄소 녹색성장에 대한 자료입니다.
      - 글꼴은 굴림체, 글꼴 크기는 14pt로 지정
      - 슬라이드 노트 배경에서 그라데이션 채우기의 기본 설정 색은 '이끼'로 지정

2. **[보기]** 메뉴의 **[유인물 마스터]**를 이용하여 아래와 같은 조건으로 작성하시오.
   1) 유인물의 제목을 그리기 도구모음으로 작성하시오.
      - '빗면' 도형을 유인물의 상단에 그리고, 도형의 질감은 녹색 대리석으로 지정하고, '저탄소 녹색성장'을 입력
      - '빗면' 도형 크기는 너비 10cm, 높이 2cm로 지정
      - 글꼴은 바탕체, 글꼴 크기는 20pt, 글꼴효과는 텍스트 그림자

[답안 따라하기]

1 슬라이드 노트 편집하기(배점 15점)

01 1번 슬라이드를 선택하고 [보기] 탭 - [프레젠테이션 보기] 그룹 - [슬라이드 노트]를 클릭한다.

02 슬라이드 노트 하단의 텍스트 입력란에 "저탄소 녹색성장에 대한 자료입니다."라고 입력한다. 입력한 내용을 블록 지정한 후, [홈] 탭 - [글꼴] 그룹에서 글꼴은 '굴림체', 크기는 '14pt'로 지정한다.

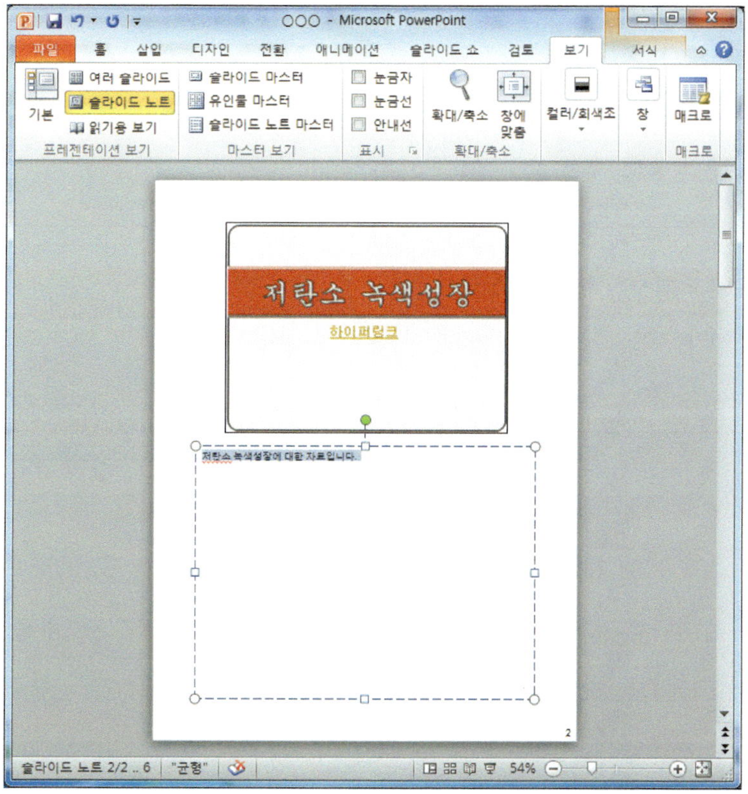

03 슬라이드 빈 공간에서 마우스 오른쪽 단추를 눌러 [배경 서식] 메뉴를 클릭한다.

04 [배경 서식] 대화 상자의 [채우기] 탭 - [그라데이션 채우기]를 선택하고 기본 설정 색을 '이끼'로 설정한 후, [닫기] 단추를 클릭한다.

2 유인물 마스터 편집하기(배점 15점)

01 [보기] 탭 - [마스터 보기] 그룹 - [유인물 마스터]를 클릭한다.

02 [삽입] 메뉴 - [일러스트레이션] 그룹 - [도형] - [기본도형 - 빗면]을 선택한 후, 해당 위치에 드래그하여 그려준다.

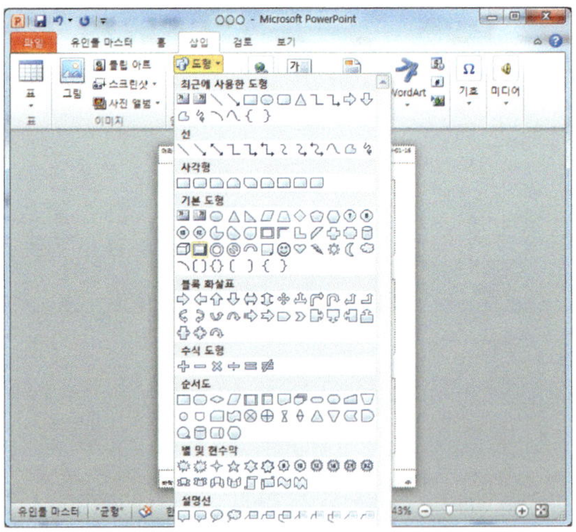

03 삽입된 제목 도형에 "저탄소 녹색성장"라고 입력한 후, [그리기 도구] - [서식] 탭 - [도형 스타일] 그룹 - [도형 채우기] - [질감] - [녹색 대리석]을 선택한다.

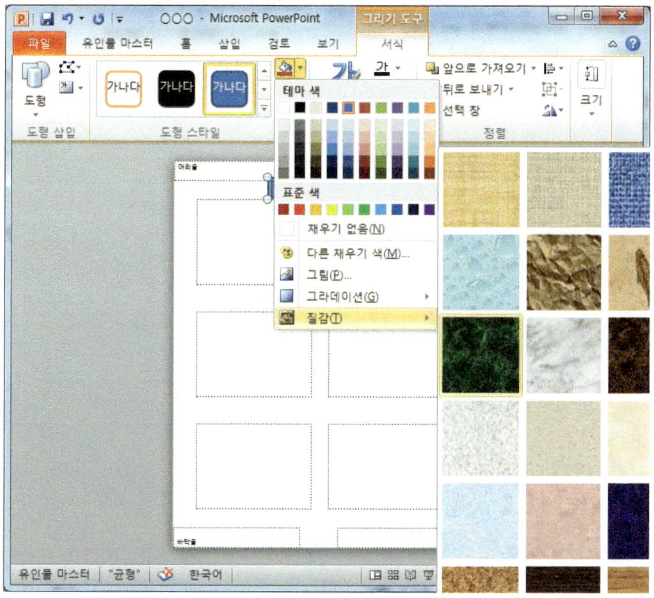

04 도형을 선택한 후, 마우스 오른쪽 단추를 눌러 [그림 서식] - [크기]에서 '가로 세로 비율 고정' 체크 해제를 확인하고, 너비 '10cm', 높이 '2cm'로 지정한다. 계속해서 그림처럼 도형의 위치를 맞춘다.

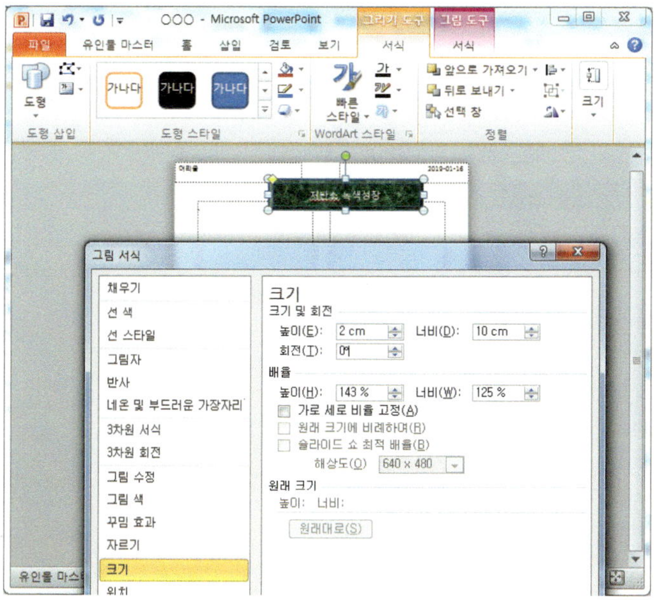

05 서식을 수정하기 위해 [그리기 도구] - [홈] 탭 - [글꼴] 그룹에서 글꼴은 '바탕체', 크기는 '20pt'로 변경한 후, 글꼴 효과 '텍스트 그림자'를 클릭한다.

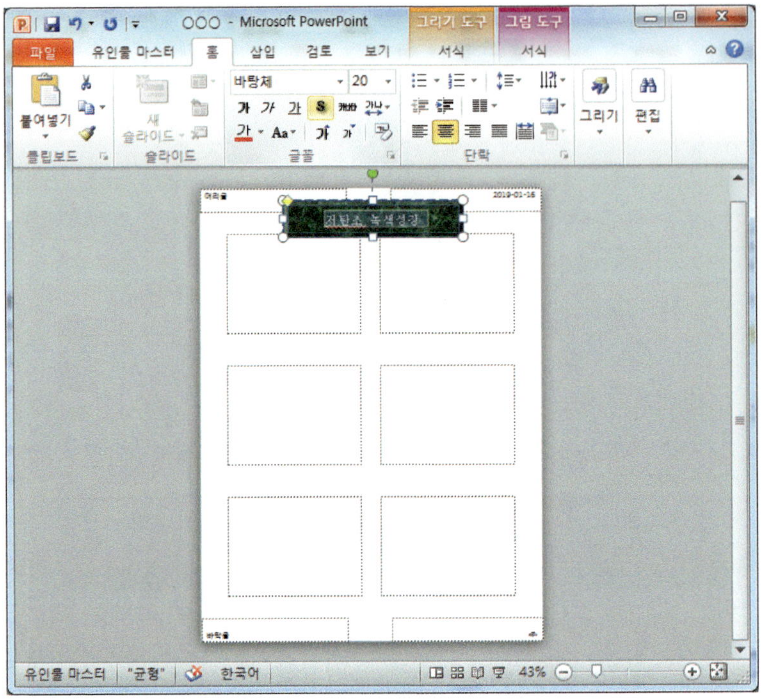

06 완성된 파일을 저장한다.

연습문제

[1] 다음 슬라이드를 만들어 보시오.(슬라이드 크기는 35㎝ × 20㎝)

①

②

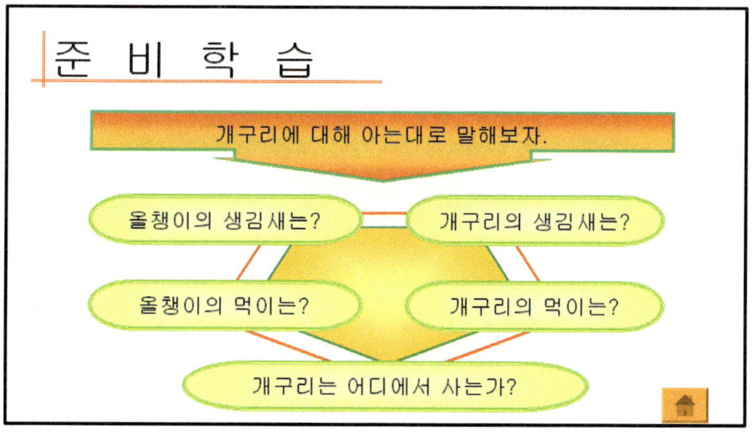

③

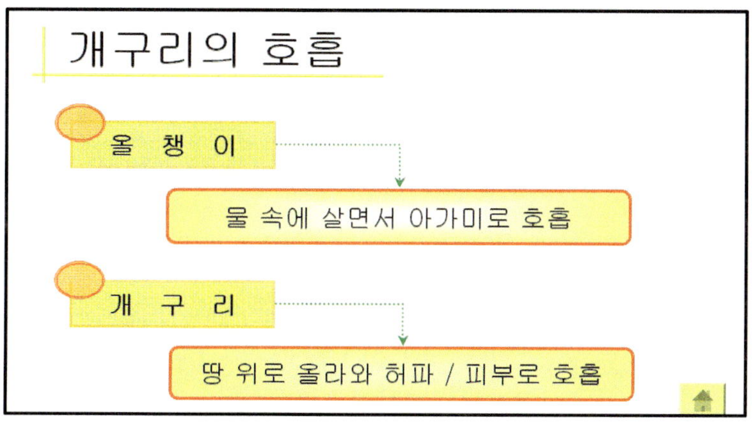

④

개구리의 생김새

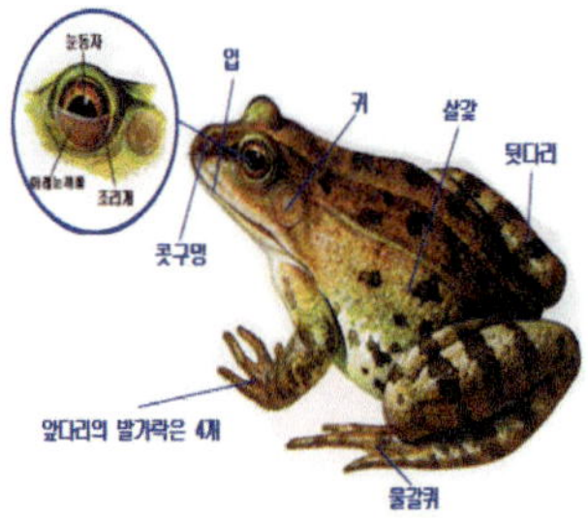

- **머리 부분**에는 눈, 콧구멍, 입, 귀 등 있습니다. 눈은 튀어나와서 물 속에 몸을 숨기고 물 밖을 볼 수 있습니다. 귀는 고막이 겉에 드러나 있습니다.
- **다리**는 4개가 있습니다. (앞다리와 뒷다리가 각각 2개)
- **피부**에는 물기가 있어 축축하고 미끈미끈합니다. 또한 무늬와 색깔 있습니다. 피부색은 보통 초록색 바탕에 검은 점이 있는 것과 갈색 바탕에 검은 점이 있는 것 등이 있습니다.

⑤

개구리의 해부

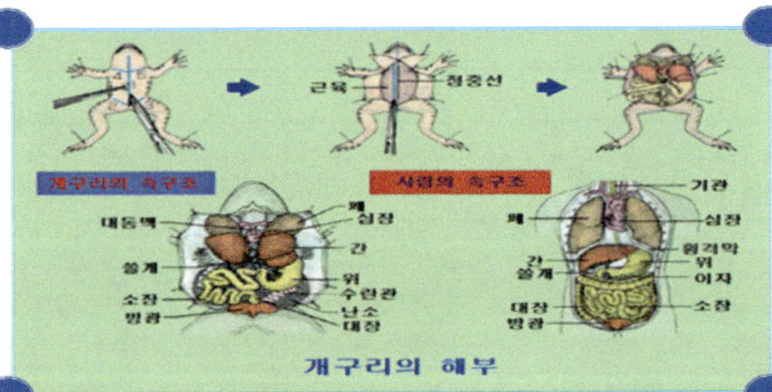

http://gic.knu.ac.kr/biocosmos/1/1m45.html

⑥

형 성 평 가

올챙이의 겉 아가미는 무엇을 하는 기관인가?

➡ 호흡을 하는데 쓰인다.

개구리는 어떤 먹이를 어떻게 먹을까?

➡ 긴 혀로 움직이는 벌레 등을 낚아채어 먹는다.

개구리처럼 육지와 물속을 오가며 사는 동물을 무엇이라고 하는가?

➡ 양서류

[2] 다음 슬라이드를 만드시오.

①

2002 월드컵 KOREA

월드컵 축구 조직 위원회

②

주요 경기장 현황

- 서울 상암 구장
  - 교통편 : 버스, 지하철
  - 수용인원 : 5만명
- 인천구장
  - 교통편 : 버스, 지하철
  - 수용인원 : 3만명
- 수원구장
  - 교통편 : 버스
  - 수용인원 :3만명

- 부산 구장
  - 교통편 : 버스, 지하철
  - 수용인원 : 4만명
- 광주 구장
  - 교통편 : 버스
  - 수용인원 : 3만명
- 제주 구장
  - 교통편 : 버스
  - 수용인원 :2만명

③

그룹 본선 경기 일정

경기	국가	지역	날자	시간
14	한국:폴란드	부산	6/4 화	오후 8:30
16	미국:포르투갈	수원	6/5 수	오후 6:00
30	한국:미국	대전	6/10 월	오후 3:30
47	포르투갈:한국	인천	6/14 금	오후 8:30

④

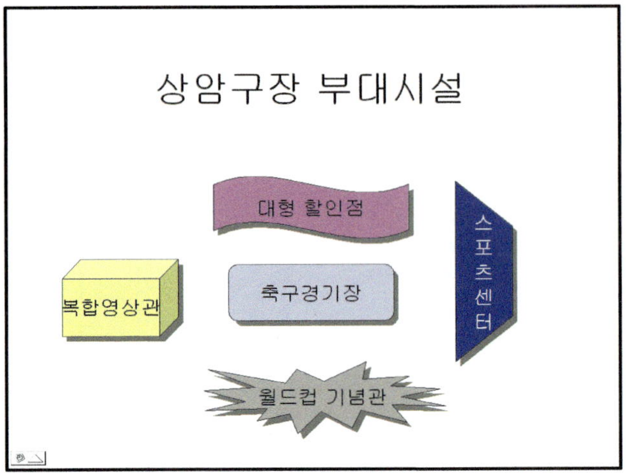
상암구장 부대시설
대형 할인점
복합영상관
축구경기장
스포츠센터
월드컵 기념관

⑤

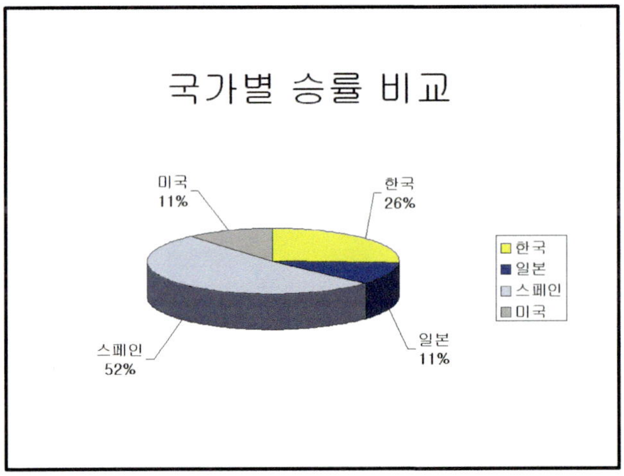
국가별 승률 비교
미국
11%
한국
26%
스페인
52%
일본
11%
한국
일본
스페인
미국

⑥

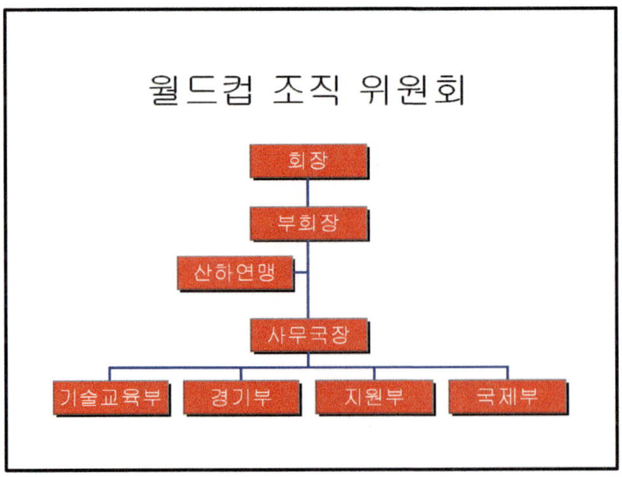
월드컵 조직 위원회
회장
부회장
산하연맹
사무국장
기술교육부
경기부
지원부
국제부

[3] 다음 슬라이드를 만드시오.(슬라이드 크기는 30㎝ × 20㎝)

①

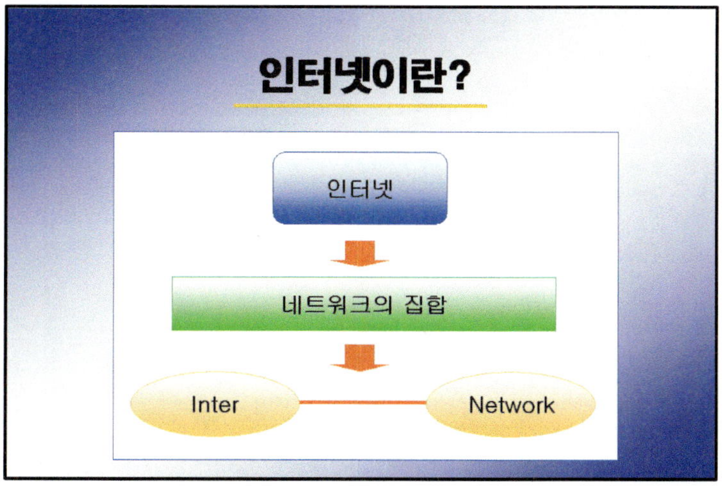

②

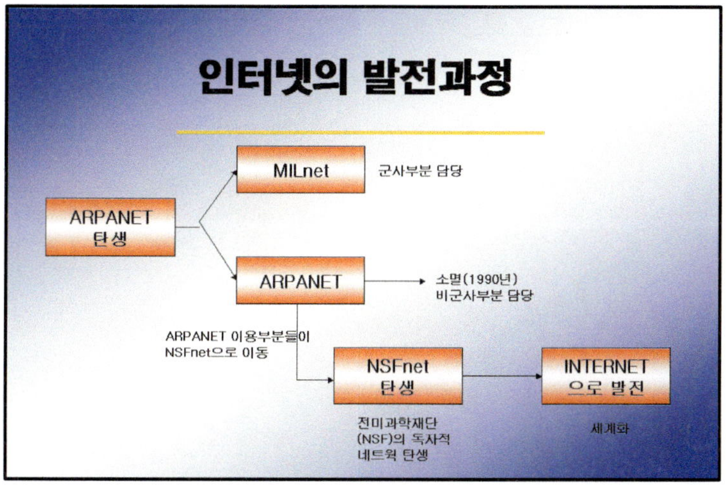

③

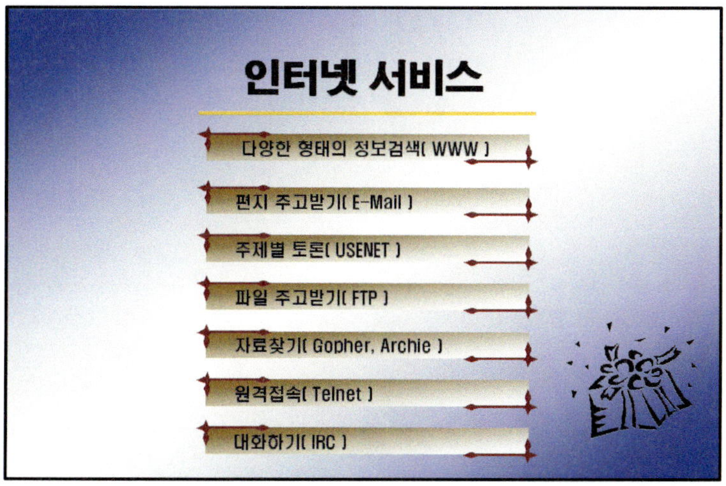

④

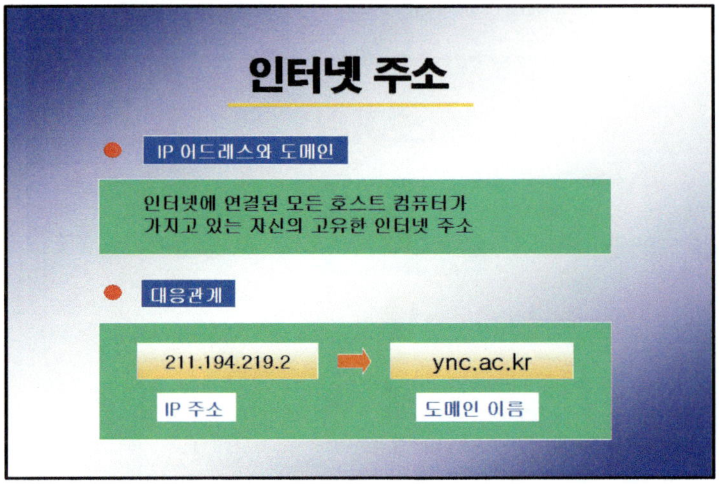

인터넷 주소
IP 어드레스와 도메인
인터넷에 연결된 모든 호스트 컴퓨터가
가지고 있는 자신의 고유한 인터넷 주소
대응관계
211.194.219.2
ync.ac.kr
IP 주소
도메인 이름

PCT 기출문제(실기)

[파워포인트]
총점 : 150

〈작성조건〉

1) 답안 작성시 슬라이드 3장을 초과하지 않도록 작성하시오.(초과시 감점됨)
2) 문서명(파일명)은 "본인수험번호.pptx"로 등록하시오.
3) 각 화면 전환시 "오른쪽으로 닦아내기" 효과와 함께 자동으로 3초 후 화면이 전환하도록 설정하시오.
4) 별도의 지시사항이 없는 내용은 주어진 문제와 동일한 방식으로 작성하시오.

1. 다음 슬라이드를 작성하시오.

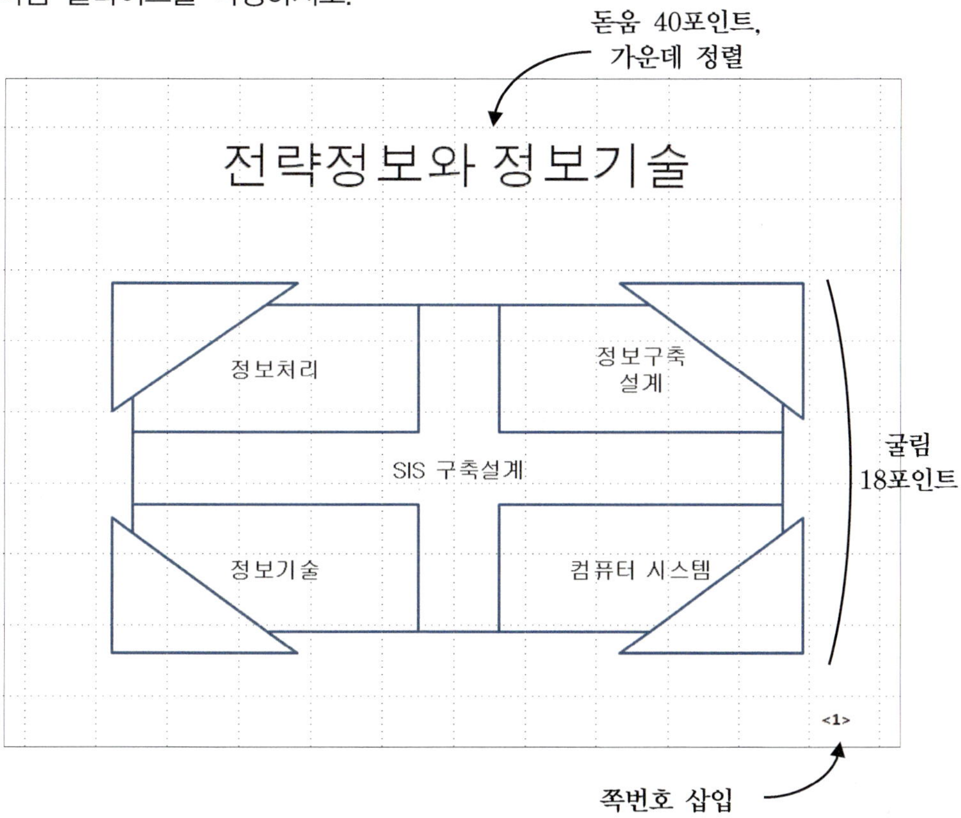

2. 다음 슬라이드를 작성하시오.

궁서 32포인트, 가운데 정렬

반기별 분야 비교

연도 / 구분	2008년		2009년		비고
	상반기	하반기	상반기	하반기	
H/W	971,548	915,422	915,267	882,418	
S/W	1,048,135	995,743	998,514	1,012,124	
OS	916,489	914,128	942,149	910,142	

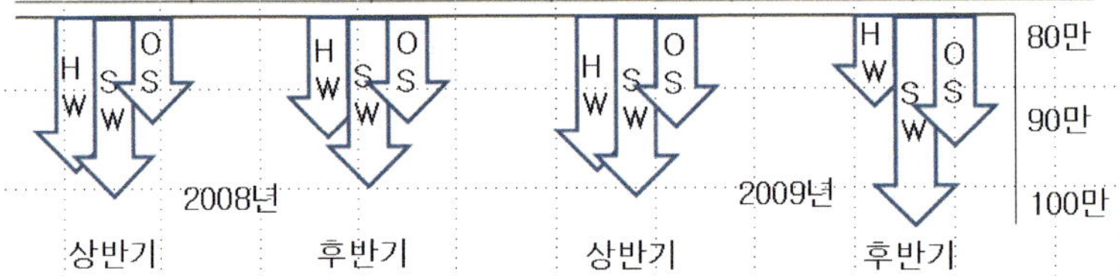

돋움 18포인트

<2>

쪽번호 삽입

3. 다음 슬라이드를 작성하시오.

HY중고딕 32포인트, 가운데 정렬 (왼쪽에서 날아오기)

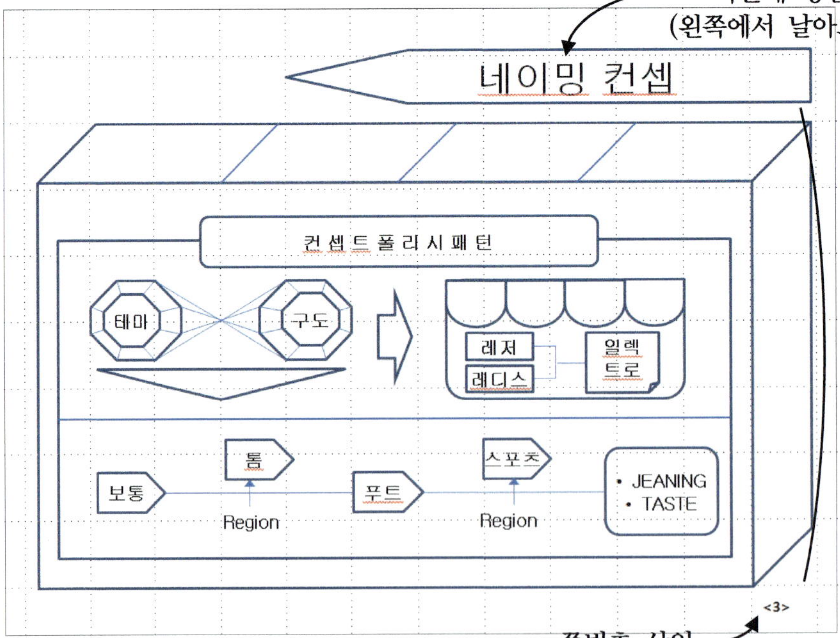

굴림 16포인트

쪽번호 삽입

PCT 기출문제(실기) 해설

[파워포인트]
총점 : 150

1 슬라이드 작성 시작

01 파워포인트를 실행하면 기본적으로 제목 슬라이드가 나타난다. 제목 슬라이드에서 마우스 오른쪽 버튼을 눌러 [레이아웃]들 중에서 '빈 화면'을 클릭한다.

02 '빈 화면' 슬라이드를 확인한 후, [슬라이드] 탭에서 슬라이드를 선택한 후 Enter↵를 두 번해서 슬라이드 두 개를 더 만들어 미리 총 3개의 슬라이드를 준비해 둔다.

2 페이지 번호 삽입

01 [삽입] 탭 - [텍스트] 그룹 - [슬라이드 번호]를 클릭한 후, [머리글/바닥글] 대화상자에서 [슬라이드 번호]를 체크한 후, 〈모두 적용〉을 클릭한다.

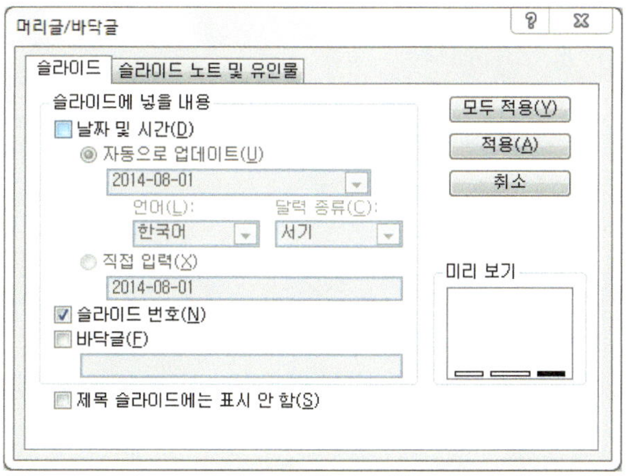

02 3개의 슬라이드 오른쪽 하단에 쪽 번호가 삽입된 것을 확인할 수 있다. 하지만 쪽 번호 양옆에 〈〉 기호가 없다. 각 슬라이드 번호를 클릭한 후 〈〉 기호를 각각 삽입한다.(또는 마스터 기능을 이용하여 슬라이드 번호 앞뒤에 〈〉을 넣어 준다.)

3 1번_슬라이드 작성(20점)

본격적인 작업을 위해 [보기] 탭 – [표시] 그룹에서 '눈금자'와 '눈금선'을 체크한다. '눈금선' 기능을 이용하면 균형감을 갖고 작업이 용이하고, 눈금선 기능은 글머리 기호에서 문자열의 간격 조정 등에 유용하게 사용된다.

1 제목 입력

01 [삽입] 탭 - [텍스트] 그룹 - [텍스트 상자] 클릭하고, [가로 텍스트 상자]를 선택하여 슬라이드의 상단에 드래그하여 만든 후, 텍스트 상자에 '전략정보와 정보기술'이라는 제목을 입력한다.

02 방금 입력한 텍스트 상자를 클릭한 후, [홈] 탭 - [글꼴]/[단락] 그룹에서 글꼴은 '돋움'으로 크기는 40포인트로 설정하고, 제목을 가운데 정렬하기 위해 가운데 정렬 버튼을 선택한다.

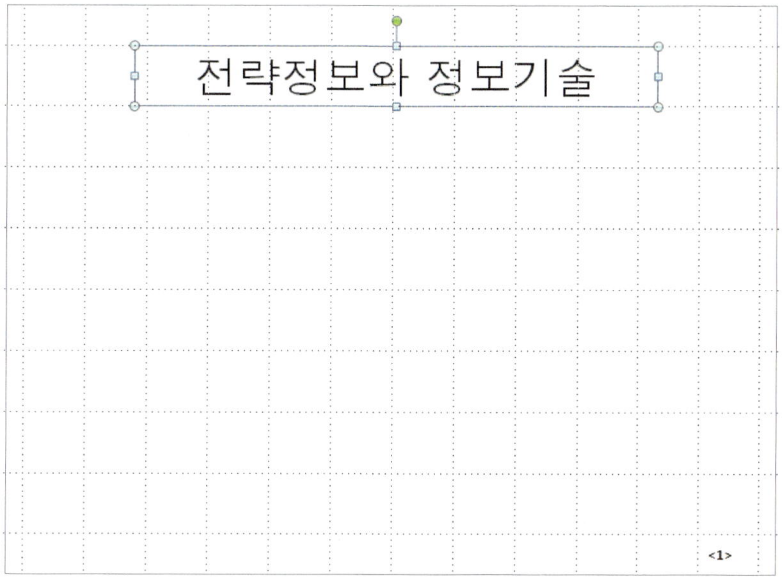

2 사각형 그리기

01 [삽입] 탭 - [일러스트레이션] 그룹 - [도형]을 클릭하여 '직사각형' 도형을 선택한 후 원하는 크기만큼 드래그하여 큰 직사각형을 그리면, 사각형 도형이 파란색으로 채워진 것을 확인할 수 있다.

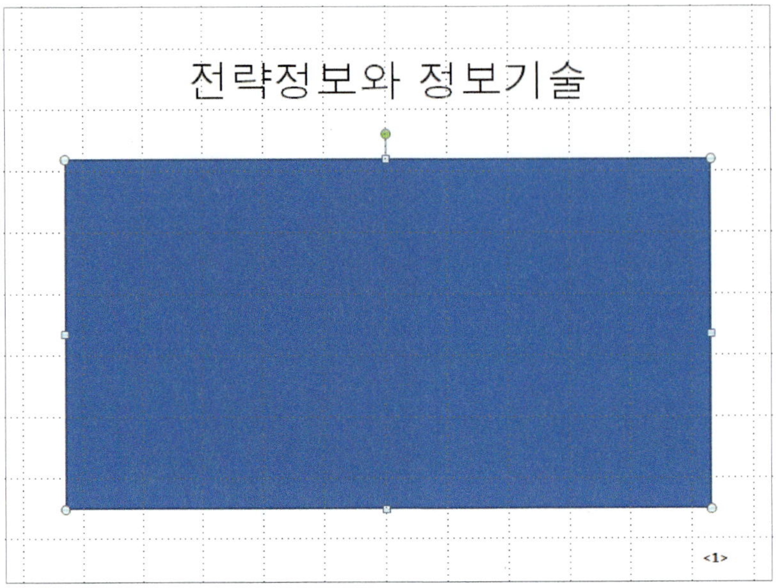

02 문제에 제시된 도형과 같이 만들기 위해, 도형을 선택한 후 오른쪽 버튼을 눌러 [도형 서식]을 클릭한 후 [도형 서식] 대화상자에서 [채우기]를 '채우기 없음'으로 선택하고, [선 색]을 '검정색'으로 한다. 그리고 단축 메뉴에서 [텍스트 편집]을 선택하고, 글자를 입력한 후 글자색을 검정으로 변경한다.

03 이와 같이 도형을 만들 때 마다 글자색, 채우기 및 선 색을 변경할 경우 많은 시간이 소비된다. 이러한 문제점을 최소화하기 위해 앞서 작성한 도형을 기본 도형으로 등록하면 된다. 기본 도형 설정은 도형을 선택한 후 오른쪽 버튼을 눌러 [기본 도형으로 설정]을 클릭하면 된다.

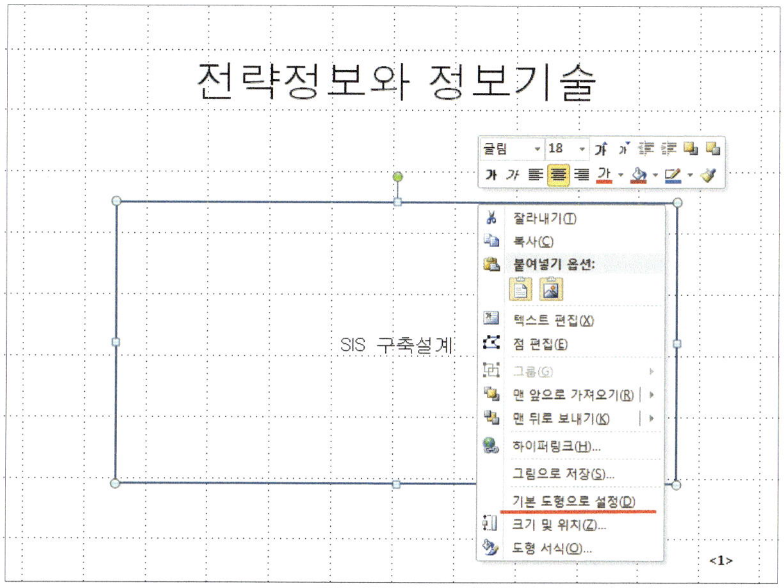

04 큰 사각형을 복사하여 크기 조절하여 작은 사각형 4개를 만든 뒤, 글자를 입력하고 큰 사각형 모서리에 다음과 같이 배치시킨다.

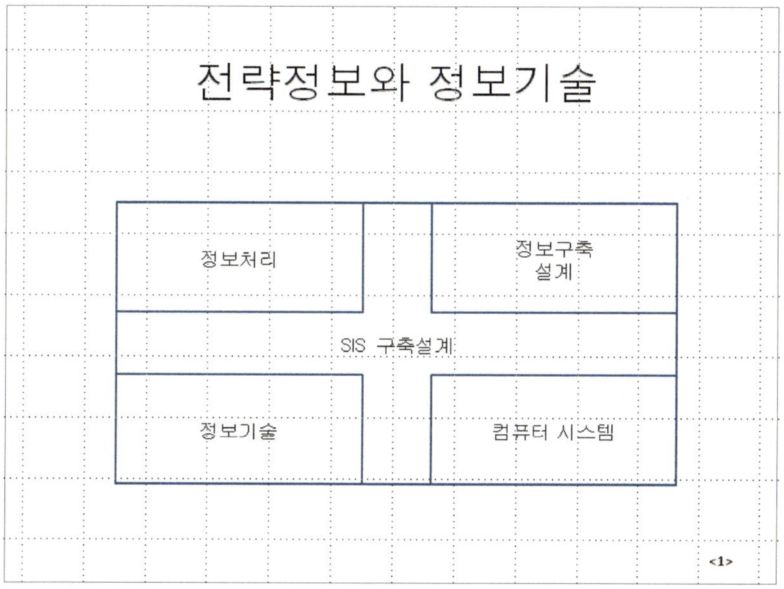

3 삼각형 그리기

01 큰 사각형 모퉁이에 위치할 삼각형 4개를 만들기 위해 [삽입] 탭 – [일러스트레이션] 그룹 – [도형]을 클릭하여 '직각 삼각형' 도형을 선택한 후 원하는 크기만큼 드래그하여 직각 삼각형을 그리고, [도형 서식]에서 [채우기]를 '흰색'으로 설정한다.

02 앞서 작성된 직각 삼각형을 복사하여 [서식] 탭 – [정렬] 그룹 – [회전]을 선택하여 상하, 좌우로 대칭하여 각각의 모서리에 배치시킨다.

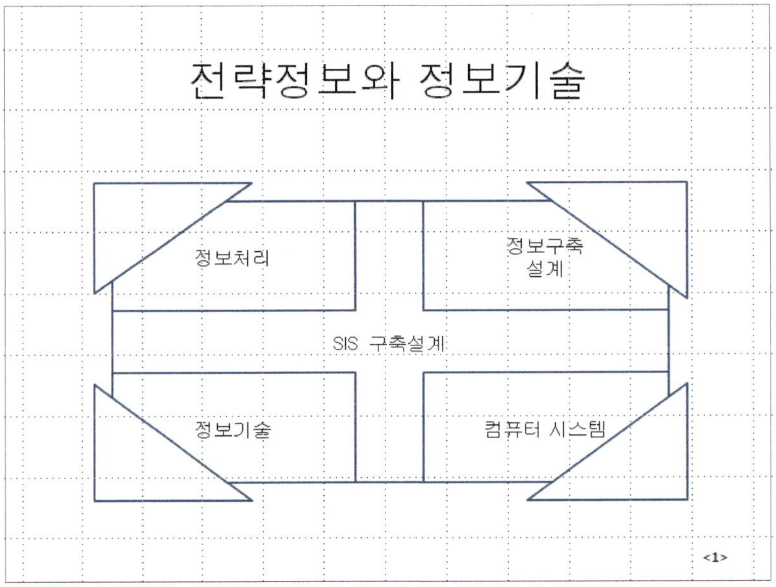

4 2번_슬라이드 작성(50점)

1 제목 입력

01 [삽입] 탭 – [일러스트레이션] 그룹 – [도형]을 클릭하여 '위쪽 리본' 도형을 선택하고 원하는 크기만큼 드래그하여 리본을 그리고, 제목을 입력한다.

02 방금 입력한 텍스트 상자를 클릭한 후, [홈] 탭 – [글꼴]/[단락] 그룹에서 글꼴은 '궁서', 글꼴 크기는 32포인트, 정렬은 '가운데 정렬'로 설정한다.

03 리본 도형의 모양 변경을 위해 리본 도형의 2개의 노란색 조절점을 이용해서 리본 모양을 적절하게 변형시킨다.

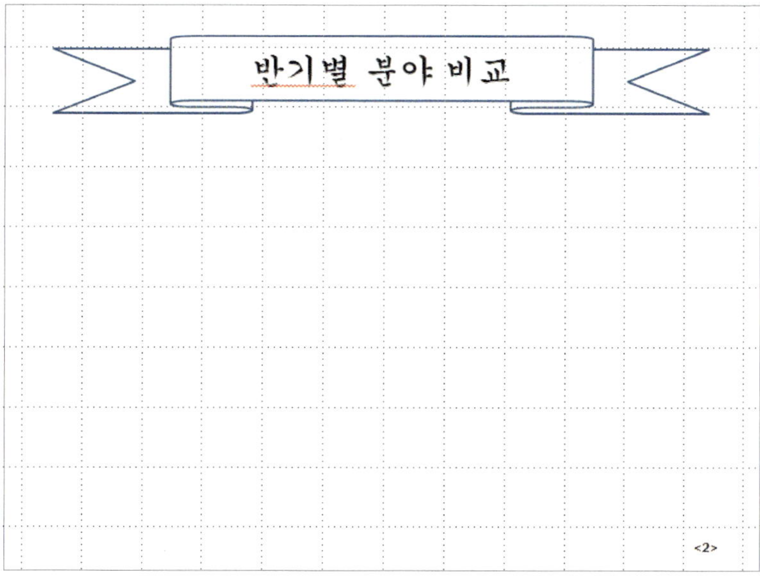

2 표 삽입

01 [삽입] 탭 - [표] 그룹 - [표] 확장 단추를 클릭한 후, 5행 6열 개수가 될 때까지 드래그하여 만든다.

02 기본 서식이 적용된 표의 서식을 [디자인] 탭 - [표 스타일]에서 '스타일 없음'을 선택하여 표에 적용된 스타일을 제거한다.

03 셀 병합을 위해 병합할 셀을 선택한 후, 마우스 오른쪽 버튼을 눌러 [셀 병합]을 선택한다.

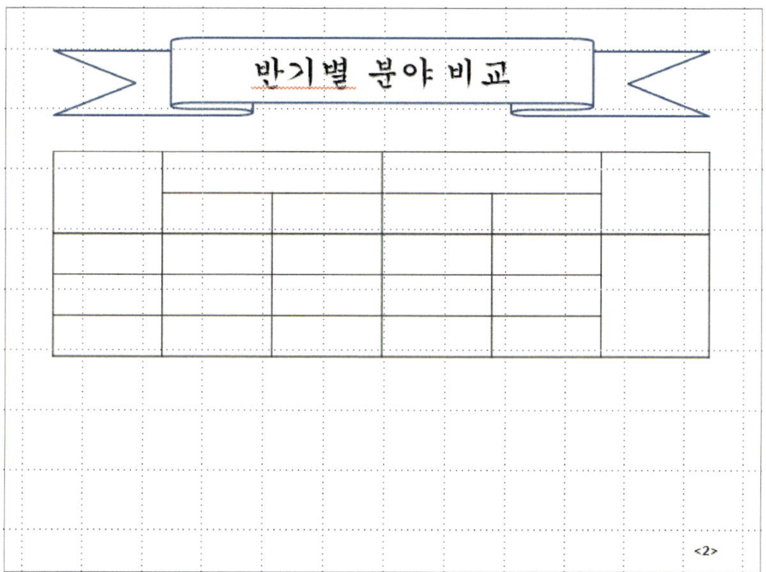

04 셀 안에 대각선은 [디자인] 탭 – [표 스타일] 그룹 – [테두리]에서 '하향 대각선 테두리'를 선택한다. 나머지 좌우측 테두리 선도 같은 방법으로 지운다. 그리고 파워포인트에서는 테두리로 이중선 스타일이 없어, 도형의 '선'을 이용하여 표 안에 이중선을 완성한다.

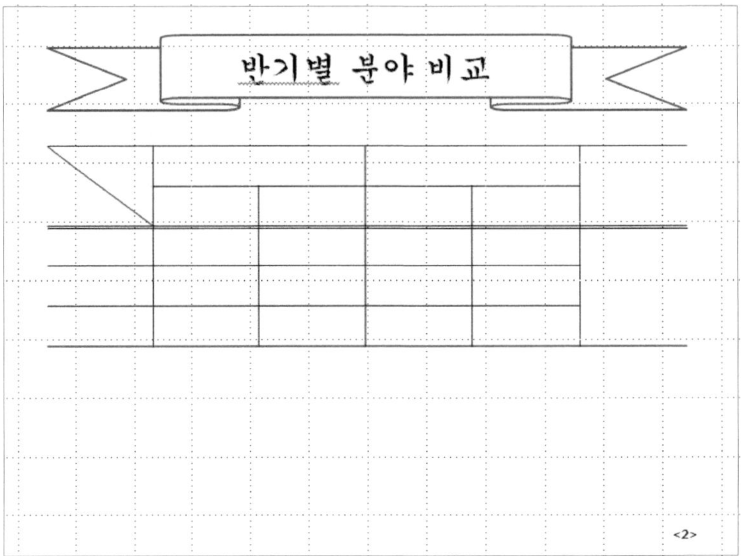

05 셀 안에 텍스트를 입력하고, 표의 가장 자리를 왼쪽 마우스로 클릭한 후, [홈] 탭에서는 글꼴, 글꼴 크기, 정렬을 설정하고, [레이아웃] 탭 – [맞춤] 그룹에 '세로 가운데 맞춤'을 선택한다.

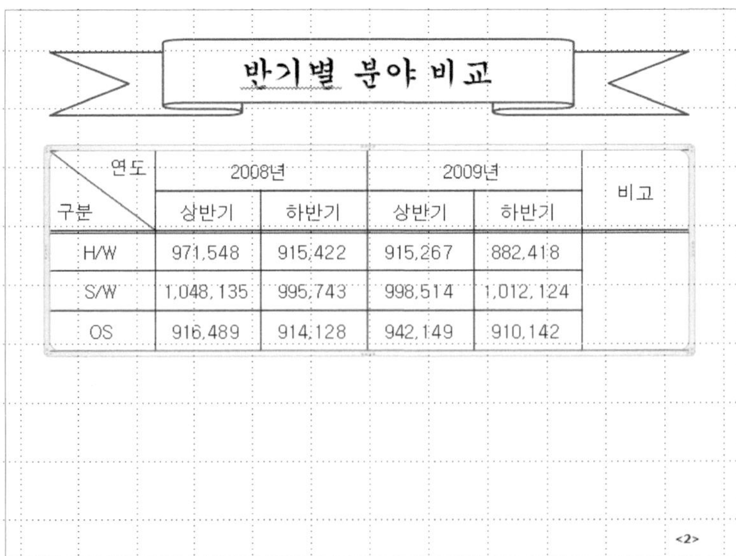

3 화살표 도형 그리기

01 도형의 선을 이용하여 표 아래에는 ㄱ 모양을 완성한다.

02 [삽입] 탭 – [일러스트레이션] 그룹 – [도형]을 클릭하여 '아래쪽 화살표' 도형을 선택한 후 '흰색' 채우기와 텍스트를 입력한다. 이렇게 만든 화살표를 복사해서 3개의 화살표를 겹쳐 순서에 맞게 배치한다.(화살표를 세밀하게 움직이기 위해서는 Ctrl을 누른 채 방향키를 누른다.)

03 화살표 3개를 동시에 선택(Ctrl을 누른 채 각 화살표 선택)한 후 복사하여 배치하고, 각 화살표의 크기 조절을 한다.

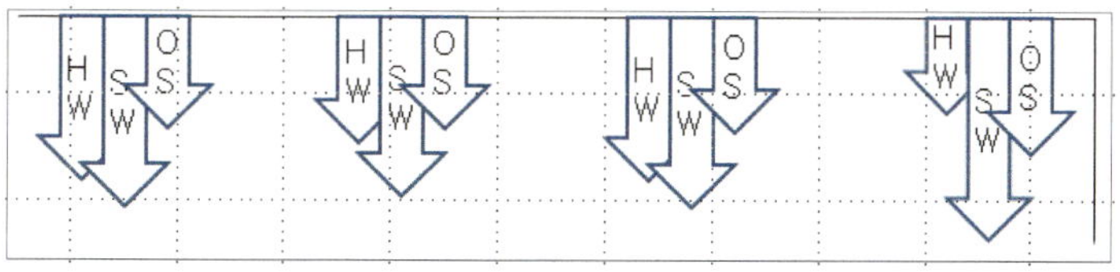

04 화살표 주변의 텍스트를 삽입하려면, [삽입] 탭 – [텍스트] 그룹 – [텍스트 상자]에서 '가로 텍스트 상자'를 선택하여 아래와 같이 텍스트를 입력하고 복사하여 모두 배치 후 완성시킨다.

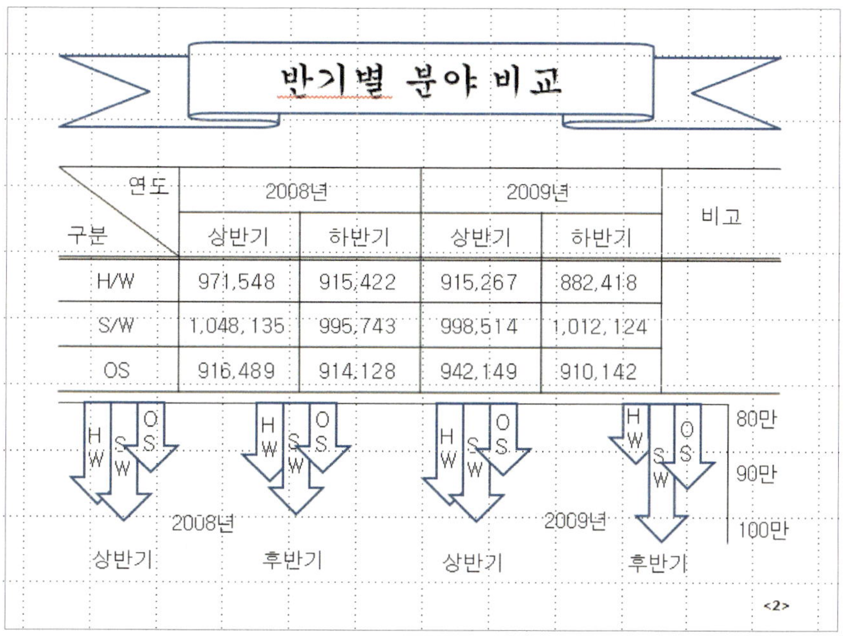

연도 구분	2008년		2009년		비고
	상반기	하반기	상반기	하반기	
H/W	971,548	915,422	915,267	882,418	
S/W	1,048,135	995,743	998,514	1,012,124	
OS	916,489	914,128	942,149	910,142	

5 3번_슬라이드 작성(80점)

1 제목 입력과 애니메이션 설정

01 [삽입] 탭 – [일러스트레이션] 그룹 – [도형]을 클릭하여 '오각형' 도형을 선택하고 원하는 크기만큼 드래그하여 오각형을 그리고, 노란색 조절점으로 모양을 조절하면서 제목을 입력한다.

02 오각형 도형을 선택한 후 [애니메이션] 탭 – [애니메이션] 그룹에서 날아오기를 선택하고 오른쪽 [효과 옵션]에서 '왼쪽에서'를 선택한다. '미리보기' 버튼을 클릭하면 설정된 애니메이션 기능을 확인할 수 있다.

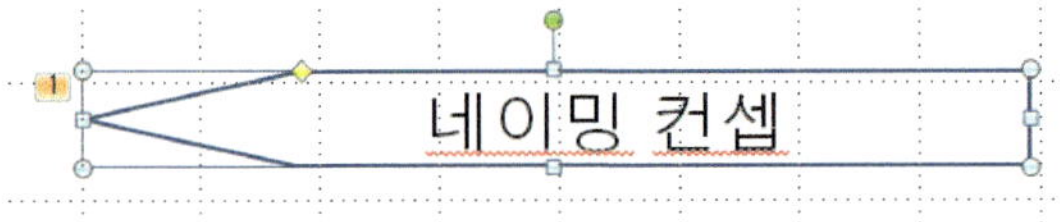

2 정육면체와 사각형 그리기

01 [삽입] 탭 – [일러스트레이션] 그룹 – [도형]을 클릭하여 '정육면체' 도형을 선택하고 원하는 크기만큼 드래그하여 정육면체 도형을 만들고, 정육면체 위에는 선을 이용하여 3줄을 비스듬히 그린다.

02 다음으로 정육면체 도형 안쪽에는 직사각형을 그린 후 가운데 선을 그린다. 이어서 '모서리가 둥근 직사각형' 도형을 직사각형 상단에 위치시킨 후 '흰색' 채우기와 텍스트를 입력한다.

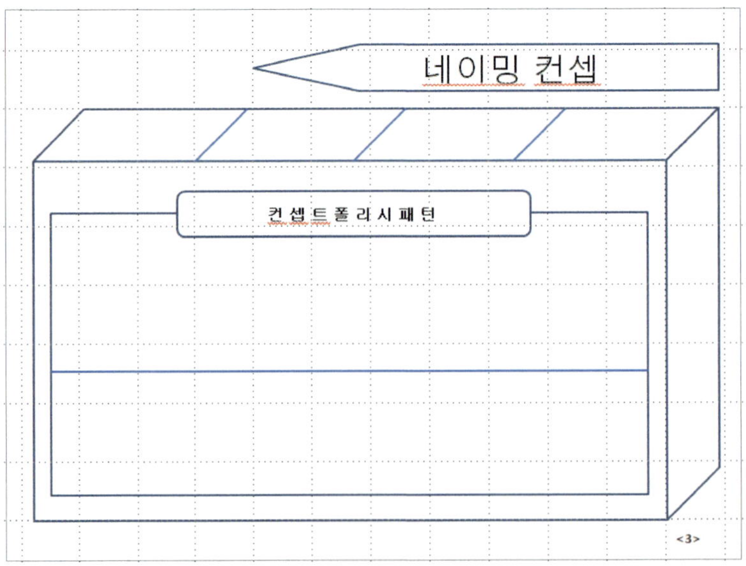

3 세부 도형 그리기_1

01 [삽입] 탭 – [일러스트레이션] 그룹 – [도형]을 클릭하여 '팔각형' 도형을 선택하고 원하는 크기만큼 드래그하여 팔각형 도형을 만들고, 복사하여 4개의 팔각형을 조절 배치한 후 텍스트를 입력한다.

02 선을 이용하여 큰 팔각형과 작은 팔각형을 연결하고, 두 개의 큰 팔각형을 선으로 연결한다.

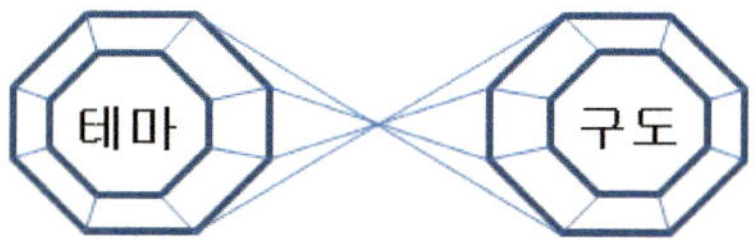

03 방금 작성한 도형에 삼각형과 화살표 도형을 추가하여 완성한다.

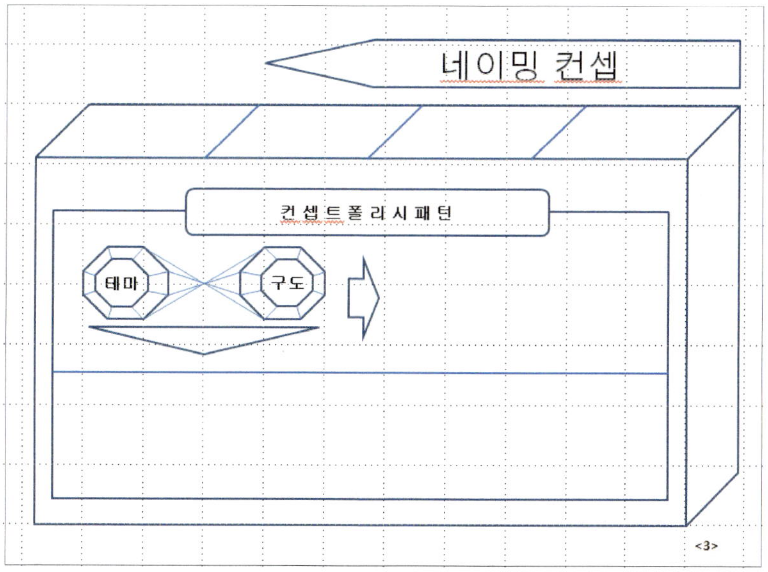

4 세부 도형 그리기_2

01 [삽입] 탭 – [일러스트레이션] 그룹 – [도형]을 클릭하여 '모서리가 있는 둥근 직사각형' 도형을 그리고, 그 안에 순서도 부분에 있는 '지연' 도형을 그린다.

02 지연 도형의 채우기를 '흰색'으로 하고 둥근 부분을 아랫방향으로 위치시킨 후 복사하여 도형을 배치시킨다.

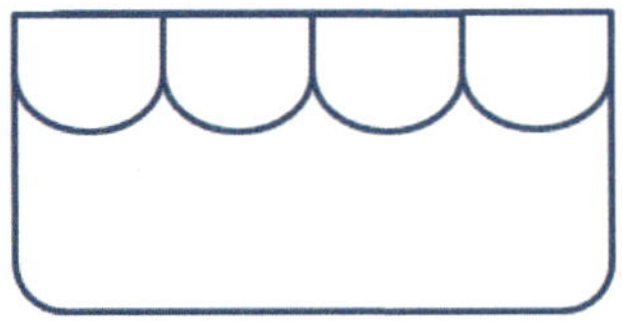

03 사각형 도형 2개를 만들어 각 텍스트를 입력하고, '모서리가 접힌 도형'에 텍스트를 입력한 후 마지막으로 선을 이용하여 2개의 사각형과 모서리가 접힌 도형을 연결하여 완성한다.

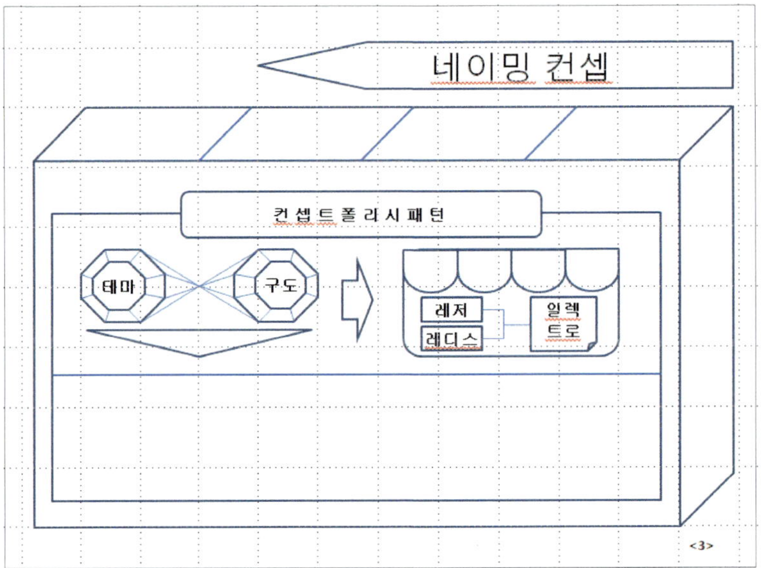

5 세부 도형 그리기_3

01 [삽입] 탭 – [일러스트레이션] 그룹 – [도형]을 클릭하여 '오각형' 도형을 그리고 복사한 후 텍스트를 각각 입력한다. 그리고 '모서리가 둥근 직사각형'을 그린 후 '속이 찬 둥근 글머리 기호'를 삽입하고 각각 텍스트를 입력한 후 눈금자로 간격 조정을 한다.

02 다음으로 선과 화살표를 그린 후 텍스트 상자에 'Region'을 입력 후 배치를 완료한다.

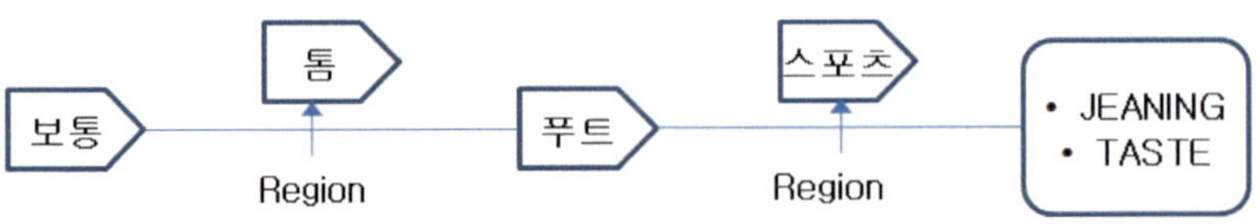

03 정육면체 안의 모든 텍스트의 글꼴은 '굴림', 크기는 16포인트로 설정한다.

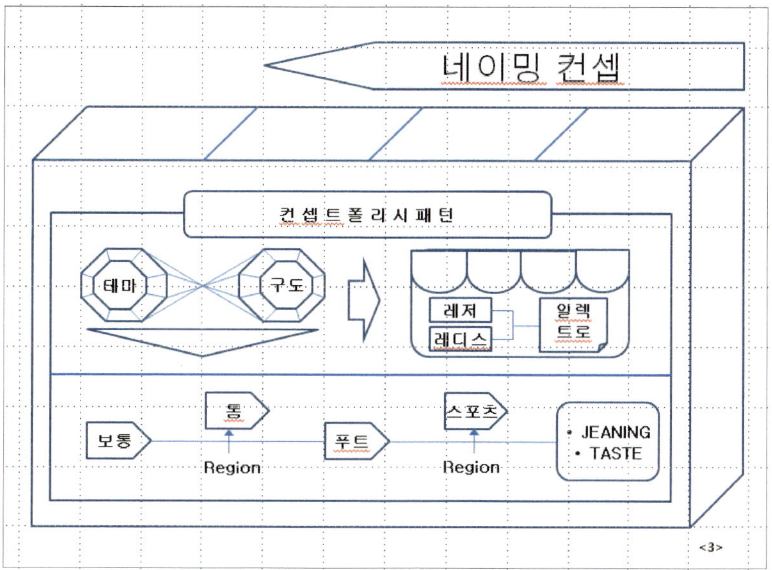

6 화면 전환 효과 설정

01 [전환] 탭 – [슬라이드 화면 전환] 그룹 – [닦아내기]를 클릭한 후 오른쪽 [효과 옵션]에서 '오른쪽에서'를 클릭한다.

02 다음으로 [타이밍] 그룹에서 다음 시간 후를 3초로 설정하고 마지막으로 [모두 적용]을 선택한다. '미리보기' 버튼을 클릭하면 설정된 화면 전환 설정을 확인할 수 있다.

파워포인트 e~Test 모의고사 문제

■ 답안 작성 시 주의사항

- 답안문서 파일명은 응시자의 이름으로 저장하십시오.
- 파워포인트의 기능들을 이용하여 **[처리사항]**대로 답안문서를 작성하십시오.
  (**[보기 슬라이드]**를 참고하시오.)
- 반드시 주어진 이미지 자료를 이용하여 답안문서를 작성하십시오.
  (주어진 이미지 자료 외 다른 자료 이용 시 감점 처리됩니다.)
- 문제에서 지시한 슬라이드의 순서가 바뀌는 경우 감점요인이 됩니다.
- 슬라이드를 중복하여 작성한 경우, 불필요한 슬라이드를 추가로 작성한 경우 감점요인이 됩니다.
- 서로 다른 처리사항을 같은 위치에 작성한 경우 감점요인이 됩니다.
  (예〉 슬라이드2의 텍스트 부분에 제목과 텍스트 내용까지 입력한 경우 등)
- 워드아트 또는 텍스트 상자 등을 처리사항에서 지시한 개수 이상 여러 개 작성한 경우 감점요인이 됩니다.
- 문제에서 지시하지 않은 사항은 프로그램의 기본 설정 값으로 지정하십시오.
- 문제에서 별도의 지시사항이 없는 경우, 글자 입력은 텍스트 상자를 원칙으로 합니다.

■ 제공 이미지

- 주어진 이미지 자료를 이용하여 답안문서를 작성하시오.
  (첨부파일보기 클릭 시 이미지 자료 페이지 열림)

처리사항 **[디자인 서식 지정과 마스터 편집하기] 배점 : 1번(5), 2번(11), 3번(14)**

1. 전체 슬라이드의 디자인 테마는 모든 슬라이드에 '흐름'을 적용하시오.

2. 마스터 기능을 이용하여 슬라이드 **상단 오른쪽**에 'ㅇㅇㅇ'을 입력하시오.
   1) 흐름 슬라이드 마스터에 작성
   2) 텍스트 상자를 이용하여 'ㅇㅇㅇ'에는 응시자 본인의 이름을 입력
   3) 글꼴은 바탕체, 글꼴 크기는 25pt로 지정

3. 슬라이드 번호를 삽입하시오.

1) 머리글/바닥글 기능을 이용하여 슬라이드 삽입 시 자동으로 추가되게 지정
2) 제목 슬라이드를 제외한 모든 슬라이드의 **하단 오른쪽**에 작성
3) 글꼴 크기는 30pt로 지정
4) 슬라이드 시작 번호는 2로 지정

보 기 **〈슬라이드1 작성하기〉**

처리사항 [1. **슬라이드1**] **배점 : 1)번(5점), 2)번(15점), 3)번(7점)**

1) 슬라이드는 '제목 슬라이드'로 지정하시오.
2) 워드아트를 이용하여 제목은 '영화산업'으로 **[보기 슬라이드]**와 같이 작성하시오.
   - WordArt는 '채우기 - 진한 청록, 텍스트 2, 윤곽선 - 배경 2'로 지정
   - 글꼴은 굴림체, 글꼴 크기는 66pt로 지정
   - 워드아트의 크기는 너비 16cm, 높이 3.5cm로 지정
3) **[보기 슬라이드]**와 같이 부제목에 '하이퍼링크'를 입력하고, e-Test 홈페이지를 하이퍼링크로 지정하시오.
   (e-Test 홈페이지 : http://www.e-test.co.kr)
   - 글꼴은 돋움체, 글꼴 크기는 37pt로 지정

보 기 〈슬라이드2 작성하기〉

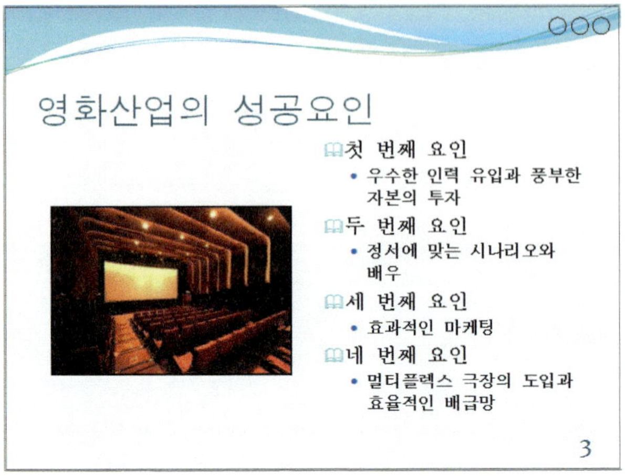

처리사항 [1. **슬라이드2**] **배점** : 1)**번**(5), 2)**번**(3), 3)**번**(10), 4)**번**(1), 5)**번**(3), 6)**번**(30)

1) 새 슬라이드를 '콘텐츠 2개' 슬라이드로 추가하시오.

2) 제목은 '영화산업의 성공요인'으로 입력하시오.
- 글꼴은 돋움체, 글꼴 크기는 42pt로 지정

3) **[보기 슬라이드]**와 같이 다음 내용을 첫째 수준과 둘째 수준으로 입력하시오.
〈입력 내용〉

첫 번째 요인 우수한 인력 유입과 풍부한 자본의 투자 두 번째 요인 정서에 맞는 시나리오와 배우 세 번째 요인 효과적인 마케팅 네 번째 요인 멀티플렉스 극장의 도입과 효율적인 배급망

- 글꼴은 바탕체, 글꼴 크기는 첫째 수준은 24pt, 둘째 수준은 20pt, 글꼴효과는 굵게

4) 입력한 내용의 줄 간격은 고정 26pt로 지정하시오.

5) 글머리 기호 및 번호 매기기를 이용하여 입력한 내용의 첫째 수준 글머리 기호를 **[보기 슬라이드]**와 같이 작성하시오.
- 글머리 기호의 모양은 🕮, 크기는 85%로 지정

6) **[삽입]** 메뉴의 **[그림 파일]**을 이용하여 주어진 '극장'의 이미지를 **[보기 슬라이드]**와 같이 문자열의 **왼쪽**에 삽입하시오.
- 그림의 크기는 너비 10cm, 높이 7cm로 지정

보 기 〈슬라이드3 작성하기〉

구분	내용		합계
배급시장	CJ	30.6%	54%
	미디어플렉스	14.3%	
	롯데	9.1%	
상영시장	CGV	39.7%	70.1%
	메가박스	12%	
	롯데시네마	18.4%	

처리사항 [3. **슬라이드3**] **배점** : 1)**번**(5**점**), 2)**번**(3**점**), 3)**번**(30**점**)

1) 새 슬라이드를 '제목 및 내용' 슬라이드로 추가하시오.
2) 제목은 '영화시장 지배 현황'으로 입력하시오.
   - 글꼴은 돋움체, 글꼴 크기는 46pt로 지정
3) 7행 4열의 표를 작성하고, 아래의 조건대로 작성하시오. (반드시 표 형식이 유지되어야 함)
   - 아래 지정된 셀을 각각 셀 병합 지정
     1행 2열 ~ 1행 3열 셀 병합
     2행 1열 ~ 4행 1열 셀 병합
     2행 4열 ~ 4행 4열 셀 병합
     5행 1열 ~ 7행 1열 셀 병합
     5행 4열 ~ 7행 4열 셀 병합
   - 표 전체에 **[보기 슬라이드]**와 같이 내용을 입력하고, 글꼴은 바탕체, 글꼴 크기는 26pt로 지정
   - 아래의 조건대로 셀 맞춤 지정
     표 전체 : [표 도구] - [레이아웃]메뉴 [맞춤] 그룹의 세로 가운데 맞춤
     1행 : [표 도구] - [레이아웃]메뉴 [맞춤] 그룹의 가운데 맞춤
     4열 : [표 도구] - [레이아웃]메뉴 [맞춤] 그룹의 가운데 맞춤
   - 1행의 채우기는 질감의 '일반 목재'로 지정
   - 표 전체의 안쪽 세로 테두리는 점선, 안쪽 가로 테두리 실선으로 지정
   - 표 전체 바깥쪽 테두리는 3pt 실선으로 지정

보 기 〈슬라이드4 작성하기〉

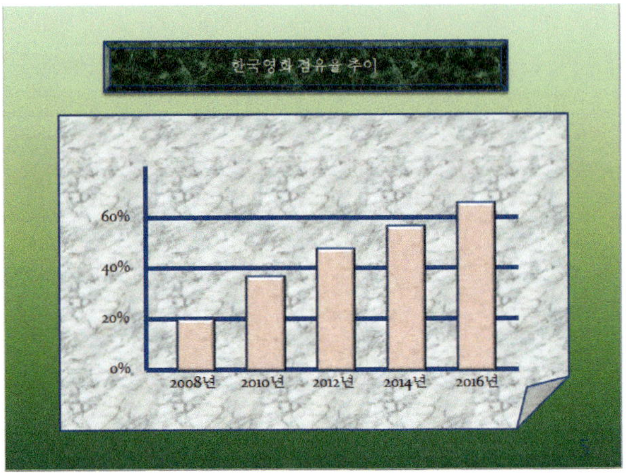

처리사항 [4. **슬라이드**4] **배점** : 1)**번**(5**점**), 2)**번**(54**점**), 3)**번**(10**점**)

1) 새 슬라이드를 '빈 화면' 슬라이드로 추가하시오.

2) 그리기 도구모음을 이용하여 아래 조건에 맞게 **[보기 슬라이드]**와 같이 작성하시오.

- 빗면 도형을 1개 그리고, 면의 질감은 녹색 대리석으로 지정하고, 그림자는 '바깥쪽, 오프셋 아래쪽'을 적용, '한국영화 점유율 추이'를 입력
- 모서리가 접힌 도형을 1개 그리고, 면의 질감은 흰색 대리석으로 지정
- 선의 종류가 실선이고, 너비가 5pt인 선 5개 그리기
- 직사각형 도형을 5개 그리고, 면의 질감은 분홍 박엽지로 지정하고, 3차원 서식으로 입체효과의 위쪽 '둥글게'를 적용
- 가로 텍스트 상자를 9개 그리고, '60%', '40%', '20%', '0%', '2008년', '2010년', '2012년', '2014년', '2016년'을 각각 입력
- 작성된 모든 도형은 **[보기 슬라이드]**와 같이 배열하고, 그룹으로 지정하고, 크기는 너비 21cm, 높이 16cm으로 지정

3) 슬라이드의 배경 서식에서 배경 그래픽 숨기기를 지정하고, 그라데이션 채우기의 기본 설정 색은 '이끼'로 지정하시오.

보 기 〈슬라이드5 작성하기〉

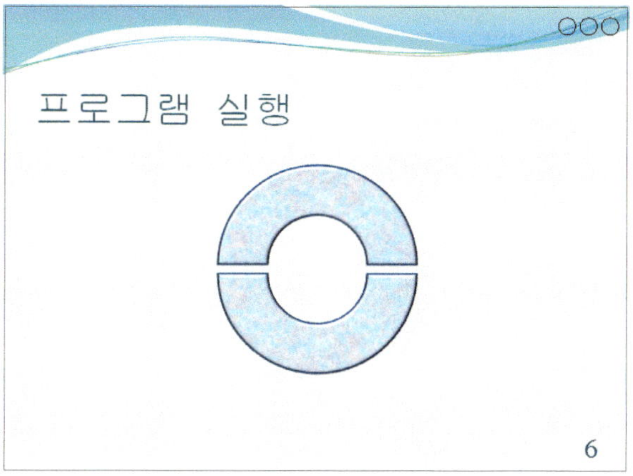

처리사항 [5. 슬라이드5] 배점 : 1)번(5점), 2)번(3점), 3)번(16점), 4)번(3점)

1) 새 슬라이드를 '제목만' 슬라이드로 추가하시오.
2) 제목은 '프로그램 실행'으로 입력하시오.
   - 글꼴은 굴림체, 글꼴 크기는 46pt로 지정
3) 도형을 작성하여 실행설정을 지정하시오.
   - 그리기 도구모음의 '막힌 원호' 도형을 그리고, 면의 질감은 꽃다발로 지정하고, 너비 8cm, 높이 8cm로 작성
   - 작성된 '막힌 원호' 도형은 3차원 서식으로 입체효과의 위쪽 '둥글게'와 깊이 36pt를 지정
   - 슬라이드 쇼 실행 시, 마우스를 '막힌 원호' 도형 위에 놓았을 때 메모장 프로그램(NOTE PAD.EXE)이 실행되도록 실행설정을 지정
   - 실행설정이 지정된 '막힌 원호' 도형을 복사하여 상하 대칭 지정
   - 작성된 두 개의 '막힌 원호' 도형을 그룹으로 지정
4) 슬라이드5를 숨기기로 지정하시오.

처리사항 **[슬라이드 쇼 관련 기능 지정하기] 배점 : 1번(8점), 2번(10점), 3번(9점)**

1. 아래 조건에 맞는 화면전환을 지정하시오.
   - 화면 전환 효과는 '덮기'로 지정
   - 효과 옵션은 '왼쪽에서'로 지정
   - 50초 마다 자동으로만 전환되도록 지정
   - 모든 슬라이드에 지정

2. 아래 조건에 맞는 애니메이션을 지정하시오.
   1) 슬라이드2번
      - 그림을 제외한 제목, 텍스트에 지정
      - 반드시 지정한 영역은 애니메이션을 이용하여 '나타내기'에 있는 '내밀기'로 지정
      - 효과 옵션은 '오른쪽에서'로 지정(단, 효과 중복 지정 시 감점처리)
      - 애니메이션 순서는 텍스트, 제목순으로 지정
   2) 슬라이드4번
      - 그룹으로 지정된 도형 전체에 지정
      - 반드시 지정한 영역은 애니메이션을 이용하여 '나타내기'에 있는 '휘돌아 나타내기'로 지정 (단, 효과 중복 지정 시 감점처리)

3. 쇼 재구성 기능을 이용하여 아래 조건에 맞게 슬라이드 쇼 재구성을 2개 작성하시오.
   - 첫 번째 재구성되는 슬라이드 쇼 이름은 '프로그램 실행 1'으로 지정하고, 재구성 목록에 슬라이드2번과 슬라이드3번을 지정
   - 두 번째 재구성되는 슬라이드 쇼 이름은 '프로그램 실행 2' 로 지정하고, 재구성 목록에 슬라이드1번과 슬라이드2번, 슬라이드3번을 지정

보 기 〈슬라이드 노트와 유인물 편집하기〉

〈슬라이드 노트〉

〈유인물 마스터〉

처리사항 **[슬라이드 노트와 유인물 편집하기] 배점 : 1번(15점), 2번(15점)**

1. **[보기]** 메뉴의 **[슬라이드 노트]**를 이용하여 아래와 같은 조건으로 작성하시오.
   1) 슬라이드1 노트
      - 입력 내용 : 영화산업의 지배 및 점유율과 관련된 자료입니다.
      - 글꼴은 바탕체, 글꼴 크기는 15pt로 지정
      - 슬라이드 노트 배경에서 그라데이션 채우기의 기본 설정 색은 '새벽'으로 지정

2. **[보기]** 메뉴의 **[유인물 마스터]**를 이용하여 아래와 같은 조건으로 작성하시오.
   1) 유인물의 제목을 그리기 도구모음으로 작성하시오.
      - '모서리가 둥근 직사각형' 도형을 유인물의 상단에 그리고, 도형의 질감은 자주 편물로 지정하고, '영화산업 자료'를 입력
      - '모서리가 둥근 직사각형' 도형 크기는 너비 10cm, 높이 1.5cm로 지정
      - 글꼴은 궁서체, 글꼴 크기는 22pt, 글꼴효과는 텍스트 그림자

PCT 모의고사(실기) 문제

〈작성조건〉

1) 답안 작성 시 슬라이드 3장을 초과하지 않도록 작성하시오.(초과 시 감점됨)
2) 문서명(파일명)은 "본인수험번호.pptx"로 등록하시오.
3) 각 화면 전환 시 "흩어뿌리기" 효과와 함께 자동으로 3초 후 화면이 전환하도록 설정하시오.
4) 별도의 지시사항이 없는 내용은 주어진 문제와 동일한 방식으로 작성하시오.

1. 다음 슬라이드를 작성하시오.

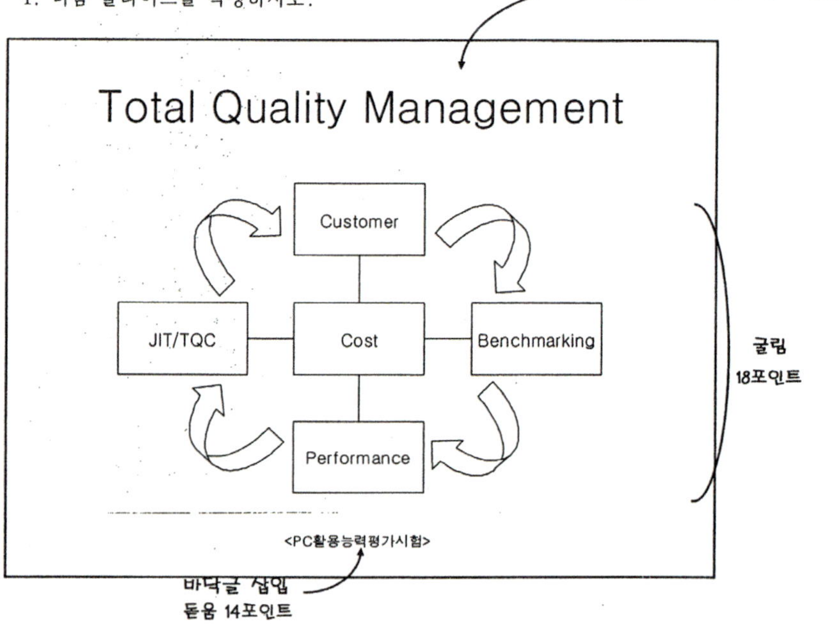

2. 아래에 제시된 슬라이드를 작성하시오.

글꼴은 돋움 36포인트
가운데 맞춤, 밑줄

<u>2003년도 컴퓨터 산업 출하 전망</u>

선 종류 : 이중선

년도 / 구분	2003		2004		2005	
	대수	금액	대수	금액	대수	금액
컴퓨터 본체		35,015		33,700		33,700
Main Frame	2,882	8,231	2,662	7,300	2,500	6,870
Mid-Range	140,617	7,125	143,230	7,450	147,530	7,830

글꼴은 굴림 16 포인트

<PC활용능력평가시험>

바닥글 삽입
돋움 14포인트

3. 아래에 제시된 슬라이드를 작성하시오.

바탕 36포인트
가운데 맞춤
(제목문자열효과: 닦아내기)

e-Procurement Framework 구성도

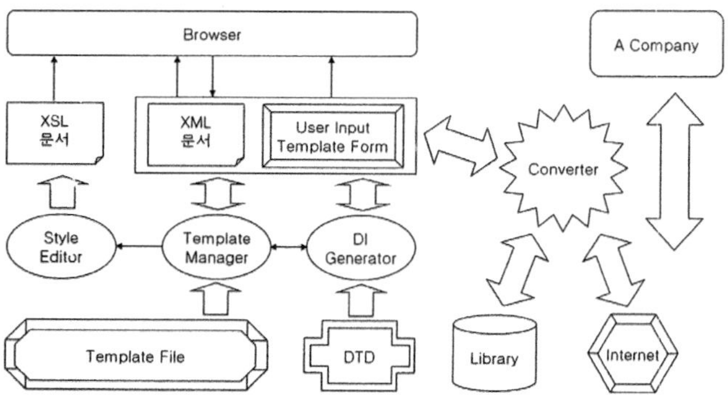

돋움 14포인트

<PC활용능력평가시험>

바닥글 삽입
돋움, 14포인트

Chapter 3

엑셀 2010

01 엑셀의 이해

1.1 스프레드시트와 엑셀

엑셀은 1985년 마이크로소프트(Microsoft)사에서 개발한 대표적인 스프레드시트(Spread Sheet) 프로그램이다.

스프레드시트(Spread Sheet)는 '표에 숫자나 문자 자료를 입력하고 이를 조작하여 자료를 처리하는 프로그램'으로 한 장의 용지(Sheet)에서 여러 가지의 확장된(Spread) 기능을 수행할 수 있다는 뜻이며 자동계산 프로그램이라고도 불린다. 편리한 표 계산 기능, 다양한 차트작성 기능, 데이터베이스 기능 등이 있으며 컴퓨터를 통해 업무를 수행하고자 하는 사람에게는 필수적인 프로그램이라고 할 수 있다.

1.2 엑셀의 기본 화면 구성

엑셀을 처음 실행시키면 다음과 같은 화면이 나타난다.

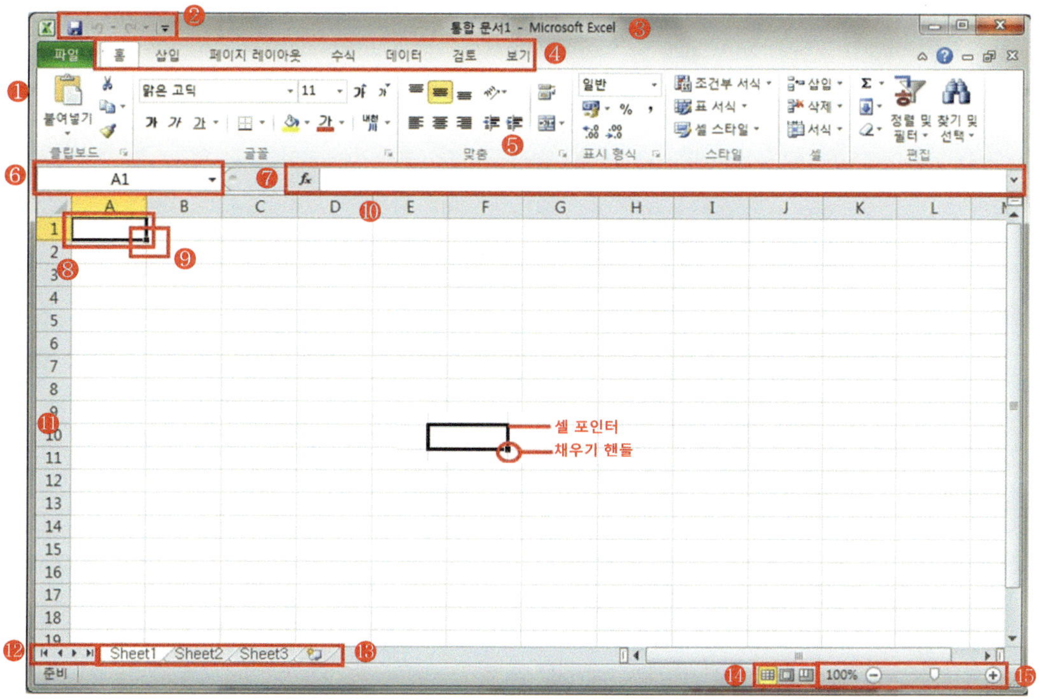

❶ [파일] 탭

파일 관련 명령으로 구성되어 있으며 파일 열기, 저장, 인쇄 등 기본적인 명령과 사용권한, 공유, 옵션 설정을 할 수 있다.

❷ 빠른 실행 도구 모음

자주 사용하는 기능을 빠르게 실행할 수 있도록 모아 놓은 도구 모음이다.

❸ 제목 표시줄

현재 작업 중인 통합 문서 파일의 이름과 작업 상태에 따라 읽기 전용, 호환 모드 등이 표시된다.

❹ 리본 메뉴-기본 탭

7개의 탭으로 구성되어 있으며, 각 탭을 클릭하면 작업 내용에 따라 실행할 수 있는 명령 버튼이 나타난다.

❺ 그룹

리본 메뉴의 각 탭에서 기능별로 명령을 구분해 놓은 것이다.

❻ 이름 상자

현재 셀의 포인터의 위치를 나타낸다. 셀 포인터의 위치는 셀의 열 문자와 행 번호로 표시한다.

❼ 수식 입력 줄

셀에 입력된 데이터나 수식을 보여주거나 수정할 때 이용한다.

❽ 셀 포인터

마우스로 클릭한 셀을 뜻한다.

❾ 채우기 핸들

셀 포인터 오른쪽 밑의 작은 사각형을 지칭하며, 드래그하면 데이터를 채울 수 있다.

❿ 열 머리글

워크시트의 세로 칸을 구분하는 열 머리글로 알파벳으로 표시되어 있다.

⓫ 행 머리글

워크시트의 가로 줄을 구분하는 행 머리글로 숫자로 표시되어 있다.

⓬ 시트 이동 버튼

시트 개수가 많은 경우에 이동하기 위한 버튼이다.

⓭ 시트 탭

각각의 워크시트 이름이 적혀 있는 곳이며, 작업 중인 시트는 흰색으로, 나머지는 회색으로 표시된다.

⓮ 보기모드

기본, 페이지 레이아웃, 페이지 나누기 미리 보기 등 워크시트 보기 상태를 선택할 수 있다.

⑮ 확대/축소 슬라이드

확대/축소 단추를 클릭하여 10% 단위로 확대/축소하거나 슬라이드 바를 드래그하여 확대/축소할 수 있다.

1.3 엑셀의 구성

엑셀을 시작하면 'Book1'이라는 새 통합 문서에 기본적으로 3장의 시트를 주며, 추가할 수 있는 개수에는 제한이 없다. 여러 장의 워크시트를 한 개의 워크북(Workbook)이라고 하며 한 개의 워크북이 한 개의 파일이라고 이해할 수 있다. 엑셀은 확장자가 .xlsx이다.

1.4 새 통합 문서 생성(Ctrl+N)

1 빈 통합 문서 새로 만들기

[파일] 탭 – [새로 만들기]를 클릭하고 '사용 가능한 서식 파일' 항목에서 [새 통합 문서] 선택하고 〈만들기〉를 클릭한다.

2 서식 파일을 이용하여 새 통합 문서 만들기

서식 파일은 문서의 형식을 미리 만들어 놓고 내용만 입력하면 사용할 수 있도록 만들어 놓은 파일이다. 서식 파일을 기반으로 새 통합 문서를 만들려면 [파일] 탭 - [새로 만들기]를 클릭한 후 'Office.com 서식 파일'에서 서식 파일을 선택하고 더블클릭한다.

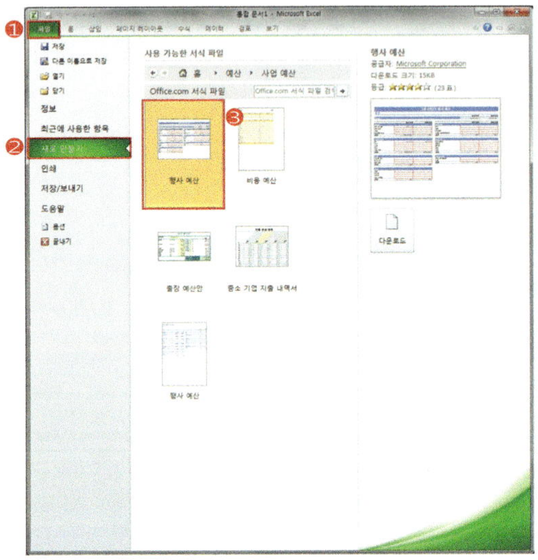

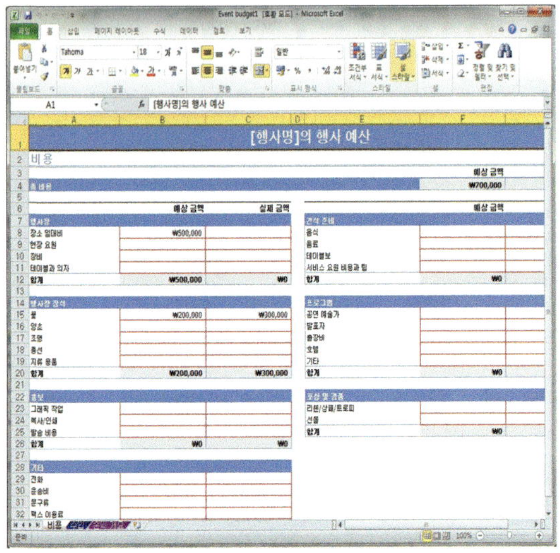

3 기존 통합 문서를 기반으로 새 통합 문서 만들기

[파일] 탭 - [새로 만들기] - [기존 항목에서 새로 만들기]를 클릭한 후 기존에 저장된 통합 문서 선택하고 〈새로 만들기〉를 클릭한다.

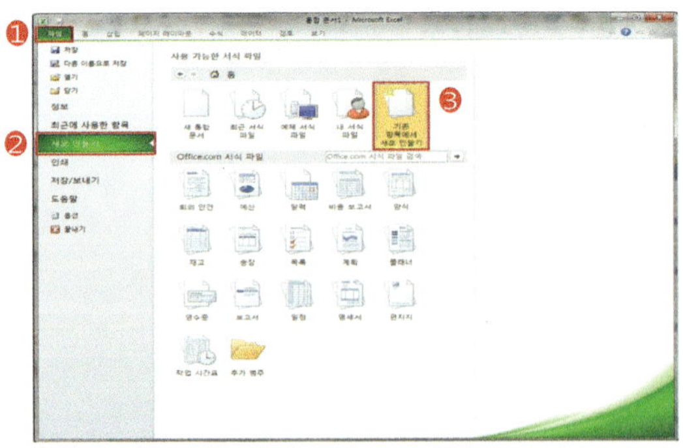

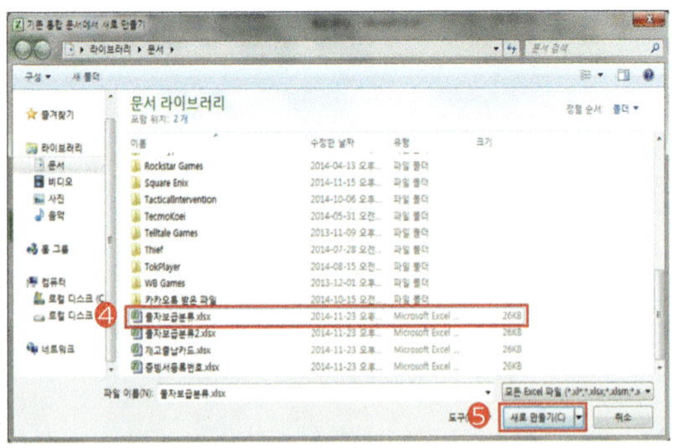

1.5 통합 문서의 저장(Ctrl + S)

01 현재 작업 중인 새 통합 문서를 저장하려면 [파일] 탭 – [저장]을 선택한다.

02 [다른 이름으로 저장] 대화상자에서 저장 폴더를 선택하고 통합 문서 파일명을 입력한다. 또한 다른 이름으로 저장하려면 [파일] 탭 – [다른 이름으로 저장]을 선택한다.

03 파일 형식은 엑셀 2007, 2010 버전에서 사용하려면 'Excel 통합 문서'를 선택하고 엑셀 97~2003 버전에서 사용하려면 'Excel 97~2003 통합 문서'를 선택한다.

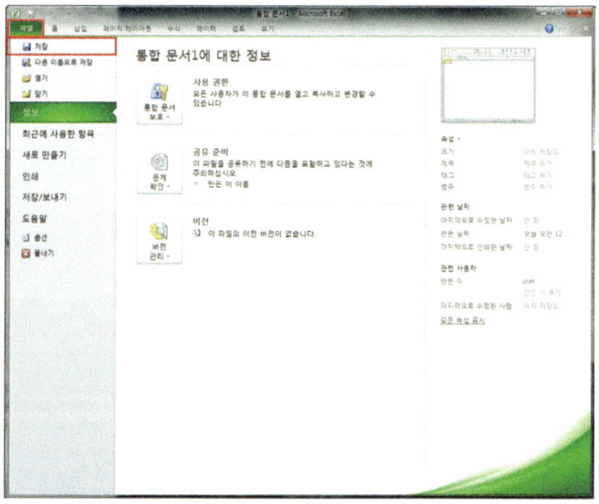

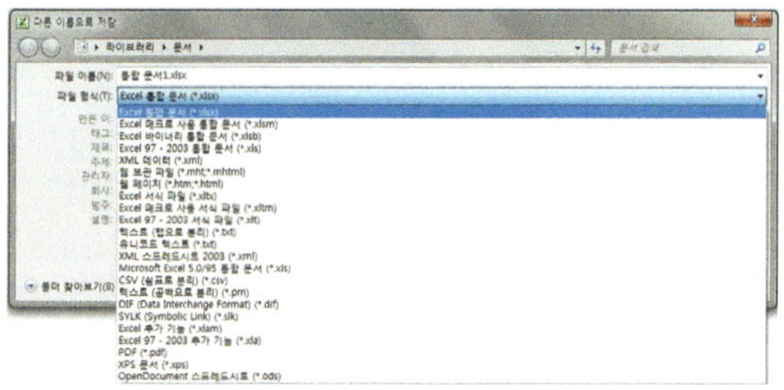

1.6 통합 문서와 워크시트 관리

통합 문서는 개별 문서인 워크시트로 구성되어 있고, 워크시트는 데이터를 입력할 수 있는 직사각형 모양의 셀로 구성되어 있다. 워크시트 이름은 통합 문서 창 왼쪽 아래에 있는 시트 탭에 표시되며, 해당 시트 탭을 클릭하면 워크시트를 볼 수 있다.

1 워크시트 삽입하기

처음 주어진 워크시트 3장 이상으로 워크시트가 필요한 경우 워크시트를 삽입할 수 있다.

01 시트 탭에서 마우스 오른쪽 버튼을 클릭한 후 [삽입]을 선택한다.

02 [삽입] 대화상자가 나타나면 워크시트 유형을 선택하고 <확인>을 클릭한다.

03 두 장의 시트를 삽입하고 싶을 때는 Sheet4 선택 후 Ctrl 키를 누른 채로 Sheet1을 선택하고, 앞의 삽입 과정을 진행하면 두 장의 워크시트가 삽입이 된다.

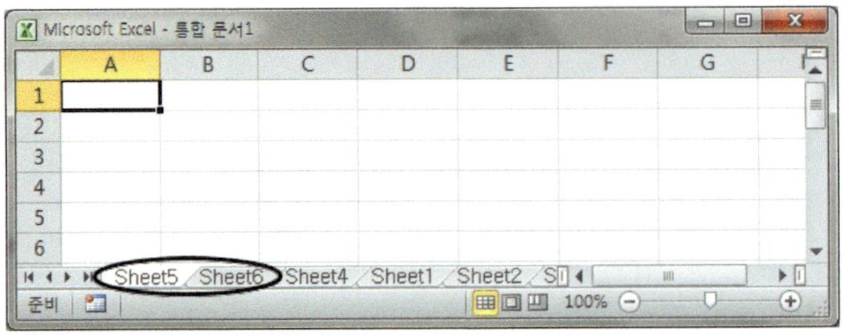

2 워크시트 삭제하기

01 삭제할 시트 탭을 선택하고 마우스 오른쪽 버튼을 클릭한 후 목록 중에서 [삭제]를 클릭한다.

02 삭제 메뉴를 선택하면 다음의 창이 뜨는데 신중히 생각해 보고 삭제할 것인지 말 것인지를 결정해야 한다.

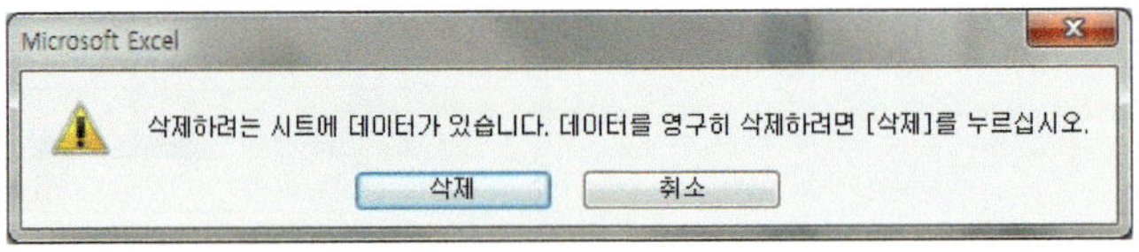

3 워크시트 이동하기

01 이동할 시트 탭을 선택하고 마우스 오른쪽 버튼을 클릭한 후 목록 중에서 [이동/복사]를 클릭한다.

02 [이동/복사] 대화상자에서 '다음 시트의 앞에'에서 이동하려는 탭을 선택한 후 〈확인〉 단추를 클릭한다. 또는 시트 탭을 선택한 후 이동 위치로 드래그 한다.

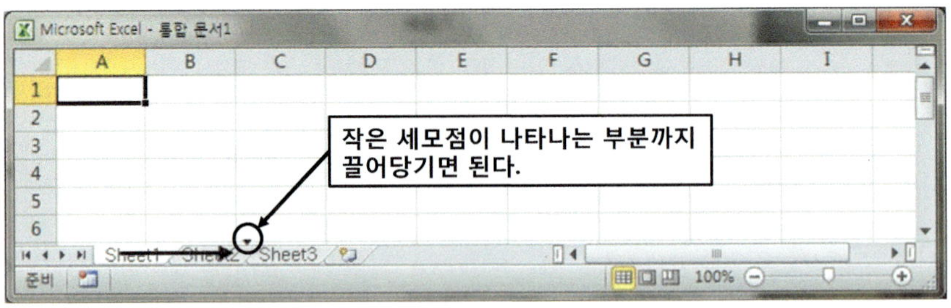

4 워크시트 복사하기

01 복사할 시트 탭을 선택하고 마우스 오른쪽 버튼을 클릭한 후 목록 중에서 [이동/복사]를 클릭한다.

02 [이동/복사] 대화상자에서 '다음 시트의 앞에'에서 복사하려는 탭을 선택한 후 〈확인〉 단추를 클릭한다. 또는 시트 탭을 선택한 후 Ctrl키를 누른 채 드래그 한다.

03 이동하는 방법과 거의 흡사하며 단지 [이동/복사] 대화상자에서 '복사'에 체크를 하고 [확인] 단추를 클릭하면 된다.

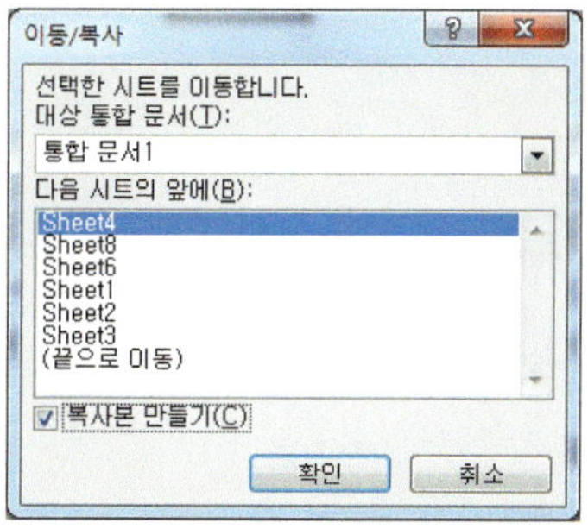

5 워크시트 이름 변경하기

워크시트 이름이 Sheet1, Sheet2, Sheet3 등으로 되어 있다면 각 워크시트마다 어떤 내용이 들어 있는지 보려면 일일이 시트를 선택해야 하는 수고로움이 있다. 워크시트에 의미 있는 다른 이름을 부여해 줄 수 있다.

01 이름을 변경하려는 시트 탭을 더블클릭해서 반전이 되면 이름을 입력한다.

02 시트 탭을 선택 후 마우스 오른쪽 버튼을 클릭한 후 목록 중에서 [이름 바꾸기]를 선택한다.

6 워크시트 개수 지정하기

처음 엑셀을 실행시키면 기본적으로 워크시트가 3장 주어져 있다. 기본적으로 주어지는 워크시트 개수를 사용자가 정의할 수도 있다.

01 [파일] 탭→[옵션]을 선택한다.

02 [Excel 옵션] 대화상자가 나오면 [일반] 항목을 선택하고, 일반 영역에서 '포함할 시트 수'를 지정한다.

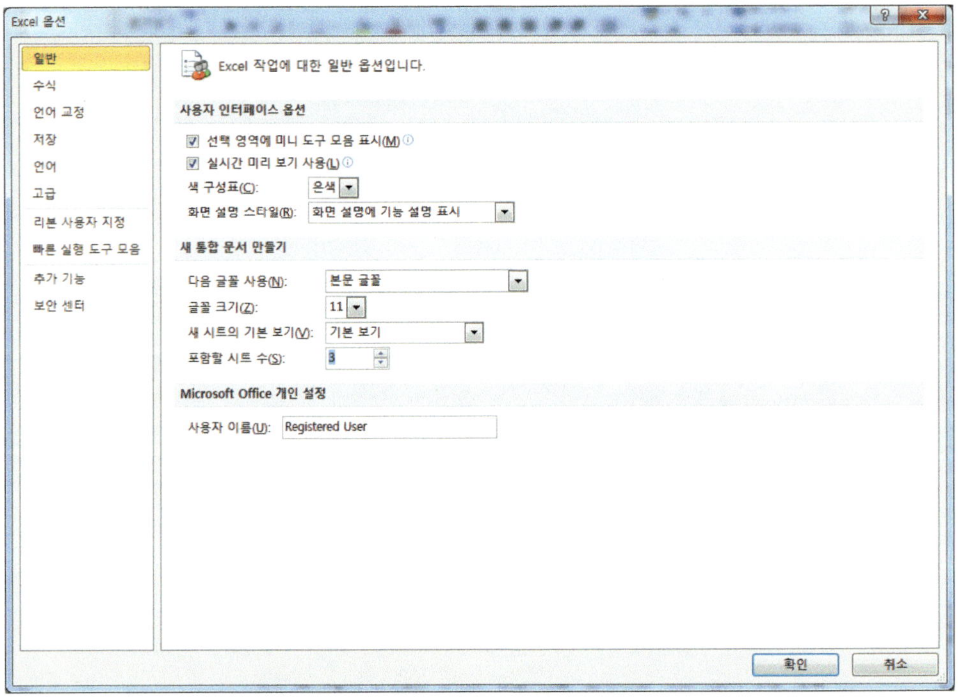

Tip

□ 엑셀에서 지원하는 파일형식

- xlsx : 매크로를 제외한 XML 기반의 Excel 2010 및 Excel 2007 통합 문서 파일
- xlsm : 매크로를 사용하는 XML 기반의 Excel 2010 및 Excel 2007 통합 문서 파일
- xltx : Excel 2010 및 Excel 2007 서식 파일
- xls : 바이너리 형식의 Excel 97 ~ 2003 통합 문서 파일

02 데이터 입력 및 편리한 기능

2.1 데이터의 입력

1 문자 데이터 입력

한글, 영문, 한자, 특수 문자 등의 텍스트 형식의 데이터뿐만 아니라 숫자와 문자가 혼합된 데이터도 포함된다.

입력 시 왼쪽으로 정렬되며, 수치 계산에 이용할 수 없다.

01 수치 데이터를 문자 데이터 형식으로 입력하려면 수치 데이터 앞에 작은따옴표(')을 붙인다.

02 입력한 문자열보다 셀 너비가 좁으면 오른쪽 셀에 이어서 표시된다. 오른쪽 셀에 데이터가 있으면 문자열이 셀 경계에서 잘려서 표시된다.

03 셀 안의 문자열을 두 줄로 표시하려면 첫 번째 문자열 끝에서 Alt+Enter↵를 누른 후 두 번째 줄의 내용을 입력한다.

	A	B	C	D	E	F
1	문자데이터	사용 예				
2	텍스트 형식	오피스	Office	漢子	①②☺★☎	
3	혼합문자	엑셀2010				
4	인접 데이터 없는경우	오피스 엑셀2010				
5	인접 데이터 있는경우	오피스 엑	SpreadSheet			
6	두줄 입력	오피스 엑셀2010				
7						

2 숫자 데이터 입력

'0~9' 숫자와 '+, -, 마침표(.), 쉼표(,), %, $, ₩' 기호를 함께 입력할 수 있으며, 셀 오른쪽으로 정렬된다.

01 숫자가 음수일 경우에 음수 기호(-)를 숫자 앞에 쓰고 천 단위 구분 기호로 쉼표(,), 소수점으로 마침표(.)을 쓴다.

02 통화 기호($)는 숫자 앞에 쓰며, 백분율 기호(%)는 숫자 뒤에 쓴다.

03 분수를 입력할 때는 중간에 공백을 둔다.

04 숫자를 12자리 이상 입력하면 지수 형태(E)로 표시된다.

05 주민등록번호와 같이 숫자 사이에 하이픈(-)등이 있을 경우는 문자 데이터 상태가 된다.

	A	B	C	D
1		실제 입력값	화면표시	
2	일반	12345	12345	
3	천단위	12,345	12,345	
4	소수점	123.45	123.45	
5	음수	-12345	-12345	
6	통화	₩12345	₩12,345	
7	백분율	123%	123%	
8	분수	0 1/2	1/2	
9	지수	123456789012	1.23457E+11	
10				

3 날짜/시간 데이터 입력

날짜와 시간 데이터는 수치 데이터로 오른쪽으로 정렬되며, 수식 계산에 이용된다.

01 년, 월, 일을 슬러시(/)나 하이픈(-)으로 구분하여 '2018/1/1', '2018-1-1'과 같이 입력하며, Ctrl+; (세미콜론) 키를 누르면 현재 날짜가 입력된다.

02 시간 데이터는 24시간제로 시, 분, 초를 콜론(:)으로 구분하여 입력하며, Ctrl+Shift+; (콜론) 키를 누르면 현재 시간이 입력된다.

03 12시간제로 입력하려면 '11:59 pm'과 같이 시간을 입력하고 공백 한 개를 입력한 다음 'am(오전)' 또는 'pm(오후)'을 입력하면 되고, 생략하면 AM으로 인식한다.

	A	B	C	D	E
1		실제 입력값	화면표시	수식입력줄	
2	날짜 예1	2018/1/1	2018-01-01	2018-01-01	
3	날짜 예2	2018-1-1	2018-01-01	2018-01-01	
4	날짜 예3	1/1	01월 01일	01월 01일	
5	시간 예1(24시간제)	11:59	11:59	11:59:00 AM	
6	시간 예2(24시간제)	23:59	23:59	11:59:00 PM	
7	시간 예3(12시간제)	11:59 pm	11:59 PM	11:59:00 PM	
8	날짜와 시간	2018/1/1 0:1	2018-01-01 0:01	2018-01-01 12:01:00 AM	
9					

4 한자 입력

한글로 입력한 후 한자 키를 누르거나 단어인 경우 단어를 블록설정 후 한자 키를 눌러 한자로 변환한다.

5 특수문자 입력

01 특수 문자는 [삽입] 탭-[기호] 그룹-[기호]를 클릭한 후 [기호] 대화상자에서 선택한다.

02 한글 자음을 입력 후 [한자] 키를 누르면 화면 오른쪽 하단에 각 자음에 맞는 특수문자가 나타난다. 다음은 각 자음별로 분류된 특수기호이다.

자음	특수문자	특수문자 기호
ㄱ	기 호	! ; , . / ; : ? 등
ㄴ	괄 호	( ) [ ] { } 『』 「」 등
ㄷ	수학기호	+ − 〈 = 〉 ± × ÷ ≠ 등
ㄹ	단 위	$ % ₩ ℃ Å ¢ 등
ㅁ	도 형	# & ＊ ※ ☆ ★ ○ 등
ㅂ	괘 선	┌ ┐ └ ┘ ├ ┬ 등
ㅅ	원문자	㉠ ㉡ ㉢ ㉣ ㉤ ㉥ ㉦ ㉧ ㉨ 등
ㅇ	원형문자	ⓐ ⓑ ⓒ ⓓ ⓔ ⓕ ⓖ ⓗ ⓘ 등
ㅈ	로마숫자	ⅰ ⅱ ⅲ ⅳ Ⅰ Ⅱ Ⅲ Ⅳ 등
ㅊ	분수, 첨자	½ ⅓ ⅔ ¼ ¾ ⅛ ⅜ ⅝ ⅞ 등
ㅋ	자모음	ㄱ ㄲ ㄳ ㄴ ㄵ ㄷ ㄸ 등
ㅌ	쌍자음, 고음	ㅥ ㅦ ㅧ ㅨ ㅩ ㅪ ㅫ 등
ㅍ	영문자	Ａ Ｂ Ｃ Ｄ Ｅ Ｆ Ｇ 등
ㅎ	로마문자	*Α Β Γ Δ Ε Ζ Η Θ Ι* 등

2.2 수식 입력

수식은 함수를 다룰 때 다시 익힐 것이나 여기서는 입력 양식으로만 이해하도록 하자. 수식 입력은 등호(=)로 시작하며 셀 주소나 셀 데이터 값을 이용한 연산식이나 함수식으로 표현한다. 수식이 입력된 셀은 결과만을 보여주고, 실제 수식은 수식 입력 줄에서 확인할 수 있다.

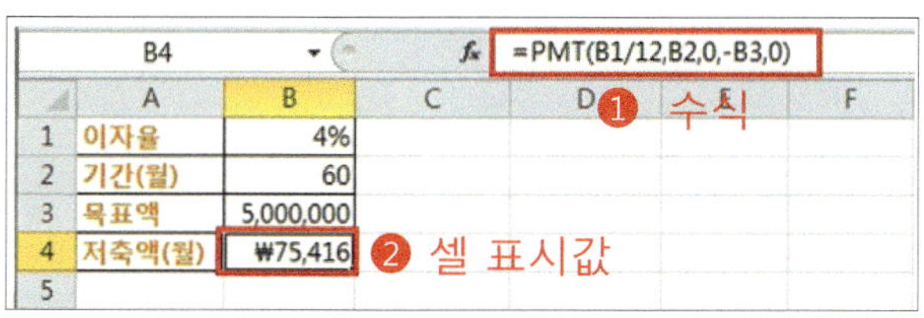

2.3 메모 입력

특정 셀에 부연설명을 붙여 놓고 셀에 포인터를 갖다 대면 메모가 나타나게 하는 기능이다.

01 메모 삽입은 해당 셀을 선택하고 [검토] 탭 - [메모] 그룹 - [새 메모]를 클릭하거나 마우스 오른쪽 버튼을 눌러 [메모 삽입]을 선택한다.

02 선택 셀 모서리에는 메모 표식이 나타나고 연결된 메모 상자에 내용을 입력한다.

03 메모 입력을 끝내려면 메모 상자의 바깥쪽을 클릭한다.

04 또한 메모를 항상 보이게 표시하려면 메모가 입력된 셀을 선택하고 [검토] 탭 - [메모] 그룹 - [메모표시/숨기기]를 선택하거나, 마우스 오른쪽 버튼을 누르고 [메모 표시/숨기기]를 선택한다.

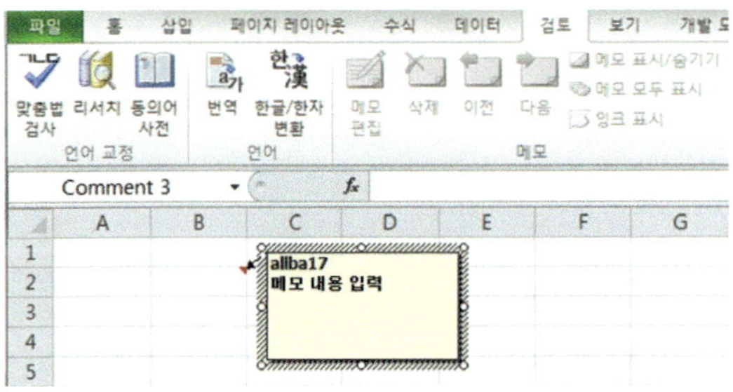

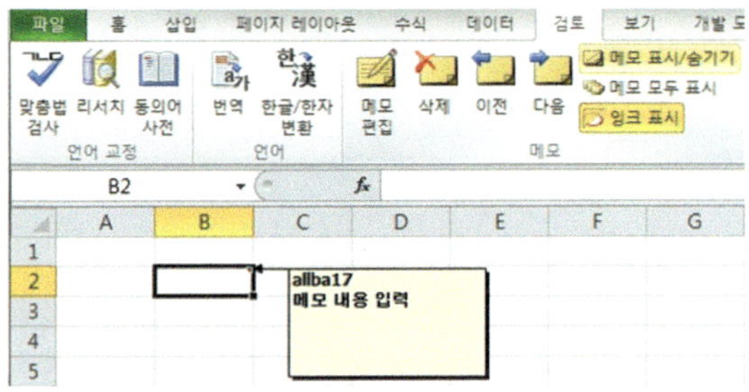

2.4 자동 채우기에 의한 입력

엑셀은 자동완성 기능과 더불어 자동 채우기 기능이 있는데 이를 적절히 사용하면 입력시간을 단축시킬 수 있다.

1 자동 완성 기능

셀에 글자 일부를 입력하면 이전에 입력했던 내용과 일치하는 내용으로 나머지 글자를 자동으로 채우는 기능이며, 동일한 열에만 적용된다.

자동 완성과 유사한 기능으로 셀에 내용을 입력하기 전에 마우스 오른쪽 버튼을 누르고, [드롭다운 목록에서 선택] 클릭한 후 목록에서 입력하려는 항목을 선택한다.

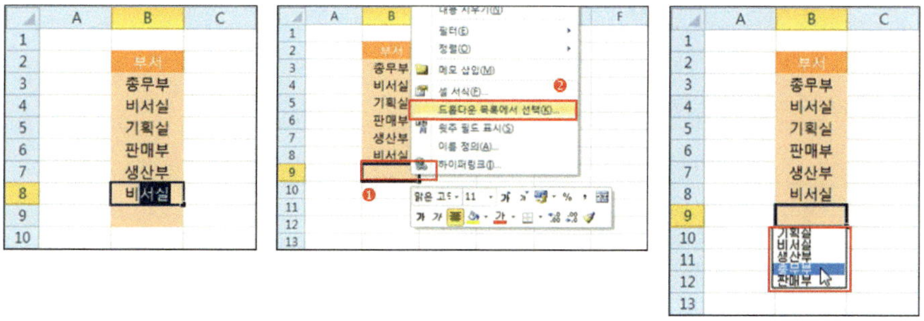

2 자동 채우기 기능

셀을 한 개 선택하면 셀에 테두리가 생기는데 테두리의 오른쪽 하단에 작은 점이 '채우기 핸들'이다. 셀에 입력된 내용을 셀 포인터의 '채우기 핸들'을 이용하여 인접한 셀에 복사되거나 연속적인 의미가 있는 데이터들을 자동으로 채우기가 된다.

01 문자/숫자 데이터 복사하기

- 셀에 문자 데이터 또는 숫자 데이터만 입력한 경우 : 채우기 핸들을 이용하여 드래그
- 숫자 데이터를 순차적으로 증가시키면서 채우기 : Ctrl을 누른 상태에서 채우기 핸들을 드래그

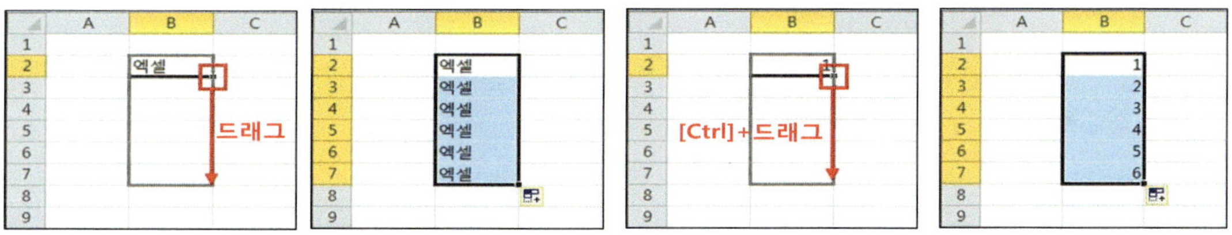

02 혼합 데이터 증가시키며 채우기

- 채우기 핸들을 드래그하면 숫자만 순차적으로 증가하면서 채워짐
- 숫자를 증가시키지 않고 혼합 데이터를 복사 : Ctrl을 누른 상태에서 채우기 핸들을 드래그

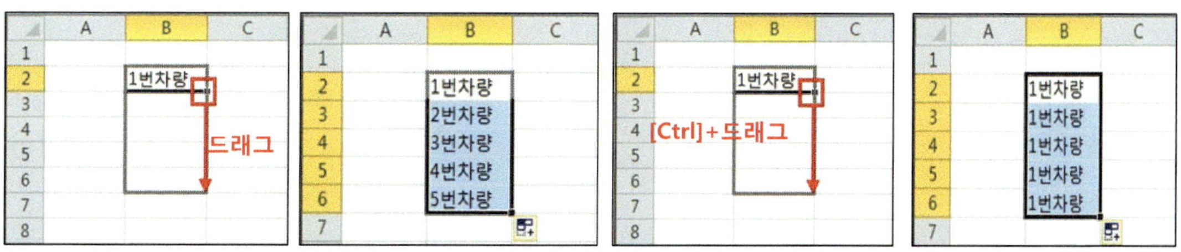

03 두 셀의 범위 차만큼 채우기

- 숫자 데이터 또는 혼합 데이터의 경우에 두 셀을 범위 지정하고, 채우기 핸들을 드래그 하면 두 셀의 차이만큼 증가하거나 감소하면서 채워짐

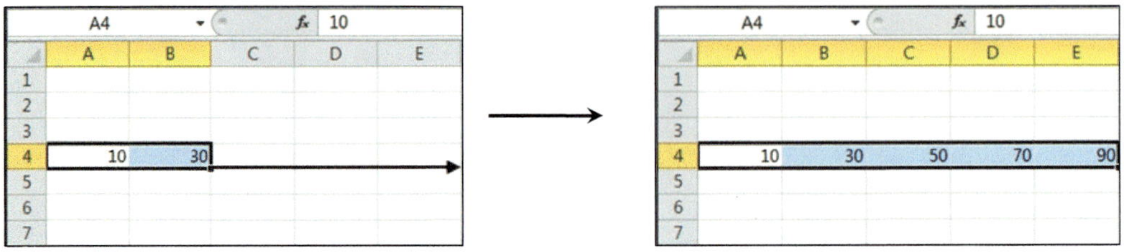

04 사용자 지정 목록에 의한 자동 채우기

- 요일, 달, 혹은 십이지 등을 순차적으로 미리 입력시켜 놓고 채우기를 하는 방법

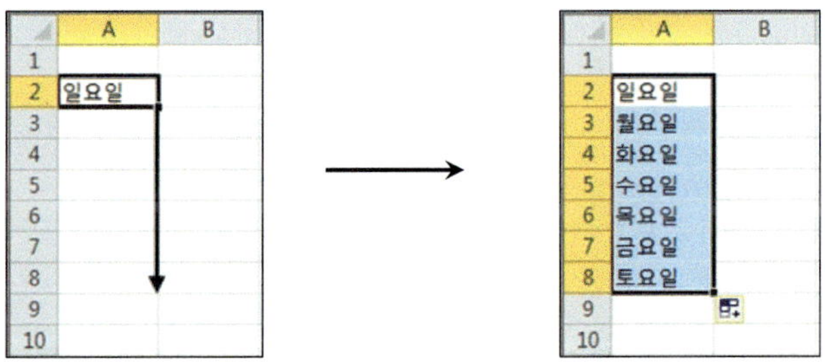

- 이것은 미리 사용자 목록에 등록이 되어 있기 때문에 가능한 것이다. [파일] 탭 – [옵션]을 선택하고 [Excel 옵션] 대화상자가 나오면 [고급] 항목을 선택하고 일반 영역에서 [사용자 지정 목록 편집]을 클릭한다. [사용자 지정 목록] 탭의 화면 왼쪽에 여러 종류의 사용자 목록이 있다. 경우에 따라서 사용자가 만들어서 쓸 수도 있다.
- 회장, 사장, 이사, 전무, 부장, 차장, 과장을 목록으로 만들어 써 보자. [사용자 지정 목록] 탭의 화면에서 [목록 항목]에 차례대로 입력한 다음 〈추가〉를 선택한다.

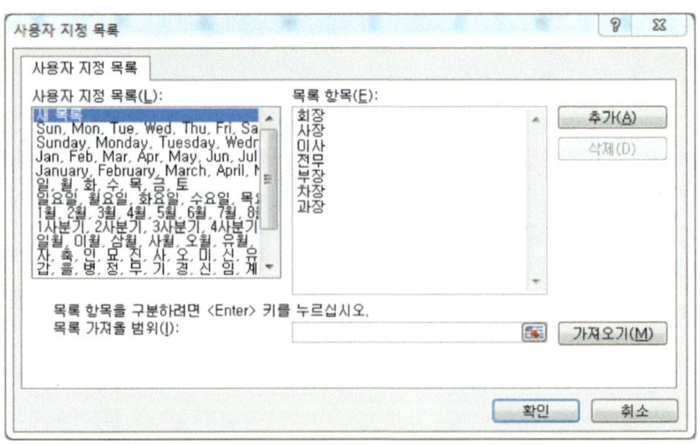

• 엑셀 작업 중 '회장'부터 '과장'까지의 문자를 입력해야 할 경우 '회장'만 입력 후 자동 채우기를 해서 나머지 직급을 간단히 입력해 낼 수 있다.

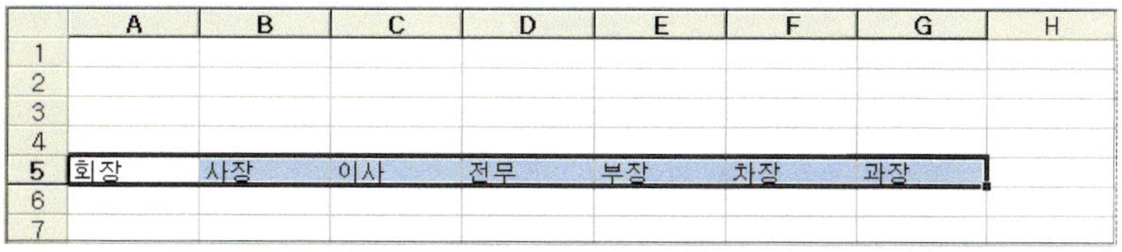

2.5 셀 데이터의 편집

1 셀 데이터 수정하기

01 수정하고자 하는 셀을 선택 후 F2 키를 눌러 데이터를 수정한다.

02 선택한 셀의 내용이 수식 입력 줄에 나타나면 커서를 위치시켜 수정한다.

03 수정할 셀을 마우스로 더블 클릭한 후 수정한다.

2 셀 데이터 삭제하기

01 삭제하려는 셀에서 Delete 키를 누른다.

02 이때 주의할 점은 Delete 키를 누르면 '내용'만 삭제될 뿐이며 셀이 가지고 있는 속성은 없어지지 않는다. 속성까지 삭제하려면 [홈] 탭 – [편집] 그룹 – [지우기]를 클릭해 [모두 지우기]를 선택한다.

3 셀 데이터 이동 및 복사하기

데이터를 같은 워크시트 내의 다른 장소에 이동/복사하거나, 다른 워크시트로 이동/복사할 수 있다.

01 셀 데이터 이동 : 해당 셀 또는 셀 범위를 선택한 후 셀 테두리를 클릭하여 원하는 위치로 드래그 또는 이동하려는 셀 또는 셀 범위를 선택하여 Ctrl+X를 누른 후, 원하는 위치를 선택하여 Ctrl+V 클릭

02 셀 데이터 복사 : 복사하려는 셀 또는 셀 범위를 선택하여 Ctrl+C를 누른 후, 원하는 위치를 선택하여 Ctrl+V 클릭

Tip

- 여러 개의 셀을 이동하거나 복사할 때는 항상 기준이 되는 셀을 중심으로 이동/복사된다. 기준점이 되는 셀은 선택 영역의 왼쪽 가장 상단에 위치한 셀이다.
- 이동/복사 시 선택한 셀 영역은 테두리가 깜박거리는데 해제하려면 Esc키를 누른다.

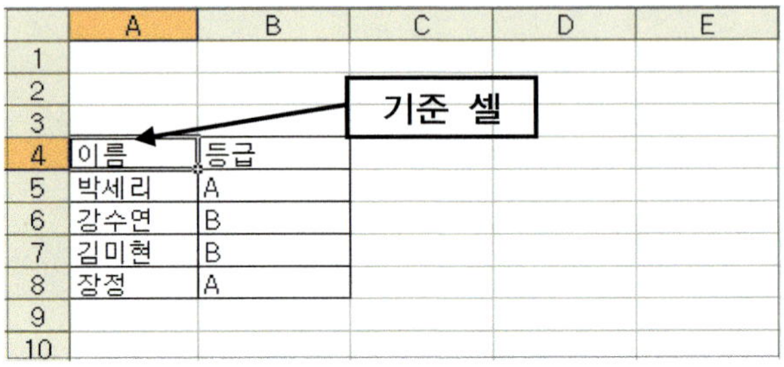

e~Test 실전 문제(1) 데이터 입력과 수식 작성하기(1)

보 기

	A	B	C	D	E	F	G
1	농가판매가격지수 현황						
2							(기준:2000년)
3	연 도	곡 물	청 과 물	축 산 물	기 타	평균과 차	비 고
4	1992년	77.2	92.4	**93.2**	**87.9**	①	②
5	1993년	78.1	92.3	**89.4**	**97.0**	①	②
6	1994년	84.9	******** 107.8	**92.9**	100.0	①	②
7	1995년	90.1	******** 114.1	**99.4**	105.0	①	②
8	1996년	97.8	******** 118.6	**98.3**	107.1	①	②
9	1997년	******** 100.6	******** 124.6	**86.6**	109.1	①	②
10	1998년	97.1	******** 122.7	**79.3**	108.9	①	②
11	1999년	******** 100.3	******** 111.4	**95.1**	108.3	①	②
12	2000년	******** 100.0	******** 100.0	100.0	100.0	①	②
13	2001년	******** 102.2	******** 108.7	118.8	**99.8**	①	②
14	2002년	******** 100.9	******** 117.8	131.2	100.5	①	②
15	2003년	******** 119.3	******** 134.0	137.8	104.0	①	②
16	2004년	******** 124.2	******** 115.8	146.5	108.1	①	②
17	2005년	******** 107.3	99.7	157.6	109.8	①	②
18	2006년	******** 108.1	******** 111.4	146.1	122.3	①	②
19	2007년	******** 110.2	******** 118.4	138.0	123.9	①	②
20							

처리사항 [데이터 입력하기] 배점 : 1번(5점), 2번(7점)

※ 농가판매 시트에 1번부터 4번까지 작성하시오.

1. **F3**셀에 '평균과 차', **G3**셀에 '비고', **G2**셀에 '(기준 : 2000년)'을 입력하시오.
   (**G2**셀은 가로 오른쪽 맞춤으로 지정)

2. **A1**셀에 제목을 '농가판매가격지수 현황'으로 입력하시오.
   1) **A1** ~ **G1**셀을 병합하고 가로 가운데 맞춤으로 지정
   2) 글꼴은 굴림체, 글꼴 크기는 15, 글꼴 스타일은 굵게 지정

[답안 따라하기]

■1 데이터 내용 입력(배점 5점)

01 [파일] 메뉴 - [열기]를 선택하고 [열기] 대화 상자에서 '데이터입력.xlsx' 파일을 선택한 후, [열기] 단추를 클릭한다.

02 먼저, [F3] 셀을 선택하고 "평균과 차"라고 입력한다. 계속해서 [G3] 셀에 "비고", [G2] 셀에 "(기준:2000년)"를 입력한다.

03 셀의 내용을 가로 오른쪽 맞춤을 하기 위해 [G2] 셀을 선택한 후, [홈] 탭 - [맞춤] 그룹 - [텍스트 오른쪽 맞춤]을 클릭한다.

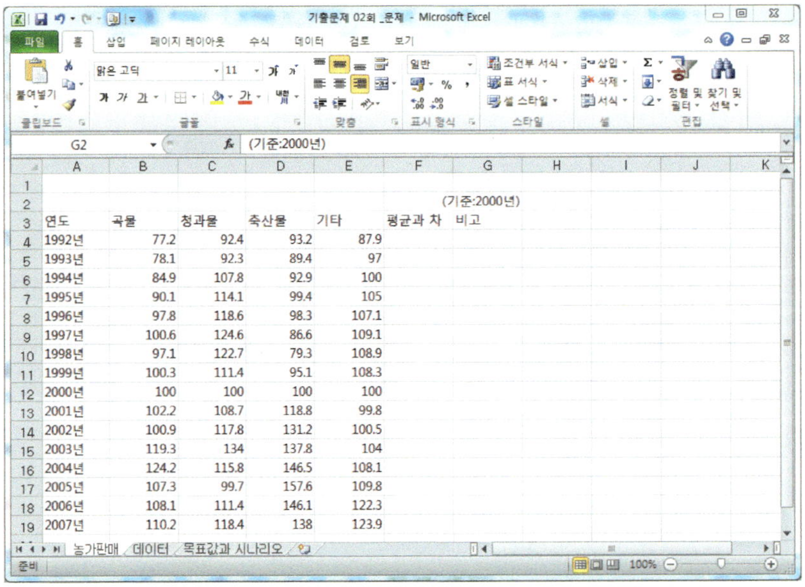

■2 제목 작성과 서식 지정(배점 7점)

01 제목을 입력하기 위해 [A1] 셀을 선택하고 "농가판매가격지수 현황"이라고 입력한다.

02 [A1:G1] 셀까지 블록 지정하고 [홈] 탭 - [맞춤] 그룹 -[병합하고 가운데 맞춤]을 클릭한다.

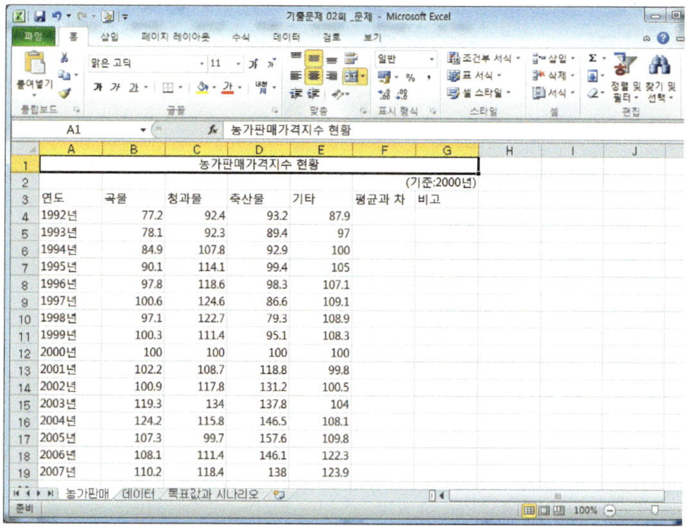

03 제목이 선택된 상태에서 [홈] 탭 - [글꼴] 그룹에서 글꼴은 '굴림체', 글꼴 크기는 '15', 글꼴 스타일은 '굵게' 지정한다.

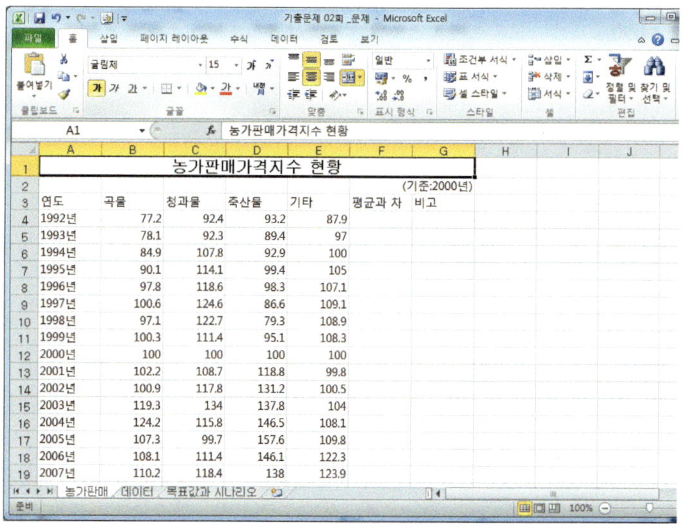

03 셀 편집하기

3.1 셀 선택

1 연속된 셀 선택하기

01 하나의 셀을 선택 후 마우스 왼쪽 버튼으로 원하는 지점까지 대각선 방향으로 드래그한다.

02 처음 셀 선택 후 Shift 키를 누른 채로 마지막 셀을 선택한다.

03 셀 범위의 첫 번째 셀을 Shift를 누른 채 키보드의 방향키로 이동하여 선택한 후 마지막 셀까지 선택한다.

2 떨어진 셀 선택하기

하나의 셀을 선택 후 Ctrl 키를 누른 상태에서 마우스로 다른 셀을 선택한다.

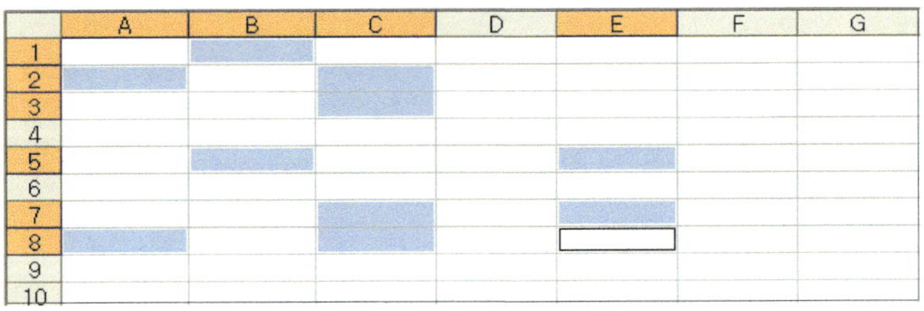

3 행 머리글 이용하여 셀 선택하기

한 줄 전체, 혹은 여러 줄(혹은 행, Row)을 선택 시에는 행 머리글을 선택하면 되는데 하나의 행 머리글을 선택한 후 마우스 왼쪽 단추로 원하는 행 머리글까지 드래그 하면 된다.

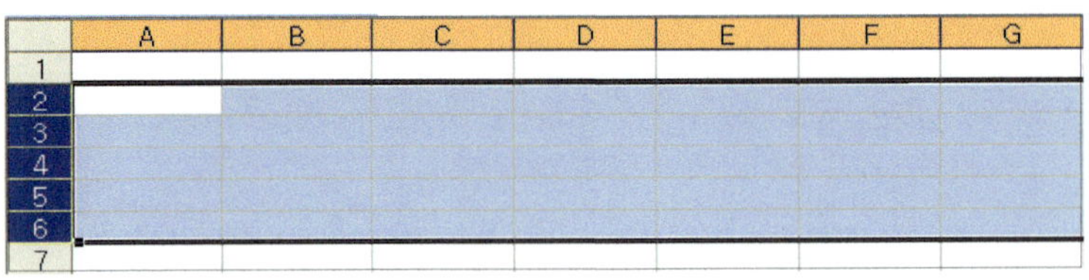

4 열 머리글 이용하여 셀 선택하기

한 칸 전체, 혹은 여러 칸(혹은 열, Column)을 선택 시에는 열 머리글을 선택하면 되는데 하나의 열 머리글을 선택한 후 마우스 왼쪽 단추로 원하는 열 머리글까지 드래그 하면 된다.

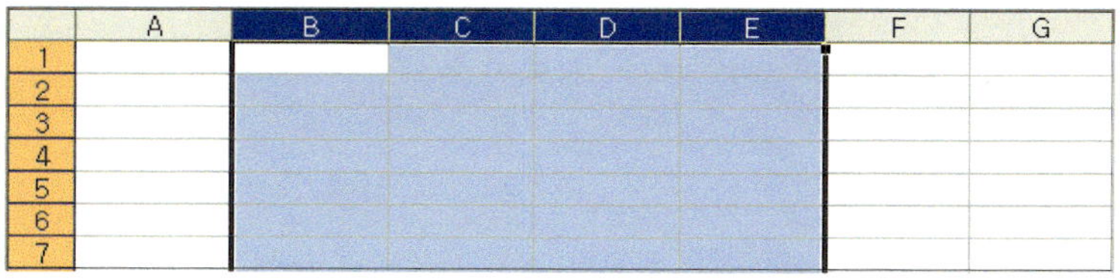

5 워크시트 전체 선택하기

워크시트 전체를 선택하려면 A열과 1행의 교점, 즉 전체 선택 단추를 클릭하거나 Ctrl+A 키를 누른다.

여기서 그림을 자세히 보면 이름상자에 '1048576R×16384C'라고 되어 있다. 이것은 한 개의 시트에는 최대 1,048,576개의 행(Row)과 16,384개의 열(Column)이 있으며 결국 셀의 개수는 1,048,576×16,384개임을 알 수 있다.

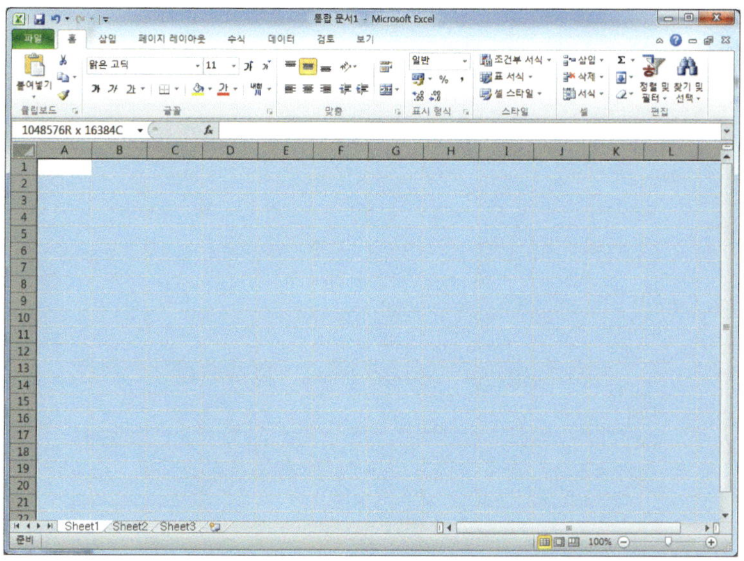

6 셀 이동하기

셀의 선택 및 이동시 물론 마우스가 기본이지만 키보드를 활용할 수도 있다. 다음 표는 셀 이동에 관한 키이다.

셀 이동키	의 미
←, →, ↑, ↓	셀의 좌우상하로 이동
Enter↵	셀의 행 아래로 이동
Ctrl+←, →, ↑, ↓	현재 데이터 범위의 모서리로 이동
Home	행의 시작 부분으로 이동
Ctrl+Home	A1 셀로 이동
Ctrl+End	현재 데이터 범위의 마지막 셀로 이동
Page Up	한 화면 위로 이동
Page Down	한 화면 아래로 이동

3.2 행 높이와 열 너비 조절하기

각 열의 너비는 8.38, 행의 높이는 16.5로 설정되어 있으나 이를 변경할 수 있다.

1 행 높이 조절하기

01 행 머리글의 아래쪽 경계선을 클릭하여 원하는 높이만큼 드래그한다.

02 또는 행 머리글을 선택하고 마우스 오른쪽 버튼을 눌러 [행 높이] 선택한 후 행 높이 값을 직접 입력한다.

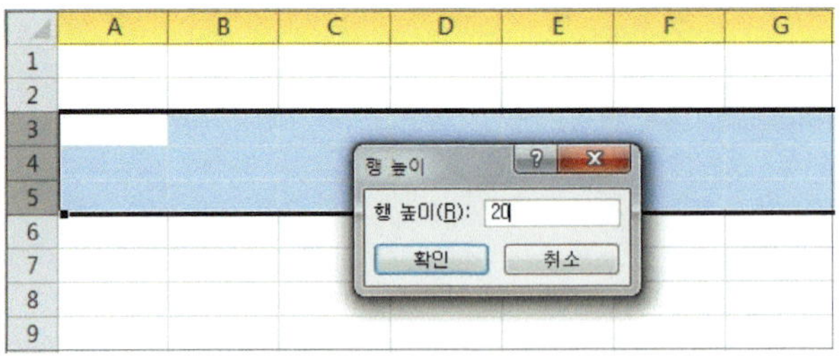

2 열 너비 조절하기

01 열 머리글의 오른쪽 경계선을 원하는 너비만큼 드래그한다.

02 또는 열 머리글 선택하고 마우스 오른쪽 버튼을 눌러 [열 너비] 선택한 후 열 너비 값을 직접 입력한다.

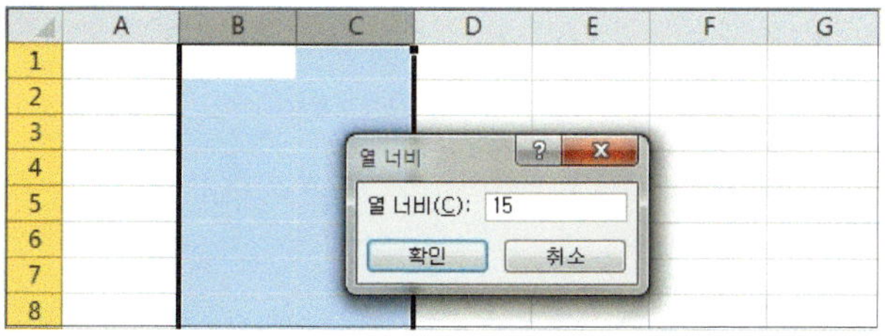

3 행/열 숨기기와 표시하기

삭제하지는 않되, 화면에서 감추는 방법이다. 인쇄 시 특정 행/열을 인쇄하지 않게 할 때 효과적이라고 할 수 있다.

01 열 숨기기 : 해당 열 머리글 선택 → 마우스 오른쪽 버튼을 눌러 [숨기기] 클릭

02 행 숨기기 : 해당 행 머리글을 선택 → 마우스 오른쪽 버튼을 눌러 [숨기기] 클릭

03 숨겨진 행 또는 열 표시 : 해당 행 또는 열의 양쪽에 있는 행 또는 열 머리글을 선택 → 마우스 오른쪽 버튼을 눌러 [숨기기 취소] 클릭

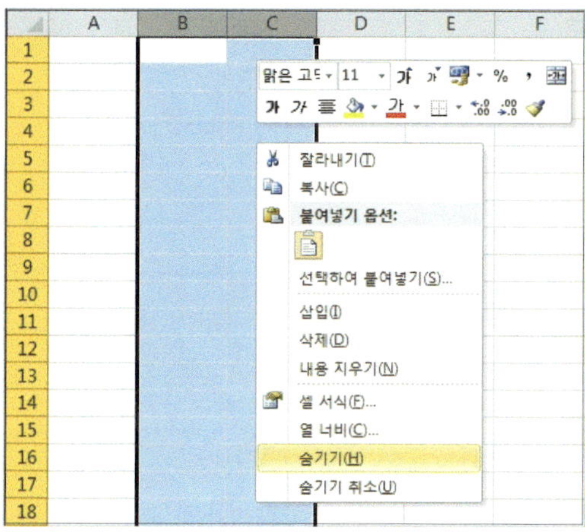

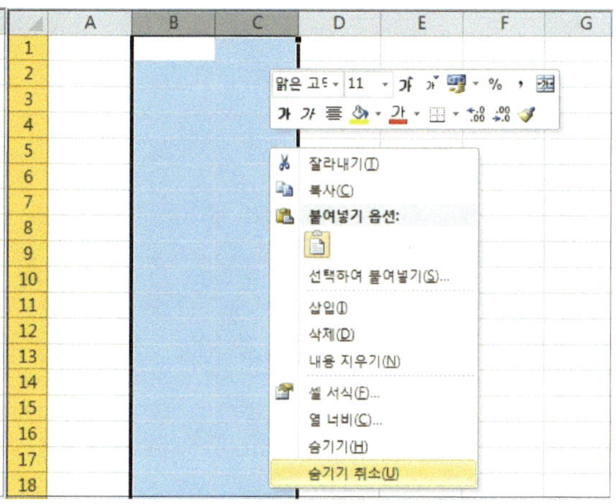

04 수식과 함수

엑셀은 자동계산 프로그램으로 불릴 만큼 계산기능이 중요하며 그 요구를 충족시킬 만큼의 다양한 함수를 제공하고 있다. 엑셀에서 제공하는 함수는 무한하다고 느낄 만큼 많으나 본서에서는 함수를 적용하는 개념과 자주 쓰이는 함수를 예제를 통해 배워보기로 한다. 함수를 적용하기 힘든 수식이라면 사용자가 직접 수식을 만들어내어 쓸 수 있다.

4.1 수식

수식의 항상 '='으로 시작되며 셀의 데이터가 바뀌면 함수도 자동으로 다시 계산된다. 함수가 정의되어 있지 않은 계산식은 사용자가 직접 수식을 입력해야 한다.

1 연산자의 종류

① 산술연산자 : 사칙연산을 수행하는 연산자

연산자	기능	용례
+	덧셈	= A1+B1
-	뺄셈	= A1-B1
*	곱셈	= A1*B1
/	나눗셈	= A1/B1
^	지수	= A1^2
%	백분율	= A1*10%

② 비교 연산자 : 두 개의 값을 비교하는 연산자

연산자	기능	용례
=	같다	A1=B1
〉	크다	A1〉B1
〈	작다	A1〈B1
〉=	크거나 같다	A1〉=B1
〈=	작거나 같다	A1〈=B1
〈〉	같지 않다	A1〈〉B1

③ 문자열 연산자 : 여러 문자열을 합하여 하나의 문자열로 나타내는 연산자

연산자	기능	용례
&	문자열 결합	=A1&B1

④ 참조연산자 : 계산에 필요한 셀 범위를 지정하기 위한 연산자

연산자	기능	용례
:	연속된 참조 영역	=SUM(A1:C1)
,	비연속된 참조 영역	=SUM(A1,C1)
공백	공통 참조 영역	=SUM(A1:B5 B2:B8)

2 참조 영역을 사용한 수식 작성

참조란 셀의 값을 이용해서 계산을 할 경우 다른 셀의 값을 이용하는 것으로, 참조 영역은 하나의 셀 혹은 여러 개의 셀 그룹이 될 수 있다. 셀 참조 유형은 상대 참조, 절대 참조, 혼합 참조가 있다.

① 상대 참조 : 엑셀에서 기본적으로 쓰는 유형인데 주위 환경에 따라 상대적으로 변한다.
② 절대 참조 : 각각의 행과 열에 '$' 기호를 붙인다. 주위환경에 따라 변하지 않고 수식을 다른 셀로 이동/복사하더라도 셀 주소는 변하지 않는다.
③ 혼합 참조 : 열 문자와 행 번호 중 한쪽에만 '$' 기호를 붙인다. '$' 기호를 붙인 부분은 변하지 않고 붙지 않은 부분은 셀이 변할 때 상대적으로 변한다.

> F4 키를 누르면 상대주소(A1) → 절대주소($A$1) → 혼합주소(A$1) → 혼합주소($A1) → 순서로 변한다.

4.2 함수

함수는 하나 이상의 값(인수)을 사용하여 작업을 수행하고 하나 이상의 값을 반환하도록 미리 작성된 수식이다. 함수의 형식은 다음과 같다.

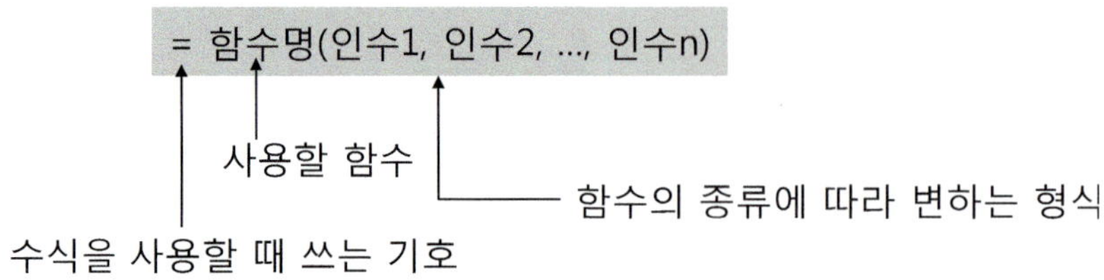

- 함수는 일종의 수식이므로 반드시 등호(=)로 시작함
- 함수 이름 : 엑셀에서 제공하는 함수 이름
- 인수 : 함수를 실행하기 위해 필요한 셀 범위, 배열, 수식, 함수, 문자열, 논리 값 등의 여러 형태가 올 수 있으며, 하나의 함수에 여러 개의 인수가 필요한 경우에는 콤마(,)로 구분하고 연속된 인수 범위를 지정할 때는 콜론(:)을 사용

1 함수 마법사 사용

함수 마법사는 함수 범주와 목록을 제공하기 때문에 사용할 함수를 선택하기 쉽고 함수에서 요구하는 인수를 쉽게 입력할 수 있다.

함수 마법사를 실행하려면, [수식] 탭-[함수 라이브러리] 그룹-[함수 삽입]을 클릭하거나 수식 입력 줄의 함수 삽입을 클릭한다.

함수 마법사를 사용하는 방법은 다음과 같다.

01 1단계 : [함수 마법사] 대화상자에서 범주와 함수를 차례로 선택한다.

02 2단계 : [함수 인수] 대화상자에서 필요한 인수를 입력한다. 단, 함수식은 1,024자를 넘지 않아야 하며, 인수는 함수에 따라 차이가 있지만 최대 255개까지 사용 가능하다.

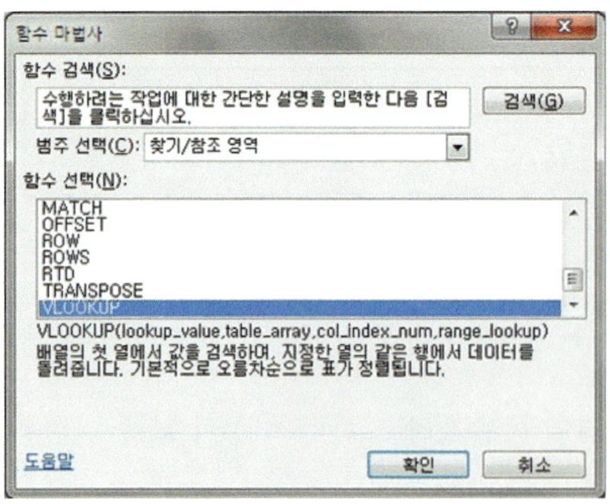

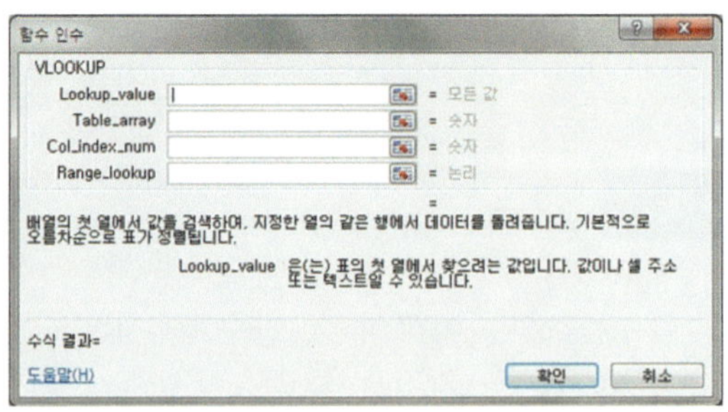

2 함수를 직접 입력하여 사용

함수를 자주 사용하게 되면 저절로 함수명이 외워지게 된다. 그럴 때는 함수를 직접 입력하여 쓸 수 있다. 수식 입력 줄에 입력하는 것이 좋으며 '='으로 시작해야 한다.

셀을 일일이 키보드로 입력하는 것 보다 마우스로 선택해서 입력하는 것이 편하다.

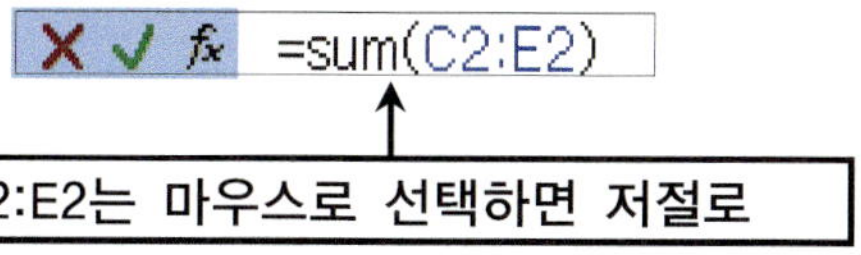

3 함수의 종류

엑셀에서 제공하는 함수는 수백 개가 된다. 모든 함수를 공부하기는 어렵다. 함수의 범주와 종류에 따른 기본 함수만 소개하겠다.

① 통계 함수

함수	기능
AVERAGE( )	데이터들의 산술 평균을 구한다.
MAX( )	데이터들 중 최대값을 구한다.
MIN( )	데이터들 중 최소값을 구한다.
RANK.EQ( )	수치 데이터들의 순위를 구한다.
MEDIAN( )	데이터들 중 중간값을 구한다.

② 논리 함수

함수	기능
AND( )	여러 개의 조건을 모두 만족해야 결과값이 TRUE가 된다.
OR( )	주어진 조건을 한 가지만 만족해도 결과값이 TRUE가 된다.
NOT( )	인수값의 반대값을 구한다.
IF( )	논리검사를 수행하여 참과 거짓에 해당하는 값을 반환한다.

③ 찾기/참조 함수

함수	기능
VLOOKUP( )	지정한 열의 같은 행에서 자료를 추출한다.
HLOOKUP( )	지정한 행의 같은 열에서 자료를 추출한다.

CHOOSE( )	목록들 중에서 지정한 수에 해당하는 부분만 출력한다.
INDEX( )	표나 범위의 값이나 값에 대한 참조 영역을 구한다.

④ 수학 삼각 함수

함수	기능
ROUND( )	수치를 지정한 자릿수 전에서 반올림하여 구한다.
ROUNDUP( )	수치를 지정한 자릿수에서 올림하여 구한다.
ROUNDDOWN( )	수치를 지정한 자릿수에서 내림(버림)하여 구한다.
SUM( )	합계를 구한다.(인수는 최대 30개까지 가능)
SUMIF( )	주어진 조건에 맞는 값의 합을 구한다.
COUNT( )	주어진 영역 내의 숫자의 개수를 구한다.
COUNTIF( )	주어진 조건과 일치하는 셀의 개수를 구한다.
ABS( )	부호가 없는 절대값을 구한다.
INT( )	소수점 이하를 버리고 지정한 수보다 작은 정수를 구한다.
LOG( )	지정된 밑수에 대한 로그 값을 구한다.
MOD( )	수치를 나누고 남은 나머지를 구한다.
SQRT( )	양의 제곱근의 값을 구한다.

⑤ 날짜 시간 함수

함수	기능
NOW( )	시스템에 기억된 현재 날짜와 시간을 나타낸다.
DATE( )	날짜를 표시한다.
TODAY( )	현재 시스템의 날짜를 표시한다.
YEAR( )	연도를 표시한다.
TIME( )	시간을 표시한다.

⑥ 텍스트 함수

함수	기능
LEFT( )	문자열의 왼쪽으로부터 지정된 개수만큼의 문자를 추출한다.
RIGHT( )	문자열의 오른쪽으로부터 지정된 개수만큼의 문자를 추출한다.
MID( )	문자열의 지정 위치에서 문자를 지정 개수만큼 추출한다.
TRIM( )	문자열의 양끝 공백을 제거한다.

LOWER( )	문자열의 대문자를 모두 소문자로 변환한다.
UPPER( )	문자열의 소문자를 모두 대문자로 변환한다.

⑦ 재무함수

함수	기능
FV( )	일정 금액에 대해 일정 이율을 적용해 투자액의 미래 가치를 구한다.
RATE( )	납입의 이수 시간당 이율을 구한다.
IPMT( )	대출금에 대한 이자 납입액을 구한다.
PMT( )	일정 이율이 적용되는 대출 금액에 대한 매년 상환액을 구한다.

⑧ 데이터베이스 함수

함수	기능
DAVERAGE( )	데이터 목록에서 조건에 맞는 값의 평균을 구한다.
DCOUNT( )	데이터 목록에서 조건에 맞는 셀의 개수를 구한다.
DSUM( )	데이터 목록에서 조건에 맞는 값들의 합을 구한다.

4 자동 합계 기능

[수식] 탭-[함수 라이브러리] 그룹-[자동 합계]의 확장 단추를 클릭하면 합계, 평균, 숫자 개수, 최대값, 최소값 등의 함수를 간편하게 이용할 수 있다.

자동 합계 기능은 먼저 합계를 표시할 셀을 선택하고 [수식] 탭-[함수 라이브러리] 그룹-[자동 합계] 클릭한 후 합계를 구할 셀 범위를 지정한다.

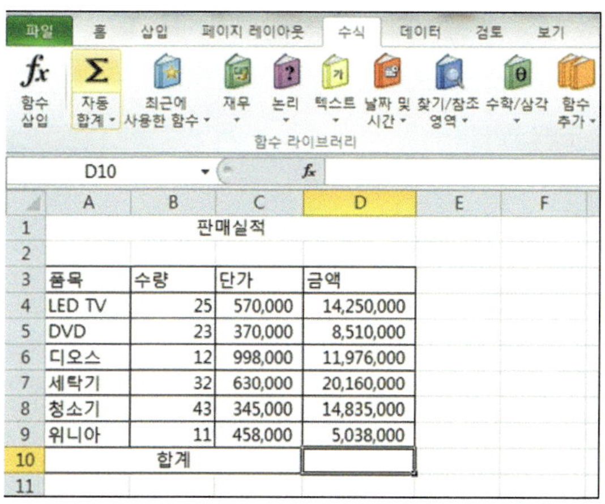

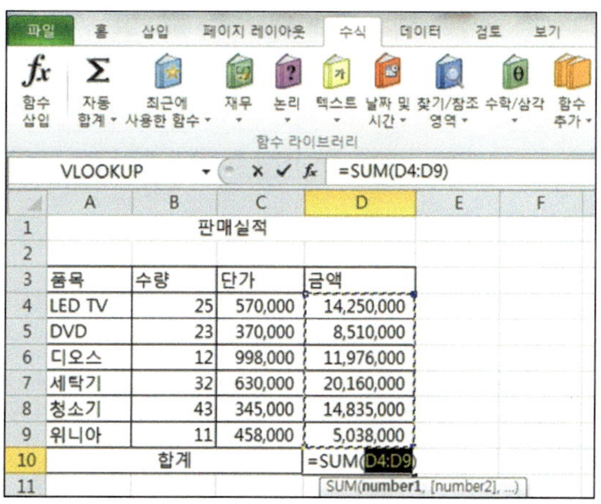

4.3 함수의 사용 예(1)

① SUM ② AVERAGE ③ RANK ④ IF ⑤ MAX ⑥ MIN ⑦ COUNT ⑧ COUNTIF

1-1 중간고사 성적표

이름	국어	여어	수학	총점	평균	석차	비고
이나래	85	95	90	①	②	③	④
원미영	95	85	85	①	②	③	④
강하운	75	78	83	①	②	③	④
이지선	78	96	75	①	②	③	④
박아현	85	85	95	①	②	③	④
서희수	90	80	88	①	②	③	④
최대값	⑤	⑤	⑤				
최소값	⑥	⑥	⑥				
인원수	⑦						
합격자수	⑧						

1 SUM 함수(자동 합계 이용)

SUM 함수는 인수들의 합을 산출하는 함수로 가장 빈도가 높은 함수라고 말할 수 있다. SUM 함수에 한해서 다음의 간단한 방법이 제공되고 있다.

01 C5:E5를 선택한 다음 메뉴 표시 줄의 [자동 합계] 아이콘 Σ을 선택한다.

1-1 중간고사 성적표

이름	국어	영어	수학	총점	평균	석차	비고
이나래	85	95	90				
원미영	95	85	65				
강하문	75	78	83				
이지선	78	96	75				
박아현	85	85	95				
서희수	90	80	88				
최대값							
최소값							
인원수							
합격자수							

02 F5셀에 270이 계산되어 입력된다. F5셀을 선택한 후 채우기 핸들을 이용하여 나머지 총점도 계산한다.

2 AVERAGE 함수(함수 마법사 이용)

01 G5 셀에 포인터를 둔 다음 [함수 마법사] 아이콘 *fx* 을 선택해서 [통계] 범주의 AVERAGE 함수를 선택한다.

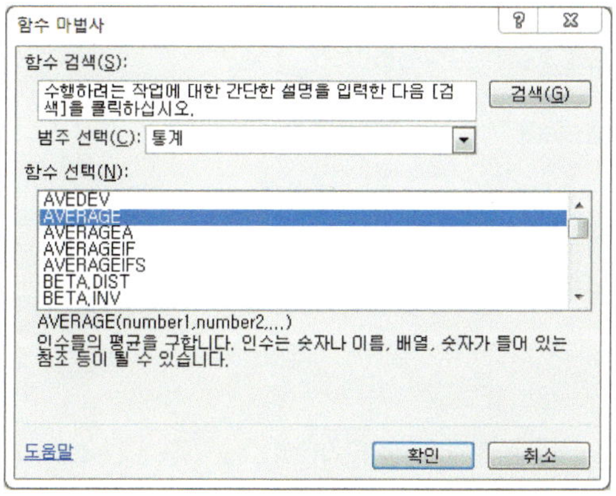

02 [최소] 단추를 눌러 C5:E5까지 범위를 설정한 다음 [복귀] 단추를 눌러 돌아온 다음 정확한 범위와 그에 따른 값이 계산되었는지 본 다음 〈확인〉 단추를 선택한다.

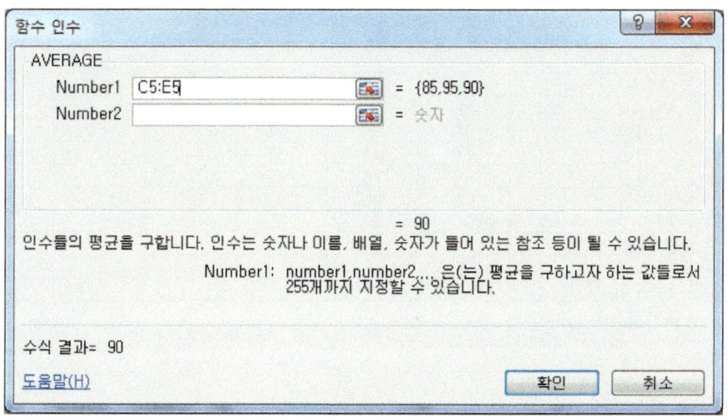

03 G5셀을 선택한 후 채우기 핸들을 이용하여 나머지도 평균을 구한다.

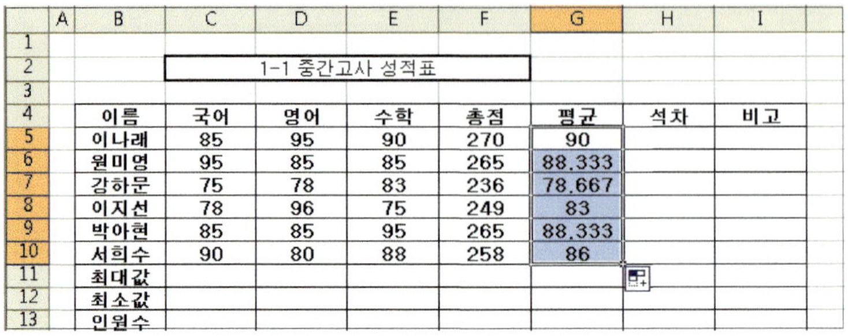

	A	B	C	D	E	F	G	H	I
1									
2			1-1 중간고사 성적표						
3									
4		이름	국어	영어	수학	총점	평균	석차	비고
5		이나래	85	95	90	270	90		
6		원미영	95	85	85	265	88.333		
7		강하문	75	78	83	236	78.667		
8		이지선	78	96	75	249	83		
9		박아현	85	85	95	265	88.333		
10		서희수	90	80	88	258	86		
11		최대값							
12		최소값							
13		인원수							

04 평균을 보면 자리수가 일정하지 않으므로 통일해 주어야 한다. 셀을 선택한 다음 [셀 서식]→[표시 형식] 탭을 눌러 다음과 같이 적용한다.

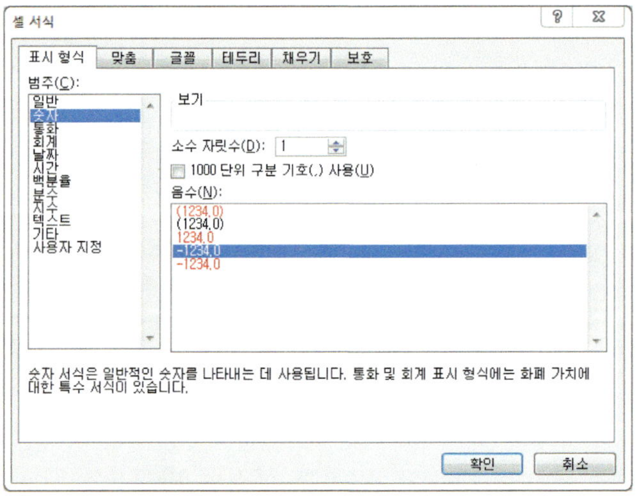

	A	B	C	D	E	F	G	H	I
1									
2			1-1 중간고사 성적표						
3									
4		이름	국어	영어	수학	총점	평균	석차	비고
5		이나래	85	95	90	270	90.0		
6		원미영	95	85	85	265	88.3		
7		강하문	75	78	83	236	78.7		
8		이지선	78	96	75	249	83.0		
9		박아현	85	85	95	265	88.3		
10		서희수	90	80	88	258	86.0		
11		최대값							
12		최소값							
13		인원수							
14		합격자수							
15									

3 RANK.EQ 함수

단어가 의미하는 대로 순위를 구하는 함수이다. '총점' 혹은 '평균'을 기준으로 '석차'를 구할 수 있는데 여기서는 '총점'으로 석차를 구해보자.

01 H5셀을 선택한 다음 [함수 마법사]를 불러서 [통계] 중 [RANK.EQ] 함수를 선택한다.

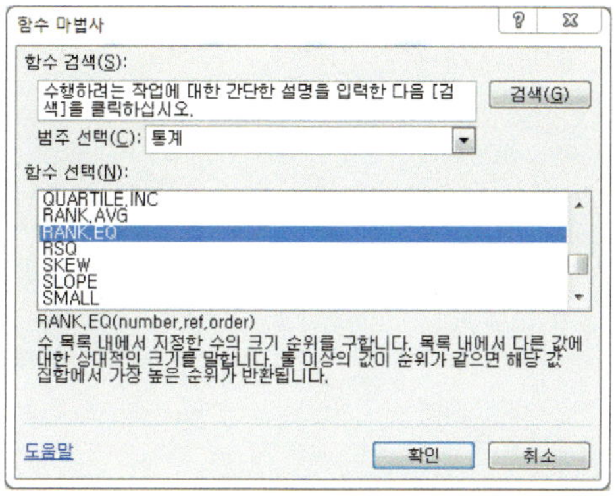

02 'Number' 란에 F5, 'Ref'란에 F5:F10을 선택 후 F4키를 눌러 '상대 참조'에서 '절대 참조'로 바꾸어준다.

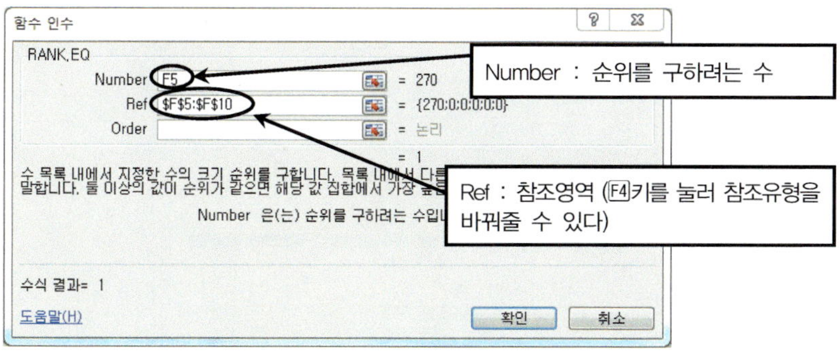

03 다음 그림과 같이 석차가 구해졌다.

1-1 중간고사 성적표

이름	국어	영어	수학	총점	평균	석차	비고
이나래	85	95	90	270	90.0	1	
원미명	95	85	85	265	88.3	2	
강하문	75	78	83	236	78.7	6	
이지선	78	96	75	249	83.0	5	
박아현	85	85	95	265	88.3	2	
서희수	90	80	88	258	86.0	4	
최대값							
최소값							
인원수							
합격자수							

Tip

□ 조금 까다로운 함수는 아예 하나의 예제 자체를 외워버리면 응용하기가 수월하다.

4 IF 함수

지정된 조건의 참이나 거짓일 경우 행해야 할 값을 달리 적용하는 함수이다. 학생의 총점이 260 이상이면 "합격", 그렇지 않으면 "불합격"을 입력하자.

01 I5 셀을 선택 후 함수 마법사 아이콘 *fx*을 눌러 [논리] 중 [IF]를 선택한다.

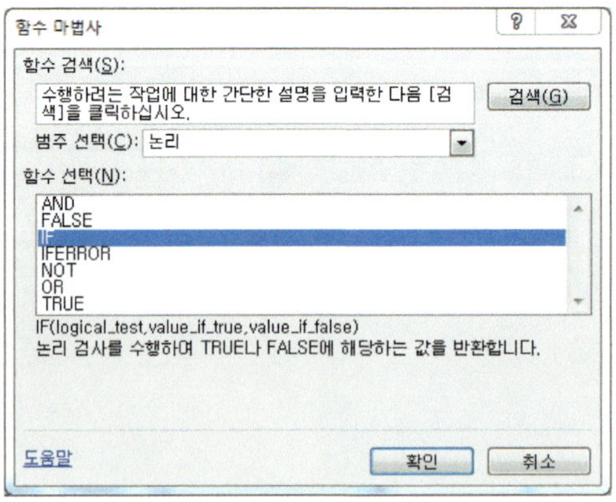

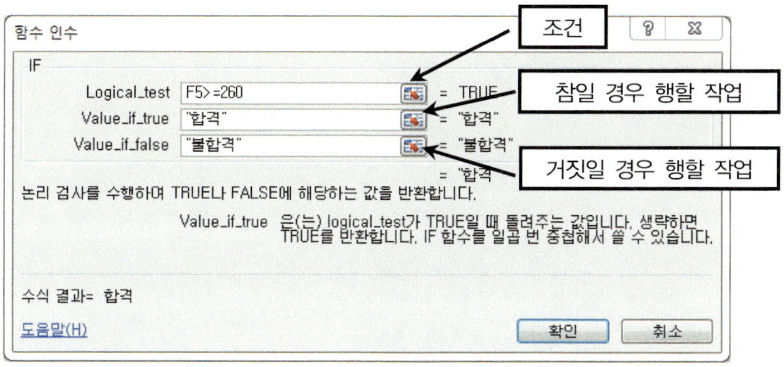

02 수식을 직접 입력 시 : =IF(F5 >= 260, "합격", "불합격") '합격'과 '불합격' 판정을 다 내리면 다음과 같다.

	A	B	C	D	E	F	G	H	I
1									
2			1-1 중간고사 성적표						
3									
4		이름	국어	영어	수학	총점	평균	석차	비고
5		이나래	85	95	90	270	90.0	1	합격
6		원미영	95	85	85	265	88.3	1	합격
7		강하문	75	78	83	236	78.7	4	불합격
8		이지선	78	96	75	249	83.0	3	불합격
9		박아현	85	85	95	265	88.3	1	합격
10		서희수	90	80	88	258	86.0	1	불합격
11		최대값							
12		최소값							
13		인원수							
14		합격자수							
15									

5 MAX 함수

함수명만 봐도 최고 큰 수치를 구하는 함수임을 알 수 있다. MAX 함수를 이용하여 과목별 최대점수를 구해보자.

01 C11 셀을 선택 후 [통계]중 [MAX] 함수를 불러온다.

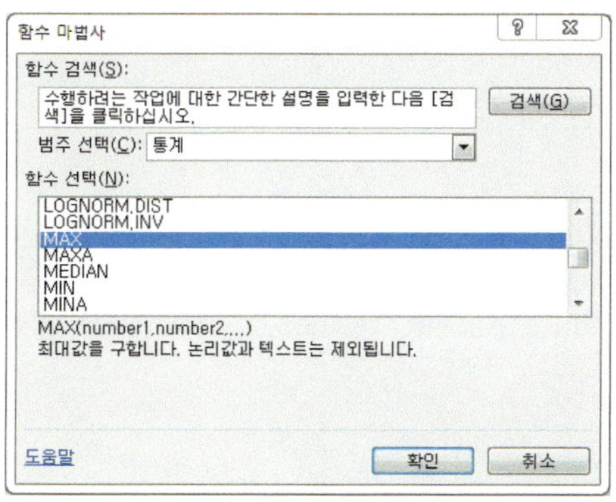

02 최소화 단추를 이용하여 셀 범위를 6명 학생의 국어점수 영역(C5:C10)을 선택한 다음 확인하면 최고점수 '95'를 결과로 가져온다.

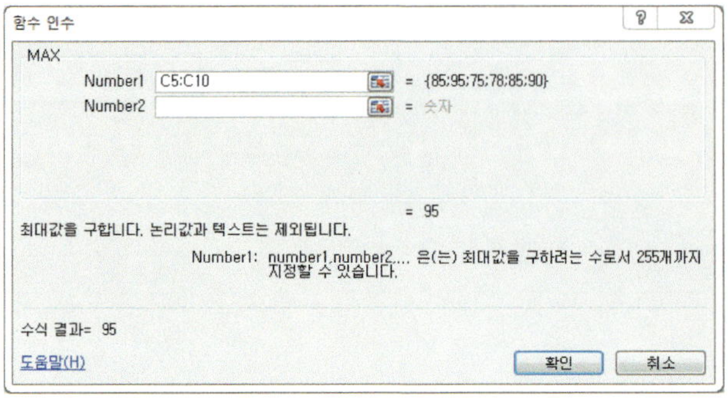

03 자동 채우기를 이용하여 다른 과목의 최고 점수도 구한다.

6 MIN 함수

최소값을 구하는 함수이며 MAX와 같은 형태로 구해내면 된다. 결과로 '75'를 가져온다. 자동 채우기를 이용하여 다른 과목의 최소 점수도 구하면 된다.

	A	B	C	D	E	F	G	H	I
1									
2			1-1 중간고사 성적표						
3									
4		이름	국어	영어	수학	총점	평균	석차	비고
5		이나래	85	95	90	270	90.0	1	합격
6		원미영	95	85	85	265	88.3	1	합격
7		강하문	75	78	83	236	78.7	4	불합격
8		이지선	78	96	75	249	83.0	3	불합격
9		박아현	85	85	95	265	88.3	1	합격
10		서희수	90	80	88	258	86.0	1	불합격
11		최대값	95	96	95				
12		최소값	75	78	75				
13		인원수							
14		합격자수							
15									

7 COUNT(COUNTA) 함수

계산하고 개수 등을 센다는 뜻이며 함수의 차이는 다음과 같다.

- COUNT : 선택영역 중 숫자가 들어 있는 셀의 개수를 구한다.
- COUNTA : 선택영역 중 값이 있거나, 비어있지 않은 셀의 개수를 구한다.

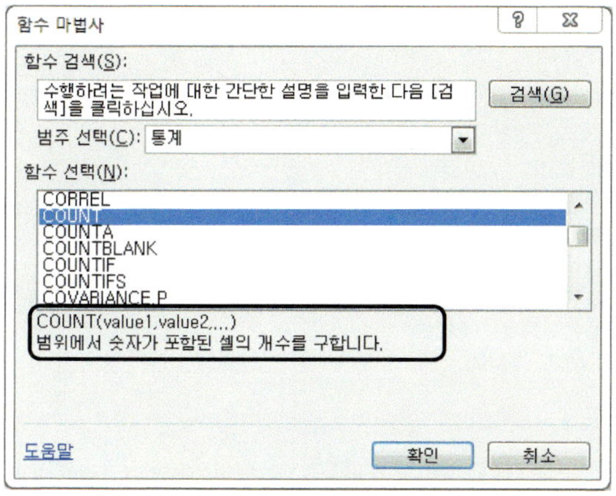

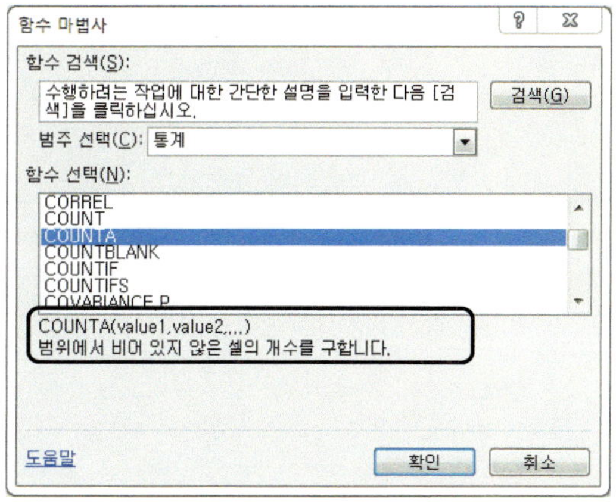

여기서는 COUNTA 함수를 적용한다.

01 C13셀을 선택 후 함수 중 COUNTA를 선택한다. C5:C10(B5:B10, D5:D10, I5:I10도 모두 가능하다)을 선택영역으로 잡으면 결과가 6이 나온다.

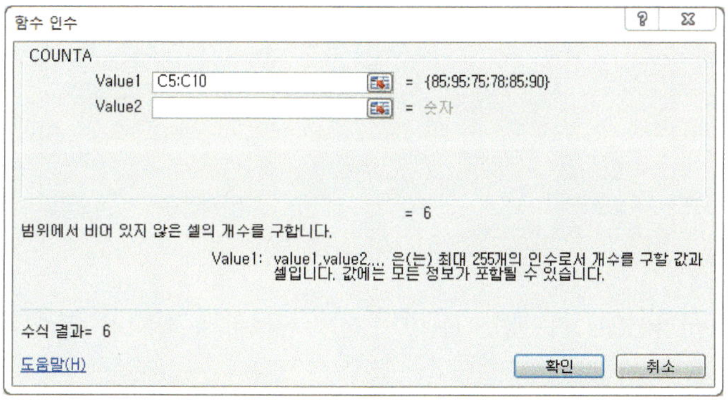

02 C13셀을 선택해 보면 =COUNTA(C5:C10)가 수식 입력 줄에 나타난다. 끝에 '& "명"'을 입력하면 결과가 '6명'이 된다.

8 COUNTIF 함수

찾을 조건과 일치하는 셀의 개수를 센다. 합격자 수를 구해보자.

01 C14 셀을 선택 후 [통계]의 [COUNTIF] 함수를 선택한다.

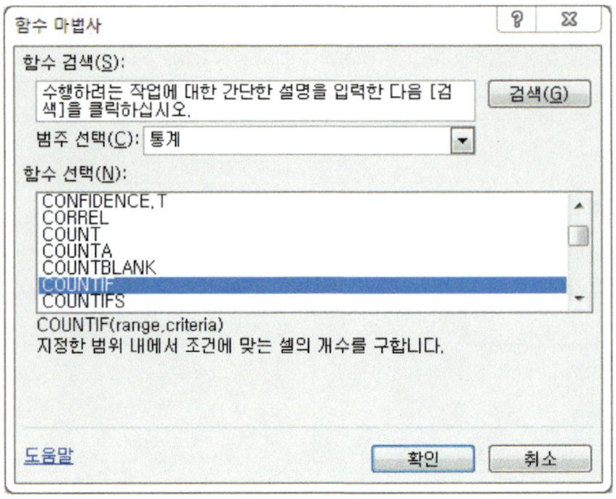

02 범위와 조건을 입력하면 '3'이 산출된다.

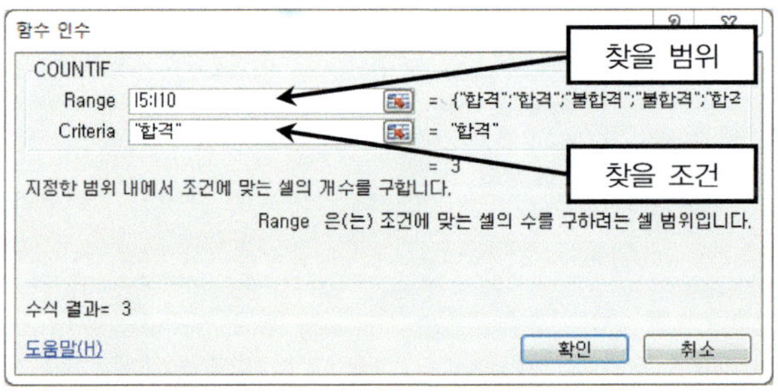

03 여기서도 수식 =COUNTIF(I5:I10,"합격") 끝에 '&"명"'을 붙여서 보기 좋은 형태로 만들어 준다.

1-1 중간고사 성적표

이름	국어	영어	수학	총점	평균	석차	비고
이나래	85	95	90	270	90.0	1	합격
원미영	95	85	85	265	88.3	1	합격
강하문	75	78	83	236	78.7	4	불합격
이지선	78	96	75	249	83.0	3	불합격
박아현	85	85	95	265	88.3	1	합격
서희수	90	80	88	258	86.0	1	불합격
최대값	95	96	95				
최소값	75	78	75				
인원수	6명						
합격자수	3명						

4.4 함수의 사용 예(2)

① LEFT ② MID ③ RIGHT ④ TODAY ⑤ YEAR

	A	B	C	D	E	F	G	H
1								
2								
3	성명	주민번호	출생년도	출생월일	뒤7자리	성별숫자	성별	나이
4	이남주	880201-2789272	①	②	③	④	⑤	⑥
5	김혜숙	850805-2789312	①	②	③	④	⑤	⑥
6	김윤혜	750209-1567892	①	②	③	④	⑤	⑥
7	최재복	680903-2456789	①	②	③	④	⑤	⑥
8	홍성원	901212-1245678	①	②	③	④	⑤	⑥
9								

1 LEFT 함수

문자열의 왼쪽부터 지정한 개수만큼의 문자를 돌려주는 함수이다.

01 C4 셀을 선택 후 [함수 마법사] 대화창에서 [텍스트] 중 [LEFT] 함수를 선택한다.

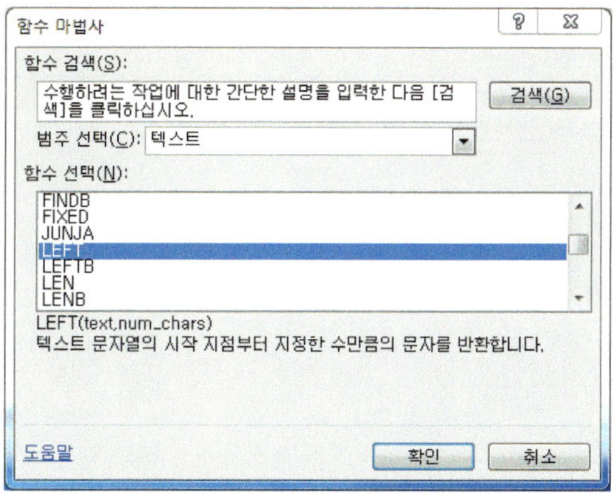

02 주민번호를 선택 후 주민번호 중 왼쪽 두 자리가 년도를 나타내므로 '2'를 입력한다.

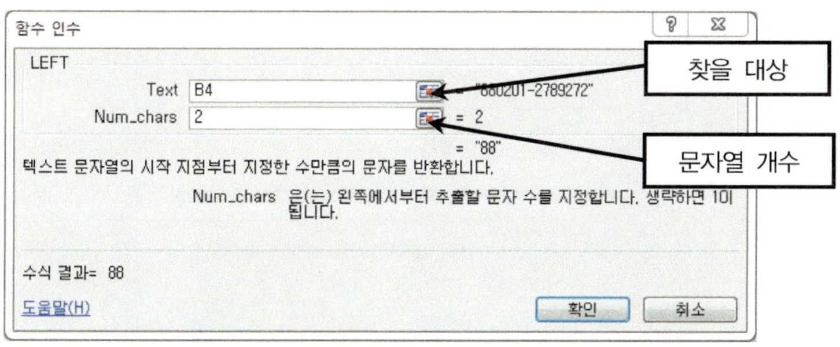

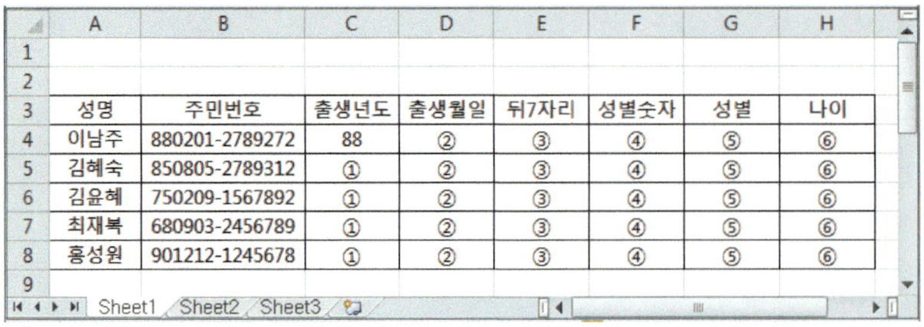

	A	B	C	D	E	F	G	H
1								
2								
3	성명	주민번호	출생년도	출생월일	뒤7자리	성별숫자	성별	나이
4	이남주	880201-2789272	88	②	③	④	⑤	⑥
5	김혜숙	850805-2789312	①	②	③	④	⑤	⑥
6	김윤혜	750209-1567892	①	②	③	④	⑤	⑥
7	최재복	680903-2456789	①	②	③	④	⑤	⑥
8	홍성원	901212-1245678	①	②	③	④	⑤	⑥
9								

03 두 개의 문자 '88'이 입력되었다. 그러나 출생년도는 사실상 1900년을 보태주어야 하고 끝에도 "년"이라는 문자를 붙여주면 더 좋다. 수식 입력 줄에 '=LEFT(B4,2)'가 입력되어 있는데 끝에 +1900& "년"을 입력하면 다음과 같이 된다. 자동 채우기를 해서 다른 사람들의 출생년도를 구할 수 있다.

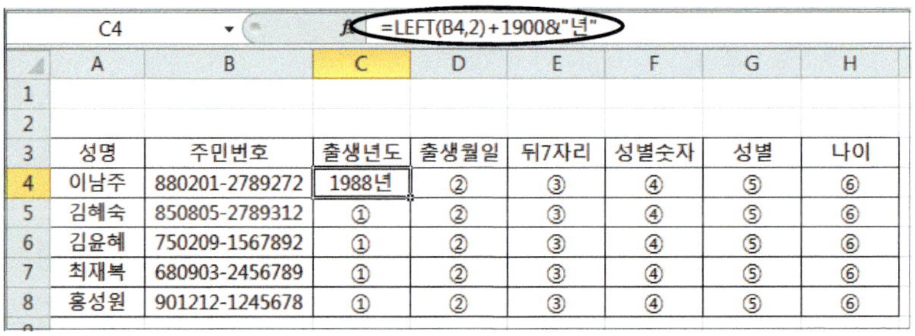

C4 =LEFT(B4,2)+1900&"년"

	A	B	C	D	E	F	G	H
1								
2								
3	성명	주민번호	출생년도	출생월일	뒤7자리	성별숫자	성별	나이
4	이남주	880201-2789272	1988년	②	③	④	⑤	⑥
5	김혜숙	850805-2789312	①	②	③	④	⑤	⑥
6	김윤혜	750209-1567892	①	②	③	④	⑤	⑥
7	최재복	680903-2456789	①	②	③	④	⑤	⑥
8	홍성원	901212-1245678	①	②	③	④	⑤	⑥

2 MID 함수

이번에는 '출생월일'을 구해보자. 주민번호의 14자리 중(- 포함) 3번째 자리부터 시작해서 4자리 수만큼을 돌려받으면 된다.

01 D4셀을 선택 후 [함수 마법사]에서 [MID] 함수를 선택한다.

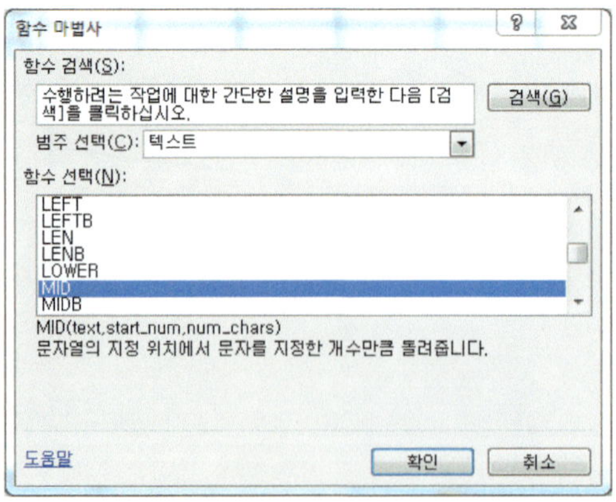

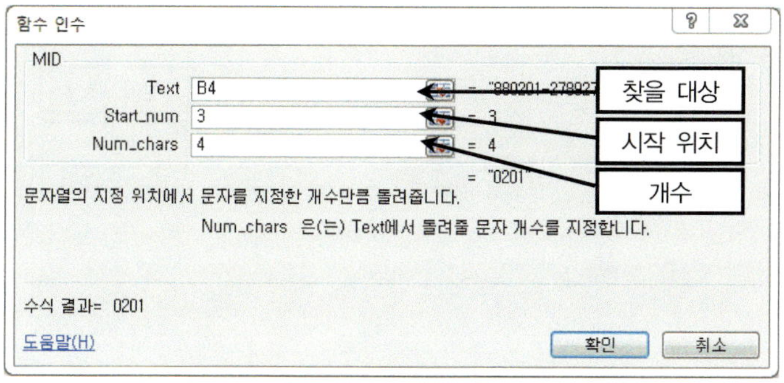

02 자동 채우기를 해서 다른 사람들의 '출생월일'을 구하면 다음 화면과 같이 된다.

D4 =MID(B4,3,4)

	A	B	C	D	E	F	G	H
1								
2								
3	성명	주민번호	출생년도	출생월일	뒤7자리	성별숫자	성별	나이
4	이남주	880201-2789272	1988년	0201	③	④	⑤	⑥
5	김혜숙	850805-2789312	1985년	0805	③	④	⑤	⑥
6	김윤혜	750209-1567892	1975년	0209	③	④	⑤	⑥
7	최재복	680903-2456789	1968년	0903	③	④	⑤	⑥
8	홍성원	901212-1245678	1990년	1212	③	④	⑤	⑥

3 RIGHT 함수

문자열의 오른쪽부터 지정한 개수만큼의 문자를 돌려주는 함수이다.

01 E4 셀을 선택 후 [함수 마법사]에서 [RIGHT] 함수를 선택한다.

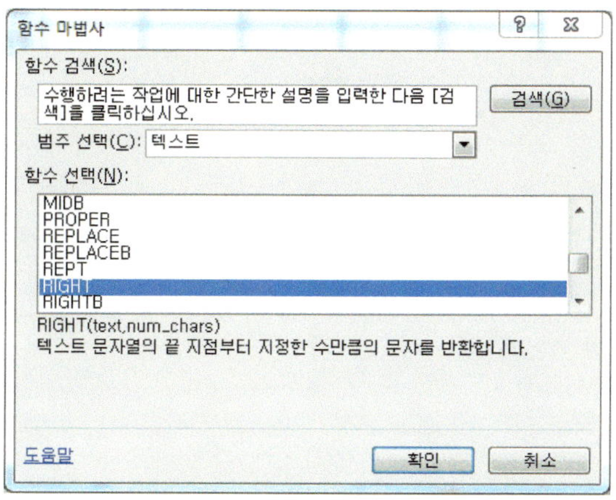

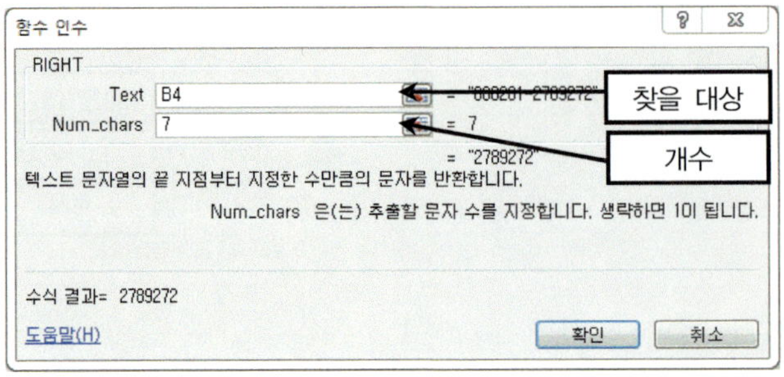

02 자동 채우기를 해서 다른 사람들의 '뒤7자리'를 구할 수 있다.

	A	B	C	D	E	F	G	H
1								
2								
3	성명	주민번호	출생년도	출생월일	뒤7자리	성별숫자	성별	나이
4	이남주	880201-2789272	1988년	0201	2789272	④	⑤	⑥
5	김혜숙	850805-2789312	1985년	0805	2789312	④	⑤	⑥
6	김윤혜	750209-1567892	1975년	0209	1567892	④	⑤	⑥
7	최재복	680903-2456789	1968년	0903	2456789	④	⑤	⑥
8	홍성원	901212-1245678	1990년	1212	1245678	④	⑤	⑥
9								

03 MID 함수를 이용해서 성별 숫자(즉 하이픈(-) 바로 뒤에 오는 1 혹은 2)를 돌려받는다. 8번째 문자에서 시작하여 1개의 문자만 돌려받으면 되므로 다음과 같이 입력한다.

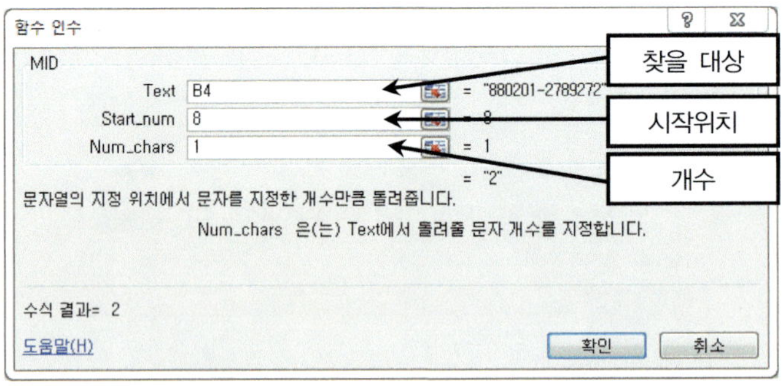

04 자동 채우기를 한 결과는 다음과 같다.

	A	B	C	D	E	F	G	H
1								
2								
3	성명	주민번호	출생년도	출생월일	뒤7자리	성별숫자	성별	나이
4	이남주	880201-2789272	1988년	0201	2789272	2	⑤	⑥
5	김혜숙	850805-2789312	1985년	0805	2789312	2	⑤	⑥
6	김윤혜	750209-1567892	1975년	0209	1567892	1	⑤	⑥
7	최재복	680903-2456789	1968년	0903	2456789	2	⑤	⑥
8	홍성원	901212-1245678	1990년	1212	1245678	1	⑤	⑥
9								

05 G4셀에는 F4셀에 입력된 문자가 '1'이면 'Male', '2'이면 'Female'를 돌려받는다. IF함수를 선택 후 다음 화면처럼 입력하거나 수식 입력 줄에 =IF(F4 = "1", "Male", "Female")를 입력한다.

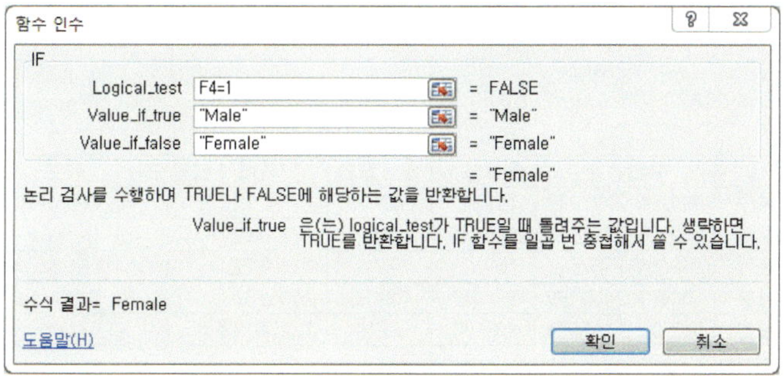

06 이 함수를 마음속으로 대화하듯 정의하면, 다음과 같다. 만약에(IF) F4셀에 문자 "1"이 입력되어 있으면 (즉, 조건이 참이면) 지금 선택된 셀 G4에는 'Male' 문자를 입력하고, 그렇지 않으면 (즉, 조건이 거짓이면) 지금 선택된 셀 G4에는 'Female'이라는 문자를 입력하시오.

	A	B	C	D	E	F	G	H
1								
2								
3	성명	주민번호	출생년도	출생월일	뒤7자리	성별숫자	성별	나이
4	이남주	880201-2789272	1988년	0201	2789272	2	Female	⑥
5	김혜숙	850805-2789312	1985년	0805	2789312	2	Female	⑥
6	김윤혜	750209-1567892	1975년	0209	1567892	1	Male	⑥
7	최재복	680903-2456789	1968년	0903	2456789	2	Female	⑥
8	홍성원	901212-1245678	1990년	1212	1245678	1	Male	⑥
9								

4 TODAY/YEAR + LEFT 함수

TODAY 함수는 현재의 날짜를 YEAR 함수는 날짜에서 연도만 추출하는 함수이다.

01 H4 셀을 선택 후 수식 입력 줄에 아래와 같이 직접 함수식을 입력해서 나이를 구한다. 함수식은 '주민번호'와 '출생년도' 필드를 이용하느냐에 따라 두 가지의 수식이 만들어진다.

❶ H4 fx =YEAR(TODAY())-LEFT(B4,2)-1900

	A	B	C	D	E	F	G	H
1								
2								
3	성명	주민번호	출생년도	출생월일	뒤7자리	성별숫자	성별	나이
4	이남주	880201-2789272	1988년	0201	2789272	2	Female	26
5	김혜숙	850805-2789312	1985년	0805	2789312	2	Female	⑥
6	김윤혜	750209-1567892	1975년	0209	1567892	1	Male	⑥
7	최재복	680903-2456789	1968년	0903	2456789	2	Female	⑥
8	홍성원	901212-1245678	1990년	1212	1245678	1	Male	⑥

❷ H4 fx =YEAR(TODAY())-LEFT(C4,4)

	A	B	C	D	E	F	G	H
1								
2								
3	성명	주민번호	출생년도	출생월일	뒤7자리	성별숫자	성별	나이
4	이남주	880201-2789272	1988년	0201	2789272	2	Female	26
5	김혜숙	850805-2789312	1985년	0805	2789312	2	Female	⑥
6	김윤혜	750209-1567892	1975년	0209	1567892	1	Male	⑥
7	최재복	680903-2456789	1968년	0903	2456789	2	Female	⑥
8	홍성원	901212-1245678	1990년	1212	1245678	1	Male	⑥

02 채우기 핸들을 이용하여 나머지 나이를 아래와 같이 채워 넣는다.

	A	B	C	D	E	F	G	H
1								
2								
3	성명	주민번호	출생년도	출생월일	뒤7자리	성별숫자	성별	나이
4	이남주	880201-2789272	1988년	0201	2789272	2	Female	26
5	김혜숙	850805-2789312	1985년	0805	2789312	2	Female	29
6	김윤혜	750209-1567892	1975년	0209	1567892	1	Male	39
7	최재복	680903-2456789	1968년	0903	2456789	2	Female	46
8	홍성원	901212-1245678	1990년	1212	1245678	1	Male	24

4.5 함수의 사용 예(3)

① CHOOSE ② IF+LEFT

과목코드	번호	등록일	성명	과목	비고
2	B-01	2008년 2월 1일	송신애	①	②
3	A-03	2008년 1월 31일	김은혜	①	②
1	A-02	2008년 1월 31일	서수련	①	②
4	B-04	2008년 1월 30일	박아지	①	②
1	B-11	2007년 12월 31일	백은미	①	②
2	A-02	2007년 10월 30일	이경수	①	②

1 CHOOSE 함수

인수목록 내에서 지정한 번호에 해당하는 인수를 표시하는 함수이다. 과목코드는 1이면 '수영', 2이면 '볼링', 3이면 '골프', 4이면 '댄스'로 설정되어 있다. 과목코드로 각 번호에 해당하는 '과목'을 구해보자.

01 E4셀을 선택 후 CHOOSE 함수를 선택한 다음 값에 해당하는 과목명을 입력한다.

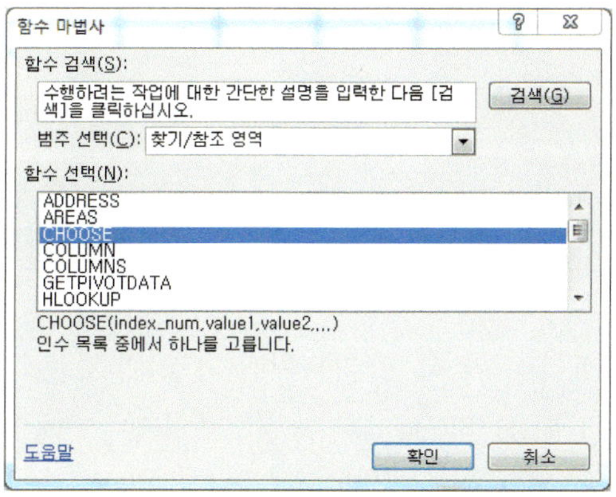

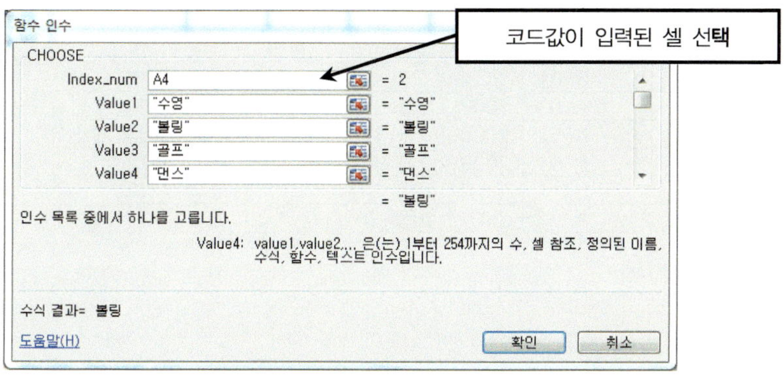

	A	B	C	D	E	F
2						
3	과목코드	번호	등록일	성명	과목	비고
4	2	B-01	2006-02-01	이안숙	볼링	
5	3	A-03	2006-02-02	김은애	골프	
6	1	A-02	2006-01-31	서희정	수영	
7	4	B-04	2006-01-30	시효정	댄스	
8	1	B-11	2005-12-31	백은미	수영	
9	2	A-02	2555-10-30	이경림	볼링	

2 IF 함수와 LEFT 함수 함께 사용하기

'번호' 항목에서 첫 번째 문자가 A이면 '격일제', B이면 '매일'을 넣고자 한다.

01 F4셀을 선택한 후 IF문을 선택한 다음 조건에 LEFT(B4,1)="A"를 입력한다.

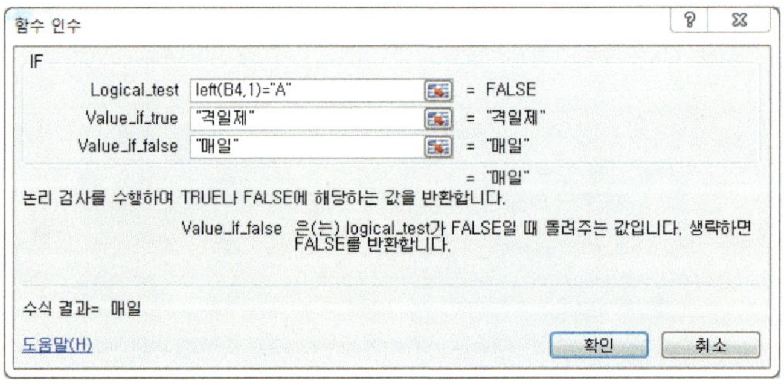

02 함수 사용에 익숙해지면 수식 입력 줄에 이렇게 차근차근 직접 입력하는 것도 가능할 것이다. '=IF(LEFT(B4,1)="A", "격일제", "매일")'

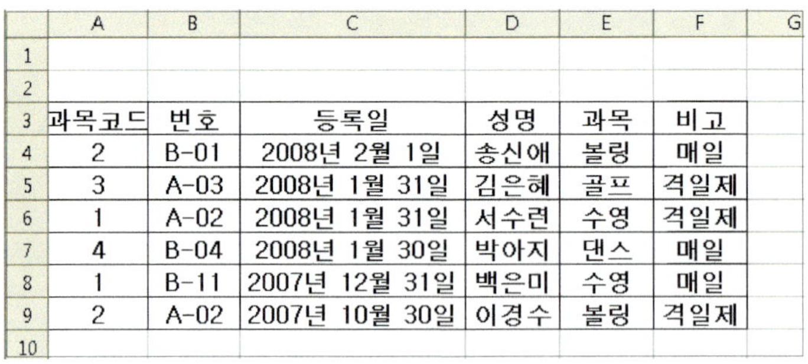

	A	B	C	D	E	F
1						
2						
3	과목코드	번호	등록일	성명	과목	비고
4	2	B-01	2008년 2월 1일	송신애	볼링	매일
5	3	A-03	2008년 1월 31일	김은혜	골프	격일제
6	1	A-02	2008년 1월 31일	서수련	수영	격일제
7	4	B-04	2008년 1월 30일	박아지	댄스	매일
8	1	B-11	2007년 12월 31일	백은미	수영	매일
9	2	A-02	2007년 10월 30일	이경수	볼링	격일제
10						

4.6 함수의 사용 예(4)

① VLOOKUP ② HLOOKUP

	A	B	C	D	E	F	G	H
1								
2	품명	제조사	단가	판매량		품명	단가	
3	짱구	해태	①	50		에이스	700	
4	쫄병	롯데	①	45		쫄병	550	
5	신라면	농심	①	80		짱구	330	
6	에이스	삼원	①	52		신라면	600	
7	포카칩	농심	①	95		포카칩	850	
8	쫄병	롯데	①	85				
9	짱구	해태	①	110				
10								

1 각 품명의 단가를 F2:G7을 이용하여 구해보자. (VLOOKUP)

01 C3셀을 선택 후 [함수 마법사]에서 [찾기/참조 영역]의 [VLOOKUP] 함수를 선택한다.

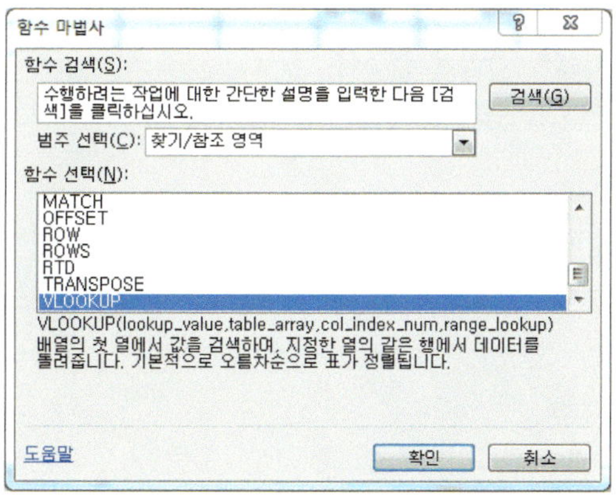

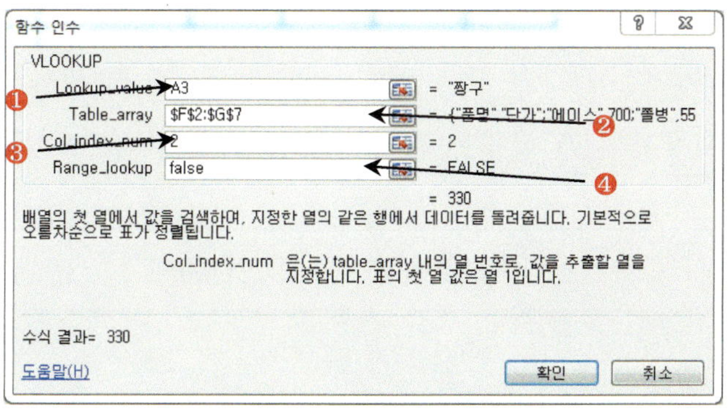

❶ Lookup_value : 단가를 구하고자 하는 대상을 선택한다.(A3)

❷ Table_array : 각 품목들의 단가가 있는 테이블을 선택한다.(모든 품목이 모두 동일한 테이블 영역을 선택해야 하므로 상대참조 F2:G7이 아니라 절대참조 $F$2:$G$7로 해 주어야 한다).

❸ 참조하려는 단가가 있는 열은 두 개의 열(F열, G열) 중에서 두 번째 열이므로 '2'를 입력한다.

❹ 일치하는 값을 선택하려면 'false', 정확한 값이 없는 경우 근사값보다 작은 값 중에서 최대값을 찾아주는 경우에는 'true' 혹은 공란으로 둔다. 이 경우는 정확한 가격을 찾으므로 'false'를 입력한다.

02 다음 화면에서 볼 수 있듯이 정확하게 일치하는 값들이 입력되었다.

	A	B	C	D	E	F	G	H
1								
2	품명	제조사	단가	판매량		품명	단가	
3	짱구	해태	330	50		에이스	700	
4	쫄병	롯데	550	45		쫄병	550	
5	신라면	농심	600	80		짱구	330	
6	에이스	삼원	700	52		신라면	600	
7	포카칩	농심	850	95		포카칩	850	
8	쫄병	롯데	550	85				
9	짱구	해태	330	110				
10								

Tip

- VLOOKUP은 Vertical(세로)하게 LOOKUP(찾아준다)한다는 뜻이다. 원하는 자료가 같은 열에 있으므로 Vertical 한 것이다.
- HLOOKUP은 Horizontal(가로)하게 LOOKUP(찾아준다)한다는 뜻이다. 원하는 자료가 같은 행에 있으므로 Horizontal 한 것이다.

4.7 함수의 사용 예(5)

① COUNTIF ② SUMIF

	A	B	C	D	E	F	G
1							
2		품목	모델명	판매량		TV대수	①
3		TV	SR-01	85		오디오 대수	②
4		오디오	TR-02	95		비디오 대수	③
5		비디오	AT-03	84			
6		TV	SR-03	75		TV 총판매량	④
7		오디오	TH-03	62		오디오 총판매량	⑤
8		TV	SI-04	50		비디오 총판매량	⑥
9		오디오	TN-07	85			
10		비디오	AT-09	110		TV 평균판매량	⑦
11						오디오 평균판매량	⑧
12						비디오 평균판매량	⑧
13							

1 COUNTIF 함수 : 조건에 맞는 셀의 개수를 구하는 함수

01 G2를 선택 후 [통계]의 [COUNTIF]를 선택한다.

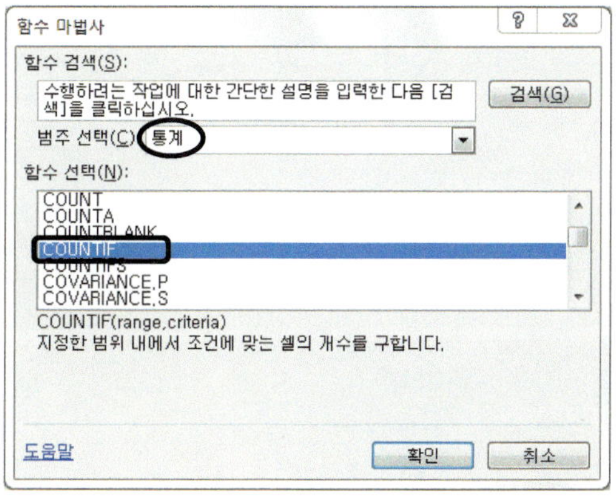

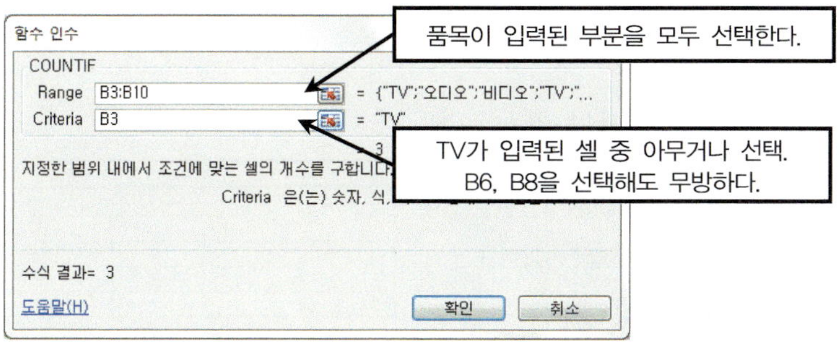

02 같은 방법으로 ②, ③을 구한다.

2 SUMIF 함수 : 조건에 맞는 셀의 합을 구하는 함수

01 G6을 선택 후 [수학/삼각함수]에서 [SUMIF] 함수를 선택한다.

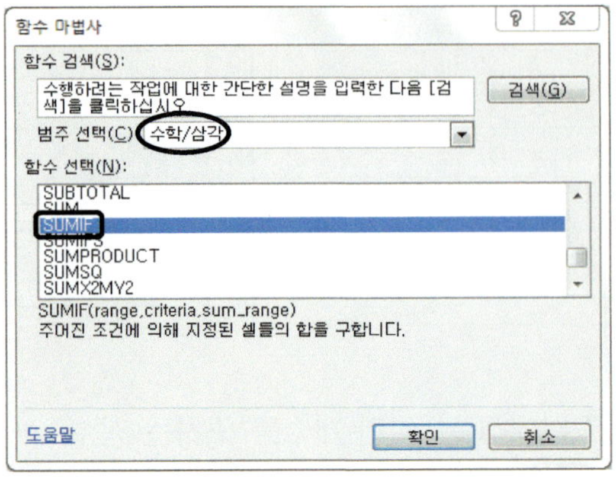

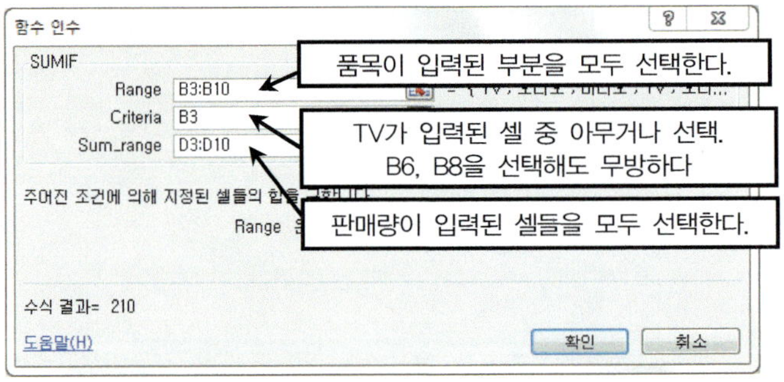

02 같은 방법으로 ⑤, ⑥을 구한다.

3 SUMIF/COUNTIF 함수

01 G10셀(TV의 평균판매량)은 얼핏 생각하면 AVERAGE 함수를 연상할 수 있는데 SUMIF/COUNTIF를 해야 옳다. 즉, 여러 품목 중 TV의 총판매량을 구한 결과치에 TV 대수를 나눠주어야 하는 것이다.

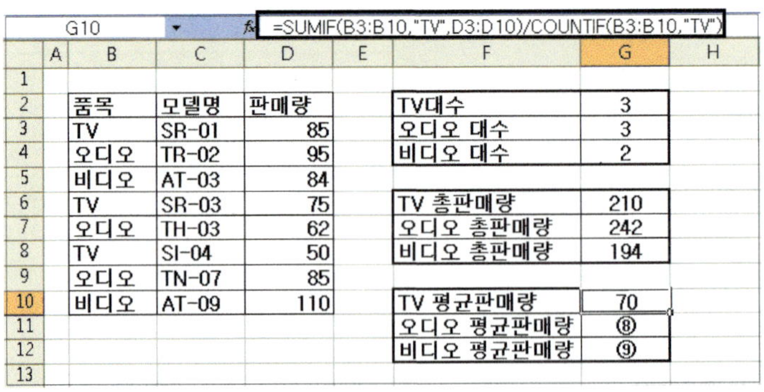

	A	B	C	D	E	F	G	H
1								
2		품목	모델명	판매량		TV대수	3	
3		TV	SR-01	85		오디오 대수	3	
4		오디오	TR-02	95		비디오 대수	2	
5		비디오	AT-03	84				
6		TV	SR-03	75		TV 총판매량	210	
7		오디오	TH-03	62		오디오 총판매량	242	
8		TV	SI-04	50		비디오 총판매량	194	
9		오디오	TN-07	85				
10		비디오	AT-09	110		TV 평균판매량	70	
11						오디오 평균판매량	⑧	
12						비디오 평균판매량	⑨	
13								

02 같은 방법으로 ⑧, ⑨를 구한다.

4.8 함수의 사용 예(6)

① DCOUNTA ② DSUM

데이터베이스 함수는 조건을 만족하는 자료를 대상으로 합, 평균, 최대값, 최소값 등을 구하는 함수이다. 데이터베이스 영역 내에 조건이 있을 경우에는 조건의 범위로 지정해 주면 되고, 만약 조건이 데이터베이스 내에 없다면 데이터베이스 밖에 조건을 먼저 입력해 두는 작업이 선행되어야 한다.

데이터베이스 함수는 학생들이 처음에 어려워하는 함수이지만 실제로 가장 쉬운 함수이다. 함수의 패턴을 잘 이해하면 된다.

	A	B	C	D	E	F	G	H
1	상품명	단가	수량	금액		단가		수량
2	라면	700	56	39200		< 600		>= 40
3	사탕	100	34	3400				
4	무	500	66	33000		단가		금액
5	라면	700	89	62300		>= 700		>= 30000
6	우유	400	23	9200				
7	두부	900	27	24300				
8	우유	400	68	27200				
9								
10	단가가 700인 상품의 개수는?					①		
11	단가가 600 미만인 상품의 금액의 합계는?					②		
12	단가가 700원 이상인 상품의 평균 단가는?					③		
13	단가가 700원 이상인 상품의 총 금액은?					④		
14	수량이 40개 이상인 상품의 개수는?					⑤		
15	금액이 30,000원 이상인 품목 중 최고 금액은?					⑥		
16	금액이 3,000원 이상인 품목 중 최저 금액은?					⑦		
17								

1 DCOUNTA 함수 : 함수의 [데이터베이스]의 [DCOUNTA]를 선택한다.

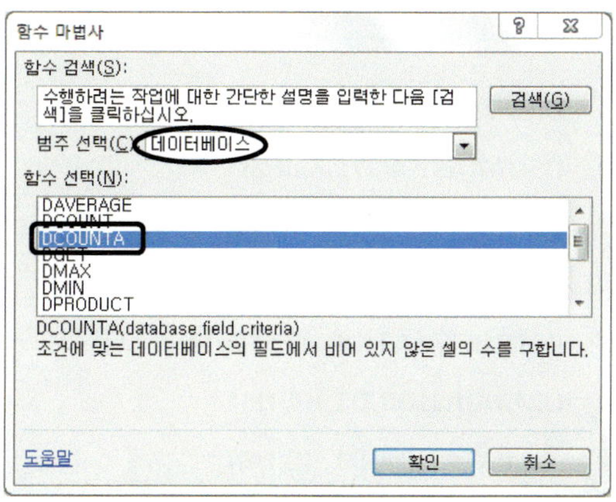

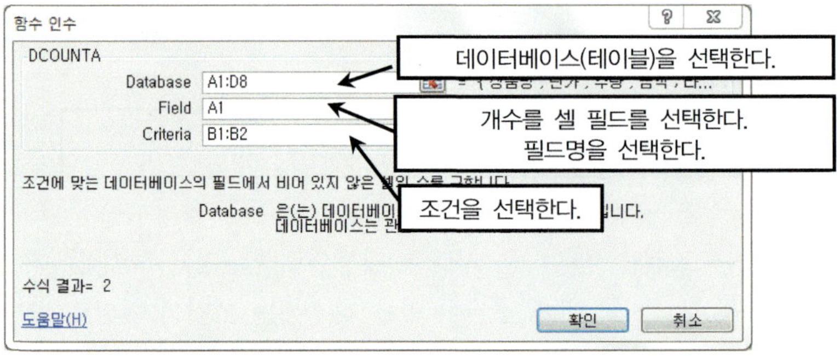

2 DSUM 함수 : 데이터베이스에서 찾을 조건과 일치하는 레코드의 열이 있는 값들을 구한다.

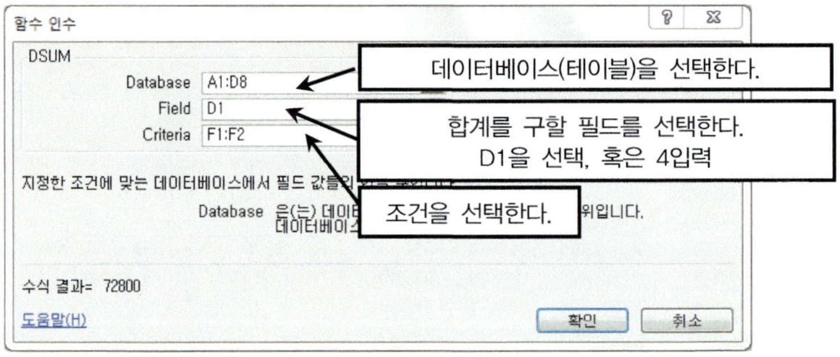

01 모든 데이터베이스 함수는 함수창을 띄우면 아래 화면과 같이 동일하다.

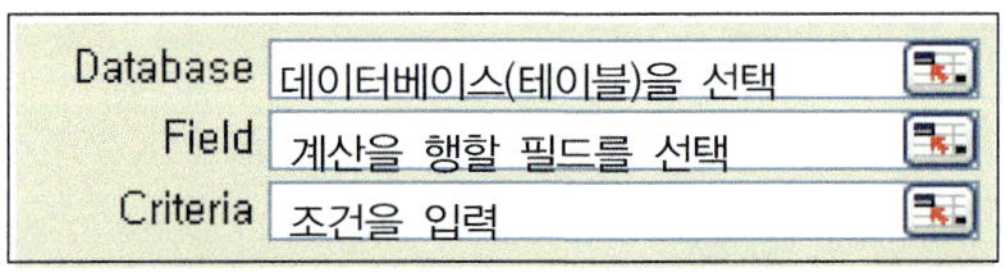

02 이런 패턴을 염두에 두고 ③~⑦의 정답은 다음과 같다.

① =DCOUNTA(A1:D8,A1,B1:B2)

② =DSUM(A1:D8,D1,F1:F2)

③ =DAVERAGE(A1:D8,B1,F4:F5)

④ =DSUM(A1:D8,D1,F4:F5)

⑤ =DCOUNTA(A1:D8,A1,H1:H2)

⑥ =DMAX(A1:D8,D1,H4:H5)

⑦ = DMIN(A1:D8,D1,H5:H6)

03 결과는 아래와 같다.

	A	B	C	D	E	F	G	H
1	상품명	단가	수량	금액		단가		수량
2	라면	700	56	39200		<600		>=40
3	사탕	100	34	3400				
4	무	500	66	33000		단가		금액
5	라면	700	89	62300		>= 700		>=30000
6	우유	400	23	9200				
7	두부	900	27	24300				
8	우유	400	68	27200				
9								
10	단가가 700인 상품의 개수는?					2		
11	단가가 600 미만인 상품의 금액의 합계는?					72800		
12	단가가 700원 이상인 상품의 평균 단가는?					766.667		
13	단가가 700원 이상인 상품의 총 금액은?					125800		
14	수량이 40개 이상인 상품의 개수는?					4		
15	금액이 30,000원 이상인 품목 중 최고 금액은?					62300		
16	금액이 3,000원 이상인 품목 중 최저 금액은?					3400		
17								

4.9 함수의 사용 예(7)

① INDEX ② MATCH

1 INDEX 함수 : 표나 범위 내에서 값이나 참조 영역을 구하는 함수

■ 형식 : INDEX(reference, row_num, column_num, area_num)

- reference : 하나 이상의 셀 범위에 대한 참조 영역
- row_num : 참조 영역을 구하려는 reference의 행 수
- column_num : 참조 영역을 구하려는 reference의 열 수
- area_num : row_num과 column_num이 교차하는 셀을 구하려는 reference의 영역을 선택

	A	B	C	D	E	F
1						
2	학번	이름	판매량	학과		
3	0801001	김기대	230	전자과		
4	0801002	정순원	451	법학과		
5	0801003	하유민	120	화학과		
6	0801004	성지연	125	물리과		
7	0801005	박아지	200	경영과		
8						
9	A3:D7 범위에서 3행 2열에 있는 값은?				①	
10	A3:D7 범위에서 2행 4열에 있는 값은?				②	
11	A3:D7 범위에서 4행 3열에 있는 값은?				③	
12						

01 즉, A3:D7의 범위 중에서 3행 2열에 있는 값(즉 “하유민”)을 찾아 돌려준다는 뜻이다.

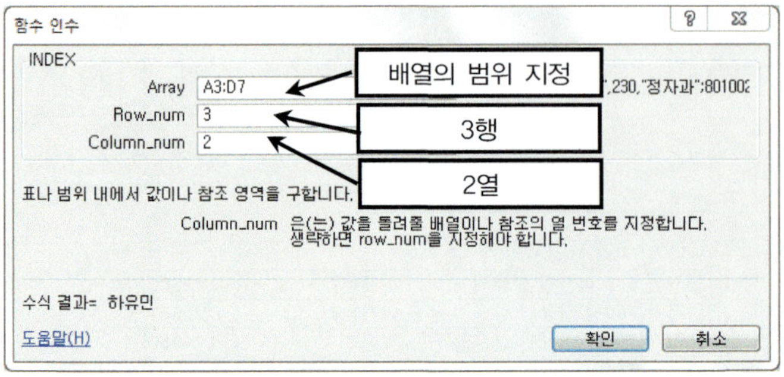

02 같은 방법으로 ②, ③을 구하면 결과는 다음과 같다.

	A	B	C	D	E	F
1						
2	학번	이름	판매량	학과		
3	0801001	김기대	230	전자과		
4	0801002	정순원	451	법학과		
5	0801003	하유민	120	화학과		
6	0801004	성지연	125	물리과		
7	0801005	박아지	200	경영과		
8						
9	A3:D7 범위에서 3행 2열에 있는 값은?				하유민	
10	A3:D7 범위에서 2행 4열에 있는 값은?				법학과	
11	A3:D7 범위에서 4행 3열에 있는 값은?				125	
12						

2 MATCH 함수 : 참조영역이나 배열에서 찾으려는 값과 일치하는 배열 요소를 지정한 방법으로 찾아 상대위치를 구하는 함수

■ 형식 : MATCH(lookup_value, lookup_array, match_type)

- lookup_value : 입력한 셀에서 찾으려는 값
- lookup_array : 찾으려는 값을 포함한 셀 범위로 배열 또는 배열 참조 영역
- match_type : 되돌릴 값을 표시하는 숫자로, 생략하면 1로 간주한다.
  - ◇ 1 : 찾으려는 값보다 작거나 같은 값 중에서 최대값을 찾는다.
    (참조범위가 오름차순 되어 있을 경우)
  - ◇ -0 : 찾으려는 값과 같은 첫 번째 값을 찾는다. 일치값 참조
  - ◇ -1 : 찾으려는 값보다 크거나 같은 값 중에서 최소값을 찾는다.
    (참조범위가 내림차순 되어 있을 경우)

• 예) 찾는 값이 20인 경우 찾는 범위를 A3:A7로 했을 경우와 A11:A15로 했을 경우이다.

	A	B	C	D	E
1					
2	점수				
3	10		match_type		
4	20		-1	0	1
5	30		#N/A	2	2
6	40				
7	50				
8					
9					
10	점수				
11	50		match_type		
12	40		-1	0	1
13	30		4	4	#N/A
14	20				
15	10				
16					
17					
18					
19					
20					

C5 : =MATCH(20,A3:A7,-1)
<- 내림차순 정렬이 되어 있지 않으므로 에러발생
D5 : =MATCH(20,A3:A7,0)
<- 일치값이 있는 위치가 두번째 이므로 결과가 2이다.
E5 : =MATCH(20,A3:A7,1)
<- 오름차순 되어 있고20보다 작거나 같은 값 중에서 (즉 10과 20 중) 최대값을 찾으므로20이며 이것의 위치는 두번째 이므로 결과가 2

C13 : =MATCH(20,A11:A15,-1)
<- 내림차순 되어있고 20보다 크거나 같은 값(즉 50,40,30,20) 중에서 최소값을 찾으므로 20이며 이것의 위치는 참조영역 중 4번째 이므로 4
D13 : =MATCH(20,A11:A15,0)
<- 일치값이 있는 위치가 네번째 이므로 결과가 4이다.
E13 :=MATCH(20,A11:A15,1)

3 INDEX + MATCH + (MAX, MIN, LARGE, SMALL)

INDEX 함수와 MATCH 함수는 단독으로 쓰일 때는 별로 의미가 없는 함수이다. 다음을 입력하여 ①~④를 구해보자.

	A	B	C	D	E
1					
2	이름	담당교수	전공	국어	영어
3	강후동	Steve	NS	100	88
4	이희재	William	GS	85	70
5	유재섭	Judy	OB&GY	75	80
6	박명서	Paul	ENT	85	82
7	노형철	Britney	PS	80	81
8	정영돈	Jessica	OS	99	65
9					
10	국어점수가 최고인 사람은?				①
11	국어점수가 최저인 사람은?				②
12	영어점수가 두번째로 높은 사람의 담당교수				③
13	영어점수가 두번째로 낮은 사람의 전공은?				④
14					

01 국어점수가 최고인 사람을 구해보자. 이것은 정답부터 말하자면 "강후동"이며, 수식은 =INDEX(A3:E8, MATCH(MAX(D3:D8), D3:D8,0),1)이다.

02 D3:D8범위에서 가장 큰 값을 구한다.(MAX함수)

03 가장 큰 값이 D3:D8 중 몇 번째 있는지 위치를 알아낸다(MATCH함수)

04 이것이 INDEX함수의 행 값이 된다. 즉 여기서는 첫 번째에 가장 큰 값 100이 있으므로 1이 된다.

05 A3:E8에서 1행 1열(이름은 첫 번째 열에 있으므로)에 있는 값을 알아낸다.(INDEX함수) 여기서는 강후동이 된다.

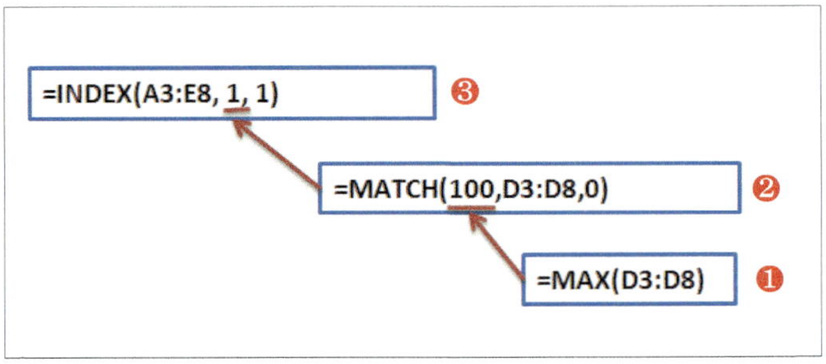

06 같은 방법으로 ②, ③, ④를 구하면 다음과 같다.

```
①=INDEX(A3:E8,MATCH(MAX(D3:D8),D3:D8,0),1)
②=INDEX(A3:E8,MATCH(MIN(D3:D8),D3:D8,0),1)
③=INDEX(A3:E8,MATCH(LARGE(E3:E8,2),E3:E8,0),2)
④=INDEX(A3:E8,MATCH(SMALL(E3:E8,2),E3:E8,0),3)
```

	A	B	C	D	E	F
1						
2	이름	담당교수	전공	국어	영어	
3	강후동	Steve	NS	100	88	
4	이희재	William	GS	85	70	
5	유재섭	Judy	OB&GY	75	80	
6	박명서	Paul	ENT	85	82	
7	노형철	Britney	PS	80	81	
8	정영돈	Jessica	OS	99	65	
9						
10	국어점수가 최고인 사람은?				강후동	
11	국어점수가 최저인 사람은?				유재섭	
12	영어점수가 두번째로 높은 사람의 담당교수				Paul	
13	영어점수가 두번째로 낮은 사람의 전공은?				GS	
14						

보 기

	A	B	C	D	E	F	G
1	농가판매가격지수 현황						
2							(기준:2000년)
3	연 도	곡 물	청 과 물	축 산 물	기 타	평균과 차	비 고
4	1992년	77.2	92.4	**93.2**	**87.9**	①	②
5	1993년	78.1	92.3	**89.4**	**97.0**	①	②
6	1994년	84.9	******** 107.8	**92.9**	100.0	①	②
7	1995년	90.1	******** 114.1	**99.4**	105.0	①	②
8	1996년	97.8	******** 118.6	**98.3**	107.1	①	②
9	1997년	******** 100.6	******** 124.6	**86.6**	109.1	①	②
10	1998년	97.1	******** 122.7	**79.3**	108.9	①	②
11	1999년	******** 100.3	******** 111.4	**95.1**	108.3	①	②
12	2000년	******** 100.0	******** 100.0	100.0	100.0	①	②
13	2001년	******** 102.2	******** 108.7	118.8	**99.8**	①	②
14	2002년	******** 100.9	******** 117.8	131.2	100.5	①	②
15	2003년	******** 119.3	******** 134.0	137.8	104.0	①	②
16	2004년	******** 124.2	******** 115.8	146.5	108.1	①	②
17	2005년	******** 107.3	99.7	157.6	109.8	①	②
18	2006년	******** 108.1	******** 111.4	146.1	122.3	①	②
19	2007년	******** 110.2	******** 118.4	138.0	123.9	①	②
20							

[엑셀로 가공한 정보형태]

처리사항 [수식 작성하기] 배점 : 3번(45점), 4번(45점)

3. **[엑셀로 가공할 정보형태]**의 ①(F4~F19셀)부분의 평균과 차를 구하시오.
   1) 반드시 AVERAGE, ROUNDUP 함수를 모두 이용하여 구하시오.
   2) 반드시 아래 주어진 수식으로 구하고, 구한 값을 소수 둘째 자리에서 올림하여 소수 첫째 자리까지 나타내시오.

   ※ **평균과 차 = ('청과물'의 '1992년'부터 '2007년'까지의 평균 - '청과물'의 각 연도의 값)**

4. **[엑셀로 가공할 정보형태]**의 ②(G4~G19셀)부분의 비고를 구하시오.
   1) 반드시 AVERAGE, IF, LEFT, MOD, OR, RANK.EQ 함수를 모두 이용하여 구하시오.
   2) 반드시 아래 주어진 조건에 따른 참과 거짓의 값으로 나타내시오.
   - 조건 : 각 연도의 왼쪽부터 4자리 수치가 3의 배수이거나 5의 배수
   - 참 : '축산물'을 기준으로 각 연도의 내림차순 순위
   - 거짓 : 각 연도의 '곡물'부터 '기타'까지의 평균

[답안 따라하기]

1 평균과 차 함수식 입력(배점 45점)

01 [F4] 셀을 선택하고 함수식 "=AVERAGE(C4:C19)-C4"을 입력한다. 그리고 Enter↵ 키를 누르면 결과 값이 표시된다.

02 구한 값을 소수 둘째 자리에서 올림하여 소수 첫째 자리까지 나타내기 위해 [F4] 셀을 더블 클릭하고 함수식을 "=ROUNDUP(AVERAGE(C4:C19)-C4,1)"로 수정한다.
(ROUNDUP(평균과 차,1) : 평균과 차의 값을 소수 첫째 자리까지 표시)

03 입력된 함수식의 AVERAGE 범위 'C4:C19'를 블록 설정한 후, F4 키를 클릭하여 기존 상대참조('C4:C19')를 절대참조 '$C$4:$C$19'로 변경한다.

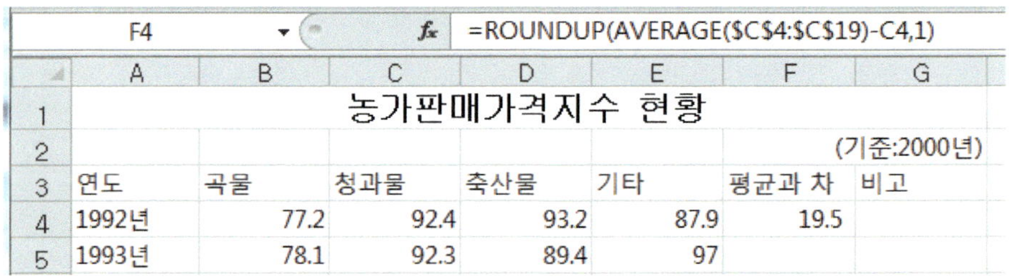

04 값을 모두 표시하기 위해 [F4] 셀을 선택하고 채우기 핸들로 [F19] 셀까지 드래그한다.

2 비고 함수식 작성(배점 45점)

01 2번 문제에서는 중첩 함수를 사용해야 하므로, 문제를 이해하고 분석하면서 차근차근 문제를 풀어나가야 한다.

02 '비고'의 값을 구하기 위해 [G4] 셀을 선택하고, 조건에 따른 참과 거짓의 값으로 나타내기 위해 IF 함수[=IF(조건, 참, 거짓)]을 적용한다. 먼저 조건 "각 연도의 왼쪽부터 4자리 수치가 3의 배수이거나 5의 배수" 작성을 위해 LEFT 함수, MOD 함수, OR함수를 이용하여 "**OR(MOD(LEFT(A4,4),3)=0,MOD(LEFT(A4,4),5)=0)**"을 완성한다.

- =LEFT(텍스트, 가져올 문자 수) : 텍스트의 왼쪽 및 오른쪽으로 부터 지정한 수만큼 문자를 표시한다.
- =MOD(숫자, 나누는 값) : 나눗셈의 나머지를 구한다.
- =OR(논리1, 논리2, 논리3, ...) : 조건을 하나라도 만족하면 TRUE, 모두 만족하지 않으면 FALSE로 반환한다.

03 계속해서 참(True) "'축산물'을 기준으로 각 연도의 내림차순 순위" 작성을 위해 RANK.EQ 함수를 이용하여 "**RANK.EQ(D4,$D$4:$D$19)**"을 완성한다.

- =RANK.EQ(순위를 구하려는 수, 참조 범위[절대참조], 정렬 방법) : 순위를 구하는 함수이다.(내림차순 : 0, 오름차순 : 1)

04 계속해서 거짓(False) "각 연도의 '곡물'부터 '기타'까지의 평균" 작성을 위해 AVERAGE 함수를 이용하여 "**AVERAGE(B4:E4)**"을 완성한다.

05 종합해서 IF함수에 "조건, 참, 거짓"을 조합하여 수식 입력 줄에 다음과 같은 수식을 입력하고 Enter↵ 키를 누른다.

수식 : =IF(OR(MOD(LEFT(A4,4),3)=0,MOD(LEFT(A4,4),5)=0), RANK.EQ(D4,$D$4:$D$19), AVERAGE(B4:E4))

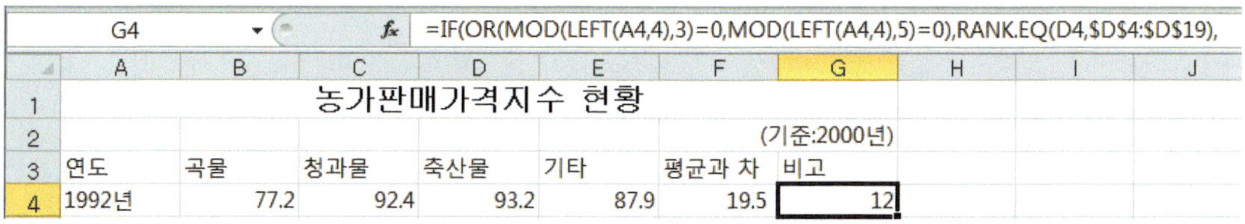

06 값을 모두 표시하기 위해 [G4] 셀을 선택하고 채우기 핸들로 [G19] 셀까지 드래그하여 결과값을 표시한다.

1. 워크시트 작성

엑셀을 사용하여 각각의 보기와 같이 기초 데이터를 입력하고 주어진 작성 기준 및 조건에 따라 워크시트를 완성하시오.

〈 작성기준 〉

1) 작성 결과 전체가 1개의 파일(XLSX) 안에 1개의 워크시트에 작성되어야함.
2) 작성 파일(XLSX)에는 답안용 워크시트 1개 이외에는 나머지 시트를 모두 삭제함.(시트 초과 시 감점됨)
3) 답안 시트 출력 시 머리글은 **본인수험번호**가 가운데 표시되도록 하고, 바닥글은 공백으로 함.
4) 작성조건에 없는 셀의 글꼴은 돋움 10포인트를 적용함.
5) 작성조건에 없는 기타 내용은 엑셀의 기본 설정 형식에 따름.

[보기 1]

	A	B	C	D	E	F	G	H	I	J
1		중고품 매입 명세서								
2									2010-03-15	
3		구분	제품명	원가	매입일	매입 일수	구입가격	세액	판매액	
5		가구	책상	153000	2010-01-02	①	②	③	④	
6		가전제품	냉장고	987000	2009-06-05	①	②	③	④	
7		가전제품	에어컨	872000	2009-08-16	①	②	③	④	
8		가전제품	청소기	214000	2010-02-18	①	②	③	④	
9		가전제품	TV	840000	2009-07-17	①	②	③	④	
10		가구	옷장	760000	2009-10-06	①	②	③	④	
11		가전제품	김치냉장고	864000	2009-09-14	①	②	③	④	
12		가구	서랍장	367000	2010-02-06	①	②	③	④	
13		가구	화장대	290000	2010-01-28	①	②	③	④	
15		전체			합계	⑤	⑤	⑤	⑤	
16					평균	⑥	⑥	⑥	⑥	
17										
18		계산식 근거:		⑦						
19		계산식 근거:		⑧						
20										

〈보기 1 작성조건〉

1) 자료 입력 : 원 문자를 제외한 모든 데이터를 [보기 1]과 같이 입력함
2) 계산식 입력 : 다음의 원 문자로 표시된 셀은 각각 지정한 계산 방법에 따름

① 매입일수 : 기준일자 - 매입일 + 1(기준일자는 셀 I2에 입력된 2010-03-15)
② 구입가격 : 매입일수가 200일 이상이면 원가의 20%, 100일 이상이면 원가의 30%, 나머지는 원가의 60%
③ 세액 : 가전제품이면 구입가격의 35%, 나머지는 20%
④ 판매액 : 구입가격과 세액의 합계를 구하고 백단위는 버림(예: 134,120 → 134,000)
⑤ 합계 : 해당 열의 5행부터 13행까지의 합계
⑥ 평균 : 해당 열의 5행부터 13행까지의 평균
⑦ 계산식 근거 : 셀 G5의 계산식을 문자열로 입력함(예: =SUM(A1:A5))
⑧ 계산식 근거 : 셀 I5의 계산식을 문자열로 입력함(예: =SUM(A1:A5))

3) 문자 셀 유형 :
- 일반 문자열-각각의 괘선 안에서 수평 및 수직 중앙에 맞춤(단, I2셀은 오른쪽 맞춤)
- 제목 문자열-돋움 20포인트의 글꼴을 적용하고, 범위 B1:I1에 수평 중앙으로 맞춤
- 날짜 문자열-셀 서식에서 yyyy-mm-dd형식으로 적용함

4) 수치 셀 유형 : 모든 수치 셀은 천단위마다 콤마로 구분하는 정수 형식 및 오른쪽 맞춤을 적용함

5) 기타 : 작성조건에 없는 내용 및 형식은 [보기 1]과 같이 작성함

[따라하기] 워크시트 작성문제(100점)

1 자료 입력과 셀 병합

01 A열은 사용하지 않고 빈 열로 남겨두고, 열 너비를 조정해서 전체 폭을 조정하는데 사용한다.

02 [B1] 셀에 제목 문자열을 입력으로 〈보기 1 작성조건〉에서 〈자료 입력〉에 주어진 기본 데이터를 입력한다. 한 셀에 2줄 이상의 텍스트 입력은 Alt+Enter↵ 키를 이용하면 된다.

03 제목과 '전체', '계산식 근거 :' 레이블은 각각 범위로 지정하고, [홈] 탭 - [맞춤] 그룹 - [병합하고 가운데 맞춤] 버튼을 클릭하여 셀 병합을 한다.

	A	B	C	D	E	F	G	H	I	J
1					중고품 매입 명세서					
2									2010-03-15	
3		구분	제품명	원가	매입일	매입 일수	구입가격	세액	판매액	
4										
5		가구	책상	153000	2010-01-02					
6		가전제품	냉장고	987000	2009-06-05					
7		가전제품	에어컨	872000	2009-08-16					
8		가전제품	청소기	214000	2010-02-18					
9		가전제품	TV	840000	2009-07-17					
10		가구	옷장	760000	2009-10-06					
11		가전제품	김치냉장고	864000	2009-09-14					
12		가구	서랍장	367000	2010-02-06					
13		가구	화장대	290000	2010-01-28					
14										
15			전체		합계					
16					평균					
17										
18		계산식 근거 :								
19		계산식 근거 :								
20										

2 괘선 긋기와 문자 셀 서식 설정

01 [B3:I3], [B5:I13], [B15:I16], [B18:I19]을 범위로 지정하고, [홈] 탭 - [글꼴] 그룹 - [테두리]에서 [모든 테두리]를 선택한다.

02 A열과 1행의 교점 즉 전체 선택 단추를 클릭하거나 Ctrl+A 키를 눌러 워크시트 전체를 선택하고 [가운데 맞춤]과 [텍스트 가운데 맞춤]을 선택한다.

03 제목 문자열은 '돋움' 20포인트로 조정한다.

04 [I2]셀은 [오른쪽 맞춤]을 선택한다.

	A	B	C	D	E	F	G	H	I	J
1					중고품 매입 명세서					
2									2010-03-15	
3		구분	제품명	원가	매입일	매입 일수	구입가격	세액	판매액	
4										
5		가구	책상	153000	2010-01-02					
6		가전제품	냉장고	987000	2009-06-05					
7		가전제품	에어컨	872000	2009-08-16					
8		가전제품	청소기	214000	2010-02-18					
9		가전제품	TV	840000	2009-07-17					
10		가구	옷장	760000	2009-10-06					
11		가전제품	김치냉장고	864000	2009-09-14					
12		가구	서랍장	367000	2010-02-06					
13		가구	화장대	290000	2010-01-28					
14										
15			전체		합계					
16					평균					
17										
18		계산식 근거 :								
19		계산식 근거 :								
20										

3 수식 입력

01 매입 일수 : [F5]셀에 '=$I$2-E5+1' 수식 입력 후 [F13] 셀까지 채우기 핸들을 이용하여 복사한다.(I2는 F4를 클릭하여 절대 참조($I$4)로 변경한다.)

02 구입 가격 : '=IF(F5〉=200, D5*0.2, IF(F5〉=100, D5*0.3, D5*0.6))' 수식 입력 후 [F13] 셀까지 채우기 핸들을 이용하여 복사한다.

03 세액 : '=IF(B5="가전제품", G5*0.35, G5*0.2)' 수식 입력 후 [F13] 셀까지 채우기 핸들을 이용하여 복사한다.

04 판매액 : 구입가격과 세액을 구하고 백단위 '내림' 함수는 ROUNDDOWN 함수를 사용하고 반대로 '올림'은 ROUNDUP 함수를 사용한다.(2번 인수 num_digits에는 백단위에서 내림으로 소수점 왼쪽 세 번째 자리를 뜻하는 -3이 입력된다.) 함수마법사를 이용하여 구하면 '=ROUND DOWN(G5+H5, -3)' 수식이 입력되고, [F13] 셀까지 채우기 핸들을 이용하여 복사한다.

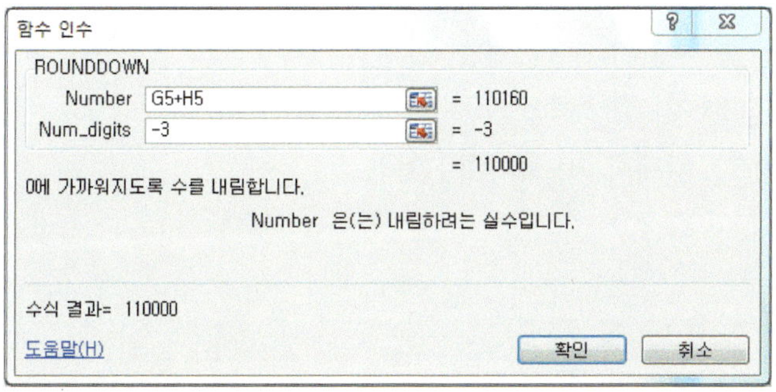

05 합계 : [자동 합계] 이용해 '=SUM(F5:F13)'을 구하고, [I15] 셀까지 채우기 핸들을 이용해 복사한다.

06 평균 : [자동 합계] 이용해 '=AVERAGE(F5:F13)'을 구하고, [I16] 셀까지 채우기 핸들을 이용해 복사한다.

07 계산식 근거 : 셀 [G5]를 클릭한 후 수식 입력 줄에 있는 수식 전체를 복사하고, Esc 키를 클릭하여 복사 영역을 해제시키고 계산식 근거를 붙여 넣고자 하는 [D18] 셀을 클릭한 후 '(Apostrophe)'를 붙이고 수식을 붙여넣기 한다. 두 번째 계산식 근거도 동일한 방법으로 해결한다. 두 번째 계산식 근거도 동일한 방법으로 해결한다.

중고품 매입 명세서

2010-03-15

구분	제품명	원가	매입일	매입 일수	구입가격	세액	판매액
가구	책상	153,000	2010-01-02	73	91,800	18,360	110,000
가전제품	냉장고	987,000	2009-06-05	284	197,400	69,090	266,000
가전제품	에어컨	872,000	2009-08-16	212	174,400	61,040	235,000
가전제품	청소기	214,000	2010-02-18	26	128,400	44,940	173,000
가전제품	TV	840,000	2009-07-17	242	168,000	58,800	226,000
가구	옷장	760,000	2009-10-06	161	228,000	45,600	273,000
가전제품	김치냉장고	864,000	2009-09-14	183	259,200	90,720	349,000
가구	서랍장	367,000	2010-02-06	38	220,200	44,040	264,000
가구	화장대	290,000	2010-01-28	47	174,000	34,800	208,000
전체			합계	1,266	1,641,400	467,390	2,104,000
			평균	141	182,378	51,932	233,778

계산식 근거 :	=IF(F5>=200,D5*0.2,IF(F5>=100,D5*0.3,D5*0.6))
계산식 근거 :	=ROUNDDOWN(G5+H5,-3)

4 수치 셀 유형

01 Ctrl 키를 누른 채 복수의 수치 셀을 선택한다. 마우스 우측버튼을 클릭하여 [셀 서식] - [표시 형식] 탭 - [숫자] 범주에서 '1000 단위 구분 기호(,) 사용(U)' 체크 박스를 선택하고 '소수 자릿수(D)'는 그대로 '0'을 선택한다.

02 [홈] 탭 - [맞춤] 그룹 - [텍스트 오른쪽 맞춤]을 선택한다.

중고품 매입 명세서

2010-03-15

구분	제품명	원가	매입일	매입 일수	구입가격	세액	판매액
가구	책상	153,000	2010-01-02	73	91,800	18,360	110,000
가전제품	냉장고	987,000	2009-06-05	284	197,400	69,090	266,000
가전제품	에어컨	872,000	2009-08-16	212	174,400	61,040	235,000
가전제품	청소기	214,000	2010-02-18	26	128,400	44,940	173,000
가전제품	TV	840,000	2009-07-17	242	168,000	58,800	226,000
가구	옷장	760,000	2009-10-06	161	228,000	45,600	273,000
가전제품	김치냉장고	864,000	2009-09-14	183	259,200	90,720	349,000
가구	서랍장	367,000	2010-02-06	38	220,200	44,040	264,000
가구	화장대	290,000	2010-01-28	47	174,000	34,800	208,000
전체			합계	1,266	1,641,400	467,390	2,104,000
			평균	141	182,378	51,932	233,778

계산식 근거 :	=IF(F5>=200,D5*0.2,IF(F5>=100,D5*0.3,D5*0.6))
계산식 근거 :	=ROUNDDOWN(G5+H5,-3)

연습문제

[1] 다음의 워크시트를 작성한 다음 ①~⑨를 함수를 이용하여 구하시오.

Book1

	A	B	C	D	E	F	G	H	I	J
1	이름	근무지	지원부문	새주민번호	성별	근무경력 (단위:년)	등급	연구점수	주민번호	나이
2	이나래	경기	시	①	②	6	1	③	750204-2678951	④
3	금칠원	서울	소설	①	②	13	2	③	721212-1234567	④
4	우소현	인천	소설	①	②	24	3	③	650807-2456789	④
5	나문희	경남	시	①	②	12	2	③	660207-3546798	④
6	김영옥	전북	소설	①	②	15	1	③	700101-1236987	④
7	서현선	서울	수필	①	②	20	2	③	560204-1234567	④
8	유미나	강원	시	①	②	18	1	③	610912-2478954	④
9	이현수	충남	소설	①	②	3	3	③	810206-2345781	④
10	시효진	경기	수필	①	②	1	2	③	890706-2453195	④
11	주현미	대구	수필	①	②	14	3	③	680720-2314567	④
12										
13	수상자의 평균 근무경력			⑤		1등급 인원수		⑦		
14	최장 근무경력			⑥		2등급 인원수		⑧		
15						3등급 인원수		⑨		
16										

Sheet1 / Sheet2 / Sheet3

① REPLACE 함수를 이용하여 '새주민번호'의 뒤 7자리는 '*'로 나타내어라.

② IF 함수와 MID 함수를 이용하여 성별을 나타내어라.

③ IF 함수를 이용하여 연구점수를 구하여라.
(등급이 1이면 1점, 2이면 0.5점, 3이면 0.25점)

④ 현재의 나이를 구하시오.
=YEAR(TODAY())-(1900+LEFT(I2,2))
즉 오늘 날짜의 년도 즉 2006에서 생년(1900+주민등록번호의 왼쪽 두 자리)을 뺀 값이 나이가 된다. 식의 제일 앞과 뒤에 &을 이용하여 문자를 붙여준다.

⑤ AVERAGE 함수를 이용하여 '수상자의 평균 근무경력'을 소수점 이하 한자리까지 구한다.

⑥ MAX 함수를 이용하여 최장 근무경력을 구한다.

⑦, ⑧, ⑨ COUNTIF 함수를 이용하여 등급별 인원수를 구한다.
(⑦을 구한 다음 자동 채우기를 하면 안 되고 각각 구해야 한다)

❑ 시트가 완성되면 아래와 같이 서식을 적용하시오.

- A1:J1 영역을 밝은 옥색, D13 : D14 영역을 노랑, H13 : H15 영역을 회색-40%로 채우시오.
- A1:J1 영역은 글자가 정 가운데로 오게 하시오.
- 괘선을 화면에 보이는 것처럼 적용하시오.

Book1

	A	B	C	D	E	F	G	H	I	J
1	이름	근무지	지원부문	새주민번호	성별	근무경력 (단위:년)	등급	연구점수	주민번호	나이
2	이나래	경기	시	750204-*******	여	6	1	2점	750204-2678951	만31세
3	금칠원	서울	소설	721212-*******	남	13	2	0.5점	721212-1234567	만34세
4	우소현	인천	소설	650807-*******	여	24	3	0.25점	650807-2456789	만41세
5	나문희	경남	시	660207-*******	여	12	2	0.5점	660207-3546798	만40세
6	김영옥	전북	소설	700101-*******	남	15	1	2점	700101-1236987	만36세
7	서현선	서울	수필	560204-*******	남	20	2	0.5점	560204-1234567	만50세
8	유미나	강원	시	610912-*******	여	18	1	2점	610912-2478954	만45세
9	이현수	충남	소설	810206-*******	여	3	3	0.25점	810206-2345781	만25세
10	시효진	경기	수필	890706-*******	여	1	2	0.5점	890706-2453195	만17세
11	주현미	대구	수필	680720-*******	여	14	3	0.25점	680720-2314567	만38세
12										
13	수상자의 평균 근무경력			12.6명		1등급 인원수		3명		
14	최장 근무경력			24년		2등급 인원수		4명		
15						3등급 인원수		3명		

Sheet1 / Sheet2 / Sheet3

[2] 다음의 워크시트를 작성한 다음 ①~④를 함수를 이용하여 구하시오.

Book1

	A	B	C	D	E	F	G	H	I
1									
2	업종구분	상장일	종목명	총매출	원자재 가격	순이익	원자재 비율	원자재비용 증감액	비고
3	유통업	1988-05-01	대구마트	958	133	825	13.0%	①	②
4	화학	1985-05-04	한국우유	778	600	178	-0.7%	①	②
5	1차금속	1990-03-01	현대금속	635	185	450	4.3%	①	②
6	1차금속	1997-03-07	세아제강	339	114	225	2.3%	①	②
7	유통업	1987-12-10	대구제약	169	39	130	-9.3%	①	②
8	1차금속	2000-02-06	연합철강	858	278	580	14.9%	①	②
9	통신장비	2005-04-05	서울식품	195	108	87	5.6%	①	②
10	통신장비	1999-06-06	삼영전자	117	50	67	17.1%	①	②
11	화학	2001-06-19	성보화학	144	58	86	26.5%	①	②
12									
13									
14	원자재 가격>=110이상 회사수			③					
15	1차금속 업종의 총매출 합계			④					

Sheet1 / Sheet2 / Sheet3

① 순이익*원자재비율로 구하시오

② IF, AND 함수를 이용하여 구하시오.

순이익이 500 이상이고 원자재비율이 20% 이하이면 "투자", 순이익이 100 이상이고 원자재비율이 10% 이하이면 "고려", 그렇지 않으면 "★"을 입력하시오.

=IF(AND(F3>=500,G3<=20%),"투자", IF(AND(F3>=100,G3<=10%), "고려", "★"))

③ COUNTIF 함수를 이용하여 구하시오.

④ SUMIF 함수를 이용하여 구하시오.

- '대구마트'에는 메모를 삽입하시오.('경기도 광주 지나 곤지암 요금소 부근')

- '원자재 가격', '순이익'은 ₩기호를 붙이시오.
- '상장일'은 한자로 표현을 하시오.
- 괘선은 화면과 같이 적용하고 D14:D15는 '황금색'으로 채우기를 하시오.
- '비고' 항목에서 '투자'로 입력된 곳에는 파랑으로 채우기, 글자색 하양, 기울임체를 적용하시오.

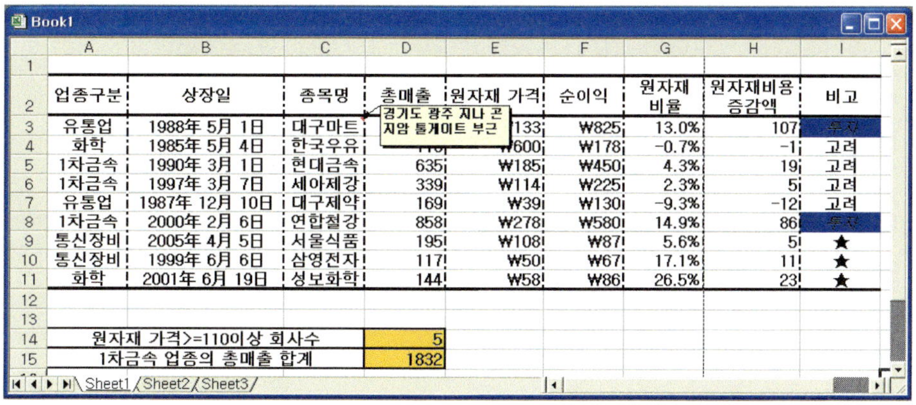

	A	B	C	D	E	F	G	H	I
1									
2	업종구분	상장일	종목명	총매출	원자재 가격	순이익	원자재 비율	원자재비용 증감액	비고
3	유통업	1988年 5月 1日	대구마트	[illegible]	133	₩825	13.0%	107	투자
4	화학	1985年 5月 4日	한국우유	[illegible]	₩600	₩178	-0.7%	-1	고려
5	1차금속	1990年 3月 1日	현대금속	635	₩185	₩450	4.3%	19	고려
6	1차금속	1997年 3月 7日	세아제강	339	₩114	₩225	2.3%	5	고려
7	유통업	1987年 12月 10日	대구제약	169	₩39	₩130	-9.3%	-12	고려
8	1차금속	2000年 2月 6日	연합철강	858	₩278	₩580	14.9%	86	투자
9	통신장비	2005年 4月 5日	서울식품	195	₩108	₩87	5.6%	5	★
10	통신장비	1999年 6月 6日	삼영전자	117	₩50	₩67	17.1%	11	★
11	화학	2001年 6月 19日	성보화학	144	₩58	₩86	26.5%	23	★
12									
13									
14	원자재 가격>=110이상 회사수			5					
15	1차금속 업종의 총매출 합계			1832					

[3] 다음의 워크시트를 작성한 다음 ①을 VLOOKUP 함수를 이용하여 구하시오.

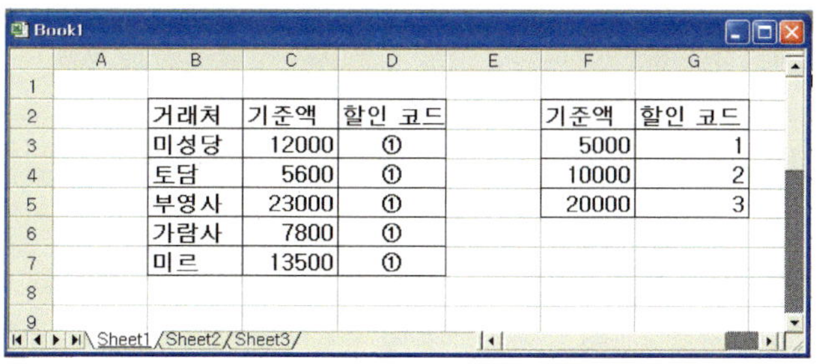

	A	B	C	D	E	F	G
1							
2		거래처	기준액	할인 코드		기준액	할인 코드
3		미성당	12000	①		5000	1
4		토담	5600	①		10000	2
5		부영사	23000	①		20000	3
6		가람사	7800	①			
7		미르	13500	①			
8							
9							

05 셀 서식

5.1 셀 서식 지정

셀 안에 들어가는 문자, 숫자들은 처음에는 맑은 고딕, 11pt로 설정이 되어 있고 화면상에는 셀에 테두리가 있는 것처럼 느껴지지만 실제로는 테두리(괘선)는 없다.

셀에 입력된 데이터는 리본 메뉴의 [홈] 탭 명령을 이용하여 글꼴, 맞춤, 표시 형식과 관련한 서식을 지정할 수 있다.

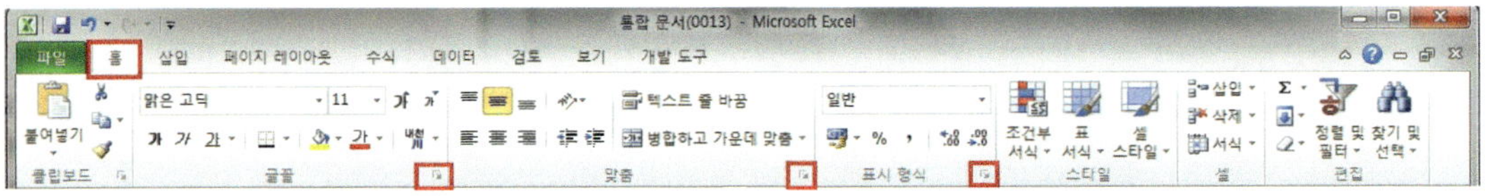

[홈] 탭에 나타나지 않는 셀 서식은 [글꼴], [맞춤], [표시 형식] 그룹에 있는 [셀 서식] 대화상자 표시를 클릭해 나타내야 한다. [셀 서식] 대화상자에서는 표시 형식, 맞춤, 글꼴, 테두리, 채우기, 보호 등 셀 서식과 관련된 모든 사항을 수정할 수 있다.

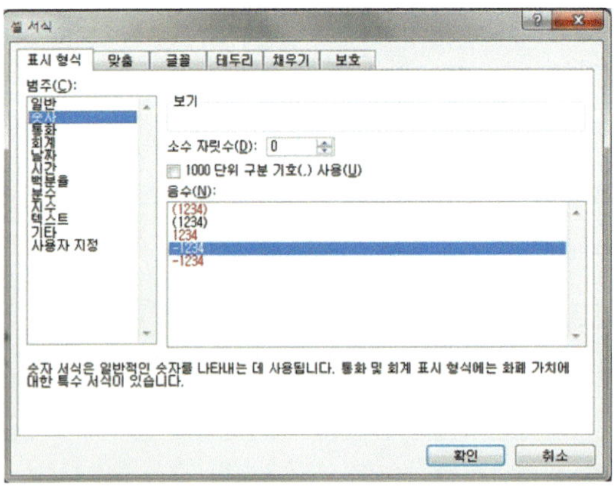

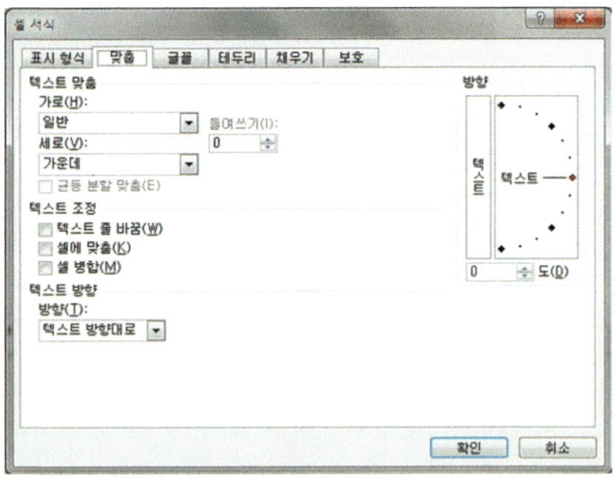

1 글꼴

[셀 서식] 대화상자의 [글꼴] 탭을 선택하여 글자체, 크기, 색등의 지정을 달리 한다. [홈] 탭-[글꼴] 그룹에서 지정한다.

2 테두리와 채우기

셀의 테두리와 셀 배경색은 [홈] 탭-[글꼴] 그룹-[테두리] 및 [채우기 색] 도구를 이용하여 지정한다.

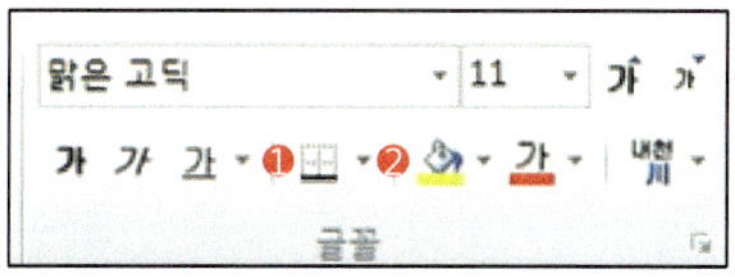

3 맞춤

[홈] 탭-[맞춤] 그룹에서 텍스트 맞춤, 방향, 내어쓰기/들여쓰기, 줄 바꿈, 병합 등의 맞춤 설정을 할 수 있다.

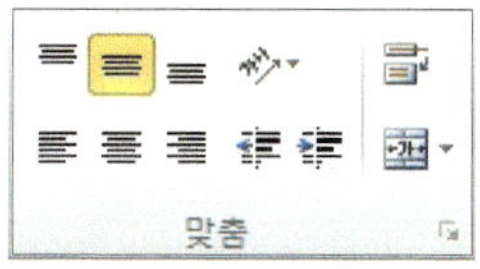

4 표시 형식

[홈] 탭-[표시 형식] 그룹에서 셀에 입력된 수치 데이터를 다양한 형태의 표시 형식으로 설정할 수 있다. 표시 형식은 셀 또는 셀 범위를 선택하고 [표시 형식] 그룹의 서식 관련 명령을 선택하거나 [셀 서식] 대화상자의 [표시 형식] 탭에서 설정한다.

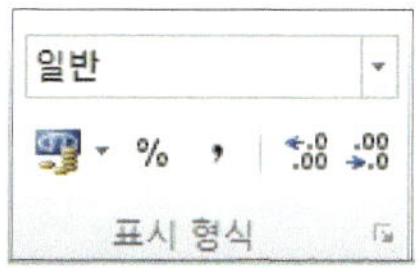

5 사용자 지정 형식

기존에 있는 형식뿐만 아니라 사용자가 직접 정의를 내려 다양한 형태로 사용자의 입맛에 딱 맞는 형식을 만드는 방법이다.

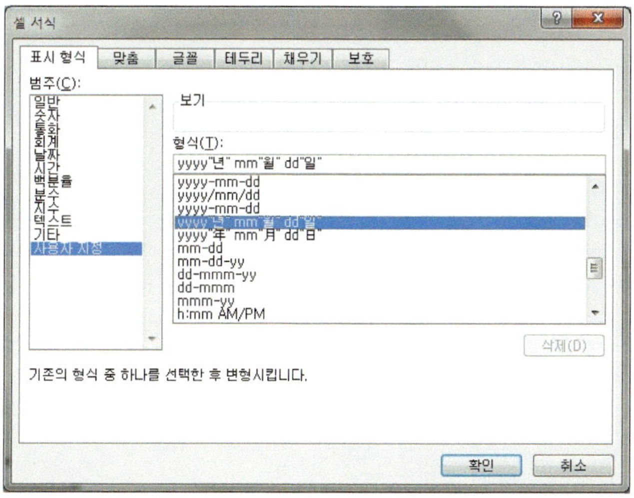

숫자 서식 코드	
#	하나의 자릿수를 의미하며 해당 자릿수에 숫자가 없으면 나타내지 않는다.
0	하나의 자릿수를 의미하며, 해당 자릿수에 숫자가 없으면 0을 자릿수만큼 표시한다.
?	비어있는 자릿수를 공백으로 나타내고, 숫자 사이에 있을 때는 0으로 나타낸다.
,	천 단위 구분자로 (,)를 삽입한다.
%	입력된 숫자에 100을 곱한 후 "%" 기호를 붙인다.
날짜서식 코드	
yy	연도에서 오른쪽 끝 두 자리만 표시한다.
yyyy	연도를 4자리 모두 표시한다.
m	월 단위를 1~12로 표시한다.
mm	월 단위를 01~12로 표시한다.
mmm	월 단위를 Jan~Dec로 표시한다.
mmmm	월 단위를 January~December로 표시한다.
d	일 단위를 1~31로 표시한다.
dd	일 단위를 01~31로 표시한다.
ddd	일 단위를 Sun~Sat로 표시한다.
dddd	일 단위를 Sunday~Saturday로 표시한다.
aaa	요일 단위를 일~토로 표시한다.
aaaa	요일 단위를 일요일~토요일로 표시한다.
텍스트 서식	
@	텍스트 데이터가 표시될 위치를 나타낸 것으로 입력된 텍스트와 함께 특정 텍스트를 항상 나타낼 때 사용한다.
*	특정 텍스트를 반복하여 열의 너비만큼 채우고자 할 때 사용한다.

5.2 셀 스타일

셀 스타일은 미리 정의된 셀 스타일을 선택하여 셀 서식을 빠르게 지정할 수 있는 기능으로 글꼴, 글자 속성, 셀 배경색, 무늬, 서식, 숫자 형식 등을 지정할 수 있는 다양한 셀 스타일 갤러리가 제공된다.

셀 스타일을 적용하려면 적용하려는 셀 범위를 지정하고 [홈] 탭-[스타일] 그룹-[셀 스타일] 클릭해 원하는 서식을 선택하면 된다.

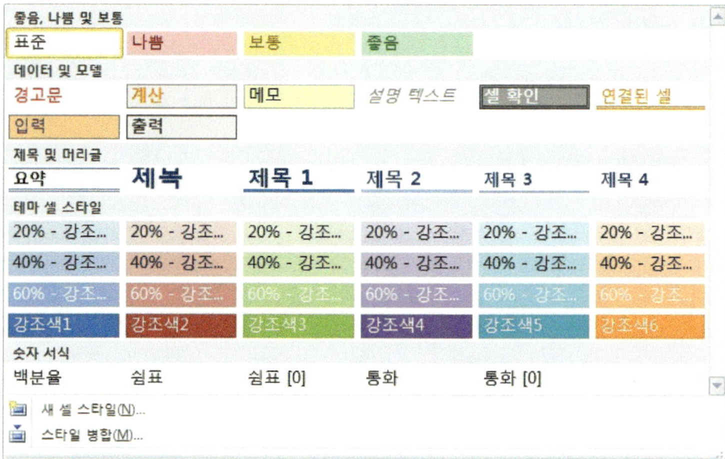

5.3 조건부 서식

조건부 서식이란 일괄적으로 셀에 서식을 주는 것이 아니라 특정 조건을 만족하는 셀 혹은 행에만 달리 서식을 적용하는 기능이다.

조건부 서식은 먼저 조건을 적용할 셀 범위를 선택한 후 [홈] 탭-[스타일] 그룹-[조건부 서식] 확장 단추를 클릭하여 나오는 [셀 강조 규칙], [상위/하위 규칙], [데이터 막대], [색조], [아이콘 집합] 등을 선택하여 다양한 서식과 조건을 만들 수 있다.

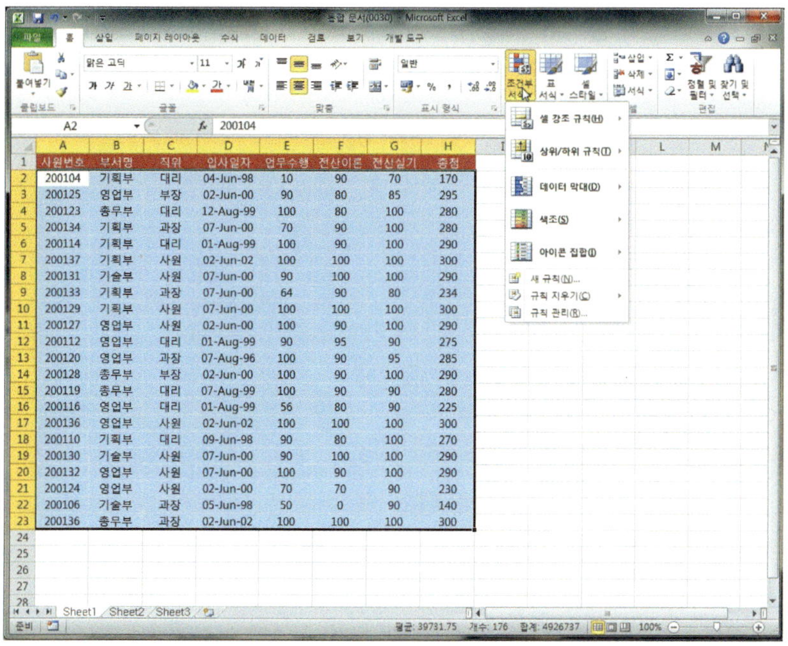

1 특정 셀에만 서식 적용하기

다음 화면의 내용에서 입력한 점수가 80이상인 셀에만 서식을 달리 적용해 보자.

01 C3:E6을 선택하여 메뉴 표시 줄의 [홈] 탭 - [스타일] 그룹 - [조건부 서식]에서 [셀 강조 규칙] - [보다 큼]을 선택한다.

	A	B	C	D	E
1					
2		이름	수학 I	수학 II	영어
3		고아라	85	75	95
4		조하나	75	85	86
5		김새롬	70	80	92
6		공버들	80	87	90
7					

02 [보다 큼] 대화상자에서 조건과 적용할 서식을 입력한 후 〈확인〉 단추를 클릭한다.

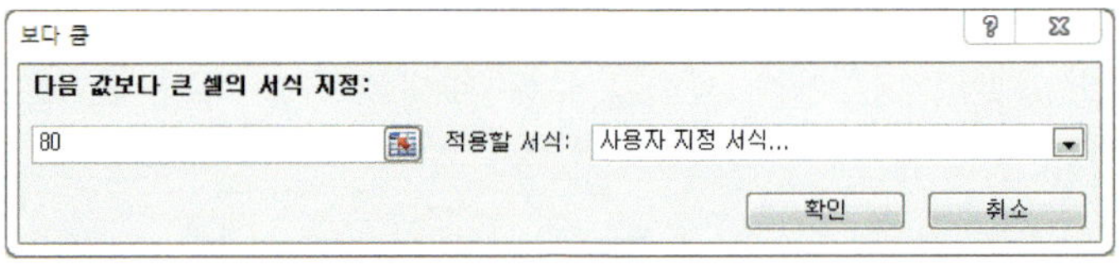

03 적용할 서식 목록 중에 [사용자 지정 서식]을 선택하고 [셀 서식] 대화상자가 나오면 [글꼴] 탭에서는 다음과 같이 글자색(빨강)과, 굵게 등을 적용한다. 또한 [채우기] 탭에서는 '노랑'을 적용한다.

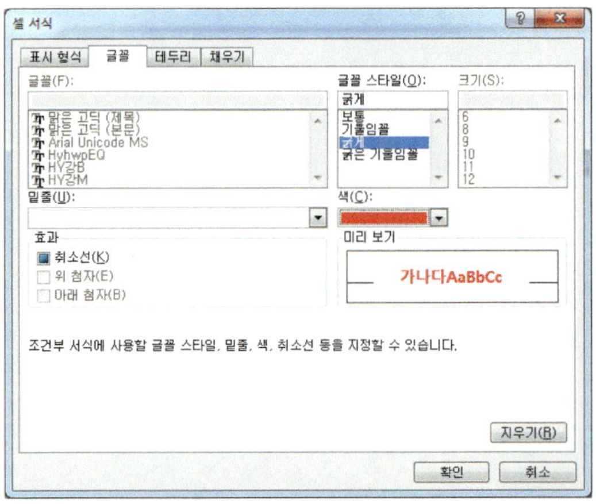

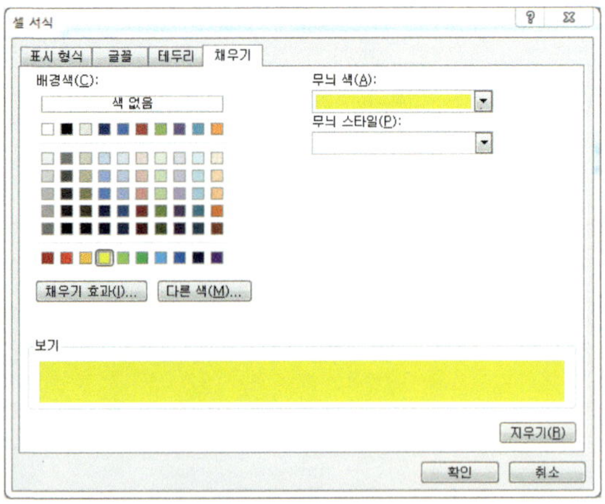

04 점수가 80이상인 셀만 지정한 서식이 적용된다.

	A	B	C	D	E	F
1						
2		이름	수학 I	수학 II	영어	
3		고아라	85	75	95	
4		조하나	75	85	86	
5		김새롬	70	80	92	
6		공버들	80	87	90	
7						

2 특정 행에만 서식 적용하기

수학점수가 80점 이상인 행 전체에 조건부 서식을 적용한다.(빨강 글꼴, 노란색 음영)

01 B3:E6을 셀 범위로 지정한다.

02 [홈] 탭 - [스타일] 그룹 - [조건부 서식]에서 [새 규칙]을 선택한다.

03 새 서식 규칙 대화상자에서 '수식을 사용하여 서식을 지정할 셀 결정'을 선택한다.

04 수식은 수학 점수가 80점 이상(=$C3>=80)을 입력하고, 서식을 선택하여 글꼴은 '빨강', 채우기는 '노랑'을 선택한다.

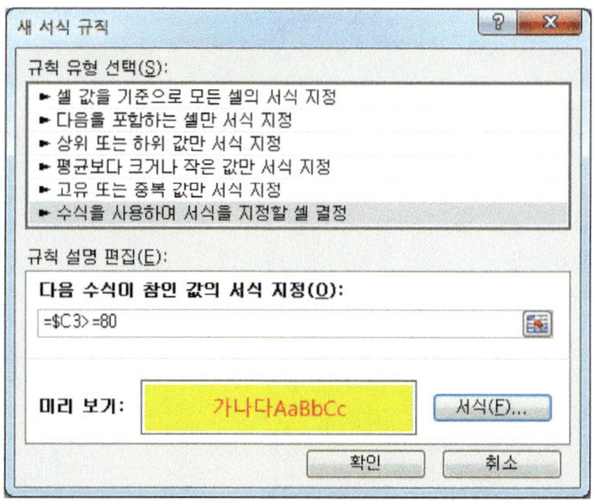

05 결과는 아래와 같다.

	A	B	C	D	E	F
1						
2		이름	수학 I	수학 II	영어	
3		고아라	85	75	95	
4		조하나	75	85	86	
5		김새롬	70	80	92	
6		공버들	80	87	90	
7						

3 행 전체에 조건부 서식을 적용하기

세 과목 모두 80점 이상인 학생만 행 전체에 조건부 서식을 적용한다.

01 B3:E6을 셀 범위로 지정한다.

02 [홈] 탭 – [스타일] 그룹 – [조건부 서식]에서 [새 규칙]을 선택한다.

03 새 서식 규칙 대화상자에서 '수식을 사용하여 서식을 지정할 셀 결정'을 선택한다.

04 수식은 수학 I, II와 영어 점수 모두가 80점 이상(=AND($C3>=80, $D3>=80, $E>=80))을 입력하고, 서식을 선택하여 글꼴은 '빨강', 채우기는 '노랑'을 선택한다.

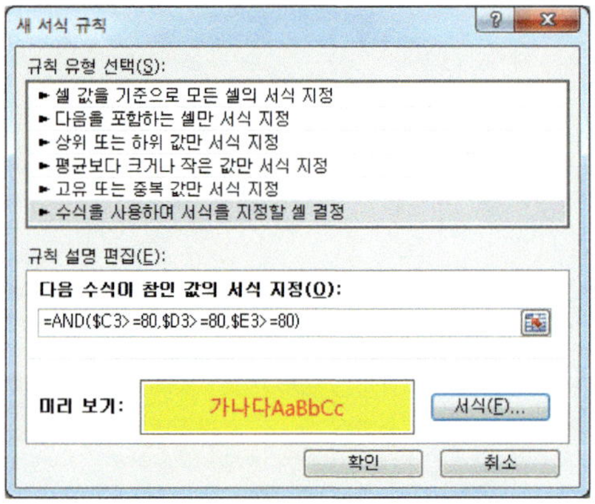

05 결과는 아래와 같다. 세 과목 중 한 과목 이상이 80점 이상인 행 전체에 조건부 서식을 행하려면 AND 대신 OR를 쓰면 된다.

	A	B	C	D	E	F
1						
2		이름	수학 I	수학 II	영어	
3		고아라	85	75	95	
4		조하나	75	85	86	
5		김새롬	70	80	92	
6		공버들	80	87	90	
7						

Tip

□ AND와 OR은 논리곱(AND), 논리합(OR)의 의미이며 여러 조건을 모두 만족해야만 그 결과가 참이 되는 AND, 여러 조건 중 조건 한 개만 만족해도 그 결과가 참이 되는 OR의 의미를 확실히 파악해 놓아야만 함수식 중에서도 IF문을 제대로 쓸 수 있다. 실제로 자격증 지도를 해 보면 학생들이 가장 어려워하는 함수가 IF이며, IF문에서 AND와 OR의 개념 때문에 헤매는 경우가 빈번하기 때문이다.

보 기

	A	B	C	D	E	F	G
1	농가판매가격지수 현황						
2							(기준:2000년)
3	연 도	곡 물	청 과 물	축 산 물	기 타	평균과 차	비 고
4	1992년	77.2	92.4	**93.2**	**87.9**	①	②
5	1993년	78.1	92.3	**89.4**	**97.0**	①	②
6	1994년	84.9	******** 107.8	**92.9**	100.0	①	②
7	1995년	90.1	******** 114.1	**99.4**	105.0	①	②
8	1996년	97.8	******** 118.6	**98.3**	107.1	①	②
9	1997년	******** 100.6	******** 124.6	**86.6**	109.1	①	②
10	1998년	97.1	******** 122.7	**79.3**	108.9	①	②
11	1999년	******** 100.3	******** 111.4	**95.1**	108.3	①	②
12	2000년	******** 100.0	******** 100.0	100.0	100.0	①	②
13	2001년	******** 102.2	******** 108.7	118.8	**99.8**	①	②
14	2002년	******** 100.9	******** 117.8	131.2	100.5	①	②
15	2003년	******** 119.3	******** 134.0	137.8	104.0	①	②
16	2004년	******** 124.2	******** 115.8	146.5	108.1	①	②
17	2005년	******** 107.3	99.7	157.6	109.8	①	②
18	2006년	******** 108.1	******** 111.4	146.1	122.3	①	②
19	2007년	******** 110.2	******** 118.4	138.0	123.9	①	②
20							

처리사항

배점 : 1번(2점), 2번(3점), 3번(2점), 4번(3점), 5번(6점), 6번(3점), 7번(9점)

※ **농가판매 시트에 1번부터 7번까지 작성하시오.**

1. 표(**A3~G19**셀) 안의 글꼴은 굴림체, 글꼴 크기는 10으로 지정하시오.
2. **A3~G3**셀은 가로 균등 분할(들여쓰기) 맞춤으로 지정하고, **A4~A19**셀, **G4~G19**셀은 가로 가운데 맞춤으로 지정하시오.
3. **A**열의 열 너비는 9, **B~E**열의 열 너비는 10으로 지정하시오.
4. **A3~G3**셀의 글꼴 스타일은 굵게 지정하시오.
5. **B4~C19**셀의 수치는 사용자 지정 표시형식을 이용하여 소수 첫째 자리까지 나타나고, 100 이상인 경우 수치 앞에 빈 열 폭 만큼 '*'이 나타나도록 지정하고, **D4~E19**셀의 수치는 숫자 표시형식을 이용하여 소수 첫째 자리까지 나타나고, 음수인 경우 빨강색으로 (1234.0)로 나타나도록 지정하시오.
6. **D4~E19**셀의 수치는 조건부 서식을 이용하여 100 미만인 경우 글꼴 스타일이 굵게 나타나도록 지정하시오. (단, 수식을 이용하여 입력 시 감점)
7. 표(**A3~G19**셀) 윤곽선은 이중선, 표 안쪽 세로선은 실선, **A3~G3**셀의 아래 선은 이중선이 나타나도록 작성하시오.

[답안 따라하기]

01 글꼴 서식 맞춤 및 열 너비 변경하기

1 글꼴 지정(배점 2점)

01 셀의 글꼴을 수정하기 위해 [A3:G19] 셀을 블록 지정한 후, [홈] 탭 - [글꼴] 그룹에서 글꼴은 '굴림체', 글꼴 크기는 '10'으로 지정한다.

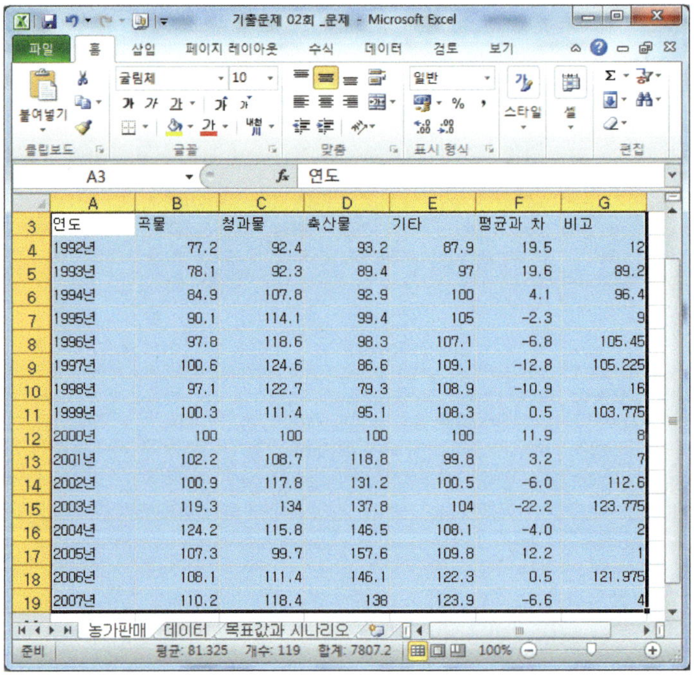

2 맞춤 지정(배점 3점)

01 [A3:A19] 셀까지 블록 지정된 상태에서 [홈] 탭 - [맞춤] 그룹 - [자세히] 단추를 클릭하면 [셀 서식] 대화 상자가 나타난다.

02 [셀 서식] 대화 상자의 [맞춤] 탭에서 텍스트 맞춤을 가로에 '균등 분할(들여쓰기)'를 지정한다.

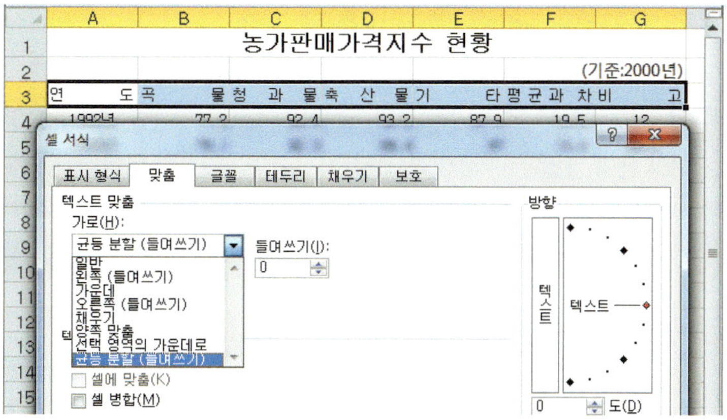

03 계속해서 [A4:A19] 셀을 블록 지정한 후, Ctrl 키를 누른 채 [G4:G19] 까지 블록 지정하고 [홈] 탭 - [맞춤] 그룹 - [가운데 맞춤]을 클릭한다.

3 열 너비 지정(배점 2점)

01 [A] 열의 너비를 변경하기 위해 [A] 열 머리글을 클릭하고 [A] 열 전체를 선택한 후, [홈] 탭 - [서식] 그룹 - [열 너비]를 선택한다.

02 [열 너비] 대화 상자가 나타나면 열 너비를 “9”라고 입력하고 [확인] 단추를 클릭한다.

03 위와 같은 방법으로 [B] 열에서 부터 [E] 열까지 블록 지정한 후, [홈] 탭 - [서식] 그룹 - [열 너비]를 선택한다. [열 너비] 대화 상자가 나타나면 열 너비를 “10”이라고 입력하고 [확인] 단추를 클릭한다.

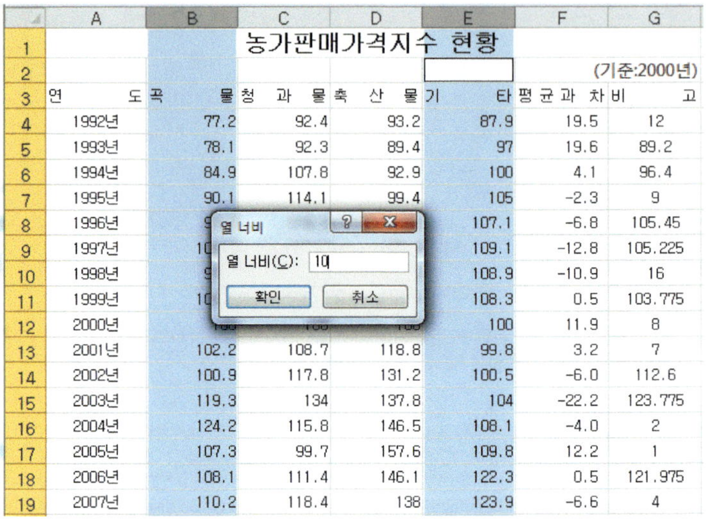

4 글 서식 지정(배점 3점)

01 글꼴 스타일을 지정하기 위해 먼저 [A3:G3] 셀까지 블록 지정하고 [홈] 탭 - [글꼴] 그룹 - [굵게]를 클릭한다.

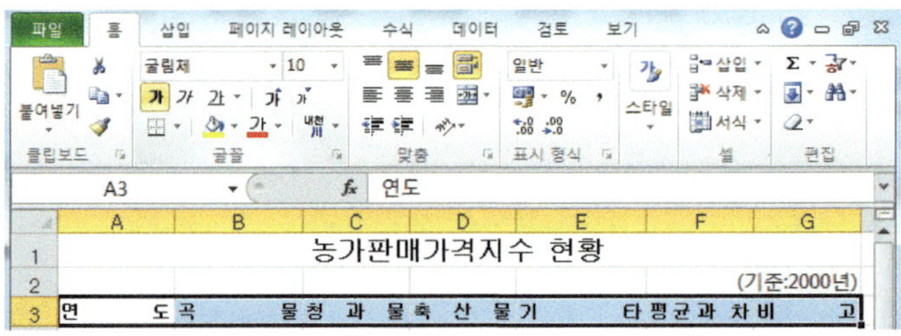

02 사용자 표시 형식 지정하기

5 표시 형식 지정(배점 6점)

01 [B4:E19] 셀을 블록 지정하고 [홈] 탭 - [표시 형식] 그룹 - [자세히]를 클릭하면 [셀 서식] 대화 상자가 나타난다. [표시 형식] 탭에서 범주를 ‘사용자 지정’으로, 형식 입력란에 “[>=100]**0.0;0.0”을 입력하고 [확인] 단추를 클릭한다.

	A	B	C	D	E	F	G
1	농가판매가격지수 현황						
2							(기준:2000년)
3	연도	곡물	청과물	축산물	기타	평균과차	비고
4	1992년	77.2	92.4	93.2	87.9	19.5	12
5	1993년	78.1	92.3	89.4	97	19.6	89.2
6	1994년	84.9	********107.8	92.9	100	4.1	96.4
7	1995년	90.1	********114.1	99.4	105	-2.3	9
8	1996년	97.8	********118.6	98.3	107.1	-6.8	105.45
9	1997년	********100.6	********124.6	86.6	109.1	-12.8	105.225
10	1998년	97.1	********122.7	79.3	108.9	-10.9	16
11	1999년	********100.3	********111.4	95.1	108.3	0.5	103.775
12	2000년	********100.0	********100.0	100	100	11.9	8
13	2001년	********102.2	********108.7	118.8	99.8	3.2	7
14	2002년	********100.9	********117.8	131.2	100.5	-6	112.6
15	2003년	********119.3	********134.0	137.8	104	-22.2	123.775
16	2004년	********124.2	********115.8	146.5	108.1	-4	2
17	2005년	********107.3	99.7	157.6	109.8	12.2	1
18	2006년	********108.1	********111.4	146.1	122.3	0.5	121.975
19	2007년	********110.2	********118.4	138	123.9	-6.6	4

02 계속해서 [B4:E19] 셀까지 블록 지정하고 [홈] 탭 - [표시 형식] 그룹 - [자세히]를 클릭하면 [셀 서식] 대화 상자의 [표시 형식] 탭에서 범주를 '숫자'로, '1000 단위 구분 기호(,) 사용'에 체크 표시하고 '음수(123,4)'를 선택한 후, [확인] 단추를 클릭한다.

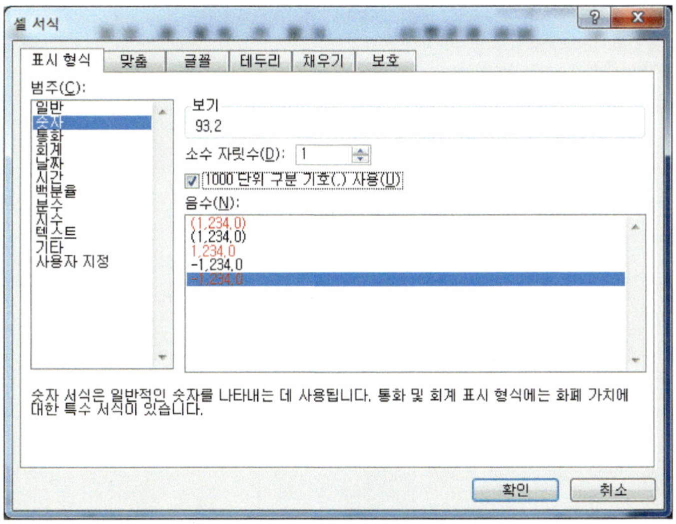

6 조건부 서식(배점 3점)

01 [D4:E19] 셀을 블록 지정하고 [홈] 탭 - [스타일] 그룹 - [조건부 서식] - [셀 강조 규칙] - [보다 작음]을 선택한다.

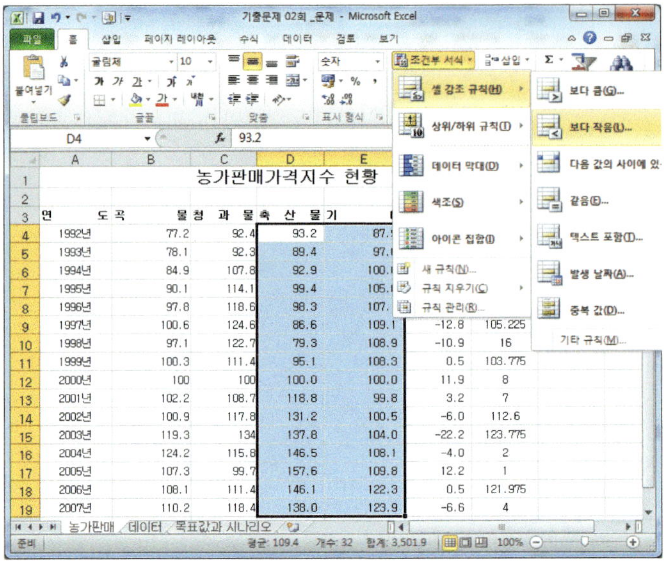

02 [보다 작음] 대화 상자에서 값 입력란에 "100"를 입력하고 적용할 서식에서 '사용자 지정 서식'을 선택하면 [셀 서식] 대화 상자가 나타난다.

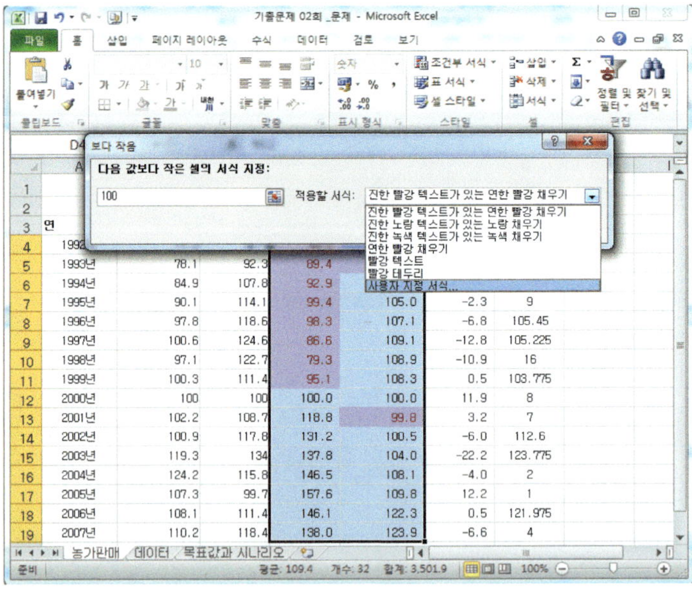

03 계속해서 [셀 서식] 대화 상자의 [글꼴] 탭에서 글꼴 스타일을 '굵게'를 지정하고 [확인] 단추를 클릭한다.

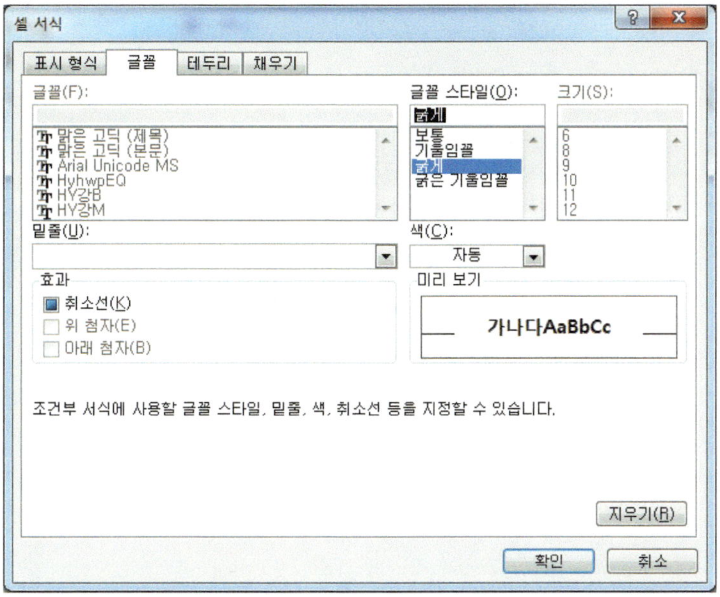

04 [보다 작음] 대화 상자가 다시 나타나면 [확인] 단추를 클릭한다.

	A	B	C	D	E	F	G
1	농가판매가격지수 현황						
2							(기준:2000년)
3	연도	곡물	청과물	축산물	기타	평균과 차	비고
4	1992년	77.2	92.4	**93.2**	**87.9**	19.5	12
5	1993년	78.1	92.3	**89.4**	**97.0**	19.6	89.2
6	1994년	84.9	********107.8	**92.9**	100.0	4.1	96.4
7	1995년	90.1	********114.1	**99.4**	105.0	-2.3	9
8	1996년	97.8	********118.6	**98.3**	107.1	-6.8	105.45
9	1997년	********100.6	********124.6	**86.6**	109.1	-12.8	105.225
10	1998년	97.1	********122.7	**79.3**	108.9	-10.9	16
11	1999년	********100.3	********111.4	**95.1**	108.3	0.5	103.775
12	2000년	********100.0	********100.0	100.0	100.0	11.9	8
13	2001년	********102.2	********108.7	118.8	**99.8**	3.2	7
14	2002년	********100.9	********117.8	131.2	100.5	-6	112.6
15	2003년	********119.3	********134.0	137.8	104.0	-22.2	123.775
16	2004년	********124.2	********115.8	146.5	108.1	-4	2
17	2005년	********107.3	99.7	157.6	109.8	12.2	1
18	2006년	********108.1	********111.4	146.1	122.3	0.5	121.975
19	2007년	********110.2	********118.4	138.0	123.9	-6.6	4

05 조건부 서식을 적용한 셀에 결과값을 확인할 수 있다.

7 테두리 지정(배점 9점)

01 셀에 윤곽선를 지정하기 위해 [A3:G19] 셀을 블록을 지정하고, Ctrl + 1 키를 눌러 [셀 서식] 대화 상자를 표시한다.

02 [테두리] 탭의 선 스타일에서 (이중선)을 선택하고 (윤곽선)을 클릭하여 표 바깥쪽 테두리에 윤곽선을 지정한다.

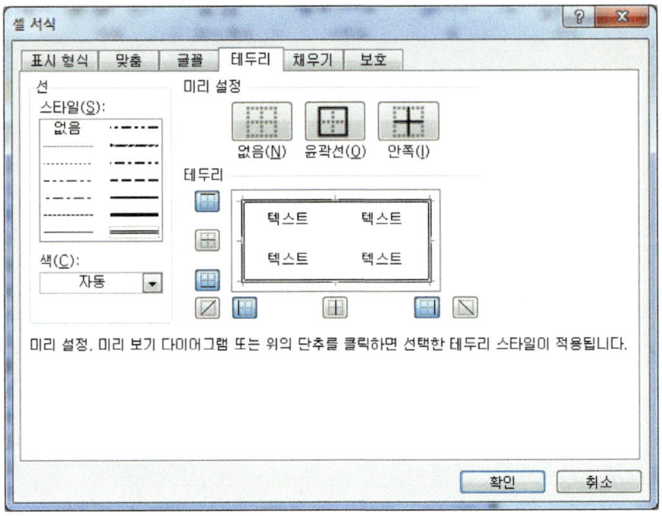

03 계속해서 표 안쪽에는 ——— (실선)을 선택하고 를 클릭한 후, [확인] 단추를 클릭한다.

04 [A3:G3] 셀을 블록 지정하고 Ctrl + 1 키를 눌러 [셀 서식] 대화 상자를 표시한다. [테두리] 탭의 선 스타일에서 (이중선)을 선택하고 를 클릭하여 [A3:G3] 셀의 아래 선에 이중선을 표시한다.

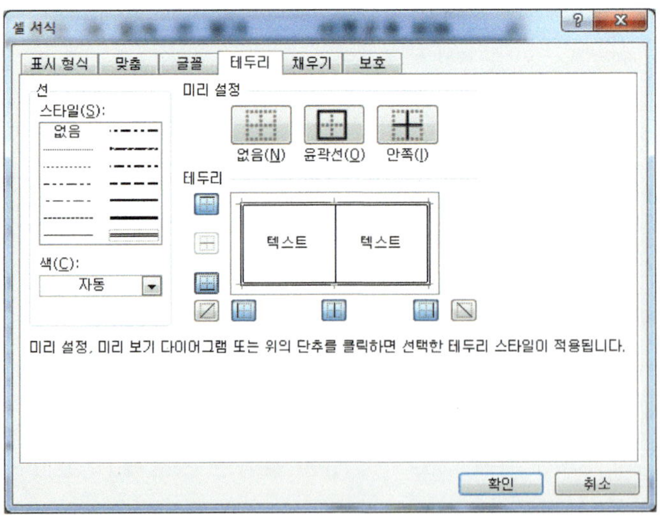

05. 윤곽선 지정 결과를 확인한다.

	A	B	C	D	E	F	G
1	농가판매가격지수 현황						
2							(기준:2000년)
3	연 도	곡 물	청 과 물	축 산 물	기 타	평균과 차	비 고
4	1992년	77.2	92.4	**93.2**	**87.9**	19.5	12
5	1993년	78.1	92.3	**89.4**	**97.0**	19.6	89.2
6	1994년	84.9	*********107.8	**92.9**	100.0	4.1	96.4
7	1995년	90.1	*********114.1	**99.4**	105.0	-2.3	9
8	1996년	97.8	*********118.6	**98.3**	107.1	-6.8	105.45
9	1997년	*********100.6	*********124.6	**86.6**	109.1	-12.8	105.225
10	1998년	97.1	*********122.7	**79.3**	108.9	-10.9	16
11	1999년	*********100.3	*********111.4	**95.1**	108.3	0.5	103.775
12	2000년	*********100.0	*********100.0	100.0	100.0	11.9	8
13	2001년	*********102.2	*********108.7	118.8	**99.8**	3.2	7
14	2002년	*********100.9	*********117.8	131.2	100.5	-6	112.6
15	2003년	*********119.3	*********134.0	137.8	104.0	-22.2	123.775
16	2004년	*********124.2	*********115.8	146.5	108.1	-4	2
17	2005년	*********107.3	99.7	157.6	109.8	12.2	1
18	2006년	*********108.1	*********111.4	146.1	122.3	0.5	121.975
19	2007년	*********110.2	*********118.4	138.0	123.9	-6.6	4

06 차트

차트는 데이터의 분석이나 비교 등을 위하여 2차원이나 3차원의 선, 막대, 원형으로 데이터를 쉽게 이해할 수 있도록 해 주는 기능이다. 엑셀에서는 전달하는 내용에 따라 가장 적합한 방식으로 데이터를 표시할 수 있도록 많은 종류의 차트를 지원한다.

6.1 차트의 구성 요소

차트를 완성한 후 포인터를 갖다 대면 현재의 위치에 해당되는 영역이름이 나타난다. 다음 그림은 2차원 세로막대 차트의 구성요소들이다.

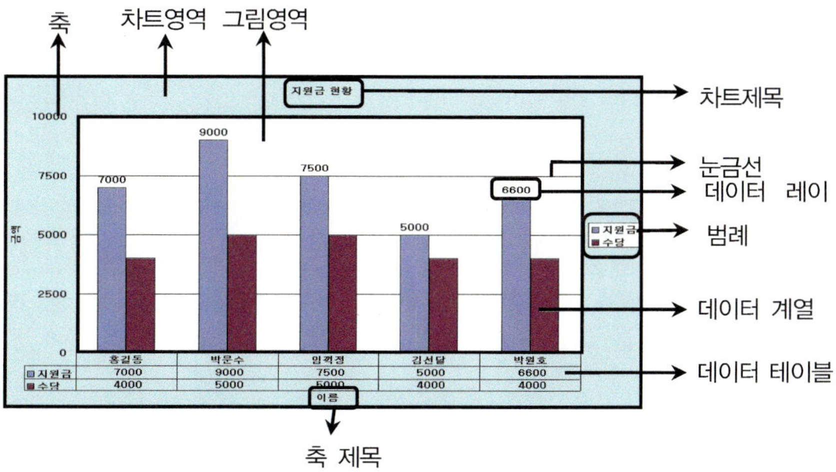

6.2 차트 만들기

엑셀에서는 세로 막대형, 꺾은선형, 원형, 가로 막대형, 영역형, 분산형, 주식형, 표면형, 도넛형, 거품형, 방사형 등으로 구분되는 총 73가지의 다양한 차트를 제공한다.

01 열 제목과 행 레이블을 포함하여 차트에 사용할 데이터를 선택한다.

02 [삽입] 탭-[차트] 그룹에서 차트 종류와 하위 차트 종류를 선택한다.

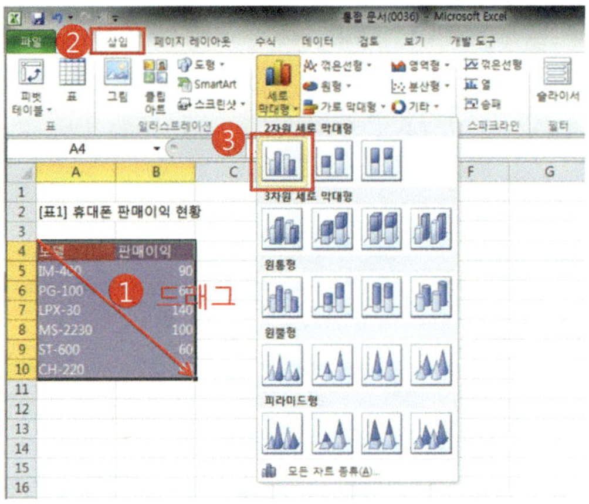

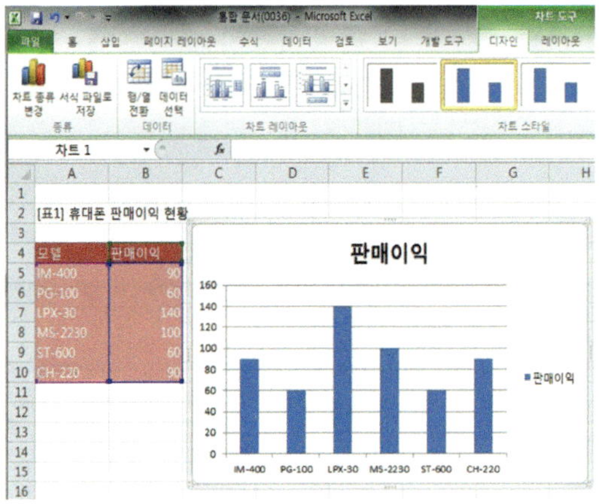

6.3 차트 수정하기

차트를 만들면 리본 메뉴에 [디자인], [레이아웃] 및 [서식] 탭이 있는 차트 도구가 추가되는데, 이 도구를 이용하여 차트를 편집할 수 있다.

- [디자인] 탭 : 차트 종류, 차트 레이아웃, 차트 스타일, 위치 등 설정
- [레이아웃] 탭 : 차트 구성 요소의 레이블, 축, 배경, 분석 등의 서식 설정
- [서식] 탭 : 데이터 계열, 차트 영역, 그림 영역 등의 채우기 색, 윤곽선, 3차원 효과 등 지정

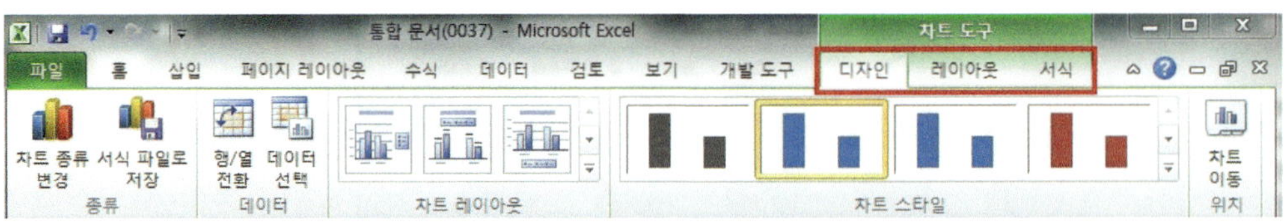

1 차트 종류 변경하기

01 전체 차트 종류를 변경하려면 차트 영역이나 그림 영역 클릭하고, 단일 데이터 계열의 차트 종류를 변경하려면 해당 데이터 계열을 클릭한다.

02 [차트 도구]-[디자인] 탭-[종류] 그룹-[차트 종류 변경] 클릭하거나, 마우스 오른쪽 버튼을 눌러 [차트 종류 변경] 선택하고 [차트 종류 변경] 대화상자에서 차트 종류, 하위 종류 차례로 선택한다.

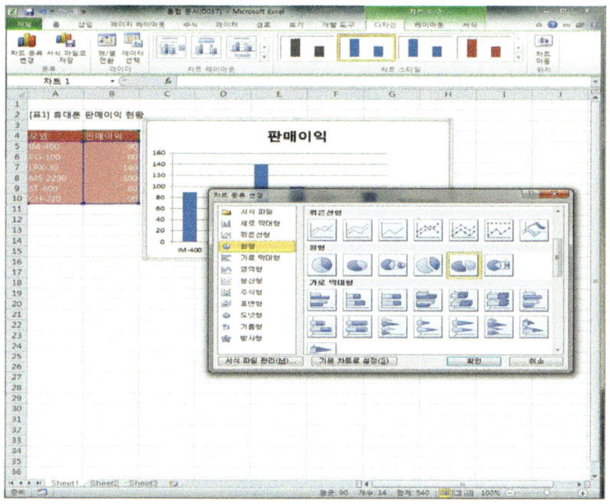

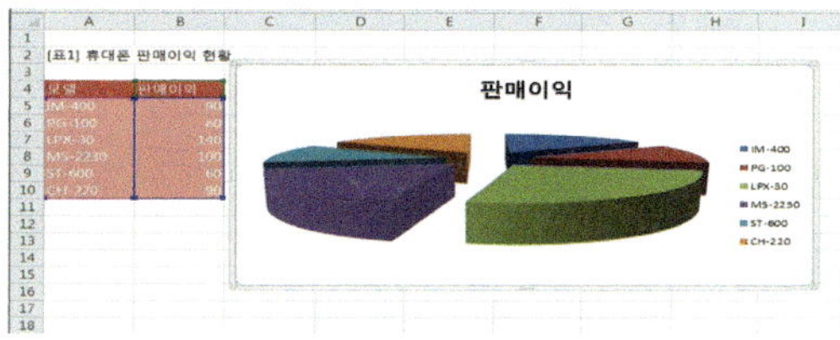

2 빠른 차트 스타일 적용하기

[차트 도구]-[디자인] 탭-[차트 스타일] 그룹에서 원하는 스타일을 선택한다. 모든 스타일 종류를 보려면 자세히를 클릭한다.

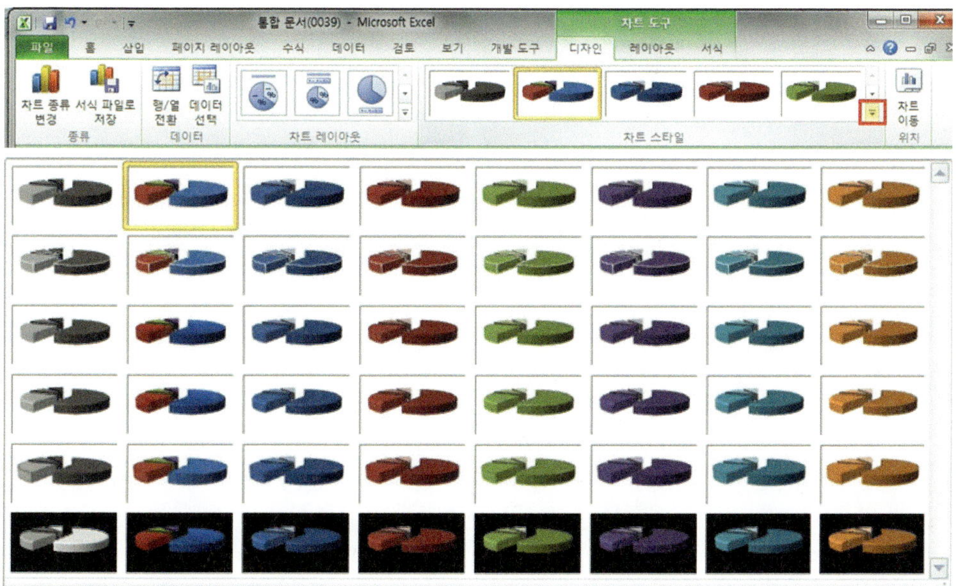

3 빠른 차트 레이아웃 적용하기

[차트 도구]-[디자인] 탭-[차트 레이아웃] 그룹에서 원하는 레이아웃를 선택한다. 모든 레이아웃 종류를 보려면 자세히를 클릭한다.

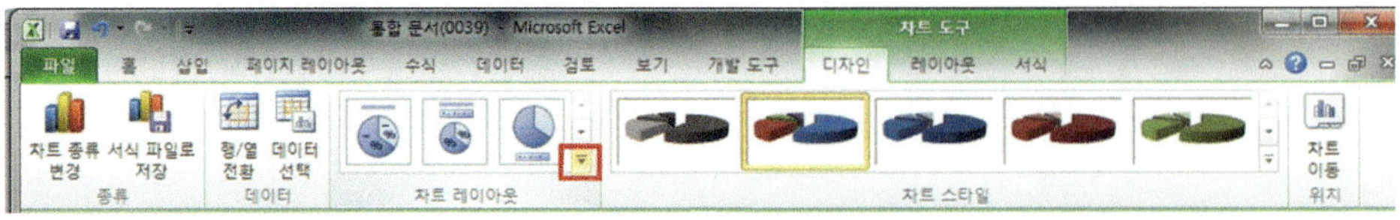

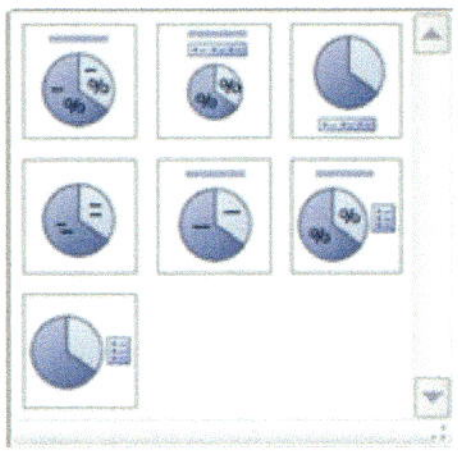

4 차트 데이터 원본 선택 및 행/열 전환하기

01 차트 데이터 원본 범위 변경, 필요한 계열이나 항목의 추가, 제거 등의 작업은 [차트 도구]-[디자인] 탭-[데이터] 그룹-[데이터 선택]을 클릭한다.

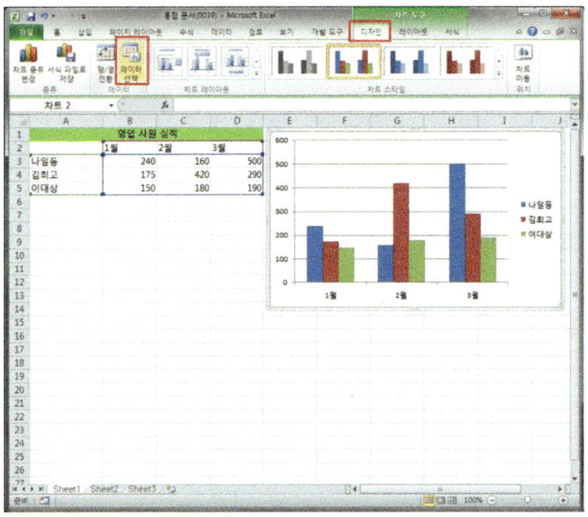

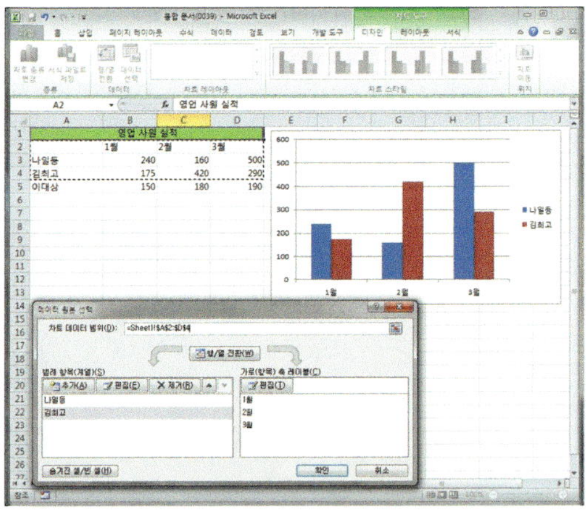

02 차트의 가로 축 항목과 범례를 바꿔서 데이터를 비교하려면 [차트 도구]-[디자인] 탭-[데이터] 그룹-[행/열 전환]을 클릭한다.

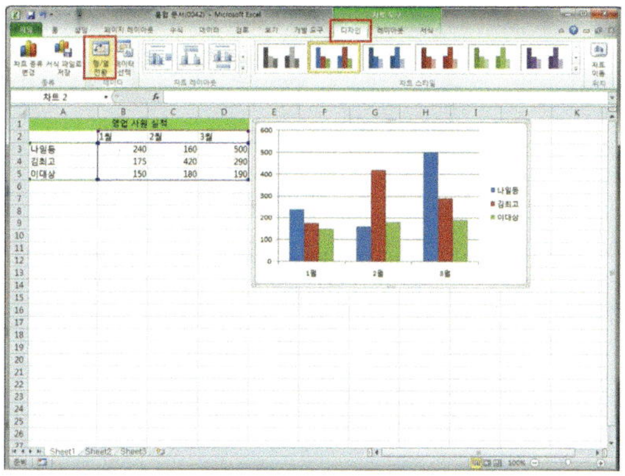

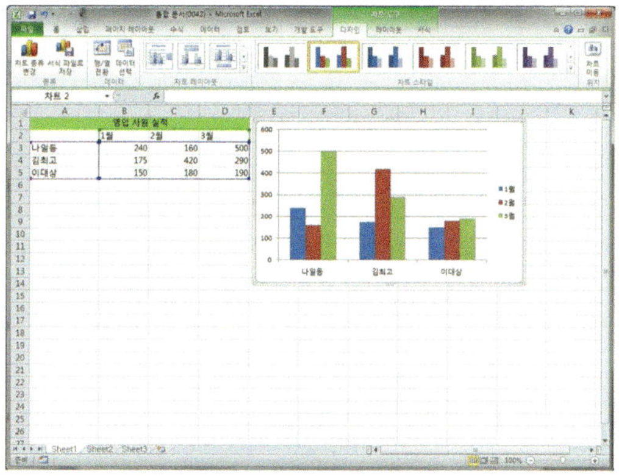

6.4 차트 레이아웃 변경하기

1 차트 제목 추가하기

01 차트를 선택하고 [차트 도구]-[레이아웃] 탭-[레이블] 그룹-[차트 제목] 클릭한 후 [제목을 가운데에 맞춰 표시] 또는 [차트 위]를 선택한다.

02 차트 제목 텍스트 상자가 삽입되면 원하는 텍스트를 입력한다.

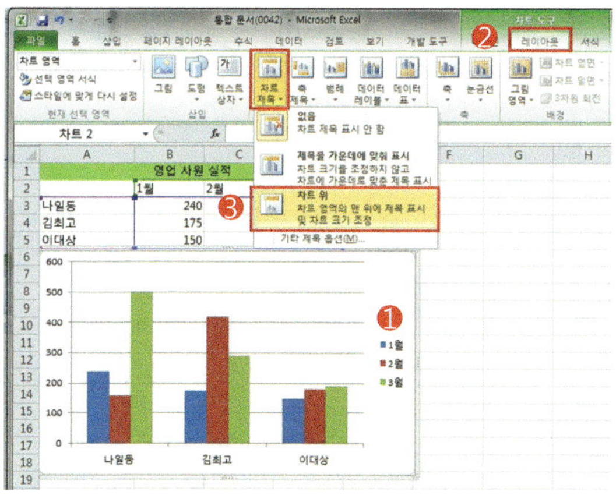

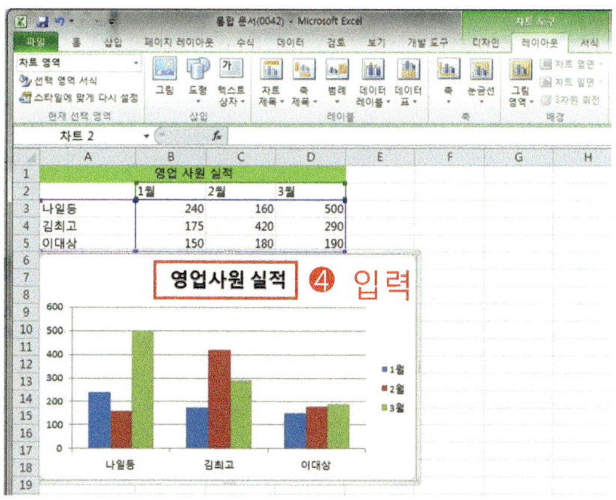

2 축 제목 추가하기

01 차트를 선택하고 [차트 도구]-[레이아웃] 탭-[레이블] 그룹-[축 제목] 클릭한 후 [기본 가로 축 제목] 또는 [기본 세로 축 제목]을 선택한 다음 원하는 옵션을 클릭한다.

02 축 제목 텍스트 상자가 삽입되면 원하는 텍스트를 입력한다.

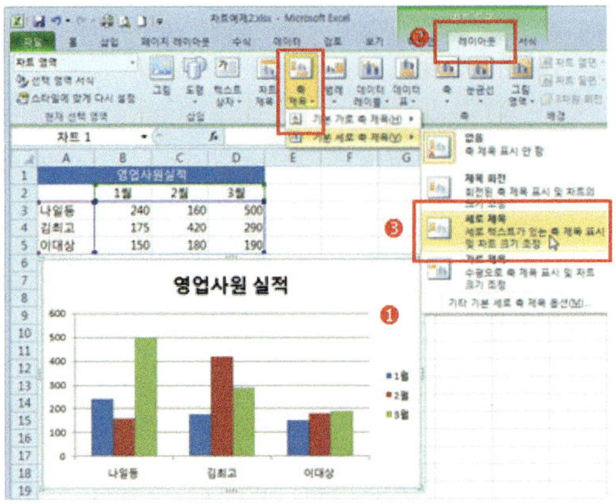

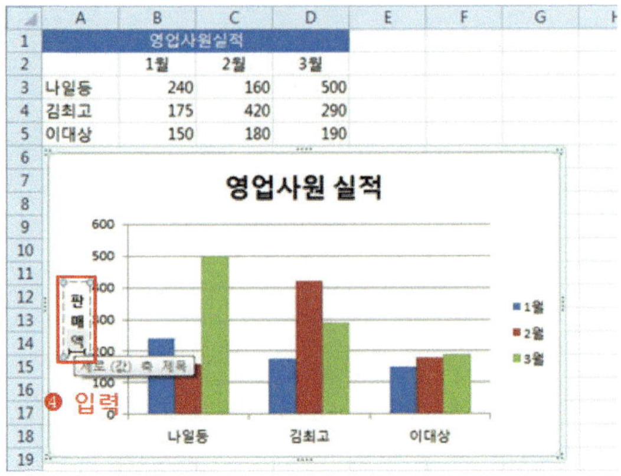

3 데이터 레이블 추가하기

01 레이블을 지정하려는 대상에 따라 차트 영역, 데이터 계열, 단일 데이터 요소 중에서 하나를 선택한다.

02 [차트 도구] – [레이아웃] 탭 – [레이블] 그룹 – [데이터 레이블]을 클릭한 다음 원하는 표시 옵션을 선택한다.

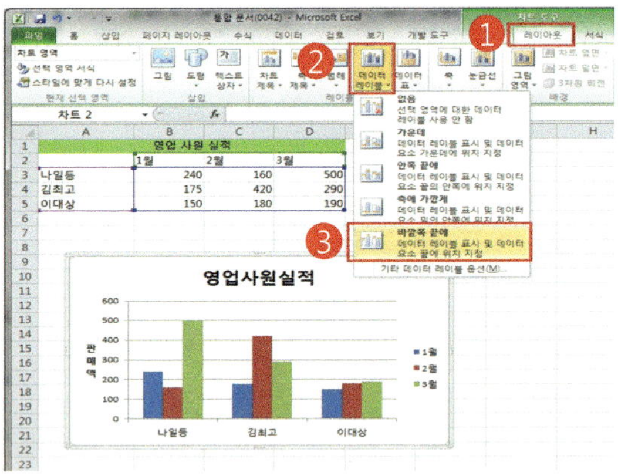

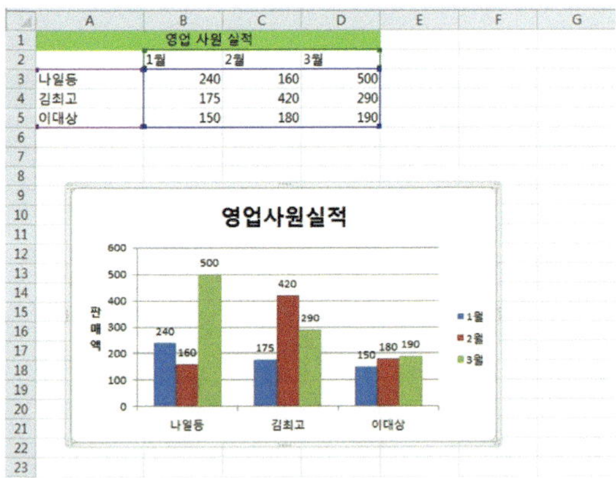

4 가로(항목)/세로(값) 축 눈금 변경하기

01 차트에서 변경할 가로(항목) 혹은 세로(값) 축을 선택하고, [차트 도구] – [서식] 탭 – [현재 선택 영역] 그룹 – [선택 영역 서식]을 클릭한다.

02 [축 서식] 대화상자에서 옵션 설정을 설정한다.

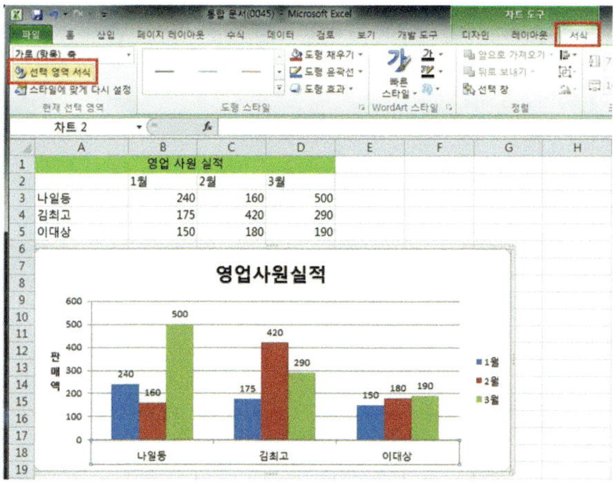

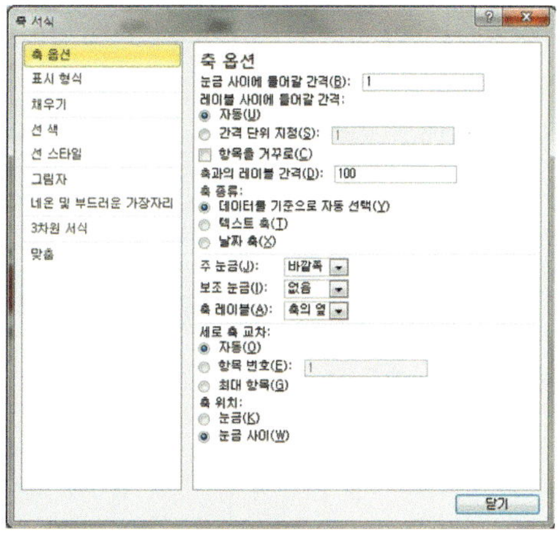

5 범례 표시하기

차트를 클릭하고 [차트 도구] - [레이아웃] 탭 - [레이블] 그룹 - [범례]를 클릭한 후 원하는 옵션을 선택한다.

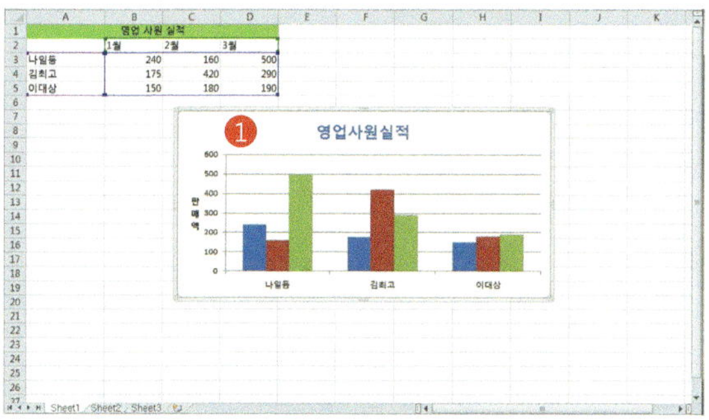

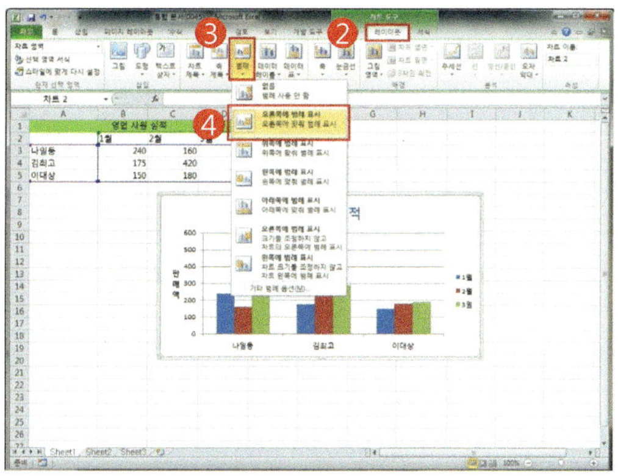

6 데이터 표 표시하기

차트를 클릭하고 [차트 도구] - [레이아웃] 탭 - [레이블] 그룹 - [데이터 표] - [데이터 표 표시] 또는 [범례 표지와 함께 데이터 표 표시]를 클릭한다.

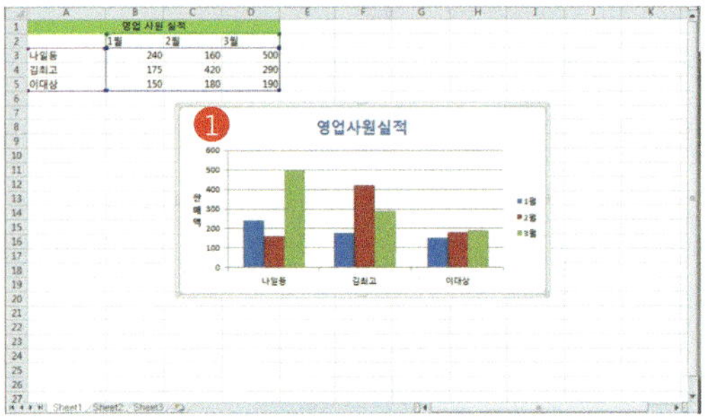

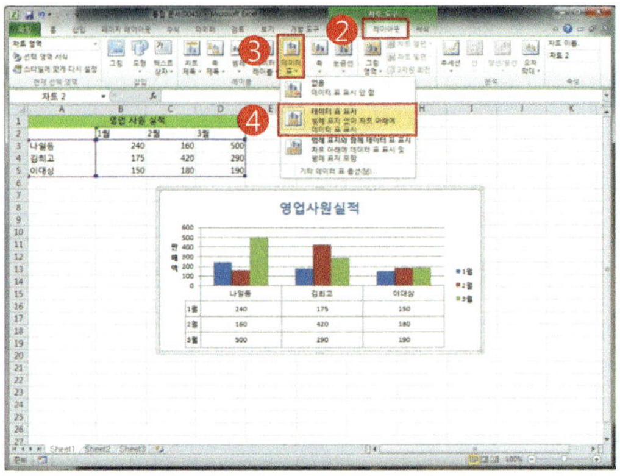

7 차트 구성 요소의 서식 변경하기

차트 구성 요소의 채우기, 테두리에 관련된 서식은 해당 요소를 선택하고 [차트 도구] - [서식] 탭 - [도형 스타일] 그룹에서 변경한다.

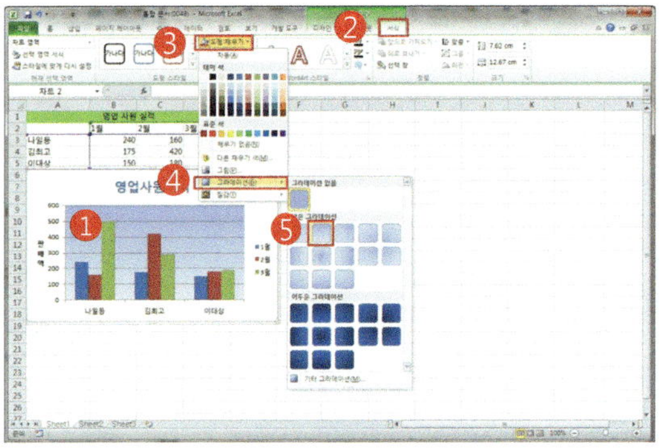

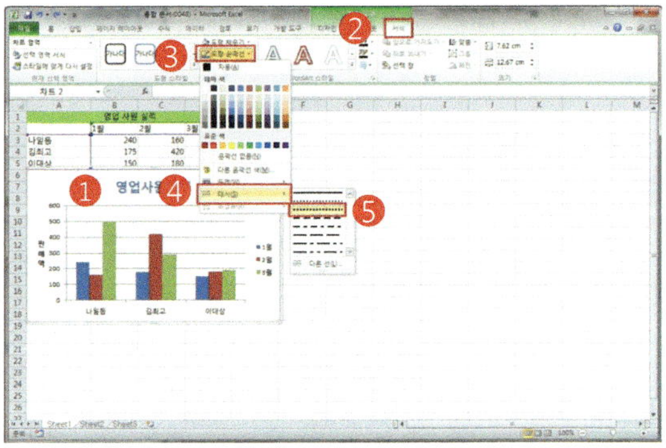

6.5 차트 크기와 위치 변경하기

차트의 크기를 조절하려면 차트 영역을 선택하고 차트 주위의 조절점을 드래그한다. 이때 가로와 세로 비율을 일정하게 유지하려면 Ctrl를 누른 채 드래그한다. 그리고 워크시트 내에서 차트의 위치를 이동하려면 차트 영역을 선택하고 원하는 위치로 드래그한다.

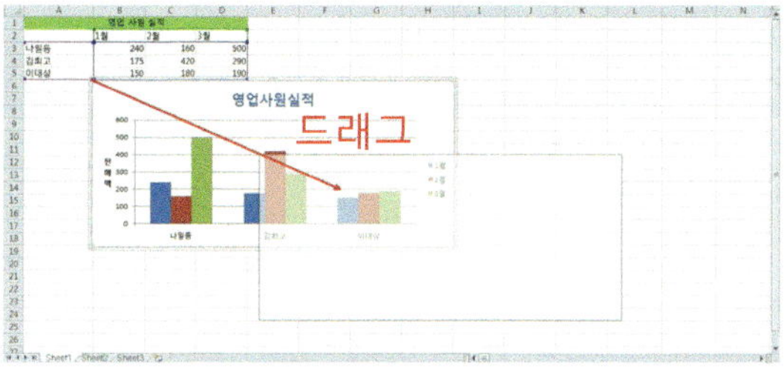

Tip

□ 수치로 차트의 크기를 조절하려면 먼저 차트를 선택하고, [차트도구] – [서식]탭 – [크기] 그룹에서 높이와 너비를 수정하면 된다.

보 기

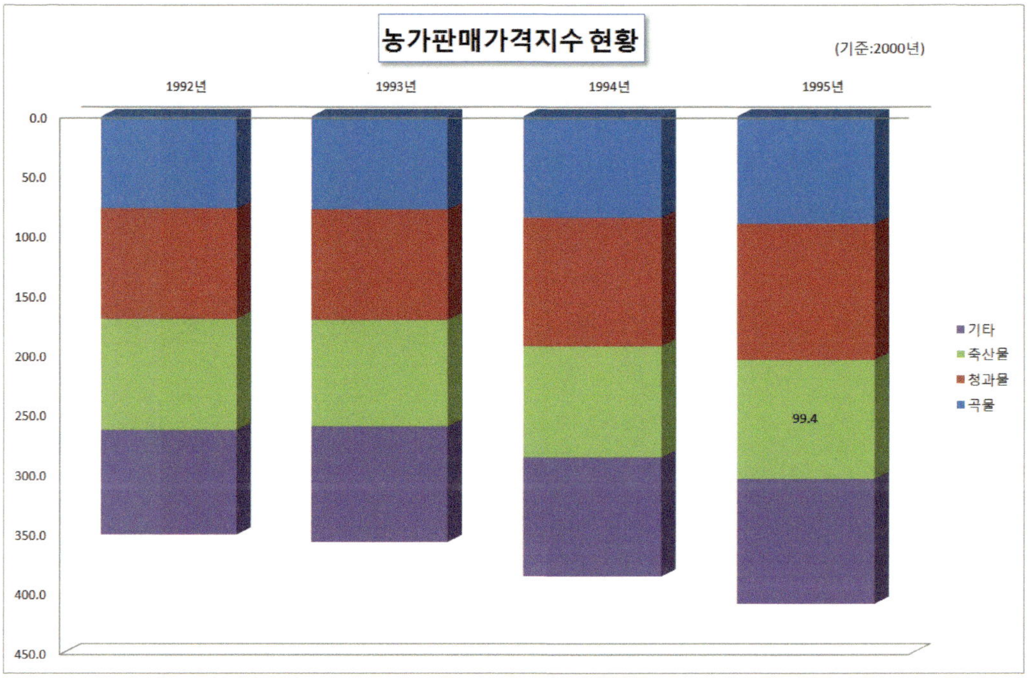

처리사항 **배점 : 1번(20), 2번 1)번(6), 2)번(3), 3)번(4), 4)번(4), 5)번(6), 6)번(7), 7)번(6), 8)번(6), 9)번(6), 10)번(6), 11)번(6)**

※ 농가판매 시트로 1번과 2번을 작성하시오.

1. 자동 필터를 이용하여 '곡물'의 백분율 값이 하위 30%인 자료를 추출하고, 추출한 상태를 복사하여 **A21**셀부터 붙여 넣으시오.
   (단, 추출 후 반드시 자동 필터 상태를 유지하시오.)
2. 차트를 작성하시오.(차트는 반드시 지정상태를 확인할 수 있어야 하고, 차트를 두 개 이상 작성하거나 그림, 외부개체로 입력되면 감점됨)
   1) 붙여 넣은(**A21**셀부터) 자료 중 '평균과 차'와 '비고'를 제외한 자료를 이용하여 차트를 작성
   2) 차트 종류는 '3차원 누적 세로 막대형', 차트 스타일은 '스타일 2'로 지정
   3) 작성한 차트 이동 위치는 '새 시트(S)'에 삽입

4) 작성한 차트가 있는 시트명은 '○○○(응시자 본인의 이름)'으로 입력

5) 차트 제목은 [차트 도구] - [디자인]메뉴 [차트 레이아웃] 그룹의 '레이아웃 1'로 '농가판매가격지수 현황'으로 입력하고, 테두리 색은 '실선', 그림자는 미리 설정의 '바깥쪽, 오프셋 대각선 오른쪽 아래'를 지정

6) 기본 세로 축 옵션의 '값을 거꾸로'로 지정하고, 기본 가로 눈금선은 '없음'으로 지정

7) 3차원 회전 차트 배율의 깊이(%)는 '60'으로 지정

8) 3차원 회전의 회전은 X 10°, Y 5° 로 지정

9) '축산물' 계열 중 '1995년'의 데이터 레이블 값이 나타나도록 지정

10) 차트 영역의 **상단 오른쪽**에 **[차트형태]**와 같이 텍스트 상자를 이용하여 '(기준:2000년)'을 입력

11) **[차트형태]**와 같이 범례가 나타나도록 지정

[답안 따라하기]

1 자동 필터 설정(배점 20점)

01 자동 필터를 하기 위해 [B3:B19] 셀을 블록 지정한 후, [데이터] 탭 - [정렬 및 필터] 그룹 - [필터]를 클릭한다.

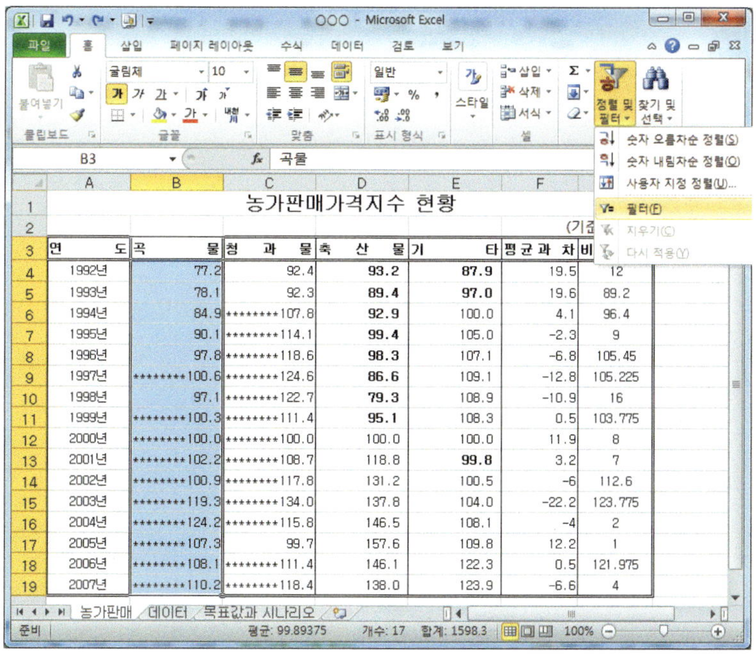

02 [B3] 셀 부분의 목록 단추를 클릭하여 [숫자 필터] - [상위 10]을 선택한다.

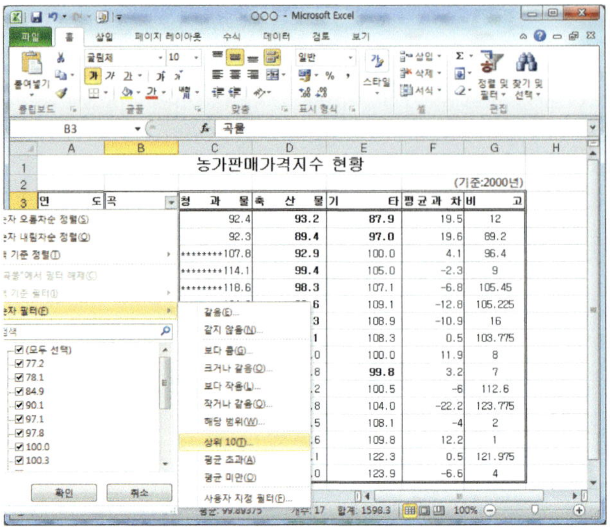

03 [상위 10 자동 필터] 대화 상자에서 목록 단추를 클릭하여 "하위", "30", "%"을 선택 후, [확인] 단추를 클릭한다.

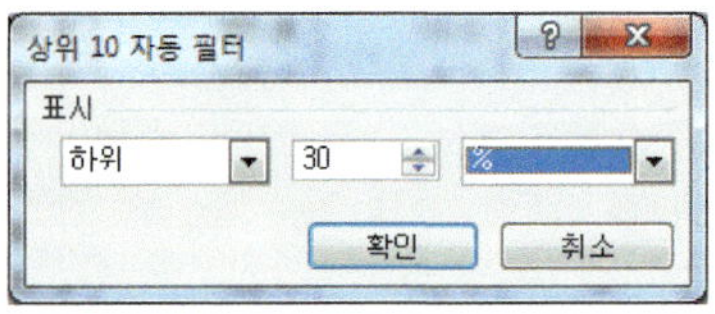

04 자동 필터 결과를 복사하기 위해 [A3:G7] 셀을 블록 지정하고, Ctrl + C를 한다.

05 붙여넣기 할 [A21] 셀을 선택한 후, Ctrl + V를 한다.

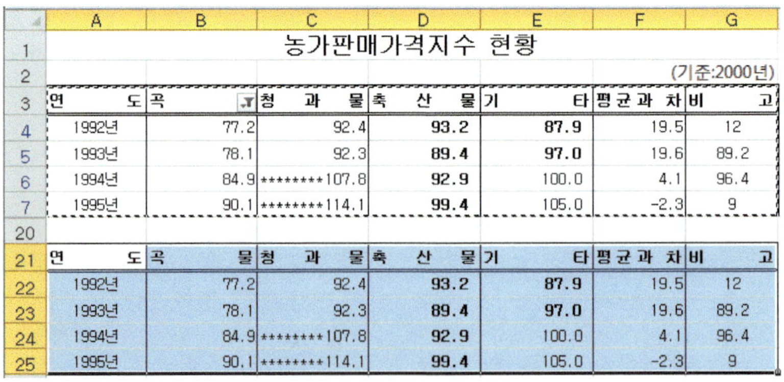

	A	B	C	D	E	F	G
1	농가판매가격지수 현황						
2							(기준:2000년)
3	연도	곡	청과물	축산물	기타	평균과차	비고
4	1992년	77.2	92.4	93.2	87.9	19.5	12
5	1993년	78.1	92.3	89.4	97.0	19.6	89.2
6	1994년	84.9	********107.8	92.9	100.0	4.1	96.4
7	1995년	90.1	********114.1	99.4	105.0	-2.3	9
20							
21	연도	곡물	청과물	축산물	기타	평균과차	비고
22	1992년	77.2	92.4	93.2	87.9	19.5	12
23	1993년	78.1	92.3	89.4	97.0	19.6	89.2
24	1994년	84.9	********107.8	92.9	100.0	4.1	96.4
25	1995년	90.1	********114.1	99.4	105.0	-2.3	9

06 선택 영역을 해제하기 위해 〈Esc〉 키를 누르고 자동 필터 결과를 확인한다.

2 차트 만들기 및 차트 서식 지정하기

❶ 차트 종류 지정(배점 9점)

01 차트를 만들기 위해 [A21:E25] 셀을 블록 지정한 후, [삽입] 탭 - [차트] 그룹 - [3차원 세로 막대형 - 3차원 누적 세로 막대형]을 선택한다.

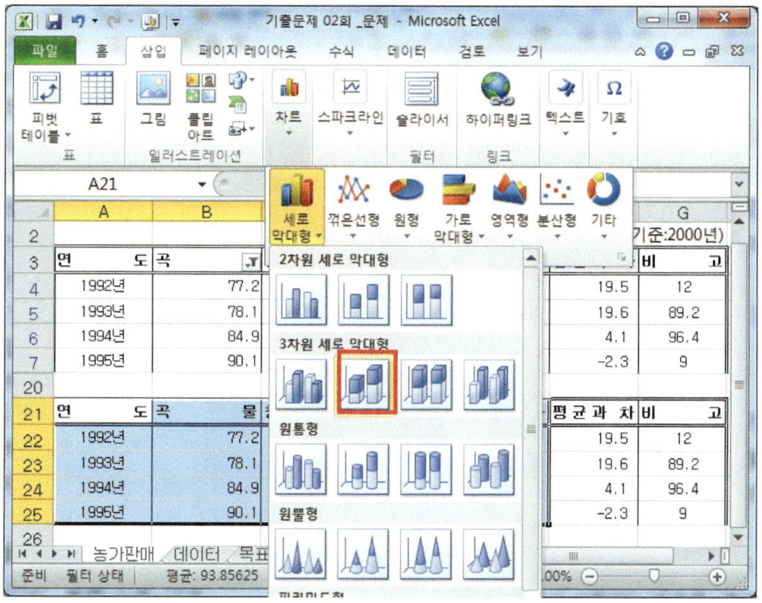

02 차트가 선택된 상태에서 [차트 도구] - [디자인] 탭 - [차트 스타일] 그룹 - [스타일 2]를 클릭한다.

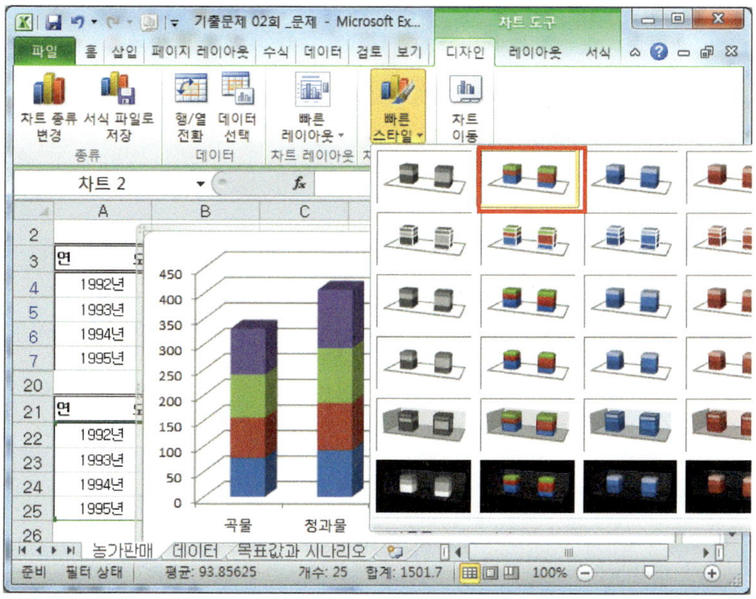

❷ 차트 위치 및 시트명 입력(배점 8점)

01 작성한 차트의 위치를 이동하기 위해 차트를 선택한 후, 마우스 오른쪽 단추를 눌러 [차트 이동] 메뉴를 선택한다.

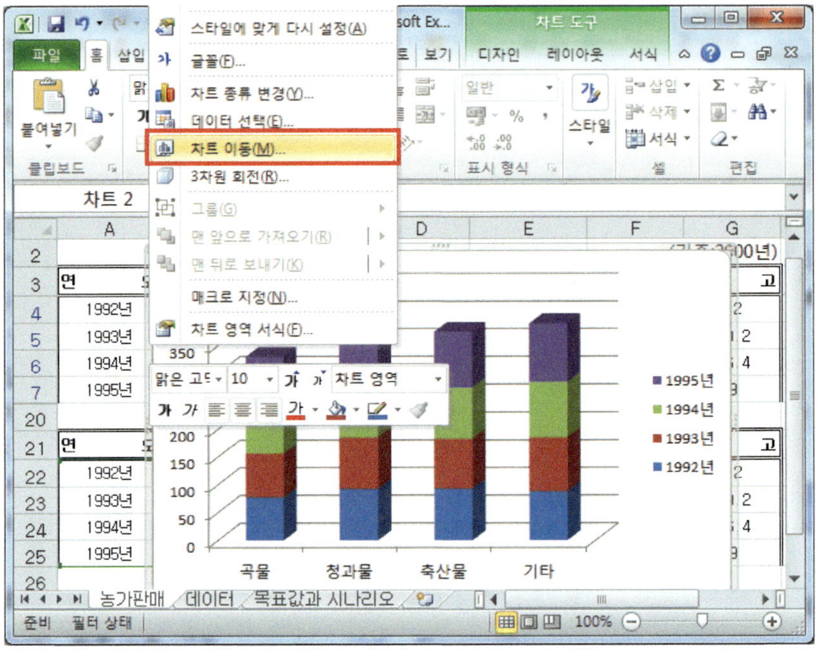

02 [차트 이동] 대화 상자가 나타나면 '새 시트(S)'를 선택하고 응시자 본인의 이름을 입력하고 [확인] 단추를 클릭한다.

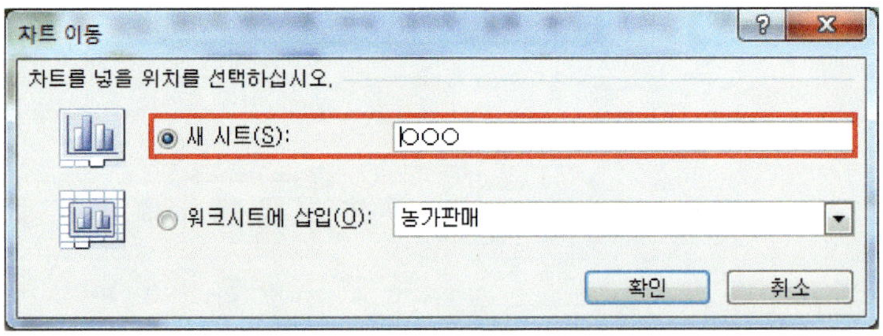

❸ 차트 레이아웃 및 제목 서식 지정(배점 6점)

01 [차트 도구] - [디자인] 탭 - [차트 레이아웃] 그룹 - [레이아웃 1]을 선택한다.

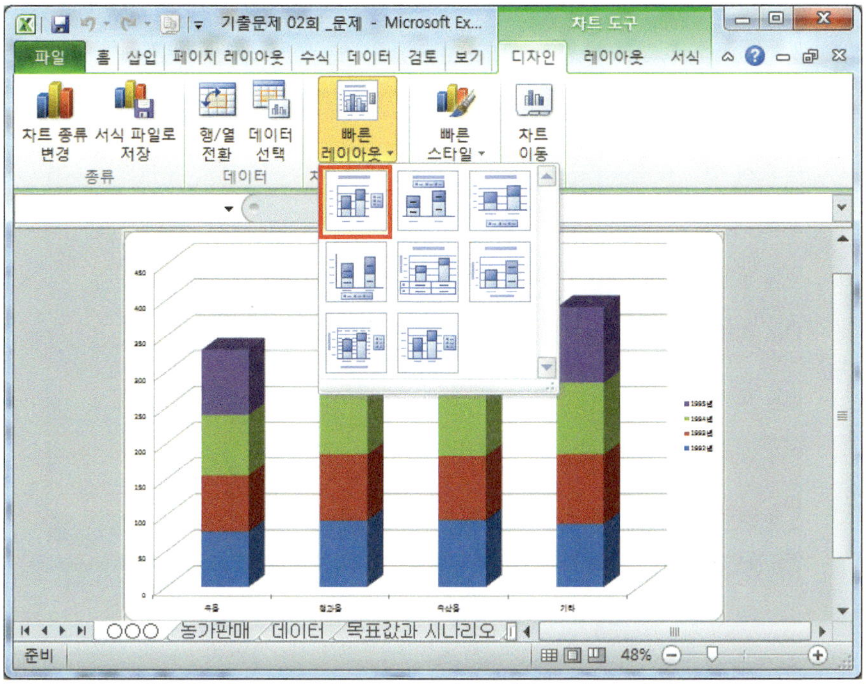

02 '차트 제목'을 클릭하고 입력란에 "농가판매가격지수 현황"이라고 입력한다.

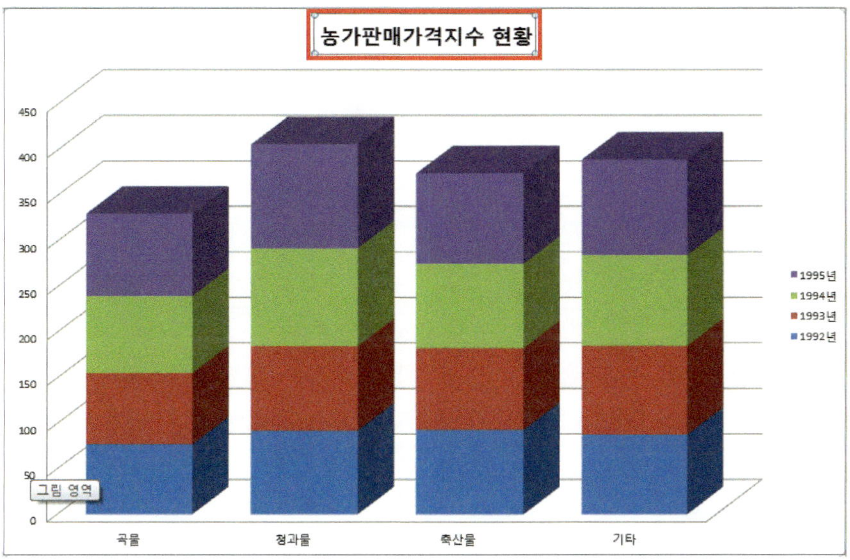

03 차트 제목을 선택하고 [차트 도구] - [서식] 탭 - [현재 선택 영역] 그룹 - [선택 영역 서식]을 클릭한다.

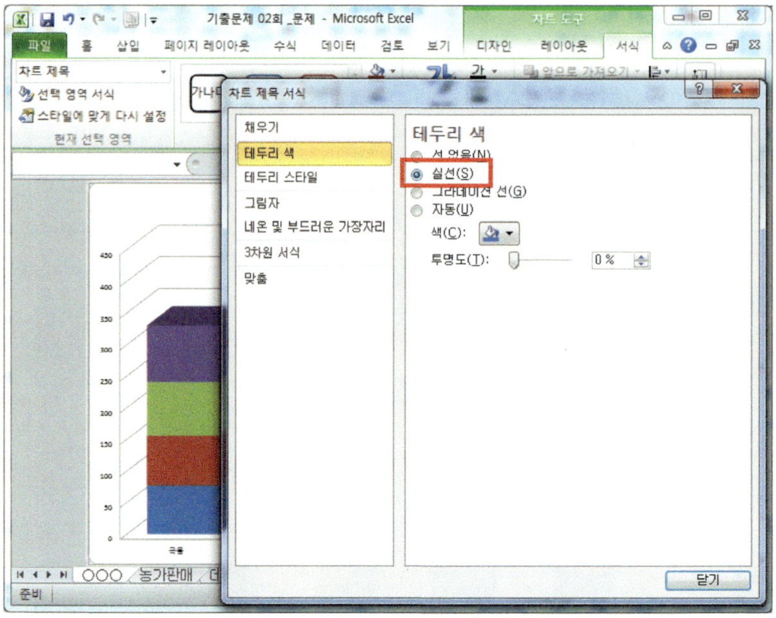

04 [차트 제목 서식] 대화 상자의 [테두리 색] 탭에서 '실선'을 선택하고, [그림자] 탭을 선택한다. 미리 설정 목록을 선택하고 '바깥쪽 - 오프셋 대각선 오른쪽 아래'를 선택한 후, [닫기] 단추를 클릭한다.

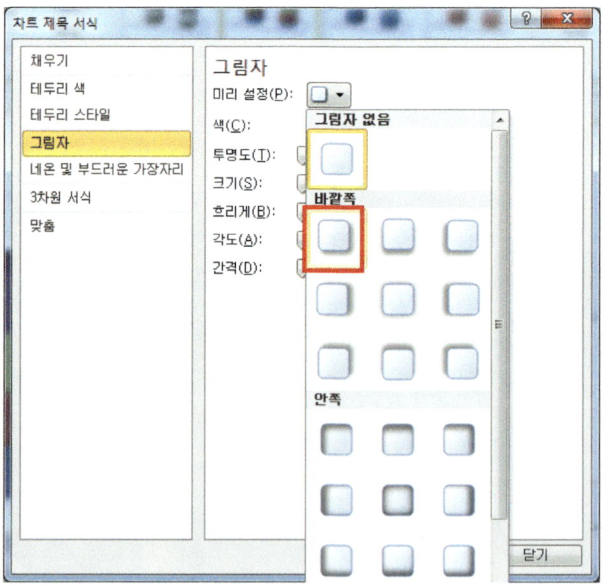

❹ 차트 축 서식 지정(배점 7점)

01 차트가 선택된 상태에서 [차트 도구] - [레이아웃] 탭 - [축] 그룹 - [축] - [기본 세로 축] - [기타 기본 세로 축 옵션]을 선택하면 [축 서식] 대화 상자가 나타난다.

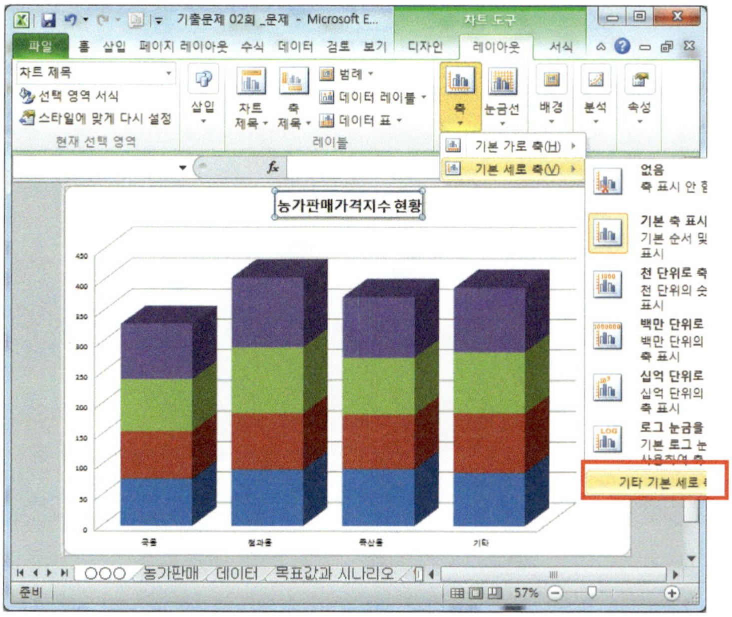

02 [축 서식] 대화 상자의 [축 옵션] 탭에서 '값을 거꾸로'를 체크 표시한다.

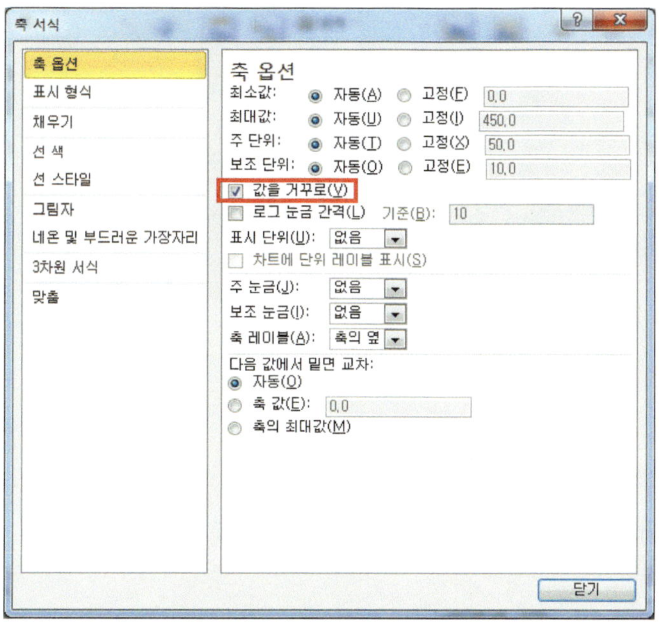

03 [차트 도구] - [레이아웃] 탭 - [축] 그룹 - [눈금선] - [기본 가로 눈금선] - [없음]을 선택한다.

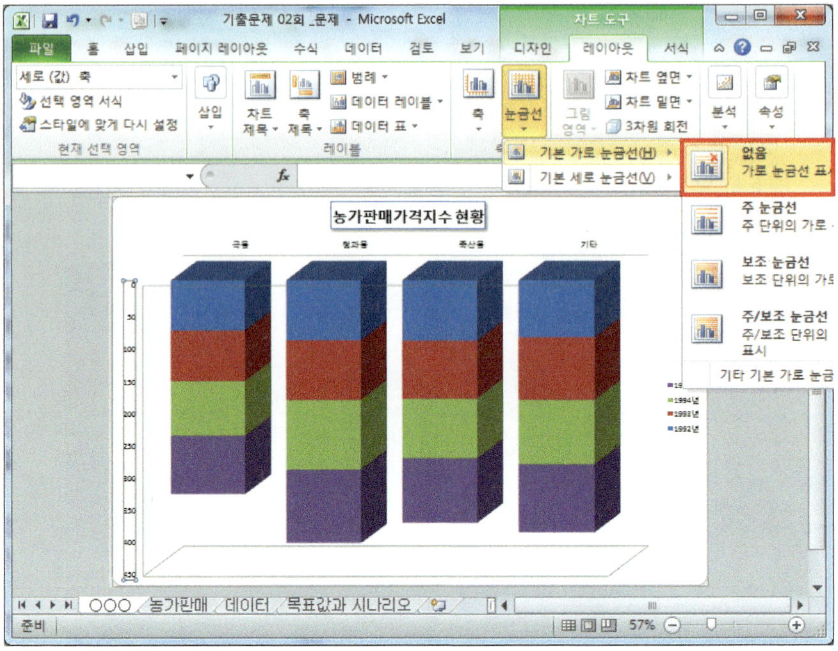

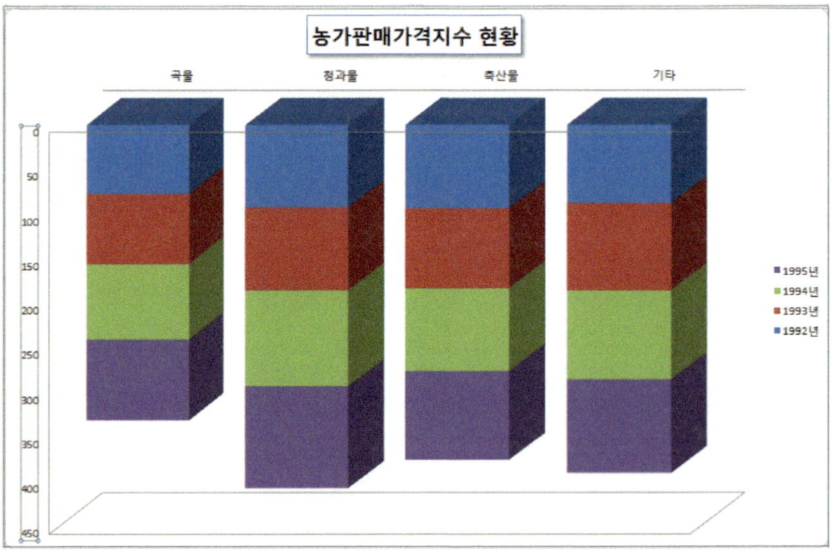

❺ 차트 데이터 계열 서식 지정(배점 6점)

01 임의의 막대 계열을 선택한 후, 마우스 오른쪽 단추를 눌러 [데이터 계열 서식] 메뉴를 선택한다.

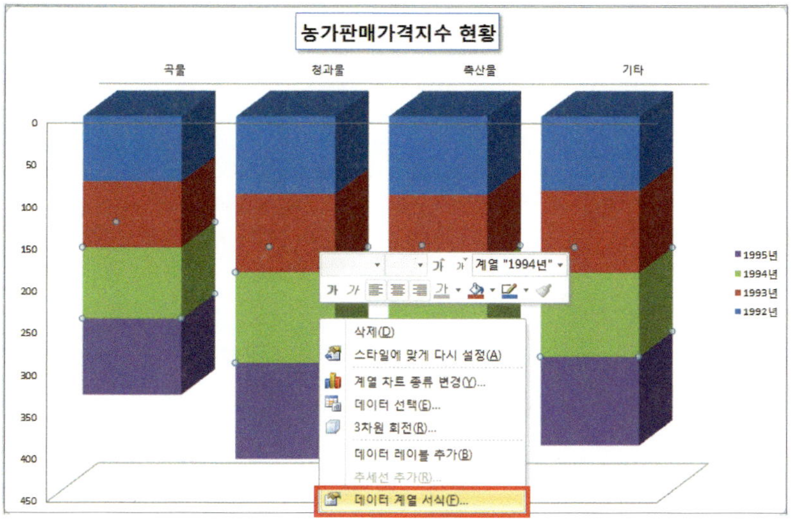

02 [데이터 계열 서식] 대화 상자가 나타나면 [계열 옵션] 탭에서 간격 너비를 '60%'로 지정하고 [닫기] 단추를 클릭한다.

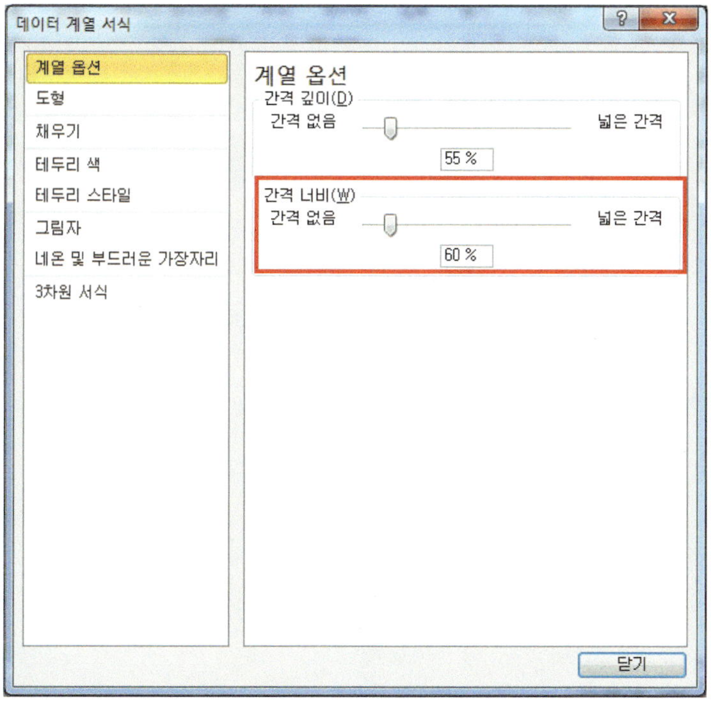

❻ 차트 3차원 회전(배점 6점)

01 차트가 선택된 상태에서 [차트 도구] - [레이아웃] 탭 - [배경] - [3차원 회전]을 클릭하면 [차트 영역 서식] 대화 상자가 나타난다.

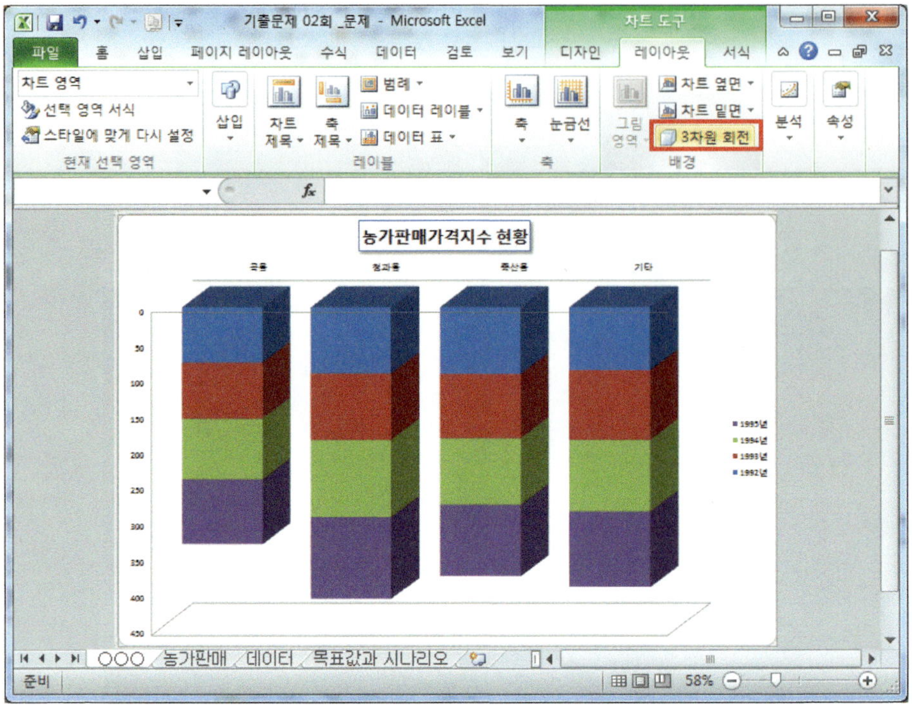

02 [3차원 회전] 탭의 회전에서 'X 10°, Y 5°'로 지정하고 [닫기] 단추를 클릭한다.

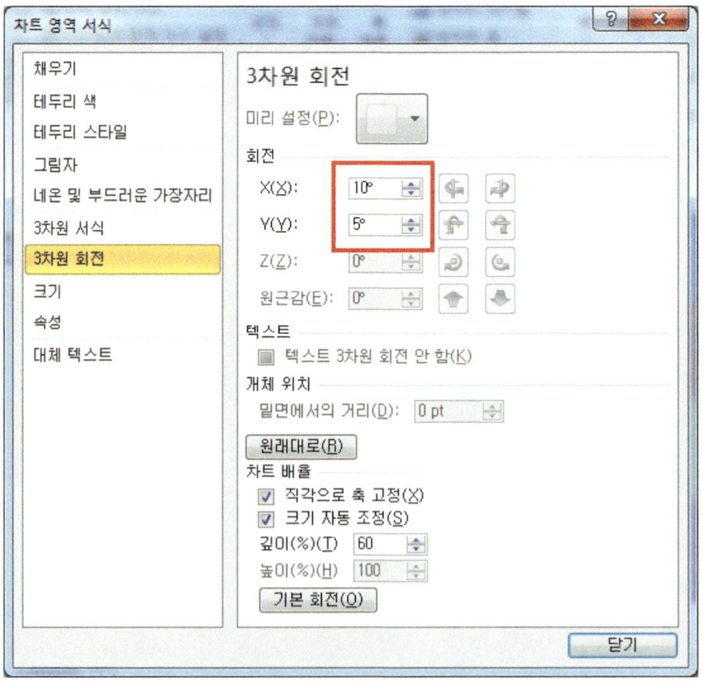

❼ 데이터 레이블 값 지정(배점 6점)

01 축산물 계열 중 1995년의 데이터 레이블 값을 표시하기 위해 '1995년' 데이터 계열을 클릭한 후, 다시 한 번 클릭한다.

02 계속해서 [차트 도구] - [레이아웃] 탭 - [레이블] 그룹 - [데이터 레이블] - [표시]를 클릭한다.

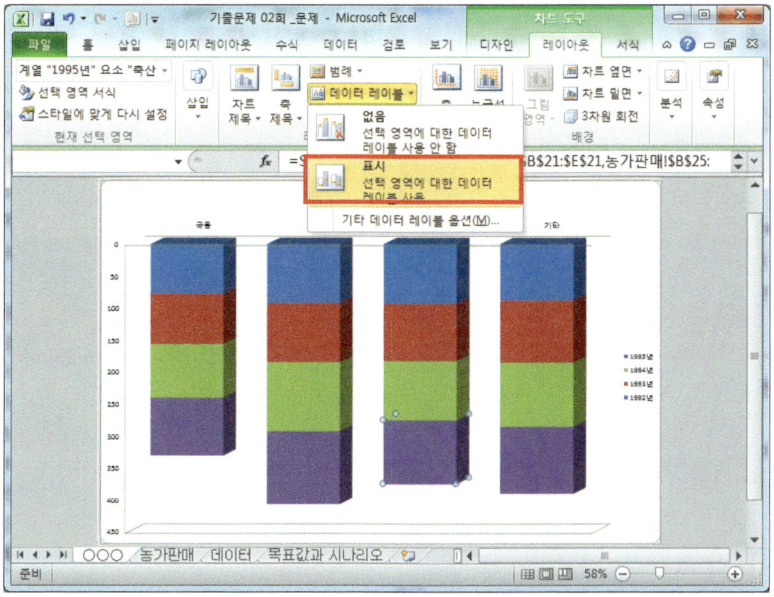

03 축산물 계열 중 1995년의 데이터 레이블 값이 표시된 것을 확인할 수 있다.

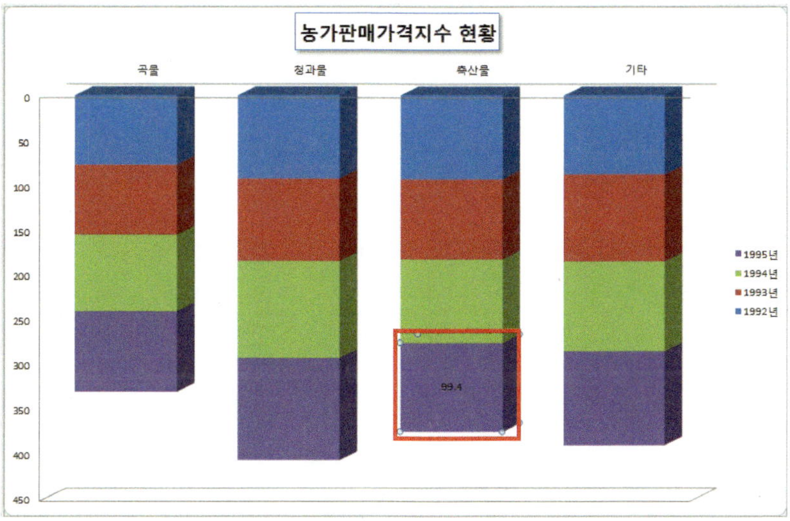

❽ 텍스트 상자 지정(배점 6점)

[차트 도구] - [레이아웃] 탭 - [삽입] 그룹 - [텍스트 상자] - [가로 텍스트 상자]를 선택하고 차트 영역의 상단 오른쪽 부분에 "(기준:2000년)"라고 직접 입력하고 텍스트 상자를 드래그하여 위치를 조정한다.

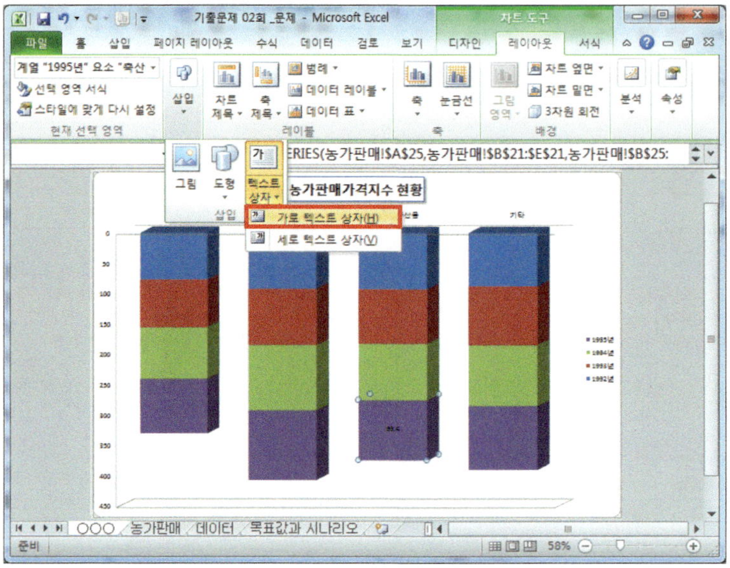

❾ 차트 범례 지정(배점 6점)

차트가 선택된 상태에서 [차트 도구] - [디자인] 탭 - [데이터] 그룹 - [행/열 전환]을 클릭하면 'X 축'과 '범례'의 위치가 다음과 같이 변경된다.

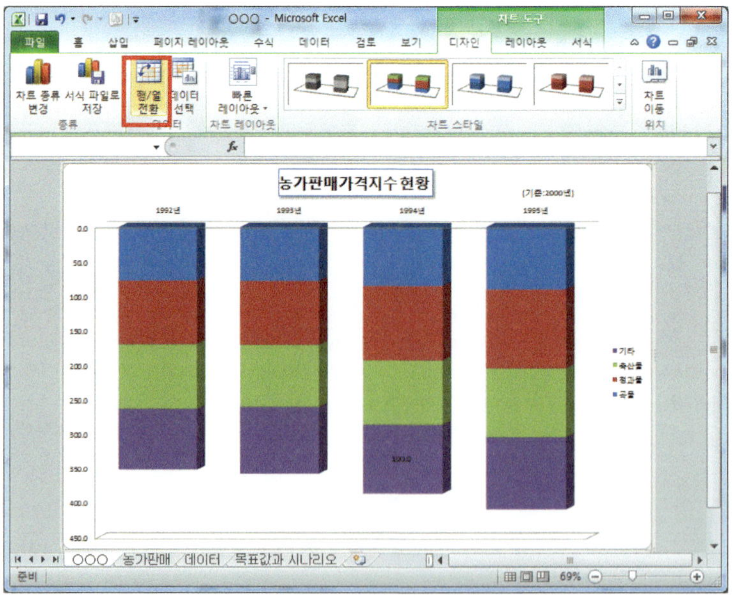

2. 차트 작성

[보기 2]

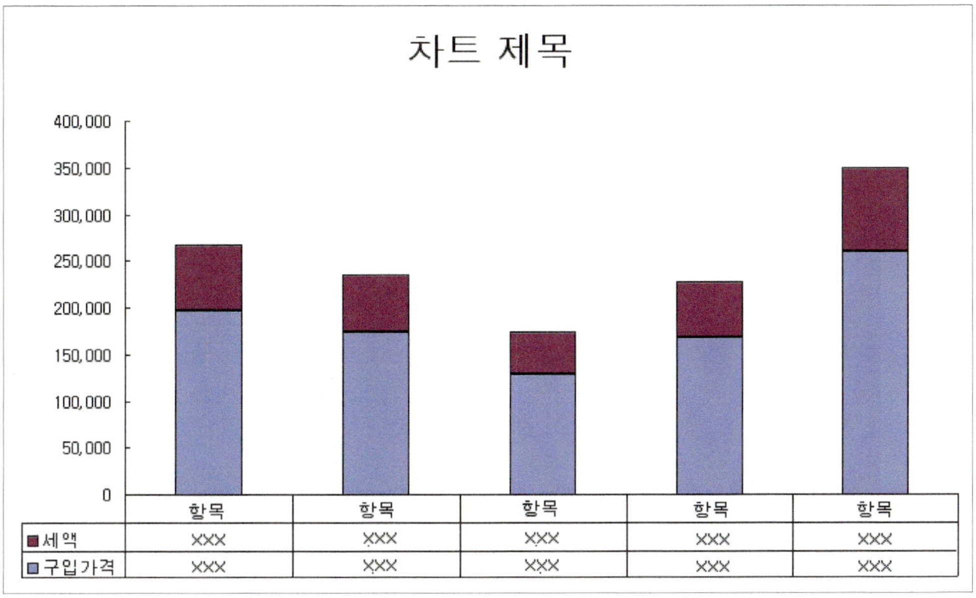

〈보기 2 작성조건〉

1) 작성 위치 : [보기 1]이 작성된 워크시트에서 범위 B21:I41 크기와 같게 작성함
2) 차트 작성 데이터 : 가전제품의 구입가격 및 세액
3) 차트 제목 : [보기 2]의 제목 위치에 궁서 20포인트로 제목을 표시함
   제목 문자열 : "가전제품 구입가격 및 세액 비교"
4) 차트 종류 : [보기 2]와 같은 누적 세로 막대형
5) 막대 순서 : 각 막대마다 세액이 위쪽, 구입가격이 아래쪽에 위치함
6) 데이터 테이블 : [보기 2]와 같이 돋움 10포인트로 적용함
7) 값축(Y축) : 눈금 숫자는 천 단위로 환산한 정수 형식으로 적용함
   ※ 최대값: 350,000, 최소값: 0, 주단위: 50,000
   ※ 글꼴: 돋움, 크기: 10포인트
8) 차트 내부의 글꼴색은 검정으로 하며, 계열 막대는 서로 다른 색상을 지정함
9) 차트 고유의 기능과 관련 없는 그래픽 개체나 도형 그림은 사용하지 않음
10) 처리 조건에 없는 사항은 [보기 2]의 형식에 따름

[따라하기] 차트 작성문제(100점)

1 차트 범위 설정

01 '가전제품의 구입가격과 세액'이 차트 작성에 필요한 데이터로 해당되는 셀을 Ctrl 키를 눌러 복수 선택한다.

02 이때 주의해야할 사항은 셀을 선택하는 순서에 따라 생성되는 차트의 결과가 다를 수 있다. 따라서 제품명, 구입가격, 세액 순으로 데이터를 선택해야 한다.

2 차트 삽입

01 [삽입] 탭 - [차트] 그룹 - [세로 막대형]에서 '누적 세로 막대형'을 선택하고, 차트가 생성되면 [B21:I41]에 위치시킨다.

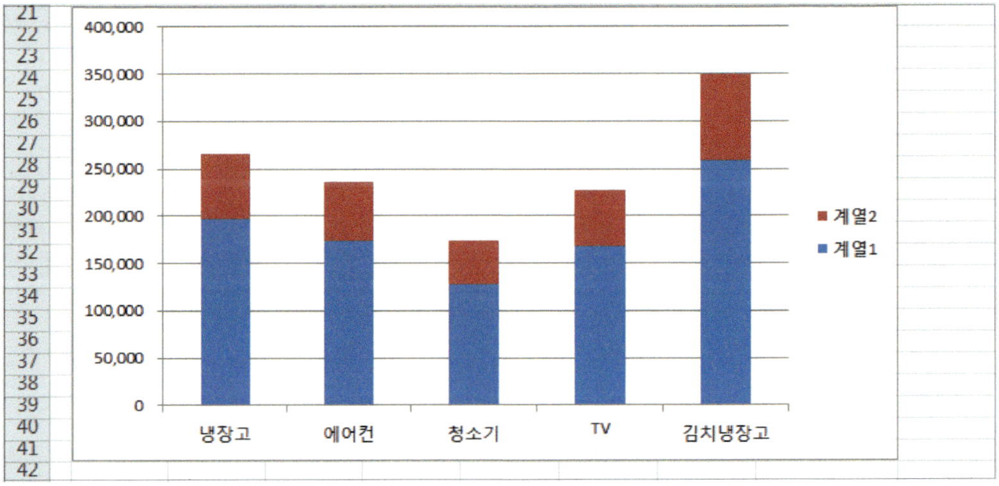

02 차트 제목은 리본 메뉴에서 [차트 도구] - [레이아웃] - [차트 제목]에서 [차트 위]를 선택해서 제목을 입력하고, 글꼴은 궁서로 크기는 20포인트로 지정한다.

03 막대 순서가 세액이 위쪽, 구입가격이 아래쪽으로 위치하려면 차트를 마우스 우측 버튼으로 클릭하여 [데이터 선택]을 선택하면 '데이터 원본 선택' 대화상자가 나타나고 '범례 항목(계열)(S)'의 '계열1'과 '계열2'를 각각 '구입가격'과 '세액'으로 편집한다.

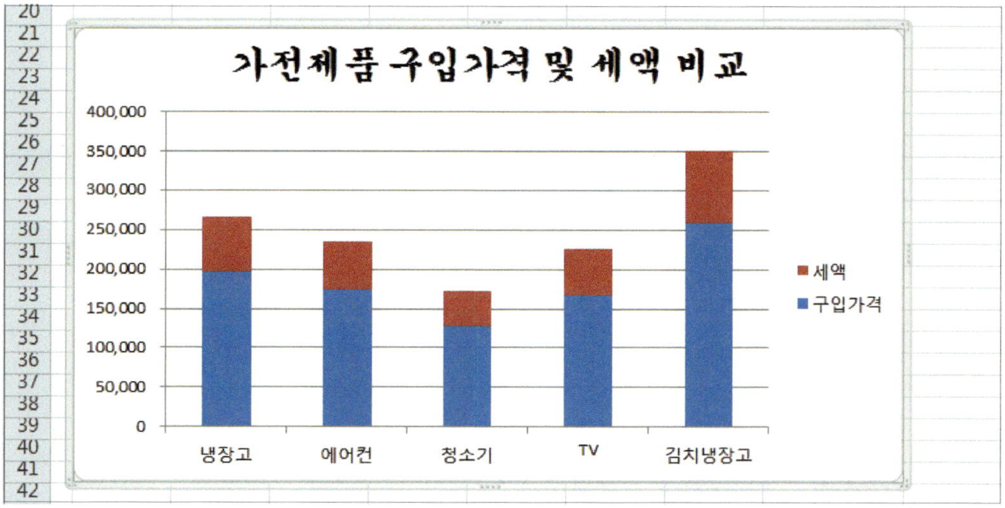

04 데이터 테이블을 생성하기 위해 [차트 도구] - [레이아웃] - [데이터 표]에서 '범례 표지와 함께 데이터 표 표시'를 선택한다. 데이터 표가 생성되면 데이터 표를 마우스 우측 클릭하여 글꼴은 도움으로 크기는 10포인트로 지정한다.

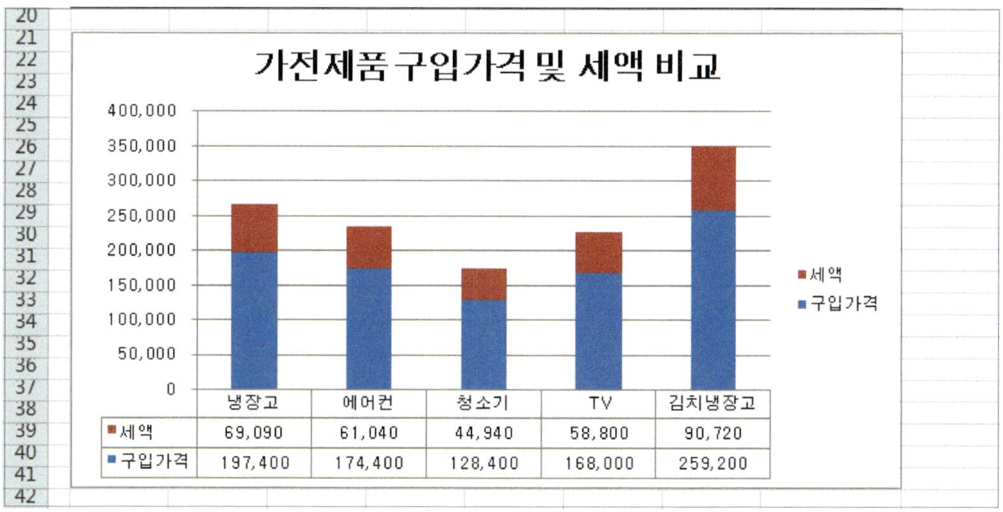

05 값 축(Y축) 지정을 위하여 Y축을 마우스 우측 버튼을 클릭한 후 [축 서식] - [축 옵션]에서 '최소값', '최대값', '주단위', '표시 단위'를 입력하고 글꼴은 돋움 10포인트로 지정한다.

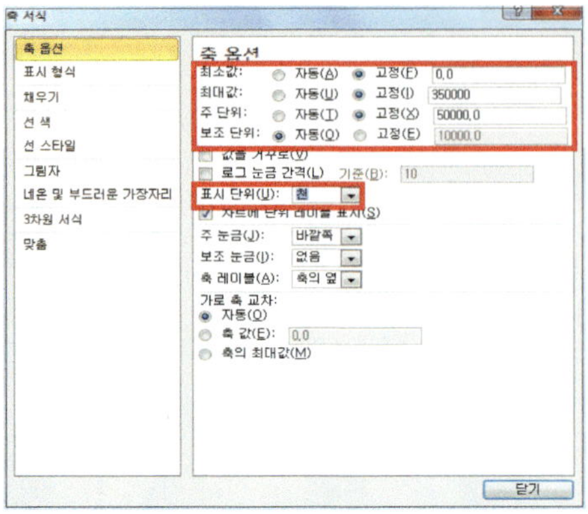

06 그래프 우측의 범례는 삭제한다. 최종 작성된 워크시트와 차트를 [페이지 레이아웃] 탭 - [페이지 설정] 그룹 - [인쇄 미리보기]를 활용해서 한 페이지에 모두 포함될 수 있도록 여백을 조정한다.

1234567

중고품 매입 명세서

2010-03-15

구분	제품명	원가	매입일	매입 일수	구입가격	세액	판매액
가구	책상	153,000	2010-01-02	73	91,800	18,360	110,000
가전제품	냉장고	987,000	2009-06-05	284	197,400	69,090	266,000
가전제품	에어컨	872,000	2009-08-16	212	174,400	61,040	235,000
가전제품	청소기	214,000	2010-02-18	26	128,400	44,940	173,000
가전제품	TV	840,000	2009-07-17	242	168,000	58,800	226,000
가구	옷장	760,000	2009-10-06	161	228,000	45,600	273,000
가전제품	김치냉장고	864,000	2009-09-14	183	259,200	90,720	349,000
가구	서랍장	367,000	2010-02-06	38	220,200	44,040	264,000
가구	화장대	290,000	2010-01-28	47	174,000	34,800	208,000
전체			합계	1,266	1,641,400	467,390	2,104,000
			평균	141	182,378	51,932	233,778

계산식 근거 :	=IF(F5>=200,D5*0.2,IF(F5>=100,D5*0.3,D5*0.6))
계산식 근거 :	=ROUNDDOWN(G5+H5,-3)

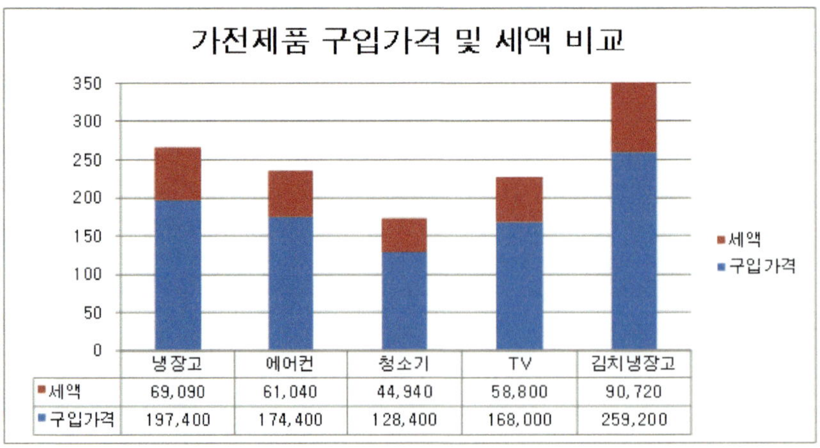

07 데이터베이스

엑셀은 이러한 DBMS기능 자체를 제공하여 사용자가 워크시트에서 작성한 내용에 대해 정렬, 필터, 부분합, 피벗 테이블, 피벗 차트와 같은 기능을 제공한다.

7.1 데이터베이스(Database)란?

데이터베이스란 데이터의 집합이라고 말할 수 있다. 여러 사용자가 공동으로 활용할 수 있도록 데이터를 통합해서 저장한 것이다. 데이터와 응용 프로그램사이에 존재하여 서로를 중재하는 역할을 하는 것을 데이터베이스 관리 시스템(DBMS : DataBase Management System)이라고 한다. 즉, DBMS는 응용 프로그램들이 데이터베이스를 공용할 수 있도록 관리해 주는 소프트웨어 시스템이다. DBMS는 데이터베이스의 구성, 접근방법, 관리, 유지에 관한 모든 기능을 통합적으로 수행할 수 있도록 작성된 소프트웨어이다.

데이터베이스는 다음과 같은 단계적 구조로 되어 있다.

하나의 예로 들면 다음과 같다.

필드 혹은 항목 / 필드 이름 / 레코드

번호	이름	국어	영어	수학	총점	평균	석차
1	이영심	100	80	78	258	86.00	4
2	박미의	85	89	90	264	88.00	3
3	김태이	78	89	98	265	88.33	1
4	박재석	100	85	80	265	88.33	1
5	손현성	78	85	80	243	81.00	6
6	최성숙	65	98	78	241	80.33	7
7	원순경	75	85	88	248	82.67	5

01 필드(Field) 혹은 항목 : 테이블의 열에 해당하는 것으로 위의 테이블에서는 '번호', '이름', '국어', '영어', '수학', '총점', '평균', '석차'가 필드이다.

02 레코드(Record) : 필드들의 집합체를 말하며 테이블의 각 행을 레코드라고 한다.

03 테이블(Table) : 여러 개의 레코드를 담고 있는 논리적인 구조를 말한다.

7.2 틀 고정

틀 고정은 데이터베이스의 기능은 아니지만 데이터베이스를 갖고 작업할 때 유용하게 쓸 수 있는 기능이다. 분량이 많은 경우 틀 고정을 해 놓으면 레코드가 아래로 많이 내려가더라도 필드명이 있는 행이 고정되어 있어 어떤 부분이 어느 필드항목인지 쉽게 알 수 있는 기능이다.

01 고정하고자 하는 행, 바로 아래 행에 커서를 두고 [보기] 탭 - [창] 그룹 - [틀 고정]을 선택한다. 테이블이 시작되는 B3셀에 포인터를 둔 다음 메뉴 표시 줄의 [창]→[틀 고정]을 선택하면 다음과 같이 B3에 수직, 수평선이 생긴다.

	A	B	C	D	E	F	G	H	I	J
1										
2		번호	이름	국어	영어	수학	총점	평균	석차	
3		1	이영심	100	80	78	258	86.00	4	
4		2	박미의	85	89	90	264	88.00	3	
5		3	김태이	78	89	98	265	88.33	1	
6		4	박재석	100	85	80	265	88.33	1	
7		5	손현성	78	85	80	243	81.00	6	
8		6	최성숙	65	98	78	241	80.33	7	
9		7	원순경	75	85	88	248	82.67	5	
10										

02 아래로 많이 내려가면 점점 보이는 레코드가 적어지는데 필드이름은 계속 화면에 보여주므로 작업이 훨씬 수월할 것이다. 여기서는 레코드가 7개 밖에 없으므로 한 화면 안에 테이블이 모두 눈에 들어오겠지만 수백, 수천 개의 레코드가 있을 경우에는 아주 유용하게 쓰임새를 발휘할 수 있는 기능이다.

	A	B	C	D	E	F	G	H	I	J
1										
2		번호	이름	국어	영어	수학	총점	평균	석차	
6		4	박재석	100	85	80	265	88.33	1	
7		5	손현성	78	85	80	243	81.00	6	
8		6	최성숙	65	98	78	241	80.33	7	
9		7	원순경	75	85	88	248	82.67	5	
10										

03 틀 고정 취소는 메뉴 표시 줄의 [창] 그룹→[틀 고정 취소]를 선택하면 된다.

7.3 정렬(Sort)

테이블 내의 자료를 일정한 규칙에 따라 정렬하는 것으로서 오름차순(Ascending) 정렬과 내림차순(Descending) 정렬이 있다. 오름차순은 작은 값에서 큰 값의 순서로 정렬되며, 내림차순은 큰 값에서 작은 값의 순서로 정렬되는 것을 말한다.

01 데이터 목록에서 임의의 셀을 선택하고, [데이터] 탭 - [정렬 및 필터] 그룹 - [정렬]을 클릭한다.

02 [정렬] 대화상자에서 정렬 필드, 정렬 기준, 정렬 순서를 설정한다.

03 다음을 '석차'를 기준으로 오름차순 정렬을 해본다.('석차'가 같을 경우 '국어'를 기준으로 내림차순 정렬을 한다.)

번호	이름	국어	영어	수학	총점	평균	석차
1	이영심	100	80	78	258	86.00	4
2	박미의	85	89	90	264	88.00	3
3	김태이	78	89	98	265	88.33	1
4	박재석	100	85	80	265	88.33	1
5	손현성	78	85	80	243	81.00	6
6	최성숙	65	98	78	241	80.33	7
7	원순경	75	85	88	248	82.67	5

04 메뉴 표시 줄의 [데이터] 탭 - [정렬 및 필터] 그룹 - [정렬]을 선택한 후 [정렬] 대화상자에서 다음 그림과 같이 정렬기준을 준다.

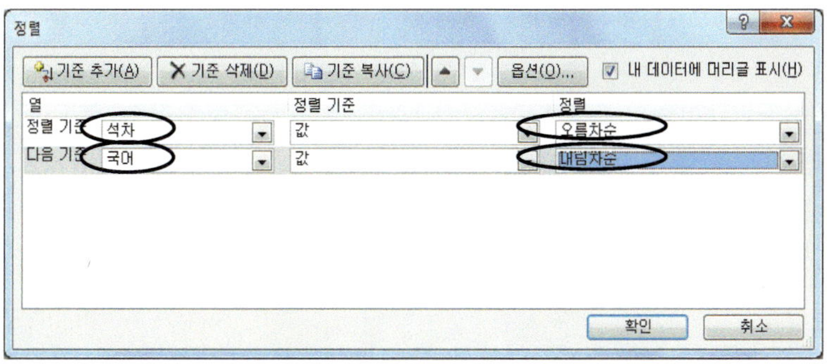

05 결과는 다음과 같다. 석차가 오름차순으로 정렬되었고, 석차가 같은 '박재석'과 '김태이'의 경우는 두 번째 기준인 '국어' 점수를 기준으로 점수가 더 높은 '박재석' 학생이 '김태이' 학생 위에 정렬되었다.

	A	B	C	D	E	F	G	H	I
1									
2		번호	이름	국어	영어	수학	총점	평균	석차
3		4	박재석	100	85	80	265	88.33	1
4		3	김태이	78	89	98	265	88.33	1
5		2	박미의	85	89	90	264	88.00	3
6		1	이영심	100	80	78	258	86.00	4
7		7	원순경	75	85	88	248	82.67	5
8		5	손현성	78	85	80	243	81.00	6
9		6	최성숙	65	98	78	241	80.33	7
10									

7.4 필터(Filter)

필터는 사용자가 원하는 데이터를 검색해 주는 기능으로서 자동필터와 고급필터가 있다. 표시할 필요가 없는 행을 잠시 감출 뿐이며 실제 레코드 간에 재배열이 일어나거나 없어지지는 않는다.

1 자동필터

비교적 조건이 단순하거나 간단한 데이터를 추출할 때 사용한다.

01 적용할 데이터 목록 범위를 지정하고, [데이터] 탭 – [정렬 및 필터] 그룹 – [필터]를 선택한다.

02 자동 필터를 해제하려면, [데이터] 탭 – [정렬 및 필터] 그룹 – [지우기]를 선택하거나 자동 필터가 적용된 해당 필드 단추를 클릭하고 [필드에서 필터 해제]를 선택한다.

- 텍스트 필터 : 검색하려는 필드열의 데이터가 문자 형식일 경우 텍스트 값 목록에서 필터 기준으로 사용할 텍스트 값을 선택
- 숫자 필터링 : 검색하려는 필드 열의 데이터가 숫자 형식일 경우 숫자 목록에서 필터 기준으로 사용할 숫자를 선택
- 날짜 및 시간 필터링 : 검색하려는 필드 열의 데이터가 날짜나 시간 형식일 경우 날짜 또는 시간 목록에서 필터 기준으로 사용할 날짜나 시간을 선택

03 테이블 영역(B3:I9)을 모두 영역으로 지정하거나 영역 안의 한 개의 셀을 선택 후 [데이터] 탭 – [정렬 및 필터] 그룹 – [필터]를 선택하면 필드명 옆에 역삼각형이 생긴다. 삼각형을 클릭하면 필터를 할 수 있다.

	A	B	C	D	E	F	G	H	I	J
1										
2		번호	이름	국어	영어	수학	총점	평균	석차	
3		1	이영심	100	80	78	258	86.00	4	
4		2	박미의	85	89	90	264	88.00	3	
5		3	김태이	78	89	98	265	88.33	1	
6		4	박재석	100	85	80	265	88.33	1	
7		5	손현성	78	85	80	243	81.00	6	
8		6	최성숙	65	98	78	241	80.33	7	
9		7	원순경	75	85	88	248	82.67	5	
10										

04 '이름' 항목을 열어 '손현성'을 선택하면 다음과 같이 '손현성'이 입력된 셀을 포함하는 레코드만 추출된다. 3행~6행, 8행~9행은 감춰진다.

	A	B	C	D	E	F	G	H	I
1									
2		번호	이름	국어	영어	수학	총점	평균	석차
7		5	손현성	78	85	80	243	81.00	6
10									
11									
12									
13									
14									
15									

05 이번에는 총점이 245점 이상, 265점 이하인 학생의 레코드만 추출해 보자. 총점 필드의 목록 단추를 클릭하여 [숫자필터] – [사용자 지정 필터]를 선택하여 다음과 같이 입력한다. 총점이 '245점 이상이면서 265점 이하'이어야 하므로 '그리고(A)'를 선택해야 한다. 만약 '또는(O)'을 선택하면 '총점이 245점 이상이거나 혹은 265점 이하'이므로 모든 레코드가 필터링 되어 원본과 같다.

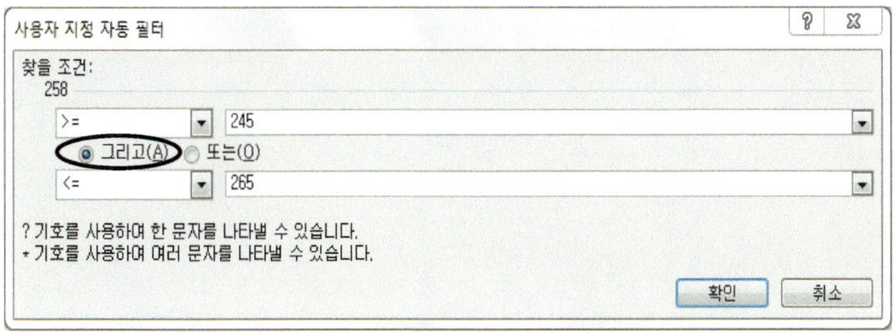

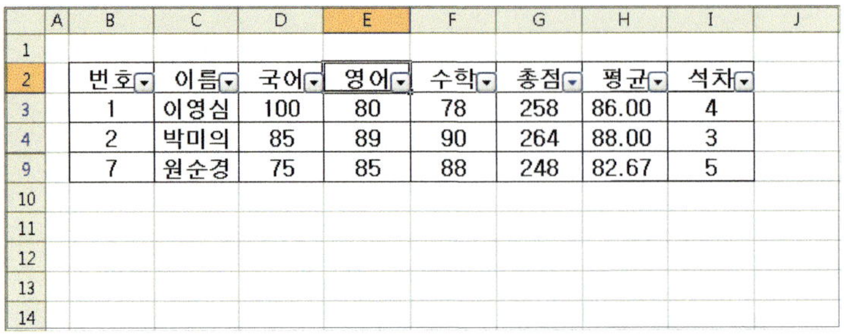

번호	이름	국어	영어	수학	총점	평균	석차
1	이영심	100	80	78	258	86.00	4
2	박미의	85	89	90	264	88.00	3
7	원순경	75	85	88	248	82.67	5

06 이번에는 수학 점수가 80점, 90점인 학생만 필터링 해 보자. 이번에는 수학 점수가 80점이든지 아니면 90점인 학생만 필터링 하기 때문에 '또는(O)'을 선택해야 한다. 만약 '그리고(A)'를 선택하면 '수학점수가 80점이면서 동시에 90점'인 점수는 없으므로 레코드가 한 개도 필터링 되지 않을 것이다.

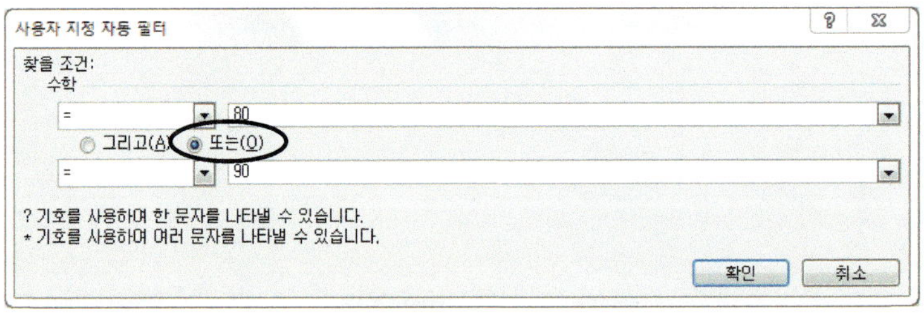

07 수학 점수가 80점 혹은 90점인 학생의 레코드만 추출되었다.

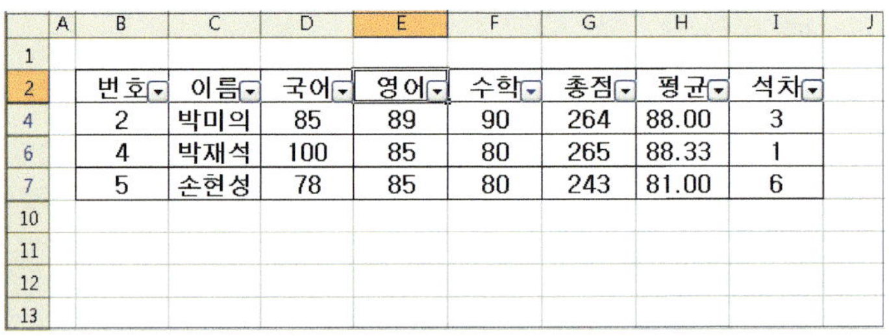

번호	이름	국어	영어	수학	총점	평균	석차
2	박미의	85	89	90	264	88.00	3
4	박재석	100	85	80	265	88.33	1
5	손현성	78	85	80	243	81.00	6

2 고급필터

여러 개의 조건을 동시에 주거나, 레코드의 항목을 다 표시하지 않고 원하는 항목만 필터링 된 결과를 보고 싶을 때는 고급필터를 사용하면 된다.

고급필터를 하려면 조건이 테이블 상에 입력되어 있어야 하는데 조건을 입력할 때는 AND는 같은 행에, OR는 다른 행에 해야 한다.

(AND 조건 : 수학 〉= 80이고 국어 〉 90)

수학	국어
〉=80	〉90

(OR 조건 : 수학 〉= 80이거나 국어 〉 90)

수학	국어
〉=80	
	〉90

01 고급 필터를 적용하려면 워크시트에 검색 조건을 입력하고 데이터 목록 범위 내의 임의의 셀을 선택한 후 [데이터] 탭 - [정렬 및 필터] 그룹 - [고급]을 클릭한다.

02 수학점수가 80점 이상, 국어가 90을 넘는 학생만 필터링한다.(조건의 범위는 B11부터 시작, 결과는 B14부터 나타낸다) 고급 필터 창이 뜨면 아래와 같이 입력한다.

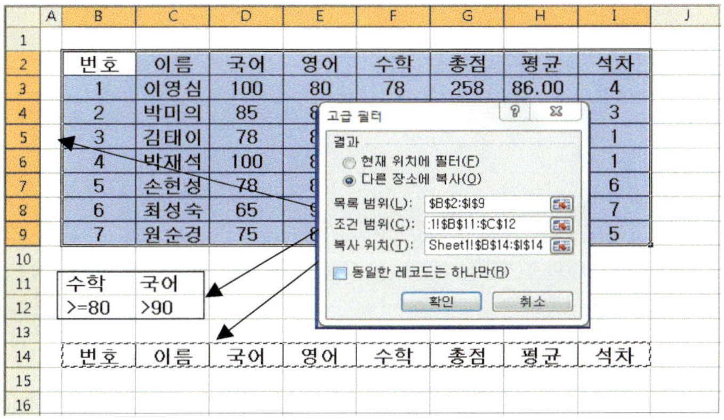

03 두 조건을 다 만족하는 경우는 단 한 사람 밖에 없다.

	A	B	C	D	E	F	G	H	I	J
1										
2		번호	이름	국어	영어	수학	총점	평균	석차	
3		1	이영심	100	80	78	258	86.00	4	
4		2	박미의	85	89	90	264	88.00	3	
5		3	김태이	78	89	98	265	88.33	1	
6		4	박재석	100	85	80	265	88.33	1	
7		5	손현성	78	85	80	243	81.00	6	
8		6	최성숙	65	98	78	241	80.33	7	
9		7	원순경	75	85	88	248	82.67	5	
10										
11		수학	국어							
12		>=80	>90							
13										
14		번호	이름	국어	영어	수학	총점	평균	석차	
15		4	박재석	100	85	80	265	88.33	1	
16										

7.5 부분합(Subtotal)

부분합은 특정 항목을 기준으로 분류된 데이터를 항목별로 계산하는 기능으로 부분합을 이용하면 그룹별 합계, 평균 등을 쉽게 구할 수 있다. 부분합을 실행하기 전에 분류할 항목별로 정렬이 되어 있어야 하고, 부분합에서 사용할 수 있는 함수는 합계, 개수, 평균, 최대값, 최소값, 곱, 숫자 개수, 표본 표준 편차, 표준 편차, 표본 분산, 분산 등이 있다.

01 부분합의 기준이 되는 필드를 정렬하고, [데이터] 탭 - [윤곽선] 그룹 - [부분합]을 클릭한다.

02 [부분합] 대화상자에서 그룹화 할 항목, 사용할 함수, 부분합 계산 항목 등을 선택한다.

03 다음에서 '이름'별로 각 과목의 합계를 구해본다.

	A	B	C	D	E	F	G	H	I	J
1										
2		번호	이름	구분	국어	영어	수학	총점	평균	석차
3		1	이영심	중간	100	80	78	258	86.00	4
4		1	이영심	기말	85	87	80	252	84.00	6
5		2	박미의	중간	85	89	90	264	88.00	3
6		2	박미의	기말	78	80	81	239	79.67	7
7		3	김태이	중간	78	89	98	265	88.33	1
8		3	김태이	기말	85	88	80	253	84.33	5
9		4	박재석	중간	100	85	80	265	88.33	1
10		4	박재석	기말	89	78	70	237	79.00	8
11										

04 [데이터] 탭 - [윤곽선] 그룹 - [부분합]을 선택한다. 그룹화 할 항목은 '이름', 함수는 '합계', 계산항목은 '국어', '영어', '수학', '총점'을 선택한다.

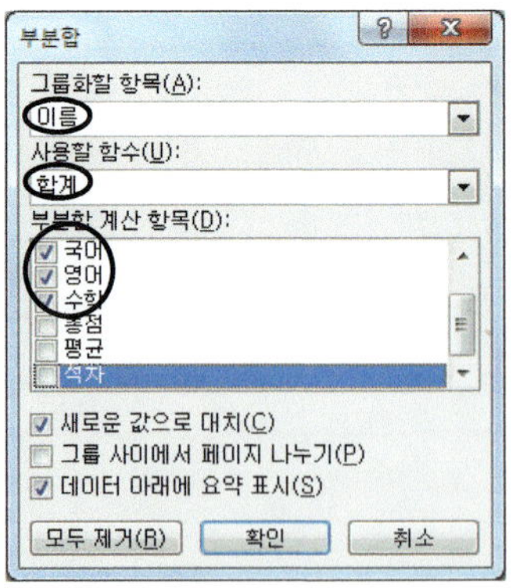

05 학생의 이름별로 부분합이 구해지고, 친절하게도 제일 마지막 행에는 총 합계도

구해짐을 알 수 있다.

번호	이름	구분	국어	영어	수학	총점	평균	석차
1	이영심	중간	100	80	78	258	86.00	7
1	이영심	기말	85	87	80	252	84.00	9
이영심 요약								
2	박미의	중간	85	89	90	264	88.00	6
2	박미의	기말	78	80	81	239	79.67	10
박미의 요약								
3	김태이	중간	78	89	98	265	88.33	4
3	김태이	기말	85	88	80	253	84.33	8
김태이 요약								
4	박재석	중간	100	85	80	265	88.33	4
4	박재석	기말	89	78	70	237	79.00	11
박재석 요약								
총합계								

06 화면 왼쪽의 ⊟ 단추를 조절하면 '합계'만을 볼 수도 있다.

번호	이름	구분	국어	영어	수학	총점	평균	석차
이영심 요약			185	167	158	510		
박미의 요약			163	169	171	503		
김태이 요약			163	177	178	518		
박재석 요약			189	163	150	502		
총합계			700	676	657	2033		

07 부분합을 제거하려면, 부분합이 표시된 데이터 목록을 범위 지정하고, [데이터] 탭 - [윤곽선] 그룹 - [부분합]을 클릭한 후 [부분합] 대화상자에서 〈모두 제거〉를 클릭한다.

7.6 피벗 테이블(Pivot Table)

Pivot의 사전적 의미로는 중심점 혹은 요점이다. 즉 특정 데이터를 중심으로 다양한 형태의 표(table)를 추출하여 데이터베이스를 요약, 분석할 수 있도록 하는 기능이다. 방대한 자료가 입력된 데이터베이스일수록 그 진가를 발휘할 수 있다.

1 피벗 테이블 만들기

01 [삽입] 탭 - [표] 그룹 - [피벗 테이블]을 클릭하고, [피벗 테이블 만들기] 대화상자에서 데이터의 범위와 테이블 보고서가 나타날 위치를 지정한다.

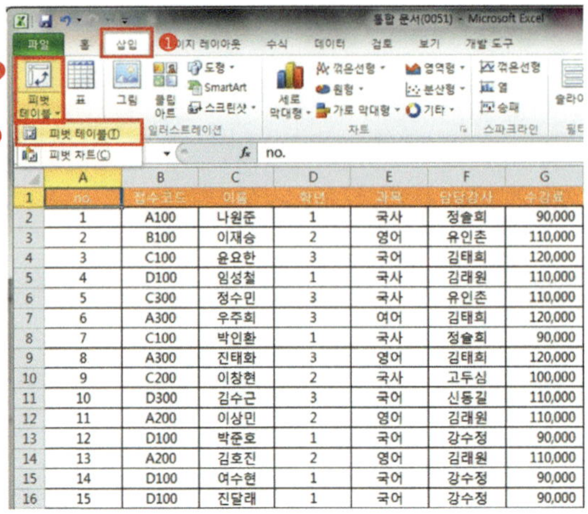

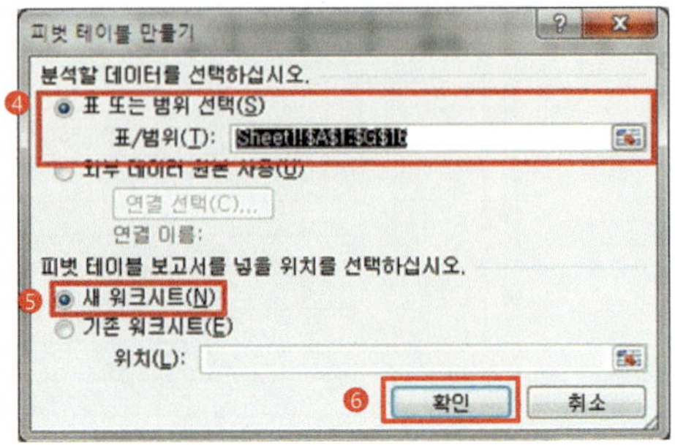

02 [피벗 테이블 필드 목록] 창에서 보고서에 추가할 필드를 오른쪽 아래의 보고서 필터, 열 레이블, 행 레이블, 값 목록 상자로 드래그하여 피벗 테이블 레이아웃을 완성한다.

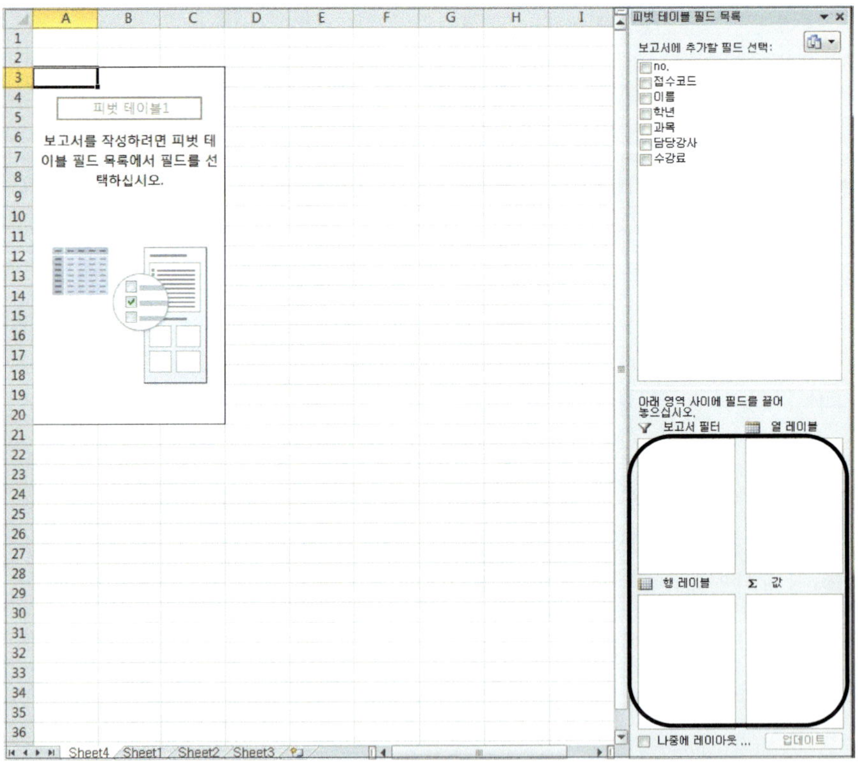

2 피벗 테이블 수정하기

01 [피벗 테이블 도구] - [옵션] 탭

피벗 테이블의 옵션, 필드 설정, 그룹, 정렬 등의 설정과 피벗 차트를 삽입할 수 있다.

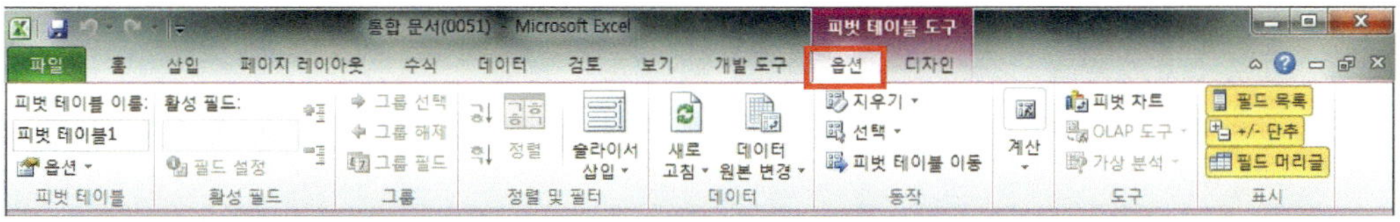

02 [피벗 테이블 도구] - [디자인] 탭

피벗 테이블의 레이아웃이나 스타일을 빠르게 지정 가능하다.

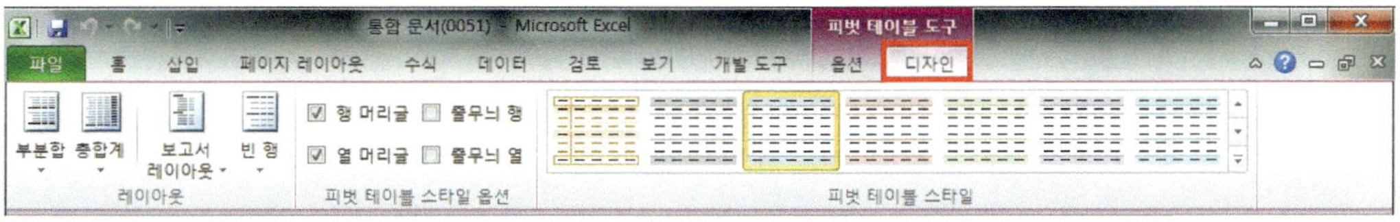

03 필드 이동, 삭제, 추가하기

- 필드 이동 : [피벗 테이블 필드 목록] 창에서 해당 필드를 선택하고, 원하는 위치로 드래그 하거나 각 영역 창에 있는 필드를 클릭하여 다른 레이블로 이동할 수 있는 메뉴를 선택한다.
- 필드 삭제 : [피벗 테이블 필드 목록] 창의 각 영역에서 삭제하려는 필드를 클릭하여 [필드 제거]를 선택하거나 '보고서에 추가할 필드 선택' 영역에서 필드 선택을 취소한다.
- 필드 추가 : '보고서에 추가할 필드 선택' 영역에서 해당 필드를 원하는 위치로 드래그 하거나 마우스 오른쪽 버튼을 눌러 추가하려는 영역을 선택한다.

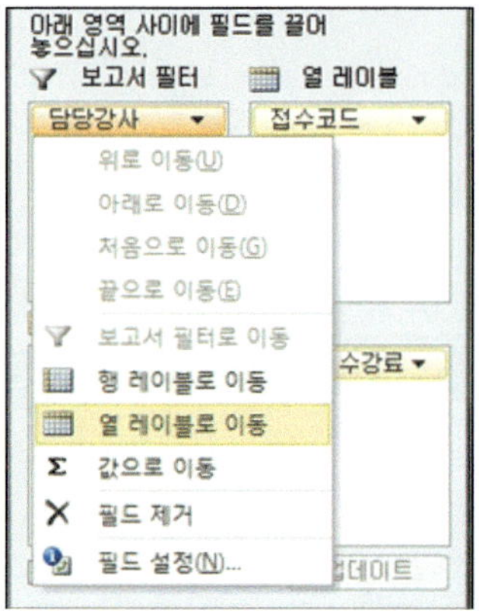

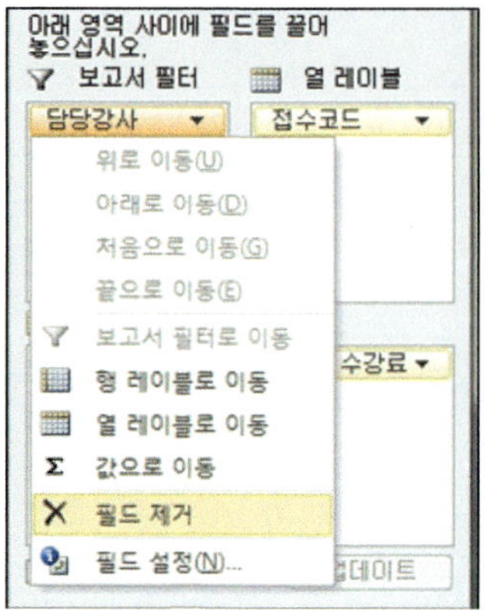

04 값 요약 기준과 값 표시 형식 변경하기

- 값 요약 기준을 변경 : 하나의 데이터 값 선택 → [피벗 테이블 도구] - [옵션] 탭 - [계산] 그룹 - [값 요약 기준] 클릭 → 원하는 함수 선택
- 값 표시 형식을 변경 : [피벗 테이블 도구] - [옵션] 탭 - [계산] 그룹 - [값 표시 형식] 클릭 → 표현하려는 표시 형식 선택

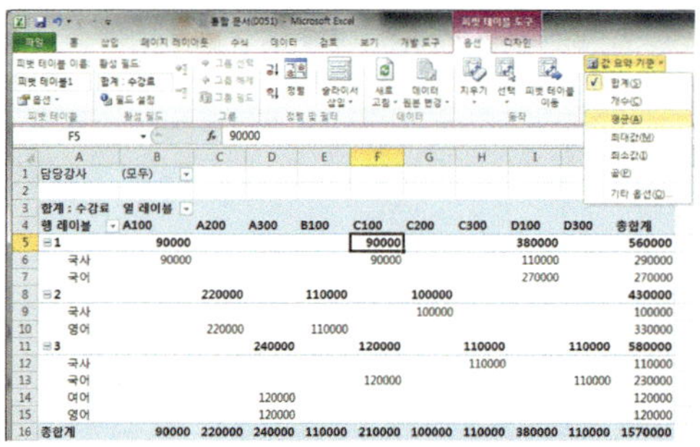

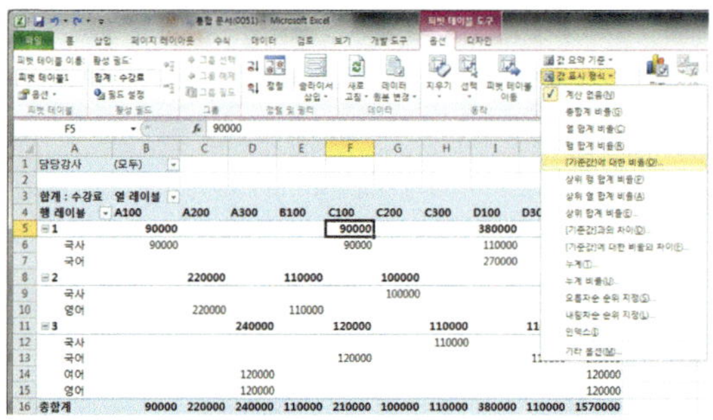

05 필드 항목 그룹화 및 필터링하기

- 항목을 그룹화 : 피벗 테이블에서 그룹화 할 값 하나를 선택 → [피벗 테이블 도구] - [옵션] 탭 - [그룹] 그룹 - [그룹 선택] 클릭 → [그룹화] 대화상자에서 원하는 단위 설정
- 항목 필터링 : 행 레이블 또는 열 레이블의 필터 단추를 클릭 → 보여줄 항목 선택

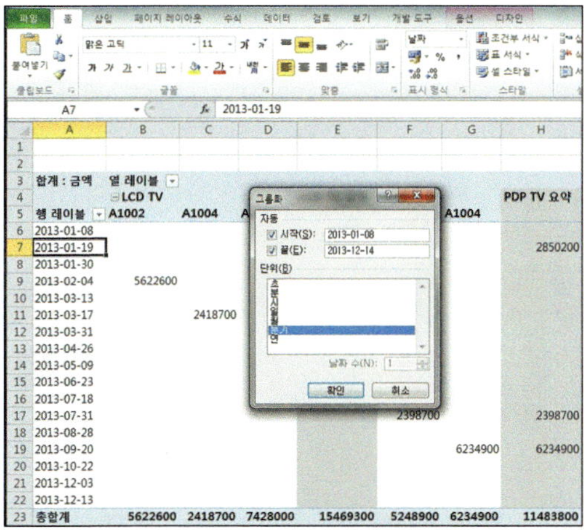

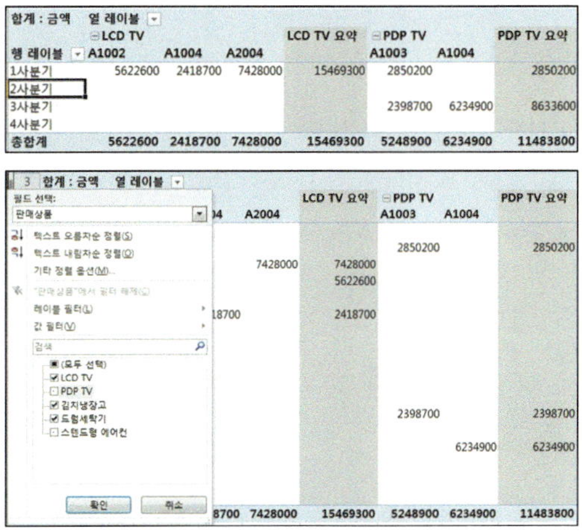

3 슬라이서 사용하기

슬라이서는 2010의 새로운 기능으로 피벗 테이블 보고서에서 많은 양의 데이터를 필터링해 준다. 슬라이서는 별도의 필터 창을 열어 더욱 편리하게 사용할 수 있다.

01 피벗 테이블에서 임의의 셀을 선택하고, [피벗 테이블 도구] – [옵션] 탭 – [정렬 및 필터] 그룹에서 슬라이서 삽입을 클릭한다.

02 [슬라이서 삽입] 대화상자에서 해당 필드를 선택한다.

03 [슬라이서 도구] – [옵션] 탭 – [슬라이서 스타일] 그룹에서 스타일을 선택한다.

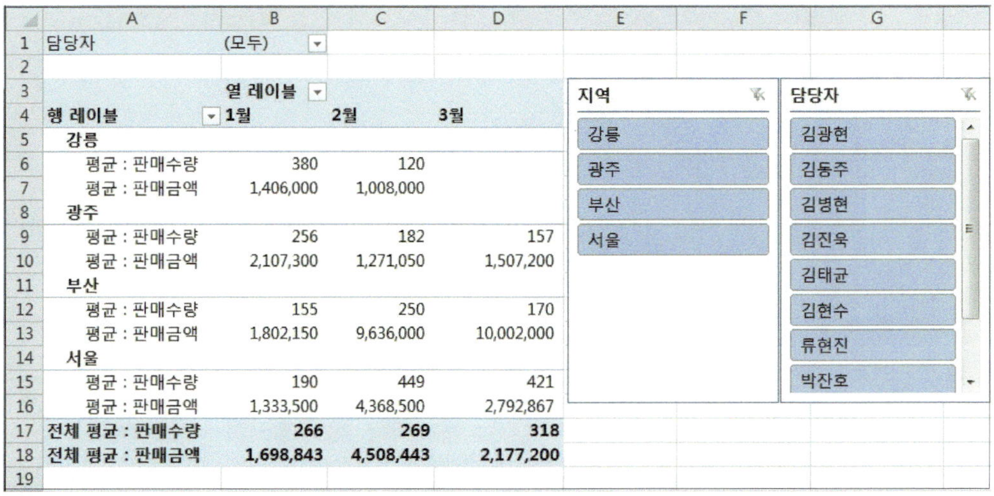

7.7 피벗 차트(Pivot Chart)

피벗 차트는 피벗 테이블을 요약하고 분석한 데이터를 시각화하여 그래프로 표시한 것이다. 피벗 테이블의 레이아웃이나 표시되는 세부 항목 등이 바뀌면 차트도 자동으로 갱신되어 나타난다.

01 [피벗 테이블 도구] - [옵션] 탭 - [도구] 그룹 - [피벗 차트]를 클릭한다.

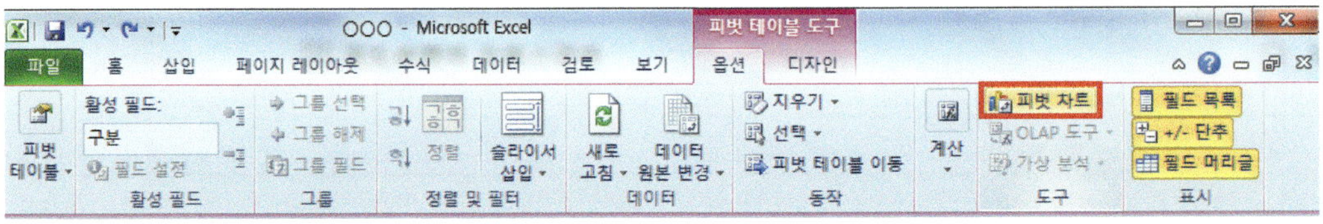

02 [차트 삽입] 대화상자에서 차트 종류를 선택하면, 피벗 차트가 만들어지고 필드 단추를 이용하여 데이터를 필터링할 수 있다.

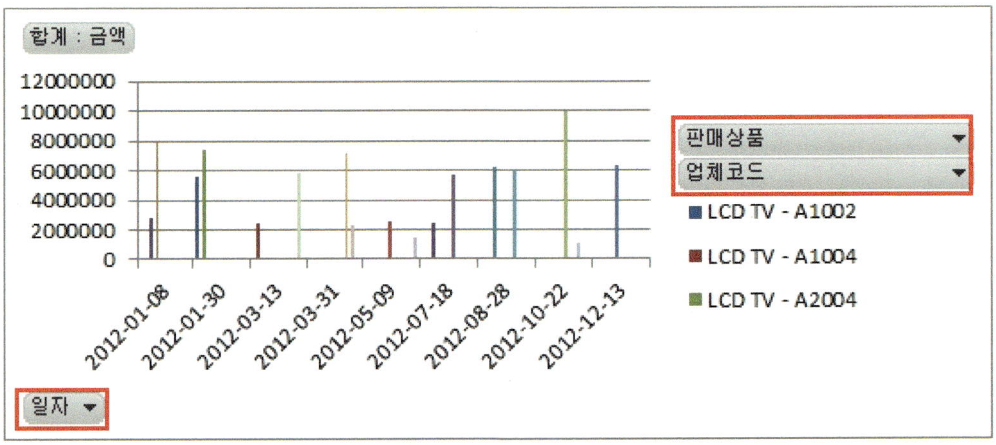

03 피벗 차트의 서식을 변경하려면, [피벗 차트 도구]에서 [디자인], [레이아웃], [서식], [분석] 탭의 다양한 명령을 이용한다.

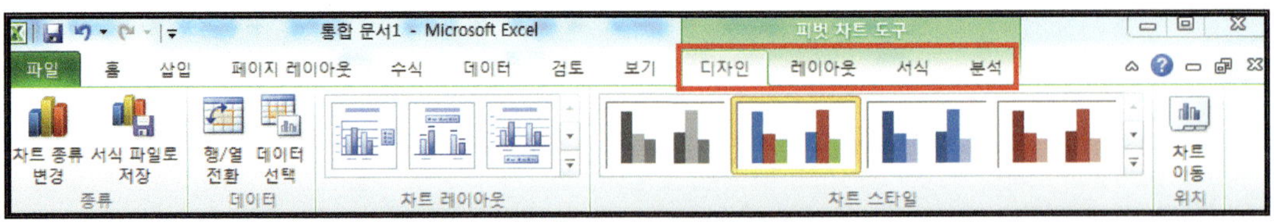

7.8 텍스트 나누기

하나의 셀에 여러 개의 값이 쉼표나 공백 등으로 구분되어 입력되어 있을 경우에 한해서 텍스트 나누기 기능을 사용하면 값들이 각각 하나의 셀에 표시되도록 할 수 있다.

예를 들어 한 셀에 있는 주소와 우편번호를 두 셀로 나누기를 해본다.

01 텍스트가 있는 셀을 선택하고, [데이터] 탭 – [텍스트 나누기]를 클릭한다.

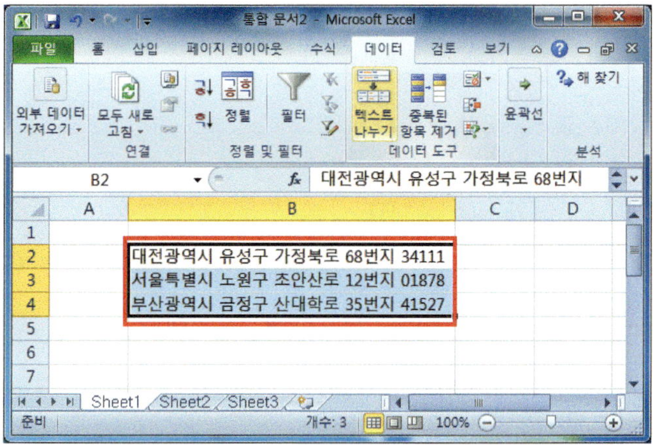

02 [텍스트 마법사 – 3단계 중 1단계] 대화 상자에서 '너비가 일정함'을 선택한 후, [다음] 단추를 클릭한다.

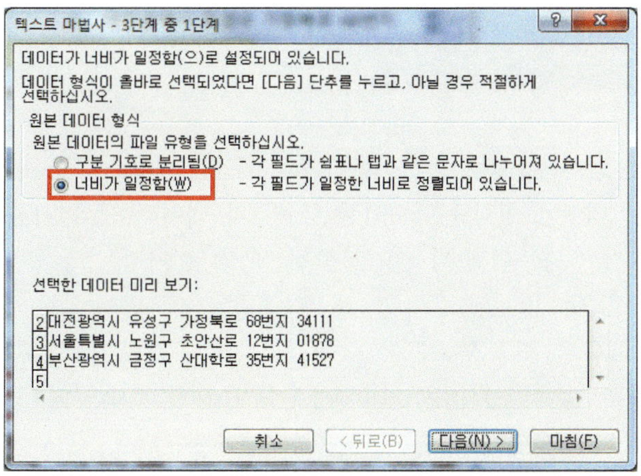

03 [텍스트 마법사 – 3단계 중 2단계] 대화 상자에서 '데이터 미리 보기'에서 눈금자의 열의 위치를 각각 클릭하여 열 구분선을 '33'에 지정한 후, [다음] 단추를 클릭한다.

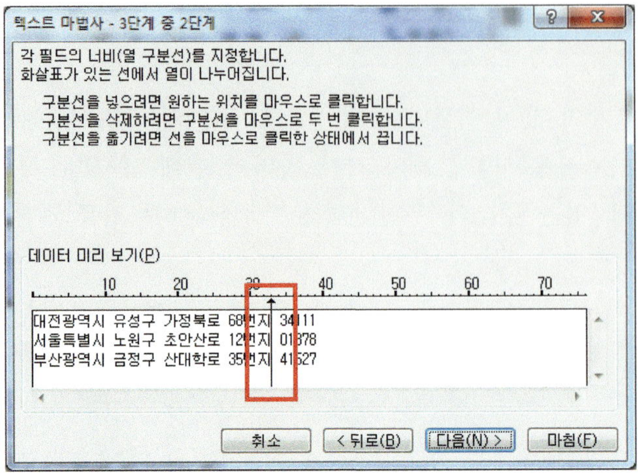

04 [텍스트 마법사 – 3단계 중 3단계] 대화 상자에서 데이터 미리 보기를 확인하고, 열 데이터 서식의 '일반'을 선택한 후, [마침] 단추를 클릭한다.

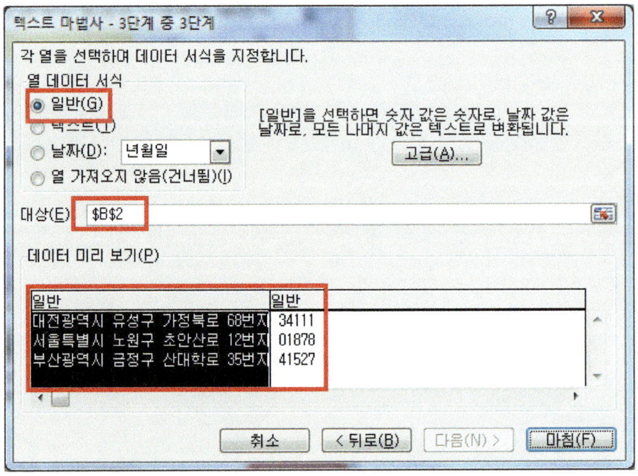

- 열 데이터 형식 : 나누어질 항목들의 데이터 서식 지정
- 대상 : 나누어질 항목이 복사될 셀 범위 지정

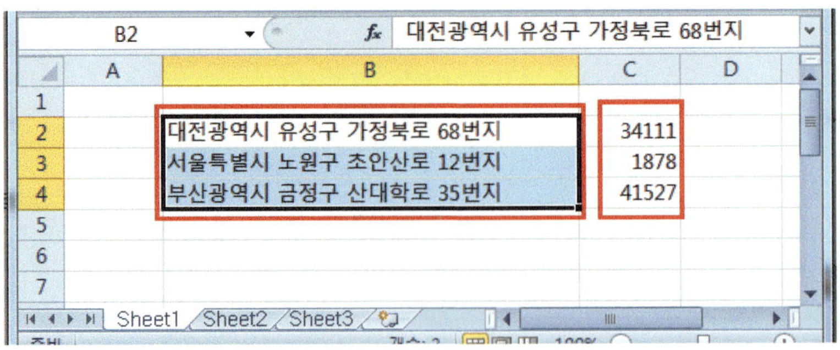

e~Test 실전 문제(5) 차트 작성과 데이터베이스 기능 사용하기(2)

보 기

	A	B
1		
2		
3	행 레이블	
4	곡물	
5	최대값 : 2005년	187.9
6	최대값 : 2006년	217.3
7	최대값 : 2007년	220.6
8	기타	
9	최대값 : 2005년	147.1
10	최대값 : 2006년	183.4
11	최대값 : 2007년	182.2
12	청과물	
13	최대값 : 2005년	263.3
14	최대값 : 2006년	224.8
15	최대값 : 2007년	301
16	축산물	
17	최대값 : 2005년	167.3
18	최대값 : 2006년	171.2
19	최대값 : 2007년	156
20	전체 최대값 : 2005년	263.3
21	전체 최대값 : 2006년	224.8
22	전체 최대값 : 2007년	301
23		

[피벗 테이블 형태]

처리사항 [피벗 테이블 작성하기] 배점 : 3번(23점)

※ 데이터 시트의 A1~E17셀을 이용하여 3번을 작성하시오.

3. 표(**A1~E17**셀)를 이용하여 피벗 테이블을 작성하시오.

1) 아래 조건으로 피벗 테이블을 작성하시오.

- 피벗 테이블 보고서 작성 위치 : 새 워크시트
- 피벗 테이블 레이아웃

  행 레이블 : 구분, Σ 값

  Σ 값 : 2005년, 2006년, 2007년

  (함수 : 최대값)
- 시트명은 '피벗'으로 입력

[답안 따라하기]

3 피벗 테이블 작성하기(배점 23점)

01 사용할 데이터의 [A1] 셀 또 [A1:E17] 셀까지 블록 지정하고 [삽입] 탭 - [표] 그룹 - [피벗 테이블] - [피벗 테이블]을 클릭한다.

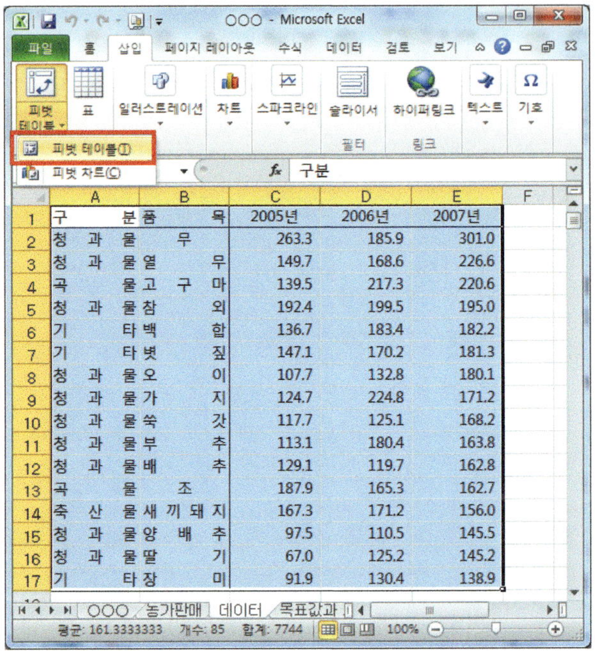

02 [피벗 테이블 만들기] 대화 상자에서 '표/범위' 영역을 확인한 후, 피벗 테이블 보고서를 넣을 위치를 '새 워크시트'로 선택하고 [확인] 단추를 클릭한다.

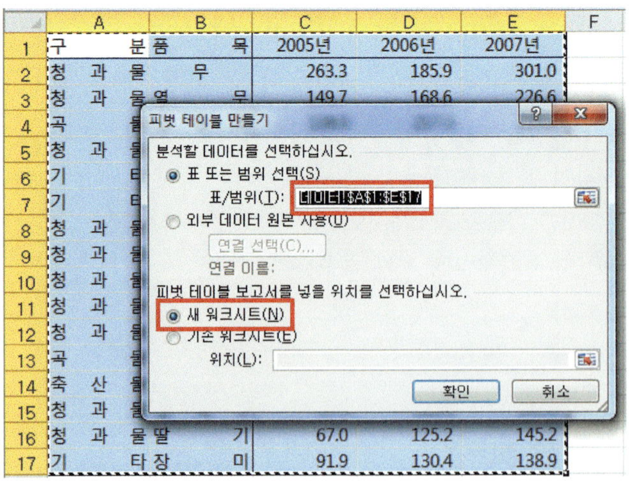

03 새로운 'Sheet1' 시트가 삽입되면서 피벗 테이블의 모습과 필드 목록 창이 표시된다.

04 피벗 테이블 필드 목록을 이용하여 피벗 테이블의 레이아웃을 작성한다. 보고서에 추가할 필드 선택에 있는 '구분'을 체크 표시하고 '열 레이블'로 드래그하여 이동한다.

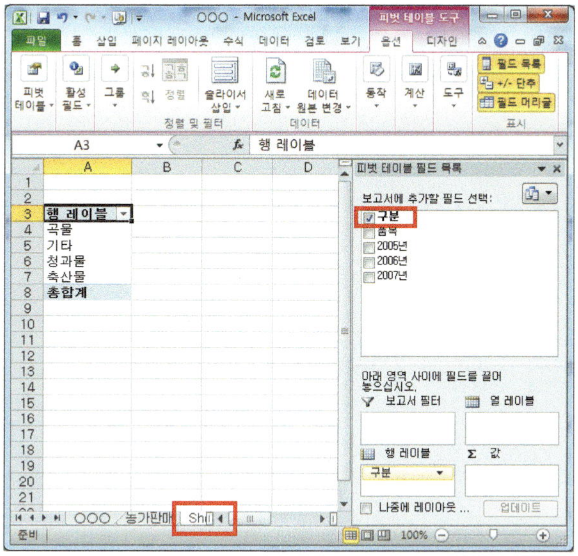

05 같은 방법으로 '2005년, 2006년, 2007년'에 체크 표시하면 'Σ 값'에 표시된다.

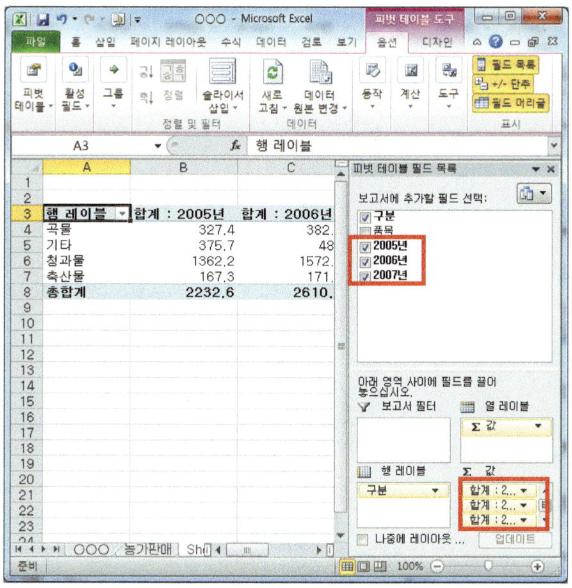

06 계속해서 열 레이블에 생성된 'Σ 값'을 '행 레이블'로 드래그하여 이동한다.

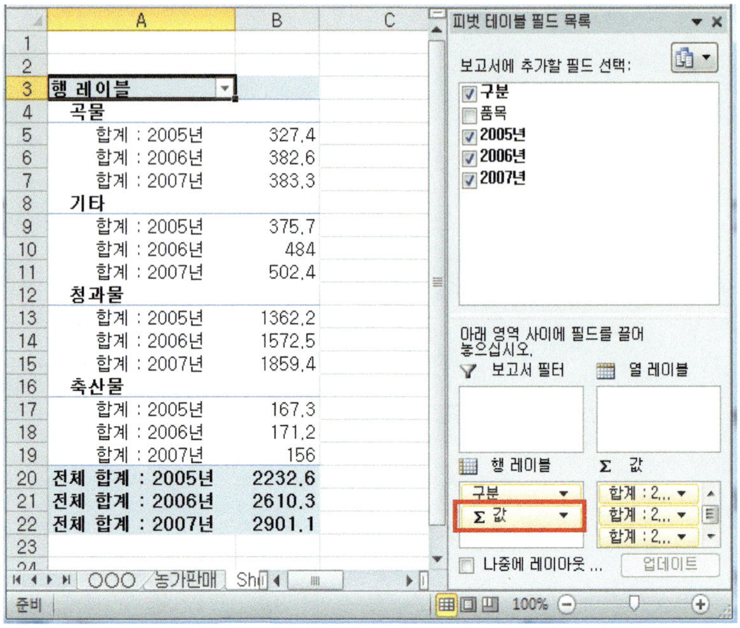

07 Σ 값의 목록 중에서 '합계 : 2005...'을 선택한 후, [값 필드 설정] 메뉴를 선택한다.

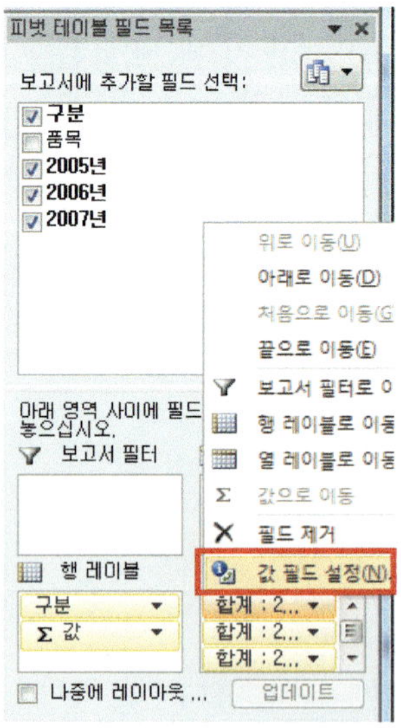

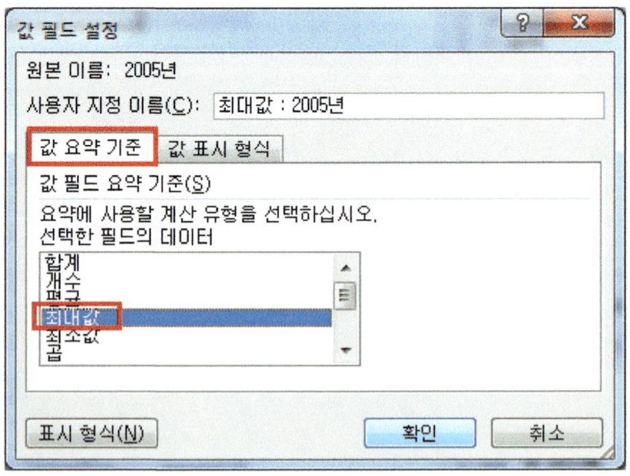

08 [값 필드 설정] 대화 상자가 나타나며 [값 요약 기준] 탭 - [선택한 필드의 데이터]에서 '최대값'을 선택하고 [확인] 단추를 클릭한다.

09 같은 방법으로 '2006년, 2007년'의 필드를 '최대값'으로 각각 바꿔준다. 그리고 시트 이름을 변경하기 위해 'sheet1' 시트에서 더블 클릭하고 시트 이름을 "피벗"이라고 입력한 후, Enter↵ 키를 누른다.

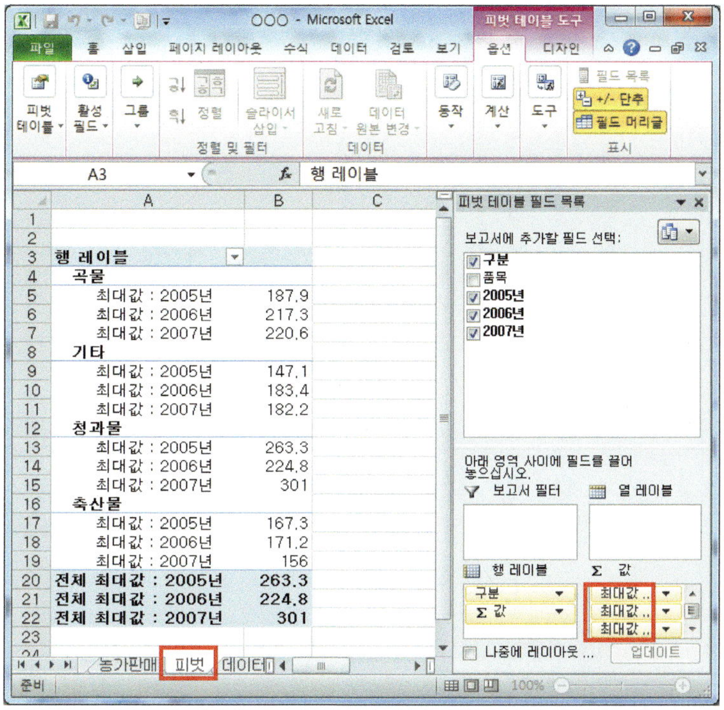

보 기

	A	B	C	D	E
19	구 분	품 목	2005년	2006년	2007년
20	축 산 물	새 끼 돼 지	167.3	171.2	156.0
21	축 산 물	돼 지	149.3	146.1	130.4
22	축 산 물	유우송아지	154.6	139.3	131.3
23	축 산 물	벌 꿀	141.2	132.8	130.3
24	**축산물 최대값**		167.3	171.2	156.0
25	청 과 물	가 지	124.7	224.8	171.2
26	청 과 물	참 외	192.4	199.5	195.0
27	청 과 물	무	263.3	185.9	301.0
28	청 과 물	부 추	113.1	180.4	163.8
29	청 과 물	열 무	149.7	168.6	226.6
30	청 과 물	오 이	107.7	132.8	180.1
31	청 과 물	고 추	99.5	130.2	116.3
32	청 과 물	포 도	103.0	128.7	126.6
33	청 과 물	딸 기	67.0	125.2	145.2
34	청 과 물	쑥 갓	117.7	125.1	168.2
35	**청과물 최대값**		263.3	224.8	301.0
36	곡 물	고 구 마	139.5	217.3	220.6
37	곡 물	조	187.9	165.3	162.7
38	**곡물 최대값**		187.9	217.3	220.6
39	**전체 최대값**		263.3	224.8	301.0
40					

[부분합 형태]

처리사항 **[부분합 작성하기] 배점 : 4번(20점)**

※ 데이터 시트의 A19~E35셀을 이용하여 4번을 작성하시오.

4. 표(**A19~E35**셀)를 이용하여 부분합을 작성하시오.(부분합 결과는 열 너비를 조절하지 않아도 됨)

1) 아래 조건으로 부분합을 구하시오.

- 정렬 : 정렬 기준은 '구분', '내림차순'으로 지정
- 그룹화 할 항목 : 구분
- 사용할 함수 : 최대값
- 부분합 계산 항목 : 2005년, 2006년, 2007년

[답안 따라하기]

4 정렬 및 부분합 작성하기(배점 20점)

01 부분합을 작성하기 전에 반드시 정렬 작업을 먼저 수행해야 한다.

02 [A19] 셀을 선택한 후, [데이터] 탭 - [정렬 및 필터] 그룹 - [(텍스트 내림차순 정렬)]을 클릭한다.

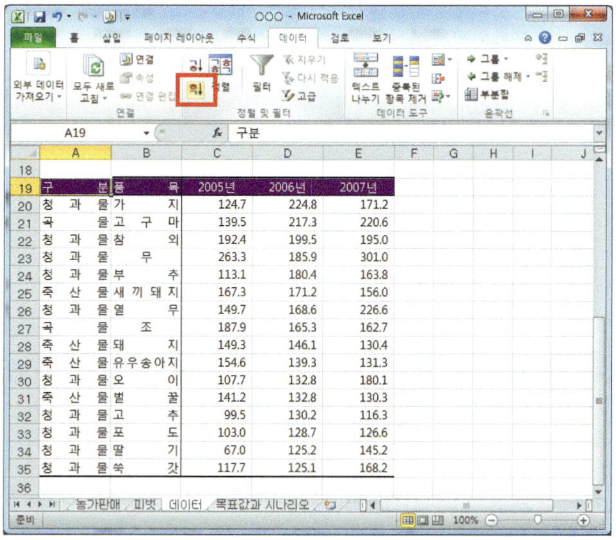

03 부분을 작성하기 위해 [A19] 셀을 선택한 후, [데이터] 탭 - [윤곽선] 그룹 - [부분합]을 클릭한다.

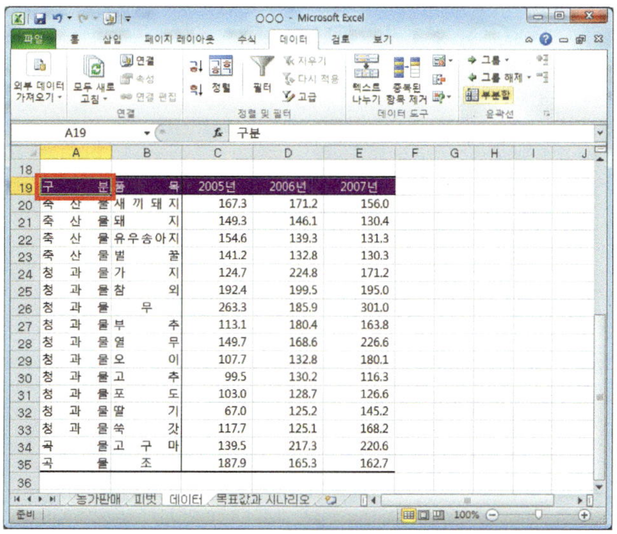

04 [부분합] 대화 상자에서 그룹화 할 항목은 '구분', 사용할 함수 '최대값', 부분합 계산 항목은 '2005년, 2006년, 2007년'을 체크 표시한 후, [확인] 단추를 클릭한다.

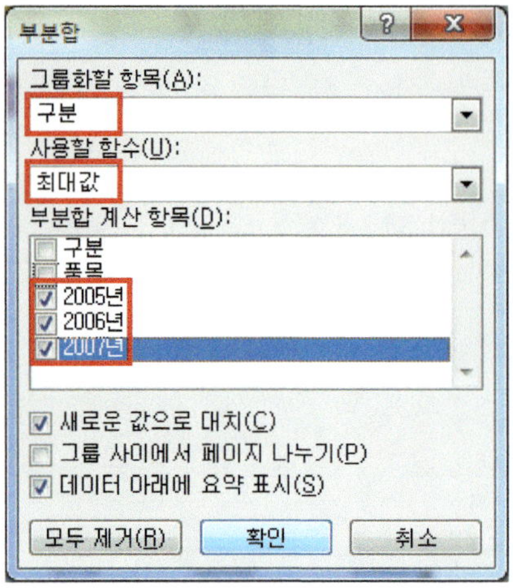

05 부분합의 완성된 결과를 확인한다.

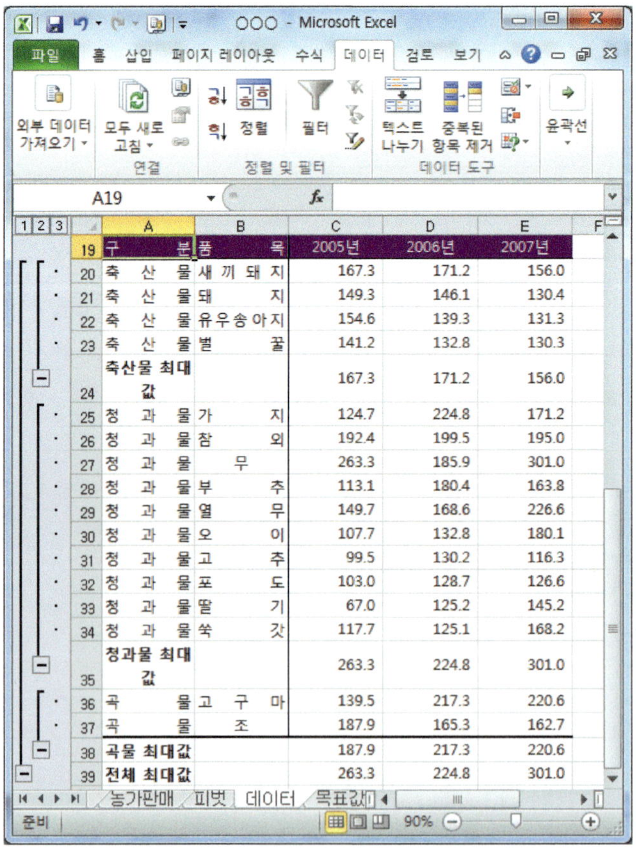

보 기

	J	K	L	M
1	품목	2005년	2006년	2007년
2	가지	124.7	224.8	171.2
3	고추	99.5	130.2	116.3
4	깻잎	82.4	87	118
5	딸기	67	125.2	145.2
6	무	263.3	185.9	301
7	배추	129.1	119.7	162.8
8	부추	113.1	180.4	163.8
9	시금치	88.7	123.9	120.8
10	쑥갓	117.7	125.1	168.2
11	양배추	97.5	110.5	145.5
12	열무	149.7	168.6	226.6
13	오이	107.7	132.8	180.1
14	참다래	123	121.2	112
15	참외	192.4	199.5	195
16	토마토	106	108.7	129.4
17	포도	103	128.7	126.6
18				

[텍스트 나누기 형태]

처리사항 **[텍스트 나누기] 배점 : 5번(15점)**

※ 데이터 시트의 J1~J17셀을 이용하여 5번을 작성하시오.

5. 표(J1~J17셀)를 이용하여 텍스트 나누기를 작성하시오.

   1) 아래 조건으로 텍스트 나누기를 작성하시오.

      - 원본 데이터 형식 : 너비가 일정함
      - 열 구분선 : 4개를 지정하여 5열로 나눔
        (구분선 지정 위치 : 6, 12, 18, 24)
      - 열 데이터 서식 : 두 번째 열은 열 가져오지 않음(건너뜀) 지정

[답안 따라하기]

5 텍스트 나누기(배점 15점)

01 텍스트를 나누기 위해 먼저 [J1:J17] 셀까지 블록을 지정한다.

02 텍스트 나누기를 하기 위해 [데이터] 탭 - [데이터 도구] 그룹 - [텍스트 나누기]를 클릭한다.

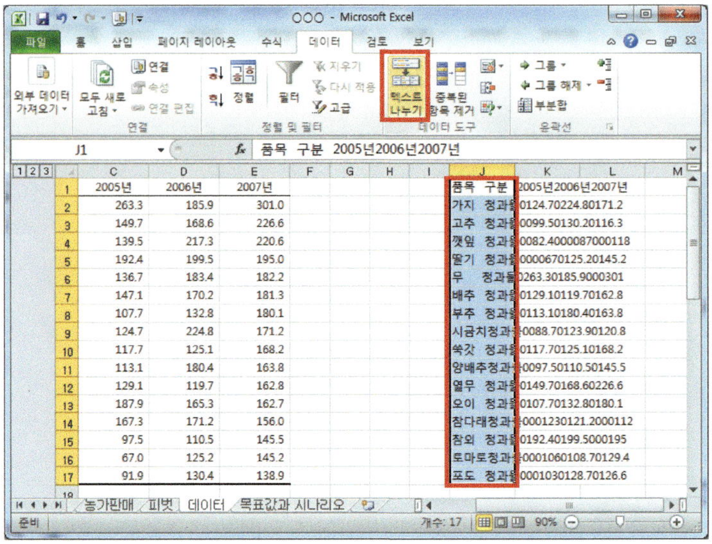

03 [텍스트 마법사 - 3단계 중 1단계] 대화 상자에서 '너비가 일정함'을 선택한 후, [다음] 단추를 클릭한다.

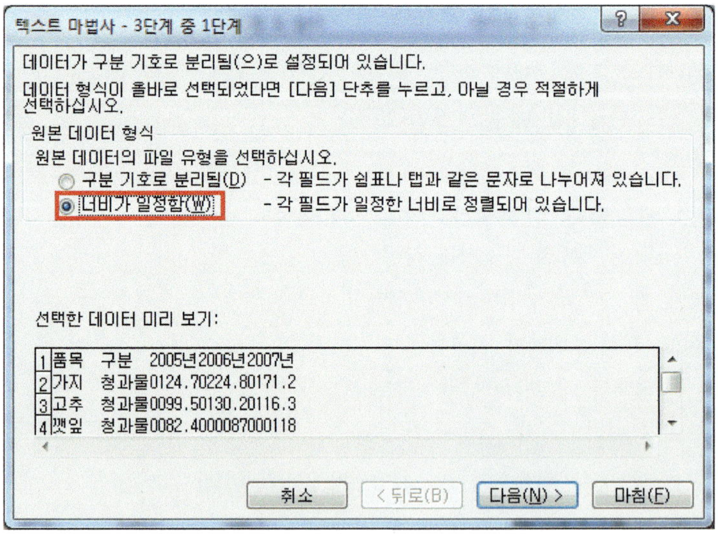

04 [텍스트 마법사 - 3단계 중 2단계] 대화 상자에서 '데이터 미리 보기'에서 눈금자의 '6, 12, 18, 24' 열의 위치를 각각 클릭하여 열 구분선을 지정한 후, [다음] 단추를 클릭한다.

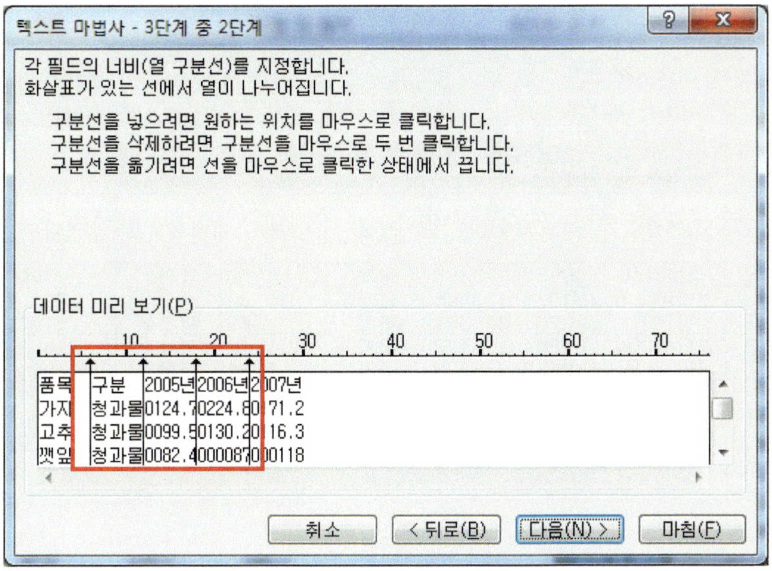

05 [텍스트 마법사 - 3단계 중 3단계] 대화 상자에서 데이터 미리 보기의 '두 번째' 열을 선택하고 열 데이터 서식의 '열 가져오지 않음(건너뜀)'을 선택한 후, [마침] 단추를 클릭한다.

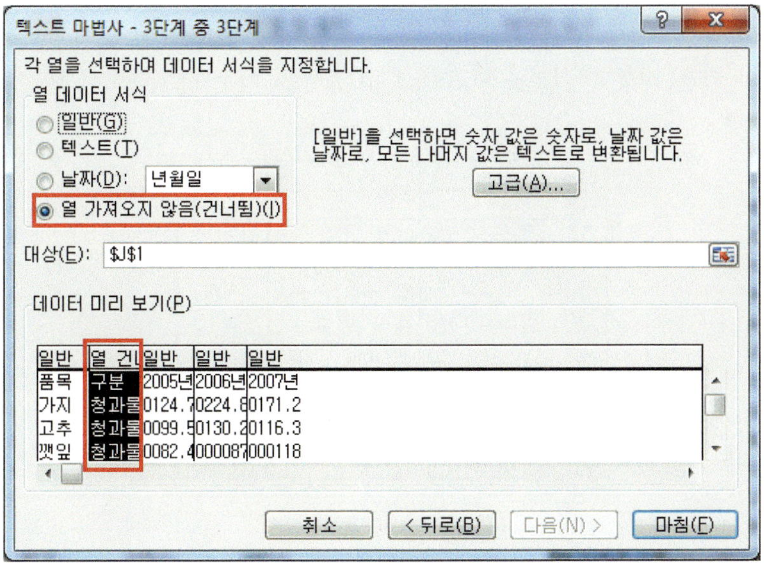

연습문제

[1] 다음을 입력한 다음 문제에 맞게 풀어보시오.

	A	B	C	D	E	F	G	H
1		2006년 신입사원 연봉						
2								
3	이름	전공	주민등록번호	성별	나이	배정부서	연봉	월지급액 단위(만원)
4	김영미	정보전산	760919-123456	남자	30	영업부	2300	190
5	장현주	멀티미디어	751014-123456	남자	31	홍보부	2000	160
6	김미정	경영학	540201-223547	여자	52	재무부	2100	170
7	김정혜	멀티미디어	650204-135478	남자	41	영업부	1800	150
8	김현희	정보전산	450613-135478	남자	61	영업부	1900	150
9	박태수	정보전산	650807-145675	남자	41	영업부	1800	150
10	손윤석	경영학	330207-245695	여자	73	영업부	1500	120
11	이근호	멀티미디어	780913-123254	남자	28	홍보부	2200	180
12	노서윤	경영학	851111-123456	남자	21	재무부	2500	200
13								

- 성별, 나이는 함수로 구하시오.
- 전공을 기준으로 내림차순 정렬을 하시오.
- '경영학' 전공인 사원 중 연봉 >= 1800 이상인 데이터만 추출하시오(자동필터).
- 자동필터의 결과에 표 서식을 적용하시오.(표 스타일 "밝게9")
- 전공별 배정부서에 따른 연봉의 평균을 부분 합을 이용하여 구하시오.
- 아래와 같은 피벗 테이블을 Sheet1의 [A17]셀을 기준으로 만드시오.

15	성별	(모두)	
16			
17	전공	데이터	합계
18	경영학	개수:이름	3
19		최대값:연봉	2500
20	멀티미디어	개수:이름	3
21		최대값:연봉	2200
22	정보전산	개수:이름	3
23		최대값:연봉	2300
24	전체 개수:이름		9
25	전체 최대값:연봉		2500
26			

[2] 다음 문제를 입력하고 풀어보시오.

제1작업 워크시트 작성

다음은 '전기 사용 내역'에 대한 자료이다. 보기와 같이 기초 데이터를 입력하고 주어진 작성 기준 및 조건에 따라 워크시트를 완성하시오.

[보기 1]

전기사용내역

사용기간(5/4 ~6/3)

호수	사용량 (Kw/h)	요금	추가요금	공급가액	세액	합계
101호	200	5,000	①	②	③	④
102호	99	3,990	①	②	③	④
103호	156	4,560	①	②	③	④
104호	135	4,350	①	②	③	④
105호	146	4,460	①	②	③	④
201호	250	5,500	①	②	③	④
202호	245	5,450	①	②	③	④
203호	299	5,990	①	②	③	④
204호	200	5,000	①	②	③	④
205호	163	4,630	①	②	③	④
합계	⑤	⑤	⑤	⑤	⑤	⑤

[보기 1 작성 조건]

1) 자료 입력 : 〈보기 1〉과 같이 원문자를 제외한 모든 데이터 및 유형을 작성함
2) 제목 : 셀 범위 B1:H1 사이에 두 줄로 〈보기 1〉과 같이 입력함
   돋움체 20포인트 : "전기사용내역"
   돋움체 14포인트 : "사용기간(5/4~6/3)"
   틀 선택 : 〈보기 1〉과 같음
3) 계산식 : 원문자로 표시된 셀은 반드시 다음과 같은 방법의 수식으로 입력함
   ① 추가요금 : 다음과 같은 조건에 따라 값을 구하는 VLOOKUP 함수를 사용함
      사용량이 1 ~ 50 사이이면 요금의 10%
      사용량이 51 ~ 100 사이이면 요금의 20%
      사용량이 101 ~ 150 사이이면 요금의 30%
      사용량이 151 ~ 200 사이이면 요금의 40%

사용량이 201 이상이면 요금의 50%

② 공급가액 = 요금 + 추가요금

③ 세액 = 공급가액의 10%

④ 합계 = 공급가액 + 세액

⑤ 합계 = 해당되는 수직 범위의 합계

4) 계산식 근거 : 셀 E4의 계산식을 셀 B44에 문자열로 입력함

5) 문자 셀 유형 : 〈보기 1〉과 같이 맞춤

6) 수치 셀 유형 :

콤마 형식의 정수로 표시

수평 맞춤 : 오른쪽으로 맞춤

7) 기타 유형 : 작성 조건을 명시하지 않은 유형은 〈보기 1〉과 같이 작성함

[보기 2]

구분	사용량	요금
최고사용량	⑥	⑥
최저사용량	⑦	⑦

[보기 2 작성 조건]

1) 계산식

원문자를 제외하고 〈보기 2〉와 같이 작성

원문자로 표시된 셀은 반드시 다음과 같은 방법의 수식으로 입력함.

⑥ 최고사용량 = C4:C13의 해당하는 최대값을 최대값 함수로 각각 입력

⑦ 최저사용량 = C4:C13의 해당하는 최소값을 최소값 함수로 각각 입력

2) 수치 셀 유형

수평 맞춤 : 오른쪽으로 맞춤

3) 기타 유형 : 작성 조건을 명시하지 않은 유형은 [보기 2]와 같이 작성함

제2작업 차트 작성

[보기 3]

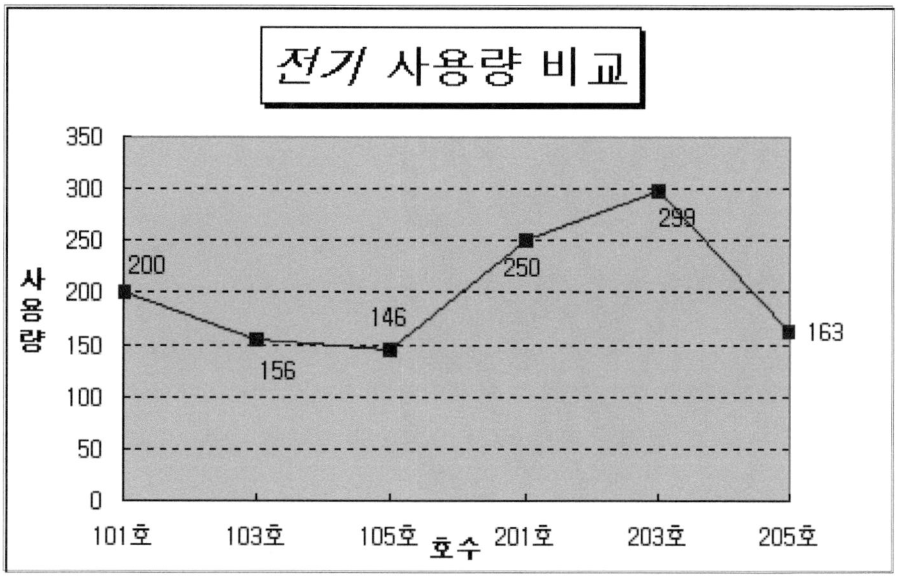

[보기 3 작성 조건]

1) 작성 위치 : 〈보기 3〉과 같이 범위 B22:G42 크기에 정확하게 맞춤
2) 차트 작성 데이터 : 〈보기 3〉과 같은 홀수 호수의 전기 사용량
3) 차트 제목 문자열 : 〈보기 3〉과 같음
4) 차트 제목 유형 : 돋움체 20포인트
5) 차트 그림 종류 : 꺾은선 그래프
6) X축 문자열 : 〈보기 3〉과 같이 해당되는 호수를 표시
7) X축 제목 : 〈보기 3〉과 같이 "호수"
8) Y축 제목 : 〈보기 3〉과 같이 "사용량"
9) Y축 눈금 숫자 : 〈보기 3〉과 같이 동일한 눈금 값으로 표시
10) 계열값의 표시 : 〈보기 3〉과 같이 꺾은선 위에 각각의 요소 값 표시
11) 그림 영역의 외곽선 및 수평 눈금선 : 〈보기 3〉과 같이 수평 눈금선 표시
12) 차트의 외곽선 : 〈보기 3〉과 같이 표시
13) 기타 유형 : 작성 조건을 명시하지 않은 유형은 〈보기 3〉과 같이 작성함

08 데이터 가상 분석

가상분석은 말 그대로 가상으로 미리 계획된 값을 기반으로 기존 데이터를 계획된 값으로 변경하기 위해 어떻게 해야 할지 미리 예상해 보는 것을 말한다. 가상 분석을 이용하면 아직 일어나지 않은 일이나, 변수가 있는 상황에서 값을 예측할 수 있다. 가상분석 도구로는 목표값 찾기, 시나리오, 데이터 표, 해 찾기 등 4가지 종류가 있다.

8.1 목표값 찾기

목표값이란 수식에서 주어진 결과를 바탕으로 입력 값을 찾는 방법이다. 엑셀은 목표값을 찾을 때 수식이 원하는 결과를 구할 때까지 지정한 셀에서 값을 바꿔가며 찾는다. 정해진 목표값을 찾기 위해 다른 셀의 값을 변경하는 것이다.

01 [데이터] 탭 - [데이터 도구] 그룹 - [가상 분석] - [목표값 찾기]를 클릭한다.

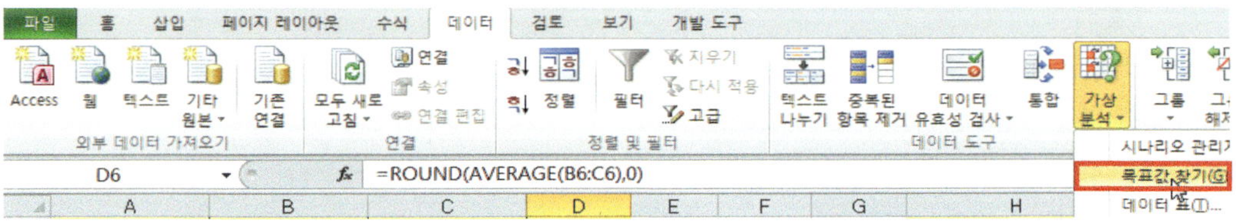

02 [목표값 찾기] 대화상자에서 [수식 셀]에 결과 값을 계산하는 수식이 있는 셀에 대한 참조를 입력한다.

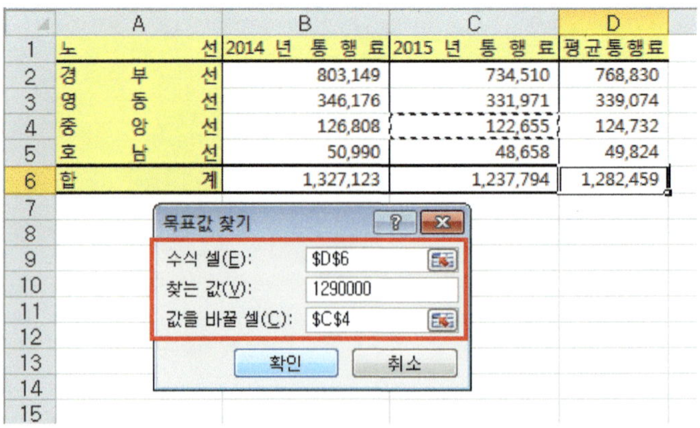

03 [찾는 값]에 원하는 결과값을 입력한다.

04 [값을 바꿀 셀]에 값을 바꾸어 목표값을 찾을 셀에 대한 참조를 입력한다.

05 [확인]을 클릭하면 값을 바꿀 셀에 목표값이 표시된다.

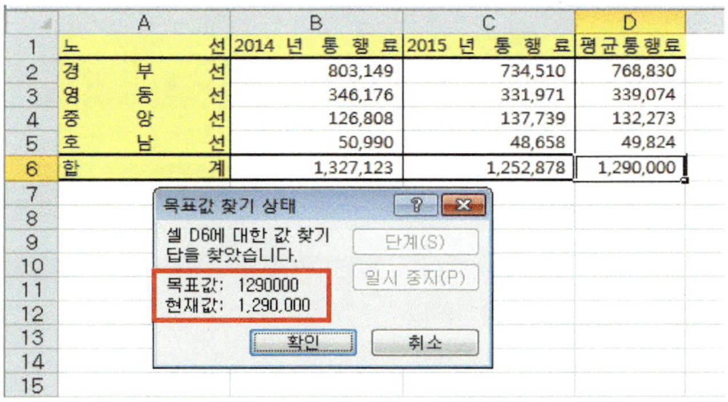

8.2 시나리오

가상분석 도구 중 하나로 자동으로 변경이 가능한 값의 집합으로 데이터 변수에 따른 여러 가지 수식결과를 시뮬레이터해 주는 기능으로 가상 시나리오를 추가하여 요약 보고서 등으로 결과를 확인할 수 있다.

01 시나리오를 사용할 데이터를 입력한다.

02 [데이터] 탭 - [데이터 도구] 그룹 - [가상 분석] - [시나리오 관리자]를 클릭한다.

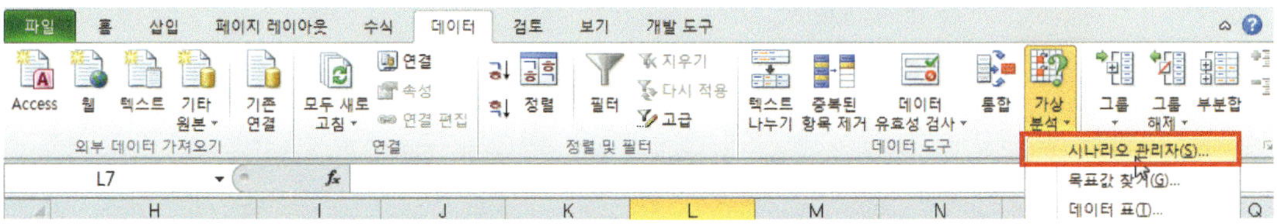

03 [시나리오 관리자]대화상자에서 [추가]를 클릭한다.

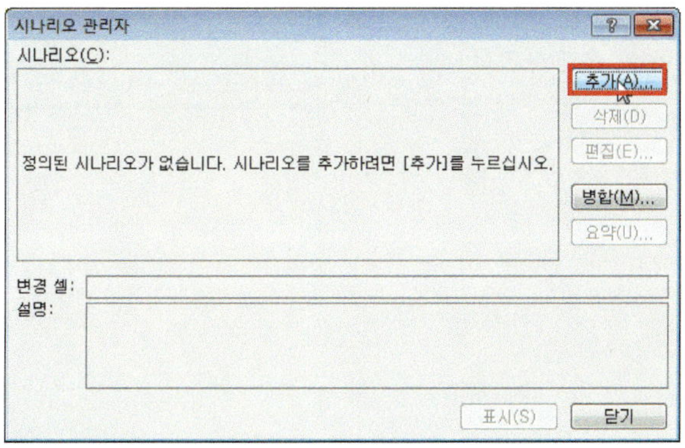

04 [시나리오 편집] 대화 상자에서 시나리오 이름을 입력하고 시나리오로 사용할 셀 참조를 [변경 셀]에 입력한다. 셀 주소가 절대값($K$2:$K$5)으로 자동으로 변경되면 [확인] 단추를 클릭한다.

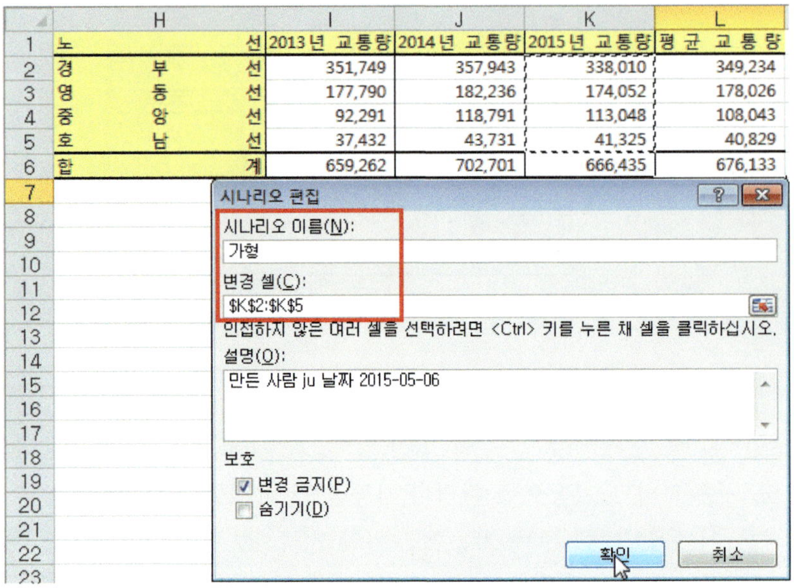

05 [시나리오 값] 대화 상자에는 셀의 현재 값이 기본적으로 표시된다. 셀의 현재 값을 시나리오의 한 개로 사용하려면 값을 그냥 두고 사용하지 않으려면 새 값을 입력한 후 [추가] 단추를 클릭한다.

변경셀	가형 변경 값	나형 변경 값
K2	340,000	345,000
K3	175,000	176,000
K4	114,000	115,000
K5	42,000	43,000

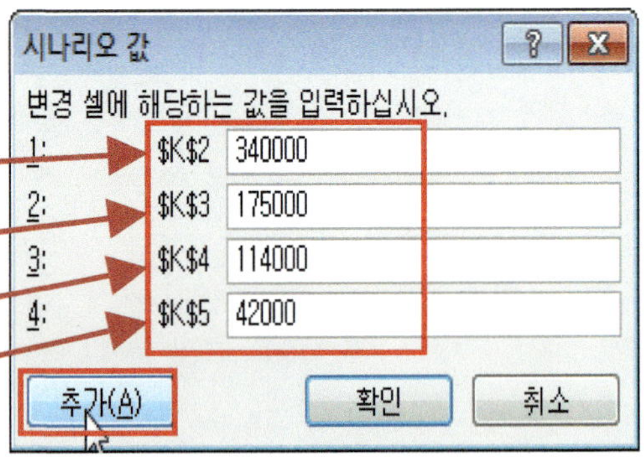

06 [시나리오 관리자] 대화 상자가 다시 나타나면 [요약] 단추를 클릭한다.

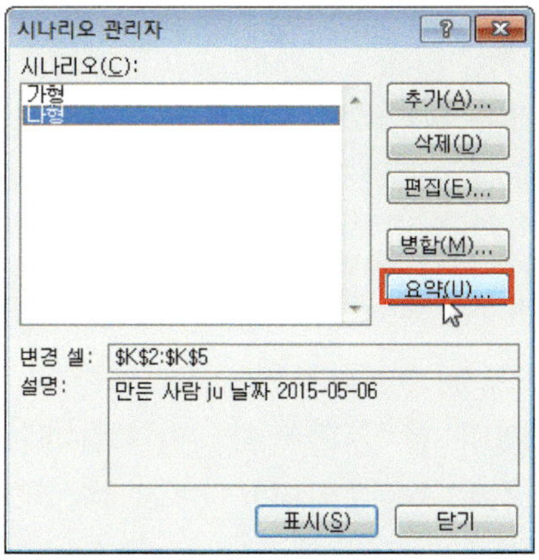

07 [시나리오 요약] 대화 상자에서 보고서 종류가 '시나리오 요약'으로 선택된 것을 확인하고 결과 셀은 [L6] 셀을 선택한다. [L6] 셀이 절대값($L$6)으로 표시되면 [확인] 단추를 클릭한다.

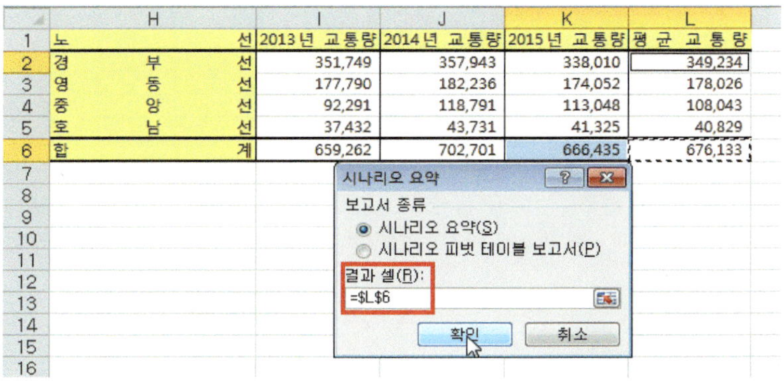

08 '목표값과 시나리오' 시트 앞에 '시나리오 요약' 시트가 추가 생성되면서 시나리오 결과를 확인할 수 있다.

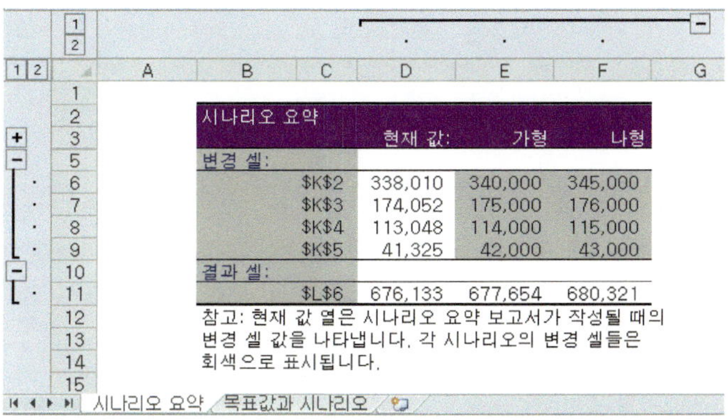

8.3 데이터 표

데이터 표는 수식의 특정 값을 변경하면 수식의 결과가 어떻게 달라지는지를 나타내는 셀 범위이다. 즉, 여러 상황들을 가정해서 그 결과를 미리 볼 수 있는 기능이다.

예를 들어, 수량에 따른 각 판매가의 할인금액의 변화값을 한눈에 알아보려고 한다. 할인율은 5%로 설정하였다.

01 먼저 간단한 표를 아래와 같이 만든다. 판매원가와 수량의 셀은 비워 둔다.

02 표의 행 머리글과 열 머리글이 교차하는 빈 셀(B6)에 '=B1*B2*B3'수식을 입력한다.

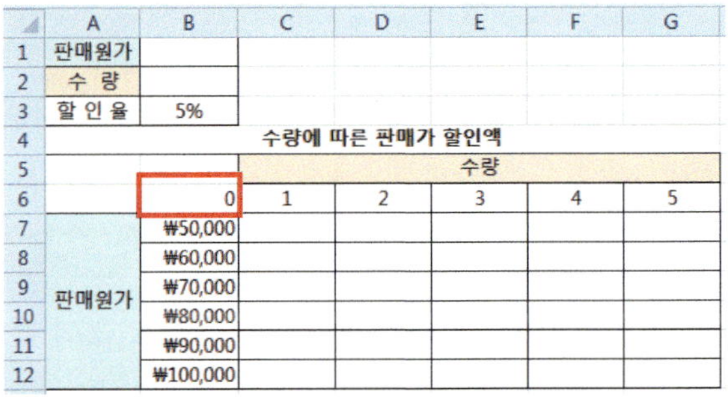

03 채우고자 하는 표의 전체 영역을 드래그하여 범위를 지정한다.

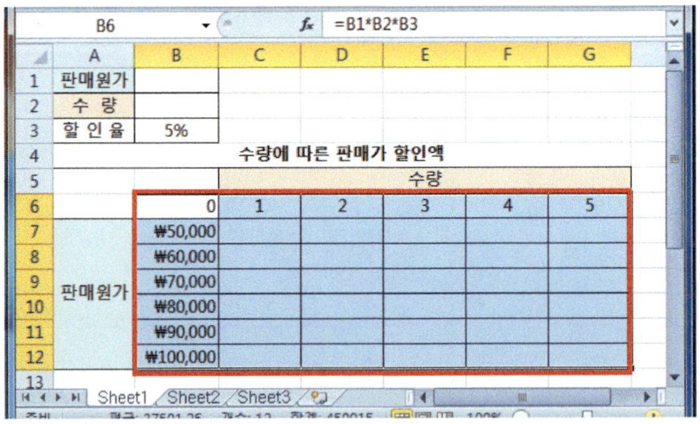

04 [데이터] 탭 - [데이터 도구] 그룹 - [가상 분석] - [데이터 표]를 클릭한다.

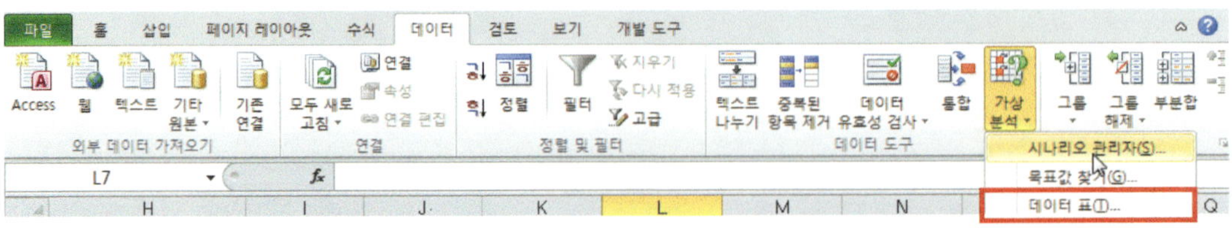

05 [데이터 표]대화상자에서 행 입력 셀과 열 입력 셀 입력 칸을 활성화시킨 후에 마우스로 B1셀과 B2셀을 클릭하고 [확인]을 클릭한다.

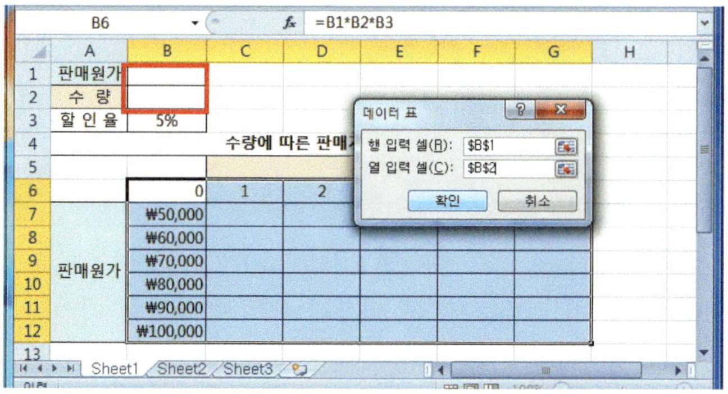

06 아래와 같이 수량에 따른 각 판매가의 할인금액을 한눈에 살펴볼 수 있다.

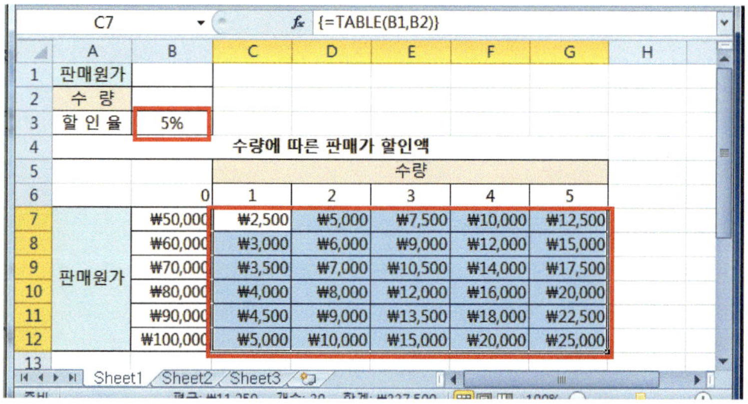

07 할인율을 10%로 바꿔주면 자동으로 아래의 값들도 변한다.

Tip

- 데이터 테이블이 만들어지는 원리는 다음과 같다.
- 우선 변수들이 열 입력 셀인 B1에 차례로 대입된다. 그 다음 그 변수가 B2 셀의 수식에 의해서 표에 하나씩 계산되어 출력되는 것이다. 계산된 값을 선택한 후 수식 입력줄을 보면 {TABLE(B1,B2)}이라는 함수를 사용한 배열식이 사용되었음을 알 수 있다.

8.4 해 찾기

해 찾기는 가상 분석 도구 명령의 일부로 수식으로 이루어진 목표 셀에 대한 최적의 값을 찾는 기능으로 앞에서 살펴본 목표 값은 한 셀의 값만 변경할 수 있었다. 그러나 해 찾기는 여러 셀의 값을 비교, 변경하면서 최적의 값을 찾아준다.

해 찾기는 상당히 복잡한 계산을 내부적으로 진행한 후 만족할 만한 결과를 보여주는 고급 기능으로 잘 활용하면 업무 분석 및 예측에 많은 도움이 될 것이다.

예를 들어, 1월부터 12월까지 월별 사용한 예산액에 대한 총합이 나타난 표에서 총합 예산을 100만원에 맞추어 월별 예산을 조정한다.

01 해 찾기 기능 추가

① [파일] 탭 – [옵션] 선택

② [Excel 옵션] 대화상자에서 [추가기능] 탭 선택 후 〈이동〉 단추 클릭

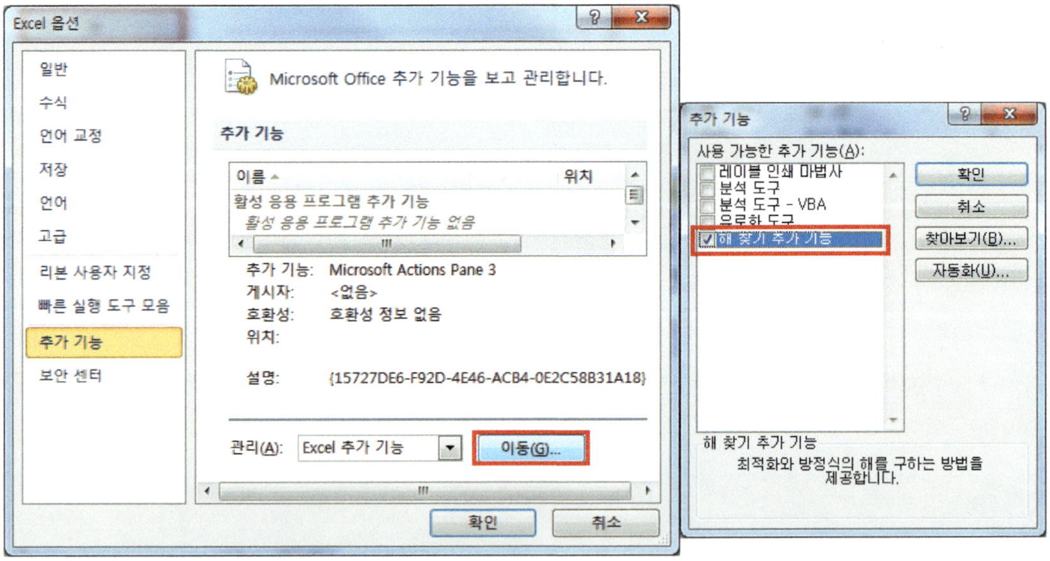

③ [추가 기능] 대화상자에서 '해 찾기 추가 기능' 선택 후 〈확인〉 단추 클릭

02 [데이터] 탭 - [분석] 그룹 - [해 찾기] 메뉴를 클릭한다.

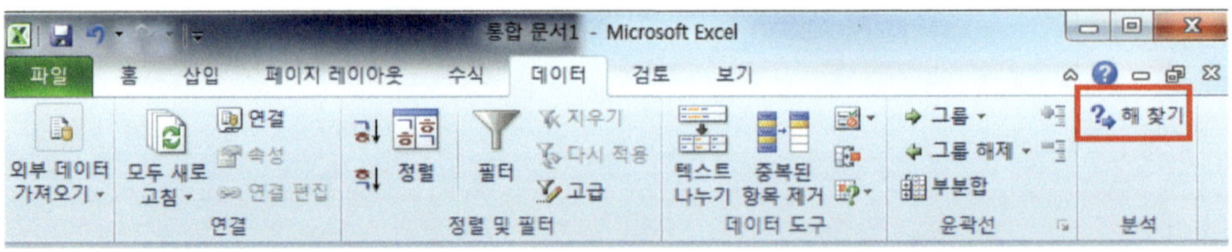

03 [해 찾기] 대화 상자에서 '목표 설정'은 수식이 입력된 총 예산값이 입력된 C15셀, '대상'은 지정값 선택 후 1000000을 입력하고, '변수 셀 변경'은 1월부터 12월의 예산값인 C3:C14를 지정한 후 [해 찾기]버튼을 클릭한다.

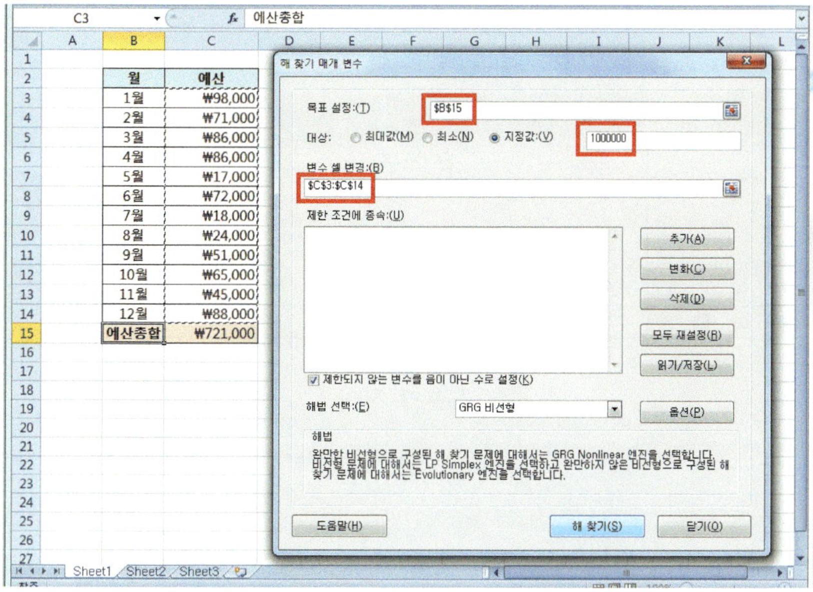

- 목표 설정 : 수식이 있는 셀 참조로 목표 셀에 대한 이름
- 대상 : 목표 셀 값을 최대값, 최소값, 특정 값으로 지정
- 변수 셀 설정 : 각각의 결정 변수 셀 범위에 대한 이름이나 참조
- 제한 조건 : 종속 상자에 적용할 제한 조건 입력

04 [해 찾기 결과] 창이 뜨게 되면 [확인] 버튼을 클릭한다. 1월부터 12월까지 입력된 값이 총 지정된 예산 100만원에 맞춰서 자동으로 변경된다.

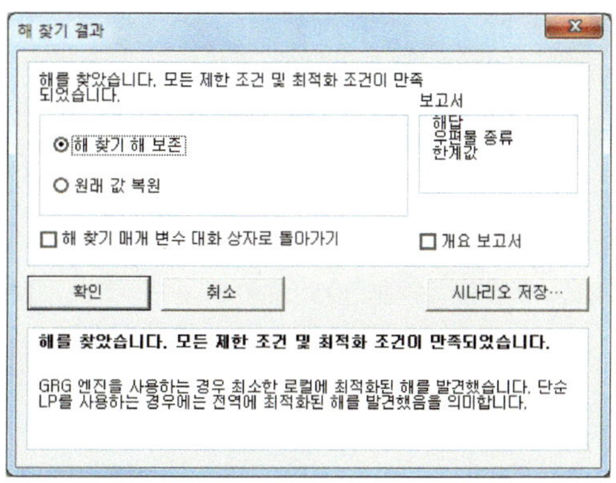

보 기

	A	B	C	D	E	F
1	구 분	2005년	2006년	2007년	평 균	
2	곡 물	107.3	108.1	110.2	108.5	
3	청 과 물	99.7	111.4	118.4	109.8	
4	축 산 물	157.6	146.1	③	③	
5	기 타	109.8	122.3	123.9	118.7	
6	항 목 평 균	118.6	122.0	③	③	
7						

[목표값 형태]

	A	B	C	D	E	F	G
1							
2		시나리오 요약					
3				현재 값:	유형1	유형2	
5		변경 셀:					
6			$J$2	92.1	93.0	94.0	
7			$J$3	66.1	65.0	65.0	
8			$J$4	102.8	103.0	104.0	
9			$J$5	95.2	96.0	96.0	
10		결과 셀:					
11			$K$6	88.54%	88.89%	88.94%	
12		참고: 현재 값 열은 시나리오 요약 보고서가 작성될 때의					
13		변경 셀 값을 나타냅니다. 각 시나리오의 변경 셀들은					
14		회색으로 표시됩니다.					
15							

[시나리오 형태]

처리사항 **배점 : 1번(15점), 2번(15점), 3번(2점)**

※ 목표값과 시나리오 시트로 1번과 2번을 작성하시오.

1. 목표값 찾기를 이용하여 표(**A1~E6**셀)의 항목평균의 평균이 122.5가 되도록 축산물의 2007년 값을 구하시오.

   1) 아래 조건으로 목표값 찾기를 구하시오.(③부분이 변경되어야 함)

      - 수식 셀 : E6(항목평균 평균)
      - 찾는 값 : 122.5
      - 값을 바꿀 셀 : D4(축산물 2007년)

2. 표(H1~K6셀)를 이용하여 **일반미/보리의 평균**(K6)을 위한 시나리오를 작성하시오.

   1) 시나리오 이름 : 유형1, 유형2

   2) 변경 셀 : J2, J3, J4, J5셀

변경 셀	유형1 변경 값	유형2 변경 값
J2	93.0	94.0
J3	65.0	65.0
J4	103.0	104.0
J5	96.0	96.0

   3) 보고서 종류 : 시나리오 요약

3. 시트의 순서는 반드시 아래와 같이 하시오.(반드시 지정된 시트만 있어야 함)

   ○○○-〉 농가판매-〉 피벗-〉 데이터-〉 시나리오 요약-〉 목표값과 시나리오

[답안 따라하기]

■1 목표값 찾기(배점 15점)

01 '목표값과 시나리오' 시트에서 [E6]셀을 클릭한다.

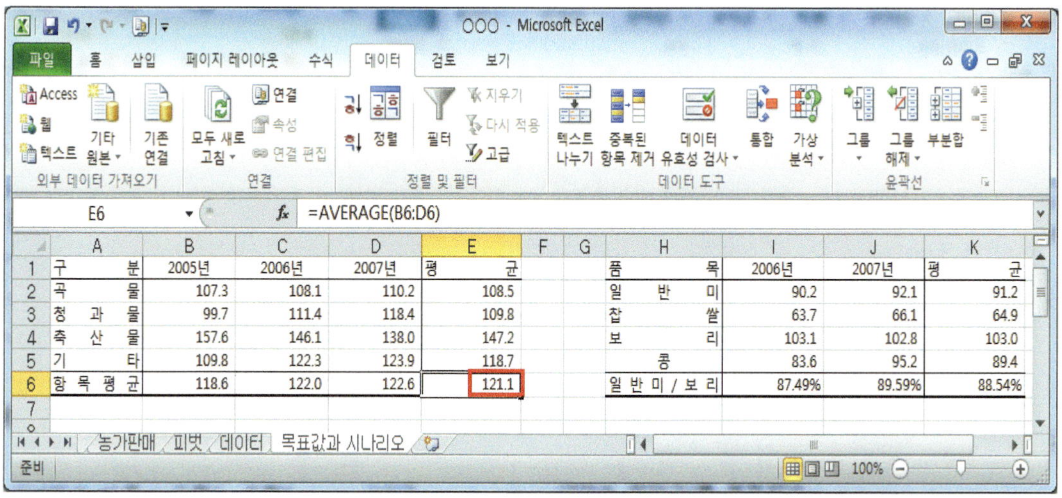

02 [데이터] 탭 - [데이터 도구] 그룹 - [가상분석] - [목표값 찾기]를 클릭한다.

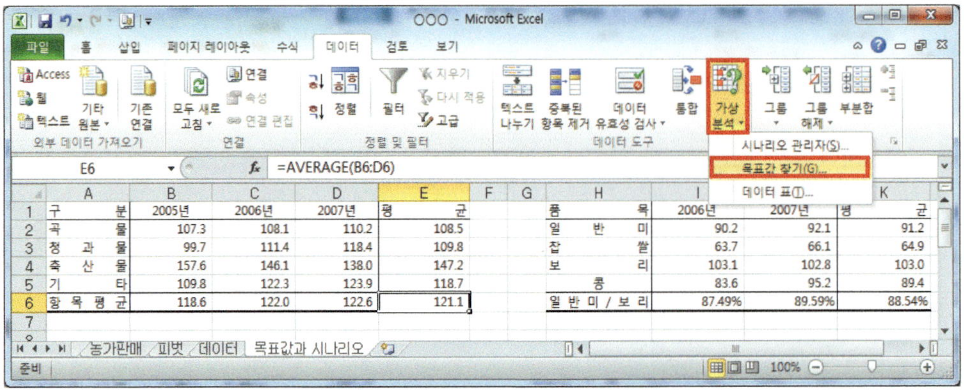

03 [목표값 찾기]창이 나타나면 수식 셀에 'E6', 찾는 값에 '122.5', 값을 바꿀 셀에 'D4'를 입력한 후 [확인] 단추 또는 Enter↵를 누른다.

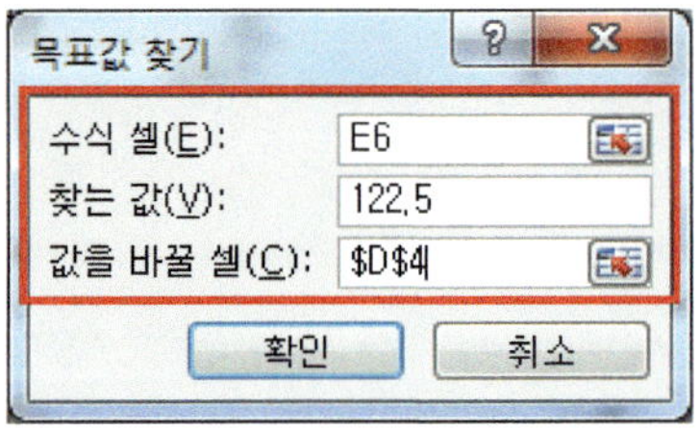

04 [목표값 찾기 상태]창이 나타나면 목표값과 현재값을 확인한 후 [확인] 단추 또는 Enter↵를 누른다.

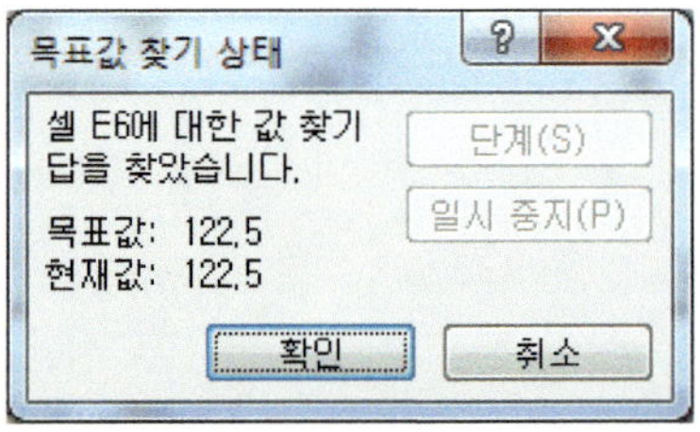

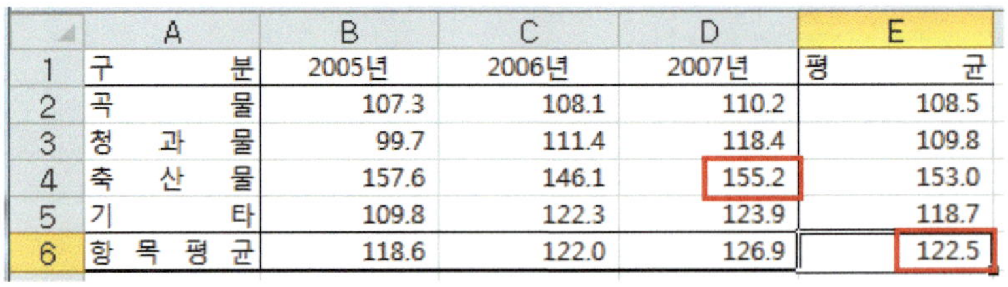

	A	B	C	D	E
1	구 분	2005년	2006년	2007년	평 균
2	곡 물	107.3	108.1	110.2	108.5
3	청 과 물	99.7	111.4	118.4	109.8
4	축 산 물	157.6	146.1	155.2	153.0
5	기 타	109.8	122.3	123.9	118.7
6	항 목 평 균	118.6	122.0	126.9	122.5

2 시나리오 요약(배점 15점)

01 시나리오를 작성하기 위해 [데이터] 탭 - [데이터 도구] 그룹 - [가상분석] - [시나리오 관리자]를 클릭한다.

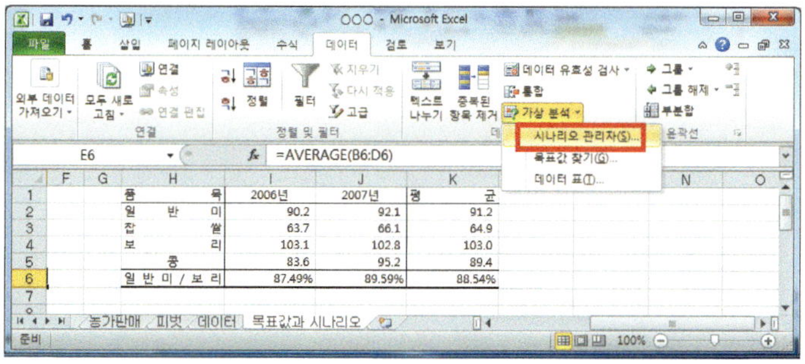

02 [시나리오 관리자] 대화 상자에서 [추가] 단추를 클릭한다.

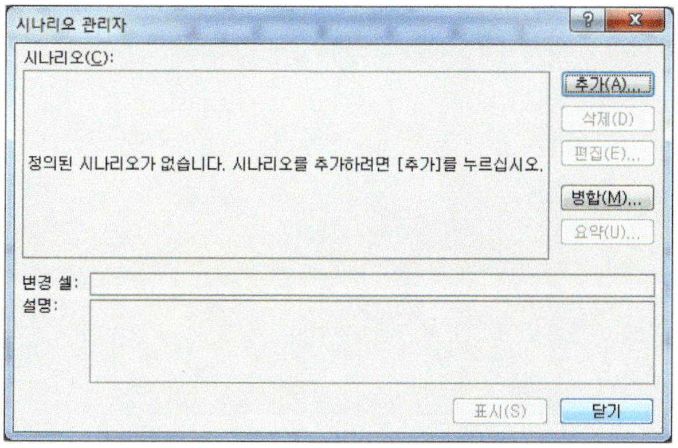

03 [시나리오 추가] 대화 상자에서 시나리오 이름 입력란에 "유형1"이라고 입력하고 변경 셀에서는 [J2:J5] 셀까지 셀 주소를 드래그한다. 셀 주소가 절대값($J$2:$J$5)으로 자동으로 변경되면 [확인] 단추를 클릭한다.

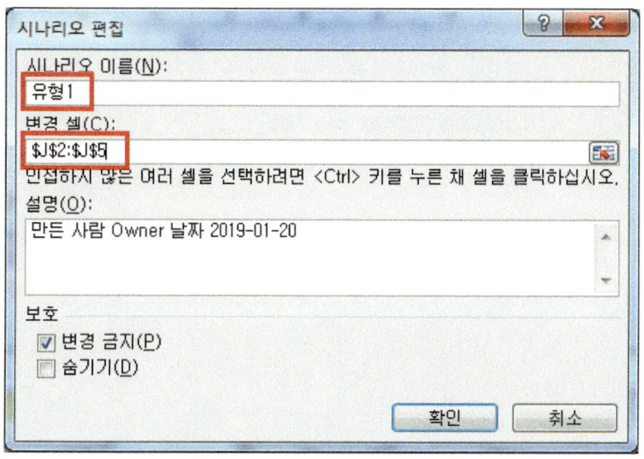

04 [시나리오 값] 대화 상자에서 문제에서 제시된 데이터 값을 다음과 같이 해당 값 란에 직접 입력하고 [추가] 단추를 클릭한다.

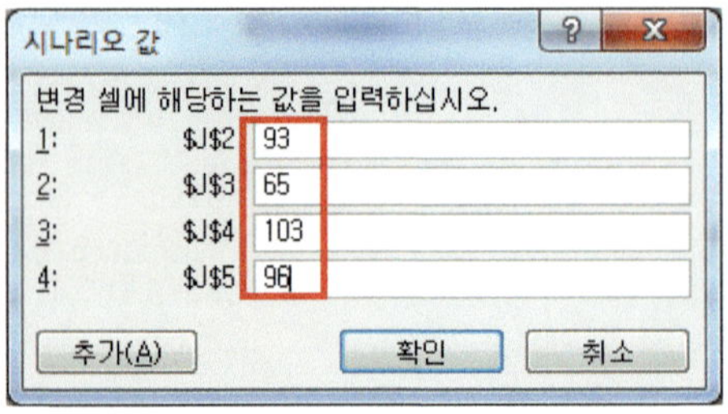

05 [시나리오 편집] 대화 상자가 나타나면 시나리오 이름 입력란에 "유형1"이라고 입력하고 변경 셀은 '셀 주소($J$2:$J$5)'를 확인한 후, [추가] 단추를 클릭한다.

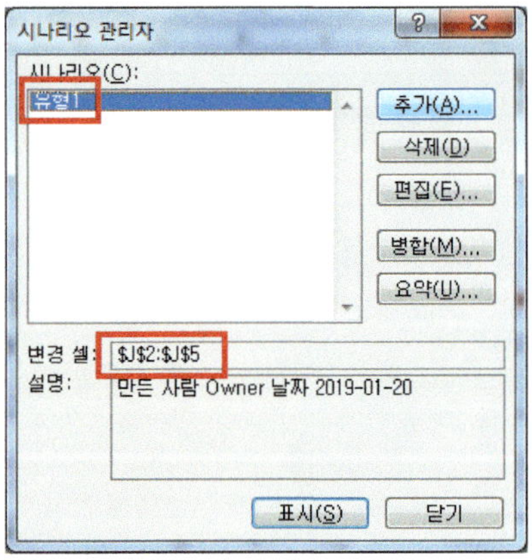

06 계속해서 [시나리오 값] 대화 상자에서 위와 동일한 방법으로 '유형2'의 해당 값을 직접 입력한 후, [확인] 단추를 클릭한다.

07 [시나리오 관리자] 대화 상자가 다시 나타나면 [요약] 단추를 클릭한다.

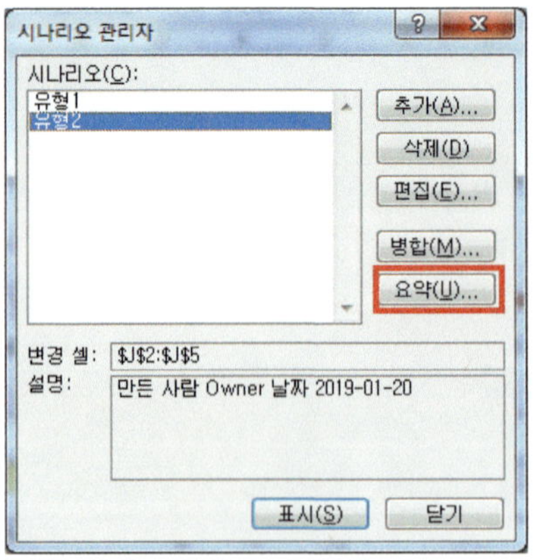

08 [시나리오 요약] 대화 상자에서 보고서 종류가 '시나리오 요약'으로 선택된 것을 확인하고, 결과 셀은 [K6] 셀을 선택한다. [K6] 셀이 절대값($K$6)으로 표시되면 [확인]을 클릭한다.

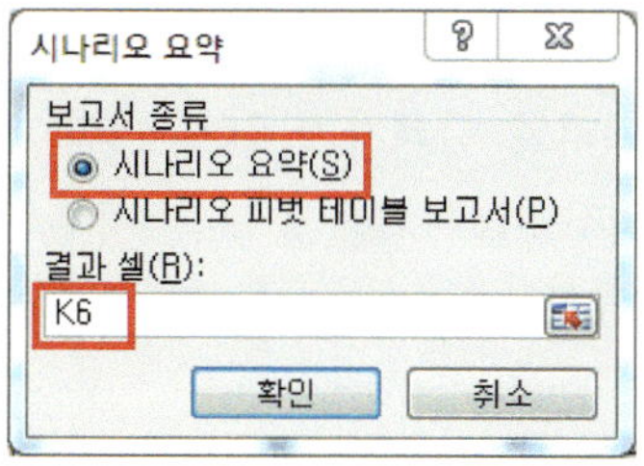

09 '목표값과 시나리오' 시트 앞에 '시나리오 요약' 시트가 추가 생성되면서 시나리오 결과를 확인할 수 있다.

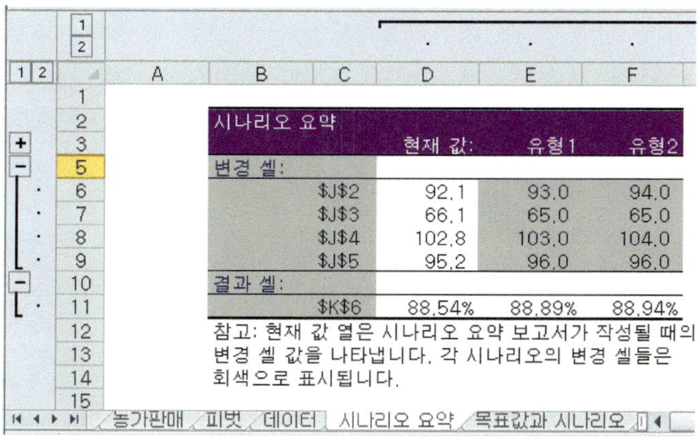

3 시트 순서 지정(배점 2점)

마우스를 이용하여 시트 순서를 'ㅇㅇㅇ-> 농가판매-> 피벗-> 데이터-> 시나리오 요약-> 목표값과 시나리오' 순으로 정렬한다.

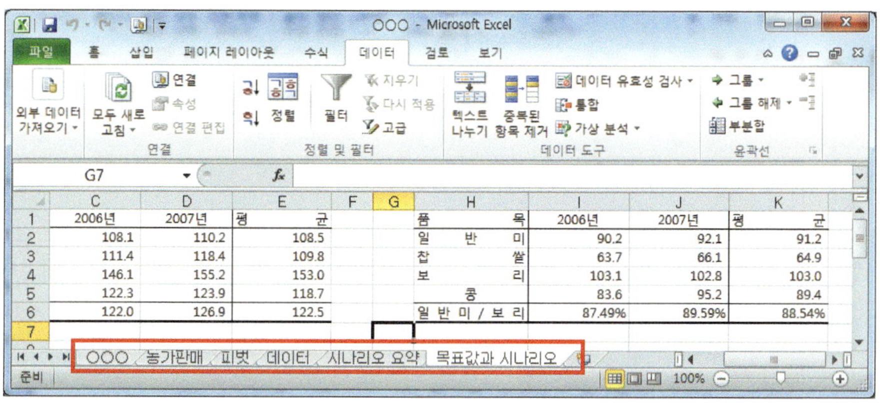

09 인쇄

워크시트에 작성된 내용을 프린터로 인쇄하기 위해 여러 가지 옵션을 설정할 수 있다. 한글이나 파워포인트와는 달리 엑셀에서 인쇄 기능을 모를 경우 매끈하게 인쇄하기까지 많은 시간과 인쇄용지의 낭비가 따르므로 미리 잘 익혀 놓아야 한다.

9.1 페이지 레이아웃

엑셀 워크시트에 많은 양의 데이터나 여러 개의 차트가 포함된 경우 인쇄하기 전에 [보기] 탭-[통합 문서 보기] 그룹-[페이지 레이아웃] 보기를 선택하여 워크시트를 세밀하게 조정할 수 있다. 페이지 레이아웃 보기에서는 데이터 형식과 레이아웃을 변경할 수 있을 뿐만 아니라 [페이지 레이아웃] 탭의 [페이지 설정], [크기 조정] 그룹에 있는 도구를 이용하여 용지 방향의 변경, 페이지 머리글/바닥글의 추가 또는 변경, 인쇄 여백 설정, 크기 조정 옵션의 지정 등을 할 수 있다.

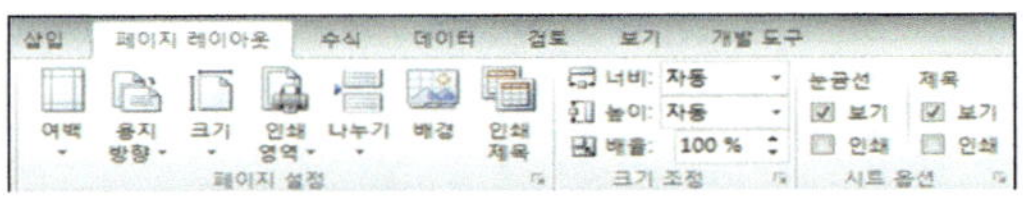

1 용지 방향 및 크기 설정하기

인쇄하려는 문서의 내용이 가로 방향이 더 긴 경우에 용지 방향을 재설정해야 하는데, [페이지 레이아웃] 탭 - [페이지 설정] 그룹 - [용지 방향] - [가로]를 선택하면 된다. 또한 인쇄하려는 문서의 용지가 A4가 아닌 경우에는 [페이지 설정] 그룹에 있는 [크기]를 클릭하여 원하는 용지 크기를 선택하면 된다.

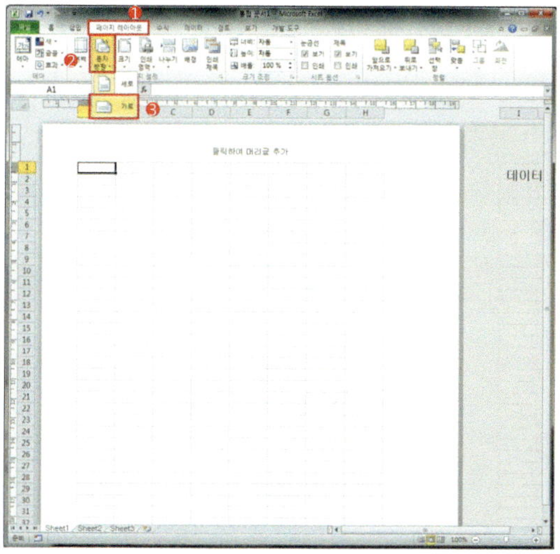

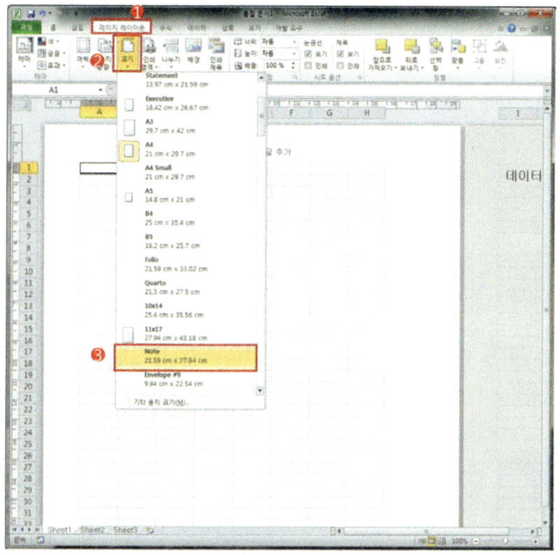

2 여백 설정하기

페이지 여백은 워크시트 데이터와 인쇄될 페이지 가장자리 사이의 빈 공간으로, 페이지에 인쇄될 내용을 기준으로 상하좌우 여백과 머리글/바닥글 영역의 크기를 설정한다. [페이지 레이아웃] 탭 - [페이지 설정] 그룹 - [여백] 클릭하여 나타나는 목록에서 여백을 설정한다.

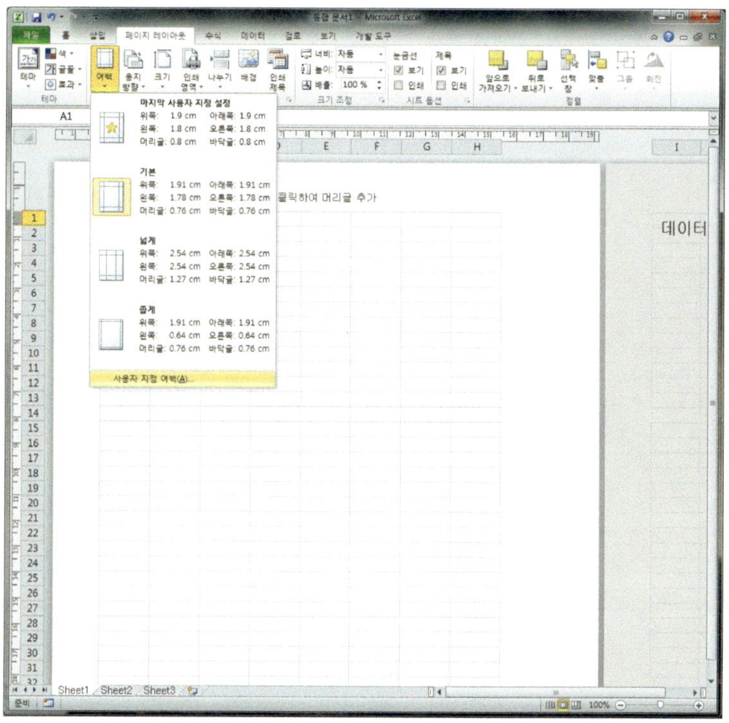

3 머리글/바닥글 설정하기

머리글/바닥글을 설정하면 각 페이지 상단이나 하단에 페이지 번호, 페이지 수, 현재 날짜, 시트 이름, 파일 이름 등이 나타나도록 할 수 있다. [보기] 탭 - [통합 문서 보기] 그룹 - [페이지 레이아웃]을 선택한다. 머리글이나 바닥글을 추가하려면 워크시트 페이지의 위쪽이나 아래쪽에서 왼쪽, 가운데, 오른쪽에 있는 머리글 또는 바닥글 텍스트 상자를 클릭한다. 그리고 머리글/바닥글 내용을 직접 입력하거나 [머리글/바닥글 도구] – [디자인] 탭 – [머리글/바닥글 요소] 그룹에서 원하는 명령을 선택한다.

9.2 인쇄 미리 보기

인쇄 전 미리 화면을 통해 배치를 보는 것이며 전체적인 윤곽과 여백 등을 보는 것이다. [파일] 탭 – [인쇄]를 선택하면 두 번째 섹션에 프린터 속성이 있고, 세 번째 섹션에서 '인쇄 미리 보기'를 확인할 수 있다.

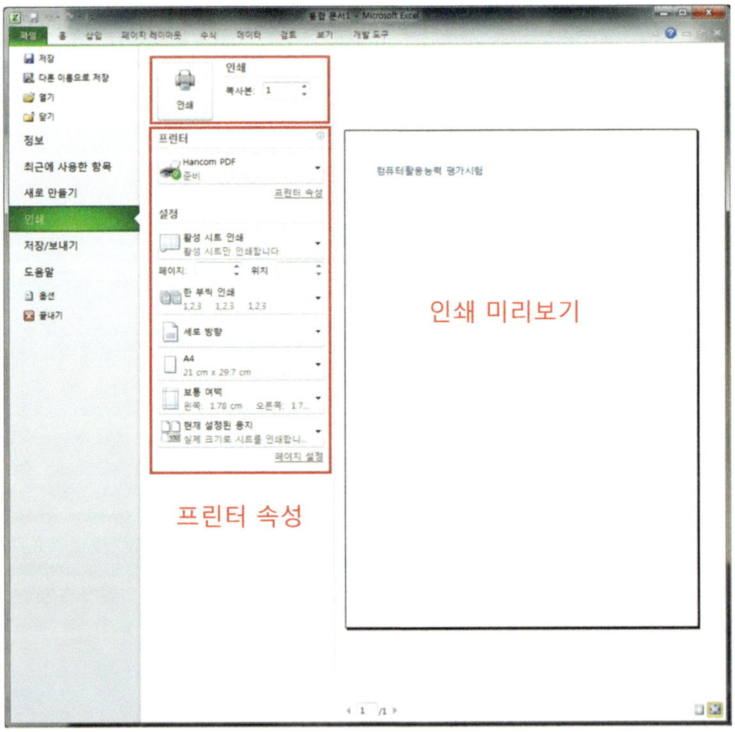

1 인쇄 비율 설정하기

인쇄하려는 시트 내용이 용지 크기와 다른 경우에 확대/축소 배율을 조절하면 된다. 프린터 속성 섹션에서 [현재 설정된 용지]를 클릭하여 상황에 맞는 항목을 선택하면 된다.

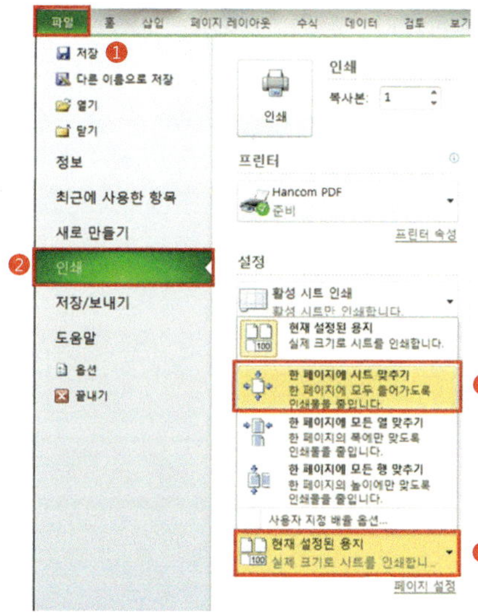

2 눈금선 및 행, 열 머리글 인쇄하기

워크시트의 눈금선과 행, 열 머리글을 인쇄하려면 [페이지 레이아웃] 탭 - [시트 옵션] 그룹에서 [눈금선-인쇄], [제목-인쇄] 확인란을 선택한다.

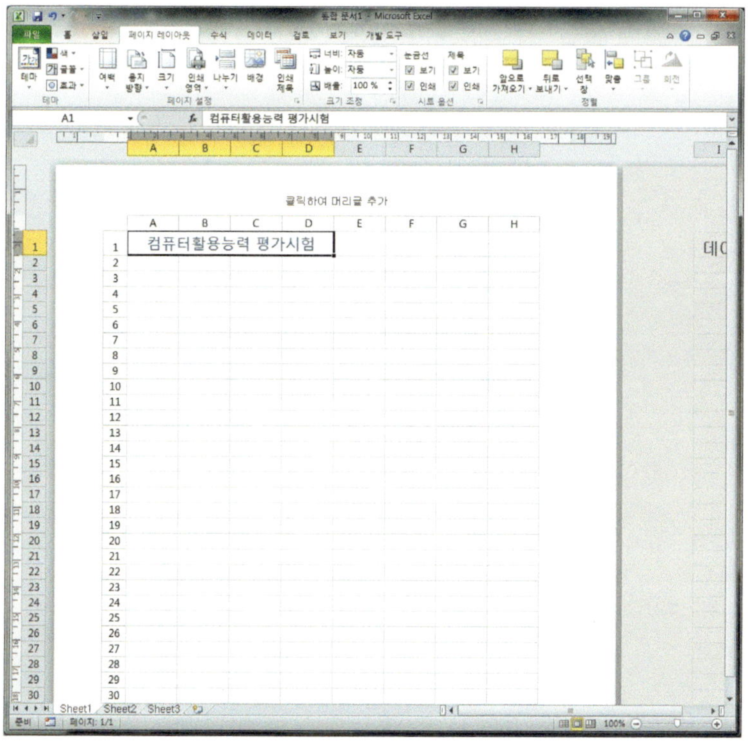

3 인쇄 제목 설정하기

워크시트가 여러 페이지로 이루어진 경우 각 페이지마다 인쇄 제목을 동일하게 인쇄할 수 있다. [페이지 레이아웃] 탭 - [페이지 설정] 그룹 - [인쇄 제목]을 클릭한 후 [페이지 설정] 대화상자의 [시트] 탭에서 '인쇄 항목'의 반복할 행 또는 열의 범위를 지정하면 된다.

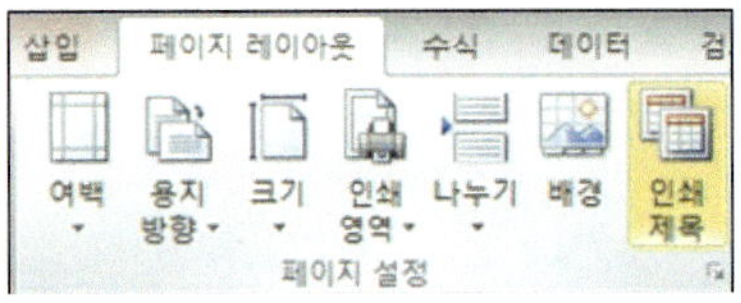

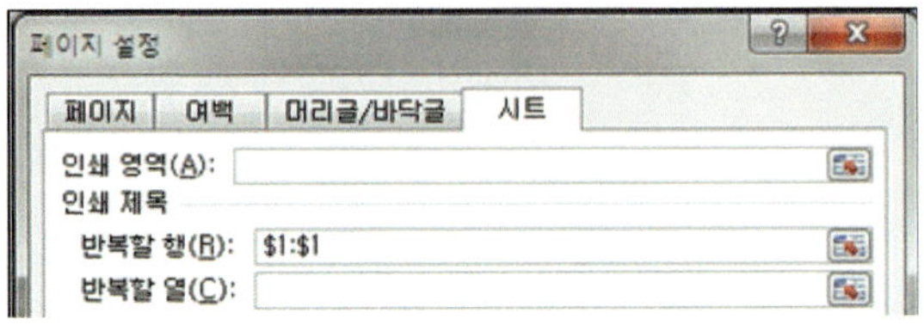

4 페이지 나누기 삽입하기

페이지 나누기는 워크시트를 인쇄할 수 있도록 페이지 단위로 나누는 구분선이다. 페이지 나누기를 삽입하려면 [보기] 탭-[통합 문서 보기] 그룹-[페이지 나누기 미리 보기] 클릭하고 페이지 나누기를 삽입할 위치의 행 또는 열을 선택한다. 그리고 [페이지 레이아웃] 탭-[페이지 설정] 그룹-[나누기]-[페이지 나누기 삽입] 차례로 선택한다.

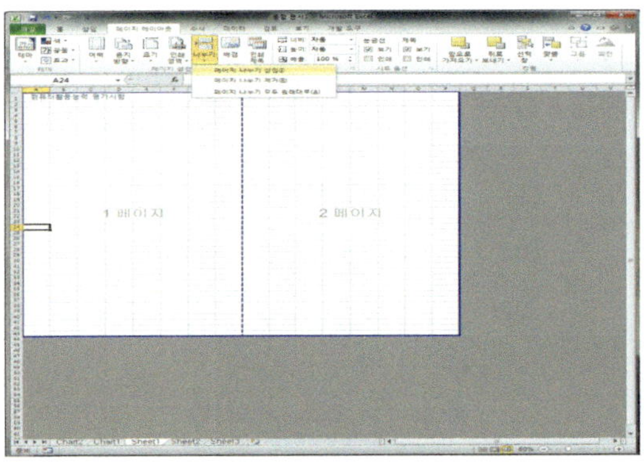

9.3 인쇄하기

엑셀에서 작업한 문서를 인쇄하려면 [파일] 탭-[인쇄]를 선택한 후 '인쇄 매수', '인쇄 대상', '인쇄 범위' 등을 선택하고 〈인쇄〉를 클릭한다.

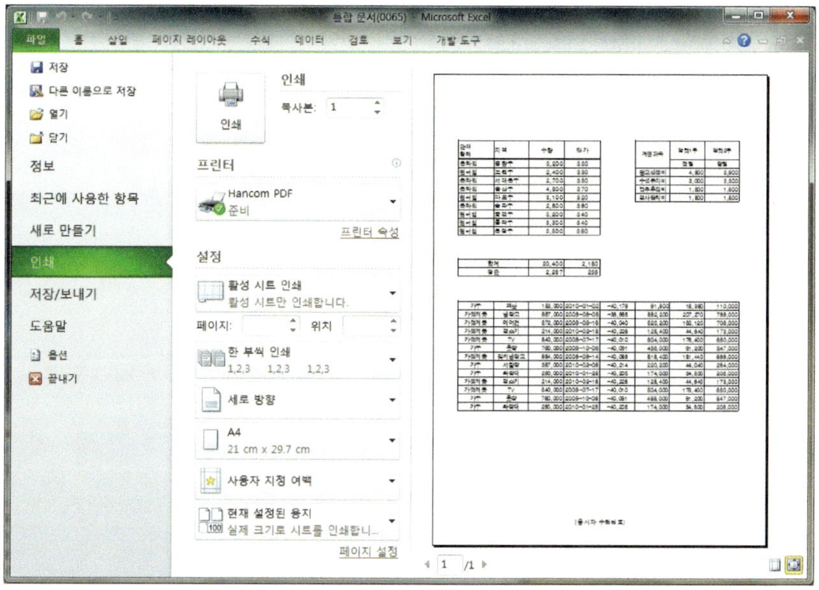

Tip

□ 워크시트에 페이지 번호 넣기

[페이지 레이아웃] 보기에서 '클릭하여 머리글 추가'를 클릭하고, [머리글/바닥글 도구] – [디자인] 탭 – [머리글/바닥글 요소] 그룹 – [페이지 번호]를 클릭한다. 그러면 선택된 구역에 '&[페이지 번호]'가 표시된다.

10 매크로

매크로는 자주 사용하는 여러 단계의 작업을 하나의 명령으로 정의한 후, 이 작업이 필요할 때 마다 쉽게 불러서 사용할 수 있는 프로그램이다. 단축키를 외워야 하는 번거로움이 있으나 버튼을 만들어 간편히 클릭 한번 만으로 매크로를 실행하는 방법도 있다.

10.1 매크로 기록과 중지

01 매크로를 기록하려면 [개발 도구] 탭 - [코드] 그룹 - [매크로 기록]을 클릭한다.

02 [매크로 기록] 대화상자에서 매크로 이름, 바로 가기 키, 매크로 저장 위치 등을 설정한다.

03 매크로로 저장하려는 워크시트에서의 작업을 수행한 후 [개발 도구] 탭 - [코드] 그룹 - [기록 중지]를 클릭한다.

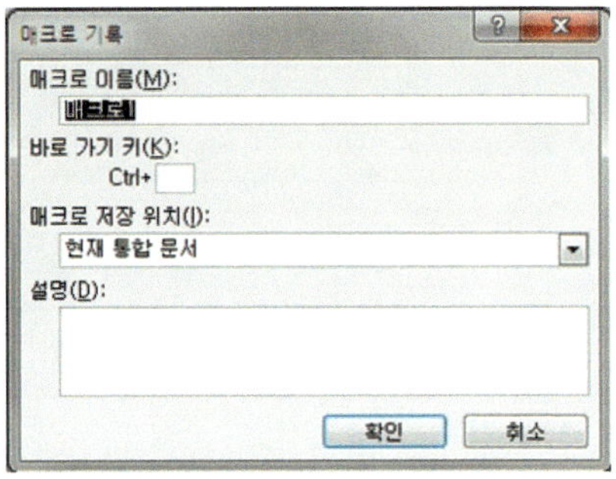

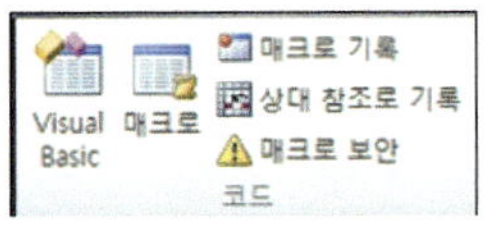

10.2 매크로 실행

매크로는 [개발 도구] 탭 - [코드] 그룹 - [매크로]를 클릭한 후 [매크로] 대화상자의 목록에서 실행할 수 있다. 또, 워크시트에 양식 컨트롤(단추, 콤보상자, 확인란 등)을 삽입하고 여기에 매크로를 지정하여 실행할 수도 있다.

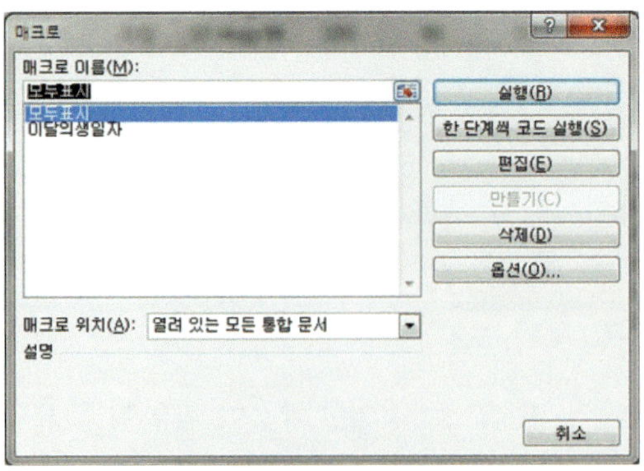

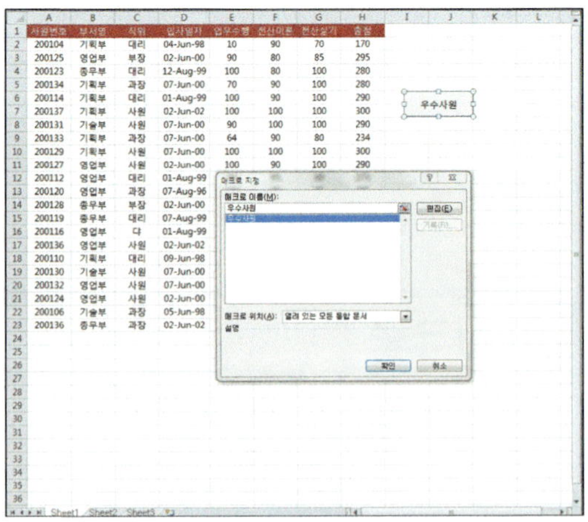

10.3 매크로 편집과 삭제

01 매크로를 편집하려면 [개발 도구] 탭 – [코드] 그룹 – [매크로]를 클릭한 후 [매크로] 대화상자에서 〈편집〉을 클릭한다. 그러면 다음과 같이 [Microsoft Visual Basic] 창 안에 선택한 매크로 내용이 나타난다.

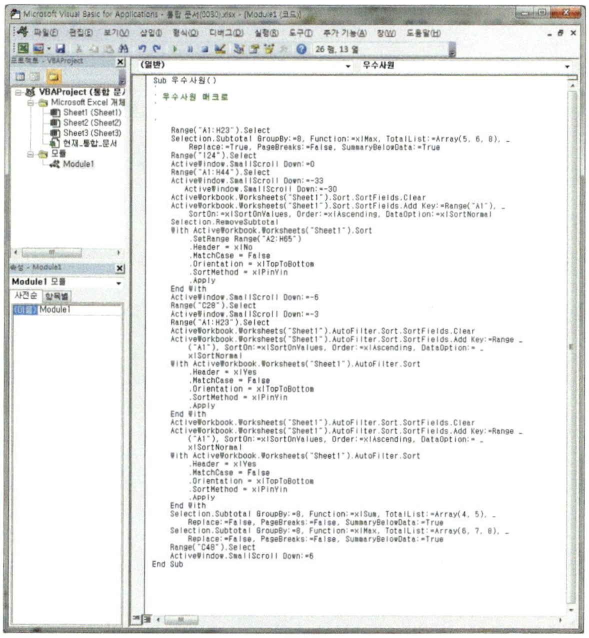

02 매크로를 삭제하려면, [개발 도구] 탭 – [코드] 그룹 – [매크로]를 클릭한 후 [매크로] 대화상자에서 해당 매크로를 선택하고 〈삭제〉를 클릭한다.

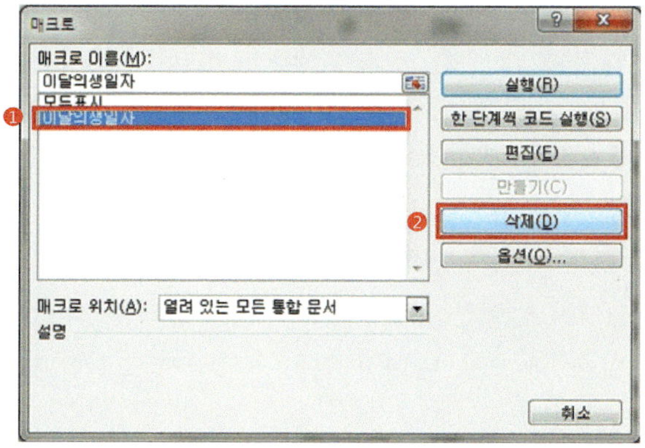

연습문제

1. 다음을 입력하고 문제를 풀어보시오.

제1작업 표 서식 작성 및 값 계산

☞ 다음은 "**★★산 관광 지원자 현황**"에 대한 자료이다. 이에 대한 작업을 하라.

☞ 지시사항 ▶ "제1작업" 시트에서 할 것

▶ 비어 있는 셀은 반드시 주어진 함수를 이용하여 해당 값을 구할 것

★★산 관광 지원자 현황

이름	주민번호	직업	성별	나이	지원금	교통편
정난정	570930-2476523	교사	(1)	(2)	(3)	버스
김홍도	571081-1476516	교사	(1)	(2)	(3)	버스
이승만	310801-1476524	기타	(1)	(2)	(3)	배
윤인원	790821-2476524	학생	(1)	(2)	(3)	기차
홍길동	481118-1574511	교사	(1)	(2)	(3)	버스
박정한	860827-1476124	학생	(1)	(2)	(3)	기차
김한로	490801-2476515	교사	(1)	(2)	(3)	버스
방정환	680814-1476625	교사	(1)	(2)	(3)	버스
강경필	860808-1476352	학생	(1)	(2)	(3)	기차
심청	801014-1211312	학생	(1)	(2)	(3)	기차
인솔자인 "교사"인원수		(5)	1인당 평균 지원금액			(6)

≪처리조건≫

○ 모든 데이터는 수직, 수평 가운데 맞춤으로 입력할 것.(단 숫자는 오른쪽 맞춤)

○ 글꼴속성(돋움, 10pt)을 적용 후, 전체 테두리 모양은 테이블과 같이 완성할 것.

○ 제목 : 그리기 도구 모음을 이용하여 그림자 스타일 6번 적용하여 작성하고 색채우기(노랑)한 후, "★★산 관광 지원자 현황"으로 입력하여 다음 글자 속성을 적용한다.(16pt, 굵게, 가운데)

○ [B15 : C15], [E15 : G15] 영역을 병합

○ 테이블에서 음영이 들어간 부분은 모두 연두로 채울 것

○ A열은 열 너비를 "3"으로 나머지 열은 적당하게 조절한다.

◉ (1)~(5) 셀은 반드시 주어진 함수를 이용하여 값을 구하시오.

(1) 성별 -> 주민번호 7번째 수(-바로 뒤 숫자)가 "1"이면 '남자', "2"면 '여자'로 나타내시오.(CHOOSE 함수와 MID 함수)

(2) LEFT 함수를 이용하여 나이(생년)을 구하시오.
(3) 지원금 : 교사면 200,000원, 그 외 직업 및 학생은 100,000으로 나타내시오.(IF 함수)
(4) 교사의 인원수를 구하시오.
(5) 1인당 평균 지원금액을 구하시오.

제2작업 필터 및 서식

☞ "제1작업" 시트의 [B4 : H14] 영역을 복사하여 "제2작업" 시트에 붙여 넣기 할 것

≪처리조건≫

○ 지원금이 150,000원 이상인 여교사의 레코드만 필터링 하시오.
○ 필터 결과에 표 서식(표 스타일 "밝게9")을 적용하시오.

제3작업 정렬, 부분합

☞ "제1작업" 시트의 [B4 : H14] 영역을 복사하여 "제3작업" 시트에 붙여 넣기 할 것
☞ 정렬, 부분합, 자동서식 기능을 이용하여 ≪처리조건≫에 따라 다음과 같이 작업할 것

≪처리조건≫

○ 정렬 : 성별로 정렬하시오.
○ 부분합 : 성별로 지원금의 부분합을 구하시오.
○ 부분합 결과에 표 서식(표 스타일 "밝게9")을 적용하시오.

제4작업 그래프 문제

☞ "제1작업" 시트를 이용하여 "제4작업" 시트에서 작업할 것
☞ 처리조건에 따라 그래프를 나타내시오.

≪처리조건≫

○ <u>여자 3인의 지원금</u>에 대하여만 그래프를 그리시오.(힌트 : 막대 3개만 나온다.)

○ 차트의 종류 : 묶은 세로막대 그래프

○ 차트영역 서식 : 글꼴-돋움, 11포인트, 채우기(노랑)

○ 그래프(차트)위치 : [B2 : H20] 영역에 위치하도록 할 것

○ 차트제목 : "여성들의 지원금 비교"로 하고, 14포인트, 굵게, 그림자, 채우기(연한 파랑)

○ 범례 : 차트 하단에 표시

○ 눈금선 : Y축 주 눈금선

○ 데이터 계열 서식 : 막대색은 빨간색

○ 축 서식(Y축 눈금) : 최소값 : 0, 최대값: 250,000, 주눈금선 :125,000으로 하시오.

2. 다음 문제를 입력하고 풀어보시오.

제1작업 표 서식 작성 및 값 계산

☞ 다음은 '2007년 제주 렌트카 대여료'에 대한 자료이다. 자료를 입력하고 조건에 맞도록 작업하시오.

■2007년 제주 렌트카 대여료

결재	관리주임	관리부장	대표이사

모 델	배기량	연료	인승	24시간	54시간	시 간 당 초과요금	65%할인 금 액	기본할인금	분류	비고
뉴아반테XD	1.5	휘발유	5	91800	234600	5000	(1)	(2)	(3)	(4)
뉴 SM5	2	LPG	5	117000	299000	8000	(1)	(2)	(3)	(4)
EF 소나타	2.1	LPG	5	110000	290000	7500	(1)	(2)	(3)	(4)
뉴그랜져 XG	2.5	휘발유	5	190800	487600	12000	(1)	(2)	(3)	(4)
오피러스	3.5	휘발유	5	320400	818800	20000	(1)	(2)	(3)	(4)
카니발	3	경유	9	174600	446200	13000	(1)	(2)	(3)	(4)
스타렉스	2.6	경유	12	149400	381800	10000	(1)	(2)	(3)	(4)
'뉴' 모델의 개수			(5)	배기량이 가장 작은 모델						(12)
휘발유' 모델의 개수			(6)	시간당 초과요금이 2번째로 많은 모델						(13)
150000이하 모델의 개수			(7)	모델중 9인승 이상의 비율						(14)
경유 '54시간' 평균			(8)	배기량이 '2'인 차량의 '시간당 초과요금'의 총 합계						(15)
LPG 제외 '24시간' 평균금액			(9)	휘발유' '24시간' 평균						(16)
'시간당 초과요금'의 중간값			(10)	배기량	요금	모델	연료	순위		
'경유' 시간당 초과요금 합계			(11)	1.5	(19)	뉴아반테XD	(17)	(18)		
중간고사 시험일		2007-10-24	(21)	작성자	홍길동	주민등록	891110-1******		나이	(20)

≪조건≫

○ 모든 데이터의 서식은 글꼴(돋움, 10pt), 맞춤(가로, 세로 가운데 맞춤)을 적용하시오.

○ 제목 ⇒ WordArt를 이용하여 "■2007년 제주 렌트카 대여료"를 입력한 후 다음 서식을 적용하시오.(글꼴-돋움, 32pt, 굵게)

○ 「B4:L4, B19:C19, F17:J17, F19, H19, K19」 영역을 '연한녹색'으로 채우기 하시오.

○ 유효성 검사 ⇒ [H18]셀에 모델(「B5:B11」 영역)이 선택 표시되도록 하시오.

○ 유효성 검사 ⇒ [F18]셀에 배기량(「C5:C11」 영역)이 선택 표시되도록 하시오.

○ 셀 서식 ⇒ 「F5:H11」 영역에 셀 서식을 이용하여 천 단위 콤마형식으로 표시하고, 숫자 뒤에 '원'을 표시하시오.(예: 91800 → 91,800원)

○ 결재란 ⇒ 임의의 셀에 작성하여 카메라 또는 그림복사 기능을 이용하여 붙이기 하시오(단, 원본 삭제).

○ 「B5:B11」 셀을 '모델'로 이름 정의한 후 균등분할 맞춤으로 표시하시오.

◉ (1)~(20) 셀은 반드시 주어진 함수를 이용하여 값을 구하시오.

(1) 65% 할인 ⇒ [54시간 금액×65%]를 구하여 천 단위 콤마형식으로 나타내시오.(TEXT 함수)

(2) 기본할인금 ⇒ [54시간 금액-할인금액], 단, 할인금액은 연료가 LPG이면 '54시간'의 15%, 그렇지 않으면 0으로 표시하시오.(IF 함수)

(3) 분류 ⇒ 인승이 '5' 보다 크면 "승합"으로 표시하고, 나머지는 배기량(소수점 이하 버림)에 따라 1부터 3까지 "소형", "중형", "대형"으로 표시하시오.(IF, CHOOSE, ROUNDDOWN 함수)

(4) 비고 ⇒ 휘발유는 배기량이 2.5 이상, LPG는 배기량이 2 이상, 경유는 2.5 이상이면 "중형이상", 그 외는 공란으로 표시하시오.(IF, OR, AND 함수)

(5) "뉴"로 시작하는 모델의 수 ⇒ 모델에 글자 "뉴"로 시작하는 자동차 모델의 개수를 구한 후 결과 값에 '종류'를 붙이시오.(& 연산자, COUNTIF 함수)

(6) '연료'를 '휘발유'로 사용하는 모델들의 개수 ⇒ 조건은 입력데이터를 이용하고, 결과 값에 "대"를 붙이시오.(& 연산자, DCOUNTA 함수)

(7) '시간당 초과요금'이 '15000' 이하인 모델의 개수를 구하시오.(COUNTIF 함수)

(8) 경유 차량의 54시간 평균 금액 ⇒ 경유 차량을 [54시간 합계/54시간 개수]으로 구하시오.(SUMIF, COUNTIF 함수)

(9) LPG 제외차량 24시간 평균 금액 ⇒ 연료가 'LPG'가 아닌 차량의 '24시간' 요금 평균을 십원 단위에서 반올림하여 백원 단위로 구하시오.(ROUND, SUMIF, COUNTIF 함수)

(10) 시간당 초과요금 중간 값 ⇒ 시간당 초과요금의 중간 값을 구하시오.(MEDIAN 함수)

(11) '연료'를 '경유'로 사용하는 모델들의 시간당 초과요금의 합계는 ⇒ (SUMIF 함수)

(12) 배기량이 가장 작은 모델 ⇒ (INDEX, MATCH, MIN 함수)

⒀ 시간당 초과요금이 2번째로 많은 모델 ⇒ (INDEX, MATCH, LARGE 함수)

⒁ 모델 중 9인승 이상의 비율 ⇒ [9인승 이상 개수/모델 전체 개수]로 백분율로 구하시오.(COUNTIF, COUNTA 함수)

⒂ '배기량'이 '2'인 차량의 '시간당 초과요금'의 총 합계 ⇒ 조건은「B21」셀부터 작성하고, 뒤에 "원"을 붙여 구하시오.(&, DSUM 함수)

⒃ '휘발유' 차량의 '24시간' 평균 ⇒ '연료'가 '휘발유'인 차량의 '24시간' 평균을 소수점 이하 첫째 자리에서 반올림하여 구하되, 조건은 입력데이터를 이용하고, 결과 값에 "원"을 붙이시오.(& 연산자, DAVERAGE, ROUND 함수)

⒄ 연료 ⇒「H18」셀이 변할 때마다 자동으로 선택한 모델에 대한 연료를 구하시오.(VLOOKUP 함수)

⒅ 순위 ⇒「H18」셀에서 선택한 모델에 대한 "시간당 초과요금"의 순위를 내림차순으로 표시하시오.(RANK, VLOOKUP 함수)

⒆ 요금 ⇒「F18」셀이 변할 때마다 자동으로 배기량에 따른 시간당 초과요금이 변경되도록 구하시오.(VLOOKUP 함수)

⒇ 작성자의 나이 ⇒ 작성자의 나이를 구하시오(현재날짜 기준 : 컴퓨터 시스템 날짜).(YEAR, TODAY, LEFT 함수)

제2작업 필터 및 서식

☞ "제1작업" 시트의「B4:H11」영역을 복사하여 "제2작업" 시트의「B2」셀부터 모두 붙여넣기한 후 다음의 조건과 같이 작업하시오.

≪조건≫

○ 목표값 찾기 -「B10: G10」셀을 병합하여 "휘발유 차량의 시간당 초과요금 평균"을 입력한 후,「H10」셀에 휘발유 차량의 시간당 초과요금 평균을 구하시오. (DAVERAGE 함수, 테두리, 가운데 정렬)
  - '휘발유 차량의 시간당 초과요금 평균'이 '15500'이 되려면 '뉴아반테 XD의 시간당 초과요금'이 얼마가 되어야 하는지 목표값을 구하시오.

○ 고급필터 - '시간당 초과요금'이 '시간당 초과요금의 평균' 이상이고, 배기량이 '2.8'보다 크고 '8'인승 이하인 자료의 '모델, 24시간, 54시간, 시간당 초과요금' 데이터만 추출하시오.
  - 조건 위치 :「B13」셀부터 입력하시오.
  - 복사 위치 :「B17」셀부터 나타나도록 하시오.

제3작업 피벗테이블 / 부분합

[피벗테이블]

☞ "제1작업" 시트를 이용하여 "제3작업" 시트에 조건에 따라 ≪출력형태≫와 같이 작업하시오.

≪조건≫

○ 연료별, 시간당 초과요금별 24시간 평균과 모델 개수를 구하시오.
○ 시간당 초과요금을 그룹화 하시오.
○ 연료를 「휘발유 → LPG → 경유」 순으로 정렬하시오.
○ 레이블을 병합하고 모든 데이터를 가운데 맞춤하시오.
○ 빈 셀은 '***'로 표시할 것
○ 행의 총합계는 표시하지 않을 것
○ '평균:24시간' 데이터가 천단위 콤마형식과 "원"이 표시되도록 하시오.
○ 시간당 ◙ 초과요금에서, ◙ 표시를 없애고 출력형태와 같이 하시오.
○ 나머지 사항은 ≪출력형태≫에 맞게 작성할 것

≪출력형태≫

	A	B	C	D	E	F
1						
2				시 간 당초과요금 ▾		
3		연료 ▾	데이터 ▾	5000-9999	10000-14999	15000-20000
4		휘발유	평균:24시간	91,800원	190,800원	320,400원
5			개수:모 델	1	1	1
6		LPG	평균:24시간	113,500원	***	***
7			개수:모 델	2	***	***
8		경유	평균:24시간	***	162,000원	***
9			개수:모 델	***	2	***
10		전체 평균:24시간		106,267원	171,600원	320,400원
11		전체 개수:모 델		3	3	1

[부분합]

☞ "제1작업" 시트를 이용하여 「B4:H11」 영역을 복사하여 "제3작업" 시트의 「B20」 셀을 선택하여 모두 붙여넣기 한 후 다음의 조건과 같이 작업하시오.

≪조건≫

○ 부분합 - ≪출력형태≫처럼 정렬하고 '54시간'의 '평균'과 '시간당 초과요금'의 '최대값'을 구하시오.
○ 윤곽 - 지우시오.
○ 나머지 사항은 ≪출력형태≫에 맞게 작성하시오.

≪출력형태≫

	A	B	C	D	E	F	G	H
19								
20		모 델	배기량	연료	인승	24시간	54시간	시 간 당 초과요금
21		카 니 발	3	경유	9	174,600 원	446,200 원	13,000 원
22		스 타 렉 스	2.6	경유	12	149,400 원	381,800 원	10,000 원
23				**경유 최대값**				13,000 원
24				**경유 평균**			414,000 원	
25		뉴아반테XD	1.5	휘발유	5	91,800 원	234,600 원	5,000 원
26		뉴그랜져 XG	2.5	휘발유	5	190,800 원	487,600 원	12,000 원
27		오 피 러 스	3.5	휘발유	5	320,400 원	818,800 원	20,000 원
28				**휘발유 최대값**				20,000 원
29				**휘발유 평균**			513,667 원	
30		뉴 SM5	2	LPG	5	117,000 원	299,000 원	8,000 원
31		EF 소 나 타	2.1	LPG	5	110,000 원	290,000 원	7,500 원
32				**LPG 최대값**				8,000 원
33				**LPG 평균**			294,500 원	
34				**전체 최대값**				20,000 원
35				**전체 평균**			422,571 원	

제4작업 차트

☞ "1작업" 시트를 이용하여 다음과 같이 차트를 만드시오.

≪조건≫

○ 차트유형 : 원뿔 모양의 세로막대형

○ 차트 영역 : 글꼴(굴림, 14pt, 굵게), 채우기(그라데이션, 녹색-흰색, 상향 대각선), 그림자

○ 차트 제목 : 글꼴(궁서, 20pt, 굵게), 그림자

○ 그림 영역 : 채우기 효과(질감 : 양피지), 밑면 영역 : 채우기(연노랑색)

○ 막대계열 색 : 요소마다 다른색 적용

○ 데이터 레이블 : 값 표시(오피러스 계열만 표시), 눈금선 : 보이는 대로 설정

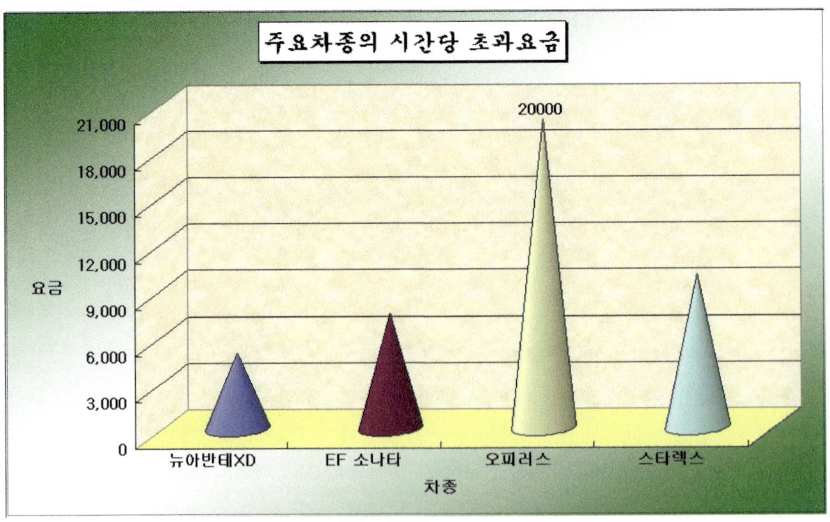

PCT 기출문제(실기)

[엑셀]
총점 : 200

1. 워크시트 작성

엑셀을 사용하여 각각의 보기와 같이 기초 데이터를 입력하고 주어진 작성 기준 및 조건에 따라 워크시트를 완성하시오.

〈 작성기준 〉

1) 작성 결과 전체가 1개의 파일(XLSX) 안에 1개의 워크시트에 작성되어야함.
2) 작성 파일(XLSX)에는 답안용 워크시트 1개 이외에는 나머지 시트를 모두 삭제함.(<u>시트 초과 시 감점됨</u>)
3) 답안 시트 출력 시 머리글은 **<u>본인 수험번호</u>**가 가운데 표시되도록 하고, 바닥글은 공백으로 함.
4) 작성조건에 없는 셀의 글꼴은 돋움 10포인트를 적용함.
5) 작성조건에 없는 기타 내용은 엑셀의 기본 설정 형식에 따름.

[보기 1]

	A	B	C	D	E	F	G	H	I
1		8월 마케팅 비용 비교							
2									대한통계진흥원
3					마케팅 비용				
4		사이트 개설일	종류	회원수	전용선 용량	고객DB 운영비	광고비	배너 광고비	총액
5		2013-08-14	쇼핑	330	1024	①	②	③	④
6		2013-08-03	쇼핑	360	2048	①	②	③	④
7		2013-08-15	커뮤니티	480	2048	①	②	③	④
8		2013-08-01	쇼핑	520	1024	①	②	③	④
9		2013-08-06	쇼핑	630	2048	①	②	③	④
10		2013-08-18	커뮤니티	510	2048	①	②	③	④
11		2013-08-11	커뮤니티	580	1024	①	②	③	④
12		2013-08-21	쇼핑	840	1024	①	②	③	④
13		2013-08-09	커뮤니티	830	2048	①	②	③	④
14		합계		⑤		⑤	⑤	⑤	⑤
15									
16		마케팅 비용 요약		구분		커뮤니티	쇼핑	총액	
17				고객DB운영비		⑥	⑥	⑦	
18				광고비		⑥	⑥	⑦	
19				배너광고비		⑥	⑥	⑦	
20									
21		계산식 근거		⑧					

〈보기 1 작성조건〉

1) 자료 입력 : 원 문자를 제외한 모든 데이터를 [보기 1]과 같이 입력함. 사이트 개설일은 2013년도 날짜 데이터로 입력함.
2) 계산식 입력 : 다음의 원 문자로 표시된 셀은 각각 지정한 계산 방법에 따름.
   ① 고객DB운영비 : 회원수 * 전용선 용량
   ② 광고비 : 고객DB운영비 * 110%
   ③ 배너광고비 : 다음과 같이 전용선 용량에 따른 값을 갖도록 조건식을 사용함.
      - 전용선 용량이 1024이면 (① + ②) * 15%
      - 그 이외의 전용선 용량은 (① + ②) * 18%
   ④ 총액 : (① + ② + ③) * 사이트운영기간/31
      - 사이트운영기간은 사이트 개설일부터 2013년 12월 31일까지의 일수임.
   ⑤ 합계 : 해당 열의 5행부터 13행까지의 합계
   ⑥ 가로 및 세로 항목에 알맞은 합계를 SUMIF 함수를 사용하여 구함.
   ⑦ 해당 행의 합계
   ⑧ 계산식 근거 : 셀 F17의 계산식을 문자열로 입력함.
3) 문자 셀 유형 :
   - 일반 문자열-각각의 괘선 안에서 수평 및 수직 중앙에 맞춤.
   - 제목 문자열-돋움 20포인트의 글꼴을 적용하고, 범위 B1:I1에 수평 중앙으로 맞춤.
4) 수치 셀 유형 :
   - 사이트 개설일은 [보기1]과 같은 셀 서식을 적용하고, 수평 중앙으로 맞춤.
   - 전용선 용량 숫자는 천 단위마다 콤마로 구분하는 형식에 'R' 기호를 왼쪽 끝에 표시함.(예: R 1,544)
   - 모든 전용선 용량 셀의 'R' 기호는 수직으로 일치시키고, 숫자는 오른쪽으로 일치시킴.
   - 나머지 모든 숫자 셀은 천 단위마다 콤마로 구분하는 정수 형식 및 오른쪽 맞춤을 적용함.
5) 기타 : 작성조건에 없는 내용 및 형식은 [보기 1]과 같이 작성함

2. 차트 작성

[보기 2]

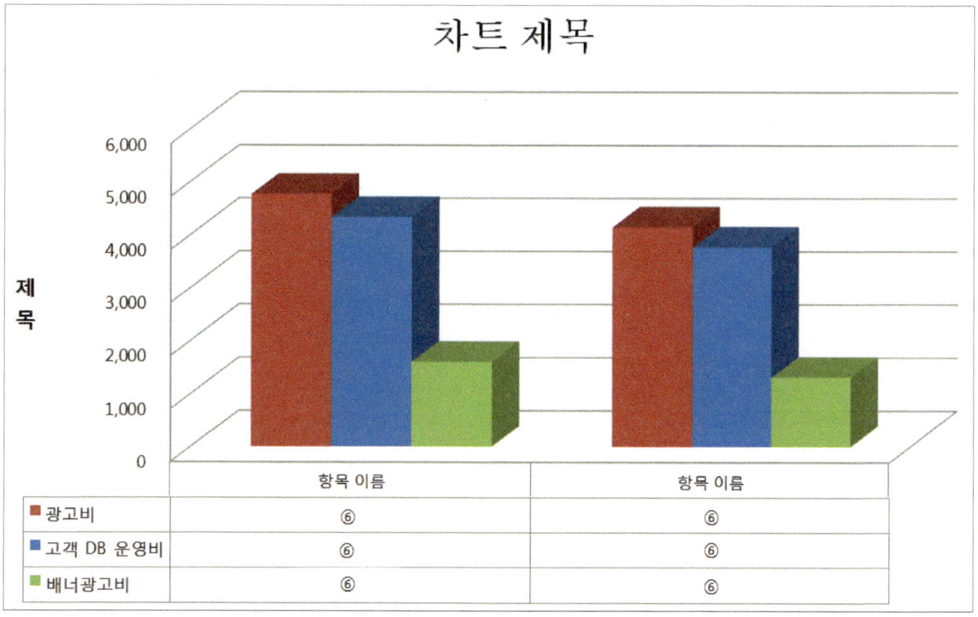

〈보기 2 작성조건〉

1) 작성 위치 : [보기 1]이 작성된 워크시트에서 범위 B23:I45 크기와 같게 작성함
2) 차트 작성 데이터 : 마케팅 비용 요약에서 커뮤니티와 쇼핑의 고객DB운영비, 광고비, 배너광고비
3) 차트 제목 : [보기 2]의 제목 위치에 바탕 22포인트로 제목을 표시함
   제목 문자열 : "분류별 마케팅 비용 비교"
4) 차트 종류 : [보기 2]와 같은 3차원 묶은 세로 막대형
5) 막대 순서 : 워크시트에 작성된 순서에 따름. 단, 각 막대는 광고비, 고객DB운영비, 배너광고비 순으로 위치시킴
6) 범례 : 작성을 생략함
7) 값축(Z축)
   - 최대값 : 4,500,000
   - 최소값 : 500,000
   - 눈금 간격 : 1,000,000
   - 눈금선 : 눈금 간격으로 수평 눈금선만 표시

- 눈금 숫자 형식 : 천단위로 환산한 정수형식을 적용
- 제목 : "천원"

8) X축
   - 제목 : 작성을 생략함
   - 데이터 테이블 : 표시함, ⑥에는 [보기1]의 숫자

9) 차트 고유의 기능과 관련 없는 그래픽 개체나 도형 그림은 사용하지 않음

10) 처리 조건에 없는 사항은 [보기 2]의 형식에 따름

PCT 기출문제(실기) 해설

[엑셀]
총점 : 200

1 기본 설정 적용

1 워크시트 정리

01 'Sheet2' 시트 탭을 선택하고 마우스 오른쪽 버튼을 클릭한 후 목록 중에서 [삭제]를 클릭한다.

02 'Sheet3'도 같은 방법으로 삭제한다.

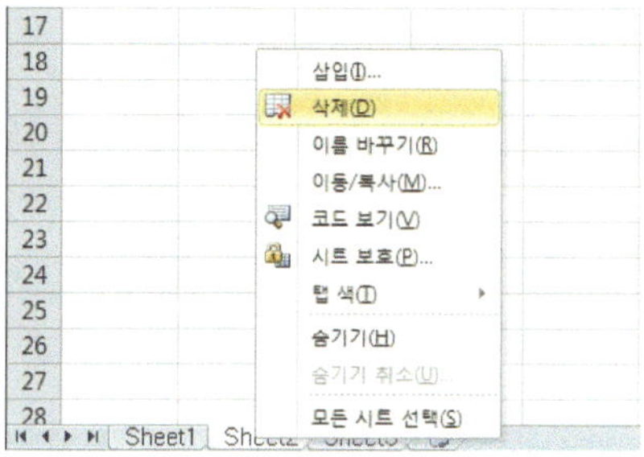

2 머리글 편집

01 [삽입] 탭 – [텍스트] 그룹 – [머리글/바닥글]을 선택한다.

02 머리글을 입력할 수 있도록 머리글 상자 안에 커서를 위치시키고, 본인 수험번호를 입력한다.

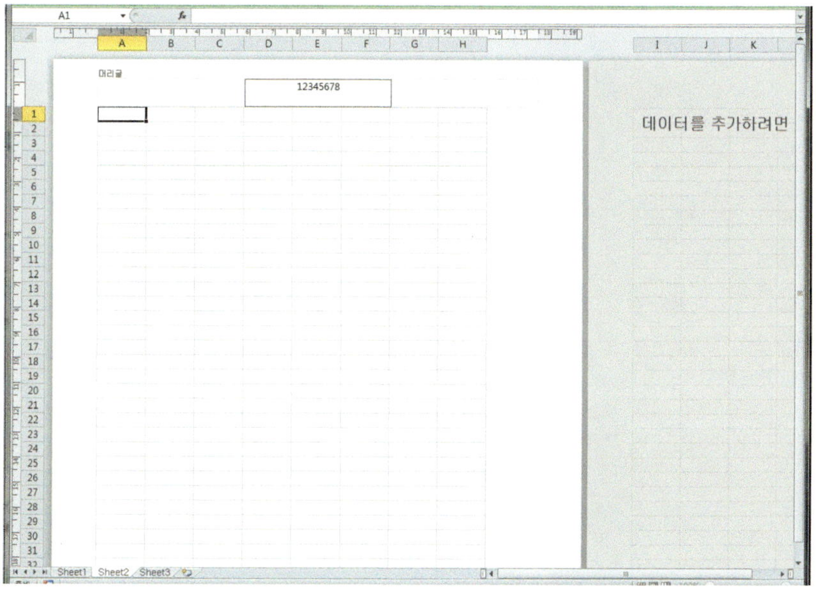

03 입력 완료 후 자동으로 변경된 [페이지 레이아웃] 창에서 [기본] 창으로 변경을 하려면, [보기] 탭 – [통합 문서 보기] 그룹에서 [기본]을 선택한다.

3 기본 글꼴 지정

01 엑셀의 기본 글꼴은 '맑은 고딕' 11포인트이다. 워크시트 전체를 선택하기 위해 A열과 1행의 교점 즉 전체 선택 단추를 클릭하거나 Ctrl+A 키를 누른다.

02 기본 글꼴과 크기를 '돋움' 10포인트로 변경한다.

2 워크시트 작성

1 자료 입력과 셀 병합

01 A열은 사용하지 않고 빈 열로 남겨두고, 열 너비를 조정해서 전체 폭을 조정하는데 사용한다.

02 [B1] 셀에 제목 문자열을 입력으로 〈보기 1 작성조건〉에서 〈자료 입력〉에 주어진 기본 데이터를 입력한다. 한 셀에 2줄 이상의 텍스트 입력은 Alt+Enter↵ 키를 이용하면 된다.

03 '사이트 개설일', '종류', '회원 수', '마케팅 비용', '마케팅 비용 요약', '계산식 근거' 레이블과 병합하고자 하는 셀들을 각각 범위로 지정하고, [홈] 탭 – [맞춤] 그룹 – [병합하고 가운데 맞춤] 버튼을 클릭하여 셀 병합을 한다.

	A	B	C	D	E	F	G	H	I
1		8월 마케팅 비용 비교							
2									대한통계진흥원
3					마케팅 비용				
4		사이트 개설일	종류	회원수	전용선 용량	고객DB 운영비	광고비	배너 광고비	총액
5		2013-08-14	쇼핑	330	1024				
6		2013-08-03	쇼핑	360	2048				
7		2013-08-15	커뮤니티	480	2048				
8		2013-08-01	쇼핑	520	1024				
9		2013-08-06	쇼핑	630	2048				
10		2013-08-18	커뮤니티	510	2048				
11		2013-08-11	커뮤니티	580	1024				
12		2013-08-21	쇼핑	840	1024				
13		2013-08-09	커뮤니티	830	2048				
14		합계							
15									
16		마케팅 비용 요약		구분		커뮤니티	쇼핑	총액	
17				고객 DB 운영비					
18				광고비					
19				배너광고비					
20									
21		계산식 근거							

2 괘선 긋기와 문자 셀 서식 설정

01 [B3:I14], [B16:I19], [B21:I21]을 범위로 지정하고, [홈] 탭 – [글꼴] 그룹 – [테두리]에서 [모든 테두리]를 선택한다.

02 A열과 1행의 교점 즉 전체 선택 단추를 클릭하거나 Ctrl+A 키를 눌러 워크시트 전체를 선택하고 [가운데 맞춤]과 [텍스트 가운데 맞춤]을 선택한다.

03 [E14]와 [I16] 셀을 동시 선택하고, 마우스 오른쪽 버튼을 클릭해서 단축 메뉴가 나오면 [셀 서식] – [테두리] 탭에서 대각선을 선택한다.

	A	B	C	D	E	F	G	H	I
1		8월 마케팅 비용 비교							
2									대한통계진흥원
3		사이트 개설일	종류	회원수	마케팅 비용				
4					전용선 용량	고객DB 운영비	광고비	배너 광고비	총액
5		2013-08-14	쇼핑	330	1024				
6		2013-08-03	쇼핑	360	2048				
7		2013-08-15	커뮤니티	480	2048				
8		2013-08-01	쇼핑	520	1024				
9		2013-08-06	쇼핑	630	2048				
10		2013-08-18	커뮤니티	510	2048				
11		2013-08-11	커뮤니티	580	1024				
12		2013-08-21	쇼핑	840	1024				
13		2013-08-09	커뮤니티	830	2048				
14		합계							
15									
16		마케팅 비용 요약		구분		커뮤니티	쇼핑	총액	
17				고객 DB 운영비					
18				광고비					
19				배너광고비					
20									
21		계산식 근거							

3 수식 입력

01 **고객DB 운영비** : [F5]셀에 '=D5*E5' 수식 입력 후 [F13] 셀까지 채우기 핸들을 이용하여 복사한다.

02 **광고비** : [G5]셀에 '=F5*110%' 수식 입력 후 [G13] 셀까지 채우기 핸들을 이용하여 복사한다.

03 **배너광고비** : [H5]셀에 '=IF(E5>=1024, (F5+G5)*15%, (F5+G5)*18%)' 수식 입력 후 [H13] 셀까지 채우기 핸들을 이용하여 복사한다.

04 **총액** : [I5]셀에 '=(F5+G5+H5)*(DATE(2013,12,31)-B5)/31' 수식 입력 후 [I13] 셀까지 채우기 핸들을 이용하여 복사한다.

05 **합계** : [D14]셀에 [자동 합계] 이용해 '=SUM(D5:D13)' 수식 입력 후 [F14], [G14], [H14], [I14] 셀에도 복사한다.

06 조건합계

- [F17]셀에 '=SUMIF($C$5:$C$13, F$16, $F$5:$F$13)' 수식을 구하고, [G17]셀까지 채우기 핸들을 이용해 복사한다.
- [F18]셀에 '=SUMIF($C$5:$C$13, F$16, $G$5:$G$13)' 수식을 구하고, [G18]셀까지 채우기 핸들을 이용해 복사한다.
- [F19]셀에 '=SUMIF($C$5:$C$13, F$16, $H$5:$H$13)' 수식을 구하고, [G19]셀까지 채우기 핸들을 이용해 복사한다.

07 총계 : [H17]셀에 [자동 합계]를 이용해 '=SUM(D5:D13)' 수식 입력 후 [H19]셀까지 채우기 핸들을 이용해 복사한다.

08 계산식 근거 : 셀 [F17]를 클릭한 후 수식 입력 줄에 있는 수식 전체를 복사하고, Esc 키를 클릭하여 복사 영역을 해제시키고 계산식 근거를 붙여 넣고자 하는 [D21]셀을 클릭한 후 '(Apostrophe)'를 붙이고 수식을 붙여넣기 한다.

	A	B	C	D	E	F	G	H	I
1		8월 마케팅 비용 비교							
2									대한통계진흥원
3		사이트 개설일	종류	회원수	마케팅 비용				
4					전용선 용량	고객DB 운영비	광고비	배너 광고비	총액
5		2013-08-14	쇼핑	330	1024	337,920	371,712	106,445	3,659,183
6		2013-08-03	쇼핑	360	2048	737,280	811,008	278,692	8,840,225
7		2013-08-15	커뮤니티	480	2048	983,040	1,081,344	371,589	10,844,009
8		2013-08-01	쇼핑	520	1024	532,480	585,728	167,731	6,305,250
9		2013-08-06	쇼핑	630	2048	1,290,240	1,419,264	487,711	15,160,986
10		2013-08-18	커뮤니티	510	2048	1,044,480	1,148,928	394,813	11,271,287
11		2013-08-11	커뮤니티	580	1024	593,920	653,312	187,085	6,570,096
12		2013-08-21	쇼핑	840	1024	860,160	946,176	270,950	8,845,220
13		2013-08-09	커뮤니티	830	2048	1,699,840	1,869,824	642,540	19,566,365
14		합계		5,080		8,079,360	8,887,296	2,907,556	91,062,621
15									
16		마케팅 비용 요약		구분		커뮤니티	쇼핑	총액	
17				고객 DB 운영비		4,321,280	3,758,080	8,079,360	
18				광고비		4,753,408	4,133,888	8,887,296	
19				배너광고비		1,596,027	1,311,529	2,907,556	
20									
21		계산식 근거		=SUMIF($C$5:$C$13,F$16,$F$5:$F$13)					

4 문자 셀 및 수치 셀 유형

01 [B1:I1] 범위를 지정하고 [병합하고 가운데 맞춤]으로 한 후 제목 문자열은 '돋움' 20포인트로 조정한다.

02 [E5:E13] 범위를 지정하고 마우스 오른쪽 버튼을 클릭하여 단축 메뉴 중 [셀 서식] 대화상자의 [표시형식] 탭의 '범주' 목록에서 '사용자 지정' 항목을 선택한 후 '형식' 입력란에 'R #,###'을 입력한다.

03 나머지 모든 숫자 셀들은 범위를 지정하고 [홈] 탭 – [맞춤] 그룹 – [텍스트 오른쪽 맞춤]과 [홈] 탭 – [표시형식] 그룹 – [쉼표 스타일]을 선택한다.

8월 마케팅 비용 비교							
							대한통계진흥원
사이트 개설일	종류	회원수	마케팅 비용				
			전용선 용량	고객DB 운영비	광고비	배너 광고비	총액
2013-08-14	쇼핑	330	R 1,024	337,920	371,712	106,445	3,659,183
2013-08-03	쇼핑	360	R 2,048	737,280	811,008	278,692	8,840,225
2013-08-15	커뮤니티	480	R 2,048	983,040	1,081,344	371,589	10,844,009
2013-08-01	쇼핑	520	R 1,024	532,480	585,728	167,731	6,305,250
2013-08-06	쇼핑	630	R 2,048	1,290,240	1,419,264	487,711	15,160,986
2013-08-18	커뮤니티	510	R 2,048	1,044,480	1,148,928	394,813	11,271,287
2013-08-11	커뮤니티	580	R 1,024	593,920	653,312	187,085	6,570,096
2013-08-21	쇼핑	840	R 1,024	860,160	946,176	270,950	8,845,220
2013-08-09	커뮤니티	830	R 2,048	1,699,840	1,869,824	642,540	19,566,365
합계		5,080		8,079,360	8,887,296	2,907,556	91,062,621

마케팅 비용 요약	구분	커뮤니티	쇼핑	총액
	고객 DB 운영비	4,321,280	3,758,080	8,079,360
	광고비	4,753,408	4,133,888	8,887,296
	배너광고비	1,596,027	1,311,529	2,907,556
계산식 근거	=SUMIF($C$5:$C$13,F$16,$F$5:$F$13)			

3 차트 작성

1 차트 범위 설정 및 삽입

01 '마케팅 비용 요약에서 커뮤니티와 쇼핑의 고객 DB 운영비, 광고비, 배너 광고비'가 차트 작성에 필요한 데이터로 해당되는 [D16:G19] 셀을 범위로 지정한다.

02 [삽입] 탭 – [차트] 그룹 – [세로 막대형]에서 '3차원 묶은 세로 막대형'을 선택하고, 차트가 생성되면 [B23:I45]에 위치시킨다.

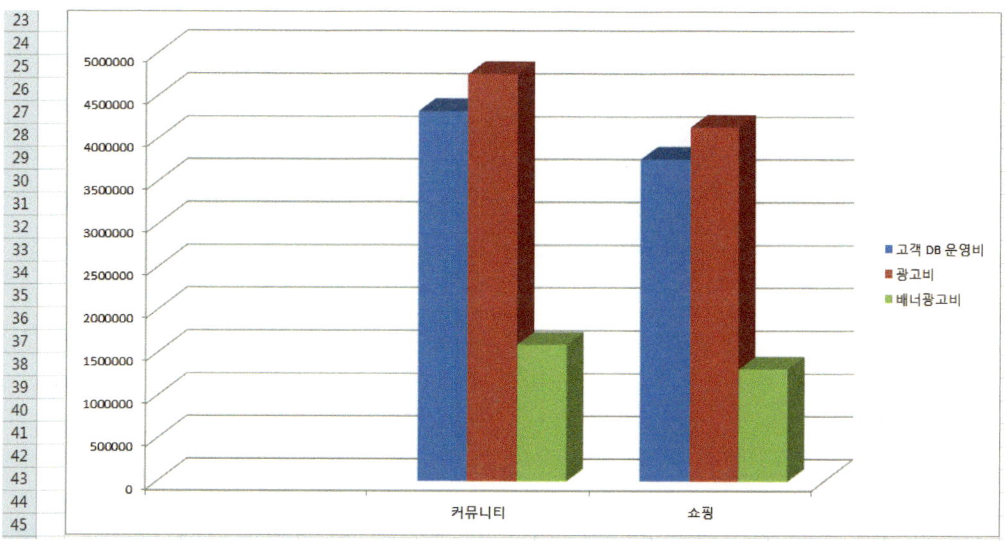

2 차트 데이터 선택과 서식 결정

01 차트영역을 선택하고 마우스 오른쪽 버튼을 클릭해서 단축메뉴 중 [데이터 선택]을 클릭해서 [데이터 원본 선택] 대화창에서 '가로(항목) 축 레이블'의 '편집' 버튼을 클릭하여 [축 레이블] 대화상자에서 범위를 [D16:G16]에서 [F16:G16]로 재 지정한다.(지정된 범위는 하이라이트로 표시되어 있다.)

02 다시 [데이터 원본 선택] 대화창의 '범례 항목(계열)'에서 3개 항목(계열) 각각을 다음과 같이 재설정한다.

- '고객 DB 운영비' 항목을 선택하고 '편집' 버튼을 클릭해서 [계열 편집] 대화창에서 '계열 이름'을 확인 후 '계열 값'의 범위를 [D17:G17]에서 [F17:G17]로 재 지정한다.
- '광고비' 항목을 선택하고 '편집' 버튼을 클릭해서 [계열 편집] 대화창에서 '계열 이름'을 확인 후 '계열 값'의 범위를 [D18:G18]에서 [F18:G18]로 재 지정한다.
- '배너 광고비' 항목을 선택하고 '편집' 버튼을 클릭해서 [계열 편집] 대화창에서 '계열 이름'을 확인 후 '계열 값'의 범위를 [D19:G19]에서 [F19:G19]로 재 지정한다.

03 다시 [데이터 원본 선택] 대화창의 '범례 항목(계열)'에서 두 번째 '광고비' 항목(계열)을 선택하고, '위로 이동' 버튼을 클릭해서 첫 번째로 위치 이동시킨다.

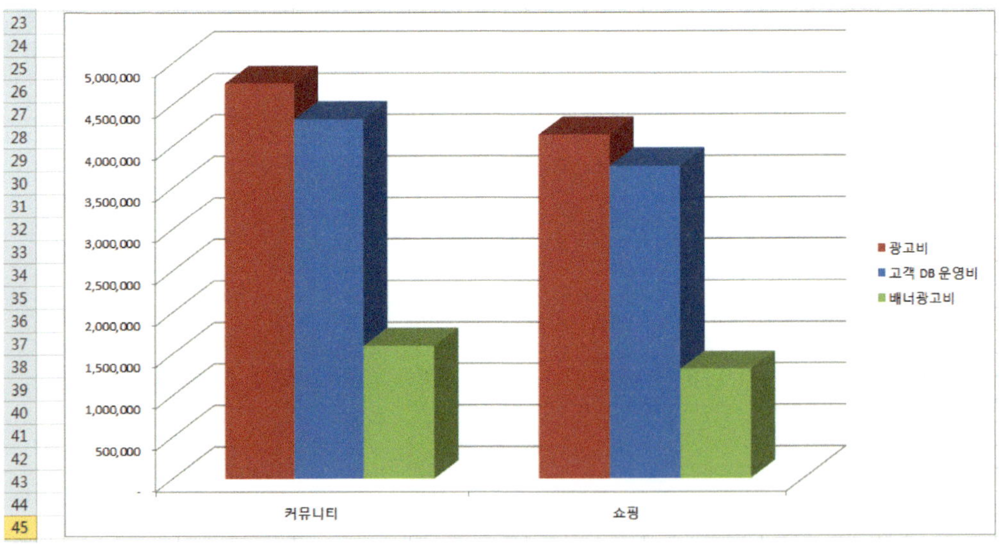

04 차트 제목은 리본 메뉴에서 [차트 도구] - [레이아웃] - [차트 제목]에서 [차트 위]를 선택해서 제목을 입력하고, 글꼴은 바탕 크기는 22포인트로 지정한다.

05 데이터 테이블을 생성하기 위해 [차트 도구] - [레이아웃] - [데이터 표]에서 '범례 표지와 함께 데이터 표 표시'를 선택한다.

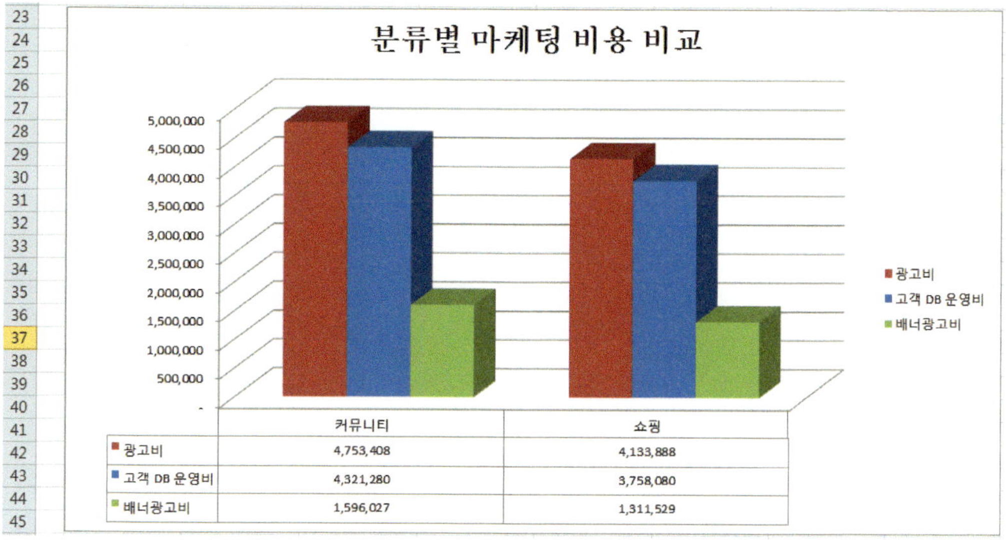

06 값 축(Y축) 지정을 위하여 Y축을 마우스 우측 버튼을 클릭한 후 [축 서식] - [축 옵션]에서 '최소값', '최대값', '주단위', '표시 단위'를 입력한다.

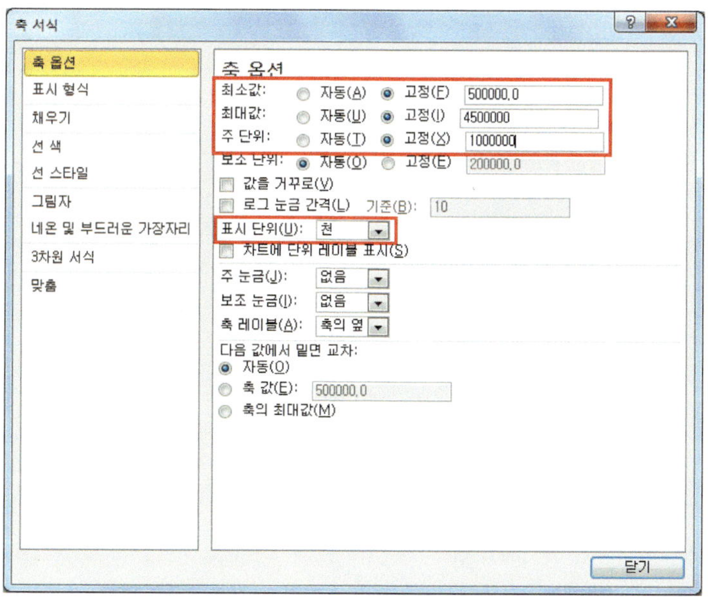

07 세로 축 제목은 리본 메뉴에서 [차트 도구] - [레이아웃] - [축 제목]에서 [기본 세로 축 제목] - [세로 제목]을 선택해서 제목을 입력하고, [제목 회전]을 선택하여 세로 축 제목을 지정한다.

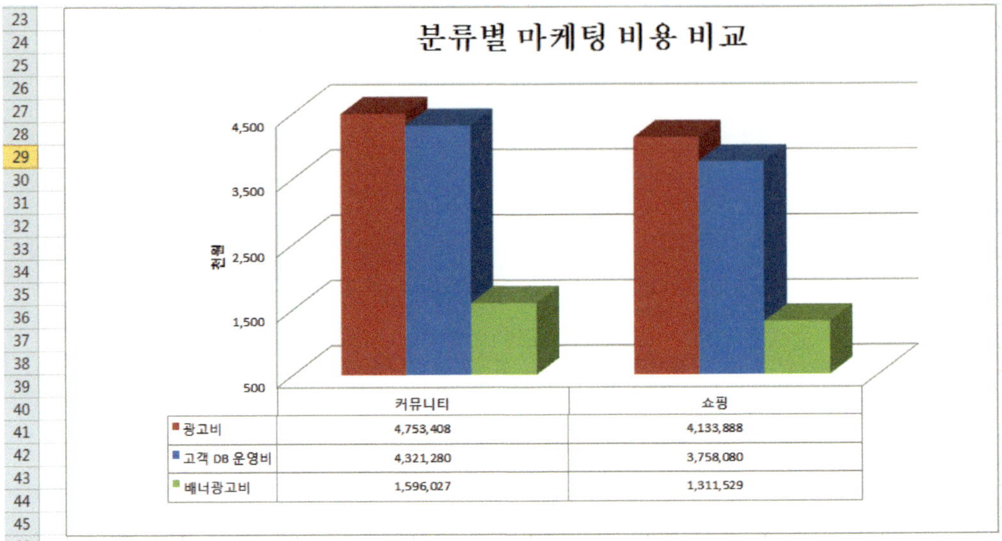

엑셀 e~Test 모의고사 문제

■ **답안 작성 시 주의사항**

- 답안문서 파일명은 응시자의 이름으로 저장하십시오.
- 반드시 주어진 자료 및 엑셀의 기능들을 이용하여 **[처리사항]**대로 답안문서를 작성하십시오.(**[보기]**를 참고하고, 주어진 자료 외 다른 자료 이용 시 감점 처리됩니다.)
- 답안 작성에 필요한 시트 이외에 다른 시트에 내용을 입력한 경우 감점 또는 부정행위의 대상이 됩니다.
- 답안은 반드시 문제에서 지정한 셀에 입력해야 하며, 임의로 셀의 위치를 변경한 경우 감점요인이 됩니다.
- 문제에서 제시된 내용이 중복 작성된 경우 감점요인이 됩니다.(예를 들어, 차트가 두 개 이상인 경우)
- 문제에서 지시하지 않은 사항은 프로그램의 기본 설정 값으로 지정하십시오.

■ **제공 데이터**

- 주어진 자료를 이용하여 답안문서를 작성하시오.
  (첨부파일보기 클릭 시 이미지 자료 페이지 열림)

보 기

[엑셀로 가공한 정보형태]

	A	B	C	D	E	F	G
1	영농형태별 농가소득 현황						
2							(기준:2008년)
3	구 분	논 벼	과 수	채 소	화 훼	평 균 과 차	비 고
4	농 가 소 득	23,318	30,419	****** 24,164	****** 35,874	①	②
5	농 가 순 소 득	13,056	21,343	****** 14,705	****** 21,259	①	②
6	농 업 소 득	8,867	17,602	****** 11,561	****** 15,895	①	②
7	농 업 총 수 입	20,974	36,097	****** 31,084	****** 58,497	①	②
8	농 업 경 영 비	12,107	18,495	****** 19,523	****** 42,602	①	②
9	농 외 소 득	4,188	3,741	3,144	5,364	①	②
10	겸 업 수 입	1,285	1,146	953	572	①	②
11	겸 업 지 출	**331**	**465**	326	176	①	②
12	사 업 외 수 입	3,268	3,123	2,602	4,971	①	②
13	사 업 외 지 출	**34**	**63**	86	3	①	②
14	이 전 소 득	6,123	5,433	5,497	5,965	①	②
15	비 경 상 소 득	4,139	3,644	3,962	8,650	①	②
16	소 비 지 출	17,189	18,799	****** 18,643	****** 26,347	①	②
17	비 소 비 지 출	5,565	5,648	5,044	4,518	①	②
18	농 가 처 분 가 능 소 득	17,753	24,772	****** 19,120	****** 31,356	①	②
19	농 가 경 제 잉 여	**564**	5,972	477	5,009	①	②
20							

처리사항 [데이터 입력과 수식 작성하기] 배점 : 1번(5), 2번(7), 3번(45), 4번(45)

※ **농가소득 시트에 1번부터 4번까지 작성하시오.**

1. F3셀에 '평균과 차', G3셀에 '비고', G2셀에 '(기준 : 2008년)'을 입력하시오.
   (G2셀은 가로 오른쪽 맞춤으로 지정)
2. A1셀에 제목을 '영농형태별 농가소득 현황'으로 입력하시오.
   1) A1~G1셀을 병합하고 가로 가운데 맞춤으로 지정
   2) 글꼴은 굴림체, 글꼴 크기는 15, 글꼴 스타일은 굵게 지정
3. **[엑셀로 가공할 정보형태]**의 ①(F4~F19셀)부분의 평균과 차를 구하시오.
   1) 반드시 AVERAGE, ROUNDUP 함수를 모두 이용하여 구하시오.
   2) 반드시 아래 주어진 수식으로 구하고, 구한 값을 소수 둘째 자리에서 올림하여 소수 첫째 자리까지 나타내시오.

   ※ **평균과 차 = ('채소'의 '농가소득'부터 '농가경제잉여'까지의 평균 - '채소'의 각 구분의 값)**

4. **[엑셀로 가공할 정보형태]**의 ②(G4~G19셀)부분의 비고를 구하시오.

   1) 반드시 IF, OR, RANK.EQ, RIGHT, SUM 함수를 모두 이용하여 구하시오.

   2) 반드시 아래 주어진 조건에 따른 참과 거짓의 값으로 나타내시오.

      - 조건 : 각 구분의 오른쪽부터 두 자리 문자가 '수입'이거나 '지출'
      - 참 : '논벼'를 기준으로 각 구분의 내림차순 순위
      - 거짓 : 각 구분의 '논벼'부터 '화훼'까지의 합계

처리사항 [서식 지정하기] 배 점 : 1번(2), 2번(3), 3번(2), 4번(3), 5번(6), 6번(3), 7번(9)

※ 농가소득 시트에 1번부터 7번까지 작성하시오.

1. 표(**A3~G19**셀) 안의 글꼴은 굴림체, 글꼴 크기는 10으로 지정하시오.
2. **A3~A19**셀, **B3~G3**셀은 가로 균등 분할 (들여쓰기) 맞춤으로 지정하고, **G4~G19**셀은 가로 가운데 맞춤으로 지정하시오.
3. **A**열의 열 너비는 15, **B~E**열의 열 너비는 9로 지정하시오.
4. **A3~G3**셀의 글꼴 스타일은 굵게 지정하시오.
5. **B4~C19**셀의 수치는 숫자 표시형식을 이용하여 세자리마다 콤마가 나타나고, 음수인 경우 빨강색으로 (1,234)로 나타나도록 지정하고, **D4~E19**셀의 수치는 사용자 지정 표시형식을 이용하여 세자리마다 콤마가 나타나고, 10,000 이상인 경우 세자리마다 콤마와 수치 앞에 빈 열 폭 만큼 '*'이 나타나도록 지정하시오.
6. **B4~C19**셀의 수치는 조건부 서식을 이용하여 1,146 미만인 경우 글꼴 스타일이 굵게 나타나도록 지정하시오. (단, 수식을 이용하여 입력 시 감점)
7. 표(**A3~G19**셀) 윤곽선은 이중선, 표 안쪽 세로선은 실선, **A3~G3**셀의 아래 선은 이중선이 나타나도록 작성하시오.

보 기

[차트형태]

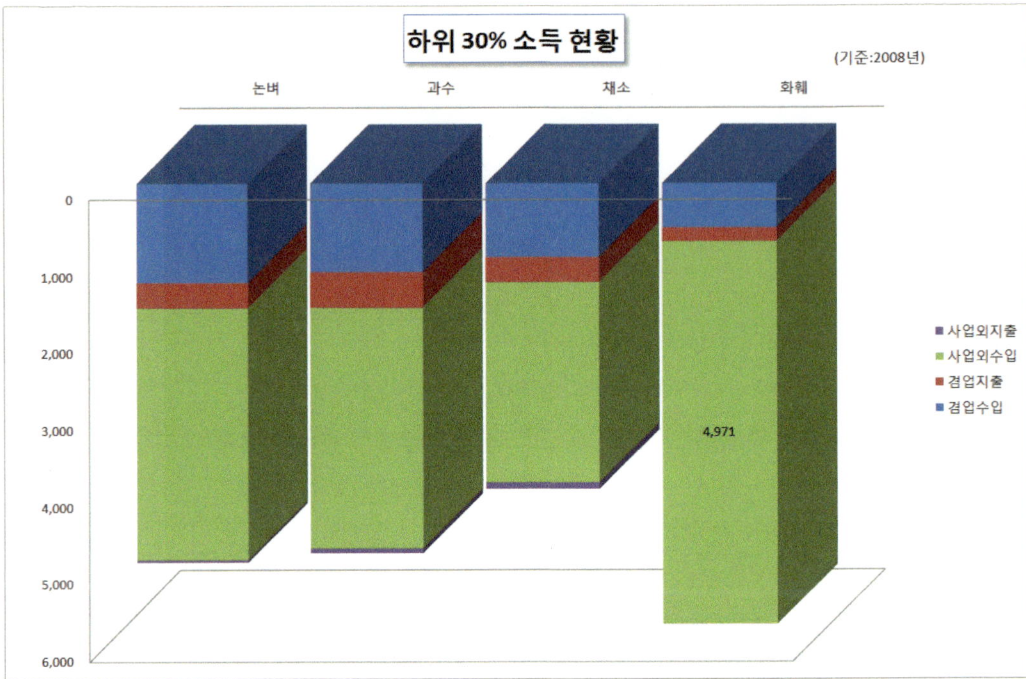

처리사항 [차트 작성] 배점 : 1번(20), 2번 1)번(6), 2)번(3), 3)번(4), 4)번(4), 5)번(6), 6)번(7), 7)번(6), 8)번(6), 9)번(6), 10)번(6), 11)번(6)

※ 농가소득 시트로 1번과 2번을 작성하시오.

1. 자동 필터를 이용하여 '과수'의 백분율 값이 하위 30%인 자료를 추출하고, 추출한 상태를 복사하여 **A21**셀부터 붙여 넣으시오.(단, 추출 후 반드시 자동 필터 상태를 유지하시오.)

2. 차트를 작성하시오. (차트는 반드시 지정상태를 확인할 수 있어야 하고, 차트를 두 개 이상 작성하거나 그림, 외부개체로 입력되면 감점됨)
   1) 붙여 넣은(**A21**셀부터) 자료 중 '평균과 차'와 '비교'를 제외한 자료를 이용하여 차트를 작성
   2) 차트 종류는 '3차원 누적 세로 막대형', 차트 스타일은 '스타일 2'로 지정
   3) 작성한 차트 이동 위치는 '새 시트(S)'에 삽입
   4) 작성한 차트가 있는 시트명은 '○○○(응시자 본인의 이름)'으로 입력

5) 차트 제목은 [차트 도구] - [디자인]메뉴 [차트 레이아웃] 그룹의 '레이아웃 1'로 '하위 30% 소득 현황'으로 입력하고, 테두리 색은 '실선', 그림자는 미리 설정의 '바깥쪽, 오프셋 대각선 오른쪽 아래'를 지정
6) 기본 세로 축 옵션의 '값을 거꾸로'로 지정하고, 기본 가로 눈금선은 '없음'으로 지정
7) 3차원 회전 차트 배율의 깊이(%)는 '300'으로 지정
8) 3차원 회전의 회전은 X 10°, Y 10° 로 지정
9) '사업 외 수입' 계열 중 '화훼'의 데이터 레이블 값이 나타나도록 지정
10) 차트 영역의 **상단 오른쪽**에 **[차트형태]**와 같이 텍스트 상자를 이용하여 '(기준 : 2008년)'을 입력
11) **[차트형태]**와 같이 범례가 나타나도록 지정

보 기

[피벗 테이블 형태]

	A	B	C	D
1				
2				
3		열 레이블		
4	값	영농형태	지역	총합계
5	평균 : 농작물수입	31029.57143	21042.22222	25411.6875
6	평균 : 축산수입	16325.57143	5449.111111	10207.5625
7	평균 : 농업잡수입	1022.285714	498.7777778	727.8125
8				

처리사항 [피벗 테이블 작성] 배점 : 3번(23)

※ 데이터 시트의 A1~E17셀을 이용하여 3번을 작성하시오.

3. 표(**A1~E17**셀)를 이용하여 피벗 테이블을 작성하시오.
   1) 아래 조건으로 피벗 테이블을 작성하시오.
      - 피벗 테이블 보고서 작성 위치 : 새 워크시트
      - 피벗 테이블 레이아웃
        열 레이블 : 대분류
        행 레이블 : Σ 값
        Σ 값 : 농작물수입, 축산수입, 농업잡수입(함수 : 평균)
      - 시트명은 '피벗'으로 입력

보 기

[부분합 형태]

	A	B	C	D	E
19	대 분 류	중 분 류	농가순소득	농 업 소 득	농 외 소 득
20	영 농 형 태	과 수	21,343	17,602	3,741
21	영 농 형 태	논 벼	13,056	8,867	4,188
22	영 농 형 태	일반밭작물	8,990	6,440	2,549
23	영 농 형 태	채 소	14,705	11,561	3,144
24	영 농 형 태	축 산	36,990	31,447	5,543
25	영 농 형 태	특 용 작 물	31,067	27,944	3,123
26	영 농 형 태	화 훼	21,259	15,895	5,364
27	**영농형태 최대 값**		36,990	31,447	5,543
28	지 역	강 원 도	21,722	10,727	10,995
29	지 역	경 기 도	27,527	8,448	19,079
30	지 역	경 상 남 도	15,913	6,861	9,052
31	지 역	경 상 북 도	19,892	11,025	8,867
32	지 역	전 라 남 도	16,324	8,590	7,734
33	지 역	전 라 북 도	18,963	10,853	8,111
34	지 역	제 주 도	30,567	15,197	15,369
35	지 역	충 청 남 도	25,542	13,141	12,401
36	지 역	충 청 북 도	20,238	7,124	13,115
37	**지역 최대값**		30,567	15,197	19,079
38	**전체 최대값**		36,990	31,447	19,079
39					

처리사항 [부분합 작성] 배점 : 4번(20)

※ 데이터 시트의 A19~E35셀을 이용하여 4번을 작성하시오.

4. 표(A19~E35셀)를 이용하여 부분합을 작성하시오.(부분합 결과는 열 너비를 조절하지 않아도 됨)
   1) 아래 조건으로 부분합을 구하시오.
      - 정렬 : 정렬 기준은 '대분류', '오름차순'으로 지정
      - 그룹화 할 항목 : 대분류
      - 사용할 함수 : 최대값
      - 부분합 계산 항목 : 농가순소득, 농업소득, 농외소득

보 기

[텍스트 나누기 형태]

	J	K	L
1	지역	주업농가	일반농가
2	서울	997	475
3	부산	4340	2116
4	대구	6588	4501
5	인천	7373	5126
6	광주	5355	3817
7	대전	3210	2093
8	울산	6436	4987
9	경기	67524	41673
10	강원	44303	29614
11	충북	52005	36563
12	충남	103213	71263
13	전북	75671	51090
14	전남	125279	91334
15	경북	140333	87221
16	경남	87118	62183
17	제주	21133	11379
18			

처리사항 **[텍스트 나누기 작성] 배점 : 5번(15)**

※ 데이터 시트의 J1~J17셀을 이용하여 5번을 작성하시오.

5. 표(J1~J17셀)를 이용하여 텍스트 나누기를 작성하시오.

1) 아래 조건으로 텍스트 나누기를 작성하시오.

- 원본 데이터 형식 : 너비가 일정함
- 열 구분선 : 3개를 지정하여 4열로 나눔
  (구분선 지정 위치 : 4, 12, 20)
- 열 데이터 서식 : 세 번째 열은 열 가져오지 않음(건너뜀) 지정

보 기

[목표값 형태]

	A	B	C	D	E	F
1	연 도	전 업	1 종 겸 업	2 종 겸 업	순 소 득 평 균	
2	2005년	16,901	28,283	28,861	24,682	
3	2006년	17,333	26,331	30,305	24,656	
4	2007년	15,188	26,897	30,986	24,357	
5	2008년	③	25,200	29,848	③	
6	평 균	③	26,678	30,000	③	
7						

[시나리오 형태]

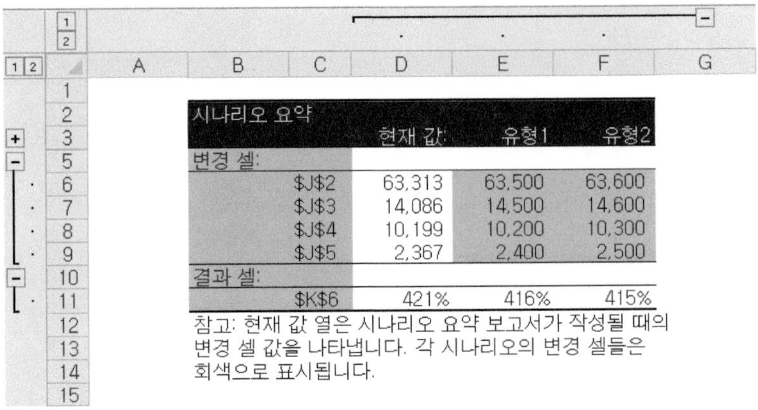

시나리오 요약		현재 값:	유형1	유형2
변경 셀:				
	$J$2	63,313	63,500	63,600
	$J$3	14,086	14,500	14,600
	$J$4	10,199	10,200	10,300
	$J$5	2,367	2,400	2,500
결과 셀:				
	$K$6	421%	416%	415%

참고: 현재 값 열은 시나리오 요약 보고서가 작성될 때의 변경 셀 값을 나타냅니다. 각 시나리오의 변경 셀들은 회색으로 표시됩니다.

처리사항 **[데이터 분석 기능 사용하기] 배점 : 1번(15점), 2번(15점), 3번(2점)**

※ 목표값과 시나리오 시트로 1번과 2번을 작성하시오.

1. 목표값 찾기를 이용하여 표(**A1~E6**셀)의 순소득평균의 평균이 25,000이 되도록 2008년의 전업 값을 구하시오.

   1) 아래 조건으로 목표값 찾기를 구하시오.(③부분이 변경되어야 함)
      - 수식 셀 : E6(순소득평균 평균)
      - 찾는 값 : 25,000
      - 값을 바꿀 셀 : B5(2008년 전업)

2. 표(H1~K6셀)를 이용하여 **전문/일반의 평균**(K6)을 위한 시나리오를 작성하시오.

   1) 시나리오 이름 : 유형1, 유형2

   2) 변경 셀 : J2, J3, J4, J5셀

변경 셀	유형1 변경 값	유형2 변경 값
J2	63,500	63,600
J3	14,500	14,600
J4	10,200	10,300
J5	2,400	2,500

   3) 보고서 종류 : 시나리오 요약

3. 시트의 순서는 반드시 아래와 같이 하시오.(반드시 지정된 시트만 있어야 함)

   ○○○-〉 농가소득-〉 피벗-〉 데이터-〉 시나리오 요약-〉 목표값과 시나리오

엑셀 **PCT 모의고사(실기) 문제**

1. 워크시트 작성

엑셀을 사용하여 각각의 보기와 같이 기초 데이터를 입력하고 주어진 작성 기준 및 조건에 따라 워크시트를 완성하시오.

< 작성기준 >

1) 작성 결과 전체가 1개의 파일(XLS) 안에 1개의 워크시트에 작성되어야함.
2) 작성 파일(XLS)에는 답안용 워크시트 1개 이외에는 나머지 시트를 모두 삭제함.(시트 초과시 감점됨)
3) 답안 시트 출력시 머리글은 **본인수험번호**가 가운데 표시되도록 하고, 바닥글은 공백으로 함.
4) 작성 조건에 없는 셀의 글꼴은 돋움 10 포인트를 적용함.
5) 작성 조건에 없는 기타 내용은 엑셀의 기본 설정 형식에 따름.

<보기1>

	A	B	C	D	E	F	G	H	I
1		2000년 7월 공동망 거래현황							
2								단위 : 1,000,000원	
3		거래구분	거래항목	전월	당월	증감률	당월 분포	익월 추정A	익월 추정B
4		CD공동망	현금지급	6,400	7,050	①	②	③	④
5			잔액조회	5,000	5,900	①	②	③	④
6			입금이체	5,500	5,150	①	②	③	④
7			출금이체	5,300	6,200	①	②	③	④
8		타행환	당행송금	5,600	5,900	①	②	③	④
9			타행송금	4,800	5,250	①	②	③	④
10		PC뱅킹	현금지급	5,300	5,000	①	②	③	④
11			잔액조회	6,400	5,200	①	②	③	④
12			입금이체	5,500	6,200	①	②	③	④
13			출금이체	5,100	4,400	①	②	③	④
14			당행이체	2,360	2,600	①	②	③	④
15		합계		⑤	⑤	⑤	⑤	⑤	⑤
16		PC뱅킹 : 기타거래		⑥	⑥	X	X	⑥	⑥
17									
18		계산식 근거 :		⑦					
19		계산식 근거 :		⑧					

<보기 1 작성조건>

1) 자료 입력 : 원 문자를 제외한 모든 데이터를 <보기 1>과 같이 입력함.
2) 계산식 입력 : 다음의 원 문자로 표시된 셀은 각각 지정한 계산 방법에 따름.
   ① 증감률 = (당월 - 전월) ÷ 전월
   ※ 12.78% 와 같이 백분율 형식의 소수 둘째자리까지 표시함.
   ② 당월분포 = 당월 ÷ 당월 합계
   ※ 12.7% 와 같이 백분율 형식의 소수 첫째자리까지 표시함.
   ③ 익월 추정A는 IF 함수를 사용하여 증감률이 10% 이상이면 당월의 115%, 증감률이 0% 이면 당월의 105%, 그 이외의 경우는 당월의 95%
   ④ 익월 추정B는 전월과 당월의 평균
   ⑤ 합계 = 해당 열의 4행부터 14행까지의 합계
   ⑥ PC뱅킹 : 기타거래 = 1 : 지수
   ※ 지수 = (CD공동망 + 타행환) / PC뱅킹
   ※ 예를 들어 지수가 1.7이면 ⑥의 셀에는 1 : 1.7 과 같이 표시되어야 함.
   ※ 지수는 ROUND 함수를 사용하여 소수 둘째자리에서 소수 첫째자리로 반올림된 값으로 구함.
   ⑦ 계산식 근거 : 셀 H4의 계산식을 문자열로 입력함.
   ⑧ 계산식 근거 : 셀 D16의 계산식을 문자열로 입력함.

3) 문자 셀 유형 : * 일반 문자열-각각의 괘선 안에서 수평 및 수직 중앙에 맞춤.
* 제목 문자열-돋움 20포인트의 글꼴을 적용하고, 범위 B1:I1 사이에 수평 중앙으로 맞춤.
4) 수치 셀 유형 : * 원문자로 표시한 모든 수치 셀은 수평으로 오른쪽 맞춤 및 수직으로 가운데 맞춤을 적용함.
* 표시 형식을 지정하지 않은 모든 수치 셀은 천단위마다 콤마로 구분하는 정수 형식을 적용함.
5) 기타 : 작성 조건에 없는 내용 및 형식은 <보기 1>과 같이 작성함.

2. 차트 작성

<보기 2>

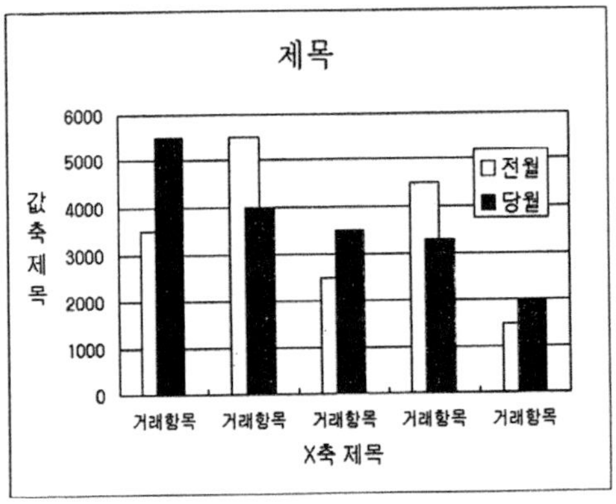

<보기 2 작성 조건>

1) 작성 위치 : <보기 1>이 작성된 워크시트에서 범위 B21:I43 크기에 맞추어 작성함.
2) 차트 종류 : <보기 2>와 같이 "묶은 세로 막대형"
3) 차트 작성 데이터 : <보기 1>의 거래항목(C3:C14), 전월(D3:D14), 당월(E3:E14) 중에서 PC뱅킹에 해당하는 데이터만 사용함.
4) 차트 제목 : "2000년 7월 PC뱅킹 거래실적" 을 바탕 20 포인트로 표시함.
5) 항목 축(X축) 제목 : <보기 2>의 해당하는 위치에 "거래항목" 을 돋움 14포인트로 표시함.
6) 항목 축(X축) 항목 : 해당되는 거래항목을 돋움 11포인트의 글꼴로 적용하고, 가로쓰기 방향으로 표시함.
7) 값 축(Y축) 제목 : <보기 2>의 해당하는 위치에 "백만원" 을 돋움 14포인트로 적용하고, 세로쓰기 방향으로 표시함.
8) 값축 눈금 :
* 최대값 = 7,000
* 최소값 = 2,000
* 주 단위(주 간격) = 500
* 수치 표시 형식 : 천단위마다 콤마로 구분하는 정수 형식
* 주 단위 눈금선 : 주 단위마다 수평 눈금선을 표시함.
9) 막대 순서 : 각각 두 개의 세로 막대마다 왼쪽은 전월, 오른쪽은 당월 데이터 적용
10) 막대 포개기 비율 : <보기 2>와 같이 포개지도록 50%를 적용함.
11) 막대 색상 : 투명 또는 흰색이 아닌 임의의 색상.
12) 범례 : 돋움14 포인트를 적용하고, <보기 2>와 같이 그림영역 안에서 오른쪽 상단 위치에 똑같은 문자열과 순서로 표시함.
13) 차트의 모든 글꼴색 : 검정색
14) 차트의 모든 배경색 : 막대 및 범례 기호를 제외한 모든 배경 색상은 투명 또는 흰색
15) 기타 : 처리 조건에 없는 사항은 <보기 2>와 같이 작성함.

저자와의
협의에 의해
인지 생략

e-Test & PCT 자격증 대비

컴퓨터 활용과 실습

1판 1쇄 2019년 3월 4일

저 자 박상우 / 최동열
발행인 송광헌
발행처 복두출판사
주 소 서울특별시 영등포구 경인로82길 3-4
센터플러스 807호
(우) 07371
전 화 02-2164-2580
FAX 02-2164-2584
등 록 1993. 11. 22. 제 10-902 호

정가 : 26,000원
ISBN : 979-11-5906-495-1 93000

한국과학기술출판협회 회원사

불법복사는 지적재산을 훔치는 범죄행위입니다.(저작권법 제97조 5항)